中医古籍整理丛书重刊

丹溪医集

元·朱震亨 撰
浙江省中医药研究院文献研究室 编校

人民卫生出版社

图书在版编目(CIP)数据

丹溪医集/(元)朱震亨撰；浙江省中医药研究院文献研究室编校. —北京：人民卫生出版社，2013
(中医古籍整理丛书重刊)
ISBN 978-7-117-18209-6

Ⅰ. ①丹… Ⅱ. ①朱… ②浙… Ⅲ. ①中国医药学—中国—元代 Ⅳ. ①R2-52

中国版本图书馆CIP数据核字(2013)第245568号

丹 溪 医 集

撰　　者：元•朱震亨
编　　校：浙江省中医药研究院文献研究室
出版发行：人民卫生出版社（中继线 010-59780011）
地　　址：北京市朝阳区潘家园南里19号
邮　　编：100021
E - mail：pmph @ pmph.com
购书热线：010-59787592　010-59787584　010-65264830
印　　刷：北京虎彩文化传播有限公司
经　　销：新华书店
开　　本：850×1168　1/32　**印张**：31
字　　数：833千字
版　　次：2014年4月第1版　2024年12月第1版第4次印刷
标准书号：ISBN 978-7-117-18209-6
定　　价：85.00元

内容提要

本书是元代著名医家朱丹溪一生著述的辑集、点校本。朱丹溪，名震亨，字彦修，元婺州义乌人，金元四大医家之一。朱氏一生著述颇丰，据文献记载，具名丹溪撰者不下二十余种。经考证，其中有其门人所撰，或其私淑者编写，有的则属托名之作。今将丹溪本人自撰，和门人、私淑者整理的著作，凡八种，编辑点校，勒成一册，名曰《丹溪医集》，以飨读者。

丹溪自撰三种。

《格致余论》，一卷。撰于元至正七年（公元 1347 年），是丹溪晚年见解甚深之作。收医论四十一篇，倡导“阳常有余，阴常不足”的论点，治疗上注意“滋阴降火”，为反映朱氏学术思想的代表作。

《局方发挥》，全书凡一卷，以问答题例讨论了三十多个问题，力辟滥用温补燥热之非，阐述“滋阴降火”学术见解，系针对《太平惠民和剂局方》泥成方治疗各种疾病，用药偏于温燥弊端之作。

《本草衍义补遗》，凡一卷。为朱氏撰，方广增订。主要是对寇宗奭《本草衍义》的补遗和阐发。原收药物一百五十三种，经方广增订后又增入药物四十三种。是书对学习和研究药物有一定的参考价值。

丹溪门人及私淑者编纂五种。

《金匮钩玄》，又名《平治会萃》。署元朱丹溪撰，明戴元礼补校。全书共三卷。集丹溪多年临证经验于一书，包括内、外、妇、儿、五官等各种疾病一百三十八种，杂证近百条。书中“戴云”者，即戴元礼所附，并附专题论文六篇。

《丹溪心法》，系朱氏弟子根据丹溪学术经验纂辑而成，共五卷，分列内、外、妇、儿诸科病。每卷首冠丹溪原论，次为戴元礼辨证，次列方剂、附录。附有宋濂《故丹溪先生朱公石表辞》、戴良《丹溪翁传》，是研究丹溪生平的重要史料。

《丹溪手镜》，原题朱丹溪撰，明吴尚默订。全书凡三卷，共一百六十篇。主要依据《伤寒》、《金匮》明辨类证，对内、外、妇、儿、五官、杂证辨析，以示辨证论治之典范。

《脉因证治》，原题朱丹溪撰。全书分上下二卷。计内、外、妇等疾病七十篇，系后人采集《丹溪心法》、《格致余论》等书的精要而成，故能反映丹溪学术精华。

《丹溪治法心要》，题朱丹溪述，实系门人整理，明高叔原校正重刻。全书共八卷，分述内、外、妇、儿各种病证一百五十四种，论述病因、证治，文字简洁，内容全面。

本书共收朱氏医书八种，集中体现朱氏的“阳常有余，阴常不足”的观点，和“相火论”之说，以及气、血、痰、郁论治心法。其滋阴说在我国医学史上独树一帜，对祖国医学的发展，有较深远的影响。书末附有编校后记，对丹溪医著、学术观点进行缜密分析，客观的评说，有较高的学术价值。因此，本书是研究朱丹溪学术思想，研究金元时期学术争鸣特点的必读之书，也是研究祖国医学的难得的参考书。

朱丹溪像

朱丹溪墓

丹溪廟内塑像

重刊说明

《中医古籍整理丛书》是我社1982年为落实中共中央和国务院关于加强古籍整理的指示精神，在卫生部、国家中医药管理局领导下，组织全国知名中医专家和学者，历经近10年时间编撰完成。这是一次新中国成立60年以来规模最大、水平最高、质量最好的中医古籍整理，是中医理论研究和中医文献研究成果的全面总结。本丛书出版后，《神农本草经辑注》获得国家科技进步三等奖、国家中医药管理局科技进步一等奖，《黄帝内经素问校注》、《黄帝内经素问语译》、《伤寒论校注》、《伤寒论语译》、《丹溪医集》等分别获得国家中医药管理局科技进步一等奖、二等奖和三等奖。

本次所选整理书目，涵盖面广，多为历代医家所推崇，向被尊为必读经典著作。特别是在《中医古籍整理出版规划》中《黄帝内经素问校注》、《伤寒论校注》等重点中医古籍整理出版，集中反映了当代中医文献理论研究成果，具有较高的学术价值，在中医学术发展的历史长河中，将占有重要的历史地位。

30年过去了，这些著作一直受到广大读者的欢迎，在中医界产生了很大的影响。他们的著作多成于他们的垂暮之年，是他们毕生孜孜以求、呕心沥血研究所得，不仅反映了他们较高的中医文献水平，也体现了他们毕生所学和临床经验之精华。诸位先贤治学严谨，厚积薄发，引用文献，丰富翔实，训诂解难，校勘严谨，探微索奥，注释精当，所述按语，彰显大家功底，是不可多得的传世之作。

中医古籍浩如烟海，内容广博，年代久远，版本在

漫长的历史流传中，散佚、缺残、衍误等为古籍的研究整理带来很大困难。《中医古籍整理丛书》作为国家项目，得到了卫生部和国家中医药管理局的大力支持，不仅为组织工作的实施和科研经费的保障提供了有力支持，而且为珍本、善本版本的调阅、复制、使用等创造了便利条件。因此，本丛书的版本价值和文献价值随着时间的推移日益凸显。

由于原版书出版时间已久，图书市场上今已很难见到，部分著作甚至已成为中医读者的收藏珍品。为便于读者研习，我社决定精选部分具有较大影响力的名家名著，编为《中医古籍整理丛书重刊》出版，以飨读者。

2013 年 2 月

编者的话

《丹溪医集》1993年5月由人民卫生出版社出版发行后，深受读者的欢迎，期间虽有几次重印，仍不能满足读者的需求。这里值得一提的是，本书曾荣获多项省部级科技成果奖励。我院系国家中医药管理局中医文献学重点学科建设单位，长期以来将整理研究朱丹溪著述列为主攻方向之一。自本书初刊至今20年间，我们在这方面的研究又取得了不少新的成果。趁重刊之际，我们对本书作了必要的修正，希冀进一步提高编校质量。参加这次重刊的编校人员有盛增秀、陈勇毅、王英、竹剑平、施仁潮等。尽管我们已作了很大努力，但限于水平，疏漏和不足之处仍在所难免，尚祈同道批评指正。

编校者

2013年5月

编校说明

朱震亨，字彦修，生于公元1282年，卒于公元1358年，元代婺州义乌（今浙江义乌县）人，世居丹溪，学者尊之为丹溪翁。是我国医学史上滋阴降火法的倡导者，其理论和实践对后世医学的发展影响很大，与刘河间、张子和、李东垣合称金元四大家，称朱为“养阴派”。朱氏学验俱丰，著述甚多，运用他的理论和经验治疗疾病，很有疗效。古往今来，对丹溪的医籍曾有过一些整理，但进行系统、全面的编校，尚属欠缺。为了继承和发扬祖国医学遗产，进一步研究丹溪的学说，使之更好地为防病治病服务，我们在卫生部、国家中医药管理局中医古籍整理出版办公室的统一部署下，在省卫生厅的大力支持下，特编校了《丹溪医集》一书。现将编校中的一些情况，分述如次：

一、入编书籍及其版本

据有关文献记载，具名丹溪所撰的医籍达二十多种，但由于年代久远，部分著作如《伤寒论辨》、《外科精要发挥》等已散佚无见。即使在现存的著述中，情况亦比较复杂，有的系丹溪本人所撰；有的为其门人或私淑者整理和编纂；有的则是托丹溪盛名之伪作，如《产宝百问》，虽题朱氏纂辑，实由宋代齐仲甫的《女科百问》更名而来。鉴于上述情况，我们在认真考证核实的基础上，确定了收入《丹溪医集》的书籍凡八种，均系丹溪本人所撰及其门人、私淑者整理编纂的，因此能比较真实地反映丹溪的学术思想和治疗经验。兹将入编书籍以及采用底本、校本情况简介如下：

（一）《格致余论》：本书为朱氏自撰之作，为丹溪的主要代表作之一。此次辑校采用元代原版本（康有为鉴定本）为底本，明万历二十九年《医统正脉》本（简称正脉本）为主校本，岭南云林阁《东垣十书》本（简称云林阁本）、光绪庚子《丹溪全书》本（简称庚子本）为参校本。

（二）《局方发挥》：《局方》为《太平惠民和剂局方》的简称，《局方发挥》亦是朱氏自撰之作，与《格致余论》齐名，同属丹溪的主要代表作品。此次辑校采用元代原版本（康有为鉴定本。此版本与元刊黑口本文字内容相同）为底本，明万历二十九年《医统正脉》本为主校本，岭南云林阁《东垣十书》本、光绪庚子《丹溪全书》本为参校本。（各校本简称同上）

（三）《本草衍义补遗》：本书亦为朱氏自撰之作，并经方广增订，是朱氏研究中药的代表著作。此次辑校采用明嘉靖十五年《丹溪心法附余》本为底本，明隆庆六年《丹溪心法附余》本（简称隆庆本）、明万历二十八年《丹溪心法附余》本（简称万历本）、明崇祯八年《丹溪心法附余》本（简称崇祯本）为主校本，重镌官版大业刊本（简称大业本）、上海文瑞楼刊本为参校本。

（四）《金匮钩玄》：本书题朱震亨所撰，戴元礼校补。此次辑校采用明慎修堂刊本为底本，明万历二十九年《医统正脉》本（简称正脉本）为主校本，清《周氏医学丛书本》（简称周氏本）、光绪庚子《丹溪全书》本（简称庚子本）为参校本。

（五）《丹溪心法》：本书题朱震亨所撰，实为其弟子及私淑者经多次整理校订而成，以明程充校订本较完善。此次辑校采用明成化十七年刊本（程充校订本）为底本，明弘治六年刊本（简称弘治本）、明万历二十九年《医统正脉》本（简称正脉本）为主校本，上海科技出版社 1959 年刊本（简称上科本）为参校本。

（六）《丹溪手镜》：本书题朱震亨撰，明吴尚默订。此次辑校采用明天启元年刊本为底本，人民卫生出版社 1982 年刊本（简称人卫本）为校本，并以《脉因证治》等书参校。

（七）《脉因证治》：本书题朱震亨撰，实为后人采集《丹溪心法》、《格致余论》等多种丹溪医籍有关内容而成。此次辑校采用颐生堂刊本为底本，《周氏医学丛书》本（简称周氏本）为校本。

（八）《丹溪治法心要》：本书题朱震亨述，高宾校正。此次辑校采用清代宣统元年武林萧澍霖依明版重刻本为底本，明刻本（残本，缺四至五卷）为校本。

此外，尚有影响的还有《丹溪先生纂要》、《丹溪心法附余》等书，但这些书与《丹溪心法》诸书内容类同，为避免重复，故未予收入。

二、编校的步骤和方法

（一）对丹溪的生平和医迹，进行深入的调查研究，并将丹溪故居的遗址、丹溪采药的地方、丹溪墓，以及后人为纪念丹溪所刻的碑文、所建的祠庙等，予以拍摄，选择其中富有意义者，附于书中。

（二）广泛发掘和搜集丹溪及其门人、私淑者的有关著述，详加考证，辨别真伪。特别是对入编的书籍，在广搜版本的基础上，选定底本和校本，并尽量寻求其他参考资料，从而为校勘创造有利的条件，以提高辑校质量。

（三）校勘时采取对校、本校、他校、理校综合运用的方法，一般以对校、本校、他校为主，慎用理校。

（四）底本与校本不一，若显系底本错讹（包括脱、讹、衍、倒等）而校本正确者，则据校本改正或增删底本原文，并出注记。如脱文漏字无据补入时，则用虚阙号□，按字数一一补入；无法计算字数的，用不定数虚阙号〼补入。值得指出的是，《丹溪手镜》底本文字有多处脱漏，有的甚至有目而无内容，因无校本可据而无法补入，只能参照《脉因证治》等书的类似内容，予以校注，但一般不改动原文（个别例外），原书脱文漏字之处，仍以虚阙号□、或不定数虚阙号〼、或空一行表示之。

（五）底本与校本不一，如属校本有误而底本不误者，则不出校注；若难以肯定何者为是，但以校本文义较胜而有一定参考价值，或两者文字均有可取，需要并存者，则出校注，说明互异之处，但不改动底本原文。

（六）底本与校本虽一致，但按文义疑有错、漏、衍、倒之类，又无法予以他校、理校者，则保留原文，注明存疑待考。

（七）对难认难读的字，注明读音，一般采取拼音和直音相结合的方法，即拼音加同音汉字；对费解的字和词，予以训诂，用浅显的文句，解释其含义。对书中不易识别的古体字、异体字，径改为现代通行的繁体字。

（八）古人引书，每有剪裁省改。凡书中引录其他文献，在文字上虽有变化，但不失原意者，一般不据他书改动原文，也不出校；若引文与原意有悖者，则予校注。

（九）原书目录较紊乱，现据正文重新编排各书的目录；全集总目录仅列各书的书名，以便查阅。

（十）《丹溪治法心要》原书各篇序号的表示，不甚一致，有的在序号前加“第”字（如内伤第四），有的则无“第”字，为统一起见，一律补加“第”字；原书序号错乱者，径予更正。

（十一）编校中，通过调查研究和对原著的分析，将丹溪的生平事迹、丹溪学说的学术渊源、主要学术观点和成就，以及对后世医学发展的影响等，予以较深入的探讨，并力求作出中肯的评价，一并写入“编校后记”，附于书末，以供参考。

最后尚需说明的是，由于丹溪著作多系其门人或私淑弟子整理，因此这次入编的八种书籍中，各书间内容相似或互见者有之，为保存古籍原貌，故不予删节。

参加本书辑校的人员有盛增秀、陆拯、陈勇毅、王英、施仁潮、李安民、凌天翼、蔡文彪、张烨敏、沈铭方、蔡定芳等，并经潘澄濂研究员审阅。本书还承蒙冯汉龙、方春阳两同志撰写“丹溪年谱”，谨致谢忱。限于条件和水平，错误必所难免，恳请同道批评指正。

浙江省中医药研究院文献研究室

1986年10月

总目

朱丹溪自撰三种

本草衍义补遗

局方发挥

格致余论

丹溪医集

朱丹溪自撰三种

格致余论

丹溪医集

格致余论序〔1〕

《素问》，载道之书也。词简而义深，去古渐远，衍文错简，仍或有之，故非吾儒不能读。学者以易心求之，宜其茫若望洋，淡如嚼蜡。遂直以为古书不宜于今，厌而弃之，相率以为《局方》之学。间有读者，又以济其方技，漫不之省。医道隐晦，职此之由，可叹也。震亨三十岁时，因母之患脾疼，众工束手，由是有志于医，遂取《素问》读之，三年似有所得。又二年，母氏之疾，以药而安。因追念先子之内伤，伯考之瞀闷，叔考之鼻衄，幼弟之腿痛，室人之积痰，一皆殁于药之误也。心胆摧裂，痛不可追，然犹虑学之未明。至四十岁，复取而读之。顾以质钝，遂朝夕钻研，缺其所可疑，通其所可通。又四年，而得罗太无讳知悌者为之师。因见河间、戴人、东垣、海藏诸书，始悟湿热相火为病甚多。又知医之为书，非《素问》无以立论，非《本草》无以立方。有方无论，无以识病，有论无方，何以模仿。夫假说问答，仲景之书也，而详于外感；明著性味，东垣之书也，而详于内伤。医之为书，至是始备，医之为道，至是始明，由是不能不致疑于《局方》也。《局方》流行，自宋迄今，罔间南北，翕然而成俗，岂无其故哉！徐而思之，湿热相火，自王太仆注文，已成湮没，至张李诸老，始有发明。人之一身，阴不足而阳有余，虽谆谆然见于《素问》，而诸老犹未表章，是宜《局方》之盛行也。震亨不揣芜陋，陈于编册，并述《金匮》之治法，以证《局

〔1〕格致余论序　原缺，据正脉本补入。

方》之未备，间以己意附之于后。古人以医为吾儒格物致知[1]一事，故目其篇曰《格致余论》，未知其果是否耶？后之君子，幸改而正诸。

〔1〕格物致知 《礼记·大学》："致知在格物，物格而后知至。"是指推究事物的原理。

目录

饮食色欲箴序

传曰：饮食男女，人之大欲存焉。予每思之，男女之欲，所关甚大，饮食之欲，于身尤切，世之沦胥[1]陷溺于其中者，盖不少矣。苟志于道，必先于此究心焉。因作饮食、色欲二箴，以示弟侄，并告诸同志云。

饮　食　箴

人身之贵，父母遗体，为口伤身，滔滔皆是。人有此身，饥渴洊[2]兴，乃作饮食，以遂其生。眷[3]彼昧者，因纵口味，五味之过，疾病蜂起。病之生也。其机甚微，馋涎所牵，忽而不思。病之成也，饮食俱废，忧贻父母，医祷百计。山野贫贱，淡薄是谙，动作不衰，此身亦安。均气同体，我独多病，悔悟一萌，尘开镜净。曰节饮食，《易》之象辞，养小失大，孟子所讥。口能致病，亦败尔德，守口如瓶，服之无斁[4]。

色　欲　箴

惟人之生，与天地参，坤道成女，乾道成男。配为夫妇，生育攸寄，血气方刚，惟其时矣。成之以礼，接之以时，父子之亲，其要在兹。眷彼昧者，徇情纵欲，惟恐不及，济以燥毒。气阳血阴，人身之神，阴平阳

〔1〕沦胥　《毛传》："沦，率也。"郑玄笺："胥，相。"其义为"相率"。

〔2〕洊　通"荐"。

〔3〕眷(juàn 卷)　回顾的意思。

〔4〕斁(yì 译)《说文》："斁，厌也。"

秘，我体长春。血气几何，而不自惜，我之所生，翻为我贼。女之耽兮，其欲实多，闺房之肃，门庭之和。士之耽兮，其家自废，既丧厥德，此身亦瘁。远彼帷薄，放心乃收，饮食甘美，身安病瘳。

阳有余阴不足论

人受天地之气以生，天之阳气为气，地之阴气为血，故气常有余，血常不足。何以言之？天地为万物父母，天，大也，为阳，而运于地之外；地，居天之中为阴，天之大气举之。日，实也，亦属阳，而运于月之外；月，缺也，属阴，禀日之光以为明者也。人身之阴气，其消长视月之盈缺，故人之生也，男子十六岁而精通，女子十四岁而经行。是有形之后，犹有待于乳哺水谷以养，阴气始成，而可与阳气为配，以能成人，而为人之父母。古人必近三十、二十而后嫁娶，可见阴气之难于成，而古人之善于摄养也。《礼记》注曰：惟五十然后养阴者有以加。《内经》曰：年至四十，阴气自半，而起居衰矣。又曰：男子六十四岁而精绝，女子四十九岁而经断。夫以阴气之成，止供给得三十年之视听言动，已先亏矣。人之情欲无涯，此难成易亏之阴气，若之何而可以供给也？经曰：阳者，天气也，主外；阴者，地气也，主内。故阳道实，阴道虚。又曰：至阴虚，天气绝；至阳盛，地气不足。观虚与盛之所在，非吾之过论。主闭藏者，肾也，司疏泄者，肝也，二脏皆有相火，而其系上属于心。心，君火也，为物所感则易动。心动则相火亦动，动则精自走，相火翕然而起，虽不交会，亦暗流而疏泄矣。所以圣贤只是教人收心养心，其旨深矣。天地以五行更迭衰旺而成四时，人之五脏六腑亦应之而衰旺。四月属巳，五月属午，为火大旺，火为肺金之夫，火旺则金衰。六月属未，为土大旺，土为水之夫，土旺则水衰。况肾水常藉肺金为母，以补助其不足，故《内经》谆谆于资其化源也。古人于夏，必独宿而淡味，兢兢业业于爱护也。保养金水二脏，正嫌火土之旺尔。《内经》曰：冬不藏精者，春必病温。十月属亥，十一月属子，正火气潜伏闭藏，以养其本然之真，而为来春发生升动之本。若于此时恣嗜欲以戕贼，至春升之际，下无根本，阳气轻浮，必有温热之病。夫夏月火土之旺，冬月火气之伏，此论一年之虚耳。若上弦前、下弦后，月廓月空，亦为一月之虚。大风大雾，虹霓飞电，暴寒暴热，日月薄蚀，忧愁忿怒，惊恐悲哀，醉饱劳倦，谋虑勤动，又皆为一日之虚。若病患初退，疮痍正作，尤不止于一日之虚。今日[1]多有春末夏初，患头痛脚软，食少体热，仲景谓春夏剧，秋冬差，而脉弦大者，正世俗所谓注夏病。若犯此四者之虚，似难免此。夫当壮年，便有老态，仰事俯育，一切隳[2]坏，兴言至此，深可惊惧。古人谓不见所欲，使心不乱。夫以温柔之盛于体，声音之盛于耳，颜色之盛于目，馨香之盛于鼻，谁是铁汉，心不为之动也！善摄生者，于此五个月出居于外，苟值一月之虚，亦宜暂远帷幕，各自珍重，保全天和，期无负敬身之教，幸甚！

治病必求其本论

病之有本，犹草之有根也。去叶不去根，草犹在也。治病犹去草，病在脏而治腑，病在表而攻里，非惟戕贼胃气，抑且资助病邪，医云乎哉！族叔祖年七十，禀甚壮，形甚瘦，夏末患泄利至深秋，百方不应。予视之曰：病虽久而神不悴，小便涩少而不赤，两手脉俱涩而颇弦。自言膈微闷，食亦减，因悟曰：此必多年沉积，僻[3]在胃肠。询其平生喜食何物，曰：我喜食鲤鱼，三年无一日缺。予曰：积痰在肺，肺为大肠之脏，宜大肠之本不固也，当与澄其源而流自清。以茱萸、陈皮、青葱、蔍苜[4]根、生姜煎浓汤，和以沙糖，饮一碗许，自以指探喉中。至半时辰，吐痰半升许，如胶，是夜减半。次早又饮，又吐半升而利止。又与平胃散加白术、黄连，旬日而安。东阳王仲延遇诸途，来告曰：我每日食物必屈曲自

---

〔1〕日　诸本同，《古今医统大全·虚损门》引丹溪语作“人”，义胜。

〔2〕隳（huī 灰）　毁坏。

〔3〕僻　庚子本作“癖”。

〔4〕蔍苜　庚子本作“芦荟”。

膈而下，且硬涩作微痛，它无所苦，此何病？脉之，右甚涩而关尤沉，左却和。予曰：污[1]血在胃脘之口，气因郁而为痰，此必食物所致。明以告我，彼亦不自觉。予又曰：汝去腊食何物为多？曰：我每日必早饮点剁酒两三盏，逼寒气。为制一方，用韭汁半银盏，冷饮细呷之，尽韭叶半斤而病安。已而果然。又一邻人，年三十余，性狡而躁，素患下疳疮，或作或止。夏初患自利，膈上微闷，医与治中汤两贴，昏闷若死，片时而苏。予脉之，两手皆涩，重取略弦似数。予曰：此下疳疮之深重者。与当归龙荟丸去麝，四贴而利减，又与小柴胡去半夏，加黄连、芍药、川芎、生姜煎，五六贴而安。彼三人者，俱是涩脉，或弦或不弦，而治法迥别，不求其本，何以议药！

涩 脉 论

人一呼脉行三寸，一吸脉行三寸，呼吸定息，脉行六寸；一昼一夜，一万三千五百息。脉行八百一十丈，此平人血气运行之定数也。医者欲知血气之病与不病，非切脉不足以得之。脉之状不一，载于《脉经》者，二十有四，浮、沉、芤、滑、实、弦、紧、洪、微、缓、涩、迟、伏、濡、弱、数、细、动、虚、促、结、代、革、散，其状大率多兼见。人之为病有四，曰寒曰热，曰实曰虚，故学脉者，亦必以浮、沉、迟、数为之纲，以察病情，此不易之论也。然涩之见，固多虚寒，亦有痼热为病者。医于指下见有不足之气象，便以为虚，或以为寒，孟浪与药，无非热补，轻病为重，重病为死者多矣。何者？人之所藉以为生者，血与气也。或因忧郁，或因厚味，或因无汗，或因补剂，气腾血沸，清化为浊，老痰宿饮，胶固杂糅，脉道阻涩，不能自行，亦见涩状。若重取至骨，来似有力且带数，以意参之，于证验之，形气但有热证，当作痼热可也。此论为初学者发，圆机之士，必以为赘。东阳吴子方年五十，形肥味厚，且多忧怒，

〔1〕污　庚子本作“瘀”。

脉常沉涩，自春来得痰气病，医认为虚寒，率与燥热香窜之剂。至四月间，两足弱，气上冲，饮食减，召我治之。予曰：此热郁而脾虚，痿厥之证作矣。形肥而脉沉，未是死证，但药邪太盛，当此火旺，实难求生。且与竹沥下白术膏，尽二斤，气降食进，一月后大汗而死。书此以为诸贤覆辙戒云。

养老论

人生至六十、七十以后，精血俱耗，平居无事，已有热证，何者？头昏目眵，肌痒溺数，鼻涕牙落，涎多寐少，足弱耳聩，健忘眩运，肠燥面垢，发脱眼花，久坐兀睡，未风先寒，食则易饥，笑则有泪，但是老境，无不有此。或曰：《局方》乌附丹剂，多与老人为宜，岂非以其年老气弱下虚，理宜温补？今子皆以为热，乌附丹剂将不可施之老人耶？余晓之曰：奚止乌附丹剂不可妄用，至于好酒腻肉、湿面油汁、烧炙煨炒、辛辣甜滑，皆在所忌。或曰：子何愚之甚耶？甘旨养老，经训具在，为子为妇，甘旨不及，孝道便亏，而吾子之言若是，其将有说以通之乎？愿闻其略。予愀然应之曰：正所谓道并行而不悖者，请详言之。古者，井田之法行，乡闾之教兴，人知礼让，比屋可封，肉食不及幼壮，五十才方食肉。今[1]强壮恣饕[2]，比及五十，疾已蜂起，气耗血竭，筋柔骨痿，肠胃壅阏，涎沫充溢。而况人身之阴难成易亏。六七十后，阴不足以配阳，孤阳几欲飞越，因天生胃气尚尔留连，又藉水谷之阴，故羁縻[3]而定耳。所陈前证，皆是血少。《内经》曰：肾恶燥。乌附丹剂，非燥而何？夫血少之人，若防风、半夏、苍术、香附，但是燥剂且不敢多，况乌附丹剂乎！或者又曰：一部《局方》，悉是温热养

---

〔1〕今　原无，据庚子本补。

〔2〕饕（tāo 滔）《说文》："饕，贪也。"

〔3〕羁縻（jī 基 mí 迷）　羁，系住；縻，牵系，束缚。羁縻，犹善束缚。王延寿《王孙赋》："遂缨络而羁縻。"

阳，吾子之言，无乃缪[1]妄乎？予曰：《局方》用燥剂，为劫湿病也，湿得燥则豁然而收。《局方》用暖剂，为劫虚病也。补肾不如补脾，脾得温则易化而食味进，下虽暂虚，亦可少回。《内经》治法，亦许用劫，正是此意，盖为质厚而病浅者设，此亦儒者用权之意。若以为经常之法，岂不大误。彼老年之人，质虽厚，此时亦近乎薄；病虽浅，其本亦易以拨，而可以劫药取速效乎？若夫形肥者血少，形瘦者气实，间或有可用劫药者，设或失手，何以取救？吾宁稍迟，计出万全，岂不美乎！乌附丹剂，其不可轻饵也明矣。至于饮食，尤当谨节。夫老人内虚脾弱，阴亏性急，内虚胃热则易饥而思食，脾弱难化则食已而再饱，阴虚难降则气郁而成痰。至于视听言动，皆成废懒；百不如意，怒火易炽；虽有孝子顺孙，亦是动辄扼腕。况未必孝顺乎！所以物性之热者，炭火制作者，气之香辣者，味之甘腻者，其不可食也明矣。虽然肠胃坚厚，福气深壮者，世俗观之，何妨奉养，纵口固快一时，积久必为灾害。由是观之，多不如少，少不如绝，爽口作疾，厚味措毒，前哲格言，犹在人耳，可不慎欤！或曰：如子之言，殆将绝而不与，于汝安乎？予曰：君子爱人以德，小人爱人以姑息，况施于所尊者哉。惟饮与食，将以养生，不以致疾，若以所养，转为所害，恐非君子之所谓孝与敬也。然则，如之何则可？曰：好生恶死，好安恶病，人之常情。为子为孙，必先开之以义理，晓之以物性，旁譬曲喻，陈说利害，意诚辞确，一切以敬慎行之。又次以身先之，必将有所感悟，而无捍格之逆矣。吾子所谓绝而不与，施于有病之时，尤是孝道。若无病之时，量酌可否？以时而进，某物不食，某物代之，又何伤于孝道乎？若夫平居闲话，素无开导诱掖之言，及至饥肠已鸣，馋涎已动，饮食在前，馨香扑鼻，其可禁乎？经曰：以饮食忠养之。忠之一字，恐与此意合，请勿易看过。予事老母，固有愧于古者，然母年逾七旬，素多痰饮，至此不作，节养有道，自谓有术。只因大便燥结，时以新牛乳、猪脂和糜粥中进之，虽以暂时滑利，终是

〔1〕缪　通“谬”。

腻物积多。次年夏时，郁为粘痰，发为胁疮，连日作楚，寐兴陨获[1]。为之子者，置身无地。因此苦思而得节养之说，时进参术等补胃补血之药，随天令加减，遂得大腑不燥，面色莹洁，虽觉瘦弱，终是无病，老境得安，职此之由也。因成一方，用参术为君，牛膝、芍药为臣，陈皮、茯苓为佐，春加川芎，夏加五味、黄芩、麦门冬，冬加当归身，倍生姜。一日或一帖，或二帖，听其小水才觉短少，便进此药。小水之长如旧，即是却病捷法。后到东阳，因闻老何安人性聪敏，七十以后，稍觉不快，便却粥数日，单进人参汤数帖而止。后九十余，无疾而卒，以其偶同，故笔之以求是正。

慈幼论

人生十六岁以前，血气俱盛，如日方升，如月将圆，惟阴长不足，肠胃尚脆而窄，养之之道，不可不谨。童子不衣裘帛，前哲格言俱在人耳。裳，下体之服；帛，温软甚于布也；裘皮衣，温软甚于帛也[2]。盖下体主阴，得寒凉则阴易长，得温暖则阴暗消，是以下体不与帛绢夹厚温暖之服，恐妨阴气，实为确论。血气俱盛，食物易消，故食无时。然肠胃尚脆而窄，若稠粘干硬，酸成甜辣，一切鱼肉、木果湿面、烧炙煨炒，但是发热难化之物，皆宜禁绝。只与干柿、熟菜、白粥，非惟无病，且不纵口，可以养德。此外生栗味咸，干柿性凉，可为养阴之助。然栗大补，柿大涩，俱为难化，亦宜少与。妇人无知，惟务姑息，畏其啼哭，无所不与，积成痼疾，虽悔何及。所以富贵骄养，有子多病，迨至成人，筋骨柔弱，有疾则不能忌口以自养，居丧则不能食素以尽礼，小节不谨，大义亦亏，可不慎欤！至于乳子之母，尤宜谨节。饮食下咽，乳汁便通；情欲动中，乳脉便应；病气到乳，汁必凝滞。儿得此乳，疾病立至，不吐则泻，不疮则热，或为口糜，或为惊搐，或为夜啼，或为腹痛。

---

〔1〕陨获 《礼记·儒行》："儒有不陨获于贫贱。"郑玄注："损获，困迫失志之貌。"指处境困苦而灰心丧志。

〔2〕裘皮衣，温软甚于帛也 正脉本、云林阁本均无此九字。

病之初来，其溺必甚少，便须询问，随证调治，母安亦安，可消患于未形也。夫饮食之择犹是小可，乳母禀受之厚薄，情性之缓急，骨相之坚脆，德行之善恶，儿能速肖，尤为关系。或曰：可以已矣。曰：未也。古之胎教，具在方册，愚不必赘。若夫胎孕致病，事起茫昧，人多玩忽，医所不知。儿之在胎，与母同体，得热则俱热，得寒则俱寒，病则俱病，安则俱安，母之饮食起居，尤当慎密。东阳张进士次子二岁，满头有疮，一日疮忽自平，遂患痰喘。予视之曰：此胎毒也，慎勿与解利药。众皆愕然。予又曰：乃母孕时所喜何物？张曰：辛辣热物，是其所喜。因口授一方，用人参、连翘、芎、连、生甘草、陈皮、芍药、木通，浓煎沸汤，入竹沥与之，数日而安。或曰：何以知之？曰：见其精神昏倦，病受得深，决无外感，非胎毒而何？予之次女，形瘦性急，体本有热，怀孕三月，适当夏暑，口渴思水，时发小热，遂教以四物汤加黄芩、陈皮、生甘草、木通，因懒于煎煮，数贴而止。其后此子二岁，疮痍遍身，忽一日其疮顿愈，数日遂成痎疟。予曰：此胎毒也。疮若再作，病必自安。已而果然。若于孕时确守前方，何病之有？又陈氏女八岁，时得痫病，遇阴雨则作，遇惊亦作，口出涎沫，声如羊鸣。予视之曰：此胎受惊也。其病深痼，调治半年，病亦可安。仍须淡味以佐药功，与烧丹元，继以四物汤入黄连，随时令加减，半年而安。

夏月伏阴在内论

天地以一元之气化生万物，根于中者曰神机，根于外者曰气血，万物同此一气。人灵于物，形与天地参而为三者，以其得气之正而通也。故气升亦升，气浮亦浮，气降亦降，气沉亦沉。人与天地同一橐籥[1]，子月一阳生，阳初动也；寅月三阳生，阳初出于地也，此气之升也；巳月六阳生，阳尽出于上矣，此气之浮也。人之腹属地气，于此时浮于肌表，散于皮毛，腹中虚矣。经曰：夏月经满，

〔1〕橐籥（tuó yuè 佗跃） 古代冶炼鼓风吹火用的器具。《老子·五章》："天地之间，其犹橐籥乎，虚而不屈，动而愈出。"这里有比喻动力、源泉的意思。

地气溢满，入经络受血，皮肤充实。长夏气在肌肉，所以表实，表实者里必虚。世言夏月伏阴在内，此阴字有虚之义，若作阴冷看，其误甚矣。或曰：以手扪腹，明知其冷，非冷而何？前人治暑病，有玉[1]龙丸、大顺散、桂苓丸、单煮良姜与缩脾饮用草果等，皆行温热之剂，何吾子不思之甚也。予曰：春夏养阳。王太仆谓：春食凉，夏食寒，所以养阳也。其意可见矣。若夫凉台水馆、大扇风车、阴水寒泉、果冰雪凉之伤。自内及外，不用温热，病何由安？详玩其意，实非为内伏阴而用之也。前哲又谓，升降浮沉则顺之，寒热温凉则逆之。若于夏月火令之时，妄投温热，宁免实实虚虚之患乎？或曰：巳月纯阳，于理或通。五月一阴，六月二阴，非阴冷而何？予曰：此阴之初动于地下也。四阳浮于地上，燔灼焚燎，流金烁石，何阴冷之有？孙真人制生脉散，令人夏月服之，非虚而何？

豆疮陈氏方论

读前人之书，当知其立言之意，苟读其书而不知其意，求适于用，不可得也。豆疮之论，钱氏为详，历举源流经络，明分表里虚实，开陈其施治之法，而又证以论辩之言，深得著书垂教之体。学者读而用之，如求方圆于规矩，较平直于准绳，引而伸之，触类而长之，可为无穷之应用也。今人不知致病之因，不求立方之意，仓卒之际，据证检方，漫尔一试，设有不应，并其书而废之，不思之甚也。近因《局方》之教久行，《素问》之学不讲，抱疾谈医者，类皆喜温而恶寒，喜补而恶解利，忽得陈氏方论，皆燥热补剂，其辞确，其文简，欢然用之，翕然信之，遂以为钱氏不及陈氏远矣。或曰：子以陈氏方为不足欤？曰：陈氏方诚一偏论，虽然亦可谓善求病情者，其意大率归重于太阴一经。盖以手太阴属肺，主皮毛也。足太阴属脾主肌肉，肺金恶寒而易于感，脾胃土恶湿而无物不受。观其用丁香、官桂，所以治肺之寒也；用附、术、半夏，所以治脾之湿也。使其肺果有寒，脾果有湿，而兼有虚也，量而

〔1〕玉　庚子本作“黄”。

与之，中病则止，何伤之有？今也不然，徒见其疮之出迟者，身热者，泄泻者，惊悸者，气急者，渴思饮者，不问寒热虚实，率投木香散、异功散，间有偶中，随手获效，设或误投，祸不旋踵。何者？古人用药制方，有向导，有监制，有反佐，有因用。若钱氏方固未尝废细辛、丁香、白术、参、芪等，率有监制辅佐之药，不专务于温补耳。然其用凉寒者多，而于辅助一法，略开[1]端绪，未曾深及，痴人之前，不可说梦，钱氏之虑至矣。亦将以候达者扩充推广而用，虽然渴者用温药，疮[2]塌者用补药，自陈氏发之，迥出前辈，然其多用桂、附、丁香等燥热，恐未为适中也。何者？桂、附、丁香辈，当有寒而虚，固是的当，虚而未必寒者，其为害当何如耶！陈氏立方之时，必有挟寒而豆疮陷塌[3]者，其用燥热补之，固其宜也。今未挟寒，而用一偏之方，宁不过于热乎？予尝会诸家之粹，求其意而用之，实未敢据其成方也，试举一二以证之。从子六七岁时患豆疮，发热微渴自利，一小方脉视之，用木香散，每贴又增丁香十粒，予切疑焉。观其出迟，固因自利而气弱；察其所下，皆臭滞陈积，因肠胃热蒸而下也。恐非有寒而虚，遂急止之，已投一贴矣。继以黄连解毒汤加白术，与十贴，以解丁香之热，利止疮亦出。其后肌常有微热，而手足生痈疖，与凉剂调补，逾月而安。又一男子，年十六七岁，发热而昏，目无视，耳无闻，两手脉皆豁大而略数，知其为劳伤矣。时里中多发豆者，虽不知人，与药则饮，与粥则食，遂教参、芪、当归、白术、陈皮大料浓煎与之，饮至三十余贴，豆始出，又二十余贴，则成脓泡，身无全肤。或曰：病势可畏，何不用陈氏全方治之？余曰：此但虚耳，无寒也。只守前方，又数十余贴而安。后询其病因，谓先四五日恐有出豆之病，遂极力樵采，连日出汗甚多，若用陈氏全方，宁无后悔？至正甲申春，阳气早动，正月间邑间豆疮不越一家，卒投陈氏方，童幼死者百余人，虽由天数，吾恐人事亦或未之尽也。

---

〔1〕开　原作“闻”，据正脉本、云林阁本改。

〔2〕疮　原作“痒”，据庚子本改。

〔3〕陷塌　二字原缺，据庚子本补。

痛风论

气行脉外，血行脉内，昼行阳二十五度，夜行阴二十五度，此平人之造化也。得寒则行迟而不及，得热则行速而太过。内伤于七情，外伤于六气，则血气之运，或迟或速，而病作矣。彼痛风者，大率因血受热已自沸腾，其后或涉冷水，或立湿地，或扇取凉，或卧当风，寒凉外搏，热血得寒，污[1]浊凝涩，所以作痛。夜则痛甚，行于阴也。治法以辛热之剂，流散寒湿，开发腠理，其血得行，与气相和，其病自安。然亦有数种治法稍异，谨书一二，以证予言。东阳傅文，年逾六十，性急作劳，患两腿痛甚，动则甚痛。予视之曰：此兼虚证，当补血温血，病当自安。遂与四物汤加桃仁、陈皮、牛膝、生甘草煎，入生姜，研潜行散，热饮，三四十贴而安。又朱宅阃[2]内，年近三十，食味甚厚，性躁急，患痛风挛缩数月，医祷不应。予视之曰：此挟痰与气证，当和血疏气导痰，病自安。遂以潜行散入生甘草、牛膝、炒枳壳、通草、陈皮、桃仁、姜汁煎服，半年而安。又邻鲍六，年二十余，因患血痢用涩药取效，后患痛风，叫号撼邻。予视之曰：此恶血入经络证。血受湿热，久必凝浊，所下未尽，留滞隧[3]道，所以作痛；经久不治，恐成偏枯。遂与四物汤加桃仁、红花、牛膝、黄芩、陈皮、生甘草煎，入生姜，研潜行散，入少酒饮之，数十贴，又与刺委中，出黑血，近三合[4]而安。或曰：比见邻人用草药研酒饮之，不过数贴亦有安者，如子之言类皆经久取效，无乃太迂缓乎？予曰：此劫病草药，石上采石丝为之君，过山龙等佐之，皆性热而燥者，不能养阴，却能燥湿。病之浅者，湿痰得燥即开，热血得热则行，亦可取效；彼病深而血少者，愈劫愈虚，愈劫愈深，若朱之病是也。子以我为迂缓乎？

〔1〕污　庚子本作“瘀”。

〔2〕阃（kǔn 捆）　内室。借指妇女。

〔3〕隧　原作“随”，据云林阁本改。

〔4〕合　庚子本作“月”。

痎疟论

《内经》谓：夏伤于暑，秋伤于风，必有痎疟。痎疟，老疟也。以其隔两日一作，缠绵不休，故有是名。前贤俱有治法，然皆峻剂，有非禀受性弱，与居养所移者所宜用也。惟许学士方有用参、芪等补剂，而又不曾深论，后学难于推测。因见近年以来，五十岁以下之人，多是怯弱者，况嗜欲纵恣十倍于前，以弱质而得深病，最难为药。始悟常山、乌梅、砒丹等为劫痰之剂，若误用之，轻病为重，重病必死。何者？夫三日一作，阴受病也。作于子午卯酉日，少阴疟也；作于寅申巳亥日，厥阴疟也；作于辰戌丑未日，太阴疟也。疟得于暑，当以汗解。或凉台水阁，阴木冷地，他人挥扇，泉水澡浴，汗不得泄，郁而成痰。其初感也，胃气尚强，全不自觉。至于再感，瞢[1]然无知，又复恣意饮食，过分劳动，竭力房事，胃气大伤，其病乃作，深根固蒂，宜其难愈。病者欲速愈，医者欲急利，甘辛峻剂，遽尔轻投[2]。殊不知感风、感暑，皆外邪也，当以汗解，所感既深，决非一二升汗可除。亦有胃气少回，已自得汗，不守禁忌，又复触冒，旧邪未去，新邪又感，展转沉滞，其病愈深。况来求治者，率皆轻试速效劫病之药，胃气重伤，吾知其难免于祸矣。由是甘为迟钝，范我驰驱，必先以参、术、陈皮、芍药等补剂，辅以本经之药，惟其取汗。若得汗而体虚，又须重用补剂以助之，俟汗出通身。下过委中，方是佳兆。仍教以淡饮食，省出入，避风就温，远去帷薄，谨密调养，无有不安。若感病极深，虽有大汗，所感之邪，必自脏传出至腑，其发也必乱而失期，亦岂是佳兆？故治此病，春夏为易，秋冬为难，非有他也，以汗之难易为优劣也。或曰：古方用砒丹、乌梅、常山得效者不为少，子以为不可用乎？予曰：腑受病者浅，一日一作；间一日一作者，是胃气尚

〔1〕瞢（méng 萌）《说文》：“瞢，目不明也。”
〔2〕医者欲急利，甘辛峻剂，遽尔轻投　原作“甘辛峻剂，医者欲急利，遽便将投”，据庚子本改。

强，犹可与也；彼三日一作者，病已在脏矣，在脏者难治。以其外感犹可治也，而可用劫药以求速效乎！前岁宪佥詹公，禀甚壮，形甚强，色甚苍，年近六十，二月得痎疟，召我视之。知其饫于酡肥者，告之曰：须远色食淡，调理浃月[1]，得大汗乃安。公不悦。一人从旁曰：此易耳，数日可安。与劫药三五贴，病退。旬日后又作，又与又退。绵延至冬，病犹未除，又来求治。予知其久得药，痎亦少，惟胃气未完，又天寒汗未透，遂以白术粥和丸与二斤，令其遇饥时且未食，取一二百丸，以热汤下，只与白粥调养，尽此药，当大汗而安。已而果然。如此者甚多，但药略有加减，不必尽述。

病邪虽实胃气伤者勿使攻击论

凡言治国者，多借医为喻，仁哉斯言也。真气，民也；病邪，贼盗也。或有盗贼，势须剪除而后已。良相良将，必先审度兵食之虚实，与时势之可否，然后动。动涉轻妄，则吾民先困于盗，次困于兵，民困而国弱矣。行险侥幸，小人所为，万象森罗，果报昭显，其可不究心乎？请举一二，以为凡例。永康吕亲，形瘦色黑，平生喜酒，多饮不困，年近半百，且有别馆。忽一日，大恶寒发战，且自言渴，却不饮。予诊其脉大而弱，惟右关稍实略数，重取则涩，遂作酒热内郁，不得外泄，由表[2]热而不[3]虚也。黄芪一物，以干葛汤煎与之，尽黄芪二两、干葛一两，大得汗，次早安矣。又叶先生患滞下，后甚逼迫，正合承气证。予曰：气口虚，形虽实，而面黄稍白，此必平昔食过饱而胃受伤，宁忍一两日辛苦。遂与参、术、陈皮、芍药等补药十余贴，至三日后胃气稍完，与承气两贴而安。苟不先补完胃气之伤，而遽行承气，吾恐病安之后，宁免瘦惫乎？又一婢色紫稍肥，性沉多忧，年近四十，经不行三月矣，小腹当中有一气块，初起如栗，渐如炊饼。予脉之，两手皆涩，重

[1] 浃月　两月。
[2] 表　庚子本作“里”。
[3] 不　庚子本作“表”。

取却有，试令按其块痛甚，扪之高半寸，遂与千金消石丸。至四五次，彼忽自言乳头黑且有汁，恐有娠。予曰：非也，涩脉无孕之理。又与三五贴，脉之稍觉虚豁，予悟曰：药太峻矣。令止前药，与四物汤，倍加白术，佐以陈皮，至三十贴，候脉完再与消石丸。至四五次，忽自言块消一晕，便令莫服。又半月，经行痛甚，下黑血半升，内有如椒核数十粒，乃块消一半，又来索药，以消余块。余晓之曰：勿性急，块已开矣，不可又攻，若次月经行当尽消矣。次月经行，下少黑血块，又消一晕，又来问药。余曰：但守禁忌，至次月必消尽。已而果然。大凡攻击之药，有病则病受之，病邪轻而药力重，则胃气受伤。夫胃气者，清纯冲和之气也，惟与谷肉菜果相宜。盖药石皆是偏胜之气，虽参芪辈为性亦偏，况攻击之药乎！此妇胃气自弱，好血亦少，若块尽而却药，胃气之存者几希矣！议论至此，医云乎哉！

治病先观形色然后察脉问证论

经曰：诊病〔1〕之道，观人勇怯、肌肉、皮肤，能知其情，以为诊法也。凡人之形，长不及短，大不及小，肥不及瘦；人之色，白不及黑，嫩不及苍，薄不及厚。而况肥人湿多，瘦人火多；白者肺气虚，黑者肾气足。形色既殊，脏腑亦异，外证虽同，治法迥别。所以肥人责〔2〕脉浮，瘦人责〔3〕脉沉，躁人疑脉缓，缓人疑脉躁，以其不可一概观也。试陈一二，幸以例推。东阳陈兄，露筋骨〔4〕，体稍长，患体虚而劳，头痛甚，至有决别之言。余察其脉弦而大带数，以人参、白术为君，川芎、陈皮为佐，至五六日未减，众皆讶之，以药之不对也。余曰：药力有次第矣，更少俟一二宿当自安。忽其季来问曰：何不少加黄芪？予笑不答。又经一宿，忽自言病顿愈。

〔1〕病　原作"脉"，据《素问·经脉别论》改。

〔2〕责　求。这里指追究脉象反常的原因。正脉本、云林阁本均作"贵"。

〔3〕责　求。这里指追究脉象反常的原因。正脉本、云林阁本均作"贵"。

〔4〕骨　正脉本、云林阁本均无此字。

予脉之，觉指下稍盛。又半日，病者言膈上满，不觉饥，视其腹纹已隐矣。予曰：夜来药中莫加黄芪否？曰：然。止与三贴。遂速与二陈汤加厚朴、枳壳、黄连，以泻其卫，三贴而安。又浦江义门郑兄，年二十余，秋间大发热，口渴，妄言妄见，病似邪鬼，七八日后召我治。脉之两手洪数而实，视其形肥，面赤带白，却喜露筋，脉本不实，凉药所致。此因劳倦成病。与温补药自安。曰：柴胡七八贴矣。以黄芪附子汤，冷与之饮，三贴后，困倦鼾睡，微汗而解，脉亦稍软。继以黄芪白术汤，至十日，脉渐收敛而小，又与半月而安。夫黄芪，补气药也。此两人者，一则气虚，一则气实，便有宜不宜存焉，可不审乎。

大病不守禁忌论

病而服药，须守禁忌，孙真人《千金方》言之详矣。但不详言所以守禁忌之由，敢陈其略，以为规戒。夫胃气者，清纯冲和之气，人之所赖以为生者也。若谋虑神劳，动作形苦，嗜欲无节，思想不遂，饮食失宜，药饵违法，皆能致伤。既伤之后，须用调补，恬不知怪，而乃[1]恣意犯禁，旧染之证尚未消退，方生之证[2]与日俱积，吾见医药将日不暇给，而伤败之胃气，无复完全之望，去死近矣。予族叔，形色俱实，痎疟又患痢，自恃强健能食，绝无忌惮。一日召予曰：我虽病却健而能食，但苦汗出耳，汝能止此汗否？予曰：痎疟非汗出不能愈也，可虑者正在健与能食耳。此非痢也，胃热善消，脾病不化，食积与病势已甚矣。此时节择饮食以养胃气，省出入以避风寒，候汗透而安。叔曰：世俗谓无饱死痢，我今能食，何谓可虑？余曰：痢而能食者，知胃气未病也，故言不死，非谓恣食不节择者。不从所言，恣口大嚼，遇渴又多啖水果。如此者月余后，虽欲求治，不可著手矣。淹淹又月余而死。

---

〔1〕恬不知怪，而乃　庚子本作“而乃恬不知怪”。
〔2〕尚未消退，方生之证　正脉本无此八字。

《内经》以骄恣不伦于理为不治之病，信哉！又周其姓者，形色俱实，患痢善食而易饥，大嚼不择者五日矣。予责之曰：病中当调补自养，岂可滋味戕贼。遂教之只用熟萝卜吃粥，且[1]少与调治，半月而安。

虚病痰病有似邪祟论

血气者，身之神也。神既衰之，邪因而入，理或有之。若夫血气两亏，痰客中焦，妨碍升降，不得运用，以致十二官各失其职，视听言动皆有虚妄，以邪治之，其人必死，吁哉冤乎！谁执其咎！宪幕之子傅兄，年十七八，时暑月，因大劳而渴，恣饮梅浆，又连得大惊三四次，妄言妄见，病似邪鬼。诊其脉，两手皆虚弦而带沉数，予曰：数为有热，虚弦是大惊，又梅酸之浆郁于中脘，补虚清热，导去痰滞，病乃可安。遂与人参、白术、陈皮、茯苓、芩、连等浓煎汤，入竹沥、姜汁，与旬日未效。众皆尤药之不审。余脉之，知其虚之未完，与痰之未导也，仍与前方入荆沥，又旬日而安。外弟岁，一日醉饱后乱言，妄语妄见，询之，系伊亡兄附体，言生前事甚的。乃叔在边叱之，曰：非邪，食腥与酒太过，痰所为耳。灌盐汤一大碗，吐痰一二升，汗因大作，困睡一宵而安。又金氏妇壮年，暑月赴筵归，乃[2]姑询其坐次失序，遂赧然自愧，因成此病，言语失伦，其中又多问一句曰，奴奴不是。脉皆数而弦。余曰：此非邪，乃病也。但与补脾清热导痰，数日当自安。其家不信，邀数巫者喷水而咒之，旬余而死。或问曰：病非邪而邪治之，何遽至于死？余曰：暑月赴宴，外境蒸热，辛辣适口，内境郁热，而况旧有积痰，加之愧闷，其痰与热何可胜言。今乃惊以法尺，是惊其神而血不宁也；喷以法水，是冰[3]其体，密其肤，使汗不得泄也。汗不泄则蒸热内燔，血不得宁则阴消而阳不能独立也，不死何俟！或

〔1〕且　正脉本、云林阁本均作“耳”。
〔2〕归，乃　云林阁本作“妇反”。
〔3〕冰　原作“审”，据庚子本改。

曰：《外台秘要》有禁咒一科，庸可废乎？予曰：移精变气乃小术耳，可治小病。若内有虚邪，外有实邪，当用正大之法，自有成式，昭然可考。然符水惟膈上热痰，一呷凉水，胃热得之，岂不清快，亦可取安。若内伤而虚，与冬严寒，符水下咽，必冰胃而致害。彼郁热在上，热邪在表，须以汗解，率得清冷，肤腠固密，热何由解？必致内攻，阴阳离散，血气乖争，去死为近。

面鼻得冷则黑论

诸阳聚于头，则面为阳中之阳。鼻居面中央，而阳明起于頞中，一身之血运到面鼻，到面鼻阳部，皆为至清至精之血矣。酒性善行而喜升，大热而有峻急之毒。多酒之人，酒气熏蒸，面鼻得酒，血为极热，热血得冷，为阴气所抟，污[1]浊凝结，滞而不行，宜其先为紫，而后为黑色也。须用融化滞血，使之得流，滋生新血，可以运化，病乃可愈。予为酒制四物汤，加炒片芩[2]、茯苓、陈皮、生甘草、酒红花、生姜煎，调五灵脂末饮之，气弱者加酒黄芪，无有不应者。

胎自堕论

阳施阴化，胎孕乃成。血气虚损，不足荣养，其胎自堕。或劳怒伤情，内火便[3]动，亦能堕胎。推原其本，皆因于热，火能消物，造化自然，《病源》乃谓风冷伤于子脏而堕，此未得病情者也。予见贾氏妇，但有孕至三个月左右必堕，诊其脉，左手大而无力，重取则涩，知其少血也。以其妙年，只补中气，使血自荣。时正初夏，教以浓煎白术汤下黄芩末一钱，服三四十贴，遂得保全而生。因而思之，堕于内热而虚者，于理为多。曰热曰虚，当分轻重，好生之工，幸毋轻视。

---

〔1〕污　庚子本作“瘀”。

〔2〕芩　原无，据《丹溪心法》卷四“鼻病”补。

〔3〕便　庚子本作“妄”。

难 产 论

世之难产者，往往见于郁闷安佚之人，富贵奉养之家，若贫贱辛苦者无有也。方书止有瘦胎饮一论，而其方为湖阳公主作也，实非极至之言。何者？见有此方，其难自若。予族妹苦于难产，后遇胎孕则触而去之，余甚悯焉。视其形肥而勤于针指，构思旬日，忽自悟曰：此正与湖阳公主相反，彼奉养之人，其气必实，耗其气使和平，故易产。今形肥知其气虚，久坐知其不运，而其气愈弱[1]，胞胎因母气不能自运耳。当补其母之气，则儿健而易产。今其有孕至五六个月，遂于大全方紫苏饮加补气药，与十数贴，因得男而甚快。后遂以此方，随母之形色性禀，参以时令加减与之，无不应者，因名其方曰大达生散。

难产胞损淋沥论

常见尿胞因收生者不谨，以致破损而得淋沥病，遂为废疾。一日有徐姓妇，壮年得此，因思肌肉破伤，在外者且可补完，胞虽在腹，恐亦可治。遂诊其脉，虚甚，曰：难产之由，多是气虚；难产之后，血气尤虚，试与峻补。因以参、术为君。芎、归为臣，桃仁、陈皮、黄芪、茯苓为佐，而煎以猪羊胞中汤，极饥时饮之，但剂率用一两，至一月而安。盖是气血骤长，其胞自完，恐稍迟缓，亦难成功。

胎妇转胞病论

转胞病，胎妇之禀受弱者，忧闷多者，性急躁者，食味厚者，大率有之。古方皆用滑利疏导药，鲜有应效。因思胞为胎所堕，

---

〔1〕弱　此下原有"久坐"二字，据庚子本删。

展在一边，胞系了戾不通耳。胎若举起，悬在中央，胞系得疏，水道自行。然胎之坠下，必有其由。一日吴宅宠人患此，脉之两手似涩，重取则弦，然左手稍和，余曰：此得之忧患。涩为血少气多，弦为有饮，血少则胞[1]弱而不能自举，气多有饮，中焦不清而溢，则胞之所避而就下，故坠。遂以四物汤加参、术、半夏、陈皮、生甘草、生姜、空心饮，随以指探喉中，吐出药汁，俟少顷气定，又与一贴，次早亦然，如是与八贴而安。此法未为的确，恐偶中耳。后又历用数人亦效，未知果如何耶！仲景云：妇人本肥盛，且举自满，全羸瘦，且举空减，胞系了戾，亦致胞转。其义未详，必有能知之者。

乳硬论

乳房，阳明所经。乳头，厥阴所属。乳子之母，不知调养，怒忿所逆，郁闷所遏，厚味所酿，以致厥阴之气不行，故窍不得通而汁不得出；阳明之血沸腾，故热甚而化脓。亦有所乳之子，膈有滞痰，口气焮热，含乳而睡，热气所吹，遂生结核。于初起时，便须忍痛，揉令稍软，吮令汁透，自可消散。失此不治，必成痈疖。治法：疏厥阴之滞以青皮，清阳明之热细研石膏，行污[2]浊之血以生甘草之节，消肿导毒以瓜蒌子，或加没药、青橘叶、皂角刺、金银花、当归，或汤或散，或加减随意消息，然须以少酒佐之。若加以艾火两三壮于肿处，其效尤捷。彼村[3]工喜于自炫，便用针刀引惹拙病[4]，良可哀悯！若夫不得于夫，不得于舅姑，忧怒郁闷，昕[5]夕积累，脾气消阻，肝气横逆，遂成隐核，如大棋子，不痛不痒，数十年后方为疮陷，名曰奶岩，以其疮形嵌凹似岩穴也，不可治矣。若

〔1〕胞　庚子本作“胎”。
〔2〕污　庚子本作“瘀”。
〔3〕村　正脉本、云林阁本均作“庸”。
〔4〕病　正脉本、云林阁本均作“痛”。
〔5〕昕（xīn 欣）　旦，日将出之时。

于始生之际，便能消释病根，使心清神安，然后施之以治法，亦有可安之理。予族侄妇年十八时，曾得此病，察其形脉稍实，但性急躁，伉俪自谐，所难者后姑耳。遂以《本草》单方青皮汤，间以加减四物汤，行以经络之剂，两月而安。

受 胎 论

成胎以精血之后。先分男女者，褚澄之论，愚切惑焉。后阅李东垣之方，有曰：经水断后一二日，血海始净，精胜其血，感者成男；四五日后，血脉已旺，精不胜血，感者成女，此确论也。《易》曰：乾道成男，坤道成女。夫乾坤，阴阳之情性也；左右，阴阳之道路也；男女，阴阳之仪象也。父精母血，因感而会，精之施也。血能摄精成其子，此万物资始于乾元也；血成其胞，此万物资生于坤元也。阴阳交媾，胎孕乃凝，所藏之处，名曰子宫。一系在下，上有两歧，一达于左，一达于右。精胜其血。则阳为之主，受气于左子宫而男形成；精不胜血，则阴为之主，受气于右子宫而女形成。或曰：分男分女，吾知之矣。男不可为父，女不可为母，与男女之兼形者，又若何而分之耶？余曰：男不可为父，得阳气之亏者也；女不可为母，得阴气之塞者也。兼形者。由阴为驳气所乘而成，其类不一。以女函男有二，一则遇男为妻，遇女为夫，一则可妻而不可夫。其有女具男之全者，此又驳之甚者。或曰：驳气所乘，独见于阴，而所乘之形，又若是之不同耶？予曰：阴体虚，驳气易于乘也。驳气所乘，阴阳相混。无所为主，不可属左，不可属右，受气于两歧之间，随所得驳气之轻重而成形，故所兼之形，有不可得而同也。

人迎气口论

六阳六阴脉，分属左右手。心、小肠、肝、胆、肾、膀胱在左，主血；肺、大肠、脾、胃、命门、三焦在右，主气。男以气成胎，故气为之主；女以血成胎，故血为之主。若男子久病，气口充于人迎者，有胃气也，病虽重可治；女子久病，人迎充于气口者，有胃气也，病虽重可治。反此者逆。或曰：人迎在左，气口在右，男女所同，不易之位也。《脉法赞》曰：左大顺男，右大顺女。何子言之悖耶？曰：《脉经》一部，王叔和谆谆于教医者，此左右手以医者为主而言，若主于病者，奚止千里之谬！

春宣论

春，蠢也。阳气升浮，草木萌芽，蠢然而动。前哲谓春时人气在头，有病宜吐。又曰：伤寒大法，春宜吐，宣之为言扬也。谓吐之法，自上出也。今之世俗，往往有疮痍者，膈满者，虫积者，以为不于春时宣泻以毒药，不可愈也。医者遂用牵牛、巴豆、大黄、枳壳、防风辈为丸，名之曰春宣丸，于二月、三月服之，得下利而止。于初泻之时，脏腑得通，时暂轻快。殊不知气升在上，则在下之阴甚弱，而用利药戕贼其阴，其害何可胜言。况仲景用承气汤等下药，必有大满，大实坚，有燥屎，转矢气，下逼迫，而无表证者，方行此法。可下之证未悉俱，犹须迟以待之。泄利之药，其可轻试乎！余伯考，形肥骨瘦，味厚性沉，五十岁，轻于听信，忽于三月半赎春宣丸一贴，服之下两三行，每年率以为常。至五十三岁时，七月初炎热之甚，无病暴死，此岂非妄认春宣为春泻而致祸耶？自上召下曰宣，宣之一字，吐也明矣。张子和先生已详论之，昔贤岂妄言哉？详之审订无疑。后之死者，又有数人，愚故表而出之，以为后人之戒。

醇酒宜冷饮论

醇酒之性，大热有[1]大毒，清香美味，既适于口，行气和血，亦

〔1〕有　正脉本无此字。

宜于体，由是饮者不自觉其过于多也。不思肺属金，性畏火，其体脆，其位高，为气之主，肾之母，木之夫，酒下咽膈，肺先受之。若是醇者，理宜冷饮，过于肺，入于胃，然后渐温。肺先得温中之寒，可以补气，一益也；次得寒中之温，可以养胃，二益也；冷酒行迟，传化以渐，不可恣饮，三益也。古人终日百拜，不过三爵，既无酒病，亦免酒祸。今余稽之于《礼经》，则曰：饮齐[1]视冬时。饮齐，酒也；视，犹比也；冬时，寒也。参之《内经》，则曰：热因寒用。厥旨深矣。今则不然，不顾受伤，只图取快。盖热饮有三乐存焉，膈滞通快，喉舌辛美，杯行可多。不知酒性喜升，气必随之，痰郁于上，溺涩于下，肺受贼邪，金体必燥；恣饮寒凉，其热内郁，肺气得热，必大伤耗。其始也病浅，或呕吐，或自汗，或疮痍，或鼻齄，或自泄，或心脾痛，尚可发散而去之。若其久也，为病深矣，为消为渴，为内疽，为肺痿，为内痔，为鼓胀，为失明，或喘哮，为劳嗽，为癫痫，亦为难明之病，倘非具眼，未易处治，可不谨乎！或曰：人言一盏冷酒，须二盏血乃得行，酒不可冷饮明矣。余曰：此齐东之语耳。今参之于经，证之以理，发之为规戒，子以为迂耶？

痈疽当分经络论

六阳经、六阴经之分布周身，有多气少血者，有少气多血者，有多气多血者，不可一概论也。若夫要害处，近虚怯薄处，前哲已曾论及，惟分经之言未闻也，何则？诸经惟少阳、厥阴经之生痈疽，理宜预防，以其多气少血，其血本少，肌肉难长，疮久未合，必成死证。其有不思本经少血，遽用驱毒利药，以伐其阴分之血，祸不旋踵矣。请述一二成败之迹，以告来者。余从叔父平生多虑，质弱神劳，年近五十，忽左膊外侧廉上起一小红肿，大约如栗。予视之曰：慎勿轻视，且生与人参大料作汤，得一二[2]斤为好。人未

---

〔1〕齐　通“剂”。

〔2〕一二　正脉本、云林阁本均作“二三”。

之信，谩进小贴数服，未解而止。旬余值大风拔木，疮上起一道红如线，绕至背胛，直抵右肋，予曰：必大料人参，少加当归、川芎、陈皮、白术等补剂与之。后与此方，两阅月而安。又东阳李兄，年逾三十，形瘦肤厚，连得忧患，又因作劳，且过于色，忽左腿外侧廉上一红肿，其大如栗。一医问其大腑坚实，与承气两贴下之，不效；又一医教与大黄、朱砂、生粉草、麒麟竭，又二三贴；半月后召予视之，曰：事去矣。又一李兄，年四十余而面稍白，神甚劳，忽胁下生一红肿如桃，一人教用补[1]剂，众笑且排，于是流气饮、十宣散杂而进之。旬余召予视之，予曰：非惟不与补药，抑且多得解利，血气俱惫矣。已而果然。或曰：太阳经非多血少气者乎？何臀痈之生，初无甚苦，往往间有不救者，吾子其能治之乎？予曰：臀居小腹之后，而又在其下，此阴中之阴也。其道远，其位僻，虽曰多血，气运不到，气既不到，血亦罕来。中年之后，不可生痈，才有痛肿，参之脉证，但见虚弱，便与滋补，血气无亏，可保终吉。若用寻常驱热拔毒纾气之药，虚虚之祸，如指诸掌。

脾约丸论

成无己曰：约者，结约之约，又约束之约[2]。胃强脾弱，约束津液不得四布，但输膀胱，故小便数而大便硬，故曰脾约。与此丸以下脾之结燥，肠润结化，津流入胃，大便利，小便少而愈矣，愚切有疑焉。何者？既曰约，脾弱不能运也。脾弱则土亏矣，必脾气之散，脾血之耗也。原其所由，久病、大下、大汗之后，阴血枯槁，内火燔灼，热伤元气，又伤于脾，而成此证。伤元气者，肺金受火，气无所摄。伤脾者，肺为脾之子，肺耗则液竭，必窃母气以自救，金耗则木寡于畏，土欲不伤，不可得也。脾失转输之令，肺失传送之官，宜大便秘而难下，小便数而无藏蓄也。理宜滋养阴血，使孤

---

〔1〕补　原作“神”，据庚子本改。

〔2〕又约束之约　正脉本、云林阁本均无此五字。

阳之火不炽，而金行清化，木邪有制，脾土清健而运行，精液乃能入胃，则肠润而通矣。今以大黄为君，枳实、厚朴为臣，虽有芍药之养血，麻仁、杏仁之温润为之佐使，用之热甚而气实者，无有不安。愚恐西北二方，地气高厚，人禀壮实者可用。若用于东南之人，与热虽盛而血气不实者，虽得暂通，将见脾愈弱而肠愈燥矣。后之欲用此方者，须知在西北以开结为主，在东南以润燥为主，慎勿胶柱而调瑟。

鼓胀论

心肺，阳也，居上；肝肾，阴也，居下；脾居中亦阴也，属土。经曰：饮食入胃，游溢精气，上输于脾，脾气散精，上归于肺，通调水道，下输膀胱，水精四布，五经并行。是脾具坤静之德，而有乾健之运，故能使心肺之阳降，肾肝之阴升，而成天地交之泰[1]，是为无病之人。今也七情内伤，六淫外侵，饮食不节，房劳致虚，脾土之阴受伤，转输之官失职，胃虽受谷，不能运化，故阳自升，阴自降，而成天地不交之否[2]。于斯时也，清浊相混，隧[3]道壅塞，气化浊血，瘀郁而为热。热留而久，气化成湿，湿热相生，遂成胀满，经曰鼓胀是也。以其外虽坚满，中空无物，有似于鼓，其病胶固，难以治疗，又名曰蛊。若虫侵蚀，有蛊之义。验之治法，理宜补脾，又须养肺金以制木，使脾无贼邪之虑；滋肾水以制火，使肺得清化之令。却盐味以防助邪，断妄想以保母气，无有不安。医不察病起于虚，急于作效，炫能希赏；病者苦于胀急，喜行利药，以求一时之快。不知宽得一日、半日，其肿愈甚，病邪甚矣，真气伤矣，去死不远。古方惟禹余粮丸，又名石中黄丸，又名紫金丸，制肝补脾，殊为切当，亦须随证，亦须顺时，加减用之。余友俞仁叔，儒而医，连得家难，年五十得此疾，自制禹余粮丸服之。予诊其

---

〔1〕泰　卦名，六十四卦之一。
〔2〕否（pǐ 匹）　卦名，六十四卦之一。
〔3〕隧　原作“随”，据庚子本改。

脉，弦涩而数[1]。曰：此丸新制，煅炼之火邪尚存，温热之药太多，宜自加减，不可执方。俞笑曰：今人不及古人，此方不可加减。服之一月，口鼻见血色，骨立而死。又杨兄年近五十，性嗜好酒，病疟半年，患胀病，自察必死，来求治。诊其脉，弦而涩，重则大，疟未愈，手足瘦而腹大，如蜘蛛状。予教以参、术为君，当归、川芎、芍药为臣，黄连、陈皮、茯苓、厚朴为佐，生甘草些少，作浓汤饮之，一日定三次，彼亦严守戒忌。一月后，疟因汗而愈；又半年，小便长而胀愈。中间虽稍有加减，大意只是补气行湿。又陈氏年四十余，性嗜酒，大便时见血，于春间患胀，色黑而腹大，其形如鬼。诊其脉，数而涩，重似弱，予以四物汤加黄连、黄芩、木通、白术、陈皮、厚朴、生甘草作汤与之，近一年而安。一补气，一补血，余药大率相出入，皆获安，以保天寿。或曰：气无补法，何子补气而获安，果有说以通之乎？予曰：气无补法，世俗之言也。以气之为病，痞闷壅塞，似难于补，恐增病势。不思正气虚者，不能运行，邪滞所著而不出，所以为病。经曰：壮者气行则愈，怯者著而成病。苟或气怯不用补法，气何由行！或曰：子之药审则审矣，何效之迟也？病者久在床枕，必将厌子之迂而求速效者矣。予曰：此病之起，或三五年，或十余年，根深矣，势笃矣，欲求速效，自求祸耳。知王道者，能治此病也。或曰：胀病将终不可与利药耶？予曰：灼知其不因于虚，受病亦浅，脾胃尚壮，积滞不痼，而又有可下之证，亦宜略与疏导，若授张子和浚川散、禹功丸为例，行迅攻之策[2]，实所不敢。

疝气论

疝气之甚者，睾丸连小腹急痛也。有痛在睾丸者，有痛在五枢穴边者，皆足厥阴之经也。或有形，或无形，或有声，或无声，

---

〔1〕数　正脉本、云林阁本此下均有“紧”字。
〔2〕策　庚子本作“药”。

有形如瓜，有声如蝉[1]，自《素问》以下，历代名医皆以为寒。盖寒主收引，经络得寒，故引不行，所以作痛，理固然也。有得寒而无疝者，又必有说以通之可也。予尝屡因门户雪上有霜，没脐之水，踢[2]冰徒涉，不曾病此，以予素无热在内也。因而思之，此证始于湿热在经，郁而至久，又得寒气外束，湿热之邪不得疏散，所以作痛。若只作寒论，恐为未备。或曰：厥阴一经，其道远，其位卑，郁积湿热，何由而致？予曰：大劳则火起于筋，醉饱则火起于胃，房劳则火起于肾，大怒则火起于肝。本经火积之久，母能生子虚，湿气便盛。厥阴属木系于肝，为将军之官，其性急速，火性[3]又暴，为寒所束，宜其痛之大暴也。愚见有用乌头、栀子等分，作汤用之，其效亦敏。后因此方，随证与形加减用之，无有不应。然湿热又须分多少而始治，但湿者肿多㿗病是也。又有挟虚而发者，当以参、术为用，而以疏导药佐之。诊其脉，有甚沉紧而大豁无力者是也，其痛亦轻，惟觉重坠牵引耳。

秦桂丸论

无子之因，多起于妇人。医者不求其因起于何处，遍阅古方，惟秦桂丸其辞确，其意专，用药温热，近乎人情，欣然授之，锐然服之，甘受燔灼之祸，犹有懵[4]然不悔。何者？阳精之施也，阴血能摄之，精成其子，血成其胞，胎孕乃成。今妇人之无子者，率由血少不足以摄精也。血之少也，固非一端，然欲得子者，必须补其阴血。使无亏欠，乃可推其有余，以成胎孕，何乃轻用热剂，煎熬脏腑，血气沸腾，祸不旋踵矣。或曰：春气温和则万物发生，冬气寒凛则万物消殒，非秦桂丸之温热，何由得子脏温暖而成胎耶？予曰：《诗》言妇人和平，则乐有子。和则气血不乖，平则阴阳不争。今得

---

〔1〕蝉　正脉本、云林阁本均作“蛙”。
〔2〕踢　庚子本作“履”。
〔3〕性　正脉本、云林阁本此下均有“且”字。
〔4〕懵（měng 蒙）　糊涂、不明事理。《玉篇》：“懵，心乱心迷也。”

此药，经血转紫黑，渐成衰少，或先或后，始则饮食骤进，久则口苦而干，阴阳不平，血气不和，疾病蜂起，焉能成胎？纵使成胎生子，亦多病而不寿。以秦桂丸之耗损天真之阴也，戒之慎之！郑廉使之子，年十六，求医曰：我生七个月患淋病，五日、七日必一发。其发也大痛，扪地叫天，水道方行，状如漆如粟者，约一盏许，然后定。诊其脉，轻则涩，重则弦；视其形，瘦而稍长，其色青而苍；意其父，必因多服下部药，遗热在胎，留于子之命门而然。遂以紫雪和黄柏细末，丸梧子大，晒十分干，而与二百丸作一服，经二时又与三百丸作一服[1]，率以热汤下，以食物压之。又经半日，痛大作连腰腹，水道乃行，下如漆和粟者一大碗许，其病减十分之八。后张子忠以陈皮一两，桔梗、木通各半两，作一贴与之，又下漆粟者一合许，遂安。父得燥热，且能病子，况母得之者乎！余书此以证东垣红丝瘤之事。

恶寒非寒病恶热非热病论

经曰：恶寒战栗，皆属于热。又曰：禁栗如丧神守，皆属于火。恶寒者，虽当炎月，若遇风霜，重绵在身，自觉凛凛战栗。禁栗，动摇之貌；如丧神守，恶寒之甚。《原病式》曰：病热甚而反觉自冷，此为病热，实非寒也。或曰：往往见有得热药而少愈者何也？予曰：病热之人，其气炎上，郁为痰饮，抑遏清道，阴气不升，病热尤甚，积痰得热，亦为暂退，热势助邪，其病益深。或曰：寒热如此，谁敢以寒凉与之，非杀之而何？予曰：古人遇战栗之证，有以大承气下燥粪而愈者。恶寒战栗，明是热证，但有虚实之分耳。经曰：阴虚则发热。夫阳在外为阴之卫，阴在内为阳之守。精神外驰，嗜欲无节，阴气耗散，阳无所附，遂致浮散于肌表之间而恶热也，实非有热，当作阴虚治之，而用补养之法可也。或曰：恶寒非寒，宜用寒药；恶热非热，宜用补药。甚骇耳目，明示我之法可乎？予曰：进士周本道，年逾三十，得恶寒病，服附子数日而病甚，求予治。诊其脉，弦而似

---

〔1〕经二时又与三百丸作一服　正脉本、云林阁本均无此十一字。

缓，予以江茶入姜汁、香油些少，吐痰一升许，减绵大半。周甚喜，予曰：未也，燥热已多，血伤亦深，须淡食以养胃，内观以养神，则水可生而火可降。彼勇于仕进，一切务外，不守禁忌。予曰：若多与补血凉药亦可稍安，内外不静，肾水不生，附毒必发。病安后，官于婺城，巡夜冒寒，非附子不可疗，而性怕生姜，只得以猪腰子作片，煮附子，与三贴而安。予曰：可急归。知其附毒易发，彼以为迂。半年后，果发背而死。又司丞叔，平生脚自踝以下常觉热，冬不可加绵于上，常自言曰：我禀质壮，不怕冷。予曰：此足三阴之虚，宜早断欲事，以补养阴血，庶乎可免。笑而不答。年方五十，患痿，半年而死。观此二人，治法盖可知矣。或曰：伤寒病恶寒、恶热者亦是虚耶？予曰：若病伤寒者，自外入内，先贤论之详矣，愚奚庸赘？

经水或紫或黑论

经水者，阴血也。阴必从阳，故其色红，禀火色也。血为气之配，气热则热，气寒则寒，气升则升，气降则降，气凝则凝，气滞则滞，气清则清，气浊则浊。往往见有成块者，气之凝也；将行而痛者，气之滞也；来后作痛者，气血俱虚也；色淡者亦虚也；错经妄行者，气之乱也；紫者气之热也；黑者热之甚也。人但见其紫者、黑者、作痛者、成块者，率指为风冷，而行温热之剂，祸不旋踵矣。良由《病源》论月水诸病，皆曰风冷乘之，宜其相习而成俗也。或曰：黑，北方水之色也。紫淡于黑，非冷而何？予曰：经曰：亢则害，承乃制。热甚者必兼水化，所以热则紫，甚则黑也。况妇人性执而见鄙，嗜欲加倍，脏腑厥阴[1]之火，无日不起，非热而何？若夫风冷必须外得，设或有之，盖千百而一二者也。

石膏论

《本草》药之命名，固有不可晓者，中间亦多有意义，学者不

〔1〕阴　原作“阳”，据文义改。

可以不察。以色而名者，大黄、红花、白前、青黛、乌梅之类是也；以形而名者，人参、狗脊、乌头、贝母、金铃子之类是也；以气而名者，木香、沉香、檀香、麝香、茴香之类是也；以质而名者，厚朴、干姜、茯苓、生熟地黄之类是也；以味而名者，甘草、苦参、淡竹叶、草龙胆、苦酒之类是也；以能而名者，百合、当归、升麻、防风、滑石之类是也；以时而名者，半夏、茵陈、冬葵、寅鸡、夏枯草之类是也。以石膏火煅细研，醋调封丹炉，其固密甚于脂，苟非有膏，焉能为用？此兼质与能而得名，正与石脂同意。阎孝忠妄以方解石为石膏。况石膏其味甘而辛，本阳明经药，阳明主肌肉，其甘也，能缓脾益气，止渴去火；其辛也，能解肌出汗，上行至头，又入手太阴、手少阳。彼方解石者，止有体重质坚性寒而已，求其所谓有膏，而可为三经之主治者焉在哉？医欲责效，不亦难乎！

脉大必病进论

脉，血之所为，属阴；大，洪之别名，火之象，属阳。其病得之于内伤者，阴虚为阳所乘，故脉大，当作虚治之。其病得之于外伤者，邪客于经脉亦大，当作邪胜治之。合二者而观之，皆病证方长之势也，谓之病进不亦宜乎！海藏云：君侵臣之事也。孰为是否，幸有以教之。

生气通天论病因章句辩

《礼记》曰：一年视离经。谓离析经理，在乎章句之绝。《内经·生气通天论》病因四章，第一章论因于寒，欲如运枢，以下三句与上文意不相属，皆衍文也。体若燔炭，汗出而散两句，当移在此。夫寒邪初客于肌表，邪郁而为热，有似燔炭，得汗则解，此仲景麻黄汤之类是也。第二章论因于暑，暑者，君火为病，火主动则散，故自汗烦渴而多言也。第三章论因于湿，湿者，土浊之气，首为诸阳之会，其位高而气清，其体虚故聪明得而系焉。浊气熏蒸，清道不通，沉重而不爽利，似乎有物以蒙冒之。失而不治，湿郁为热，热留不去。大筋软短者，热伤血，不能养筋，故为拘挛；小筋弛长者，湿伤筋，不能束骨，故为痿弱。因于湿，首如裹，各三字为句，湿热不攘以下，各四字为句，文正而意明。第四章论因于气为肿，下文不序病证，盖是脱简。四维相代二句，与上文意不相属，亦衍文也。王太仆曰：暑热湿气三病，皆以为发于伤寒之毒，次第相仍，展转生病，五段通为一章，余有疑焉。暑病不治，伏而生热，热久生湿，湿久气病，盖有之矣。《内经》止有冬伤于寒，不即病至夏有热病之言，未闻寒毒伏藏，至夏发于暑病。至于湿病，亦蒙上文之热，谓反湿其首，望[1]湿物裹之。望除其热，当以因于湿首为句。如裹湿又为句，则湿首之湿，裹湿之湿，皆人为也，与上下文列言寒暑之病，因文义舛乖，不容于不辩。或曰：先贤言温湿、寒湿、风湿矣，未闻有所谓湿热病者，考之《内经》亦无有焉，吾子无乃失之迂妄耶？予曰：六气之中，湿热为病，十居八九。《内经》发明湿热，此为首出。《至真要大[2]论》曰：湿上甚而热，其间或言湿而热在中者，或曰热而湿在中者，此圣人爱人论道之极，致使天下后世不知湿热之治法者，太仆启之也。君其归，取《原病式》熟读而审思之，幸甚。

太仆章句

因于寒，欲如运枢，起居如惊，神气乃浮。

因于暑，汗，烦则喘喝，静则多言，体若燔炭，汗出而散。

因于湿首句，如裹湿句，热不攘句，大筋软短，小筋弛长，软短为拘，弛长为痿。

因于气为肿云云。

新定章句

因于寒，体若燔炭，汗出而散。

---

〔1〕望　据《素问·生气通天论》及下文“如裹湿”句，当作“如”。

〔2〕要大　原作“大要”，据《素问》改。

因于暑，汗，烦则喘喝，静则多言。

因于湿句，首如裹句，湿热不攘句，大筋软短，小筋弛长，软短为拘，弛长为痿。

因于气为肿云云。

倒仓论

经曰：肠胃为市，以其无物不有，而谷为最多，故谓之仓，若积谷之室也。倒者，倾去积旧而涤濯，使之洁净也。胃居中，属土，喜容受而不能自运者也。人之饮食，遇适口之物，宁无过量而伤积之乎？七情之偏，五味之厚，宁无伤于冲和之德乎？糟粕之余，停痰瘀血，互相纠缠，日积月深，郁结成聚，甚者如核桃之穰，诸般奇形之虫，中宫不清矣，土德不和矣。诚于中形于外，发为瘫痪、为劳瘵、为蛊胀、为癞疾、为无名奇病。先哲制为万病丸、温白丸等剂，攻补兼施，寒热并用，期中病情，非不工巧，然不若倒仓之为便捷也。以黄牡牛肉[1]择肥者，买一二十斤，长流水煮糜[2]烂，融入汤中为液，以布滤出渣滓，取净汁，再入锅中，文火熬成琥珀色则成矣。每饮一钟，少时又饮，如此者积数十钟，寒月则重汤温而饮之。病在上者，欲其吐多；病在下者，欲其利多；病在中者，欲其吐下俱多，全在活法而为之缓急多寡也。须先置一室明快而不通者，以安病人，视所出之物，可尽病根则止。吐利后或渴，不得与汤，其小便必长，取以饮病者，名曰轮回酒。与一二碗，非惟可以止渴，抑且可以涤濯余垢。睡一二日，觉饥甚，乃与粥淡食之；待三日后，始与少菜羹自养；半月觉精神焕发，形体轻健，沉疴悉安矣。其后须五年忌牛肉。吾师许文懿，始病心痛，用药燥热香辛，如丁、附、桂、姜辈，治数十年，而足挛痛甚，且恶寒而多呕，甚而至于灵砂、黑锡、黄芽、岁丹，继之以艾火十余万，又杂

〔1〕肉　原无，据文义补。

〔2〕糜　通“靡”。

治数年而痛甚，自分为废人矣，众工亦技穷矣。如此者又数年，因其烦渴恶食者一月，以通圣散与半月余，而大腑逼迫后重，肛门热气如烧，始时下积滞如五色烂锦者，如桕烛油凝者，近半月而病似退，又半月而略思谷，而两足难移，计无所出。至次年三月，遂作此法，节节如应，因得为全人。次年再得一男，又十四年以寿终。其余与药，一妇人久年脚气，吐利而安。又镇海万户萧伯善公，以便浊而精不禁，亲与试之有效。又临海林兄，患久嗽吐红，发热消瘦，众以为瘵，百方不应，召予视之，脉两手弦数，日经夜重，计无所出，亦因此而安，时冬月也。第二年得一子。牛，坤土也，黄土之色也，以顺为德，而效法乎健，以为功者，牡之用也。肉者，胃之乐[(1)]也，熟而为液，无形之物也，横散入肉络，由肠胃而渗透肌肤、毛窍、爪甲，无不入也。积聚久则形质成，依附肠胃回薄曲折处，以为栖泊之窠臼，阻碍津液气血，熏蒸燔灼成病，自非剖肠刮骨之神妙，孰能去之？又岂合匀[(2)]铢两之丸散，所能窍[(3)]犯其藩墙户牖乎？窃详肉液之散溢，肠胃受之，其厚皆倍于前，有似乎肿，其回薄曲折处，非复向时之旧，肉液充满流行，有如洪水泛涨，其浮莝陈朽，皆推逐荡漾，顺流而下，不可停留。表者因吐而汗，清道者自吐而涌，浊道者自泄而去，凡属滞碍，一洗而定。牛肉，全重厚和顺之性，盎然涣然，润泽枯槁，补益虚损，宁无精神涣发之乐乎？正似武王克商之后，散财发粟，以赈殷民之仰望也。其方出于西域之异人，人于中年后亦行一二次，亦却疾养寿之一助也。

相火论

太极动而生阳，静而生阴，阳动而变，阴静而合，而生水、火、木、金、土，各一其性。惟火有二，曰君火，人火也；曰相火，天火也。火内阴而外阳，主乎动者也，故凡动皆属火。以名而言，形

---

〔1〕乐　庚子本作“药”。

〔2〕匀　原作“勾”，据云林阁本、庚子本改。

〔3〕窍　庚子本作“窥”。

气相生，配于五行，故谓之君；以位而言，生于虚无，守位禀命，因其动而可见，故谓之相。天主生物，故恒于动；人有此生，亦恒于动；其所以恒于动，皆相火之为也。见于天者，出于龙雷，则木之气；出于海，则水之气也。具于人者，寄于肝肾二部，肝属木而肾属水也。胆者，肝之腑；膀胱者，肾之腑；心胞络者，肾之配；三焦以焦言，而下焦司肝肾之分，皆阴而下者也。天非此火不能生物，人非此火不能有生。天之火虽出于木，而皆本乎地。故雷非伏，龙非蛰，海非附于地，则不能鸣，不能飞，不能波也。鸣也，飞也，波也，动而为火者也。肝肾之阴，悉具相火，人而同乎天也。或曰：相火，天人之所同，何东垣以为元气之贼？又曰：火与元气不两立，一胜则一负。然则，如之何而可以使之无胜负也？曰：周子曰：神发知矣。五性感物而万事出，有知之后，五者之性为物所感，不能不动。谓之动者，即《内经》五火也。相火易起，五性厥阳之火相扇，则妄动矣。火起于妄，变化莫测，无时不有，煎熬真阴，阴虚则病，阴绝则死。君火之气，经以暑与湿言之；相火之气，经以火言之，盖表其暴悍酷烈，有甚于君火者也，故曰相火元气之贼。周子又曰：圣人定之以中正仁义而主静。朱子曰：必使道心常为一身之主，而人心每听命焉。此善处乎火者。人心听命乎道心，而又能主之以静。彼五火之动皆中节，相火惟有裨补造化，以为生生不息之运用耳，何贼之有？或曰：《内经》相火，注曰少阴、少阳矣，未尝言及厥阴、太阳，而吾子言之何邪？曰：足太阳、少阴，东垣尝言之矣，治以炒蘖，取其味辛能泻水中之火是也。戴人亦言：胆与三焦寻火治，肝和胞络都无异。此历指龙雷之火也。予亦备述天人之火皆生于动，如上文所云者，实推广二公之意。或曰：《内经》言火不一，往往于六气见之，言脏腑者未之见也。二公岂它有所据耶？子能为我言之乎？经曰：百病皆生于风、寒、暑、湿、燥、火之动而为变者。岐伯历举病机一十九条，而属火者五，此非相火之为病之出于脏腑者乎？考诸《内经》，少阳病为瘈疭，太阳病时眩仆，少阴病瞀、暴喑、郁冒、不知人，非诸热瞀瘈之属火乎？少阳病恶寒鼓栗、胆病振寒，少阴病洒淅恶寒振栗，厥阴病洒淅振寒，非诸禁鼓栗如丧神守之属火乎？少阳病呕逆，厥气上行，膀胱病冲头痛，太阳病厥气上冲胸，小腹控睾引腰脊上冲心，少阴病气上冲胸，呕逆，非诸逆冲上之属火乎？少阳病谵妄，太阳病谵妄，膀胱病狂颠，非诸躁狂越之属火乎？少阳病胕肿善惊，少阴病瞀热以酸，胕肿不能久立，非诸病胕肿疼酸惊骇之属火乎？又《原病式》曰：诸风掉眩属于肝，火之动也；诸气𦜮郁病痿属于肺，火之升也；诸湿肿满属于脾，火之胜也；诸痛痒疮疡属于心，火之用也；是皆火之为病，出于脏腑者然也，注文未之发耳。以陈无择之通敏，且以暖炽论君火，日用之火言相火，而又不曾深及，宜乎后之人不无聋瞽也，悲夫！

左大顺男右大顺女论

肺主气，其脉居右寸，脾、胃、命门、三焦各以气为变化运用，故皆附焉。心主血，其脉居左寸，肝、胆、肾、膀胱皆精血之隧道管库，故亦附焉。男以气成胎，则气为之主；女挟血成胎，则血为之主。男子久病，右脉充于左者，有胃气也，病虽重可治；女子久病，左脉充于右者，有胃气也，病虽重可治。反此者，虚之甚也。或曰：左，心、小肠、肝、胆、肾、膀胱；右，肺、大肠、脾、胃、命门、三焦。男女所同，不易之位也。《脉法赞》曰：左大顺男，右大顺女。吾子之言，非惟左右倒置，似以大为充，果有说以通之乎？曰：大，本病脉也。今以大为顺，盖有充足之义，故敢以充言之。《脉经》一部，谆谆于教为医者尔，此左右当以医者为言，若主于病，奚止于千里之谬。或曰：上文言肝、心出左，脾、肺出右，左主司官，右主司府，下文言左为人迎，右为气口，皆以病人之左右而为言，何若是之相反耶？曰：《脉经》第九篇之第五章，上文大、浮、数、动、长、滑、沉、涩、弱、弦、短、微，此言形状之阴阳；下文关前关后等语，又言部位之阴阳；阴附阳，阳附阴，皆言血气之阴阳。同为论脉之阴阳，而所指不同若此，上下异文，何足疑乎！赞曰：阴病治官非治血乎，阳病治府非治气乎。由此参考，或恐于经意有合。

茹淡论

或问：《内经》谓：精不足者，补之以味。又曰：地食人以五味。古者年五十食肉，子今年迈七十矣，尽却盐醯[1]，岂中道乎？何子之神茂而急泽也？曰：味有出于天赋者，有成于人为者。天之所赋者，若谷菽菜果，自然冲和之味，有食人补阴之功，此《内经》所谓味也；人之所为者，皆烹饪调和偏厚之味，有致疾伐命之毒，此吾子所疑之味也。今盐醯之却，非真茹淡者，大麦与栗之咸，粳米、山药之甘，葱、薤之辛之类，皆味也。子以为淡乎！安于冲和之味者，心之收，火之降也；以偏厚之味为安者，欲之纵，火之胜也。何疑之有？《内经》又曰：阴之所生，本在五味。非天赋之味乎？阴之五宫，伤在五味。非人为之味乎？圣人防民之具，于是为备。凡人饥则必食，彼粳米甘而淡者，土之德也，物之属阴而最补者也，惟可与菜同进。经以菜为充者，恐于饥时顿食，或虑过多，因致胃损，故以菜助其充足，取其疏通而易化，此天地生物之仁也。《论语》曰：肉虽多，不使胜食气。《传》曰：宾主终日百拜，而酒三行，以避酒祸。此圣人施教之意也。盖谷与肥鲜同进，厚味得谷为助，其积之也久，宁不助阴火而致毒乎？故服食家在却谷者则可，不却谷而服食，未有不被其毒者。《内经》谓：久而增气，物化之常，气增而久，夭之由也。彼安于厚味者，未之思尔。或又问：精不足者，补之以味。何不言气补？曰：味，阴也；气，阳也。补精以阴，求其本也。故补之以味，若甘草、白术、地黄、泽泻、五味子、天门冬之类，皆味之厚者也。经曰：虚者补之。正此意也。上文谓形不足者，温之以气，夫为劳倦所伤，气之虚，故不足；温者，养也；温存以养，使气自充，气完[2]则形完矣，故言温不言补。经曰：劳者温之。正此意也。彼为《局方》

---

〔1〕醯（xī 希） 醋。

〔2〕完 庚子本作“充”。

者，不知出此，凡诸虚损证，悉以温热佐辅补药，名之曰温补，不能求经旨者也。

呃逆论

呃，病气逆也。气自脐下直冲，上出于口而作声之名也。书曰：火炎上。《内经》曰：诸逆冲上，皆属于火。东垣谓：火与元气不两立。又谓：火，气之贼也。古方悉以胃弱言之，而不及火，且以丁香、柿蒂、竹茹、陈皮等剂治之。未审孰为降火，孰为补虚。人之阴气，依胃为养，胃土伤损，则木气侮之矣，此土败木贼也。阴为火所乘，不得内守，木夹相火乘之，故直冲清道而上。言胃弱者，阴弱也，虚之甚也。病人见此，似为死证，然亦有实者，不可不知，敢陈其说。赵立道年近五十，质弱而多怒，七月炎暑，大饥索饭，其家不能急具，因大怒。两日后得滞下病，口渴，自以冷水调生蜜饮之甚快，滞下亦渐缓。如此者五七日，召予视，脉稍大不数，遂令止蜜水，渴时但令以人参、白术煎汤，调益元散与之，滞下亦渐收。七八日后，觉倦甚发呃，予知其因下久而阴虚也，令其守前药。然滞下尚未止，又以炼蜜饮之。如此者三日，呃犹未止，众皆尤药之未当，将以姜、附饮之。予曰：补药无速效。附子非补阴者，服之必死。众曰：冷水饭多，得无寒乎？予曰：炎暑如此，饮凉非寒，勿多疑，待以日数，力到当自止。又四日而呃止，滞下亦安。又陈择仁年近七十，厚味之人也，有久喘病，而作止不常。新秋患滞下，食大减，至五七日后呃作，召予视，脉皆大豁，众以为难。予曰：形瘦者尚可为。以人参白术汤下大补丸以补血，至七日而安。此二人者，虚之为也。又一女子年逾笄，性躁味厚，暑月因大怒而呃作，每作则举身跳动，神昏不知人，问之乃知暴病。视其形气俱实，遂以人参芦煎汤饮一碗，大吐顽痰数碗，大汗，昏睡，一日而安。人参入手太阴，补阳中之阴者也，芦则反尔，大泻太阴之阳。女子暴怒气上，肝主怒，肺主气，经曰：怒则气逆。气因怒逆，肝木乘火侮肺，故呃大作而神昏。参芦喜吐，痰尽气降而火衰，金气复位，胃气得和而解。麻黄发汗，节能止汗。谷属金，糠之性热；麦属阳，麸之性凉。先儒谓物物具太极，学者其可不触类而长、引而伸之乎！

房中补益论

或问：《千金方》有房中补益法，可用否？予应之曰：《传》曰：吉凶悔吝生乎动。故人之疾病亦生于动，其动之极也，病而死矣。人之有生，心为火居上，肾为水居下，水能升而火能降，一升一降，无有穷已，故生意存焉。水之体静，火之体动，动易而静难，圣人于此未尝忘言也。儒者立教，曰正心、收心、养心，皆所以防此火之动于妄也。医者立教，恬澹虚无，精神内守，亦所以遏此火之动于妄也。盖相火藏于肝肾阴分，君火不妄动，相火惟有禀命守位而已，焉有燔灼之虐焰，飞走之狂势也哉！《易·兑》取象于少女。兑，说也。遇少男，艮为咸。咸，无心之感也。艮，止也。房中之法，有艮止之义焉。若艮而不止，徒有戕贼，何补益之有？窃详《千金》之意，彼壮年贪纵者，水之体非向日之静也，故著房中之法，为补益之助，此可用于质壮心静，遇敌不动之人也。苟无圣贤之心，神仙之骨，未易为也。女法水，男法火，水能制火，一乐于与，一乐于取，此自然之理也。若以房中为补，杀人多矣。况中古以下，风俗日偷[1]，资禀日薄，说梦向痴，难矣哉。

天气属金说

邵子曰：天依地，地依天，天地自相依附。《内经》曰：大气举之也。夫自清浊肇分，天以气运于外而摄水，地以形居中而浮于水者也。是气也，即天之谓也。自其无极者观之，故曰大气。至清、至刚、至健，属乎金者也。非至刚，不能摄此水；非至健，不能

〔1〕偷 《说文》："薄也。"

运行无息以举地之重；非至清，其刚健不能长上古而不老。或曰：子以天气为属金者，固《易》卦取象之义，何至遂以属金言之乎？善言天者，必有证于人；善言大者，必有譬于小，愿明以告我。曰：天生万物人为贵，人形象天，可以取譬。肺主气，外应皮毛，《内经》谓阳为外卫，非皮毛乎，此天之象也；其包裹骨肉、腑脏于其中，此地之象也；血行于皮里肉腠，昼夜周流无端，此水之象也。合三者而观，非水浮地，天摄水，地悬于中乎！圣人作《易》，取金为气之象，厥有旨哉。

张子和攻击注[1]论

愚阅张子和书，惟务攻击，其意以为正气不能自病，因为邪所客，所以为病也。邪去正气自安，因病有在上、在中、在下深浅之不同，立为汗、吐、下三法以攻之。初看其书，将谓医之法尽于是矣。后因思《内经》有谓之虚者，精气虚也；谓之实者，邪气实也。夫邪所客，必因正气之虚，然后邪得而客之。苟正气实，邪无自入之理。由是于子和之法，不能不致疑于其间。又思《内经》有言，阴平阳秘，精神乃治；阴阳离决，精气乃绝。又思仲景有言，病当汗解，诊其尺脉涩，当与黄芪建中汤补之，然后汗之。于是以子和之书，非子和之笔也。驰名中土，其法必有过于朋辈者，何其书之所言与《内经》、仲景之意若是之不同也？于是决意于得名师，以为之依归，发其茅塞。遂游江湖，但闻某处有某治医，便往拜而问之，连经数郡，无一人焉。后到定城，始得《原病式》、东垣方藁[2]，乃大悟子和之孟浪，然终未得的然之议论，将谓江浙间无可为师者。泰定乙丑夏，始得闻罗太无并陈芝岩之言，遂往拜之。蒙叱骂者五七次，趑趄[3]三阅月，始得降接。因观罗先生治一病僧，黄瘦倦怠。罗公诊其病因，乃蜀人，出家时其母在堂，及游浙右经七

〔1〕注　庚子本作“法”。

〔2〕藁　同“稿”。

〔3〕趑趄(zī jū 资苴)　且前且却，犹豫不进。

年，忽一日念母之心不可遏，欲归无腰缠，徒尔朝夕西望而泣，以是得病。时僧二十五岁，罗令其隔壁泊宿，每日以牛肉、猪肚甘肥等，煮糜烂与之。凡经半月余，且时以慰谕之言劳之，又曰：我与钞十锭作路费，我不望报，但欲救汝之死命尔。察其形稍苏，与桃仁承气，一日三贴下之，皆是血块痰积方止，次日只与熟菜稀粥将息，又半月，其人遂如故。又半月余，与钞十锭遂行。因大悟攻击之法，必其人充实，禀质本壮乃可行也。否则邪去而正气伤，小病必重，重病必死。罗每日有求医者来，必令予[1]诊视脉状回禀，罗但卧听，口授用某药治某病，以某药监某药，以某药为引经，往来一年半，并无一定之方。至于一方之中，自有攻补兼用者，亦有先攻后补者，有先补后攻者。又大悟古方治今病，焉能吻合？随时取中，其此之谓乎！是时罗又言，用古方治今病，正如拆旧屋，揍新屋，其材木非一，不再经匠氏之手，其可用乎？由是又思许学士《释微论》曰：予读仲景书，用仲景之法，然未尝守仲景之方，乃为得仲景之心也。遂取东垣方藁，手自抄录，乃悟治病人，当如汉高祖踪秦暴，周武王踪商之后，自非发财散粟与三章之法，其受伤之气，倦惫之人，何由而平复也？于是定为阴易乏，阳易亢，攻击宜详审，正气须保护，以《局方》为戒哉。

〔1〕予　原作“其”，据文义改。

朱丹溪自撰三种

局方发挥

丹溪医集

局方发挥

金华朱彦修撰

《和剂局方》之为书也，可以据证检方，即方用药，不必求医，不必修制，寻赎见[1]成丸散，病痛便可安痊。仁民之意，可谓至矣！自宋迄今，官府守之以为法，医门传之以为业，病者恃之以立命，世人习之以成俗。然予窃有疑焉，何者？古人以神圣工巧言医，又曰医者意也。以其传授虽的，造诣虽深，临机应变，如对敌之将，操舟之工，自非尽君子随时取[2]中之妙，宁无愧于医乎？今乃集前人已效之方，应今人无限之病，何异刻舟求剑[3]，按图索骥[4]？冀其偶中也[5]，难矣！

或曰：仲景治伤寒，著一百一十三方；治杂病著《金匮要略》[6]二十有三门。历代名方，汗牛充栋[7]，流传至今，明效大验，显然耳目。今吾子致疑于《局方》，无乃失之谬妄乎？

予曰：医之视病问证，已得病之情矣。然病者一身，血气有浅深，体段有上下，脏腑有内外，时月有久近，形志有苦乐，资禀[8]有厚薄，能毒有可否，标本有先后；年有老弱，治有五方，令有四时；某药治某病，某经用某药；孰为正治反治，孰为君臣佐使。合是数者，计较分毫；议方治疗，贵乎适中。今观《局方》，别

〔1〕见　同“现”。
〔2〕取　正脉本作“反”。
〔3〕刻舟求剑　语本《吕氏春秋·察今》。比喻拘泥固执，不知变通。
〔4〕按图索骥　语本《汉书·梅福传》。比喻食古不化，拘泥成法办事。
〔5〕中也　正脉本作“然中”。
〔6〕《金匮要略》　正脉本此下有“曰”字。
〔7〕汗牛充栋　语出《陆文通先生墓表》。这里形容名方之多。
〔8〕资禀　正脉本作“肌肤”。

无病源议论，止于各方条述证候，继以药石之分两，修制药饵之法度，而又勉其多服、常服、久服。殊不知一方通治诸病，似乎立法简便，广络原野，冀获一兔[1]，宁免许学士之诮乎？仲景诸方，实万世医门之规矩准绳也，后之欲为方圆平直者，必于是而取则焉。然犹设为问难，药作何应，处以何法。许学士亦曰：我善读仲景书而知其意，然未尝全用其方。《局方》制作将拟仲景耶？故不揣荒陋，敢陈管见，倘蒙改而正诸，实为医道之幸。今世所谓风病，大率与诸痿证浑[2]同论治，良由《局方》多以治风之药，通治诸痿也。古圣论风、论痿，各有篇目；源流不同，治法亦异，不得不辨。按风论：风者，百病之长，至其变化，乃为他病。又曰善行数变，曰因于露风，曰先受邪，曰在腠理，曰客，曰入，曰伤，曰中。历陈五脏与胃之伤，皆多汗而恶风。其发明风邪系外感之病，有脏腑、内外、虚实、寒热之不同，若是之明且尽也。别无瘫痪、痿弱、卒中不省、僵仆、㖞斜、挛缩、眩运、语涩、不语之文。新旧所录治风之方凡十道，且即至宝丹、灵宝丹论之，曰治中风不语，治中风语涩。夫不语与语涩，其可一例看乎？有失音不语，有舌强不语，有神昏不语，有口禁不语；有舌纵语涩，有舌麻语涩。治大肠风秘，秘有风热，有风虚，曾谓一方可通治乎？又曰：治口鼻血出。夫口鼻出血，皆是阳盛阴虚，有升无降，血随气上，越出上窍。法当补阴抑阳，气降则血归经，岂可以轻扬飞窜之脑、麝，佐之以燥悍之金石乎？又曰：治皮肤燥痒。经曰：诸痒为虚。血不荣肌腠，所以痒也。当与滋补药以养阴血，血和肌润，痒自不作，岂可以一十七两重之金石，佐以五两重之脑、麝、香、桂？而欲以一两重之当归和血，一升之童便活血，一升之生地黄汁生血。夫枯槁之血，果能和而生乎？果能润泽肌肉之干瘦乎？又曰：治难产死胎，血脉不行，此血气滞病也。又曰：治神魂[3]恍惚，久在床枕，此血气虚病[4]也。

〔1〕兔　正脉本作“二”。
〔2〕浑　原作“衮”，据庚子本改。
〔3〕魂　正脉本作“昏”。
〔4〕病　正脉本作“弱”。

夫治血以血药，治虚以补药，彼燥悍香窜之剂，固可以劫滞气，果可以治血而补虚乎？润体丸等三十余方，皆曰治诸风，治一切风，治一应风，治男子三十六种风，其为主治甚为浩博，且寒热虚实，判然迥别，一方通治，果合经意乎？果能去病乎？龙虎丹、排风汤俱系治五脏风，而排风又曰风发，又似有内出之意。夫病既在五脏，道远而所感深，一则用麻黄三两以发其表，一则用脑麝六两以泻其卫，而谓可以治脏病乎？借曰：在龙虎则有寒水石一斤以为镇坠，在排风则有白术、当归以为补养，此殆与古人辅佐因用之意合。吁！脏病属里，而用发表泻卫之药，宁不犯诛伐无过之戒乎？宁不助病邪而伐根本乎？骨碎补丸治肝肾风虚，乳香宣经丸治体虚，换腿丸治足三阴经虚，或因感风而[1]虚，或因虚而感风。既曰体虚、肝肾虚、足三阴经虚，病非轻小，理宜补养，而自然铜、半夏、威灵仙、荆芥、地龙、川楝、乌药、防风、牵牛、灵脂、草乌、羌活、石南、天麻、南星、槟榔等疏通燥疾之药，居补剂之太半，果可以补虚乎？七圣散之治风湿流注，活血应痛丸之治风湿客肾经，微汗以散风，导水以行湿，仲景法也。观其用药，何者为散风，何者谓行湿，吾不得而知也。三生饮之治外感风寒，内伤喜怒，或六脉沉伏，或指下浮盛，及痰厥气虚，大有神效。治外感以发散，仲景法也；治内伤以补养，东垣法也，谁能易之？脉之沉伏浮盛，其寒热、表里、虚实之相远，若水火然，似难同药。痰厥因于寒，或能成功，血气虚者，何以收救？已上诸疑，特举其显者耳！若毫分缕析，更仆未可尽也，姑用置之忘言。

或曰：吾子谓《内经·风论》主于外感，其用麻黄、桂枝、乌、附辈，将以解风寒也；其用脑、麝、威灵仙、黑牵牛辈，将以行凝滞也。子之言过矣。

予应之曰：风病外感，善行数变，其病多实少虚，发表行滞，有何不可？治风之外，何为又历述神魂恍惚、起便须人、手足不

---

〔1〕感风而　正脉本作“风而感”。

随、神志昏愦、瘫痪亸[1]曳、手足筋衰、眩运倒仆、半身不遂、脚膝缓弱、四肢无力、颤掉拘挛、不语、语涩、诸痿等证，悉皆治之。考诸痿论，肺热叶焦，五脏因而受之，发为痿躄；心气热生脉痿，故胫纵不任地；肝气热生筋痿，故宗筋弛纵；脾气热生肉痿，故痹而不仁；肾气热生骨痿，故足不任身。又曰：诸痿皆属于上。谓之上者，指病之本在肺也。又曰昏惑，曰瘈疭，曰瞀闷，曰瞀昧，曰暴病，曰郁冒，曰矇昧，曰暴瘖，曰瞀瘛，皆属于火。又曰四肢不举，曰舌本强，曰足痿不收，曰痰涎有声，皆属于土。又《礼记》注曰：鱼肉天产也，以养阳作阳德，以为倦怠，悉是湿热内伤之病，当作诸痿治之。何《局方》治风之方，兼治痿者十居其九？不思诸痿皆起于肺热，传入五脏，散为诸证，大抵只宜补养，若以外感风邪治之，宁免实实虚虚之祸乎？

或曰：经曰：诸风掉眩，皆属于肝；诸暴强直，皆属于风。至于掉振不能久立，善暴僵仆，皆以为木病。肝属木，风者木之气，曰掉、曰掉振，非颤掉乎？曰眩，非眩运乎？曰不能久立，非筋衰乎？非缓弱无力乎？曰诸暴强直，非不随乎？曰善暴僵仆，非倒仆乎？又曰瞀闷，曰瞀昧，曰暴病，曰郁冒、矇昧、暴瘖，曰瞀瘛，与上文所谓属肝、属风、属木之病相似，何为皆属于火？曰舌本强，曰痰涎有声，何为皆属于土？《痿论》俱未尝言及。而吾子合火土二家之病，而又与倦怠并言，总作诸痿治之，其将有说以通之乎？

予应之曰：按《原病式》曰：风病多因热甚。俗云风者，言末而忘其本也。所以中风而有瘫痪诸证者，非谓肝木之风实甚而卒中之也，亦非外中于风，良由将息失宜，肾水虚甚，则心火暴盛，水不制火也。火热之气怫郁，神明昏冒，筋骨不用，而卒倒无所知也。亦有因喜、怒、思、悲、恐五志过极而卒中者，五志过热甚故也。又《原病式[2]》曰：脾之脉，连舌本，散舌下。今脾脏受邪故舌

〔1〕亸（duǒ朵） 同“軃”。下垂。
〔2〕式 原脱，据庚子本补。

强。又河间曰：胃[1]膈热甚，火气炎上，传化失常，故津液涌而为痰涎潮上；因其稠粘难出，故作声也。一以属脾，一以为胃热，谓之属火与上[2]，不亦宜乎？虽然，岐伯、仲景、孙思邈之言风，大意似指外邪之感，刘河间之言风，明指内伤热证，实与痿论所言诸痿生于热相合。外感之邪，有寒热虚实，而挟寒者多；内伤之热，皆是虚证，无寒可散，无实可泻。《局方》本为外感立方，而以内伤热证浑[3]同论[4]治，其为害也，似非细故。

或曰：风分内外，痿病因热，既得闻命矣。手阳明大肠经，肺之腑也；足阳明胃经，脾之腑也。治痿之法，取阳明一经，此引而未发之言，愿明以告我。

予曰：诸痿生于肺热，只此一句，便见治法大意。经曰：东方实，西方虚，泻南方，补北方。此固是就生克言补泻，而大经大法不外于此。东方，木，肝也；西方，金，肺也；南方，火，心也；北方，水，肾也。五行之中，惟火有二。肾虽有二，水居其一，阳常有余，阴常不足。故经曰一水不胜二火，理之必然。肺金体燥而居上，主气畏火者也。脾土性湿而居中，主四肢畏木者也。火性炎上，若嗜欲无节，则水失所养，火寡于畏而侮所胜，肺得火邪而热矣。木性刚急，肺受热则金失所养，木寡于畏而侮所胜，脾得木邪而伤矣。肺热则不能管摄一身，脾伤则四肢不能为用，而诸痿之病作。泻南方则肺金清，而东方不实，何脾伤之有？补北方则心火降，而西方不虚，何肺热之有？故阳明实则宗筋润，能束骨而利机关矣。治痿之法，无出于此。骆隆吉亦曰：风火既炽，当滋肾水。东垣先生取黄柏为君，黄芪等补药之辅佐以治诸痿，而无一定之方。有兼痰积者，有湿多者，有热多者，有湿热相半者，有夹气者，临病制方，其善于治痿者乎！虽然，药中肯綮矣，若将理失宜，圣医不治也。天产作阳，厚味发热，先哲格言。但是患痿之

---

〔1〕胃　原作"谓"，据《素问玄机原病式》改。
〔2〕上　正脉本作"土"。
〔3〕浑　原作"衮"，据庚子本改。
〔4〕论　原作"出"，据庚子本改。

人，若不淡薄食味，吾知其必不能安全也。

或曰：小续命汤与《要略》相表里，非外感之药乎？地仙丹治劳伤肾惫，非内伤之药乎？其将何以议之？

予曰：小续命汤比《要略》少当归、石膏，多附子、防风、防己，果与仲景意合否也？仲景谓汗出则止药，《局方》则曰久服差，又曰久病风、阴晦时更宜与，又曰治诸风，似皆非仲景意。然麻黄、防己可久服乎？诸风可通治乎？地仙丹既曰补肾，而滋补之药与僭燥走窜之药相半用之，肾恶燥，而谓可以补肾乎？借曰：足少阴经，非附子辈不能自达。八味丸，仲景肾经药也，八两地黄以一两附子佐之，观此则是非可得而定矣，非吾之过论也。

又观治气一门，有曰治一切气[1]，冷气、滞气、逆气、上气，用安息香丸、丁沉丸、大沉香丸、苏子丸、匀气散、如神丸、集香丸、白沉香丸、煨姜丸、盐煎散、七气汤、九痛温白丸、生姜汤；其治呕吐、膈噎也，用五膈丸、五膈宽中散、膈气散、酒癥丸、草豆蔻丸、撞气丸、人参丁香散；其治吞酸也，用丁沉煎丸、小理中丸；其治痰饮也，用倍术丸、消饮丸、温中化痰丸、五套丸。且于各方条下，或曰口苦失味，曰噫酸，曰舌涩，曰吐清水，曰痞满，曰气急，曰胁下急痛，曰五心中热，口烂生疮，皆是明著热证，何为率用热药？夫周流于人之一身以为生者气也。阳往则阴来，阴往则阳来，一升一降，无有穷已。苟内不伤于七情，外不感于六淫，其为气也，何病之有？今曰冷气、滞气、逆气、上气，皆是肺受火邪，气得炎上之化，有升无降，薰蒸清道，甚而至于上焦不纳，中焦不化，下焦不渗，展转传变，为呕为吐，为膈为噎，为痰为饮，为翻胃，为吞酸。夫治寒以热，治热以寒，此正治之法也；治热用热，治寒用寒，此反佐之法也。详味前方，既非正治，又非反佐，此愚之所以不能无疑也。谨按《原病式》曰：诸呕吐酸，皆属于热；诸积饮痞膈中满，皆属于湿；诸气逆冲，上呕涌溢，食不下，皆属于火；诸坚痞，腹满急痛，吐腥秽，皆属于寒。深契仲景之意。《金匮要略》曰：胸

〔1〕气　庚子本无此字。

痹病，胸背痛，栝蒌薤白汤主之；胸痹，心痛彻背，栝蒌薤白半夏汤主之；心下痞气，气结在胸，胁下上逆抢心者，枳实薤白栝蒌桂枝汤主之；呕而心下痞者，半夏泻心汤主之；干呕而利者，黄芩加半夏生姜汤主之。诸呕吐，谷不得入者，小半夏汤主之；呕吐，病在膈上者，猪苓汤主之；胃反呕吐者，半夏参蜜汤主之；食已即吐者，大黄甘草汤主之；胃反，吐而渴者，茯苓泽泻汤主之；吐后欲饮者，文蛤汤主之；病似呕不呕，似哕不哕，心中无奈者，姜汁半夏汤主之；干呕，手足冷者，陈皮汤主之；哕逆者，陈皮竹茹汤主之；干呕下痢者，黄芩汤主之；气冲上者，皂夹丸主之；上气脉浮者，厚朴麻黄汤主之；上气脉沉者，泽漆汤主之；大[1]逆上气者，麦门冬汤主之；心下有痰饮，胸胁支满，目眩，茯苓桂术[2]汤主之；短气有微饮，当从小便出之，宜茯苓桂术甘草汤，肾气丸亦主之；病者脉伏，其人欲自利，利者反快，虽利，心下续坚满者，此为流饮欲去故也，甘遂半夏汤主之。病悬饮者，十枣汤主之。病溢饮者，当发其汗，宜大青龙汤，又宜用小青龙汤。心下有支饮，其人苦冒眩，泽泻汤主之；支饮胸满者，厚朴大黄汤主之；支饮不得息，葶苈大枣泻肺汤主之；呕家本渴，今反不渴，心中有支饮故也，小半夏汤主之；卒呕吐，心下痞，膈间有水，眩悸者，小半夏加茯苓汤主之；假令瘦人，脐下有悸者，吐涎沫而头眩，水也，五苓散主之；心胸有停痰宿水，自吐水后，心胸间虚，气满不能食，消痰气，令能食，茯苓饮主之；先渴后呕，为水停心下，此属饮家，半夏加茯苓汤主之。观其微意，可表者汗之，可下者利之，滞者导之，郁者扬之，热者清之，寒者温之，偏寒偏热者反佐而行之，夹湿者淡以渗之，夹虚者补而养之，何尝例用辛香燥热之剂，以火济[3]火，实实虚虚，咎将谁执？

或曰：《脉诀》谓热则生风，冷生气，寒主收引。今冷气上冲矣，气逆矣，气滞矣，非冷而何？吾子引仲景之言而斥其非，然则

〔1〕大 《金匮要略方论》同。《金匮要略心典》作“火”。

〔2〕茯苓桂术 《金匮要略方论》作“苓桂术甘”。

〔3〕济 正脉本此下有“之”字。

诸气诸饮，呕吐反胃，吞酸等病，将无寒证耶？

予曰：五脏各有火，五志激之，其火随起。若诸寒为病，必须身犯寒气，口得寒物，乃为病寒，非[1]若诸火病自内作，所以气之病寒者，十无一二。

或曰：其余痰气，呕吐吞酸，噎膈反胃，作热作火论治，于理可通。若病人自言冷气从下而上者，非冷而何？

予曰：上升之气，自肝而出，中夹相火，自下而出，其热为甚，自觉其冷。非真冷也，火极似水，积热之甚，阳亢阴微，故见此证。冷生气者，出高阳生之谬言也。若病果因感寒，当以去寒之剂治之，何至例用辛香燥热为方，不知权变，宁不误人？

或曰：气上升者，皆用黑锡丹、养正丹、养气丹等药以为镇坠，然服之者随手得效，吾子以为热甚之病，亦将有误耶？

予曰：相火之外，又有脏腑厥阳之火，五志之动，各有火起。相火者。此经所谓一水不胜二火之火，出于天造。厥阳者，此经所谓一水不胜五火之火，出于人欲。气之升也，随火炎上，升而不降，孰能御之？今人欲借丹剂之重坠而降之，气郁为湿痰，丹性热燥，湿痰被劫，亦为暂开，所以清快。丹毒[2]之发[3]，偏助狂火，阴血愈耗，其升愈甚，俗人喜温，迷而不返，被此祸者，滔滔皆是。

或曰：丹药之坠，欲降而升，然则，如之何则可？

予曰：投以辛凉，行以辛温，制伏肝邪；治以咸寒，佐以甘温，收以苦甘，和以甘淡，补养阴血，阳自相附，阴阳比和，何升之有？先哲格言，其[4]则不远，吾不赘及。

或曰：吐酸，《素问》明以为热，东垣又言为寒，何也？

予曰：吐酸与吞酸不同，吐酸是吐出酸水如醋，平时津液随上升之气郁积而成，郁积之久，湿中生热，故从火化，遂作酸味，非热而何？其有积之于久，不能自涌而出，伏于肺胃之间，咯不得

---

〔1〕非　原作“等”，据正脉本改。

〔2〕毒　正脉本、云林阁本均作“药”，义长。

〔3〕发　正脉本、云林阁本均作“法”。

〔4〕其　原作“甚”，据正脉本、云林阁本改。

上，咽不得下，肌表得风寒，则内热愈郁，而酸味刺心；肌表温暖，腠理开发，或得香热汤丸，津液得行，亦得暂解，非寒而何？《素问》言热者，言其本也；东垣言寒者，言其末也。但东垣不言外得风寒，而作收气立说，欲泻肺金之实；又谓寒药不可治酸，而用安胃汤、加减二陈汤，俱犯丁香，且无治热湿郁积之法，为未合经意。予尝治吞酸，用黄连、茱萸各制炒，随时令迭为佐使，苍术、茯苓为主病，汤浸炊饼为小丸吞之，仍教以粗食蔬菜自养，则病易安。

或曰：苏合香丸虽是类聚香药，其治骨蒸、殗殜[1]、月闭、狐狸等病，吾子以为然乎？

予曰：古人制方用药群队者，必是攻补兼施，彼此相制，气味相次，孰为主病，孰为引经，或用正治，或用反佐，各有意义。今方中用药一十五味，除白术、朱砂、诃子共六两，其余一十二味共二十一两，皆是性急轻窜之剂，往往用之于气病与暴仆昏昧之人，其冲突经络，漂荡气血，若摧枯拉朽。然不特此也，至如草豆蔻散，教人于夏月浓煎，以代熟[2]水。夫草豆蔻性大热，去寒邪，夏月有何寒气而欲多服？缩脾饮用草果亦是此意，且夏食寒，所以养阳也。草豆蔻、草果其食寒之意乎？不特此也，抑又有甚者焉。接气丹曰阳气暴绝，当是阴先亏，阴先亏则阳气无所依附，遂致飞越而暴绝也。上文乃曰阴气独盛，阴气若盛，阳气焉有暴绝之理？假令阳气暴绝，宜以滋补之剂保养而镇静之，庶乎其有合夏食寒以为养阳之本，何至又服辛香燥热之剂乎？且此丹下咽，暴绝之阳果能接乎？孰为是否，君其算之。

或曰：《局方》言阴盛[3]，阴邪盛也。阴邪既盛，阳有暴绝之理。子之所言，与阳气相对待之阴也。果有阴亏而阳绝者，吾子其能救之乎？

予曰：阴阳二字，固以对待而言，所指无定在，或言寒热，或

---

〔1〕殗殜（yè dié 页蝶） 病名。即劳瘵。

〔2〕熟 正脉本、云林阁本均作“热”。

〔3〕盛 正脉本、云林阁本均作“胜”。

言血气，或言脏腑，或言表里，或言动静，或言虚实，或言清浊，或言奇偶，或言上下，或言正邪，或言生杀，或言左右。求其立言之意，当是阴鬼之邪耳！阴鬼为邪，自当作邪鬼治之。若阴先亏而阳暴绝者，尝治一人矣。浦江郑兄年近六十，奉养受用之人也，仲夏久患滞下，而又犯房劳，忽一晚正走厕间，两手舒撒，两眼开而无光，尿自出，汗如雨，喉如拽锯，呼吸甚微，其脉大而无伦次，无部位，可畏之甚。余适在彼，急令煎人参膏，且与灸气海穴，艾炷如小指大，至十八壮，右手能动，又三壮，唇微动；参膏亦成，遂与一盏，至半夜后尽三盏，眼能动，尽二斤方能言而索粥，尽五斤而利止，十斤而安。

或曰：诸气、诸饮与呕吐、吞酸、膈噎、反胃等证，《局方》未中肯綮，我知之矣。然则《要略》之方，果足用乎？抑犹有未发者乎？

予曰：天地气化无穷，人身之病亦变化无穷。仲景之书，载道者也。医之良者，引例推类，可谓无穷之应用，借令略有加减修合，终难逾越矩度。夫气之初病也，其端甚微，或因些少饮食不谨，或外冒风雨，或内感七情，或食味过厚，偏助阳气，积成膈热，或资禀充实，表密无汗，或性急易怒，火炎上，以致津液不行，清浊相干。气为之病，或痞或痛，不思食，或噫腐气，或吞酸，或嘈杂，或膨满。不求原本，便认为寒，遽以辛香燥热之剂投之，数贴时暂得快，以为神方。厚味仍前不节，七情反复相仍，旧病被劫暂开，浊液易于攒聚，或半月，或一月，前证复作。如此延蔓，自气成积，自积成痰，此为痰、为饮、为吞酸之由也。良工未遇，缪药又行，痰夹瘀血，遂成窠囊，此为痞、为痛，为呕吐[1]、噎膈、反胃之次第也。饮食汤液，滞泥不行，渗道蹇涩，大便或秘或溏，下失传化，中焦愈停，医者不察，犹执为冷，翻思前药，随手得快。至此宾主皆恨药欠燥热，颙[2]伺久服，可以温脾壮胃，消积行气，以冀

〔1〕为呕吐　原作“呕吐为”，据庚子本乙转。

〔2〕颙（yóng 庸）　昂头景仰貌。

一旦豁然之效。不思胃为水谷之海，多血多气，清和则能受；脾为消化之气，清和则能运。今久得香热之偏助，气血沸腾，其始也，胃液凝聚，无所容受；其久也，脾气耗散，传化渐迟。其有胃热易饥，急于得食，脾伤不磨，郁积成痛。医者犹曰虚而积寒，非寻常草木可疗，径以乌、附佐丹剂，专意服饵。积而久也，血液俱耗，胃脘干槁。其槁在上，近咽之下，水饮可行，食物难入，间或可入亦不多，名之曰噎；其槁在下，与胃为近，食虽可入，难尽入胃，良久复出，名之曰膈；亦曰反胃，大便秘少，若羊矢然。名虽不同，病出一体。《要略》论饮有六，曰痰饮、悬饮、溢饮、支饮、留饮、伏饮，分别五脏诸证，治法至矣尽矣。第恨医者不善处治，病者不守禁忌，遂使药助病邪，展转深痼，去生渐远，深可哀悯。

或曰：《千金》诸方治噎膈、反胃，未尝废姜、桂等剂，何吾子之多言也？

予曰：气之郁滞，久留清道，非借香热不足以行。然悉有大黄、石膏、竹茹、芒硝、泽泻、前胡、朴硝、茯苓、黄芩、芦根、栝蒌等药为之佐使，其始则同，其终则异，病邪易伏，其病自安。

或曰：胃脘干槁者，古方果可治乎？将他有要捷之法者，或可补前人之未发者乎？

予曰：古方用人参以补肺，御米以解毒，竹沥以清[1]痰，干姜以养血，粟米以实胃，蜜水以润燥，姜以去秽，正是此意。张鸡峰亦曰：噎当是神思间病，惟内观自养，可以治之。此言深中病情，而施治之法，亦为近理。夫噎病，生于血干。夫血，阴气也。阴主静，内外两静，则脏腑之火不起，而金水二气有养，阴血自生，肠胃津润，传化合宜，何噎之有？因触类而长。曾制一方，治中年妇人，以四物汤加和白陈皮、留尖桃仁、生甘草、酒红花，浓煎，入驴尿饮，以防其或生虫也。与数十贴而安。又台州治一匠者，年近三十，勤于工作，而有艾妻，且喜酒，其面白，其脉涩，重则大而无

---

〔1〕清　正脉本、云林阁本均作“消”。

力。乃令谢去工作，卧于牛家，取新温牛乳细饮之，每顿尽一杯，一昼夜可饮五七次，尽却食物，以渐而至八九次，半月大便润，月余而安。然或口干，盖酒毒未解，间饮甘蔗汁少许。

或者又曰：古方之治噎膈、反胃，未有不言寒者，子何不思之甚？

予曰：古人著方，必为当时抱病者设也。其人实因于寒，故用之而得效，后人遂录以为矜式[1]。不比《局方》泛编成书，使天下后世之人，凡有此证者，率遵守以为之定法，而专以香热为用也。虽然挟寒者亦或有之，但今人之染此病，率因痰气，久得医药，传变而成，其为无寒也明矣。

或曰：治脾肾以温补药，岂非《局方》之良法耶？吾子其将何以议之？

予曰：众言淆乱，必折诸圣。切恐脾肾有病，未必皆寒。观其养脾丸，治脾胃虚冷，体倦不食；嘉禾散治脾胃不和，不能多食；消食丸治脾胃俱虚，饮食不下；小独圣丸治脾胃不和，不思饮食；大七香丸治脾冷胃虚，不思饮食；连翘丸治脾胃不和，饮食不下；分气紫苏饮治脾胃不和；木香饼子治脾胃虚寒；温中良姜丸曰温脾胃；夺命抽刀散曰脾胃冷；烧脾散曰脾胃虚；进食散曰脾胃虚冷，不思饮食；丁香煮散曰脾冷胃寒；二姜丸曰养脾温胃；姜合丸曰脾胃久虚；蓬煎丸曰脾胃虚弱；守金丸曰脾胃虚冷；集香丸曰脾胃不和；蟠葱散曰脾胃虚冷；壮脾丸曰脾胃虚弱；人参丁香散曰脾胃虚弱；人参煮散曰脾胃不和；丁沉透膈汤曰脾胃不和；丁香五套[2]丸曰脾胃虚弱；腽肭脐丸之壮气暖肾；菟丝子丸之治肾虚；金钗石斛丸之治气不足；茴香丸之治脏虚冷；玉霜丸之治气虚；安肾丸之治肾积寒；麝香鹿茸丸之益气；养正丹之治诸虚；朴附丸之治脾胃虚弱；接气丹之治真气虚；四神丹之治五脏；沉香鹿茸丸之治气不足；椒附丸之温五脏；茯蓉大补丸之治五脏元气虚；钟乳白

---

〔1〕矜(jīn今)式　敬重和取法。

〔2〕套　正脉本、云林阁本均作“夺”。

泽丸之治诸虚；三建汤之治气不足。甚者类聚丹剂，悉曰补脾胃，温脾胃，补肾，补五脏，补真气。而各方条下，曰舌苦，曰面黄，曰舌苦无味，曰中酒、吐酒，曰酒积，曰酒癖，曰饮酒多，曰酒过伤，曰气促喘急，曰口淡，曰舌涩，曰噫醋，曰舌干，曰溺数，曰水道涩痛，曰小便出血，曰口苦，曰咽干，曰气促，曰盗汗，曰失精，曰津液内燥，曰气上冲，曰外肾痒，曰枯槁失血，曰口唇干燥，曰喘满，曰肢体烦疼，曰衄血，曰小便淋沥，悉是明具热证，如何类聚燥热，而谓可以健脾温胃而滋肾补气乎？经曰：热伤脾。常服燥热，宁不伤脾乎？又曰：肾恶燥。多服燥热，宁不伤肾乎？又曰：热伤元气。久服燥热，宁不伤气乎？又曰：用热远热。又曰：有热者，寒而行之。此教人用热药之法。盖以热药治寒病，苟无寒药为之响导佐使，则病拒药而扞格不入，谓之远热者，行之以寒也。两句同一意，恐后人不识此理，故重言以明之。今《局方》辛香燥热，以类而聚之，未尝见其所谓远热也。用热而不远热，非惟不能中病，抑且正气先伤，医云乎哉！夫良医之治病也，必先求其得病之因，其虚邪也，当治其母；实邪也，当治其子；微邪也，当治其所胜；贼邪也，当治其所不胜；正邪也，当治其本经。索矩又谓：杂合受邪，病者所受非止一端，又须察其有无杂合之邪，轻重较量，视标本之缓急，以为施治之先后。今乃一切认为寒冷，吾不知脾胃与肾，一向只是寒冷为病耶！论方至此，虽至愚昧，不能不致疑也。吾又考之《要略》矣，诸呕吐，谷不得入者，小半夏汤主之；疸病，寒热不食，食则头眩，心胸不安者，茵陈汤主之；身肿而冷，胸窒不能食，病在骨节，发汗则安；心胸停痰吐水，虚满不能食者，茯苓汤主之；中风，手足拘急，恶寒，不欲饮食者，三黄汤主之；下利，不欲饮食者，大承气汤主之；五劳虚极，羸瘦，不能食者，大黄䗪虫丸主之；虚劳不足，汗出而闷，脉结心悸者，炙甘草汤主之；虚劳腰痛，小腹拘急者，八味丸主之；虚劳不足者，大薯蓣丸主之；虚劳虚烦不得眠者，酸枣仁汤主之。夫呕者，胸满者，吐水者，下利者，恶寒者，肿而冷者，不能饮食者，虚劳羸瘦者，虚劳汗而悸者，虚劳而腰痛者，虚劳不足者，虚劳烦而不眠者，自《局方》之法观之，宁不认为寒冷而以热药行之乎？仲景施治则不然也。痰者导之，热者清之，积者化之，湿者渗之，中气清和，自然安裕；虚者补之，血凝者散之，躁者宁之，热者和之，阴气清宁，何虚劳之有也？

或曰：伤寒一门，虽取杂方，仲景之法亦摘取之矣，吾子其忘言乎？

予曰：伤寒之法，仲景而下，发明殆尽，《局方》是否，愚不必赘。虽然仲景论伤寒矣，而未及乎中寒。先哲治冒大寒而昏中者，用附子理中汤而安，其议药则得之矣。曰伤曰中，未闻有议其异[1]同之者。予俯而思之，伤寒有即病，有不即病，必大发热，病邪循经而入，以渐而深；中寒则仓卒感受，其病即发而暴。伤寒之人，因其旧有郁热，风寒外束[2]，肌腠自密，郁发为热。其初也，用麻黄、桂枝辈微表而安，以病体不甚虚也。中寒之人，乘其腠理疏豁，一身受邪，难分经络，无热可发，温补自解，此谓气之大虚也。伤寒热虽甚，不死；中寒若不急治，去生甚远，其虚实盖可见矣。

或曰：脾胃一门，子以《局方》用药太热，未合经意。若平胃散之温和，可以补养胃气，吾子以为何如？

予曰：苍术性燥气烈，行湿解表，甚为有力。厚朴性温散气，非胀满实急者不用，承气用之可见矣。虽有陈皮、甘草之甘缓甘辛，亦是决裂耗散之剂，实无补土之和。经谓土气大过曰敦阜，亦能为病。况胃为水谷之海，多气多血，故因其病也，用之以泻有余之气，使之平尔。又须察其挟寒得寒物者投之，胃气和平，便须却药。谓之平者，非补之之谓，其可常服乎？

或曰：谓胃承气亦治胃病。谓之调者，似与平胃散之平意义相近，何用药之相远也？

予曰：调胃承气治热，中下二焦药也。经曰：热淫于内，治以

〔1〕异　正脉本、云林阁本均作“意”。
〔2〕束　正脉本、云林阁本均作“邪”。

咸寒，佐以苦甘。功在乎导利而行之以缓。平胃散止治湿，上焦之药也。经曰：湿上甚而热，治以苦温，佐以甘辛。以汗为效而止。

或曰：治湿不利小便，非治也。非仲景法耶，何子言之悖也？

予曰：淡渗治湿，以其湿在中下二焦。今湿在上，宜以微汗而解，不欲汗多，故不用麻黄、干葛辈。

或曰：《局方》用药多是温补，或以为未合中道。积热、痼冷两门，其制作，其取用，吾子其无以议之矣？

予曰：张仲景言一百八病，五劳六极七伤，与妇人共三十六病，孙真人言四百四病。凡遇一病，须分寒热，果寒耶，则热之；果热耶，则寒之；寒热甚耶，则反佐而制之。今列病之目，仅十有余，而分积热、痼冷两门，何不思之甚也？《要略》中风脉紧为寒，浮为虚。肺痿吐涎，不能咳，不渴，必遗溺，此为肺中冷，甘草干姜汤温之。腹满痛，时减如故，此为寒，宜温之。下利，欲嚏不能，此腹中寒也。胁下偏痛，脉弦紧，此寒也，宜大黄附子细辛汤温之。痰饮，脉双弦者，寒也。黄疸，发热烦喘，胸满口燥，又被火劫其汗，病从湿得，身尽热而黄，此热在内，宜下之。下利，脉数而渴，设不差，则清[(1)]脓血，以其有热也。妇人能食，病七八日而更发热者，此为胃实气热，宜大承气下之。产后七八日，若太阳证，小腹[(2)]坚满，此恶露不尽，不大便四五日，发热晡时烦躁，食则妄言，此热在里，结在膀胱，宜大承气利之安。妇人或中风，或伤寒，经水适来适断，有寒热，皆为热入血室。今《局方》不曾言病，而所谓寒与热者，其因何在？其病何名？果无杂合所受邪？果无时令资禀之当择耶？据外证之寒热，而遂用之，果无认假为真耶？果以是为非耶？

或曰：以寒热为篇目，固未合经意，若其诸方，果有合乎？

予曰：以积热为篇目，固有可议，若诸方之制作取用，尽有妙

〔1〕清　通“圊”，便也。

〔2〕腹　原作“便”，据《金匮要略方论》改。

理。吾其为子发明前人之意，恐可为用方者涓埃[1]之助。夫紫雪者，心、脾、肝、肾、胃经之药也；通中散、洗心散，表里血气之药也；凉膈散，心、肺、脾、胃之药也；龙脑饮子、胜冰丹、真珠散、灵液丹，上中二焦之药也；碧雪鸡苏丸、三黄丸、八正散，三焦药也；甘露丸，心、脾、肝之药也；凉膈丸，心、脾、胃之药也；抱龙丸、麦门冬散，心、肺、肝之药也；妙香丸，疏快肠胃、制伏木火药也；甘露饮，心、肺、胃药也；五淋散，血而里药也；消毒饮，气而表药也；麻仁丸，气而里药也；导赤丸，气与血而里药也；导赤散，心、小肠药也，有升有降，有散有补，有渗导，有驱逐，有因用，有引经，或缓之以甘，或收之以酸，或行之以香，或因之以蜡，或燥之以苦，观其立方，各有所主，用方之人，宜求其意。若夫痼冷门，尤有可议者，冷即寒也，《内经》以寒为杀厉之气，今加痼于冷之上，岂非指身恶寒而口喜热之病耶？若以此外证，便认为痼冷，宜乎？夏英公之常饵乌、附，常御绵帐，不知湿痰积中，抑遏阳气，不得外泄，身必恶寒。经曰：亢则害，承乃制。又刘河间曰：火极似水。故见此证，当治以咸寒，佐以甘温，视标之先后，正邪之虚实，孰缓孰急，为之治[2]法，何至类用乌、附、丹剂僭燥之药，抱薪救火，屠剑何异？古人治战栗，有以大承气汤下之而愈者。恶寒战栗，明是热证，亦有[3]因久服热药而得之者，但有虚实之分耳！进士周本道，年近四十，得恶寒证，服附子数日而病甚，求余治。诊其脉弦而似缓，遂以江茶入姜汁、香油些少，吐痰一升许，减绵大半，又与通圣散去麻黄、大黄、芒硝，加当归、地黄，百余贴而安。又一色目妇人，年近六十，六月内常觉恶寒战栗，喜啖热御绵，多汗如雨，其形肥肌厚，已服附子二十余，但浑身痒甚，两手脉沉涩，重取稍大，知其热甚而血虚也。以四物汤去川芎，倍地黄，加白术、黄芪、炒檗、生甘草、人参，每贴二[4]两重。方与一贴，腹大

---

〔1〕涓埃　《说文》："涓，小流也。""埃，尘也。"比喻微末。

〔2〕治　正脉本、云林阁本均作"正"。

〔3〕有　正脉本、云林阁本均作"是"。

〔4〕二　正脉本作"三"。

泄、目无视、口无言，予知其病热深，而药无反佐之过也。仍取前药熟炒与之，盖借火力为响导，一贴利止，四贴精神回，十贴病全安。又蒋氏妇，年五十余，形瘦面黑，六月喜热恶寒，两手脉沉而涩，重取似数，以三黄丸下以姜汁，每三十粒，三十贴微汗而安。彼以积热、痼冷为叙方之篇目，其得失可知矣。

泄痢一门，其用钟乳健脾丸、朝真丸、驻车丸、诃黎勒丸、大温脾丸、黄连阿胶丸、胡粉丸、桃花丸、诃黎勒散、木香散、七枣汤、赤白脂散、养脏汤、御米汤、金粟汤、狗头骨丸、豆蔻丸、肉豆蔻散、三神丸、丁香豆蔻散、止泻丸，皆用热药为主治，以涩药为佐使，当为肠虚感寒而成滑痢者设也。彼泻痢者，将无热证耶？将无积滞耶？《内经》曰：春伤于风，夏为脓血，多属滞下。夫泻痢证，其类尤多，先贤曰湿多成泻，此确论也。曰风曰湿，固不可得而通治矣。况风与湿之外，又有杂合受邪，似难例用涩热之剂。今方中书证，有兼治里急者，有兼治后重者，有兼治里急后重者，此岂非滞下之病乎？今泻痢与滞下，浑[1]同论治，实实虚虚之患，将不俟终日矣。

或曰：然则泻痢与滞下，为病不同，治法亦别，吾子其能通之矣？

予曰：经曰：暴注下迫，皆属于热。又曰：暴注属于火。又：下痢清白属于寒。热，君火之气；火，相火之气；寒，寒水之气。属火热者二，属水寒者一。泻痢一证，似乎属热者多，属寒者少。详玩《局方》专以热涩为用，若用之于下痢清白而属于寒者，斯可矣。经所谓下迫者，即里急后重之谓也。其病属火，相火所为，其毒甚于热也，投以涩热，非杀之而何？谨按：仲景之法，谓下痢脉滑而数者，有宿食，当下之；下痢脉迟而滑者，实也，痢为未止，急下之；下痢脉反滑，当有所去，下之安；下痢不欲食，有宿食者，当下之；下痢腹满痛，为寒为实，当下之；下痢腹坚实，当下之；下痢

---

〔1〕浑　原作“衮”，据庚子本改。

谵语，有燥矢，当下之；下痢二[1]部皆平，按之心下坚急，下之；下痢已差，至其时复发者，此为下未尽，更下之安；下痢脉大浮弦，下之当自愈；风寒下[2]者，不可下，下后心下坚痛，脉迟，此为寒，宜温之；脉浮大，此为虚，强下之故也；设脉浮革者，因而肠鸣，当温之；下痢脉迟紧，痛未欲止，当温之；下痢心痛，急当救里，可与理中、四逆、附子辈；下痢大孔痛，宜温之。观仲景可下者十法，可温者五法，谓之下者，率用承气加减，何尝以砒、丹、巴、硇决烈燥热重毒之剂？谓之温者，率用姜、附为主，何尝用钟乳、龙骨、石脂、粟壳紧涩燥毒之剂？

或曰：可下者，岂非肠胃有积滞乎？不用砒、丹、巴、硇，恐积滞未易行也。吾子以为未然，幸发明承气之意可乎？

予曰：大黄之寒，其性善走，佐以厚朴之温，善行滞气，缓以甘草之甘，饮以汤液，灌涤肠胃，滋润轻快，无所留滞，积行即止。砒、丹、巴、硇，毒热类聚，剂成丸药，其气凶暴，其体重滞，积垢虽行，毒气未过，譬如强暴贪贼，手持兵刃，其可使之徘徊顾瞻于堂奥间乎？借使有愈病之功，其肠胃清淳之气，能免旁损暗伤之患乎？仲景治痢，可温者温，可下者下，或解表，或利小便，或待其自已，区别易治、难治、不治之证，至为详密，然犹与滞下浑[3]同立方命论。其后，刘河间分别在表在里，夹风夹湿，夹热夹寒，夹虚，明著经络，堤防传变。大概发明滞下证治，尤为切要。有行[4]血则便[5]自安[6]，调气则后重自除，此实盲者之日月，聋者之雷霆也。

或曰：《局方》治法，将终不能仿佛仲景之方耶？

予曰：圆机活法，《内经》具举，与经意合者，仲景之书也。仲景因病以制方，《局方》制药以俟病，若之何其能仿佛也？宋命近

---

〔1〕二　人卫影印本作“三”。
〔2〕下　此下疑脱“痢”字。
〔3〕浑　原作“衮”，据庚子本改。
〔4〕有行　正脉本、云林阁本均作“和”。
〔5〕便　正脉本、云林阁本此下均有“脓”字。
〔6〕安　正脉本、云林阁本均作“愈”。

臣雠校方书，彼近臣者术业素异，居养不同，焉知为医之事哉？虽然知尊仲景矣，亦未尝不欲效之也，徒以捧心效西施尔，观桃花丸一方可见矣。即《要略》桃花汤也。仲景以治便脓血，用赤石脂丸者，干姜、粳米同煮作汤，一饮病安，便止后药。意谓病属下焦，血虚且寒，非干姜之温、石脂之涩且重不能止血；粳米味甘，引入肠胃，不使重涩之体，少有凝滞，故煮成汤液，药行易散，余毒亦无。《局方》不知深意，不造妙理，但取易于应用，喜其性味温补，借为止泻良方，改为丸药，剂以面糊，日与三服，其果能与仲景之意合否也？

或曰：河间之言滞下，似无夹虚夹寒者，然乎？否乎？幸明以告我。

予曰：泄痢之病，水谷或化或不化，并无努责，惟觉困倦，若滞下则不然，或脓或血，或脓血相杂，或肠垢，或无糟粕，或糟粕相混，虽有痛、不痛、大痛之异，然皆里急后重，逼迫恼人。考之于经，察之于证，似乎皆热证实证也。余近年涉历，亦有大虚大寒者，不可不知，敢笔其略，以备采览。余从叔年逾五十，夏间患滞下病，腹微痛，所下褐色，后重频并，谷食大减，时有微热，察其脉皆弦而涩，似数而稍长，却喜不甚浮大，两手相等，视其神气大减。余曰：此非滞下，忧虑所致，心血亏，脾气弱耳！遂与参、术为君，当归身、陈皮为臣，川芎、炒白芍药、茯苓为佐使，时暄热甚，加少黄连，与两日而安。梅长官年三十余，奉养厚者，夏秋间患滞下，腹大痛。有人教服单煮干姜，与一贴痛定，少顷又作，又与又定，由是服干姜至三斤。八日后，予视之，左脉弦而稍大似数，右脉弦而稍大减亦似数，重取之似紧。余曰：此必醉饱后吃寒冷太过，当作虚寒治之。因其多服干姜，遂教四物汤去地黄加人参、白术、陈皮、酒红花、茯苓、桃仁煎，入生姜汁饮之，至一月而安。金氏妇年近四十，秋初尚热，患滞下，腹但隐痛，夜重于昼，全不得睡，食亦稍减，口干不饮，已得治痢灵砂一[1]贴矣。余视之，两手脉皆

〔1〕一　正脉本、云林阁本均作“二”。

涩，且不匀，神思倦甚，饮食全减，因与四物汤倍加白术为君，以陈皮佐之，与十数贴而安。此三病者，若因其逼迫而用峻剂，岂不误人！

或曰：《局方》诸汤，可以清痰，可以消积，可以快气，可以化食，口鼻既宜，胸膈亦纾[1]，平居无事，思患预防，非方之良者乎？

予曰：清香美味，诚足快意，揆之造化，恐未必然，经曰：阴平阳秘，精神乃治。气为阳宜降，血为阴宜升，一升一降，无有偏胜，是谓平人。今观诸汤，非豆蔻、缩砂、干姜、良姜之辛宜于口，非丁香、沉、檀、苏、桂之香宜于鼻，和以酸咸甘淡，其将何以悦人？奉养之家，闲佚之际，主者以此为礼，宾朋以此取快，不思香辛升气，渐至于散；积温成热，渐至郁火；甘味恋膈，渐成中满。脾主中州，本经自病，传化失职，清浊不分，阳亢于上，阴微于下，谓之阴平可乎？谓之阳秘可乎？将求无病，适足生病；将求取乐，反成受苦。经曰：久而增气，物化之常；气增而久，夭之由也。其病可胜言哉！

或曰：舍利别非诸汤之类乎？其香辛甘酸，殆有甚焉，何言论弗之及也？

予曰：谓之舍利别者，皆取时果之液，煎熬如饧而饮之，稠之甚者，调以沸汤，南人因名之曰煎。味虽甘美，性非中和，且如金樱煎之缩小便，杏煎、杨梅煎、蒲桃煎、樱桃煎之发胃火，积而至久，湿热之祸，有不可胜言者。仅有桑椹煎无毒，可以解渴，其余味之美者，并是嬉笑作罪，然乎？否乎？

或曰：妇人一门，无非经候、胎产、带下，用药温暖，于理颇通，吾子其无忘言乎？

予曰：妇人以血为主，血属阴，易于亏欠，非善调摄者，不能保全也。余方是否，姑用置之，若神仙聚宝丹，则有不能忘言者。其方治血海虚寒，虚热盗汗，理宜补养，琥珀之燥，麝香之散，可

---

〔1〕纾（shū 舒） 宽裕；宽舒。《说文》："纾，缓也。"

以用乎？面色痿黄，肢体浮肿，理宜导湿，乳香、没药固可治血，可以用乎？胎前产后，虚实不同，逐败养新，攻补难并，积块坚癥，赤白崩漏，宜于彼者，必妨于此，而欲以一方通治乎？世人以其贵细温平，又喜其常服可以安神去邪，令人有子，殊不知积温成热，香窜散气，服者无不被祸。自非五脏能言，医者终不知觉，及至变生他病，何曾归咎此丹？余侄女形色俱实，以得子之迟服此药，背上发痈，证候甚危。余诊其脉，散大而涩，急以加减四物汤百余贴，补其阴血，幸其质厚，易于收救，质之薄者，悔将何及！若五积散之治产后余血作痛，则又有不能忘言者。以苍术为君，麻黄为臣，厚朴、枳壳为佐，虽有芍药、当归之补血，仅及苍术三分之一，且其方中言妇人血气不调，心腹撮痛，闭而不行，并宜服之，何不思产后之妇有何寒邪？血气未充，似难发汗，借曰推陈致新，药性温和，岂可借用麻黄之散，附以苍术、枳、朴，虚而又虚，祸不旋踵，率尔用药，不思之甚。

或曰：初产之妇，好血已亏，瘀血尚留，黑神散非要药欤？

予曰：至哉坤元，万物资生，理之常也。初产之妇，好血未必亏，污血未必积，脏腑未必寒，何以药为？饮食起居，勤加调护，何病之有？诚有污血，体怯而寒，与之数贴，亦自简便。或有他病，当求病起何因，病在何经，气病治气，血病治血，寒者温之，热者清之，凝者行之，虚者补之，血多者止之，何用海制此方，不恤无病生病。彼黑神散者，用干姜、当归之温热，黑豆之甘，熟地黄之微寒，以补血之虚；佐以炒蒲黄之甘，以防出血之多；芍药之酸寒，有收有散，以为四药之助；官桂之大辛热，以行滞气，推凝血，和以甘草之缓，其为取用似乎精密，然驱逐与补益似难同方施治。设有性急者，形瘦者，本有怒火者，夏月坐蓐者，时有火令，姜、桂皆为禁药，论语未达之戒，不知谁执其咎？至于将护之法，尤为悖理。肉汁发阴经之火，易成内伤之病，先哲具有训戒，胡为以羊鸡浓汁作糜？而又常服当归丸、当归建中汤、四顺理中丸，虽是滋补，悉犯桂、附、干姜僭热之剂，脏腑无寒，何处消受？若夫儿之初生，母腹顿宽，便啖鸡子，且吃火盐，不思鸡子难化，火盐发热，展转为病，医者不识，每指他证，率尔用药，宁不误人？余每见产妇之无疾者，必教以却去黑神散与夫鸡子、火盐诸般肉食，且与白粥将理，间以些少石首鲞，煮令甘淡食之。至半月以后，方与少肉，若鸡子亦须豁开淡煮，大能养胃却疾。彼富贵之家，骄恣之妇，卒有白带、头风、气痛、膈满、痰逆、口干、经水不调、发脱、体热，皆是阳胜阴虚之病。天生血气，本自和平，曰胜曰虚，又焉知非此等谬妄有以启之耶！

朱丹溪自撰三种

本草衍义补遗

丹溪医集

目

录

石钟乳　为慓悍之剂。经曰：石钟乳之气悍。仁哉言也！天生斯民不厌药，则气之偏，可用于暂而不可久，夫石药又偏之甚[1]者也。自唐时太平日久，膏粱之家，惑于方士服食致长生之说，以石药体厚气厚，习以成俗，迨至宋及今，犹未已也。斯民何辜，受此气悍之祸，而莫知能救？哀哉！《本草》赞服有延年之功，而柳子厚又从而述美之，予不得不深言也。唐本注云：不可轻服，多发渴淋。

硝　属阳金，而有水与火土，善消化驱逐，而经言无毒，化七十二种石，不毒而能之乎？以之治病，以致其用，病退则已。若玄明粉者，以火煅而成，当性温，曰长服、多服、久服，且轻身固胎，驻颜益寿，大能补益，岂理也哉！予观见一二朋友，不信予言而亡，故书此[2]为戒云。《仙经》以朴硝制伏为玄明粉。硝是太阴之精华，水之子也，阴中有阳之药也。

白滑石　属金，而有土与水，无甘草以和之勿用。燥湿，分水道，实大府，化食毒，行积滞，逐凝血，解燥渴，补脾胃，降妄火之要药也。凡使有多般，勿误使，有黄滑石、绿滑石、乌滑石、冷滑石，皆不入药，又青黑色者勿用，杀人。惟白滑石似方解石，色白，于石上尽有白腻文者佳。

铅丹　属金，而有土与水火，丹出于铅而曰无毒，又曰凉，予观窃有疑焉。曾见一中年[3]妇人，因多子，

〔1〕甚　原作“意”，据隆庆本、万历本改。
〔2〕此　文瑞楼本此下有“以”字。
〔3〕一中年　原作“中年一”，据万历本、崇祯本改。

于月内服铅丹二两，四肢冰冷强直，食不入口。时正仲冬，急服理中汤加附子，数贴而安。谓之凉而无毒可乎？铅丹，本谓之黄丹，化铅而成。别有法，唐本注炒锡作，然经称铅丹，则炒锡之说误矣。亦不为难辨，盖锡则色黯暗，铅则明白，以此为异尔。

浆水 味甘酸而性凉，善走，化滞物，解消烦渴。宜作粥，薄暮啜之，解烦去睡，调理脏腑。妇人怀妊，不可食之，《食谱》所忌也。

自然铜 世以为接骨之药，然此等方尽多。大抵骨折，在补气、补血、补胃，俗工惟在速效以罔利，迎合病人之意。而铜非煅不可用，若新出火者，其火毒、金毒相扇，挟香热药毒[1]，虽有接骨之功，燥散之祸甚于刀剑，戒之。石髓铅，即自然铜也。凡使勿用方金牙，其方金牙真似石髓铅，若误饵，吐煞人。

二术 《本草》不分苍白，议论甚多，《四家本草》言之详矣。如古方平胃散，苍术为最要之药，《衍义》为气味辛烈，发汗尤速。其白术味亦微辛苦而不烈，除湿之功为胜。又有汗则止，无汗则发，与黄芪同功，味亦有辛，能消虚痰。

荪 无剑脊如韭叶者是。菖蒲有脊，一如剑刃，而绝无韭叶之细，未知孰是？

山药 属土，而有金与水火，补阳气，生者能消肿硬。经曰：虚之所在，邪必凑之而不去。其病为实，非肿硬之谓乎！故补血气则留滞自不容不行。山药，即薯蓣也。《本草》不言山药，言薯蓣者，盖上一字犯今英庙讳，下一字曰蓣，唐代宗名预，故改下一字为药，如此则尽失当日之本名。恐以山药为别物，故书之。又干之意者，盖生湿则滑，不可入药；熟则只堪啖，亦滞气也。

鞠花 属金，而有土与水火，能补阴，须味甘者。若山野苦者勿用，大伤胃气。一种青茎而大，作蒿艾气，味苦不堪啖[2]者，名苦薏。丹溪所言苦者勿用，语曰苦如意是也。惟单叶花小而黄，味甘，应候开者佳。《月令》：菊有黄花者也。

---

〔1〕药毒　崇祯本、文瑞楼本均作“毒药”。

〔2〕啖　大业堂本作“咽”。

甘草 味甘，大缓诸火，黄中通理，厚德载物之君子也。下焦药少用，恐太缓不能直达。此草能为众药之王，经方少不用者，故号国老之名。国老，即帝师之称也，为君所宗，是以能安和草石，解百药毒。

人参 入手太阴，而能补阴火，与梨芦相反。若服一两参，入芦一钱，其一两参虚费矣，戒之。海藏云：用时须去芦头，不去令人吐。萧炳云：人参和细辛密封，经年不坏。

薏苡仁 寒则筋急，热则筋缩，急因于坚强，缩因于短促，若受湿则弛，弛因于宽而长。然寒与湿，未尝不挟热，三者皆因于湿热，外湿非内湿有以启之，不能成病。故湿之病因，酒面为多，而鱼与肉继以成之者，甘滑、陈久、烧炙、辛香、干硬，皆致湿之因，宜戒哉！丹溪先生详矣。又若《素问》言，因寒则筋急，不可更用此也。凡用之须倍于他药，此物力势和缓，须倍用即见效。盖受寒使人筋急，受热使人筋挛，若但热而不曾受寒，亦能使人筋缓，受湿则又引长无力也。

菟丝子 未尝与茯苓相共，种类分明，不相干涉，女萝附松而生，遂成讹而言也。《本草》云：续绝伤，补不足，强阴坚骨，主茎中寒，精自出，溺有余沥，鬼交泄精。

肉苁蓉 属土，而有水与火，峻补精血，骤用反致动火便滑。河西自从混一之后，人方知其真形，何曾有所谓麟甲者。以酒洗净去黑汁，作羹，黑汁既去，气味皆尽。然嫩者方可作羹，老者苦，入药少则不效。

防风、黄芪 人之口通乎地，鼻通乎天，口以养阴，鼻以养阳。天主清，故鼻不受有形而受无形为多；地主浊，故口受有形而兼乎无形。王太后病风，不言而脉沉，其事急，若以有形之汤药，缓不及事，令投以二物汤，气薰蒸如雾满室，则口鼻俱受，非智者通神不可回也。

蓝 属水而有木，能使散败血分归经络。

决明子 能解蛇毒。贴脑止鼻洪，作枕胜黑豆，治头痛，明目也。

芎　久服致气暴亡，以其味辛性温也，辛甘发散之过欤。《局方》以沉、麝、檀、脑、丁、桂诸香作汤，较之芎散之祸，孰为优劣，试思之。若单服既久，则走散真气，既使他药佐使，又不可久服，中病便已，则乌能至此也？《春秋》注云：麦面鞠穷，所以御湿。详见楚子伐萧。

五味子　属水而有木与金，今谓五味，实所未晓，以其大能收肺气，宜其有补肾之功。收肺气非除热乎？补肾非暖水脏乎？食之多致虚热，盖收补之骤也，何惑之有？又云：火热嗽必用之。《尔雅》云：菋，一名茎藸。又五味，皮肉甘酸，核中苦，都[1]有咸味，此五味具也。

栝蒌实　属土而有水，《本草》言治胸痹，以味甘性润，甘能补肺，润能降气。胸有痰者，以肺受逼，失降下之令，今得甘缓润下之助，则痰自降，宜其为治嗽之要药也。又云：洗涤胸膈中垢腻，治消渴之细药也。雷公云：栝蒌，凡使皮、子、茎、根，效各别。其栝并蒌样全别，若栝自圆，黄皮厚蒂，小苦；其蒌唯形长，赤皮蒂粗，是阴。人服其实，《诗》所谓果蓏之实，正谓此也。根亦名白药，其茎叶疗中热伤暑最效。

苦参　属水[2]而有火，能峻补阴气，或得之而致腰重者，以其气降而不升也，非[3]伤肾之谓。治大风有功，况风热细疹乎？

郁金　《本草》无香，属火属土与水，性轻扬，能致达酒气于高远也。正如龙涎无香，能散达诸香之气耳。因轻扬之性，古人用以治郁遏不能散者，恐命名因于此始。《周礼》云[4]：凡祭祀之祼[5]，用郁鬯[6]。又《说文》曰：芳草也，合酿之以降神。

肉豆蔻　属金与属土，温中补脾，为丸。日华子称其下气，以

---

〔1〕都　文瑞楼本作“却”。
〔2〕水　文瑞楼本作“木”。
〔3〕非　原作“升”，据万历本、大业堂本改。
〔4〕云　原作“人”，据文瑞楼本改。
〔5〕祼（guàn 贯）　灌祭。
〔6〕郁鬯（chàng 唱）　酒名。

其脾得补而善运化，气自下也，非若陈皮、香附之驶泄。《衍义》不详其实，谩亦因之，遂以为不可多服。云：多服则泄气，得中则和平其气。

大黄 属水属火，苦寒而善泄，仲景用之，以心气不足而吐衄者，名曰泻心汤。正是因少阴经不足，本经之阳亢甚无辅著，以致血妄行飞越，故用大黄泄去亢甚之火，使之平和，则血归经而自安。夫心之阴气不足，非一日矣。肺与肝俱各受火而病作，故芩救肺，连救肝。故肺者阴之主，肝者心之母，血之舍[1]也。肝肺之火既退，宜其阴血复其旧。《衍义》不明说，而曰邪热因不足而客之，何以明仲景之意，开后人之盲瞶也！

葶苈 属火属木，性急善逐水，病人稍涉虚者，宜远之。且杀人甚捷，何必久服而后致虚也。葶苈有甜、苦两等，其形则一。经既言味辛苦，即甜者不复更入药也。大概治体皆以行水走泄为用，故不可久服。

附子 《衍义》论五等同一物，以形象命名，而为用至哉，斯言犹有未善。仲景八味丸，附子为少阴之向导，其补自是地黄，后世因以附子为补，误矣。附子走而不守，取健悍走下之性，以行地黄之滞，可致远，亦若乌头、天雄，皆气壮形伟，可为下部药之佐。无人表其害人之祸，相习用为治风之药，杀人多矣。治寒、治风有必用者，予每以童便煮而浸之，以杀其毒，且可助下行之力，入盐尤捷。又堕胎为百药之长，慎之。

半夏 属金属土，仲景用于小柴胡汤，取其补阳明也，岂非燥脾土之功。半夏，今人惟知去痰，不言益脾，盖能分水故也。又诸血证禁服。仲景伤寒渴者去之，半夏燥津液故也。又妊妇姜炒用之。

常山 属金而有火与水，性暴悍，善驱逐，能伤其真[2]气，切不可偃过[3]也。病人稍近虚怯，勿可用也。惟雷公云老人与久病

---

〔1〕舍 原作"含"，据大业堂本、文瑞楼本改。

〔2〕真 原作"贞"，据文瑞楼本改。

〔3〕过 隆庆本、万历本此下均有"多"字。

切忌之，而不明言其害。《外台秘要》乃用三两作一服，煎，顿服，以治疟。予恐世人因《秘要》之言，而不知雷公之意云。常山，蜀漆根也。

羊蹄草 属水，走血分，叶似荬[1]，甘而不苦，多食亦令人大腑泄滑。亦取为菜。羊蹄，经不言根，《图经》加根字。今人生采根用，摩涂癣疥，立效。俗呼为秃菜。又诗云："言采其蓄"，正谓此草。

苧 属水而有土与金，大补肺金而行滞血，方药似未曾用，故表而出之。或恶其贱。其根善能安胎，又汁疗渴甚验。

牵牛 属火，善走。有两种，黑者属水，白者属金，若非病形与证俱实者，勿用也。稍涉虚，以其驱逐之致虚，先哲深戒之。不胀满，不大便秘者，勿用。

萆[2]麻 属阴，能出有形质之滞物，故取胎产胞衣，剩骨胶血者用之。其叶治脚风肿。又油涂叶，炙热熨[3]囟上，止鼻衄效。

荔子肉 属阳，主散无形质之滞气，故消瘤瘰赤肿者用之，苟不明者，则措用之而不应。

灯心 属土，火烧为灰，取小许吹喉中，治急喉痹甚捷。小儿夜啼，亦用灯心烧灰，涂乳上与吃。

威灵仙 属木，治痛之要药，量病稍涉虚者，禁用。采得流水声响者，知其性好走也。采不闻水声者，佳。痛风[4]在上者服之，此药去众风，通十二经脉，朝服暮效。《衍义》治肠风。根性快，多服疏人五脏真气。

五倍子 属金与水，噙口中，善收顽痰有功，且解诸热病[5]。口疮，以末掺之，便可饮食。即[6]文蛤也。其内多虫，又名百虫仓。

---

〔1〕荬（mǎi 买） 植物名。

〔2〕萆 原作"草"，据隆庆本、万历本、崇祯本改。

〔3〕熨 原作"慰"，据文瑞楼本改。

〔4〕风 原作"用"，据隆庆本、万历本改。

〔5〕病 隆庆本、万历本均作"毒"。

〔6〕即 五倍子形似文蛤，实非一物，故"即"当作"又名"。

金樱子 属土而有金与水。经络隧[1]道，以通畅为和平，昧者取涩性为快，遂熬为煎。食之自不作靖，咎将孰执？沈存中云：止遗泄取其温且涩，须十月熟时采，不尔复[2]令人利。

萱草 属木，性下走阴分，一名宜男，宁无微意存焉。俗谓之鹿葱。又稽《康养生》论云：合欢蠲怒，萱草忘忧。

茯苓 得松之余气而成，属金，仲景利小便多用之，此暴新病之要药也。若阴虚者恐未为相宜。其上有菟丝，下有茯苓之说，甚为轻言。又宋王微《茯苓赞》：皓苓下居，彤纷上荟，中状鸡凫[3]，具容龟蔡。神侔少司，保延幼艾，终志不移，柔红可佩。

琥珀 属阳，今古方用为利小便以燥脾土，有功。脾能运化，肺气下降，故小便可通。若血少不利者，反致其燥急之苦。茯苓、琥珀二物，皆自松出，而所禀各异，茯苓生成于阴者也，琥珀生于阳而成于阴，故皆治荣而安心利水也云[4]。

松 属阳金，用其节炒焦，治筋骨间病，能燥血中之湿[5]也。花多食，能发上焦热病。其花上黄粉名松黄。拂取似蒲黄，酒服，轻身疗病。又树皮绿衣，名艾蒳，合和诸香烧之，其烟团聚，青白可爱。

柏 属阴与金，性善守，故采其叶随月建方，以取得月令之气也。此补阴之要药，其性多燥，久得之大益脾土，以涩其肺。其柏子仁出干州者佳。

桂 虚能补，此大法也。仲景救表用桂枝，非表有虚以桂补之。卫有风寒，故病自汗，以桂枝发其邪，卫和则表密，汗自止，非桂枝能收汗而治之。今《衍义》乃谓仲景治表虚，误矣。《本草》止言出汗，正《内经》辛甘发散之义，后人用桂止汗，失经旨矣。曰官桂者，桂多品，取其品之高者，可以充用而名之，贵之之辞也。

---

〔1〕隧　原作“随”，据万历本改。
〔2〕复　文瑞楼本作“便”。
〔3〕凫（fú 扶）　动物名。泛指野鸭。
〔4〕云　文瑞楼本无此字。
〔5〕湿　原作“温”，据隆庆本、万历本改。

曰桂心者，皮之肉厚，去其粗厚而无味者，止留近其木一层，而味辛甘者，故名之曰心，美之之辞也。何必置疑著此桂，固知三种之桂，不取菌桂、牡桂者，盖此二种性止温而已，不可以治风寒之病。独有一字桂，经言辛甘[1]大热，正合《素问》辛甘发散为阳之说。又《别说》云：以菌桂养精神，以牡桂利关节。又有一种柳桂，乃桂之嫩小枝条也，尤宜入治上焦药用也。

枫香　属金而有水与火，性疏通，故木易有虫穴。其液名曰白胶香，为外科家要药。近世不知，误以松脂之清莹者，甚失《本经》初意也。枫树上菌，食之令人笑不止，以地浆解之。

竹沥　《本草》大寒，泛观其意，以与石膏、芩、连等同类，而诸方治产后、胎前诸病，及金疮口噤，与血虚、自汗、消渴、尿多，皆阴虚之病，无不用，缩手待尽，哀哉！《内经》曰：阴虚发热。大寒而能补，正与病对。薯蓣寒而能补，世或用之。惟竹沥因大寒置疑，是犹因盗嫂[2]受金，而弃陈平之国士也。竹沥味甘性缓，能除阴虚之有大热者。大寒者，言其功也，非以气言，幸相与可否？若曰不热，世人吃笋，自幼者老者，可无一人因笋寒而有病。沥即笋之液也，况假于火而成者，何寒如是[3]之甚？

合欢　属土而有水与金，补阴之有捷功也。长肌肉，续筋骨，概可见矣，而外科家未曾录用，何也？又名夜合，人家多植庭除间，蠲人之忿。

凌霄花　治血中痛之要药也，且补阴捷甚，盖有守而独行。妇人方中多用，何哉？云：紫葳即凌霄花也，善治酒皶热毒，甚良。

龙脑　属火。世知其寒而通利，然未达其暖而轻浮飞扬。《局方》但喜其香而贵细，动辄与麝同用，为桂、附之助。人身阳易于动，阴易于亏，幸思之。

墨　属金而有火，入药甚助补性。墨当松烟为之者，入药能

〔1〕辛甘　原作“甘辛”，据崇祯本乙转。

〔2〕盗嫂　《史记·陈丞相世家》：“绛侯，灌婴谗陈平曰：‘臣闻平居家时盗其嫂。’”按师古曰：“盗，谓私之。”

〔3〕是　原作“何”，据文义改。

止血，及产后血运、崩中、卒下血，醋摩服之。又主眯目，物芒入目，摩点瞳子。又鄜延[1]界内有石油，燃之烟甚浓，其煤可为墨，黑光如漆，松烟不及。其识文曰：延川石液者是，不可入药，当附于此。

秦椒 属火而有水与金，有下达之能。所以其子名椒目者，正行渗[2]，不行谷道。世人服椒者，无不被其毒。以其久，久则火自水中起，谁能御之？能下水肿湿。凡使以蜀椒为佳。子谓椒目治盗汗尤效，又能行水。

杉材 属阳金而有火。用节作汤，洗脚气肿。言用屑者，似乎相近。又云：削作楂，煮洗漆疮，无不差。

榧实 属土与金，非火不可，多啖则热矣。肺家果也，引火入肺，则大肠受伤，识者宜详。其子治寸白虫。又五痔人，常如果食之愈，过多则滑肠。

诃子 下气，以其味苦性而急喜降。经曰：肺苦急，急食苦以泻之。谓降而下走也。气实者宜之，若气虚者似难轻服。诃子，即诃黎勒也。六路黑色肉厚者良。此物虽涩肠，又泄气，盖其味苦涩。又其子未熟时，风飘堕者，谓之随风子，尤珍贵，小者益佳。治痰嗽，咽喉不利，含三五枚，殊胜。又云：治肺气因火伤极，遂郁遏胀满，盖其味酸苦，有收敛降火之功也。

胡椒 属火而有金，性燥，食之快膈。喜食者，大伤脾胃、肺气，积久而大气则伤，凡痛气疾，大其祸也。一云：向阴者澄茄，向阳者胡椒也。

椰子 属土而有水，生海外极热之地。土人赖此解夏月暍渴，天之生物，盖可见矣。多食动气也。

发 补阴之功甚捷。此即乱发也。烧灰研末，调方寸匕，治鼻衄欲死者，立效。更以末吹鼻中，甚验。

人尿 尝见一老妇，年逾八十，貌似四十，询之，有恶病，人

---

〔1〕鄜（fū 夫）延　鄜，今陕西富县境；延，今陕西延安境。

〔2〕正行渗　《本草纲目·果部·秦椒》引“时珍曰”作“能行渗道”，义长。

教之服人尿。此妇服之四十余年，且老健无他病。而何谓性寒不宜多服欤？降火最速。人尿须童男者良。又产后即温饮一杯，厌下败血恶物，不致他病也。又热劳方中亦用之。

犀角 属阳，性走散，比[1]诸角尤甚。痘疮后用此散余毒，俗以为常。若不有余毒而血虚者，或以燥热发者，用之祸至，人故不知。凡用须乌色未经汤水浸煮入药，已经浸煮不入药。用鹿取茸，犀取尖，其精锐之力尽在是矣。汤散用则屑之为末，取屑，一[2]纸裹于怀中，良久，合诸色药物，绝为易捣。

羚羊角 属木，入厥阴经为捷。紫雪方中用之近理。羚羊角，今昔取有挂痕者。陈藏器云：取其耳边[3]听之，集集鸣者良。亦强出此说，未尝遍试也。今将他角附耳，皆集集有声，不如挂痕一说尽矣。然多伪之，不可不察也。

犬 世俗言虚损之病，言阳虚而易治，殊不知人身之虚，悉是阴虚。若果虚损，其死甚易，敏者亦难措手。夫病在可治者，皆阴虚也。《衍义》书此方于犬条下，以为习俗所移之法，惜哉！犬肉不可炙食，恐致消渴；不与蒜同食，必顿损人。

鸡 风之为病，西北气寒，人为风所中者[4]，诚有之矣。东南气温，而地多湿，有风病者，非风也，皆湿生痰，痰生热，热生风也。经曰：亢则害，承乃制。河间曰：土极似木。数千年得经意，河间一人耳。《衍义》云：鸡动风者，习俗所移[5]也。鸡属土，而有金与木火，性补，故助湿中之火。病邪得之，为有助而病剧，非鸡而已，与夫鱼肉之类，皆能助病者也。《衍义》不暇及也。又云：鸡属巽[6]，助肝火。

鲫鱼 诸鱼皆属火，惟鲫鱼属土，故能入阳明而有调胃实肠

---

〔1〕比　原作"以"，据万历本改。
〔2〕一　隆庆本，万历本均作"以"。
〔3〕边　原无，据《本草衍义》补。
〔4〕人为风所中者　原作"为风所中人者"，据文义乙转。
〔5〕移　隆庆本、万历本均作"疑"。
〔6〕巽(xùn 逊)　八卦之一，又六十四卦之一。《易·说卦》："巽为风，为木。"

之功。若得之多者，未尝不起火也，戒之。又云：诸鱼之性无德之伦，故能动火。鲫鱼合纯作羹，主胃弱不下食；作鲙，主久赤白痢。

白僵蚕 属火而有土，属火与木，得金气僵而不化。治喉痹者，取其火中清化之气，从以治相火，散浊逆结滞之痰耳！僵蚕，然蚕[1]有两三番，惟头番蚕白色而条直者为佳。其蚕蛾则第二番者，以其敏于生育。四月取自死者，勿令中湿，中湿有毒，不可用。

虾蟆 属土与水，味甘性寒，南人多食之。《本草》明言可食，不患热病，由是病人喜食之矣。《本草》之义盖是或炙或干，或烧或灰，和在药剂用之，非若世人煮为羹，入盐抹[2]而啜其汤。此物湿化，火能发湿，久则湿以化热，此七气原自然有火也。《衍义》谓：解劳热之谓也，非羹之谓也，戒之！凡用，五月五日取东行者良。又取眉间有白汁，谓之蟾酥，以油单裹眉，裂之酥出单上，收之入药。又人患齿缝中血出，以纸纴子蘸干蟾酥少许，于血出处按之，立止。

蚯蚓 属土而有水与木，性寒，大解诸热毒，行湿病。凡使白颈自死者良，然亦应候而鸣。此物有毒，人被其毒，以盐水浸咬处，又以盐汤饮之，立差。若治肾脏风下产[3]病，不可阙也，仍须盐汤送。王荆公所谓寡壤大牢俱有味，可能蚯蚓独清廉者也。

马[4]刀 与蛤蚌、蛳蚬大同小异，属金而有水、木、土。《衍义》言其冷，而不言湿，多食发疾。以其湿中有火，久则气上升而下降因生痰，痰生热，热生风矣，何冷之有？

葡萄 属土而有水与木、火，东南食之多病热，西北食之无恙。盖性能下走渗道，西北气厚，人之禀厚耳！俗呼其苗为木通，逐水利小肠为佳。昔魏玄帝诏群臣说葡萄，云：醉酒宿醒，掩露而食。甘而不饴，酸而不酢，冷而不寒，味长汁多，除烦解悁[5]。他方

---

〔1〕然蚕　万历本无此二字。
〔2〕抹　隆庆本、万历本均作“酱”。
〔3〕产　《本草衍义》作“疰”。
〔4〕马　原作“乌”，据隆庆本、万历本改。
〔5〕悁(yuān 冤)　郁怒、忧愁、急躁。隆庆本、万历本均作“渴”。

之果，宁有匹之？

杏仁　属土而有水与火，能坠，亦须细研用之。其性热，因寒者可用。其实不可多食，能伤筋骨。

枣　属土而有火，味甘性缓。经曰：甘先入脾。《衍义》乃言益脾。脾，土也。经言补脾，未尝用甘，今得此味多者，惟脾受病。习俗移人，《衍义》亦或不免。小儿患秋痢与虫，食之良。

樱桃　属火而有土，性大热而发湿。《本草》调中益脾，日华子言令人吐，《衍义》发明其热，能致小儿之病。旧有热病与嗽喘，得之立病，且有死者矣。司马相如赋云：山朱樱，即樱桃也。又《礼记》谓之含桃，可荐宗庙。又王维诗云：才是寝园春荐后，非干[1]御苑鸟啣残。

橘柚　属木而有土与水。《本[2]草》于[3]条下，叙功用至五十余字，皆言橘皮之能，非橘柚之谓也。橘柚并言，穰有浆者而名，橘之大者曰柚，则厚于橘。《衍义》以柚为橘，有无穷之患，何至是之甚耶？其橘核，炒，去壳，为末，酒调服，治肾疰[4]腰痛，膀胱气痛，甚良。

柿　属金而有土，为阴，有收之义焉。止血，治嗽，亦可为助。此物能除腹中宿血。又，干饼治小儿痢尤佳。

石蜜　甘喜入脾，其多之害，必生于脾，而西北人得之有益，东南人得之未有不病者，亦气之厚薄不同耳。虽然东南地下多湿，宜乎其得之为害也；西北地高多燥，宜乎其得之为益也。石蜜今谓之乳糖也，川浙最佳。用牛乳汁、沙糖相和煎之，并作饼坚重。《本草》云：石蜜除众病，和百药。

糖　多食能生胃中之火，此损齿之因也。非土制水，乃湿土生火热也。食枣多者，齿病龋，亦此意也。

乌芋　即经中凫茨，以其凫喜食之，茨草之别名，故俗为之葧脐，语讹耳。有二等，皮厚，色黑，肉硬白者，谓猪葧脐；皮薄泽，

〔1〕干　文瑞楼本作“关”。
〔2〕本　原无，据隆庆本、万历本补。
〔3〕于　文瑞楼本无此字。
〔4〕疰　《博雅》：“疰，病也。”

色淡紫，肉软者，谓羊蓟脐。并下石淋，效。

胡桃 属土而有火，性热。《本草》言其平，是无热也。下文云能脱人眉，动风，非热何伤肺乎？《衍义》曰：过夏至不堪食。又其肉煮浆粥，下石淋，良。

茄 属土，故甘而喜降火府者也。易种者[1]忌[2]食之。拆者烧灰治乳。《本草》言味甘寒，久冷人不可多食，损人动气，发疮及痼疾。又根煮汤，淋洗脚疮，甚效。拆蒂烧灰，以治口疮，皆甘以缓火之急。

石榴 味酸，病人须戒之，性滞，其汁恋膈成痰。榴者留也，多食损肺。其酸皮止下痢，其东行根治蛔虫寸白。又其花白千[3]叶者，主心热吐血及衄血等，干之为末，吹鼻中立差。

梨 味甘，渴[4]者宜之。梨者，利也，流利下行之谓也。《食疗》谓产妇金疮人忌[5]之，血虚戒之。《衍义》谓多食动脾，惟病酒烦渴人食之佳。

橄榄 味涩而生甘，醉饱宜之。然其性热，多食能致上壅。解鱼毒。日华子云：开胃，下气，止泻。

冬瓜 性走而急，久病与阴虚者忌之。《衍义》取其分散热毒气，有取于走而性急也。九月勿食，俟被霜食之，不尔，令人成反胃病。又差五淋。

苦丁香 性急，损胃气。吐药不为不多，胃弱者勿用。设有当吐之证，以他药代之可也。病后、产后宜深戒之。仲景有云：诸亡血、诸虚家，不可与瓜蒂。花，主心痛咳逆。

苋 《本草》分六种，而马齿在其数，马齿自是一种，余苋皆人所种者。下血，而又入血分，且善走。红苋与马齿同服，下胎妙。临产时煮[6]食，易产。《本草》云：利大小便。然性寒滑故也。又，

---

〔1〕易种者　此下疑有脱文。
〔2〕忌　此下原衍“之”字，据《本草纲目·菜部·茄》引“震亨曰”删。
〔3〕千　原无，据《本草纲目·果部·安石榴》引“震亨曰”补。
〔4〕渴　原作“浊”，据《丹溪心法类集》改。
〔5〕忌　原作“思”，据万历本、大业堂本改。
〔6〕煮　原作“者”，据隆庆本、万历本改。

其节叶间有水银。

莱菔根 属土而有金与水。《本草》言：下气速。往往见煮[1]食之多者，停滞膈，成溢饮病，以其甘多而辛少也。其子推墙倒壁之功。俗呼为萝卜，亦治肺痿吐血。又，其子水研服，吐风痰甚验。《衍义》曰：散气用生姜，下气用莱菔。

韭 研取其汁，冷饮细呷之，可下膈中瘀血，甚效。以其属金而有水与土，且性急。韭能充肝气，又多食则昏神。其子止精滑甚良。又未出粪土为韭黄，最不宜食之，滞气，盖唅抑[2]郁未升之气，故如是。孔子曰不时不食，正谓此也。又，花食之动风，戒之。

香薷 属金与水，而有彻上彻下之功，治水甚捷。肺得之，则清化行而热自下。又云：大叶香薷，治伤暑，利小便。浓煎汁成膏，为丸服之，以治水胀病，效。《本草》言：治霍乱不可缺也。

大蒜 性热，喜散，善化肉，故人喜食。属火，多用于暑月。其伤脾伤气之祸，积久自见，化肉之功不足言也。有志养身者，宜自知之。久食伤肝气，损目，令人面无颜色。

香油 须炒芝麻，乃可取之。人食之美，且不致病。若又煎炼食之，与火无异，戒之。

饴 属土，成于火，大发湿中之热。《衍义》云动脾风，是言其末而遗其本也。此即饴糖，乃云胶饴，乃是湿糖，用米麦而为，即饧也。

大麦 初熟时，人多炒而食之，此等有火，能生热病，人故不知。大麦水浸之，生芽为蘖，化宿食，破冷气，去心腹胀满。又云：蘖微暖，久食消肾，不可多食，戒之。

栗 属水与土，陈者难化。《衍义》云：生者难化，熟者滞气，隔食生虫。所谓补肾者，以其味咸之故也。

酒 《本草》止言其热而有毒，不言其湿中发热，近于相火，大醉后，振寒战栗者可见矣。又云：酒性善升，气必随之，痰郁于上，

---

〔1〕煮 原作“者”，据隆庆本、万历本改。
〔2〕抑 原作“噎”，据文瑞楼本改。

溺涩于下，肺受贼邪，金体大燥，恐饮寒凉，其热内郁，肺气得热，必大伤耗。其始也，病浅，或呕吐，或自汗，或疼痒，或鼻齇，或自泄，或心脾痛，尚可散而出也；病深，或消渴，为内疽，为肺痿，为内痔，为鼓胀，为失明，为哮喘，为劳嗽，为癫痫，为难明之病。倘非具眼，未易处治，可不谨乎？陶云：大寒凝海，惟酒不冰，大热明矣。方药所用，行药势故也。

醋酸浆 世以之调和，尽可适口，若鱼肉。其致病以渐，人故不知。酸收也，人能远之。醋亦谓之醯，俗呼为苦酒，即米醋也。可入药能消痈肿，散水气。

面 热而麸凉，饥年用以代谷。须晒麦令燥，以少水润之，舂去皮，煮以为饭食之，无面热之后患。治暴淋，煎小麦汤饮之。

漆 属金而有水与火，性急，能飞补，用为去积滞之药。若有[1]之中病，积去后补性内行，人不知也。生漆去长虫。又漆叶，见《华陀传》同青粔服之，去三尸虫，利五脏，轻身益气，使人头不白。彭城樊阿从[2]之，年五百余岁。

桑寄生 药之要品也。自《图经》以下失之，而医人不谙其的，惜哉！以于近海州邑及海外，其地暖，其地不蚕，由是桑木得气厚，生意浓，而无采将之苦，但叶上自然生出，且所生处皆是光燥皮肤之上，何曾有所为节间可容化树子也。此说得之于海南北道宪佥老的公云。《衍义》云：似难得真者，若得真桑寄生，下咽必验如神。向承乏[3]吴山，有求药于诸邑，乃遍令人搜摘，卒不得，遂以实告，甚不乐。盖不敢以伪药罔人。邻邑有人伪以他木寄生送之，服之逾月而死，哀哉！

丁香 属火而有金，补泻能走。口居上，地气出焉。肺行清令，与脾气相和，惟有润而甘芳自适焉。有所谓口气病者，令口气有而已，自嫌之，以其脾有郁火，溢入肺中，失其清和甘美之气，而浊气上干，此口气病也。以丁香含之，扬汤止沸耳。惟香薷治

〔1〕有 据文义疑作“服”。
〔2〕从 隆庆本、万历本均作“服”。
〔3〕乏 原作“之”，据《本草衍义》、万历本改。

之甚捷，故录之。如钉长三四分，紫色，中有粗大如茱萸者，俗呼为母丁香，可入心腹之药尔。以旧本丁香根注中有“不入心腹之用”六字，恐其根必是有毒，故云不入心腹也。

柏皮 属金而有水与火，走手厥阴，而有泻火为补阴之功，配细辛治口疮，有奇功。

厚朴 属土而有火，气药之温而能散，泻胃中之实也。而平胃散用之，佐以苍术，正为泻[1]上焦之湿，平胃土不使之大过，而复其平，以致于和而已，非谓温补脾胃。习以成俗，皆为之补，哀哉！又云：厚朴能治腹胀，因其味辛，以提其气。

桔梗 能开提气血，气药中宜用之。桔梗能载诸药不能下沉，为舟楫之剂耳。

干姜 散肺气，与五味子同用治嗽，见火则止而不移。治血虚发热，该与补阴药同用。入肺中利肺气，入肾中燥下湿，入气分引血药入血也。《象》云：治沉寒痼冷，肾中无阳，脉气欲绝，黑附子为引用。又云：发散寒邪，如多用则耗散元气，辛以散之。是壮[2]火食气故也。见火候故止而不移，所以能治里寒，非若附子行而不止也。凡止血须炒令黑用之。生尤良[3]主胸满，温脾燥胃，取以理中，其实主气而泄脾。又，人言干姜补脾，今言泄脾而不言补者，何也？东垣谓：泄之一字，非泄脾之正气，是泄脾中寒湿之邪，故以姜辛热之剂燥之，故曰泄脾。

缩砂 安胎止痛，行气故也。日华子云：治一切气，霍乱，心腹痛。又云：止休息痢。其名缩砂蜜也。

香附子 必用童便浸。凡血气药必用之，引至气分而生血，此阳生阴长之义也。即莎草根也。一名雀头香，大能下气，除胸腹中热。又云：长须眉。

麦蘖 行上焦之滞血，腹中鸣者用之。化宿食，破冷气良。并见前大麦条。

---

〔1〕泻　原无，据《丹溪心法类集》补。

〔2〕壮　原作“肚”，据隆庆本、万历本改。

〔3〕生尤良　疑衍。

神曲 性温，入胃。麸皮曲性凉，入大肠，俱消食积。红曲活血消食。健脾暖胃，治[1]赤白痢，下水谷，陈久者良。

红蓝花 破留血，养血。多用则破血，少用则养血。《本草》云：产后血晕口噤，腹内恶血，胎死腹中，并酒煮服。又，其子吞数颗，主天行疮子不出。又，其胭脂，治小儿聤耳，滴耳中妙。

苍术 治上中下湿疾，皆可用之。一名山精，经曰：必欲长生，可服山精，结阴阳之精气故也。又见前。

白芍药 酒浸，炒，与白术同用，则能补脾；与川芎同用，则泻肝；与人参、白术同用，则补气。治腹中痛而下痢者，必炒，后重不炒。又云：白芍惟治血虚腹痛，诸腹痛皆不可治。芍药，白补，赤泻。又云：赤者利小便下气；白者止痛散血。又云：血虚寒人，禁此一物。古人有言曰：减芍药以避中寒。诚不可忽。

木香 行肝经气火，煨用可实大肠。木香专泄胸腹间滞寒冷气，多则次[2]之[3]。其昆仑青木香尤行气。又土青木香不入药。

栀子 屈曲下行降火，又能治块中之火。《本草》云：去热毒风，利五淋，通小便。又云：栀子虽寒无毒，治胃中热气。既亡血、亡津液，腑脏无润养，内生虚热，非此物不可去之。

黄芩 安胎者，乃上中二焦药，降火下行也。缩砂安胎者，治痛，行气也。若血虚而胎不安者，阿胶主之。治痰热者，假此以降其火也。坚实者名子芩，为胜。破者，名宿[4]芩。其腹中皆烂，名腐肠，可入肺经也。其坚实条芩，入大肠除热也。

黄连 以姜汁炒，辛散除[5]热有功 日华子云：治五劳七伤，止心腹痛，惊悸烦躁，天行热疾，及目痛。又宋王微云：黄连味苦，

---

〔1〕治 原无，据文义补。

〔2〕次 隆庆本、万历本均作“用”。

〔3〕木香专泄胸腹间滞寒冷气，多则次之 《本草衍义》作“木香专泄决胸腹间滞塞冷气，他则次之”。

〔4〕宿 隆庆本、万历本均作“片”。

〔5〕除 原作“冲“，据文瑞楼本改。

左右相因，断凉涤暑，阐命轻身。缙云昔御，飞毕上旻，不行而至，吾闻其人。又梁江淹云：黄连上草，丹砂之次。御孽辟妖，长灵久视。骖龙行天，驯马匝地。鸿飞以宜，顺道则利。

枳实 泻痰，能冲墙倒壁，滑窍泻气之药。枳实、枳壳，一物也。小则其性酷而速，大则其性祥而缓。故张仲景治伤寒仓卒之病，承气汤中用枳实，此其意也。皆取其疏通决泄、破结实之义。

皂角刺 治痈疽已溃，能引至溃处，甚验。《神仙传》云：崔言者，职隶左亲骑军，一旦得疾，双眼昏，咫尺不辨人物，眉发自落，鼻梁崩倒，肌肤疮癣，皆为恶疾，势不可救。一道流不言名，授其方曰：皂角刺一二斤，为九蒸九晒，研为末，食上，浓煎大黄汤调一钱匕。服一旬，须发再生而愈。又，铁砧以煅金银，虽百十年不坏，以捶皂角，则一夕破碎。

射干 属金而有木与火、水，行太阴、厥阴之积痰，使结核自消，甚捷。又治便毒，此足厥阴湿[1]气，因疲劳而发。取射干三寸，与生姜同煎，食前服，利三两行效。又治喉痛，切一片噙之，效。紫花者是，红花者非。此即乌翣，根为射干，叶为乌翣，为乌[2]扇，又名草姜。《外台》云：治喉痹甚捷。

巴豆 去胃中寒积，无寒积者勿用。

天南星 欲其下行，以黄柏引之。天南星，今市人多以由跋小者似天南星，但南星小，柔腻肌细，炮之易裂，差可辨尔。

石膏 尝观药命名，固有不可晓者，中间亦多有意义，学者不可不察。如以色而名者，大黄、红花、白前、青黛、乌梅之类是也；以气而名者，木香、沉香、檀香、麝香、南[3]香之类是也；以质而名者，厚朴、干姜、茯苓、生地黄之类是也；以味而名者，甘草、苦参、龙胆草、淡竹叶、苦酒之类是也；以能而名者，百合、当归、升麻、防风、硝石之类是也。石膏，火煅细研，醋调封丹炉，其固密甚于石脂，苟非有膏，焉能为用？此兼职兼能而得名，正与石脂同

〔1〕湿　原作“温”，据隆庆本、万历本改。
〔2〕为乌　原作“又为”，据隆庆本、万历本改。
〔3〕南　隆庆本、万历本均作“兰”。

意。阎孝忠妄以方解石为石膏。况石膏甘辛，本阳明经药，阳明主肌肉，其甘也，能缓脾益气，止渴去火；其辛也，能解肌出汗，上行至头，又入手太阴、手少阳。彼方解石止有体重、质坚、性寒而已，求其所谓石膏，而可为三经之主者焉在哉？医欲责效，不其难乎？又云：软石膏可研为末，醋研，丸如绿豆大，以泻胃火、痰火、食积，殊验。生钱塘者如棋子白澈最佳，彭城者亦好。又有一种玉火石，医人常用之，云：味甘微辛温，治伤寒发汗，止头痛、目昏眩，功与石膏等。故附之。

白粉 胡粉另是一种，乃是锡粉，非铅粉也。盖古人以锡为粉，故名胡粉，不可入药。惟妇人用以附面，喜其色类肌肉也。又名镴子粉，即是锡也。

鳖甲 鳖肉补阴。鳖，《左传》云：三足者为之能奴菜切，不可食。凡使[1]须九肋者佳。《药性》云：治劳瘦，除骨热，酽醋炙黄用。又，治心腹癥瘕坚积尤效。

牛膝 能引诸药下行。凡用土[2]牛膝，春夏用叶，秋冬用根，惟叶汁之效尤速。《本草》云：男子阴消，老人失溺，及寒湿痿痹，腰腿之疾，不可缺也。又竹木刺入肉，涂之即出。

茺蔚子 即益母草。产前产后诸疾，行血养血，难产作膏服。此草即益母也。其苗捣取汁服，主浮肿，下水；其子入洁[3]面药，令人光泽。又《毛诗》云：中谷有蓷，益母也。又云臭秽，臭秽即茺蔚也。

牛蒡子 一名恶实。洁古云：主风肿毒，利咽膈，吞一粒，可出痈疽头。《主治秘诀》云：辛温，润肺散气，捣碎用之。东垣云：味辛平甘温，主明目补中及皮肤风，通十二经。其未去萼时，又为之鼠粘子。根谓之牛菜，作菜茹尤益人。

锁阳 味甘，可啖，煮粥弥佳。补阴气，治虚而大便燥结者用，虚而大便不燥结者勿用，亦可代苁蓉也。

---

〔1〕使　原作“便”，据万历本、崇祯本改。
〔2〕土　原作“下”，据隆庆本、万历本改。
〔3〕洁　原作“紧”，据隆庆本、万历本改。

水萍浮芹　发汗尤甚麻黄。此是水中大萍，非今沟渠所生者。昔楚王渡江所得，乃[1]斯实也。又高供奉《采萍时日歌》：不在山不在岸，采我之时七月半。选甚瘫风与缓风，些小微风都不算。豆淋酒内下三丸，铁幞头上也出汗。

青黛　能收五脏之郁火，解热毒，泻肝，消食积。青黛杀恶虫，物化为水。又《宫气方》小儿疳痢，羸瘦毛焦方歌曰：孩儿杂病变成疳，不问强羸女与男，恰似春[2]傍多变动，还如瘦䰽困耽耽。又歌曰：烦热毛焦鼻口干，皮肤枯槁四肢瘫。腹中时时更下痢，青黄赤白一般般。眼涩面黄鼻孔赤，谷道开张不欲看。忽然泻下成疳淀，又却浓㵽一团团。唇焦呕逆不乳哺，壮热增寒卧不安。腹中有病须医药，何须祈祷信神盘。此方便是青黛散，孩儿百病服来看。

马鞭草　治金疮，行血活血。通妇人月经，及血气肚痛，效。

木贼　用发汗至易，去节剉，以水润湿，火上烘用。《本草》不言发汗至易，传写之误也。又云：味甘微苦，无毒，治目疾，退翳膜，益肝胆，妇人月水不断。得禹余粮、当归、芎䓖，治崩中赤白；得槐鹅、桑耳，肠风下血服之效。

夏枯草　无臭味，治瘰疬。臭草，有臭味，方作洁面[3]药，即茺蔚是也。此两物俱生于春，但夏枯草先枯而无子，蔚臭草后枯而结黑子。又云：有补养血脉之功，三月四月开花，五月夏至时候复枯。盖禀纯阳之气，得阴气则枯也。《本草》云：散瘿结气，脚踵湿痹。

灯笼草　寒，治热痰嗽，佛耳治寒嗽。

兰叶　禀金水之清气，而似有火，人知其花香之贵，而不知为用有方。盖其叶能散久积陈郁之气，甚有力，入药煎煮用之，东垣方中常用矣。东垣云：味甘性寒，其气清香，生津止渴，益气润肌。《内经》云消诸瘅，治之以兰是也。消渴症，非此不能凉。胆瘅必

---

〔1〕乃　原作“非”，据《丹溪心法类集》、《本草衍义》补。

〔2〕春　隆庆本、万历本均作“脊”。

〔3〕洁面　原作“紧而”，据隆庆本、万历本改。

用。即今之人栽植座右，花开时满室尽香。

蒲公草 又名蒲公英，属土，开黄花似菊花，化热毒，消恶肿结核，有奇功。在处田间路侧有之，三月开黄花，味甘，解食毒，散滞气，可入阳明、太阴经。洗净，细剉，同忍冬藤煎浓汤，入少酒佐之，以治乳痈。服罢随手欲睡，是其功也，睡觉病已安矣。麦熟有之，质甚脆，有白汁，四时常花，花罢飞絮，絮中有子，落处即生，即今之地丁也。治丁肿有奇功，故书之。

樗木皮 臭椿根，其性凉，而能涩血。樗木臭疏，椿木香实，其樗用根叶荚，故曰未见椿上有荚，惟樗木上有荚，以此为异。又有樗鸡，故知命名，不言椿鸡，而言樗鸡者，以显有鸡者为樗，无鸡者为椿，其义明矣。

山楂子 消食行结气，健胃催疮痛。治妇人儿枕痛，浓煎此药汁，入沙糖调服，立效。

杜仲 洁古云：性温味辛甘，气味俱薄，沉而降，阳也。其用壮筋骨，及弱无力以行。东垣云：杜仲能使筋骨强。石思仙治肾冷暨腰痛。患腰病人，虚而身强直，风也。腰不利加而用之。

漏芦 东垣云：是足阳明本经药。大寒无毒，主皮肤热，恶疮疽，通小肠，治泄精、尿血、乳痈及下乳汁，俗名荚[1]蒿是也。

姜黄 东垣云：味苦甘辛，大寒无毒，治癥瘕血块痈肿，通月经，消肿毒。姜黄真者，是经种三年已上老姜也，其主治功力烈于郁金，又治气为最。

御米壳 洁古云：味酸涩，主收固气。东垣云：入肾治骨病尤佳。今人虚劳嗽者，多用止嗽，及湿热泄痢者，用止痢。治病之功虽急，杀人如剑，深可戒之。

乌桕木 解蛇毒。

卤咸 一名咸，或作碱，去湿热，消痰磨积块，洗涤垢腻，量虚实用之，若过服则倾[2]损人。又云：石碱、阿魏皆消磨积块。

---

〔1〕荚　原作“英”，据《唐本草》改。

〔2〕倾　隆庆本、万历本、崇祯本均作“顿”。

缫丝汤 口干消渴者，可用此吐之。此物属火，有阴之用，能泻膀胱水中相火，以引清气上朝于口。按《究原方》治消渴，以此汤饮之，或以茧壳丝绵汤饮之，效。

麻沸汤 成无己云：泻心汤以麻沸汤渍服者，取其气薄而泄虚热也。

潦水 成无己：赤小豆汤用潦水者，亦取其水味薄，则不助湿气。

白马胫骨 煅过再研用，味甘寒，可代黄芩、黄连。中气不足者用之。其白马胫味咸，能主男子阴痿，房中术偏用。又，阴干者，末，和苁蓉蜜丸，空心，酒下四十丸。

羊肉、羊胫骨 治牙齿疏豁，须用之。东垣云：《别录》羊肉味甘热，日华子治脑风并大风，开胃肥健，补中益气。又，羊头凉，治骨蒸脑热。凡治目疾，以青羊肝为佳。

败龟版 属金而有水，阴中阳也，大有补阴之功，而《本草》不言，惜哉！其补阴之功力猛，而兼去瘀血，续筋骨，治劳倦。其能补阴者，盖龟乃阴中至阴之物，禀北方之气而生，故能补阴。治阴血不足，止血，治四肢无力，酥油、猪脂皆可炙用。龟以其灵于物。方家故用以补心，然甚有验。

天雄 洁古云：非天雄不足以[1]补上焦之阳虚。

蛤粉 治痰气，能降能消，能软能燥，同香附末、姜汁调服，以治痛。以蛤蜊壳火煅过，研为粉，不入煎剂。

鳝鱼 善补气。《本草》云：补中益血。又妇人产前有疾可食。

五灵脂 能行血止血。此即寒号虫粪也。《本草》云：治心腹冷气，妇人心痛，血气刺痛，甚效。又，止血、行经血有功，不能生血。

人中白 能泻肝火，散阴火。该置于风露下三年者，始可用也。

人中黄 性凉，治湿[2]病。日华子有方。

---

〔1〕足以　此二字原无，据文瑞楼本补。

〔2〕湿　隆庆本、万历本、崇祯本均作“温”。

新增补四十三种

防己 气寒苦辛，阳中之阴。治腰以下至足湿热肿盛，补膀胱，去留热，通行十二经，及治中风，手脚挛急。《本草》云：汉防己君，木防己使。如陶所注，即是木防己，体用小同。按：木汉二防己，即是根苗为名，汉主水气，木主风气。又云：木防己不入药，古方亦通用之。治肺痿咯血，多痰，汉防己、葶苈等分为末，糯米饮调下一钱，甚效。

当归 气温味辛，气味俱轻扬也。又阳中微阴，大能和血补血，治血证通用。雷公云：若破血，即使头一节硬实处；若止痛止血[1]，即用尾。若一概用不如不使，服之无效。易老以为头破血，身行血，尾止血。又云：身养血，若全用和血。《别录》云：大补不足，决取立效之药。气血昏乱，服之而定，气血各有所归之名，故名当归。《本草》云：主咳逆上气，温疟，及女子诸疾不足。此说尽当归之用矣。

升麻 阳中微阴，主脾胃，解肌肉间热。脾痹非升麻稍不能除，手足阳明伤风引用之的药，及发解本经风邪。若元气不足者，用此于阴中升阳气上行，不可缺也。《本草》云：治肺痿咳唾脓血。

细辛 气温味辛，手少阴引经之药，治诸顶头痛，诸风通用之药。独活为使，温阴经去内寒，故东垣治邪在里之表。《本草》云：主咳逆，头痛，百节拘挛，最能温中下气，破痰，利水道。若单服末，不可过半钱匕，多即气闭塞不通者死，故书于此。

藁本 味辛苦，阳中微阴，太阳经本药。治寒气郁结，及巅顶痛，脑、齿痛，引诸药上至巅顶。及与木香同治雾露之气，是各从其类也。

苏木 味辛甘咸，乃阳中之阴。主破血，产后血胀满欲死，排

〔1〕止痛止血 文瑞楼本作“止血行血”。

脓止痛，消痈肿瘀血，月经不调，及血晕口噤，极效。

天麻 气平和，味苦。一名定风草，即此是也。其苗名赤箭。主诸风湿痹，四肢拘挛，小儿痫惊，及诸虚眩晕，非此不能除也。凡使勿误用，御风草与天麻相似，误服则令人有肠结之患，戒之！慎之！

赤箭 谨按今医家见用天麻，即是此赤箭根，今《本草》别是一物。古方用天麻者不用赤箭，用赤箭者即无天麻，方中诸药皆同。天麻、赤箭本为一物，今所用不相违。然赤箭则言苗，用之有自表入里之功；天麻则言根，用之有自内达外之理。根则抽苗，径直而上；苗则结子，成熟而落，从干[1]而下，至土而生。似此粗可识其外内主治之理。

柴胡 气平，味微苦，阴中之阳，乃少阳、厥阴行经药也。去往来寒热，非柴胡稍子不能除。《本草》治心腹，去肠胃中结气，推陈致新，除伤寒心下烦热痰实。生银州者为胜。《衍义》曰：柴胡，《本经》并无一字治劳，今人治劳方中鲜有不用者。呜呼！凡此误世甚多。尝原病劳，有一种真脏虚损，复受邪热，邪因虚而致劳，故曰劳者牢也，当须斟酌用之。如《经验方》中治劳热，青蒿丸用柴胡，正合宜尔，服之无不效。日华子又谓补五劳七伤，《药性论》亦谓治劳乏羸瘦。若有此等病，苟无实热，医者概而用之，不死何待？注释本草，一字亦不可忽，盖万世之后，所误无穷耳。苟有明哲之士，自可[2]处治；中下之学，不肯考究，枉致沦没，可不谨哉！可不戒哉！如张仲景治伤寒，寒热往来如疟状，用柴胡正合其宜。

旋覆花 甘微冷，刺[3]有小毒。主结气胁下满，消胸上痰结，唾如胶漆。一名金沸草也。《衍义》云：行痰水，去头目风，亦走散之药。病人涉虚者，不宜多服，利大肠，戒之。

泽泻 咸寒，阴中微阳，入足太阳、少阴经之药，除湿行水之

---

〔1〕干　隆庆本、万历本均作“茎中”。

〔2〕可　原作“何”，据文瑞楼本改。

〔3〕刺　原作“利”，据文瑞楼本改。

功尤捷。治小便淋闭，去阴间汗。若无此疾，服之令人眼疾，诚为行去其水故也。仲景八味丸用之，亦不过接引桂、附归就肾经，别无他意。服此未有不小便多者，小便既多，肾气焉得复实？今人止泄精多不敢用。

熟地黄 气寒味苦，阴中之阳，入手足少阴、厥阴。一名芐[1]，一名芑。大补。血衰者须用之。又能填骨髓，长肌肉，男子五劳七伤，女子[2]伤中胞漏下血，破恶血、溺血。初采得以水浸，有浮者名天黄，不堪用；半沉者名人黄，为次；其沉者名地黄，最佳也。其花即地髓花，可单服，延年。凡蒸以木甑、砂锅，不可犯铁器，令人肾消，男子损荣，女损卫。生地黄，大寒，治妇人崩中血不止，及产后血上薄心闷绝，胎动下血，胎不落堕，折伤瘀血、留血、衄血、吐血，皆可捣饮之。病人虚而多热者勿用，慎之！

前胡 《本草》云：主痰满，胸胁[3]中痞，心腹结气，推陈致新，半夏为之使。

知母 阴中微阳，肾经之本药。主消渴热中，下水，补不足，益气，骨热劳，传尸疰病，产后蓐劳，消痰止嗽。虚人口干，加而用之。

贝母 《本草》主伤寒烦热，淋沥，瘕疝，喉痹，金疮，腹中心下结实满，咳嗽上气。日华子云：消痰润肺，及烧灰油调敷人恶疮，至能敛疮口。《别说》云：能散心胸郁结之气，殊有功，则诗人所谓言采其虻者是也。盖作诗者，本以不得志而言之，今用治心中气不快，多愁郁者，甚有功信矣。

草豆蔻 气热味辛，入足太阴、阳明经。治风寒客邪在胃，痛及呕吐，一切冷气，面裹煨用。《衍义》云：虚弱不能食者宜此。

玄胡 辛温，手足太阴经药。《象》云：破血，治妇人月水不调，小腹痛，及产后诸疾因血为病，皆可疗之。

---

〔1〕芐（hù 户） 草名。《尔雅》："芐，地黄。"

〔2〕子 原作"中"，据大业堂本、文瑞楼本改。

〔3〕胁 文瑞楼本作"膈"。

茴香　气平味辛，手足少阴、太阳经药也。破一切臭气，调中止呕，下食。《本草》云：主肾劳、㿗疝。《液》云：本治膀胱药，以其先丙，故云小肠也，能润丙燥，以其先戊，故从丙至壬。又手少阴二药，以开上下经之通道，所以壬与丙交也。即怀香子也。

连翘　苦，阴中微阳，升也，入手少阴经。泻心火，降脾胃湿热，及心经客热，非此不能除；疮瘘痈肿，不可缺也。治血症以防风为上使，连翘为中使，地榆为下使，不可不知。《衍义》治利有微血。不可执[1]以连翘为苦燥剂，虚者多致危困，实者宜用之。连轺又名《本经》不见所注，但仲景方注云：即连翘根也。

大戟　甘寒，有毒，主下十二水，腹满急痛，积聚，利大小肠，通月水，治瘀血，能堕胎孕。其叶名泽漆，味甘无毒，主治颇同。

甘遂　甘寒，有毒，惟用连珠者，然经中不言。此药专于行水攻决为用，入药须斟酌之。

麦门冬　甘微寒，阳中微阴。治肺中伏火，主肺保神，强阴益精，又补肺中元气不足，及治血妄行。《衍义》云：治肺热及虚劳客[2]热，若与地黄、麻仁、阿胶，润经益血，复脉通心。

天门冬　苦甘大寒。《药性》云：主肺热咳逆，喘息促急，保定[3]肺气，除寒热，通肾气，治肺痿生痈，吐脓血，止消渴，利小便。《衍义》云：治肺热之功为多，其味苦，但专泄不专收，寒多之人禁服。

桑白皮　气寒味苦酸，主伤中，五劳羸瘦，补虚益气，除肺中水气，止唾血，消水肿，利水道，须炒而用之。

牡丹皮　苦辛，阴中微阳，厥阴、足少阴之药，治肠胃积血，及衄血、吐血之要药，及治无汗骨蒸。一名百两金。惟山中单叶花红者为佳。

青皮　苦辛咸，阴中之阳，主气滞，破积滞结气，消食，少阳经下药也。陈皮治高，青皮治低，气虚弱少用。治胁痛，须醋炒

〔1〕执　原作“热”，据隆庆本、万历本改。
〔2〕客　大业堂本作“寒”。
〔3〕保定　此下至生姜条“……能行阳而散气”一大段文字，原无，据隆庆本补。

为佳。

槟榔 纯阳，破气滞，泄胸中至高之气。《象》云：治后重如神，性如铁石之沉，重坠诸药于至下。

桃仁 苦重于甘，阴中阳也，治大便血结、血秘、血燥，通润大便，破血，不可无。《心》云：苦以泄滞血，甘以生新血，故凝血须用。又去血中之坚，及通月经。老人虚秘，与柏子仁、火麻仁、松子仁等分同研，熔白蜡和丸，如桐子大，以黄丹汤下。仲景治中焦蓄血用之。

生姜 辛温，俱轻阳也，主伤寒头痛鼻塞，咳逆上气，止呕吐之圣药。治咳嗽痰涎多用者，此药能行阳而散气故也。又东垣曰：生姜辛温入肺，如何是入胃口？曰：俗皆以心下为胃口者，非也。咽门之下，受有形之物系谓之系，便为胃口，与肺同处，故入肺而开胃口也。又问曰：人云夜间勿食生姜，食则令人闭气，何也？曰：生姜辛温，主开发，夜则气本收敛，反食之，开发其气，则违天道，是以不宜。若有病则不然。若破血，调中去冷，除痰开胃，须热即去皮，若要冷即留皮。

赤石脂 气温，味甘酸。《本草》主养心气，明目益精。治腹痛泄澼，下利赤白，小便利，及痈疽疮痔，女子崩漏，产难胞衣不出。其五色石脂，各入五脏补益。涩可以去脱，石脂为收敛之剂，胞衣不出，涩剂可以下之，是赤入丙，白入庚也。

玄参 气微寒，味苦，乃足少阴肾经之君药也。《本草》云：主腹中寒热积聚，女子产乳余疾，补肾气，令人目明，主暴中风。易老云：玄参乃枢机之剂，管领诸气，上下肃清而不浊。以此论之，治虚中氤氲之气，无根之火，以玄参为圣药也。

款冬花 气温，味甘辛，温肺止嗽。《本草》主咳逆上气，喘急呼吸，杏仁为之使。日华子：消痰止嗽，肺痿肺痈，吐血，心虚惊悸。《衍义》云：有人病嗽多日，或教以烧款花两三枚，于无风处，以笔管吸其烟，满口则咽，数日效。

芦根 气寒味甘。《本草》主消渴客热，止小便。《金匮玉函》

治五噎，隔气烦闷，吐逆不下食，芦根五两，剉，水三盏，煮[1]二盏服，无时，甚效。

广茂 气温，味辛平，主心膈痛，饮食不消，破痃癖气最良。止痛，醋炒用。

京三棱 辛苦，主老癖癥瘕结块，妇人血脉不调，心腹刺痛。火炮用之。

草龙胆 苦寒，治赤目肿痛睛胀，胬[2]肉高起，痛不可忍，以柴胡为主，治眼疾必用之药也，酒浸上行。

车前子 气寒味甘，主气癃闭，利水道，通小便，除湿痹，肝中风热，冲目赤痛。

麻黄 苦甘，阴中之阳，泄卫中实[3]，去荣中寒，发太阳、少阳之汗，入手太阴经。

郁李仁 阴中之阳，破血润燥。

豉 苦咸，纯阳，去心中懊侬，伤寒头痛烦躁。

瞿麦 辛，阳中微阴，利小便为君。

牡蛎 咸，软痞。又治带下、温疟、疮肿，为软坚收敛之剂。

---

〔1〕煮 文瑞楼本作“煎”。

〔2〕胬 原作“瘀”，据《本草纲目》引《用药法象》改。

〔3〕实 文瑞楼本作“热”。

朱丹溪门人、私淑者整理五种

丹溪治法心要

丹溪手镜　脉因证治

金匮钩玄　丹溪心法

丹溪医集

朱丹溪门人、私淑者整理五种

金匮钩玄

丹溪医集

目录

丹溪先生金匮钩玄卷第一

门人戴元礼录

中　　风

大率主血虚有痰，以治痰为先。或虚挟火与湿，亦有死血留滞者，外中于风者，亦有中气者，当从痰治，顺气化痰。若口开手撒，眼合遗尿，吐沫直视，喉如鼾睡，肉脱筋痛者，皆不治。

半身不遂，大率多痰，在左属死血、无[1]血，在右属痰、有热、气虚。病若在左者，四物汤等加桃仁、红花、竹沥、姜汁；在右者，二陈汤、四君子等加竹沥、姜汁。痰壅盛者、口眼㖞斜者、不能言者，皆当吐。

吐法，轻用瓜蒂、虾汁、皂角，重用藜芦半钱，或三分，加麝香，灌入鼻内或口内，吐痰出。一吐不已，再吐之。亦有虚而不可吐者。

气虚卒倒，参芪补之。气虚有痰，浓参汤合竹沥、姜汁。血虚宜四物汤，俱用姜汁炒，恐泥痰，再加竹沥、姜汁入内服。能食者，去竹沥，加荆沥。又法，以猪牙皂角、白矾等分为末，姜汤调下，名稀涎散。血虚者，四物汤补之。挟痰者，亦用姜汁、竹沥。

《脉诀》内言诸不治证，见则不可治，筋枯者不治。举动则筋痛者是筋枯，以其无血滋润故也。

治痰，气实能食用荆沥，气虚少食用竹沥。此二味，用开经络，行血气，入四物汤中，必用姜汁助之。

肥白人多湿，少用附子、乌头行经。

初昏倒，急掐人中至醒，然后用去痰药，二陈汤、四物、四君子等汤加减用。

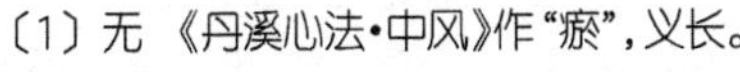

〔1〕无　《丹溪心法·中风》作“瘀”，义长。

六　郁

戴云：郁者，结聚而不得发越也，当升者不得升，当降者不得降，当变化者不得变化也。此为传化失常，六郁之病见矣。气郁者，胸胁痛，脉沉涩；湿郁者，周身走痛，或关节痛，遇阴寒则发，脉沉细；痰郁者，动则即喘，寸口脉沉滑；热郁者，瞀，小便赤，脉沉数；血郁者，四肢无力，能食，便红，脉沉；食郁者，嗳酸，腹饱不能食，人迎脉平和，气口脉紧盛者是也。

气血中和，万病不生；一有怫郁，诸病生焉。

气郁，香附子、苍术、川芎；

湿，苍术、川芎、白芷；

痰，海石、香附、南星、瓜蒌；

热，青黛、香附、苍术、川芎、栀子；

血，桃仁、红花、青黛、川芎、香附；

食，苍术、香附、针沙醋炒、山楂、神曲炒。春加芎，夏加苦参，秋冬加吴萸。

越鞠丸　解诸郁。又名芎术丸。

苍术　香附　抚芎　神曲　栀子

等分为末，水丸如绿豆大。

凡郁，皆在中焦，以苍术、抚芎开提其气以升之。假如食在气上，提其气则食自降，余皆仿此。

癞

大风病，是受得天地间杀物之气，古人谓之疠风者，以其酷烈暴悍可畏耳！人得之者，须分在上在下。夫在上者，以醉仙散取涎血于齿缝中出；在下者，以通天散取恶物陈虫于谷道中出。取出虽有道路之异，然皆不外乎阳明一经，治此证者，须知此意。看其疙瘩与疮，上先见者，上体多者，在上也；下先见者，下体多者，在下也；上下同得者，在上复在下也。阳明胃经与大肠，无物不受，此风之入人也。气受之则在上多，血受之则在下多，血气俱受之者，上下俱多也。自非医者神手，病者铁心，罕有免此。夫从上从下以渐而来者，皆可治。人见其病势之缓，多忽之，虽按法施治，病已痊可。若不能忌口绝色，皆不免再发，发则终于不能救也。余曾治五人，中间惟一妇人不再发，以其贫甚，而且寡，无物可吃也。余四人三、四年后皆再发。孙真人云：吾尝治四五十人，终无一人免于死，非真人不能治，盖无一人能守禁忌耳。此妇人本病药外，又服百余贴加减四物汤，半年之上，方得经行，十分安愈。

治法，在上者，醉仙散；在下者，通天再造散；后用通神散，及三棱针于委中出血。但不能忌口绝房者，不治之也。

醉仙散

胡麻仁　牛蒡子　蔓荆子　枸杞子各半两，为粗末，同炒紫色　白蒺藜　苦参　瓜蒌根　防风各半两

上八味，为细末，每一两半，入轻粉三钱，拌匀，大人一钱，空心、日午、临睡各一服，淡茶调下，五七日间，必于齿缝中出臭涎水，浑身觉痛，昏闷如醉，利下恶臭屎为度，量大小虚实，加减与之。证候重而急者，须以再造散下之，候补养得还，复与此药吃。须断盐、酱、醋、诸般鱼肉、椒料、果子、烧炙等物，止可淡粥，及淡煮熟时菜食之，茄尚不可食，惟有乌稍蛇、菜花蛇，可以淡酒煮熟食之，以助药力。

再造散

郁金半两，生用　大黄一两，炮　皂角刺一两，黑者，大者　白牵牛头末六钱，半炒半生用之

上为末，五钱，临夜冷酒调下，以净桶伺候泄出虫，如虫口黑色，乃是多年；虫口如赤色，是近者。三数日又进一服，直候无虫，即绝根也。

寒

主乎温散。有卒中天地之寒气，有口伤生冷之物。

戴云：此伤寒，谓身受肃杀之气，口食冰水瓜果冷物之类，病者必脉沉细，手足冷，息微身倦，虽身热亦不渴，倦言语。或遇热病，误用此法，轻者至重，重者至死。凡脉数者，或饮水者，或烦躁动摇者，皆是热病。寒热二证若水火也，不可得而同治，误即杀人，学者慎之。

伤 寒

伤寒，必须身犯寒气，口食寒物者，从补中益气汤中加发散药，属内伤者十居八九。其法邪所凑，其气必虚，只用补中益气汤中，从所见之证出入加减。气虚热甚者，少用附子，以行参、芪之剂。如果气虚者，方可用此法。已上伤寒治法，可用于南方，不宜北。

暑

戴云：暑，乃夏月炎暑也。盛热之气著人也，有冒，有伤，有中，三者有轻重之分，虚实之辨。或腹痛水泻者，胃与大肠受之；恶心者，胃口有痰饮也。此二者冒暑也，可用黄连香薷饮。盖黄连退暑热，香薷消畜水。或身热头疼，躁乱不宁者，或身如针刺者，此为热伤在分肉也，当以解毒白虎汤加柴胡，气如虚者加人参。或咳嗽，发寒热，盗汗出不止，脉数者，热在肺经，用清肺汤、柴胡天水散之类，急治则可，迟则不可治矣。或火乘金也，此为中暑。凡治病须要明白辨别，慎勿浑[1]同施治。春秋间亦或有之，切

〔1〕浑　原作"滚"，据庚子本改。

莫执一，随病处方为妙。

黄连香薷饮，挟痰加半夏，气虚加人参、黄芪，或清暑益气汤加减用之。

注 夏

属阴虚，元气不足。

戴云：秋初夏末，头痛脚软，食少体热者是也。补中益气汤去柴胡、升麻，加炒黄柏。挟痰止用南星、半夏、陈皮之类，或生脉散。出《千金方》。

暑 风

戴云：暑风者，夏月卒倒，不省人事者是也。有因火者，有因痰者。火，君相二火也；暑，天地二火也。内外合而炎烁，所以卒倒也。痰者，人身之痰饮也。因暑气入而鼓激痰饮，塞碍心之窍道，则手足不知动蹑而卒倒也。此二者皆可吐。《内经》曰：火郁则发之。挟火、挟痰实者，可用吐法。吐即发散也，量其虚实而吐之，吐醒后可用清剂调治之。

湿

戴云：湿有自外入者，有自内出者，必审其方土之致病源。东南地下，多阴雨地湿，凡受必从外入，多自下起，以重腿气者多，治当汗散，久者宜疏通渗泄。西北地高，人多食生冷湿面，或饮酒后，寒气怫郁，湿不能越，作腹皮胀痛，甚则水鼓胀满，或通身浮肿如泥，按之不起，此皆自内而出也。辨其元气多少而通利其二便，责其根在内也。此方土内外，亦互相有之，但多少不同，须对证施治，不可执一。《本草》苍术治湿，上下俱可用。

二陈汤加酒芩、羌活、苍术散风之药，行湿最妙。

内　　伤

内伤病退后，燥渴不解者，有余热在肺家，可用参、苓、甘草、少许姜汁，冷服，或茶匙挑姜汁与之。虚者可用人参汤。世之病此者为多，但有挟痰者，有挟外邪者，有热郁于内而发者，皆以补元气为主，看其所挟之病而兼用药。

火

有可发者二，风寒外来者可发，郁者可发。阴虚火动难治。火郁当发，看何经，轻者可降，重则从其性升之。实火可泻，小便降火极速。

凡气有余便是火。火急甚重者，必缓之，生甘草兼泻兼缓，人参、白术亦可。人壮气实，火盛颠狂者，可用正治，或硝冰水饮之。人虚火盛狂者，可用生姜汤与之，若投以冰水正治，立死。有补阴即火自降者，炒黄柏、地黄之类。

山栀子仁，大能降火，从小便泄去，其性能屈曲下行降火，人所不知。

凡火盛者，不可骤用凉药，必用温散。

又方左金丸　治肝火。

黄连六两　茱萸一两，或半两

水为丸，白汤下五十丸。

伤　　风

戴云：新咳嗽，鼻塞声重者是也。属肺者多，散宜辛温，或辛凉之剂。

发 斑

属风热。

戴云：斑，有色点而无头粒者是。如有头粒即疹也。风热挟痰而作，自里而发于外，通圣散消息，当以微汗而散之，下之非理也。

内伤斑者，胃气极虚，一身火游行于外所致，宜补以降之。发斑似伤寒者，痰热之病发于外，微汗以散之，下之非理也。

疹

戴云：疹，浮小有头粒者是。随出即收，收则又出者是也，非若斑之无头粒也，当明辩之。

属热与痰在肺，清肺火降痰，或解散出汗，亦有可下者。

温 病

众人病一般者是也。又谓之天行时疫。有三法，宜补，宜降，宜散。

又方

大黄 黄芩 黄连 人参 桔梗 防风 苍术 滑石 香附 人中黄

上为末，神曲为丸，每服五七十丸，分气、血、痰作汤使，气虚四君子汤，血虚四物汤，痰多二陈汤送下。如热甚者，可用童子小便送下。

大头天行病，东垣有方。

羌活 酒芩 大黄酒蒸

冬温为病，非其时而有其气者。冬时君子当闭藏，而反发泄于外，专用补药带表。

又方　以竹筒两头留节，中作一窍，纳甘草于中，仍以竹木钉闭窍，于大粪缸中浸一月，取出晒干，专治疫毒。

疟

有风，有暑，有食，老疟，疟母，痰病。

老疟病，此系风暑入阴分在脏，用血药川芎、抚芎、红花、当归，加苍术、白术、白芷、黄柏、甘草煎，露一宿，次早服之。无汗要有汗，散邪为主，带补；有汗要无汗，正气为主，带散。有疟母者，用丸药消导，醋煮鳖甲为君，三棱、蓬术、香附，随证加减。

三日一发者，受病一年；间发者，受病半年；一日一发者，受病一月；连二日发者，住一日者，气血俱受病。一日间一日者，补药带表药，后用疟丹截之。在阴分者，用药彻起，在阳分方可截之。

又方

草果　知母　槟榔　乌梅　常山　甘草炙　川山甲炮

用水酒一大碗，煎至半碗，露一宿，临发日前二时温服，如吐则顺之。

截疟青蒿丸

青蒿一两　冬青叶二两　马鞭草二两　官桂二两

上三叶[1]，皆晒干秤，为末，法丸如胡椒子大，每两作四服，于当发前一时服尽。

大法，暑风必当发汗，夏月多在风凉处歇，遂闭其汗而不泄。因食者从食上治。

疟而虚者，须先用参、术一二贴，托住其气，不使下陷，后用他药治。内伤挟外邪者同法，内必主痰[2]，必以汗解，二陈汤加常

---

〔1〕叶　周氏本作“药”。

〔2〕痰　《丹溪治法心要·疟》此下有“外”字。

山、柴胡、黄芩、草果。

疟而甚者，发寒热，头痛如破，渴而饮水，自汗，可与参、芪、术、芩、连、栀子、川芎、苍术、半夏等治。

久病疟，二陈汤加川芎、苍术、柴胡、葛根、白术，一补一发。

咳 嗽

风寒；火，主降火；劳；肺胀；火郁；痰，主降痰。

戴云：风寒者，鼻塞声重，恶寒者是也。火者，有声痰少，面赤者是也。劳者，盗汗出，兼痰者，多作寒热。肺胀者，动则喘满，气急息重。痰者，嗽动便有痰声，痰出嗽止。五者大概耳，亦当明其是否也。

风寒，行痰开腠理，二陈汤加麻黄、杏仁、桔梗。

火，降火清金化痰。

劳，四物汤中加竹沥、姜汁，必以补阴为主。

肺胀而嗽者，用诃子、青黛、杏仁。诃子能治肺气，因火伤极，遂成郁遏胀满，取其味酸苦，有收敛降火之功，佐以海蛤粉、香附、瓜蒌、青黛、半夏曲。

食积，痰作嗽发热者，半夏、南星为君，瓜蒌、萝卜子为臣，青黛、碱为使。

火郁嗽者，诃子、海石、瓜蒌、青黛、半夏、香附。咳嗽声嘶者，此血虚受热也，用青黛、蛤粉、蜜调服。久嗽，风入肺，用鹅管石、雄黄、郁金、款冬花，碾末，和艾中，以生姜一片，留舌上灸之，以烟入喉中为度。干咳嗽者难治。此系火郁之证，乃痰郁火邪在中，用苦梗以开之，下用补阴降火，不已则成劳，倒仓好。此证不得志者有之。嗽而胁痛，宜疏肝气，用青皮等，方在后，二陈汤内加南星、香附、青黛、姜汁。

治嗽药，大概多用生姜者，以其辛散也。上半日嗽多者，属胃中有火，贝母、石膏能降胃火。午后嗽多者，此属阴虚，必用四物汤加知母、黄柏，先降其火。五更嗽多者，此胃中有食积，至此时候，流入肺金，知母、地骨皮降肺火。火气浮于肺者，不宜用凉药，用五味、五倍敛而降之。有痰因火逆上者，先治火，后治其痰也。

肺虚甚者，用参膏，此好色肾虚有之，以生姜、陈皮佐之。大概有痰者，可加痰药治之。治嗽多用粟壳，不必疑，但要先去[1]病根，此乃收后之药也。师云：阴分嗽者，多属阴虚治之也。

不[2]嗽而肺胀壅遏，不得眠者，难治。

治嗽烟筒

佛耳草　款冬花　鹅管石

上为末，用纸卷烧其烟薰之，或白汤调亦得。

治嗽有痰，天突、肺腧二穴灸，治嗽，泄火热，大泻肺气，三椎骨下横过各一寸半是穴。

嗽，春是春升之气，用清药二陈加薄荆之类；夏是火炎上，最重，芩、连；秋是湿热伤肺；冬是风寒外来，用药发散之后，以半夏必逐去痰，庶不再来。

又方　治嗽劫药。

五味子半两　五倍子一钱　甘草二钱半　风化硝一钱

为[3]末，以蜜为丸，噙化之。

痰

脉浮当吐。

凡治痰，用利药过多，致脾气下虚，则痰反易生多。

湿痰，用苍术；老痰，海石、半夏、瓜蒌子、香附、五倍子；热痰，用青黛、黄连；食积痰，神曲、麦蘖、山楂子。

痰在肠胃间者，可下而愈。痰在经络中者，非吐不可出，吐法中就有发散之义也。府[4]上之痰，必用吐之，泻亦不能去也。气实

---

〔1〕去　原作“云”，据庚子本改。

〔2〕不　正脉本作“有”，周氏本作“久”。

〔3〕为　原无此字，据正脉本补。

〔4〕府　正脉本作“膈”。

痰热，结在上者，则吐。吐难得出，或成块，或吐咯不出，气滞兼郁者，此则难治矣。胶固者，必用吐之。

吐法　兼用芽[1]茶、齑水、姜汁、醋少许，瓜蒌散少许，加防风、桔梗，皆升动其气，便吐也。

吐法　用附子尖、桔梗芦、人参芦、瓜蒂、砒不甚用、藜芦、艾叶、末茶。

上药，此皆自吐，不用手探，但药但汤皆可吐。

吐法　先以布搭膊勒腰，于不通风处行此法。萝卜子半斤，擂，和以浆水一碗，滤去柤，入少油与蜜，旋至半温服，后以鹅翎探吐。凡用鹅翎，须以桐油浸，却以皂角水洗去肥，晒干用之。

又法　用虾带壳半斤，入酱、葱、姜等料物煮汁，先吃虾，后饮汁，以翎勾引吐，必须紧勒肚腹。

二陈汤　一身之痰都能管，如在下加下引药，如在上加上引药。

凡人身上中下有块者，多是痰也。问其平日好食何物，吐下后用药。

许学士用苍术治痰饮成窠囊，一边行，极效。痰挟瘀血，遂成窠囊。

痰之清者属寒，用二陈汤之类。内伤挟痰，必用人参、黄芪、白术之属，多用姜汁传送，或用半夏之属，虚甚者宜加竹沥。痰热者多挟风，外证为多。湿者多软，如身倦而重之类。热者清之，食积者必用攻之，兼气虚者，用补气药补之。因火盛逆上者，治火为先，白术、黄芩、石膏之类。中气不足，则加人参、白术。痰之为物，随气升降，无处不到。

脾虚者，清中气，二陈加白术之类，兼用提药。中焦有痰与食积，胃气赖其所养，卒不便虚，若攻之尽则虚矣。

眩晕、嘈杂，乃火动其痰，用二陈汤加栀子、芩、连类。

噫气吞酸，此系食郁有热，火气上动，以黄芩为君，南星、半

---

〔1〕芽　原作“牙”，据庚子本改。

夏为臣，橘红佐之，热多者加青黛。

痰在胁下，非白芥子不能达。痰在皮里膜外者，非姜汁、竹沥不可达。痰在膈间，使人颠狂、健忘，宜用竹沥，风痰亦服竹沥，又能养血。痰在四肢，非竹沥不开。痰结核在咽喉，燥不能出，入化痰药，加软坚咸药。杏仁、海石、桔梗、连翘、瓜蒌仁，少佐朴硝，以姜汁蜜调丸，噙化之。海粉即海石，热痰能降，湿痰能燥，结痰能软，顽痰能消，可入丸子、末子，不可入煎药。

黄芩治热痰，假以降其热也。竹沥滑[1]痰，非姜汁不能行经络也。枳实泻痰，能冲墙壁。五倍子能治老痰。

小胃丹，治膈上痰热、风痰、湿痰，肩膊诸痛，然能损胃气，食积痰实者用之，不宜多。

青礞石丸去湿痰，重在风化硝。

润下丸 降痰最妙。

陈皮半斤，去白，以水化盐半两，拌陈皮令得所煮，候干炒燥。一方不去白 甘草一两，炙

上为末，蒸饼丸绿豆大，每服三十五丸，温水下。

油炒半夏，大治湿痰，又治喘，止心痛，粥丸，姜汤下三十丸。

痰方

黄芩空心 香附 半夏姜制 贝母

已上治湿痰。加瓜蒌仁、青黛，作丸子，治热痰。

中和丸 治湿痰气热[2]。

苍术 黄芩 香附 半夏各等分

为末粥丸。

燥湿痰方 亦治白浊因痰者。

南星一两 半夏一两 蛤粉二两 青黛为衣

上为末，神曲糊丸。

痰嗽方

---

〔1〕滑 庚子本作“治”。

〔2〕气热 庚子本无此二字。

黄芩一两半，酒浸洗　滑石半两　贝母一两　南星一两　风化硝二钱半　白芥子半两，去壳

上为末，汤浸蒸饼为丸。

导痰汤

半夏四两　南星　橘皮　枳壳　赤茯苓一两　甘草半两

用生姜煎服之。

千缗汤

半夏七枚，泡制，四片破之　皂角去皮，炙，一寸二分　甘草炙，一寸　生姜如指大

煎服之，治喘。

治痰方

南星　半夏　滑石　轻粉各三钱　巴豆三十粒

上用皂角仁浸浓汁，丸如梧桐子大，每服五十丸。

黄连化痰丸

黄连一两　陈皮五钱　吴茱萸酒浸，一钱　半夏一两五钱

上为末，入桃仁二十四个，研如泥，和匀，神曲糊丸。如绿豆大，每服百丸，姜汤送下。

消痰方　益元散七钱，吴茱萸三钱。

治郁痰方　白僵蚕、杏仁、瓜蒌、诃子、贝母。

喘

戴云：有痰喘，有气急喘，有胃虚喘，有火炎上喘。痰喘者，凡喘便有痰声；气急喘者，呼吸急促而无痰声；有胃虚喘者，抬肩撷肚，喘而不休；火炎上喘者，乍进乍退，得食则减，食已则喘。大概胃中有实火，膈上有稠痰，得食咽坠下稠痰，喘即止，稍久，食已入胃，反助其火，痰再升上，喘反大作。俗不知此，作胃虚治，以燥热之药者，以火济火也。昔叶都督患此，诸医作胃虚治之不愈，后以导水丸利五六次而安矣。

凡久喘，未发以扶正气为要，已发以攻邪为主。

有气虚，短气而喘；有痰，亦短气而喘；有阴虚，自小腹下火起而上者。

喘急有风痰者，《妇人大全[1]方》千缗汤。阴虚有痰喘急者，补阴降火，四物汤加枳壳、半夏。气虚者，人参、蜜炙黄柏、麦门冬、地骨皮之类。

大概喘急之病，甚不可用苦药、凉药，火气盛故也，可用导痰汤加千缗汤治之。

诸喘不止者，用劫药一二贴则止之。劫药之后，因痰治痰，因火治火。椒目碾极细末，用一二钱，以生姜汤调下止之。又法，用萝卜子蒸熟为君，皂角烧灰，等分为末，以生姜汁炼蜜为丸，小桐子大，每服五、七十丸，噙化下之效。

哮

专主于痰，宜吐法。

治哮必用薄滋味，不可纯用凉药，必带表散。

治哮方　用鸡子略敲，壳损膜不损，浸于尿缸内，三四日夜取出，煮熟食之，效。盖鸡子能去风痰。

痢

身热，后重，腹痛，下血。

戴云：痢虽有赤白二色，终无寒热之分，通作湿热治，但分新旧，更量元气用药，与赤白带同。

身热挟外感。不恶寒，小柴胡汤去人参。恶寒发热为表证，宜微汗和解。苍术、川芎、陈皮、芍药、甘草、生姜，煎服。

后重，积与气郁坠下，兼升兼消。或气行血和，积少，但虚坐努力，此为亡血，倍用归身、尾，却以生芍药、生地黄、桃仁佐之，

〔1〕全　周氏本此下有“良”字。

复以陈皮和之。或下痢而大孔痛者，此因热流于下也，用木香、槟榔、黄芩、黄连、炒干姜。或痢[1]退减十之七八，积已尽，糟粕未实，当炒芍药、炒白术、炙甘草、陈皮、茯苓汤下固肠丸三十粒。然固肠丸性燥，有去湿实肠之功，恐滞气未尽者，不可遽用此药，只宜单服此汤可也。或痢后，糟粕未实，或食稍多，或饥甚方食，腹中作痛者，切勿惊恐，以白术、陈皮各半盏煎服，和之则安。或久痢后，体虚气弱，滑泻不止，又当以诃子、肉豆蔻、白矾、半夏之类，择用以涩之，甚则加牡蛎，然须以陈皮为佐，若大涩亦能作痛。又甚者，灸天[2]枢、气海。

古方用厚朴为泻凝滞之气，然朴太温而散气，久服大能虚人，滞气稍行即去之，余滞未尽，以炒枳壳、陈皮。然枳壳亦能耗气，比之厚朴少缓，比陈皮亦重，滞退一半当去之，只用陈皮以和诸药。陈皮去白，有补泻之兼才，若为参、术之佐，亦能补也。

凡痢疾腹痛，必以白芍药、甘草为君，当归、白术为佐，恶寒痛者加桂，恶热痛者加黄柏，达者更能参以岁气时令用药，则万举万全，岂在乎执方哉！

诸不治证：下痢纯血者必死，下痢如尘腐色者死，下痢如屋漏者死，下痢如竹筒注者不可治，下痢如鱼脑者半生半死。

噤　口　痢

胃口热甚故也。

黄连，多加人参煮汤，终日呷之，如吐了再吃，开以降之。人不知此，多用温药甘味，此以火济火，以滞益滞，哀哉！

一方　脐中用田螺盦之，以[3]引下其热。

亦有误服热药、涩药之毒犯胃者，当明审以袪其毒。

痢方　亦作丸。

---

〔1〕痢　原作“缠”，据周氏本改

〔2〕天　原作“大”，据庚子本、周氏本改。

〔3〕以　原脱，据周氏本补。

大黄　黄连　黄芩　黄柏　枳壳　当归　白芍药　滑石　甘草　桃仁　白术各等分

上为末，神曲糊丸。

孙郎中因饮水过多，腹胀，泻痢带白。

苍术　白术　厚朴　茯苓　滑石

上煎，下保和丸。

小儿八岁，下痢纯血，以食积治。

苍术　白术　黄芩　白芍　滑石　茯苓　甘草　陈皮　炒曲

上煎，下保和丸。

又下痢发[1]热不止者，属阴虚，用寒凉药，兼升药热药[2]。

泄　泻

湿，气虚，火，痰，食积。

戴云：凡泻水腹不痛者，是湿也。饮食入胃不住，或完谷不化者，是气虚也。腹痛泻水，腹鸣，痛一阵，泻一阵，是火也。或泻，时或不泻，或多或少，是痰也。腹痛甚而泻，泻后痛减者，是食积也。

湿，燥湿兼渗泄之，四苓散加苍术、白术，甚者二术炒。气虚，人参、白术、芍药、炒升麻。火，宜伐火，利小水，黄芩、木通入四苓散。痰积，宜豁之，海石、青黛、黄芩、神曲、蛤粉，或用吐法。食积，宜消导疏涤之，神曲、大黄。

已上诸药，皆作丸子服之。

凡泄泻水多者，仍用五苓散治之。

世俗类用涩药治痢与泻，若积久而虚者，或可行之，而初得之者，恐必变他疾，为祸不小矣。殊不知多因于湿，惟分利小水，最为上策。

---

〔1〕发　原作“法”，据周氏本改。

〔2〕热药　原作“药热”，据庚子本移转。

止泻方

肉豆蔻五钱　滑石春冬一两二钱半，夏二两半，秋二两

又方**姜曲丸**

陈曲六两，炒，陈麦亦可　茴香五钱　生姜一两

上炒白术、炒曲、炒芍药，或丸或散或汤，作丸妙。

脾　泄

治一老人奉养太过，饮食伤脾，常常泄泻，亦是脾泄之疾。白术二两，炒，白芍药一两，酒拌炒，神曲一两半，炒，山楂一两半，炒，半夏一两，洗，黄芩五钱，炒。上为末，荷叶包饭煨为丸。

治一老人，年七十，面白，脉弦数，独胃脉沉滑，因饮白酒作痢，下血、淡水、脓，后腹痛，小便不利，里急后重，参、术为君，甘草、滑石、槟榔、木香、苍术最少[1]，下保和丸二十五丸。第二日前证俱减，独小便[2]不利，以益元散服之。

霍　乱

戴云：霍乱者，吐也，有声有物。凡有声无物而躁乱者，谓之干霍乱也。

转筋不住，男子以手挽其阴，女子以手牵其乳近两傍边，此乃《千金》妙法也。

内有所积，外有所感，阳不升，阴不降，乖隔而成矣。切勿以米汤吃之，立死。脉多伏为绝。

见成吐泻，还用吐提其气起。

大法　生姜理中汤最好。有可吐者，有可下者。吐用二陈汤加减亦可，或梓树木煎汤吐亦可。

---

〔1〕最少　庚子本作“最妙”。周氏本作“量少”。

〔2〕便　原脱，据正脉本补。

干霍乱

此病最难治，死在须臾，升降不通故也。

此系内有物所伤，外有邪气所遏，有用吐法者，则兼发散之义也。

吐提其气，极是良法。世多用盐汤。有用温药解散者，其法解散，不用凉药。

二陈汤加和解散，川芎、防风、苍术、白芷。

呕吐

凡有声有物谓之呕吐，有声无物谓之哕。有痰隔中焦、食不得下者，有气逆者，有寒气郁于胃口者，胃中有痰有热者，然胃中有火与痰而呕吐者多矣。

朱奉议以半夏、生姜、橘皮为主。孙真人误以哕为咳逆。刘河间谓呕者火气炎上，此特一端耳。

胃中有热，膈上有痰，二陈汤加炒栀子、黄连、生姜。久病呕者，胃虚不纳谷也，以生姜、人参、黄芪、白术、香附。

恶心

有热，有痰，有虚。

戴云：恶心者，无声无物，但心中欲吐不吐，欲呕不呕，虽曰恶心，非心经之病，其病皆在胃口上，宜用生姜，盖能开胃豁痰也。皆用生姜，随证用药。

翻胃

即膈噎，膈噎乃翻胃之渐，《发挥》备言。

戴云：翻胃有四，血虚，气虚，有热，有痰。血虚者，脉必数而无力；气虚者，脉必缓而无力；气血俱虚者，则口中多出沫，但见沫大出者必死。有热者，脉数而有力；有痰者，脉滑数，二者可治。血虚者，四物为主；气虚者，四君子为主；热以解毒为主；痰以二陈为主。

大约有四：血虚、气虚、有热、有痰，兼病，必用童便、竹沥、姜汁、牛羊乳。

粪如羊屎者，断不可治，大肠无血故也。

痰，用二陈汤为主，寸关脉沉，或伏而大。有气滞结者，通气之药皆可用也，寸关脉沉而涩。气虚，四君子汤为主；血虚，四物汤为主。左手脉无力，大[1]不可用香燥之药，服之必死，宜薄滋味。

马剥儿烧灰存性，一钱重，好枣肉、平胃散二钱，温酒调服，食即可下，然后随病源调理，神效。陈皮三斤三两，厚朴三斤二两，甘草三十两，苍术五斤。

伤　食

戴云：恶食者，胸中有物，导痰补脾。

二陈汤加白术、山楂、川芎、苍术。

痞

食积兼湿，东垣有法有方。

又痞满方

吴茱萸三两　黄连八两

粥为丸。

软石膏碾末，醋丸如绿豆大，泻胃火、食积、痰。

---

〔1〕大　庚子本作“切”。

嗳　　气

胃中有火有痰。

南星　半夏　软石膏　莎草根

或汤或丸。

吞　　酸

戴云：湿热在胃口上，饮食入胃，被湿热郁遏，其食不得传化，故作酸也，如谷肉在器，湿热则易酸也。必用茱萸顺其性而折之，反佐[1]黄连。

嘈　　杂

只是痰因火动。

戴云：此即俗谓之心嘈也。

栀子、姜炒黄连不可无。栀子、黄芩为君。

南星、半夏、橘皮，热多加青黛

肥人嘈杂，二陈汤加抚芎，用苍术、白术、炒栀子。

五　　疸

不用分五，同是湿热，如盦曲相似。

戴云：五疸者，周身皮肤并眼如栀子水染。因食积黄者，量其虚实，下其食积，其余但利小便为先，小便利白即黄自退。

轻者小温中丸，重者大温中丸。热多者加黄连，湿多者，茵陈五苓散加食积药。

---

〔1〕佐　此下原有“茱萸”二字，据周氏本删。

消 渴 泄 泻

先用白术、白芍药，炒为末，调服，后却服消渴药。

消渴，养肺、降火、生血为主，分上中下治。

黄连末　天花粉末　人乳　生藕汁　生地黄汁

上二物汁为膏，入上药搜和，佐以姜汁，和蜜汤为膏，徐徐留于舌上，以白汤少许送下。

能食加软石膏，瓜蒌根治消渴神药。

水 肿

戴云：水肿者，通身皮肤光肿如泡者是也，以健脾渗水，利小便，进饮食，元气实者可下。

此因脾虚不能制水，水渍妄行，当以参、术补脾，气得实则自能健运，自能升降运动其枢机，则水自行，非五苓之行水也。宜补中行湿，利小便，切不可下。

二陈汤加白术、人参为主，佐以苍术、炒栀子、黄芩、麦门冬，制肝木。若腹胀，少佐厚朴；气不运，加木香、木通；气若陷下，升麻、柴胡提之。随证加减，必须补中。产后必用大补气血为主，少佐以苍术、茯苓，使水自降。用大剂白术补脾，壅满，用半夏、陈皮、香附监之。有热当清肺，麦门冬、黄芩之属。

一方　用山栀子去皮取仁，炒，捶碎，米饮送下。若胃脘热，病在上者，带皮用。

鼓 胀

又名单鼓，其详在《格致》论中。

大补中气，行湿，此乃脾虚之甚，须必远音乐，断厚味，以大剂人参、白术，佐以陈皮、茯苓、苍术之类。有血虚，当以四物汤行血。

脉实兼人壮盛者，或可用攻药，便用收拾，白术为主。厚朴治腹胀，因味辛以散其气，在中焦故也。

自　　汗

属气虚、湿热、阳虚。

东垣有法有方，人参、黄芪，少佐桂枝。阳虚，附子亦可用。

扑法

牡蛎　麸皮　藁本　糯米　防风　白芷　麻黄根

为末，周身扑之。

火气上蒸胃中之湿，亦能作汗，凉膈散主之。

痰证亦有汗者。

盗　　汗

血虚，阴虚。

戴云：盗汗者，睡则汗自出，觉则无矣，非若自汗而自出也。小儿不须治。

东垣有法有方，当归六黄汤。

盗汗方

白术四两，一两用黄芪同炒，一两用石斛同炒，一两用牡蛎末同炒，一两用麸皮同炒，各微黄色，余药不用，只用白术

上为细末，每服三钱，用粟米汤调下，尽四两效。

呃　　逆

有痰、气虚、阴火，视其有余不足治之。

戴云：呃逆者，因痰与热，胃火者极多。

不足者，人参白术汤下大补丸。

有余并痰者，吐之，人参芦之属。

头　　风

有痰者多。

左属风，荆芥、薄荷；属血虚，川芎、当归、芍药。右属痰，苍术、半夏；属热，黄芩。

搐药，有用荜拨、猪胆。

头　　痛

多主于痰。痛甚者火多，亦有可吐者，亦有可下者。

清空膏治诸般头痛，除血虚头痛不治。血虚头痛，自鱼尾上攻头痛，必用川芎当归汤。

古方有**追涎药**，出《东垣试效》。

羌活　防风　黄连各炒一两　柴胡七钱　川芎二钱　甘草炙，一两半　黄芩三两，刮去黄色，锉碎一半，酒炒一半

上为末，每服二钱匕，热盏内入茶少许，汤调如膏，抹在口内，少用汤送下，临卧服之。

头　　眩

痰挟气虚、火，治痰为主，挟补气药并降火药。属痰，无痰则不能作眩。属火，痰因火动。又有湿痰者，有火多者。

左手脉数热多，脉涩有死血。右手脉实痰积，脉大必是久病。

头　　晕

火动其痰。

二陈汤加黄芩、苍术、羌活，散风行湿，或用防风行湿之剂可也。

昔有一老妇，患赤白带一年半，是头眩，坐立不久，睡之则安，专用治赤白带，除之，其眩自安矣。

眉棱痛

风热痰，作风痰治，类痛风。

白术、酒黄芩末，茶调服。

又方　川乌头、草乌二味为君，童便浸洗，炒去毒，细辛、黄芩、羌活、甘草佐之。

耳聋

少阳，厥阴热多，皆属于热，耳鸣者是。

戴云：亦有气闭者，盖亦是热。气闭者，耳不鸣也。

萆麻子四十九粒　枣肉十个

上入人乳，捣成膏子，石头上略晒干，便丸如桐子大，以绵裹塞于耳中。

又方　用鼠胆入耳中，尤好，仍开痰散风热。

大病后，须用四物汤降火。

有阴虚火动耳聋者，亦如上法。

心 痛

即胃脘痛。

心痛，虽日数多，不吃饮食，不死。若痛方止便吃，还痛，必须三五服药后，方可吃物。

大凡心膈之痛，须分新久，若明知身受寒气，口食寒物而病，于初得之时，当以温散，或温利之药。若曰病得之稍久，则成郁矣。郁则蒸热，热则久必生火，《原病式》中备言之矣。若欲丹[1]温散，宁无助火添病耶？由是古方中多以山栀为热药之向导，则邪伏而病易退，正易复而病易安。虽然，病安之后，若纵恣口味，不改前非，病复作时，必难治之也。

山栀炒，去皮，每十五个，浓煎汤一呷，入生姜汁令辣，再煎小沸服，或入芎一钱尤妙。山栀大者，用七个或九个。大概胃口有热而作痛，非山栀子不可，佐以姜汁。或半夏、橘红各五，黄芩三，甘草一。

用二陈汤加苍、芎，倍加炒栀，痛甚者加炒干姜从之，反治之法。心痛轻者散之，麻黄、桂枝，重者加石碱、川芎、苍术。栀子必炒去皮用，作丸服之。

凡治病，必须先问平日起居如何，假如心痛，有因平日喜食热物，以致血流于胃口作痛，用桃仁承气汤下之，切记。轻者用韭汁、桔梗，能开提气血，药中兼用之。

以物柱按痛则止者，挟虚也，以二陈汤加炒干姜

〔1〕丹　周氏本作“行”，庚子本作“单”，义胜。

和之。有虫痛者，面上白斑，唇红能食，属虫，治苦楝根、锡灰之类，脉坚实不大便者下之。

痛甚者，脉必伏，多用温药，不用参、术，可用附子。

诸痛不可用补气药。

客寒犯胃，**草豆蔻丸**用之，热亦可用，止用一二服。

草豆蔻一钱四分，裹烧热去皮　吴茱萸汤泡，洗去梗，焙科[1]　益智仁　白僵蚕　橘皮　人参　黄芪以上各八分　生甘草　归身　炙甘草　桂皮各六分　曲末　姜黄各四分　桃仁七个，去皮　半夏洗，一钱　麦蘖一钱半，炒黄　泽泻一钱，小便多减半用之　柴胡四分　详膈下痛，多为用之。

上一十八味，除桃仁另研如泥外，余极细末，同桃仁研匀，用汤泡蒸饼为丸，如桐子大，每服三十丸，食远，用热白汤送，旋斟酌多少用之。

又方　用黄荆子炒焦为末，米饮调服，亦治白带。

又方　脾痛，用海蛤粉，佐以香附末，用川芎、山栀、生姜煎，辣汤调服为佳。

又方　单用牡粉，酒调下一二钱。气实不可用。

腰　疼

湿热，肾虚，瘀血。

湿热腰疼者，遇天阴或坐久而发者是。肾虚者，疼之不已者是也。瘀血者，日轻夜重者是也。

脉大者肾虚，用杜仲、龟板、黄柏、知母、枸杞、五味之类，用猪脊髓丸。脉涩者瘀血，用补阴丸中加桃仁、红花。湿热者，用苍术、杜仲、黄柏、川芎。痰者，用南星。

凡诸痛皆属火，寒凉药不可峻用，必用温散之药。

诸痛不可用人参，盖人参补气，气旺不通而痛愈甚矣。

---

〔1〕科　庚子本无此字，周氏本作“秤”，疑衍。

脐下忽大痛者，人中如黑色者，多死，难治也。人面上忽有红点者，多死。

胁 痛

肝火盛，木气实，有死血，肝急，有痰流注。

木气实，川芎、苍术、青皮、当归。

龙荟丸，泻火要药。死血，桃仁、红花、川芎。痰流注，二陈汤加南星、苍术、川芎。

肝苦急，急食辛以散之，用抚芎、苍术。血病，入血药中行血。胁痛甚者，用姜汁下龙荟丸，肝火盛故也。

咳嗽胁痛，二陈汤加南星、炒[1]香附、青皮、青黛、姜汁。

腹 痛

有寒、积热、死血、食积、湿痰。

戴云：寒痛者，绵绵痛而无增减者是。时痛时止者，是热也。死血痛者，每痛有处，不行移者是也。食积者，甚欲大便，利后[2]痛减者是。湿痰者，凡痛必小便不利。

脉弦强者食，脉滑者痰。

滑痰多作腹痛，用苔芎、苍术、香附、白芷，生姜汁入汤服。腹中水鸣，乃火击动其水也，二陈汤加黄芩、黄连、栀子。

凡心腹痛，必用温散，此是郁结不散，阻气不运，故病在下者多属食，宜温散之。

一老人腹痛，年高不禁下者，用川芎、苍术、香附、白芷、干姜、茯苓、滑石。

---

〔1〕炒 原作“多”，据庚子本改。

〔2〕后 原作“彼”，据正脉本改。

痛　　风

四肢百节走痛，风热、风湿、血虚、有痰。

大法主方

苍术　南星　川芎　白芷　当归　酒黄芩

在上者，加羌活、桂枝、桔梗、威灵仙。在下者，加牛膝、防己、木通、黄柏。血虚者，多用川芎、当归，佐以桃仁、红花。

薄桂治痛风，无味而薄者，独此能横行手臂，领南星、苍术等治之。

上中下痛风方

威灵[1]三钱　南星一[2]两　苔芎一两　桃仁五钱　白芷五钱　桂枝三钱　防己半钱　苍术二两　黄柏酒浸，炒，二两　红花一钱半　羌活三钱　神曲一两，炒　草龙胆五分

张子元气血虚，有痰浊，阴火痛风。

人参一两　白术二两　黄柏二两，炒黑色　山药一两　海石一两　锁阳五钱　干姜五钱，烧灰　南星一两　败龟板二两，酒炙　熟地黄二两

粥为丸。

治臂痛。

半夏一钱　陈皮五分　茯苓五分　苍术一钱半　酒芩一钱　威灵仙三分　白术一钱　甘草少许，炒　南星一钱　香附一钱

劳　　瘵

其主在乎阴虚、痰与血病。

青蒿一斗五升，童便三斗，文武火熬，约童便减二斗，去蒿，

〔1〕灵　庚子本此下有"仙"字。

〔2〕一　正脉本作"二"。

熬至一斗，入猪胆汁七个，再熬数沸，甘草末收之。

虚劳身瘦属火，因火烧烁。

劳病，四物汤加人尿、姜汁。

咳　血

痰盛，身热多是血虚。

戴云：咳血者，嗽出痰内有血者是。呕血者，呕全血者是。咯血者，每咯出血皆是血疙瘩。衄血者，鼻中出血也。溺血，小便出血也。下血者，大便出血也。虽有名色分六，俱是热证，但有虚实新旧之不同，或妄言为寒者误也。

青黛　诃子　山栀　海石　瓜蒌仁

上为末，姜汁蜜调，噙化。嗽甚者加杏仁。后以八物汤加减调理。

身热多是血虚，四物汤加减。

呕　血

火载血上，错经妄行。

脉大发热，喉中痛者，是气虚，用人参、黄芪蜜炙，黄柏、荆芥，并当归、生地黄用之。

呕血，用韭汁、童便、姜汁磨郁金同饮之，其血自清。

火载血上，错经妄行，四物汤加炒栀子、童便、姜汁。山茶花，童便、姜汁，酒调。郁金末治吐血，入姜汁、童便。

痰带血丝出者，童便、姜汁、竹沥。

又方　用韭汁、童便二物相合，用郁金细研，入在二物之内同饮，其血自消。

又方　治衄血，以郁金，如无郁金以茶、姜汁、童便和好酒调服，即止之。

咯　　血

姜汁、童便、青黛入血药中用之，加四物汤、地黄膏、牛膝膏之类。

衄　　血

凉血行血为主，犀角地黄汤入郁金同用。

经血逆行，或血腥，或唾血、吐血，用韭叶汁，立效。

溺　　血

属热。

山栀子炒，水煎服。或用小蓟、琥珀。

有血虚者，四物汤加牛膝膏。

下　　血

不可纯用寒凉药，必于寒凉药中用辛味并温，如酒浸炒凉药，酒煮黄连之类。有热，四物汤加炒栀子、升麻、秦艽、阿胶珠。下血属虚，当归散、四物汤加炮干姜、升麻。又方，用白芷五倍子丸。

凡用血药，不可单行单止。

有风邪下陷，宜升提之。盖风伤肝，肝生血故也。有湿伤血，宜行湿消热可也。

《内经》谓身热即死，寒则生，此亦是大概言之，必兼证详之则可。今岂无身热生、寒而死者？

脉沉小流连或微者，易治。脉浮大洪数者，难愈，宜滑不宜弦。

仲景治痢，可温者五法，可清者十法，或解表，或利小便，或待其自已。区分易治难治极密，但与泻同，立法不分，学者当辨之。

大孔痛，一曰温之，一曰清之。久病身冷，自汗，脉沉小者，宜温。暴病身热，脉浮洪者，宜清。

有可吐者，有可下者，有可汗者。

初得时，原气未虚，必推荡之，此[1]通用之法，稍久气虚则不可。

先水泄，后脓血，此脾传肾，贼邪难愈。先脓血，后水泄，此肾传脾，微邪易愈。

如豆汁者，湿也。盖脾胃为水谷之海，无物不受，常兼四脏，故如五色之相杂。当先通利，此迎而夺之之义。如虚者亦宜审之。

因热而作，不可用巴豆等药，如伤冷物者，或可用，亦宜谨之。

又有时疫作痢，一方一家之内，上下传染相似，却宜明运气之胜复以治之。

肠　风

独在胃与大肠出。

黄芩　秦艽　槐角　升麻　青黛

梦　遗

专主热，脱精。

戴云：因梦交而出精者，谓之梦遗；不因梦而自泄精者，谓之精滑。皆相火所动，久则有虚而无寒者也。

带下与梦遗同法治。

青黛　海石　黄柏　即[2]椿树根丸

内伤气血，不能固守，当补以八物汤加减，吞椿树根丸。思想

---

〔1〕此　庚子本此下有“通因”二字。

〔2〕即　庚子本作“加”。

成病，其病在心，安神带补，热则流通。

知母　黄柏　蛤粉

精　滑

专主湿热。

戴云：滑者，小便精滑下也。俱是膀胱湿热，虽有赤白之异，终无寒热之别。河间云：天气热则水浑浊，寒则澄彻清冷。由此观之，浊之为病，湿热明矣。

黄柏　知母　牡蛎　蛤粉

又方

良姜三钱　芍药二[1]钱　黄柏二钱，烧灰存性　樗树皮白皮，一两半

上为末，糊为丸，每服三十丸。

浊

湿热，有痰，有虚。赤浊属血，白浊属气，寒则坚凝，热则流通。

大率皆是湿热流注，宜燥中宫之湿，用二陈汤加苍术、白术燥去湿。赤者乃是湿伤血，加白芍药。仍用珍珠粉丸加椿树根皮、滑石、青黛等作丸。

虚劳者，用补阴药，大概不利热药。

肥白人必多痰，以二陈汤去其热，胃弱者兼用人参，以柴胡、升麻升胃中之气。丸药用：青黛、黄柏炒褐色，干姜炒微黑色，海石、蛤粉。

胃中浊气下流为赤白浊者，用柴胡、升麻、苍术、白术、二陈汤，丸药用樗末、蛤粉、炒姜、炒黄柏。

专主胃中之浊气下流，渗入膀胱，用青黛、蛤粉。肝脉弦者，

〔1〕二　庚子本、周氏本均作“三”。

用青黛以泻肝。

又方

黄柏一两，炒黑　生柏二钱半，一作三两　海石二两　神曲五钱

为末，水丸。

有热者，黄柏、滑石、青黛之类。

燥湿痰，南星、半夏、蛤粉。

上神曲为丸，青黛为衣，或用海石代曲。

张子元气血两虚，有痰，痛风时作，阴火间起，小便白浊，或带下赤白。方在前痛风中。

一人便浊，常有半年，或时梦遗，形瘦，作心虚主治，珍珠粉丸、和匀定志丸服。

一妇人年近六十，形肥，奉养膏梁，饮食肥美，中焦不清，浊气流入膀胱，下注白浊，白浊即是湿痰也。

戴云：断用二陈汤去痰，加升麻、柴胡升胃中之清气，加苍术去湿，白术补胃，全在活法。服四贴后，浊减大半，觉胸满，因柴胡、升麻升动其气，痰阻满闭，用二陈汤加炒曲、白术。素无痰者，升动胃气不满。

丸药方

青黛　椿皮　蛤粉　滑石　干姜炒　黄柏炒

上为末，炒神曲糊丸，仍用前燥湿痰丸。亦能治带。

又方　滑石利窍，黄柏治湿热，青黛解郁结，蛤粉咸寒入肾，炒干姜味苦，敛肺气下降，使阴血生。干姜盐制[1]之。

淋

皆属于痰热。

淋者，小便淋沥，欲去不去，不去又来，皆属于热也。

〔1〕制　庚子本、周氏本此下均有“用”字。

解热利小便，山栀子之类，用苦杖[1]、甘草煎服，诸药中皆加牛膝。

老人亦有气虚者，人参、白术中带木通、山栀。

亦有死血作淋者，以牛膝作膏。此证亦能损胃不食。

小便不通

气虚，血虚，痰，风闭，实热。

吐之以提其气，气升则水自下之，盖气承载其水也。

气虚，用人参、黄芪、升麻等先服，后吐，或参、芪药中探吐。血虚，四物汤先服，后吐，芎归汤吐亦可。痰多，二陈汤先服，后吐，皆用探吐。痰气闭塞，二陈汤加木香、香附探吐。实热利之。

一妇人脾疼，后患大小便不通，此是痰隔中焦，气滞于下焦，二陈汤加木通，初吃后，相再煎服，吐之。

关格

戴云：关格者，谓膈中觉有所碍，欲升不升，欲降不降，欲食不食，此为气之横格也。

必用吐，提其气之横格，不必在出痰也。

有痰，以二陈汤吐之，吐中便有降。有中气虚不运者，补气药中升降。

小便不禁

属热，属虚。

戴云：小便不禁，出而不觉，赤者有热，白者为气虚也。热者，五苓散加解毒散；虚者，五苓散加四物汤。

---

〔1〕杖　原脱，据庚子本补。

痫

惊痰，宜吐。

戴云：痫[1]者，俗曰猪癫风者是也。

大率行痰为主。

黄连　南星　瓜蒌　半夏

寻痰寻火，分多少治，无不愈。分痰分热，有热者，以凉药清其心；有痰者，又用吐药，吐[2]用东垣安神丸。

此证必用吐，吐后用平肝之药，青黛、柴胡、川芎之类。

健　忘

戴云：健忘者，为事有始无终，言谈不知首尾，此以为病之名，非比生成之愚顽，不知世事者。

精神短少者多，亦有痰者。

怔　忡

大段属血虚。

有虑便动属虚，时作时止，痰因火动。

戴云：怔忡者，心中不安，惕惕然如人将捕者是也。

瘦人多是血少，肥人属痰，寻常者多是痰。

真觉心跳者，是血少，用四物、安神之类。

惊　悸

血虚，用朱砂安神丸。

---

〔1〕痫　原作“痰”，据庚子本、周氏本改。

〔2〕吐　周氏本此下有“后”字。

痓

大率与痫病相似。

多是血虚，有火兼痰，人参、竹沥之类，不用兼风药。

血块

一名积瘕。

块在中为痰饮，在右为食积，在左为血积。

气不能作块成聚，块乃有形之物，痰与食积、死血，此理晓然。醋煮海石、三棱、莪术、桃仁、红花、五灵脂、香附之类。

白术汤吞下瓦垄子，能消血块，次消痰。

治块，当降火消食积，食积即痰也。

行死血，块去须大补。石碱一物，有痰积、有血块可用，洗涤垢腻，又消食积。

吐虫

以黑锡炒[1]成灰，槟榔末，米饮调下。

癥瘕

戴云：积聚癥瘕，有积聚成块，不能移动者是癥；或有或无，或上或下，或左或右者是瘕。

用蜀葵根煎汤，煎人参、白术、陈皮、青皮、甘草梢、牛膝成汤，入细研桃仁、玄明粉各少许，热饮一服，可见块下。

病重，补接之后，加减再行。

---

〔1〕炒　庚子本、周氏本均作“烧”。

消块丸 即《千金》大硝石丸，止可磨块，不令人困，须量虚实而用可也。

硝石六两 大黄八两 人参 甘草各三两

上为末，以三年苦酒三斗，置铜器中，以竹片作准，每入一升作一刻，柱器中熬，先纳大黄，不住手搅，使微沸，尽一刻，乃下余药，又尽一刻，微火熬，使可丸，则取丸如鸡子中黄大，每服一丸，米饮下。如不能大丸，则作小丸，如梧子大，每服三十丸。后下如鸡肝，如米泔、赤黑等色，下后忌风冷，淡软粥将理。

又三圣膏

未化石灰半斤，为末，瓦器中炒令淡红色，提出火外，候热少减，次下大黄末 大黄一两，为末，就炉炒，伺热减，入下桂心末 桂心半两，为末，略炒，入米醋熬成膏药，厚摊贴患处

贴积聚块。

大黄 朴硝各一两

上为末，用大蒜捣膏，和匀贴之。

痞块在皮里膜外，须用补气，香附开之，兼二陈汤。加补气药，先须断厚味。

茶 癖

石膏 黄芩 升麻

上为末，砂糖水调服。

瘿 气

先须断厚味。

海藻一两 黄药二两

上为末，以少许置于掌中，时时舔之，津咽下。如消三分之二，须止后药服。

食积一方，乃在妇人食积条下。

疝

湿热痰积，流下作痛，大概因寒郁而作也，即是痰饮、食积并死血。

戴云：疝本属厥阴肝之一经，余尝见俗说小肠、膀胱下部气者，皆妄言也。

子和云：疝本肝经，宜通勿塞，只此见治之法，专主肝经，与肾绝无干，不宜下。癞，湿多。疝气，灸大敦穴。

食积与瘀血成痛者。

栀子　桃仁　山楂　枳实　吴茱萸

上为末，生姜汁、顺流水作汤调服。

按之不定，必用桂枝，属虚。

桂枝　山栀炒　乌头细切，炒

上为末，姜汁为丸，每服三十丸，劫痛。

治疝方　定痛速效。湿胜者加荔枝。

枳壳十五个　山栀炒　糖球炒　茱萸炒

又方守[1]丸　治癞要药，不疼者。

苍术　南星　白芷　山楂　川芎　半夏　枳实

为末，神曲作丸。

治阳明受湿热，传入大肠，恶寒发热，小腹连毛际结核，闷痛不可忍。

山栀炒　枳壳炒　桃仁炒　山楂等分

上研细，砂钵内入生姜汁，用水一盏，煎令沸，热服之。

治诸疝发时，用海石、香附二味为末，以生姜汁汤调服，亦能治心痛。

治疝方

栀子　桃仁　橘核　茱萸　川乌

上碾，煎服。劫药，用乌头细切，炒栀子、橘核散，单止痛。

---

〔1〕守　庚子本作“效”。周氏本此下有“效”字。

脚　　气

苍术盐炒　白术　防己　槟榔　川芎　犀角　甘草　木通　黄连　生地黄酒炒　黄柏

有热加黄芩、黄连。有痰[1]加竹沥、姜汁。

大热及时令热加石膏，大便实加桃仁，小便涩加牛膝。

有食积、流注。

苍术　黄柏　防己　南星　川芎　白芷　犀角　槟榔

血虚加牛膝、龟板。

如常肿者，专主乎湿热，朱先生有方，肥人加痰药。

戴云：有脚气冲心，宜四物加炒柏，再宜涌泉穴用附子津拌贴，以艾灸，泄引其热。

健步丸

归尾　芍药　陈皮　苍术各一两　生地黄一两半　大腹子三个　牛膝　茱萸各半两　黄芩半两　桂枝二钱

上为末，蒸饼为丸，每服百丸，白术、通草煎汤，食前下。

一妇人足肿，黄柏、苍术、南星、红花酒洗、草龙胆、川芎、牛膝酒洗、生地黄。

筋动于足大指，动上来至大腿，近腰结，奉养厚，因风寒作，四物汤加酒芩、红花、苍术、南星。

筋转皆属乎血热，四物汤加酒芩、红花。

大病虚脱，本是阴虚，用艾灸丹田者，所以补阳，阳生则阴生故也。不可用附子，可用参多服。

痿

断不可作风治而用风药。

---

〔1〕痰　原作“热”，据周氏本改。

湿热，痰，无血而虚，气弱、瘀血。

湿热，东垣健步方中加燥湿降阴火药，芩、柏、苍术之类。湿痰，二陈汤中加苍术、黄芩、黄柏、白术之类，入竹沥。气虚，四君子汤加苍术、黄芩、黄柏之类。血虚，四物汤中苍术、黄柏，下补阴丸。

亦有食积妨碍不得降者，亦有死血者。

健步丸方

羌活　柴胡　滑石　甘草炙　天花粉酒制。各半两　防己　防风　泽泻各三钱　肉桂半钱　川乌　苦参酒制。各一钱

上为末，酒糊丸如桐子大，每服七十丸，煎愈风汤，以空心下。

发　热

阴虚难治。

戴云：凡脉数而无力者，便是阴虚也。阴虚发热，用四物汤加黄柏，兼气虚加参、芪、白术。盖四物汤加黄柏，是降火补阴之妙药。又云：阴虚发热，用四物汤，甚者加龟板、炒黄柏。吃酒人发热者，难治。不饮酒之人，若因酒而发热者，亦难治。

一男子年三十岁，因酒发热，用青黛、瓜蒌仁、姜汁，每日以数匙入口中，三日而愈。

阳虚恶寒

戴云：凡背恶寒甚者，脉浮大而无力者，是阳虚也。用人参、黄芪之类，甚者加附子少许，以行参、芪之气。

一女子恶寒，用苦参一钱，赤小豆一钱，为末，齑水吐，用川芎、苍术、南星、黄芩，酒曲丸。

手心热

栀子　香附　苍术　白芷　川芎　半夏生用

为末，曲糊丸。

手　麻

此是气虚也。

手　木

东垣云：麻木，气不行也，补肺中之气。是湿痰死血。十指麻是胃中有湿痰死血。

厥

因痰，用白术、竹沥。

厥者，手足冷也。热厥逆也，非寒证。因气虚、血虚。

热，承气汤；外感，双[1]解散加姜汁、酒。

面寒面热

火起，寒郁热，面寒，退胃热。

喉　痹

大概多是痰热也，只以桐油吐之，或用射干，逆流水吐。又方，用李实根皮一片，噙口内，更用李实根碾水傅项上，一遭立效。新采园中者。

缠喉风

戴云：属痰热缠喉风者，谓其咽喉里外皆肿者是也。用桐油，

〔1〕双　原无，据《丹溪心法·厥》补。

以鹅翎探吐。

又法，用灯油脚探吐之。

又方，用远志去心，水调傅项上，一遭立功。

喉咽生疮并痛

多属虚，血热游行无制，客于咽喉，人参蜜炙、黄柏、荆芥。

虚，人参、竹沥，无实火。热，黄连、荆芥、薄荷、硝石。

上为细末，用蜜、姜汁调噙。

血虚，四物汤中加竹沥。

口　疮

服凉药不愈者，此中焦气不足，虚火泛上无制，用理中汤，甚者加附子，或噙官桂亦可。

又方　用西瓜浆水，口痛甚者，以此徐徐饮之。冬月，紫榴皮烧灰，噙之。

酒　渣　鼻

血热入肺。

四物汤加陈皮、红花、酒炒黄芩煎，入好酒数滴，就炒五灵脂末服效。又用桐油入黄连，以天吊藤烧油，热敷之。

肺　痈

已破入风者不治，搜风汤吐之。出《医垒元戎》。

收敛疮口，止有合欢树皮、白敛煎汤饮之。

肺痿

专主养肺养血，养气清金。

天疱疮

通圣散及蚯蚓泥略炒，蜜调敷之，妙。

从肚皮上起者，里热发外，还服通圣散可也。

漏疮

须先服补药，以生气血，即参、芪、术、归、芎为主，大剂服之；外以附子末唾和作饼，如钱厚，以艾炷灸之，漏大艾炷亦大，漏小艾炷亦小，但灸令微热，不可令痛，干则易之。干研为末，再和再灸。如困则止，来日如前法再灸，直至肉平为效。亦有用附片灸，仍前气血药作膏药贴之。

痔漏

用五倍子、朴硝、桑寄生、莲房煎汤，先薰后洗。肿者用木鳖子、五倍子，研细末调敷。

漏，专以凉药为主。

痔漏方

人参　黄芪　当归　川芎　升麻　枳壳　条芩　槐角[(1)]

肠痈

作湿热、食积治，入风难治。

---

〔1〕角　周氏本此下有“生地”一味。

治漏外塞药，芦甘石小便煅，牡蛎粉。

结　　核

或在颈在项，在身在臂，如肿毒者，多痰注作核不散，治耳后、顶门各一块。

僵蚕炒　青黛　胆星　酒大黄

上为末，蜜丸，噙化之。

颈颊下生痰核，二陈汤加炒大黄、连翘、桔梗、柴胡。

治臂核作痛，连翘、防风、川芎、酒芩、苍术、皂角刺。

治环跳穴痛，防生附骨痈方，以苍术佐黄柏，行以青皮之辛，冬月加桂枝，夏月加条子黄芩，体虚者加土牛膝，以生甘草为使，大料煎入生姜汁，带辣，食前饮之。病甚者，加黄柏、桂枝十数贴，发不动，少加大黄一两贴，又不动者，恐痈将成矣。急撅地成坑，以火煅红，沃以小便，赤身坐其上，以被席围抱下体，伏[1]热气薰蒸，腠理开，血气畅而愈。

脱　　肛

血[2]热、气虚[3]。

气虚补气，用人参、当归、黄芪、川芎、升麻。血虚者，四物汤。血热者凉血，四物汤加黄柏炒。

---

〔1〕伏　庚子本、周氏本均作“使”。

〔2〕血　原作“气”，据庚子本改。

〔3〕虚　庚子本此下有“血虚”二字。

门人戴元礼录

妇人科

经水

经候过期而作疼者，乃虚中有热，所以作疼。

经水不及期，血热也，四物汤加黄连。

经候将来而作疼者，血实也，桃仁、香附、黄连。

过期，乃血少也，川芎、当归，带人参、白术与痰药。

过期，紫黑色有块，血热也，必作痛，四物汤加黄连、香附。

淡色过期者，乃痰多也，二陈汤加川芎、当归。

紫色成块者，乃是热也，四物汤加黄连之类。

痰多，占住血海地位，因而下多者，目必渐昏，肥人如此。南星、苍术、香附、川芎，作丸服。

肥人不及日数而多者，痰多，血虚有热，前方加黄连、白术。若血枯经闭者，四物汤加桃仁、红花。

躯肥脂满经闭者，导痰汤加芎、连，不可服地黄，泥膈故也，如用以生姜汁炒。

血崩

崩之为病，乃血之大下，岂可为寒，但血去后，其人必虚，当大补气血。东垣有治法，但不言热，其主于寒，学者宜再思之。

急则治其标，白芷汤调百草霜。甚者，棕榈皮灰，后用四物汤加干姜调理。因劳者，用参、芪带升补药。

因寒者加干姜，因热者加黄芩、参、芪。

崩过多者，先服五灵脂末一服，当分寒热，五灵脂能行能止。妇人血崩，用白芷、香附为丸。

白带，用椒目末，又用白芷末。一方，用生狗头骨烧灰存性，或酒调服，或入药服之。又方，用五灵脂半生半熟为末，以酒调服。

气虚、血虚者，皆于四物汤加人参、黄芪。漏下乃热而虚者，四物汤加黄连。

带下赤白

赤属血，白属气，主治燥湿为先。

带漏俱是胃中痰积流下，渗入膀胱，宜升，无人知此。肥人多是湿痰，海石、半夏、南星、苍术、川芎、椿皮、黄柏。瘦人带病少，如有带者，是热也，黄柏、滑石、川芎、椿皮、海石。甚者，上必用吐，以提其气，下用二陈汤加苍术、白术。仍用丸子。一本作瓦垄子。

又云：赤白带皆属于热，出于大肠、小肠之分。一方，黄荆子炒焦为末，米饮汤下，治白带，亦治心痛。

罗先生治法，或十枣汤，或神祐丸，或玉烛散，皆可用，不可峻攻，实者可用此法，虚则不宜。

血虚者，加减四物汤。气虚者，以参、术、陈皮间与之。湿甚者，用固肠丸。相火动者，于诸药中加少[1]炒柏。滑者，加龙骨、赤石脂。滞者，加葵花。性燥者，加黄连。寒月，少入姜、附。临机应变，必须断厚味。

良姜　芍药　黄柏二钱，各烧灰　入椿树皮末一两半

右为末，粥为丸，每服三四十丸。

痰气带下者，苍术、香附、滑石、蛤粉、半夏、茯苓。

妇人上有头风鼻涕，下有白带，南星、苍术、黄柏炒焦、滑石、

〔1〕加少　庚子本、周氏本均作“少加”。

半夏、川芎、辛夷、牡蛎粉炒、茯苓。白带兼痛风，半夏、茯苓、川芎、陈皮、甘草、苍术炒浸、南星、牛膝、黄柏酒浸，晒干炒。

子　　嗣

肥盛妇人不能孕育者，以其身中脂膜闭塞子宫，而致经事不能行，可用导痰汤之类。

瘦怯妇人不能孕育者，以子宫无血，精气不聚故也，可用四物汤养血养阴等药。

产 前 胎 动

孕妇人因火动胎，逆上作喘者，急用条黄芩、香附之类，将条芩更于水中沉，取重者用之。

固胎

地黄半钱　人参　白芍各一钱　白术一钱半　川芎　归身尾一钱　陈皮一钱　甘草二钱　糯米一十四粒　黄连些小　黄柏些小　桑上羊儿藤七叶完者

右㕮咀，煎汤服之。

血虚不安者，用阿胶。痛者缩砂，行气故也。

一切病不可表。

恶　　阻

从痰治。

戴云：恶阻者，谓妇人有孕，恶心阻其饮食者是也。肥者有痰，瘦者有热，多用二陈汤。或白术为末，水丸，随所好，或汤或水下。

妇人怀妊爱物，乃一藏之虚，假如肝藏虚，其肝气止能生胎，无余物也。

血块死血，食积痰饮成块，在两胁，动作腹鸣嘈杂，眩晕身热，时作时止。

黄连一两，一半用茱萸炒，去茱萸；一半益智炒，去益智　山栀半两，

炒　台芎半两　香附一两，用童便浸　萝卜子一两半，炒　山楂一两　三棱　青皮　神曲各半两　莪术半两，用米醋煮　桃仁半两，留尖去皮　白芥子一两半，炒　瓦楞子消血块　为末，作丸子服之。

妇人血块如盘，有孕，难服峻削。

香附四两，醋煮　桃仁一两，去皮尖　海石一两，醋煮　白术一两

为末，神曲为丸。

束　胎

束胎丸　第八个月服。

黄芩酒炒，夏用一两，秋用七钱半，冬用半两　茯苓七钱半　陈皮二两，忌火　白术二两

粥为丸。

束胎散　即达生散。

人参半钱　陈皮半钱　白术　白芍　归身尾各一钱　甘草二钱，炙　大腹皮三钱　紫苏半钱

或加枳壳、砂仁作一贴，入青葱五叶、黄杨木叶梢十个煎，待于八九个月，服十数贴，甚得力。或夏加黄芩，冬不必加，春加川芎，或有别证，以意消息。

第九个月服：

黄芩一两，酒炒，宜热药不宜凉药，怯弱人减半　白术一两　枳壳七钱半，炒　滑石七钱半，临月十日前，小便多时，减此一味。

上为末，粥为丸，如梧桐子大，每服三十丸，空心，热汤下。不可多，恐损元气。

安　胎

白术、黄芩、炒面[1]，粥为丸。

黄芩安胎，乃上中二焦药，能降火下行。缩砂安胎治痛，行气故也。

---

〔1〕面　周氏本作“曲”。

益母草，即茺蔚子，治产前产后诸病，能行血养血。

难产作膏，地黄膏、牛膝膏。

胎　漏

气虚，血虚，血热。

戴云：胎漏者，谓妇人有胎而血漏下也。

子　肿

湿多。

戴云：子肿者，谓孕妇手足或头面，通身浮肿者是也。用山栀炒一合，米饮汤吞下。《三因方》中有鲤鱼汤。

难　产

难产之由，亦是八九个月内不谨者。

气血虚故，亦有气血凝滞而不能转运者。

催生方

白芷灰　滑石　百草霜

上为末，芎归汤或姜汁调服之。

治胎衣不下，《妇人大全方》别有治法。

产后血晕

一[1]虚火载血，渐渐晕来。用鹿角烧灰，出火毒，研为极细末，以好酒调，灌下即醒，行血极快也。又方，用韭叶细切，盛于有嘴瓶中，以热醋沃之，急封其口，以嘴塞产妇[2]鼻中，可愈眩晕。

产后补虚。

人参　白术各二钱　黄芩　陈皮　川芎各半钱　归身尾半钱　甘草一钱，炙　有热加生姜三钱　茯苓一钱

〔1〕一　正脉本无此字。

〔2〕妇　此字原缺，据庚子本、周氏本补。

必用大补气血，虽有杂证，以末治之。当清热补血气。

消血块。

滑石二钱　没药一钱　麟麟竭一钱，无则用牡丹皮

为末，醋糊作丸。

瓦垄子能消血块。

泄

川芎　黄芩　白术　茯苓　干姜　滑石　白芍炒　陈皮

㕮咀，煎汤服。

恶露不尽

谓产后败血所去不尽，在小腹作痛，五灵脂、香附末、蛤粉，醋丸，甚者入桃仁，不去尖。

如恶血不下，以五灵脂为末，神曲糊丸，白术陈皮汤下。

中风

不可作风治，切不可以小续命汤服之，必大补气血，然后治痰，当以左右手脉分其气血多少而治。口眼㖞斜，不可服小续命汤。

发热恶寒

大发热，必用干姜，轻用茯苓淡渗其热，一应苦寒热[1]发表药，皆不可用也。才见身热，便不可表，发热恶寒，皆是气血。

左手脉不足，补血药多于补气药；右手脉不足，补气药多于补血药。

恶寒发热，腹满者，当去恶血。脉[2]满者不是，腹痛者是。

产后不可下白芍，以其酸寒伐生发之气故也。

---

〔1〕热　周氏本作“及”，义胜。

〔2〕脉　庚子本、周氏本均作“腹”。

产后一切病，皆不可发散。

小儿科

小儿食积、痰热、伤乳为病，大概肝与脾病多。

小儿肝病多，及大人亦然。肝只是有余，肾只是不足。

吐泻黄疸

三棱　莪术　陈皮　青皮　神曲　麦芽　甘草　白术　茯苓　黄连

上为末，水调服。

伤乳吐泻者加山楂，时气吐泻者加滑石，发热者加薄荷。

吐泻，用益元散，钱氏五补、五泄之药俱可用。

急慢惊风

发热，口疮，手心伏热，痰热，痰喘，痰嗽。

并用通法，重则用瓜蒂散，轻则用苦参、赤小豆末，须酸齑汁调服，吐之后，用通圣散蜜丸服之。

惊有二证，一者热痰，主急惊，当直泻之；一者脾虚，乃为慢惊，所主多死，当养脾。

东垣云：慢惊者，先实脾土，后散风邪。

急者，只用降火下痰养血。慢者，只用朱砂安神丸，更于血药中求之。

黑龙丸

牛胆南星　礞石各一两。焰硝等分　天竺黄　青黛各半两　芦荟[1]二两半　朱砂三钱　僵蚕五分　蜈蚣二钱半，烧存性

上为细末，煎甘草汤膏丸，如鸡头大，每服一丸，或二丸。急惊，薄荷汤下；慢惊，桔梗白术汤下。

---

〔1〕芦荟　庚子本、周氏本均作“陀僧”。

神圣牛黄夺命散

槟榔半两　木香三钱　大黄二两，面裹煨熟为末　白牵牛一两，一半炒，一半生用　黑牵牛粗末，一半生用，一半炒用

上为一处，研作细末，入轻粉少许，每服二钱，用蜜浆水调下，不拘时候，微利为度。

疳　　病

胡黄连丸

胡黄连半钱，去果积　阿魏一钱半，醋煮，去肉积　麝香四粒　神曲二钱半，去食积　黄连二钱半，炒，去热积

上为末，猪胆汁丸，如黍米大，每服二十丸，白术汤下。

小儿疳病，腹大，胡黄连丸二十丸，白术汤下。

痘　　疮

分气虚、血虚补之。

气虚，用人参、白术，加解毒药[1]。

但见红点，便忌升麻葛根汤，发得表虚也。

吐泻少食为里虚，不吐泻能食为实。里实而补，则结痈肿。陷伏倒靥灰白为表虚，或用烧人屎，黑陷甚者烧人屎。红活红绽凸为表实，而复用表药，则要溃烂不结痂。二者俱见，为表里俱虚。

痘疮，或初出，或未出时，人有患者，宜预服此药，多者令少，重者令轻。方用丝瓜近蒂三寸，连瓜子皮，烧灰存性，为末，砂糖拌吃，入朱砂末亦可。

解痘疮毒药，丝瓜、升麻、酒芍药、甘草生用、糖球、黑豆、犀角、赤小豆。

解痘疮法，已出未出，皆可用朱砂为末，以蜜水调服，多者可减，少者可无。

---

〔1〕药　周氏本此下有“血虚，四物汤加解毒药。酒炒芩连，名解毒药”十七字。

腹　胀

萝卜子蒸　紫苏梗　陈皮　干姜各等分　甘草减半

食减者加白术，煎服。

夜　啼

人参一钱半　黄连一钱半，姜汁炒　甘草半钱　竹叶二[1]十片

作二服，加姜一片，煎服之。

口　糜

戴云：谓满口生疮者便是。江茶、粉草敷之。

又方，苦参、黄丹、五倍子、青黛各等分，敷之。

脱囊肿大

戴云：脱囊者，阴囊肿大，坠下不收上之说。

木通　甘草　黄连　当归　黄芩

煎服。

脱囊，紫苏叶为末，水调敷上，荷叶裹之。

脱　肛

戴云：脱肛者，大肠脱下之说。

东北方陈壁上土，汤泡，先薰后洗。亦可用脱囊药服之。

木　舌

戴云：木舌者，舌肿硬不和软也。又言：重舌者，亦是此类。二者盖是热病，用百草霜、滑石、芒硝，为末，酒调敷。

瘾　疹

黑斑、红斑、疮痒，用通圣散调服。

---

〔1〕二　庚子本、周氏本均作“三”。

咯　　红

戴云：咯红者，即唾内有血，非吐血与咳血。

黑豆、甘草、陈皮，煎服。

吃　　泥

胃热故也。

软石膏　甘草　黄芩　陈皮　茯苓　白术

煎服。

痢　　疾

食积。

黄芩、黄连、陈皮、甘草，煎服。赤痢加红花、桃仁；白痢加滑石末。

食积痢。

炒曲　苍术　滑石　芍药　黄芩　白术　甘草　陈皮　茯苓

右㕮咀，煎，下保和丸。

解　　颅

乃是母气虚与热多耳。

戴云：即初生小儿头上骨未合而开者。古以四君子汤、四物汤，有热加酒芩、炒黄连、生甘草煎服，外以帛束紧，用白蔹末敷之。

蛔　　虫

楝树根为君，佐以二陈汤，煎服。

口　　噤

郁金、藜芦、瓜蒂，为末，搐鼻。

风　痰

南星半两，切　白矾半两，入器中，水高一指浸，晒干研细末　白附子一两

用飞白面为丸，如鸡头大，每服一丸或二丸，姜、蜜、薄荷汤化下服之。

癞　头

用红炭焠长流水令热，洗之，又服酒制通圣散，除大黄酒炒外，以胡荽子、伏龙肝、悬龙尾、黄连、白矾为末，调敷。

又方

松树厚皮烧灰，一两　白胶香熬沸倾石上，二[1]两　黄丹一两，飞　白矾半两，火飞　软石膏一两　黄连半两　大黄五钱　轻粉四盏

上极细末，熬熟油调敷疮上，须先洗了疮口，敷乃佳。

赤　瘤

生地黄　木通　荆芥

苦药带表之类，用芭蕉油涂患处。

鼻　赤

雄黄、黄丹同敷。

一小儿好吃粽，成腹痛。黄连、白酒，药为末，调服乃愈。

火岂君相五志俱有论

火之为病，其害甚大，其变甚速，其势甚彰，其死甚暴。何者？盖能燔灼焚焰，飞走狂越，消烁于物，莫能御之。游行乎三焦，虚实之两途，曰君火也，犹人火也；曰相火也，犹龙火也。火

〔1〕二　正脉本作“一”。

性不妄动，能不违道于常，以禀位听命，运行造化生存之机矣。夫人在气交之中，多动少静，欲不妄动，其可得乎？故凡动者，皆属火。龙火一妄行，元气受伤，势不两立，偏胜则病移他经，事非细故，动之极也，病则死矣。经所以[1]谓一水不胜二火之火，出于天造。君相之外，又有厥阴脏腑之火，根于五志之内，六欲七情激之，其火随起。大怒则火起于肝，醉饱则火起于胃，房劳则火起于肾，悲哀动中则火起于肺。心为君主，自焚则死矣。丹溪又启火出五脏主病，曰：诸风掉眩，属于肝火之动也。诸痛疮疡，属于心火之用也。诸气膹郁，属于肺火之升也。诸湿肿满，属于脾火之胜也。经所谓一水不胜五火之火，出自人为。又考《内经》病机一十九条，内举属火者五，诸热瞀瘈，皆属于火；诸禁鼓[2]栗，如丧神守，皆属于火；诸气逆上，皆属于火；诸躁扰狂越，皆属于火；诸病跗肿，疼痠惊骇，皆属于火。而河间又广其说，火之致病者甚多，深契《内经》之意，曰：喘呕吐酸，暴注下迫，转筋，小便浑浊，腹胀大，鼓之有声，痈疽疡疹，瘤气结核，吐下霍乱，瞀郁肿胀，鼻塞鼽衄，血溢血泄，淋闭，身热恶寒，战栗惊惑，悲笑谵妄，衄蔑血污之病，皆少阴君火之火，乃真心小肠之气所为也。若瞀瘛，暴瘖，冒昧，躁扰狂越，骂詈惊骇，跗肿痠疼，气逆上冲，禁栗如丧神守，嚏呕，疮疡，喉痖，耳鸣及聋，呕涌溢食不下，目昧不明，暴注，瞤瘈，暴病暴死，此皆少阳相火之热，乃心包络三焦之气所为也，是皆火之变见于诸病也。谓为脉，虚则浮大，实则洪数。药之所主，各因其属。君火者，心火也，可以湿伏，可以水灭，可以直折，惟黄连之属可以制之。相火者，龙火也，不可以湿折之，从其性而伏之，惟黄柏之属可以降之。噫！泻火之法，岂止如此，虚实多端，不可不察。以脏气司之，如黄连泻心火，黄芩泻肺火，芍药泻脾火，柴胡泻肝火，知母泻肾火，此皆苦寒之味，能泻有余之火耳。若饮食劳倦，内伤元气，火不两立，为阳虚之病，以甘温之剂除之，

---

〔1〕以　周氏本无此字。

〔2〕禁鼓　原作“惊禁”，据周氏本改。

如黄芪、人参、甘草之属；若阴微阳强，相火炽盛，以乘阴位，日渐煎熬，为火虚之病，以甘寒之剂降之，如当归、地黄之属；若心火亢极，郁热内实，为阳强之病，以咸冷之剂折之，如大黄、朴硝之属；若肾水受伤，其阴失守，无根少火，为[1]虚之病，以壮水之剂制之，如生地黄、玄参之属；若右肾命门火衰，为阳脱之病，以温热之剂济之，如附子、干姜之属；若胃虚过食冷物，抑遏阳气于脾土，为火郁之病，以升散之剂发之，如升麻、干葛、柴胡、防风之属。不明诸此之类，而求火之为病，施治何所依据？故于诸经集略其说，略备处方之用，庶免实实虚虚之祸也。

气属阳动作火论

捍卫冲和不怠[2]之谓气，扰乱妄动变常之谓火，当其和平之时，外护其表，复行于里，周流一身，循环无端，出入升降，继而有常，源出中焦，总统于肺，气曷尝病于人也？及其七情之交攻，五志之间发，乖戾失常，清者遽变之为浊，行者抑遏而反止，表失卫护而不和，内失健悍而少降，营运渐远，肺失主持，妄动不已，五志厥阳之火起焉，上燔于肺，气乃病焉。何者？气本属阳，反胜则为火矣。河间曰：五志过极则为火也。何后世不本此议，而一概类聚香辛燥热之剂，气作寒治，所据何理？且言七气汤制作，其用青皮、陈皮、三棱、蓬术、益智、官桂、甘草，遂以为平和，可常用通治七情所伤，混同一意，未喻其药以治真气，以下诸气，尤有甚焉者，兹不复叙。况所居之情，各各不同。且夫经言九气之变，未尝略而不详，如怒则气上，喜则气缓，悲则气消，恐则气下，寒则气收，热则气泄，惊则气乱，劳则气耗，思则气结。其言治法，高者折之，下者举之，寒者热之，热者寒之，惊者平之，劳者温之，结者散之，喜者以恐升之，悲者以喜胜之。九气之治，各有分别，何尝

---

〔1〕为　周氏本此下有“水”字。

〔2〕怠　正脉本作“息”。

混作寒治论，而类聚香热之药，通言而治诸气，岂理之谓欤？若香辛燥热之剂，但可劫滞气，冲快于一时，以其气久折滞，借此暂行开发之意。药中无佐使制伏所起之气，服之甚则增炽郁火，蒸熏气液而成积，自积滋长而成痰[1]。气乃氤[2]氲清虚之象，若雾露之着物，虽滞易散。内挟痰积，开而复结，服之日久，安有虚实而不动，气动而不散者乎？此皆人所受误之由，习俗已久，相沿而化，卒莫能救。升发太过，香辛散气，燥热伤气，真气耗散，浊气上腾，犹曰肾虚不能摄气归原，遂与苏子降气汤、四磨汤，下黑铅丹、养气丹，镇坠上升之气。且硫黄、黑锡，佐以香热，又无补养之性，借此果能生气而补肾乎？请熟详之。夫湿痰盛甚者，亦或当之。初服未显增变，由其喜坠而愈进，形质弱者，何以收救？不悟肺受火炎，子气亦弱，降令不行，火无以制，相扇而动，本势空虚，命绝如缕，积而至深，丹毒济火，一旦火气狂散，喘息奔急而死。所以有形丹石丸药，重坠无形之气，其气将何抵受，随而降之乎？譬以石投水，水固未尝沉也，岂不死欤？丹溪有曰：上升之气，自肝而出，中挟相火，其热愈甚，自觉身[3]冷，非真冷也；火热似水，积热之甚，阳亢阴微，故有此证，认假作真，似是之祸，可胜言哉！《内经》虽云百病皆生于气，以正气受邪之不一也。今七情伤气，郁结不舒，痞闷壅塞，发为诸病，当详所起之因，滞于何经，有上下部分脏气之不同，随经用药，有寒热温凉之同[4]异。若枳壳利肺气，多服损胸中至高之气；青皮泻肝气，多服损真气。与夫木香之行中下焦气，香附之快滞气，陈皮之泄气，藿香之馨香上行胃气，紫苏之散表气，厚朴之泻卫气，槟榔之泻至高之气，沉香之升降其气，脑、麝之散真气。若此之类，气实可宜。其中有行散者，有损泄者，其过剂乎[5]？用之能却气之标，而不能治气之本，岂可又佐

〔1〕痰　此下原有"一饮下膈"四字，据庚子本、周氏本删。
〔2〕氤　原作"氲"据正脉本改。
〔3〕身　原作"无"，据庚子本改。
〔4〕同　周氏本作"各"。
〔5〕其过剂乎　庚子本无此四字。

以燥热之药，以火济火，混同谓治诸气，使之常服、多服可乎？气之与火，一理而已，动静之变，反化为二。气作火论治，与病情相得。丹溪《发挥》论云：冷生气者，出于高阳生之谬言也。自非身受寒气，口食寒物，而足论寒者，吾恐十之无一二也。

血属阴难成易亏论

《内经》曰：荣者，水谷之精也。和调五脏，洒陈于六腑，乃能入于脉也。源源而来，生化于脾，总统于心，藏贮于[1]肝，宣布于肺，施泄于肾，灌溉一身。目得之而能视，耳得之而能听，手得之而能摄，掌得之而能握，足得之而能步，脏得之而能液，腑得之而能气。是以出入升降，濡润宣通者，由此使然也。注之于脉，少则涩，充则实，常以饮食日滋，故能阳生阴长，取汁[2]变化而赤为血也。生化旺则诸经恃此而长养，衰耗竭则百脉由此而空虚，可不谨养哉！故曰：血者，神气也，恃之则存，失之则亡。是知血盛则形盛，血弱则形衰，神静则阴生，形役则阳亢，阳盛则阴必衰，又何言阳旺而生阴血也？盖谓血气之常，阴从乎阳，随气运行于内，而无阴以羁束，则气何以树立？故其致病也易，而调治也难。以其比阳，常亏而又损之，则阳易亢，阴易乏之论可以见矣。诸经有云：阳道实，阴道虚；阳道常饶，阴道常乏；阳常有余，阴常不足。以人之生也，年至十四而经行，至四十九而经断，可见阴血之难成易亏。知[3]此阴气一[4]亏伤，所变之证，妄行于上则吐衄，衰涸于外则虚劳，妄返于下则便红，稍血热则膀胱癃闭溺血，渗透肠间则为肠风，阴虚阳搏则为崩中，湿蒸热瘀则为滞下，热极腐化则为脓血。火极似水，血色紫黑；热盛于阴，发于[5]疮疡；湿滞于血，则为

〔1〕贮于　原作“于脾”，据周氏本改。
〔2〕取汁　原作“液汗”，据周氏本改。
〔3〕知　周氏本作“如”。
〔4〕一　周氏本无此字。
〔5〕于　周氏本作“为”。

痛养瘾疹[1]，皮肤则为冷痹；畜之在上则人喜忘，畜之在下则为喜狂，堕恐跌仆则瘀恶内凝。若分部位，身半已上，同天之阳，身半已下，同地之阴，此特举其所显之证者。治血必血属之药，欲求血药，其四物之谓乎？河间谓随证辅佐，谓之六合汤者，详言之矣。余故陈其气味，专司之要，不可不察。夫川芎，血中之气药也，通肝经，性味辛散，能行血滞于气也；地黄，血中血药也，通肾经，性味甘寒，能生真阴之虚也；当归分三治，血中主药，通肾经，性味辛温，全用能活血，各归其经也；芍药，阴分药也，通脾经，性味酸寒，能和血气腹痛也。若求阴药之属，必于此而取则焉。《脾胃论》有云：若善治者，随经损益，益[2]其一二味之所宜为主治可也。此特论血病而求血药之属者也。若气虚血弱，又当从长沙。血虚以人参补之，阳旺则生阴血也；若四物者，独能主血分受伤，为气不虚也。辅佐之属，若桃仁、红花、苏子、血竭、牡丹皮者，血滞所宜；蒲黄、阿胶、地榆、百草霜、榈灰者，血崩所宜；乳香、没药、五灵脂、凌霄花者，血痛所宜；苁蓉、锁阳、牛膝、枸杞子、益母草、夏枯草、败龟板者，血虚所宜；乳酪，血液之物，血燥所宜；干姜、桂者，血寒所宜；生地黄、苦参，血热所宜。此特取其正治之大略耳。以其触类而长，可谓无穷之应变矣。

滞下辩论

滞下之病，尝见世方以赤白而分寒热，妄用兜涩燥剂止之。或言积滞，而用巴硇丸药攻之；或指湿热，而与淡渗之剂利之。一偏之误，可不明辨乎？谨按《原病式》所论，赤白同于一理，反复陈喻，但不熟察耳。果肠胃积滞不行，法当辛苦寒凉药推陈致新，荡涤而去，不宜巴、硇毒热下之，否则，郁结转甚，而病变危者有之矣。若泻痢不分两证，混言湿热不利小便，非其治也。夫泄者，水谷湿之象；滞下者，垢瘀之物，同于湿热而成，治分两歧，而

〔1〕疹　周氏本此下有“郁于”二字。

〔2〕益　原作“损”，据周氏本改。

药亦异。若淡渗之剂，功能散利水道，浊流得快，使泄自止。此有无之形，岂可与滞下混同论治而用导滞行积可乎？其下痢出于大肠传送之道，了不干于肾气。所下有形之物，或如鱼脑，或下如豆汁，或便白脓，或下纯血，或赤或白，或赤白相杂。若此者，岂可与泻混同论治而用淡渗利之可乎？尝原其本，皆由肠胃日受饮食之积，余不尽行，留滞于内，湿蒸热瘀，郁结日深，伏而不作；时逢炎暑大[1]行，相火司令，又调摄失宜，复感酷热之毒，至秋阳气始收，火气下降，蒸发畜积，而滞下之证作矣。以其积滞之下[2]行，故名之曰滞下。其湿热瘀积，干于血分则赤，干于气分则白，赤白兼下，气血俱受邪矣。久而不愈，气血不运，脾积不磨，陈积脱滑下凝，犹若鱼脑矣。甚则肠胃空虚，关司失守，浊液并流，色非一类，错杂混下注出，状如豆汁矣。若脾气下陷，虚坐努责，便出色如白脓矣。其热伤血深，湿毒相瘀，粘结紫色，则紫黑矣。其污浊积而欲出，气滞而不与之出，所以下迫窘痛，后重里急，至圊而不能便，总[3]行频并亦少，乍止乍起而不安，此皆大肠经有所壅遏窒碍，气液不得宣通故也。众言难处何法，则可求之长沙。论云：利之可下者，悉用大黄之剂；可温者，悉用姜、附之类。何尝以巴、硇热毒下之，紧涩重药兜之？又观河间立言，后重则宜下，腹痛则宜和，身重则宜温，脉弦则去风。脓血粘稠以重药竭之，身冷自汗以重药温之，风邪内束宜汗之，鹜溏为痢当温之。在表者汗之，在里者下之，在上者涌之，在下者竭之。身表热者内疏之，小便涩者分利之。用药轻重之别，又加详载。行血则便脓自愈，调气则后重自除，治实治虚之要论。而丹溪又谓：大虚大寒者，其治验备载《局方发挥》，观此治法，岂可胶柱而调瑟？又有胃弱而闭不食，此名禁口痢病，七[4]方未有详论者。以《内经》大法推之，内格呕逆，火起炎上之象，究乎此则胃虚，木火

〔1〕大　原作“不”，据周氏本改。
〔2〕下　原作“滞”，据周氏本改
〔3〕总　通“纵”。
〔4〕七　周氏本作“古”。

乘之，是土败木贼也，见此多成危候。

三消之疾燥热胜阴

尝读刘河间先生《三消》之论，始言天地六气五味[1]，以配养人身六味[2]五脏，而究乎万物之源，终引《内经》论渴诸证，以辩乎世方热药之误。此比物立象，反复详明，非深达阴阳造化之机者，孰能如是耶？请陈其略。夫经中有言心肺气厥而渴者，有肾热而渴者，有言胃与大肠结热而渴者，有言脾痹而渴者，有因小肠痹热而渴者，有因伤饱肥甘而食渴者，有因醉饱入房而渴者，有因远行劳倦遇天热而渴者，有因伤害胃干而渴者，有因肾[3]热而渴者，有因痛风而渴者，虽五脏之部分不同，而病之所遇各异，其为燥热之疾一也。三消之热，本湿寒之阴气衰，燥热之阳气太甚，皆因乎饮食之饵失节，肠胃干涸，而气液不得宣平；或耗乱精神，过违其度；或因大病，阴气损而血液衰虚，阳气悍而燥热郁甚；或因久嗜咸物，恣食炙煿，饮食过度；亦有年少服金石丸散积久，实热结于下焦，虚热血气不能制，实热燥甚于肾，故渴而不饮。若饮水多而小便多者，名曰消渴；若饮食多而不甚渴，小便数而消瘦者，名曰消中；若渴而饮水不绝，腿消瘦，而小便有脂液者，名曰肾消。此三消者，其燥热同也，故治[4]疾者，补肾水阴寒之虚，而泻心火阳热之实，除肠胃燥热之甚，济一身津液之衰，使道路散而不结，津液生而不枯，气血利而不涩，则病日已矣。岂不以滋润之剂，养阴以制燥，滋水而充液哉！何故泄漏[5]消渴多[6]者不知[7]，其书[8]谓因

---

〔1〕味　周氏本作“位”。
〔2〕味　庚子本作“府”，周氏本作“位”。
〔3〕肾　按文义疑“胃”字之误，因上文有云：“有肾热而渴者”，不然文句重复。
〔4〕治　周氏本此下有“此”字。
〔5〕故泄漏　庚子本作“世之治”。
〔6〕多　庚子本作“证”。
〔7〕不知　庚子本无此二字。
〔8〕书　庚子本此下有“每”字。

下部肾水虚，不能制其上焦心火，使上实热而多烦渴，下虚冷而多小便，若更服寒药，则元气转虚，而下部肾水转衰，则上焦心火尤难治也。但以暖药补养元气，若下部肾水得实，而胜退上焦心火，则自然渴止，小便如常而病愈也。吁！若此未明阴阳虚实之道也。夫肾水属阴而本寒，虚则为热；心火属阳而本热，虚则为寒。若肾水阴虚，则心火阳实，是谓阳实阴虚，而上下俱热矣。以彼人言，但见消渴数溲，妄言为下部寒尔，岂知肠胃燥热怫郁使之然也。且夫寒物属阴，能养水而泻心；热物属阳，能养火而耗水。今肾水既不能胜心火，则上下俱热，奈何以热养肾水，欲令胜心火，岂不暗哉！彼不[1]谓水气实者必能制火，虚则不能制火，故阳实阴虚，而热燥其液，小便淋而常少；阴实阳虚，不能制水，小便利而常多。此又不知消渴小便多者，盖燥热太甚，而三焦肠胃之腠理怫郁结滞，致密壅塞，而水液不能渗泄浸润于外，以养乎百骸，故肠胃之外，燥热太甚，虽多饮水入于肠胃之内，终不能浸润于外，故渴不止而小便多。水液既不能渗泄浸润于外，则阴燥竭而无以自养，故久而多变为聋盲、疮疡、痤痱之类而危殆，其为燥热伤阴也明矣。

泄泻从湿治有多法

泄泻者，水湿[2]所为也，由湿本土，土乃脾胃之气也。得此证者，或因于内伤，或感于外邪，皆能动乎脾湿。脾病则升举之气下陷，湿变注[3]并出大肠之道，以胃与大肠同乎阳明一经也[4]。云湿可成泄，垂教治湿大意，而言[5]后世方论泥云治湿不利小便，非其治也。故凡泄泻之药，多用淡渗之剂利之；下久不止，不分所得之因，遽以为寒，而用紧涩热药兜之。夫泄有五，飧泄者，水谷不化

〔1〕不　周氏本作“所”。
〔2〕湿　原作“泻”，据周氏本改。
〔3〕注　周氏本此下有“泄”字。
〔4〕也　周氏本此下有“经”字。
〔5〕言　周氏本无此字。

而完出，湿兼风也；溏泄者，所下汁积枯垢，湿兼热也；鹜泄者，所下澄彻清冷，小便清白，湿兼寒也；濡泄者，体重软弱，泄下多水，湿自甚也；滑泄者，久下不能禁固，湿胜气脱也。若此有寒热虚实之不同，举治不可执一而言，谨书数法于后。夫泄，有宜汗解者，经言：春伤于风，夏必飧泄。又云：久风为飧泄。若《保命集》云用苍术、麻黄、防风之属是也。有宜下而保安者，若长沙言下痢脉滑而数者，有宿食也，当下之；下利已差，至其时复发者，此为下未尽，更下之安，悉用大承气汤加减之剂。有宜化而得安者，《格致余论》夏月患泄，百方不效，视之，久病而神亦瘁，小便少而赤，脉滑而颇弦，格闷食减，因悟此久积所为，积湿成痰，留于肺中，宜大肠之不固也，清其源则流自清，以茱萸等作汤，温服一碗许探喉中，一吐痰半升，如利减半，次早晨[1]饮，吐半升而利止。有以补养而愈者，若《脾胃论》言脉弦气弱自汗，四肢发热，大便泄泻，从黄芪建中汤。有宜调和脾湿而得止者，若洁古言曰四肢懒倦，小便不利，大便走泄，沉困，饮食减少，以白术、芍药、茯苓加减治之。有宜升举而安者，若《试效方》言胃中湿，脾弱不能运行，食下则为泄，助甲胆风胜以克之，以升阳之药羌活、独活、升麻、防风、炙甘草之属。有宜燥湿而后除者，若《脾胃论》言土湿有余，脉缓，怠惰嗜卧，四肢不收，大便泄泻，从平胃散。有宜寒凉而愈者，若长沙言协热自利者，黄芩汤主之。举其湿热之相宜者，若长沙言下利，脉迟紧，痛未欲止，当温之；下利身[2]痛，急当救里；下利清白，水液澄彻，可与理中、四逆汤辈。究其利小便之相宜者，河间言湿胜则濡泄，小便不利者，可与五苓散、益元散分导之。以其收敛之相宜者，东垣言寒滑气泄不固，制诃子散涩之。以上诸法，各有所主，岂[3]独利小便而湿动也？岂独病因寒，必待龙骨、石脂紧重燥毒之属涩之？治者又当审择其说，一途取利，约而不博，可乎！

〔1〕晨　周氏本此下有“再”字。
〔2〕身　原作“心”，据周氏本改。
〔3〕岂　原作“宜”，据周氏本改。

朱丹溪门人、私淑者整理五种

丹溪心法

丹溪心法序

医之先，谓出于神农、黄帝，儒者多不以为然。予尝考医之与卜，并见于《周礼》，曰：医师隶冢宰，筮人隶宗伯。并称于孔子曰：人而无恒，不可以作巫医。巫，筮字，盖古通也。然卜之先，实出于羲文[1]、周孔[2]，则医之先，谓出于神农、黄帝，亦必有所从来。大约羲文、周孔之书存，故卜之道尊；神农、黄帝之书亡，故医之道卑。然其书虽亡，而余绪之出于先秦者，殆亦有之。若今《本草》、《素问》、《难经》、《脉经》，此四书者，其察草木、鸟兽、金石之性，论阴阳、风寒、暑湿之宜，标其穴以施针焫，胗其脉以究表里，测诸秋毫之末，而活之危亡之余，类非神人异士，不足以启其机缄，而发其肯綮。则此四书者，诚有至理，不可谓非出于圣笔而遂少之也。然则医之与卜，皆圣人之一事，必儒者乃能知之，其不以为然者，不能通其说者也。医之方书，皆祖汉张仲景，仲景之言，实与前四书相出入，亦百世不能易者。自汉而后，代不乏贤，中古以来，予所取五人，曰孙思邈氏，其言尝见录于程子[3]，曰张元素氏，曰刘守真氏，曰李杲氏，皆见称于鲁斋许文正公[4]，曰朱震

---

〔1〕羲文　指伏羲和文王。古传伏羲画八卦，文王作卦辞，故以羲文并称。

〔2〕周孔　指周公和孔子。《释海》："槃旋乎周孔之庭宇。揖儒墨而为友。"

〔3〕程子　指宋代理学家程颢、程颐诸子。

〔4〕许文正公　指许衡，元代河内人，字仲平。元世祖时，命议事中书省，后为集贤大学士，兼国子祭酒，培育人材，善教，学者称之鲁斋先生。

亨氏，实白云许文懿公[1]高第弟子，斯五人皆儒者也。而朱氏实渊源于张、刘、李三君子，尤号集其大成。朱氏每病世之医者，专读宋之《局方》，执一定之法，以应无穷之疾，譬之儒者，专诵时文，以幸一第，而于圣经贤传，反不究心，乃作《局方发挥》、《格致余论》等书，深有补于医道，而方书所传，则有《丹溪心法》若干卷。推脉以求病，因病而治药，皆已试之方也，朱氏没而其传泯焉。近世儒者始知好之，稍稍行世。然业医者乐检方之易，而惮读书之难，于《素》、《难》诸书，盖皆不能以句，而于五人者之著述，则亦视为迂阔之论。其茫然不知所用力，无足怪者。其以药试人之疾，间一获效，则亦如村氓牧竖[2]，望正鹄而射之，偶尔中焉。或从其旁问之射法，瞠目相视，不知所对。彼老成者，日从事乎内志外体之间，虽或小有所失，而矢之所向，终无大远，此观射之法也。审医之能，何以异此？予宗人用光，世业儒而好医，其读《素》、《难》之书甚稔[3]，最喜朱氏之说。尝以《丹溪心法》有川、陕二本，妄为世医所增附，深惧上有累于朱氏，乃为之彪分胪列，厘其误而去其复，以还其旧。凡朱氏之方有别见者，则以类入之。书成，将刻梓以传，请予序。予故以多病好医而未能也，辄以医卜并言于编首，使业医者知其道本出于圣人，其书本足以比易[4]，而非可以自卑，则日勉焉。以致力乎《本草》、《素》、《难》、《脉经》之书，以及五君子之说，而尤以朱氏为入道之门，则庶几乎上可以辅圣主拯世之心，下可以见儒者仁民之效，而医不失职矣。用光名充，休宁汊口人，与予同出梁将军忠壮公后。

成化十八年岁次壬寅春二月既望赐进士及第奉训大夫左春坊左谕德同修国史经筵官兼太子讲读官休宁程敏政序

---

〔1〕许文懿公　指许谦，元代金华人，字益之。居东阳八华山讲学，学者甚众，丹溪曾从其学。晚年以白云山人自号，世称白云先生。

〔2〕村氓(méng 矇)牧竖　氓，古指农村居民；竖，古称童仆为“竖子”。村氓牧竖，是指乡村中的牧牛童子。

〔3〕稔　事物酝酿成熟曰稔，引申作熟悉。

〔4〕易　上科本作“翼”。

丹溪先生心法序

夫驱邪扶正，保命全真，拯夭阏于长年，济疲癃于仁寿者，非资于医，则不能致之矣。医之道，肇自轩岐，论《难》、《灵》、《素》出焉，降而和、缓、扁、仓，咸神其术，至汉张仲景作《伤寒杂病论》，始制方剂，大济烝民。晋王叔和撰次其书，复集《脉经》，全生之术，于斯备矣。他如华氏剖腹，王氏针妖，与夫奇才异士，间有一节一法取炫于时者亦多，非百代可行之活法也。嗟夫！去古愈远，正道湮微，寥寥千载之下，孰能继往开来而垂法于无穷者？宋金间，上谷张元素、河间刘守真，俱以颖特之资，深达阃奥[1]，高出前古。元素之学，东垣李杲深得之，明内伤之旨，大鸣于时。王海藏、罗谦甫又受业于东垣，罗太无亦私淑诸贤者也。明哲迭兴，肩摩踵接，著为方论，究极精微，犹水火谷粟之在天下，不可一日无。遵而用之，困苏废起，斯氏何其幸欤！泰定中，丹溪朱先生起江东。先生许文懿公高第，讳震亨，字彦修，婺之乌伤人，为元钜儒。因母病脾，刻志于医，曰：医者，儒家格物致知[2]一事，养亲不可缺。遂遍游江湖寻师，无所遇。还杭拜罗太无，乃得刘、张、李之学以归。穷研《素问》之旨，洞参运气之机。辟《局方》之非宜，悟戴人之攻击，别阴阳于疑似，辨标本于隐微，审察血气实虚，探究真邪强弱，一循活法，无泥专方。诚医道之宗工，性命之主

---

〔1〕阃（kǔn 捆）奥　阃，内室。本指内室深处，用以比喻学问、事理的精微深奥。

〔2〕格物致知　中国古代认识论的命题。语出《礼记·大学》："致知在格物，物格而后知至。"谓推究事物的原理而获得知识。

宰，而集先贤之大成者也。其徒赵以德、刘叔渊、戴元礼氏，咸能翼其道，遗书传播有年。景泰中，杨楚玉集其心法，刊于陕石。成化初，王季瓛附方重梓于西蜀，志欲广布海内，使家传人诵，不罹夭枉，其用心仁矣。而杨之集，篇目或有重出，而亦有遗，附以他论，使玉石不分。王因之附添诸方，多失本旨。充，江左一愚，夙志于此，每阅是书，实切病焉。辄不自揆妄意，窃取《平治会萃》、《经验》等方，及《玉机微义》、《卫生宝鉴》、《济生拔萃》、东垣、河间诸书校之。究尾会首，因证求方，积日既久，复得今中书乌伤王九达先生，以丹溪曾孙朱贤家藏的本寄示，合而参考。其或文理乖讹，意不相贯者，详求原论以正其误；篇目错综，前后重叠者，芟去繁冗，以存其要；此有遣而彼有载者，采之以广其法；论既详而方未备者，增之以便检阅。一言去取，无敢妄有损益。庶几丹溪之书，犹泾渭合流，清浊自别，乌鹭同栖，皂白攸分。学者免惑于他岐，疾疢得归于正治，未知其然否乎？极知僭逾，无所逃罪，同志之士，倘矜其愚，正其讹舛而赐教之，则充之至愿也，于是乎书。

成化十七年岁次辛丑仲冬休宁后学复春居士程充谨识

目录

十二经见证

足太阳膀胱经见证

头苦痛目似脱　头两边痛　泪出　脐反出　下肿，便脓血　肌肉痿　项似拔　小腹胀痛，按之欲小便不得

足阳明胃经见证

恶[1]与火，闻木声则惊狂，上登而歌，弃衣而走　颜黑　不能言　唇肿[2]　呕　呵欠　消谷善饮　颈肿　膺、乳、冲[3]、股、伏兔、胻外廉、足跗皆痛　胸傍过乳痛　口㖞　腹大水肿　奔响腹胀　跗内廉胕痛　髀不可转，腘似结，腨似裂　膝膑肿痛　遗溺失气　善伸数欠　癫疾　湿浸[4]心欲动，则闭户独处　惊　身前热，身后寒栗

足少阳胆经见证

口苦　马刀挟瘿　胸中、胁肋、髀、膝外至胻绝骨外踝前诸节痛　足外热　寝寒憎风　体无膏泽　善太息

手太阳小肠经见证

面白　耳前热，苦寒　頞[5]颔肿不可转　腰似折　肩、臑、肘、臂外后廉肿痛　臑臂内前廉痛

手阳明大肠经见证

手大指、次指难用　耳聋辉辉焞焞，耳鸣嘈嘈　耳后、肩、臑、

---

〔1〕恶　上科本此下有"人"字。
〔2〕肿　上科本作"胗"。
〔3〕冲　上科本作"气街"。
〔4〕浸　上科本作"淫"。
〔5〕頞　上科本作"颈"。

肘、臂外背痛　气满，皮肤壳壳然，坚而不痛

足太阴脾经见证

五泄注下五色　大小便不通　面黄　舌本强痛，口疳　食即吐，食不下咽　怠惰嗜卧　抢心　善饥善味，不嗜食，不化食　尻阴股膝臑胻足背痛　烦闷，心下急痛　有动痛，按之若牢，痛当脐、心下若痞　腹胀肠鸣，飧泄不化　足不收，行善瘈，脚下痛，九窍不通　溏泄，水下后出余气则快然　饮发中满，食减善噫，形醉，皮肤润而短气，肉痛，身体不能动摇　足胻肿若水。

足少阴肾经见证

面如漆　眇中清　面黑如炭　咳唾多血　渴　脐左、胁下、背、肩、髀间痛　胸中满，大小腹病　大便难　饥不欲食，心悬如饥　腹大颈肿，喘嗽，脊、臀、股后痛，脊中痛，脊、股内后廉痛，腰冷如冰及肿　足痿，厥　脐下气逆，小腹急痛，泄　下踵，足胻寒而逆　肠癖，阴下湿　四指正黑　手指清，厥　足下热，嗜卧，坐而欲起冻疮　下痢　善思　善恐　四肢不收，四肢不举。

足厥阴肝经见证

头痛　脱色善洁　耳无闻　颊肿　肝逆颊肿　面青　目赤肿痛　两胁下痛引小腹胸痛，背下则两胁肿痛　妇人小腹肿　腰痛不可俛仰　四肢满闷　挺长热　呕逆　血　肿睾，疝　暴痒　足逆寒　胻善瘈，节时肿　遗沥，淋溲，便难，癃，狐疝，洞泄，大人癞疝　眩冒　转筋　阴缩，两筋挛　善恐，胸中喘，骂詈　血在胁下　喘

手太阴肺经见证

善嚏　缺盆中痛　脐上、肩痛　肩背痛　脐右、小腹胀引腹痛　小便数　溏泄　皮肤痛及麻木　喘，少气，颊上气见　交两手而瞀，悲愁欲哭　洒淅寒热

手少阴心经见证

消渴　两肾内痛　后廉、腰背痛　浸淫　善笑　善恐善忘　上咳吐，下气泄　眩仆身热而腹痛　悲

手厥阴别脉经见证心主

笑不休　手心热　心中大热　面黄目赤　心中动

手足阴阳经合生见证

头顶痛，足太阳、手少阴　黄疸，足太阴、少阴　面赤，手少阴、厥阴，手、足阳明　目黄，手阳明、少阴、太阳、厥阴，足太阳　耳聋，手太阳、阳明、少阳、太阴，足少阴　喉痹，手、足阳明，手少阳　鼻鼽衄，手足阳明、太阳　目䀮䀮无所见，足少阴、厥阴　目瞳人痛，足厥阴　面尘，足厥阴、少阳　咽肿，足少阴、厥阴嗌干　手太阴，足少阴、厥阴，手少阴、太阳　哕，手少阳，足太阴　膈咽不通，不食，足阳明、太阴胸满，手太阴，足厥阴，手厥阴　胸支满，手厥阴、少阴　腋肿，手厥阴、足少阳胁痛，手少阴，足少阳胸中痛，手少阴，足少阳　善呕苦汁，足少阳、足阳明　逆，少气咳嗽，喘渴上气，手太阴，足少阴　喘，手阳明，足少阴，手太阴　臂外痛，手太阳、少阳　掌中热，手太阳、阳明、厥阴　肘挛急，手厥阴、太阴　肠满胀，足阳明、太阴　心痛，手少阴、厥阴，足少阴　痔，足太阳，手、足太阴　热，凄然振寒，足阳明、少阳　如人将捕，足少阴、厥阴　疟，足太阴，足三阳　汗出，手太阳、少阴，足阳明、少阳　身体重，手太阴、少阴

不治已病治未病

与其救疗于有疾之后，不若摄养于无疾之先，盖疾成而后药者，徒劳而已。是故已病而不治，所以为医家之法，未病而先治，

所以明摄生之理。夫如是则思患而预防之者，何患之有哉？此圣人不治已病治未病之意也。尝谓备土以防水也，苟不以闭塞其涓涓之流，则滔天之势不能遏；备水以防火也，若不以扑灭其荧荧之光，则燎原之焰不能止。其水火既盛，尚不能止遏，况病之已成，岂能治欤？故宜夜卧早起于发陈之春，早起夜卧于蕃秀之夏，以之缓形无怒而遂其志，以之食凉食寒而养其阳，圣人春夏治未病者如此。与鸡俱兴于容平之秋，必待日光于闭藏之冬，以之敛神匿志而私其意，以之食温食热而养其阴，圣人秋冬治未病者如此。或曰：见肝之病，先实其脾脏之虚，则木邪不能传；见右颊之赤，先泻其肺经之热，则金邪不能盛，此乃治未病之法。今以顺四时调养神志，而为治未病者，是何意邪？盖保身长全者，所以为圣人之道，治病十全者，所以为上工术。不治已病治未病之说，著于四气调神大论，厥有旨哉。昔黄帝与天师难疑答问之书，未曾不以摄养为先，始论乎天真，次论乎调神，既以法于阴阳，而继之以调于四气，既曰食欲[1]有节，而又继之以起居有常，谆谆然以养身为急务者，意欲治未然之病，无使至于已病难图也。厥后秦缓达乎此，见晋侯病在膏肓，语之曰不可为也；扁鹊明乎此，视齐侯病至骨髓，断之曰不可救也。噫！惜齐、晋之侯不知治未病之理。

亢则害承乃制

气之来也，既以极而成灾，则气之乘也，必以复而得平，物极则反，理之自然也。大抵寒、暑、燥、湿、风、火之气，木、火、土、金、水之形，亢极则所以害其物，承乘则所以制其极，然则极而成灾，复而得平，气运之妙，灼然而明矣，此亢则害，承乃制之意。原夫天地阴阳之机，寒极生热，热极生寒，鬼神不测，有以斡旋宰制于其间也。故木极而似金，火极而似水，土极而似木，金极而似火，水极而似土，盖气之亢极，所以承之者，反胜于己也。夫惟承

〔1〕欲　正脉本作“饮”。

其亢而制其害者，造化之功可得而成也。今夫相火之下，水气承而火无其变；水位之下，土气承而水气无其裁[1]；土位之下，木承而土顺；风位之下，金乘而风平；火热承其燥金，自然金家之疾；阴精承其君火，自然火家之候，所谓亢而为害，承而乃制者，如斯而已。且尝考之六元正纪大论云，少阳所至为火生，终为蒸溽，火化以生，则火生也。阳在上，故终为蒸溽。是水化以承相火之意。太阳所至为寒雪、冰雹、白埃，是土化以承寒水之意也。霜雪、冰雹，水也。白埃，下承土也。以至太阴所至为雷霆骤注、烈风。雷霆骤注，土也。烈风，下承之木气也。厥阴所至为风生，终为肃。风化以生，则风生也。肃，静也。阳明所至为散落，温。散落，金也。温，若[2]乘之火气也。少阴所至为热生，中为寒。热化以生，则热生也。阴精承上，故中为火[3]也。岂非亢为害，则承乃制者欤？昔者黄帝与岐伯，上穷天纪，下极地理，远取诸物，近取诸身，更相问难，以作《内经》。至于六微旨大论有极于六气相承之言，以为制则生化，外别盛衰，害则败乱，生化大病，诸以所胜之气来于下者，皆折其标盛也。不然，曷以水发而雹雪，土发而骤飘，木发而毁折，金发而清明，火发而曛昧？此皆郁极乃发，以承所亢之意也。呜呼！通天地人曰儒，医家者流，岂止治疾而已。当思其不明天地之理，不足以为医工之语。

审察病机无失气宜

邪气各有所属也，当穷其要于前，治法各有所归也，当防其差于后。盖治病之要，以穷其所属为先，苟不知法之所归，未免于无差尔。是故疾病之生，不胜其众，要其所属，不出乎五运六气而已。诚能于此审察而得其机要，然后为之治，又必使之各应于运气之宜，而不至有一毫差误之失。若然，则治病求属之道，庶乎其

〔1〕裁　同“灾”。
〔2〕若　《内经》王冰注作“下”。
〔3〕火　《内经》王冰注作“寒”。

无愧矣。至真要大论曰：审察病机，无失气宜。意蕴诸此。尝谓医道有一言而可以尽其要者，运气是也。天为阳，地为阴，阴阳二气，各分三品，谓之三阴三阳。然天非纯阳而亦有三阴，地非纯阴而亦有三阳，故天地上下，各有风、热、火、湿、燥、寒之六气，其斡旋运动乎两间者，而又有木、火、土、金、水之五运。人生其中，脏腑气穴亦与天地相为流通，是知众疾之作，而所属之机无出乎是也。然而医之为治，当如何哉？惟当察乎此，使无失其宜而后可。若夫诸风掉眩，皆属肝木；诸痛痒疮，皆属心火；诸湿肿满，皆属脾土；诸气膹郁，皆属肺金；诸寒收引，皆属肾水。此病属于五运者也。诸暴强直，皆属于风；诸呕吐酸，皆属于热；诸躁扰狂越，皆属于火；诸痉强直，皆属于湿；诸涩枯涸，皆属于燥；诸病水液，澄彻清冷，皆属于寒。此病机属于六气者也。夫惟病机之察，虽曰既审，而治病之施，亦不可不详。故必别阴阳于疑似之间，辨标本于隐微之际。有无之殊者，求其有无之所以殊；虚实之异者，责其虚实之所以异。为汗、吐、下，投其所当投，寒、热、温、凉，用其所当用，或逆之以制其微，或从之以导其甚，上焉以远司气之犯，中焉以辨岁运之化，下焉以审南北之宜，使小大适中，先后合度，以是为治，又岂有差殊乖乱之失邪？又考之《内经》曰：治病必求其本。《本草》曰：欲疗病者，先察病机。此审病机之意也。六元正纪大论曰：无失天信，无逆气宜。五常大论曰：必先岁气，无伐天和。此皆无失气宜之意也。故《素问》、《灵枢》之经，未尝不以气运为言，既曰先立其年以明其气，复有以戒之曰，治病者必明天道、地理、阴阳更胜，既曰不知年之所加，气之盛衰，虚实之所起，不可以为工矣。谆谆然若有不能自已者，是岂圣人私忧过计哉？以医道之要，悉在乎此也。观乎《原病式》一书，比类物象，深明乎气运造化之妙，其于病机气宜之理，不可以有加矣。

能合色脉可以万全

欲知其内者，当以观乎外，诊于外者，斯以知其内。盖有诸内者形诸外，苟不以相参，而断其病邪之逆顺，不可得也。为工者深烛厥理，故望其五色，以青、黄、赤、白、黑，以合于五脏之脉，穷其应与不应；切其五脉，急、大、缓、涩[1]、沉，以合其五脏之色，顺与不顺。诚能察其精微之色，诊其微妙之脉，内外相参而治之，则万举万全之功，可坐而致矣。《素问》曰：能合色脉，可以万全，其意如此。原夫道之一气，判而为阴阳，散而为五行，而人之所禀皆备焉。夫五脉者，天之真，行血气，通阴阳，以荣于身；五色者，气之华，应五行，合四时，以彰于面。惟其察色按脉而不偏废，然后察病之机，断之以寒热，归之以脏腑，随证而疗之，而获全济之效者，本于能合色脉而已。假令肝色如翠羽之青，其脉微弦而急，所以为生，若浮涩而短，色见如草滋者，岂能生乎？心色如鸡冠之赤，其脉当浮大而散，所以为顺；若沉濡而滑，色见如衃血者，岂能顺乎？脾色如蟹腹之黄，其脉当中缓而大，所以为从；若微弦而急，色见如枳实者，岂能从乎？肺色如豕膏之白，其脉当浮涩而短，所以为吉，若浮大而散，色见如枯骨者，岂能吉乎？以至肾色见如乌羽之黑，其脉沉濡而滑，所以为生，或脉来缓而大，色见如炲者，死。死生之理，夫惟诊视相参，既以如此，则药证相对，厥疾弗瘳者，未之有也。抑尝论之，容色所见，左右上下，各有其部；脉息所动，寸关尺中，皆有其位。左颊者，肝之部，以合左手关位，肝胆之分，应于风木，为初之气；颜为心之部，以合于左手寸口，心与小肠之分，应于君火，为二之气；鼻为脾之部，合于右手关脉，脾胃之分，应于湿土，为四之气；右颊肺之部，合于右手寸口，肺与大肠之分，应于燥金，为五之气；颐为肾之部，以合于左手尺中，肾与膀胱之分，应于寒水，为终之气；至于相火，为三之气，应于右手，命门、三焦之分也。若夫阴阳五行，相生相胜之理，当以合之于色脉而推之也。是故脉要精微论曰：色合五行，脉合阴阳。《十三难》曰：色之与脉，当参相应，然而治病，万全之功，苟非合于色脉者，莫之能也。五藏生成篇云：心之合脉也，其荣色也。夫

〔1〕涩　原作“啬”，据上科本改。

脉之大小、滑涩、沉浮，可以指别，五色微诊可以目察，继之以能合色脉，可以万全。谓夫赤脉之至也，喘而坚；白脉之至也，喘而浮；青脉之至也，长而左右弹；黄脉之至也，大而虚；黑脉之至也，上坚而大。此先言五色，次言五脉，欲后之学者，望而切之以相合也。厥后扁鹊明乎此，述之曰：望而知之谓之神，切脉而知之谓之巧。深得《内经》之理也。下逭后世，有立方者，目之曰神巧万全，厥有旨哉！

治病必求于本

将以施其疗疾之法，当以穷其受病之源。盖疾疢之原，不离于阴阳之二邪也，穷此而疗之，厥疾弗瘳者鲜矣。良工知其然，谓夫风、热、火之病，所以属乎阳邪之所客，病既本于阳，苟不求其本而治之，则阳邪滋蔓而难制；湿、燥、寒之病，所以属乎阴邪之所客，病既本于阴，苟不求其本而治之，则阴邪滋蔓而难图。诚能穷原疗疾，各得其法，万举万全之功，可坐而致也。治病必求于本，见于《素问·阴阳应象大论》者如此。夫邪气之基，久而传化，其变证不胜甚众也。譬如水之有本，故能游至汪洋浩瀚，泒而趍[1]下以渐大；草之有本，故能荐生茎叶实秀，而在上以渐蕃。若病之有本，变化无穷，苟非必求其本而治之，欲去深感之患，不可得也。今夫厥阴为标，风木为本，其风邪伤于人也，掉摇而眩转，瞤动而瘈疭，卒暴强直之病生矣。少阴为标，君火为本，其热邪伤于人也，疮疡而痛痒，暴注而下迫，水液浑浊[2]之病生矣。少阳为标，相火为本，其热[3]邪伤于人也，为热而瞀瘈，躁扰而狂越，如丧神守之病生矣。善为治者，风淫所胜，平以辛凉；热淫所胜，平以咸寒；火淫所胜，平以咸冷，以其病本于阳，必求其阳而疗之，病

〔1〕趍　同“趋”。
〔2〕浊　原作“混”，据上科本改。
〔3〕热　上科本作“火”。

之不愈者，未之有也。太阴[1]为标，湿土为本，其湿邪伤于人也，腹满而身肿，按之而没指，诸痉强直之病生矣。阳明为标，燥金为本，其燥邪伤于人也，气滞而膹郁，皮肤以皴揭，诸涩枯涸之病生矣。太阳为标，寒水为本，其寒邪伤于人也，吐利而腥秽，水液以清冷，诸寒收引之病生矣。善为治者，湿淫所胜，平以辛热[2]，以其病本于阴，必求其阴而治之，病之不愈者，未之有也。岂非将以疗疾之法，当以穷其受病之源者哉？抑尝论之，邪气为病，各有其候，治之之法，各有其要，亦岂止于一端而已。其在皮者，汗而发之；其入里者，下而夺之；其在高者，因而越之，谓可吐也；慓悍者，按而收之，谓按摩也；藏寒虚夺者，治以灸焫；脉病挛痹者，治以针刺；血实蓄结肿热者，治以砭石；气滞、痿厥、寒热者，治以导引；经络不通，病生于不仁者，治以醪醴；血气凝泣，病生于筋脉者，治以熨药。始焉求其受病之本，终焉蠲其为病之邪者，无出于此也。噫！昔黄帝处于法宫之中，坐于明堂之上，受业于岐伯，传道于雷公，曰：阴阳者，天地之道也，纲纪万物，变化生杀之妙[3]，盖有不测之神，斡旋宰制于其间也。人或受邪生病，不离于阴阳也，病既本于此，为工者岂可他求哉？必求于阴阳可也。至真要大论曰：有者求之，无者求之。此求其病机之说，与夫求于本其理一也。

---

〔1〕阴　原作“阳”，据上科本改。

〔2〕辛热　上科本作“苦热”，此下并有“燥淫所胜，平以苦温；寒淫所胜，平以辛热”句。

〔3〕妙　上科本作“始”。

中风一

中风大率主血虚有痰，治痰为先，次养血行血。或属虚，挟火一作痰与湿，又须分气虚、血虚。半身不遂，大率多痰，在左属死血、瘀一作少血，在右属痰、有热，并气虚。左以四物汤加桃仁、红花、竹沥、姜汁。右以二陈汤、四君子等汤，加竹沥、姜汁。痰壅盛者、口眼㖞斜者、不能言者，皆当用吐法，一吐不已再吐。轻者用瓜蒂一钱，或稀涎散，或虾汁。以虾半斤，入酱、葱、姜等料物水煮，先吃虾，次饮汁，后以鹅翎探引吐痰。用虾者，盖引其风出耳。重者用藜芦半钱，或三分，加麝香少许，虀汁调，吐。若口噤昏迷者，灌入鼻内吐之。虚者不可吐。气虚卒倒者，用参、芪补之。有痰，浓煎参汤加竹沥、姜汁。血虚用四物汤，俱用姜汁炒，恐泥痰故也。有痰再加竹沥，姜汁入内服。能食者，去竹沥，加荆沥。肥白人多湿，少用乌头、附子行经。凡用乌、附，必用童便煮过，以杀其毒。初昏倒，急掐人中至醒，然后用痰药，以二陈汤、四君子汤、四物汤加减用之。瘦人阴虚火热，用四物汤加牛膝、竹沥、黄芩、黄柏，有痰者加痰药。治痰，气实而能食，用荆沥；气虚少食，用竹沥。此二味开经络，行血气故也。入四物汤必用姜汁助之。遗尿属气[1]，以参、芪补之。筋枯者，举动则痛，是无血，不能滋养其筋，不治也。《脉诀》内言诸不治证：口开手撒，眼合遗

〔1〕气　上科本此下有“虚”字。

丹溪先生心法卷一

尿，吐沫直视，喉如鼾睡，肉脱筋痛，发直摇头上窜，面赤如妆，或头面青黑，汗缀如珠，皆不可治。

案《内经》已下，皆谓外中风邪，然地有南北之殊，不可一途而论。惟刘守真作将息失宜，水不能制火，极是。由今言之，西北二方，亦有真为风所中者，但极少尔。东南之人，多是湿土生痰，痰生热，热生风也。邪之所凑，其气必虚，风之伤人，在肺脏为多。许学士谓：气中者，亦有此七情所伤，脉微而数，或浮而紧，缓而迟必也。脉迟浮可治，大数而极者死。若果外中者，则东垣所谓中血脉、中腑、中脏之理。其于四肢不举，亦有与痿相类者，当细分之。《局方》风痿同治，大谬，《发挥》甚详。子和用三法，如的系邪气卒中，痰盛实热者可用，否则不可入方。

肥人中风，口㖞，手足麻木，左右俱作痰治。

贝母　瓜蒌　南星　荆芥　防风　羌活　黄柏　黄芩　黄连　白术　陈皮　半夏　薄桂　甘草　威灵仙　天花粉

多食湿面加附子、竹沥、姜汁、酒一匙，行经。

一妇手足左瘫，口不能语，健啖。

防风　荆芥　羌活　南星　没药　乳香　木通　茯苓　厚朴　桔梗　麻黄　甘草　全蝎

上为末，汤酒调下，不效。时春脉伏，渐以淡盐汤、虀汁每早一碗，吐五日，仍以白术、陈皮、茯苓、甘草、厚朴、菖蒲，日二贴，后以川芎、山栀、豆豉、瓜蒂、绿豆粉、虀汁、盐汤吐之，吐甚快，不食，后以四君子汤服之，以当归、酒芩、红花、木通、粘子、苍术、姜南星、牛膝、茯苓为末，酒糊丸，服十日后，夜间微汗，手足动而能言。

一人瘫左。

酒连　酒芩　酒柏　防风　羌活　川芎　当归半两　南星　苍术　人参一两　麻黄　甘草三钱　附子三片

上丸如弹子，酒化下。

一人体肥中风，先吐，后以药。

苍术　南星　酒芩　酒柏　木通　茯苓　牛膝　红花　升

麻　厚朴　甘草

〔附录〕 风者，百病之始，善行而数变。行者，动也。风本为热，热胜则风动，宜以静胜其燥，养血是也。治须少汗，亦宜少下，多汗则虚其卫，多下则损其荣。治其在经，虽有汗下之戒，而有中脏、中腑之分。中腑者，宜汗之；中脏者，宜下之。此虽合汗下，亦不可太过，汗多则亡阳，下多则亡阴，亡阳则损其气，亡阴则损其形。初谓表里不和须汗下之，表里已和是宜治之在经。其中腑者，面显五色，有表证而脉浮，恶风恶寒，拘急不仁，或中身之后、身之前、身之侧，皆曰中腑也，其治多易。中脏者，唇吻不收，舌不转而失音，鼻不闻香臭，耳聋而眼瞀，大小便秘结，或眼合直视，摇头口开，手撒遗溺，痰如拽锯，鼻鼾，皆曰中脏也，中脏者，多不治也。六腑不和，留结为痈；五脏不和，九窍不通。无此乃在经也。辨证既真，宜以大药养之，当顺时令而调阴阳，安脏腑而和营卫，少有不愈者也。风中腑者，先以加减续命汤，随证发其表，如兼中脏，则大便多秘涩，宜以三化汤通其滞，初证已定，别无他变，以大药和治之。大抵中腑者，多著四肢；中脏者，多滞九窍。中腑者，多兼中脏之证，至于舌强失音，久服大药能自愈也。又因气中，其证与中风相似，但风中多痰涎，气中口中无涎，治之之法，调气为先。经言：治风者以理气，气顺则痰消，徐理其风庶可收效。又有中暑，言不变，志不乱，病在分腠之间者，只宜温肝，取解汗为可复也。凡中风，脉多沉伏，大法浮迟者吉，沉实者凶。先用麻油调苏合香丸，或用姜汁，或葱白汤调。如口噤，抉开灌之，稍苏则服八味顺气散。若痰盛者，只以省风、导痰汤服之，若卧则昏沉不省人事，口噤，急以生半夏末吹入鼻中，或用细辛、皂角为末吹之，喷嚏则苏，无嚏者不治。肥人中者，以其气盛于外而歉于内也。肺为气出入之道，肥者气必急，气急必肺邪盛，肺金克木，胆为肝之腑，故痰涎壅盛，所以治之必先理气为急。中后气未顺，痰未除，调理之剂惟当以藿香正气散和星香散煎服。此药非特可治中风之证，治中气、中恶尤宜，寻常止呕多痰者，亦可用之。若前症多怒，宜小续命汤加羚羊角；热而渴者，汤中去附子，加秦艽半钱；恍惚错语，加茯神、远志各半钱；不得睡，加酸枣仁半钱；不能言，加竹沥一蚬壳许；人虚无力者，去麻黄，加人参如其数。若人自苏，能言能食，惟身体不遂，急则挛蜷，缓则亸曳，经年不愈，以加减地仙丹常服。若饮食坐卧如常，但失音不语，只以小续命去附子，加石菖蒲一钱。治风之法，初得之即当顺气，及日久即当活血，此万古不易之理，惟可以四物汤吞活络丹，愈者正是此义。若先不顺气化痰，遽用乌、附，又不活血，徒用防风、天麻、羌活辈，吾未见能治也。又见风中于肤腠，辄用脑、麝治之者，是引风入骨髓也，尤为难治，深可戒哉。如口㖞斜未正者，以蓖麻去壳烂捣，右㖞涂左，左㖞涂右，或鳝鱼血入麝香少许，涂之即正。嚏噎，初卒倒僵仆，不知人事，急以皂角末或不卧散于鼻内，吹之，就提头顶发，立苏。若有嚏者可治，无嚏者不治。经曰：风从汗泄，以[1]可微汗，正如解表，表实无汗者，散之劫之；表虚自汗者，温之解之。若气滞者，难治，宜吐之。余证见前。可下者，此因内有便溺之阻隔，故里实，若三五日不大便者，可与机要三化汤，或子和搜风丸，老人只以润肠丸。理气者，气滞、气郁、肩膊麻痛之类，此七情也，宜乌药顺气、八味顺气之类；理血者，无表里之急，血弱举发不时者，用大秦艽汤，或羌活愈风汤，兼用化痰丸子。灸，可灸风池、百会、曲池、合谷、风市、绝骨、环跳、肩髃、三里等穴，皆灸之以凿窍疏风。

〔附方〕

二陈汤

半夏泡　陈皮二两半　白茯苓半两　甘草炙，七钱半

上㕮咀，每服四钱，水一盏，生姜七片，乌梅一个，煎。

四君子汤见脾胃类。

四物汤见妇人类。

稀涎散　治中风，忽然若醉，形体昏闷，四肢不收，涎潮搐搦。

猪牙皂角四条，去黑皮　白矾一两

---

〔1〕以　上科本作“似”。

上为末，每服三字，温水灌下，但吐出涎便醒。虚人不可大吐。

通顶散 治中风中气，昏愦不知人事，急用吹鼻即苏。

藜芦 生甘草 川芎 细辛 人参各一钱 石膏五钱

上为末，吹入鼻中一字，就提头顶中发立苏，有嚏者可治。

八味顺气散

白术 白茯苓 青皮 白芷 陈皮去白 台乌 人参各一两 甘草五钱

每服五钱，水一钟半，煎七分，温服。仍以酒化苏合香丸间服。

乌药顺气散

麻黄 陈皮 台乌各二两 白僵蚕炒 川芎 枳壳炒 甘草炙 白芷 桔梗各一两 干姜炮，半两

上为末，每服三钱，水二盏，生姜三斤，枣一枚，煎服。

星香汤

南星八钱 木香一钱

分二服，水一钟，姜十片，煎服。

省风汤

南星生，八两 防风四两 独活 附子生，去皮脐 全蝎炒 甘草生。各二两

每服四钱，水一钟半，生姜十片，煎服。

小省风汤 与导痰汤相合煎服。导痰汤见痰类。

防风 南星生。各四两 半夏米泔浸 黄芩 甘草生。各二两

每服四钱，姜十片。

小续命汤

麻黄去节 人参 黄芩 芍药 川芎 甘草炙 杏仁炒，去皮尖 防己 桂各一两 防风一两半 附子炮，去皮脐，半两

每服五钱，水一盏半，姜五片，枣一枚，煎温服，取微汗。随人虚实与所中轻重加减于后：若热者，去附子，入白附子亦可；筋急拘挛，语迟脉弦，加薏苡仁；若筋急，加人参，去黄芩、芍药，以

避中寒，服后稍轻，再加当归；烦躁不大便，去附、桂，倍加芍药、竹沥；如大便三五日不去，胸中不快，加枳壳、大黄；如言语蹇涩，手足颤掉，加菖蒲、竹沥；若发渴，加麦门冬、葛根、瓜蒌根；身体痛，加羌活，搐者亦加之；烦躁多惊，加犀角、羚羊角；汗多者，去麻黄。

家宝丹　治一切风疾瘫痪，痿痹不仁，口眼㖞僻者。邪入骨髓可服。

川乌　南星　五灵脂姜汁制，另研　草乌各六两　白附子　全蝎　没药　辰砂各二两　羌活　乳香　僵蚕炒，三两　片脑五钱　天麻三两　麝香二钱半　地龙四两　雄黄　轻粉各一两

上为末，作散，调三分，不觉，半钱，或蜜丸如弹子大，含化，茶酒[1]皆可。

如神救苦散　治瘫痪，风湿痹走注，疼痛不止。此劫剂也，非痛不可服，痛止则已。

米壳一两，去顶膜，蜜炒　陈皮五钱　虎骨酥炙　乳香研　没药研　甘草各二钱半

上为末，每服三钱，水一盏煎，连渣服。病在上食后，在下食前。煎时须顺搅之。

大秦艽汤　治中风，外无六经之形证，内无便溺之阻隔，知血弱不能养筋，故手足不能运动，舌强不能言语，宜养血而筋自荣。

秦艽　石膏各二两　甘草　川芎　当归　白芍　羌活　防风　黄芩　白芷　白术　生苄　熟苄　茯苓　独活各一两　细辛半两　春夏加知母一两

上㕮咀，每服一两，水煎服，无时。如遇天阴，加生姜七片；心下痞，加枳实一钱。

三化汤　外有六经之形证，先以加减续命汤治之，若内有便溺之阻隔，以此汤主之。

厚朴　大黄　枳实　羌活等分

---

〔1〕酒　上科本作“调”。

每服三两，水煎服，以利为度。

〔附录〕 法曰：四肢不[1]举，俗曰瘫痪。故经所谓大过则令人四肢不举，又曰上大过则敦阜。阜，高也；敦，厚也。既厚而又高，则令除去，此真所谓膏粱之疾，非肾肝经虚，何以明之？经所谓三阳三阴发病，偏枯痿易，四肢不举，三阴不足则发偏枯，三阳有余则为痿易，易为变易，常用而痿弱无力也。其治则泻，令气弱阳衰，土平而愈，故以三化汤下之，若脾虚则不用也。经所谓土不及则卑陷。卑，下也；陷，坑也。故脾病四肢不用，四肢皆禀气于胃，而不能至经，必因脾方可得禀受也。今脾不能与胃行其津液，四肢不得禀水谷，气日以衰，脉道不利，筋骨肌肉皆无气以生，故不用焉，其治可大补十全散加减，四物汤去邪留正。

愈风汤 中风症，内邪已除，外邪已尽，当服此药，以行导诸经。久服大风悉去，纵有微邪，只从此药加减治之。然治病之法不可失于通塞，或一气之微汗，或一旬之通利，如此乃常治之法也。久则清浊自分，荣卫自和，如初觉风动，服此不至倒仆。

羌活 甘草炙 防风 防己 黄芪 蔓荆子 川芎 独活 细辛 枳壳 麻黄去根 地骨皮 人参 知母 甘菊 薄荷去梗 白芷 枸杞子 当归 杜仲炒 秦艽 柴胡 半夏 厚朴姜制 前胡 熟苄各二两 白茯苓 黄芩三两 生苄 苍术 石膏 芍药各四两 桂一两

上剉，每服一两，水二钟，生姜三片，煎，空心一服，临卧煎渣[2]。空心一服，吞下二丹丸，为之重剂；临卧一服，吞下四白丹，为之轻剂。立其法是动以安神，静以清肺。假令一气之微汗，用愈风汤三两，加麻黄一两，匀作四服，加生姜空心服，以粥投之，得微汗则佳。如一旬之通利，用愈风汤三两，加大黄一两，亦匀作四服，如前服，临卧服，得利为度。此药常服之，不可失四时之辅。如望春大寒之后，本方中加半夏、人参、柴胡各二两，通前[3]四两，

〔1〕不 上科本此下有“收”字。
〔2〕煎渣 上科本作“再煎渣服”。
〔3〕通前 上科本作“木通”。

谓迎而夺少阳之气也。如望春谷雨之后，本方中加石膏、黄芩、知母各二两，谓迎而夺阳明之气也。季夏之月，本方中加防己、白术、茯苓各二两，谓胜脾土之湿也。初秋大暑之后，本方中加厚朴一两，藿香一两，桂一两，谓迎而夺太阴之气也。望冬霜降之后，本方中加附子、官桂各一两，当归二两，谓胜少阴之气也。如得春气候，减冬所加，四时类此。此虽立四时加减，更宜临病之际，审察虚实寒热土地之宜，邪气多少，此药具七情六欲四气，无使五脏偏胜，及不动于荣卫，如风秘服之，永不结燥。此药与天麻丸相为表里，治未病之圣药也。若已病者，更宜常服。无问男女老幼、惊痫搐搦、急慢惊风、四时伤寒等病，服之神效。

四白丹 能清肺气养魄，谓中风者多昏冒，气不清利也。

白术 砂仁 白茯苓 香附 防风 川芎 甘草 人参各半两 白芷一两 羌活 独活 薄荷各二钱半 藿香 白檀香各一钱半 知母 细辛各一钱 甜竹叶二两 麝香一钱，另研 龙脑另研 牛黄各半钱。另研

上为末，炼蜜丸，每两作十丸，临卧嚼一丸，分五七次，细嚼之，煎愈风汤咽下。能上清肺气，下强骨髓。

二丹丸 治健忘，养神定志和血。内以安神，外华腠理。

丹参 天门冬 熟苄各一两半 甘草 麦门冬 白茯苓各一两 人参 远志去心 朱砂各半两。研为末 菖蒲半两

上为末，炼蜜丸如梧桐子大，每服五十丸至百丸，空心食前，煎愈风汤送下。

泻清丸 治中风自汗，昏冒，发热不恶寒，不能安卧，此是风热烦躁之故也。

当归 川芎 栀子 羌活 大黄 防风 龙胆草等分

上末，蜜丸弹子大，每服一丸，竹叶汤化下。

天麻丸 治风因热而生，热胜则动，宜以静胜其躁，是养血也。

天麻 牛膝二味用酒同浸三日，焙干 萆薢另研 玄参各六两 杜仲炒，去丝，七两 附子炮，一两 羌活十四两 川归十两 生苄一斤

上为末，蜜丸，梧桐子大，每服五七十丸，空心，温酒、白汤皆可下。一方有独活五两，去肾间风。

藿香正气散

大腹皮　茯苓　白芷　紫苏各一两　陈皮　苦梗　白术　厚朴　半夏曲　甘草各二两　藿香三两

上为末，每服二钱，姜三片，枣一枚，煎服。

地仙丹

牛膝　苁蓉　附子　川椒各四两　地龙　木鳖子各二两　覆盆子　白附子　菟丝子　赤豆　南星　骨碎补　羌活　何首乌　狗脊　萆薢　防风　乌药各二两　白术　甘草　白茯苓　川乌各一两　人参　黄芪各一两半

上为末，酒糊丸　每服三四十丸，空心酒下。

活络丹

南星炮　川乌　草乌并炮，去皮尖　地龙去土。各六两　乳香研　没药研。各二两二钱

上为末，酒糊丸，桐子大，每服二十丸，空心日午冷酒下，荆芥茶亦得。

不卧散子和方

川芎两半　石膏七钱半　藜芦五钱　甘草生，二钱半

上为细末，口噙水嗃之。

子和搜风丸

人参　茯苓　南星　薄荷各半两　干姜　寒水石　生白矾　蛤粉　黄芩　大黄各一两　滑石　牵牛各四两　藿香一分　半夏一两

上为末，水丸如小豆大，生姜汤下，日三。

润肠丸

麻子仁另研　大黄酒煨。各一两半　桃仁泥　归尾　枳实麸炒　白芍　升麻半两　人参　生甘草　陈皮各三钱　木香　槟榔各二钱

上除麻仁、桃仁外，为末，却入二仁泥，蜜丸梧子大，每服七八十丸，温水食前下。

中　寒　二附伤寒　伤风

主乎温散。有卒中天地之寒气者，有口得寒物者。从补中益气汤中加发散药。属内伤者十居八九，其法：邪之所凑，其气必虚，只用前汤中从所见之证出入加减。必先用参、芪托住正气，气虚甚者少加附子，以行参、芪之剂，如果气虚者，方可用此法。胃气大虚，必当温散，理中汤相宜，甚者加附子。仓卒感受大寒之气，其病即发，非若伤寒之邪，循经以渐而深也。已上治法，宜用于南，不宜北。

戴云：此伤寒，谓身受肃杀之气，口伤生冷物之类。因胃气大虚，肤腠疏豁，病者脉必沉细，手足厥冷，息微身倦，虽身热亦不渴，倦言动者是也。宜急温之，迟则不救矣。与热证若相似而实不同，凡脉数者，或饮水者，烦躁动摇者，皆热病。寒热二证，若水火，然不可得而同治，误即杀人。

〔附录〕　凡证与伤寒相类者极多，皆杂证也，其详出《内经·热论》。自长沙以下，诸家推明至甚，千世之下，能得其粹者，东垣也。其曰：内伤极多，外伤间而有之。此发前人之所未发，后人徇俗，不能真切，雷同指为外伤，极谬。其或可者，盖亦因其不敢放肆，而多用和解及平和之药散之尔，若粗率者，则必杀人。初有感冒等轻证，不可便认作伤寒妄治。西北二方极寒，肃杀之地，故外感甚多；东南二方，温和之地，外伤极少。杂病亦有六经所见之证，故世俗混而难别。

正治温散　宜桂枝汤、四逆汤辈，甚者三建汤、霹雳散。从治用热药，加凉剂引之，或热药须俟冷饮最妙。经曰：从而逆之。此之谓也。反攻用煎乌头之类。

伤风属肺者多，宜辛温或辛凉之剂散之。

戴云：新咳嗽，鼻塞声重者是也。

〔附方〕

补中益气汤见内伤类。

理中汤

人参　甘草　干姜　白术等分

上㕮，每服五钱，水煎温服。

桂枝汤

桂枝　赤芍各一两半　甘草一两　生姜一两半　大枣

上㕮，每服五钱，水煎温服。

四逆汤

甘草炙，二两　干姜一两半　附子半两

上㕮，每服五钱，水煎温服。

三建汤

大川乌　附子　天雄并炮，等分

上㕮，每四钱，水二盏，姜十五片，煎服。

霹雳散

附子一枚，及半两者，炮熟取出，用冷灰焙之，细研，入真腊茶一大钱同和，分二服，每服水一盏，煎六分，临熟入蜜半匙，放温服之。

姜附汤　治中寒身体强直，口噤不语，逆冷。

干姜一两　附子生，去皮脐，一斤

上㕮，每服三钱，水煎服。挟气攻刺，加木香半钱；挟气不仁，加防风一钱；挟湿者，加白术；筋脉牵急，加木瓜；肢节痛，加桂二钱。

消风百解散　治伤风头疼发热，鼻塞声重。

荆芥　白芷　陈皮　麻黄　苍术　甘草等分

上㕮，用姜三片，葱白三根，水煎服。

神术散　治伤风头痛，鼻塞声重。方见痢类。

中　暑　三附暑风　注夏

暑证用黄连香薷饮。挟痰加半夏、南星；虚加人参、黄芪。暑病内伤者，用清暑益气汤。著暑气是痰，用吐。注夏属阴虚，元气不足，夏初春末，头疼脚软，食少体热者是。宜补中益气汤去柴胡、升麻；加炒柏、白芍药。挟痰者，加南星、半夏、陈皮煎服，又或用生脉汤。暑气挟痰、挟火实者，可用吐法。

暑乃夏月炎暑也，盛热之气者，火也。有冒、有伤、有中，三者有轻重之分，虚实之辨。或腹痛水泻者，胃与大肠受之；恶心者，胃口有痰饮也。此二者冒暑也，可用黄连香薷饮、清暑益气汤。盖黄连退暑热，香薷消蓄水，或身热头疼，躁乱不宁者，或身如针刺者，此为热伤在分肉[1]也。当以解毒汤、白虎汤加柴胡，如气虚者加人参。或咳嗽，发寒热，盗汗出不止，脉数者，热在肺经，用清肺汤、柴胡天水散之类，急治则可，迟则不救，成火乘金也，此为中暑。凡治病，须要明白辨别，慎勿混同施治。春秋间亦或有之，切莫执一，随病处方为妙。

戴云：暑风者，夏月卒倒，不省人事者是也。有因火者，有因痰者。火，君相二火也，暑，天地二火也，内外合而炎烁，所以卒倒也。痰者，人身之痰饮也，因暑气入而鼓激痰饮，塞碍心之窍道，则手足不知动躡而卒倒也。此二者皆可吐。《内经》曰：火郁则发之。吐即发散也，量其虚实而吐之，吐醒后可用清剂调治之。

入方

暑汤

生苄　麦门冬　牛膝　炒柏　知母　葛根　甘草

上剉，水煎服。

〔附录〕　中暍是阳证，中暑是阴证。脉沉弱者，切不可用寒凉药。清热宜天水、五苓，又白虎汤皆可。热闷恍惚，辰砂五苓散。脉弦实，黄连香薷汤。热甚自汗而渴，便涩者，五苓分利之，或桂苓甘露饮。吐泻，脉沉微甚者，可用附子大顺散。伏热伤冷，缩脾饮、冷香饮子皆可，浸冷服之。或剥蒜肉入鼻中，或研蒜水解灌之。盖蒜气臭烈，能通诸窍故也。

---

〔1〕肉　原作“内”，据上科本改。

〔附方〕

生脉汤

人参　麦门冬　五味子

上剉，水煎服。

黄龙丸　治一切暑毒。

赤亮雄黄五钱　硫黄　硝石各一两　滑石　明矾各半两　好面四两

上为末，水[1]丸，梧子大，每服五七十丸，白汤下。

却暑散　治冒暑伏热，头目眩晕，呕吐泄痢，烦渴背寒，面垢。

赤茯苓　生甘草各四两　寒食面　生姜各一斤

上为末，每服二钱，白汤调下。

香薷饮　治伤暑，脏腑不调，霍乱吐利，烦渴引饮。

白扁豆炒　厚朴姜制，八两　香薷一斤

上水煎，入酒少许，沉冷服。

黄连香薷饮

香薷一斤　厚朴制，半斤　黄连四两

上㕮咀，每二三钱，水煎服。

大顺散

甘草断寸长，三两　干姜　杏仁　桂四两

上将甘草用白沙炒黄，次入干姜同炒，令姜裂，次入杏仁同炒，不作声为度，筛去沙，入桂为末，每服二三钱，水煎，温服。如烦躁，井花水调服，以沸汤点服亦得。

十味香薷饮

香薷一两　人参　陈皮　白术　茯苓　黄芪　木瓜　厚朴姜炒　扁豆　甘草炙。各半两

上为末，每二钱，热汤或冷水调服。㕮咀，煎亦得。

清暑益气汤　治长夏湿热蒸人，人感之四肢困倦，精神少，懒于动作，胸满气促，支节疼，或气高而喘，身热而烦，心下膨闭，小

〔1〕水　上科本无此字。

便黄而数，大便溏而频，或痢或渴，不思饮食，自汗体虚。

黄芪　苍术剉　升麻各一钱　人参　白术　神曲　陈皮各半钱　甘草炙　酒柏　麦门冬　当归各三分　葛根二分　五味子九个　泽泻五分　青皮二分半

上㕮咀，作一服，水二大盏，煎至一盏，去渣，大温服，食远。

补中益气汤见内伤类。

天水散

滑石六两　甘草炙，一两

上为极细末，水调服。

五苓散

白术　猪苓　茯苓各一两半　桂一两　泽泻二两半

加辰砂，名辰砂五苓散。

人参白虎汤　治暑热发渴，脉虚。

人参一钱半　知母二钱　石膏半两　甘草一钱

上㕮咀，入粳米一合，水煎服。

桂苓甘露饮　《宣明方》。

茯苓　泽泻各一两　石膏　寒水石各二两　滑石四两　白术　桂　猪苓各半两

上为末，每服三钱，白汤调下。

缩脾饮　解伏热，除烦渴，消暑毒，止吐泻霍乱。

砂仁　草果　乌梅肉　甘草炙。各四两　扁豆炒　葛根各一两

上㕮咀，每服四钱，水煎冷服。

冷香饮子　治伤暑渴，霍乱腹痛，烦躁，脉沉微或伏。

草果仁三两　附子　陈皮各一两　甘草半两

上㕮咀，每服一两，入姜煎，水旋冷服。

黄连解毒汤

黄连　黄柏　黄芩　栀子等分

上㕮咀，水煎。

中 湿 四

《本草》云：苍术治湿，上下部皆可用。二陈汤中加酒芩、羌活、苍术，散风行湿。脾胃受湿，沉困无力，怠惰好卧。去痰须用白术。上部湿，苍术功烈；下部湿，宜升麻提之。外湿宜表散，内湿宜淡渗。若燥湿，以羌活胜湿汤、平胃散之类。若风湿相搏，一身尽痛，以黄芪防己汤。若湿胜气实者，以神佑丸、舟车丸服之；气虚者，桑皮、茯苓、人参、葶苈、木香之类。凡肥人沉困怠惰，是湿热，宜苍术、茯苓、滑石。凡肥白之人沉困怠惰，是气虚，宜二术、人参、半夏、草果、厚朴、芍药。凡黑瘦而沉困怠惰者，是热，宜白术、黄芩。凡饮食不节，脾胃受伤，不能递送，宜枳术丸。去上焦湿及热，须用黄芩，泻肺火故也。又如肺有湿，亦宜黄芩，如肺有虚热，宜天门冬、麦门冬、知母，用黄芩多则损脾。去中焦湿与痛，热用黄连，泻心火故也；如中焦有实热，亦宜黄连；若脾胃虚弱不能运转而郁闷，宜黄芩、白术、干葛；若中焦湿热积久而痛，乃热势甚盛，宜黄连，用姜汁炒。去下焦湿肿及痛，并膀胱有火邪者，必须酒洗防己、黄柏、知母、草龙胆。又云：凡下焦有湿，草龙胆、防己为君，甘草、黄柏为佐。如下焦肿及痛者，是湿热，宜酒防己、草龙胆、黄芩、苍术。若肥人、气虚之人肿痛，宜二术、南星、滑石、茯苓。黑瘦之人，下焦肿痛，宜当归、桃仁、红花、牛膝、槟榔、黄柏。

戴云：湿有自外入者，有自内出者，必审其方土之致病源。东南地下，多阴雨地湿，凡受必从外入，多自下起，以重腿脚气者多，治当汗散，久者宜疏通渗泄；西北地高，人多食生冷湿面、湩[1]酪，或饮酒后寒气怫郁，湿不能越，以致腹皮胀痛，甚则水鼓胀满，或通身浮肿，按之如泥不起，此皆自内而出也。辨其元气多少而通利其二便，责其根在内也。此方土内外，亦互相有之，但多少不同，须对证施治，不可执一。

---

〔1〕湩（dòng 冻） 乳汁。

〔附方〕

二陈汤见中风类。

羌活胜湿汤

羌活　独活各一钱　藁本　防风　甘草炙　川芎各五分　蔓荆子三分

上㕮咀，作一服，水二盏，煎至一盏，去渣，大温服，空心。如身重，腰沉沉然，加酒洗防己五分，轻者附子五分，重者川乌五分。

平胃散见厥类。

防己黄芪汤　治风湿脉浮，身重汗出，恶风或痛。

防己一两　甘草炙，半两　白术七钱半　黄芪一两一钱

上㕮咀，每服一两，入姜、枣煎。喘者加麻黄；胃气不利加芍药；气上冲加桂枝；下有寒加细辛。

三花神佑丸　治一切水湿肿病，大腹实胀，喘满。

轻粉一钱　大黄一两，为末　牵牛二两　芫花醋拌炒　甘遂　大戟各半两

上为末，滴水丸，小豆大，初服五丸，每服加五丸，温水下，无时，日三。

舟车丸

大黄二两　甘遂　大戟　芫花　青皮　陈皮各一两　牵牛头末四两　木香半两

上为末，水丸如梧子大，每服六七十丸，白汤下，随证加减。

枳术丸见内伤类。

升阳除湿汤见泄泻类。

瘟　疫　五附大头天行病

瘟疫，众人一般病者是，又谓之天行时疫。治有三法，宜补，宜散，宜降。热甚者，加童便三酒盅。

入方

大黄　黄连　黄芩　人参　桔梗　防风　苍术　滑石　香

附　人中黄

上为末，神曲糊丸，每服六七十丸，分气血与痰作汤使。气虚者四君子汤，血虚者四物汤，痰多者二陈汤送下，热甚者童便下。

又方　温病，亦治食积痰热，降阴火。

人中黄

饭为丸，绿豆大，下十五丸。

又时病。

半夏　川芎　茯苓　陈皮　山楂　白术　苍术君　甘草

如头痛加酒芩，口渴加干葛，身痛加羌活、薄桂、防风、芍药。

大头天行病，此为湿气在高巅之上，切勿用降药，东垣有方。

羌活　酒黄芩　酒蒸大黄

〔附方〕

治大头病兼治喉痹歌：

人间治疫有仙方，一两僵蚕二大黄，姜汁为丸如弹子，井花调蜜便清凉。

冬温为病，非其时而有其气也。冬时严寒当君子闭藏，而反发泄于外，专用补药而带表药，如补中益气之类。作人中黄法：

以竹筒两头留节，中作一窍，内甘草于中，仍以竹木钉闭窍，于大粪缸中浸一月，取出晒干，大治疫毒。

左手脉大于右手，浮缓而盛，按之无力。

大病虚脱，本是阴虚，用艾灸丹田者，所以补阳，阳生阴长故也，不可用附子，止可多服人参。

〔附方〕

漏芦汤　治脏腑积热，发为肿毒，时疫疙瘩，头面洪肿，咽嗌填塞，水药不下，一切危恶疫疠。

漏芦　升麻　大黄　黄芩　蓝叶　玄参等分

上㕮咀，每服二钱，水煎服。肿热甚加芒硝二钱。

消毒丸　治时毒疙瘩恶证。

大黄　牡砺　僵蚕炒，等分

上为末，炼蜜丸，如弹子大，新水化一丸，内加桔梗、大力子汤尤妙。

洁古雄黄丸 辟时疾，可与病人同床，覆着衣服亦不相染。

雄黄一两，研 赤小豆炒 丹参 鬼箭羽各二两

上为细末，蜜丸，每服五丸，空心温下。

火 六

火，阴虚火动难治。火郁当发，看何经。轻者可降，重者则从其性而升之。实火可泻，黄连解毒之类，虚火可补。小便降火极速。凡气有余便是火，不足者是气虚。火急甚重者，必缓之，以生甘草兼泻兼缓，参、术亦可。人壮气实，火盛颠狂者，可用正治，或硝黄冰水之类。人虚火盛狂者，以生姜汤与之，若投冰水正治，立死。有补阴即火自降，炒黄柏、生地黄之类。凡火盛者，不可骤用凉药，必兼温散。可发有二：风寒外来者可发，郁者可发。气从左边起者，乃肝火也；气从脐下起者，乃阴火也；气从脚起，入腹如火者，乃虚之极也。盖火起于九泉之下多死，一法用附子末津调，塞涌泉穴，以四物汤加降火药服之妙。阴虚证本难治，用四物汤加炒黄柏，降火补阴。龟板补阴，乃阴中之至阴也。四物加白马胫骨，降阴中火，可代黄连、黄芩。黄连、黄芩、栀子、大黄、黄柏降火，非阴中之火不可用。生甘草缓火邪，木通下行泻小肠火。人中白泻肝火，须风露中二三年者。人中黄大凉，治疫病须多年者佳。中气不足者，味用甘寒。山栀子仁大能降火，从小便泄去，其性能屈曲下降，人所不知，亦治痞块中火邪。

入方

左金丸 治肝火。一名回令丸。

黄连六两，一本作芩 吴茱萸一两或半两

右为末，水丸或蒸饼丸，白汤下五十丸。

〔附录〕 诸热瞀瘛，暴瘖冒昧，躁扰狂越，骂詈惊骇，胕肿疼酸，气逆冲上，禁栗如丧神守，嚏呕，疮疡，喉痹，耳鸣及聋，呕涌溢食不下，目昧不明，暴注瞤瘛，暴病，暴死，五志七情过极，皆属火也。火

者有二：曰君火、人火也；曰相火、天火也。火内阴而外阳，主乎动者也，故凡动皆属火。以名而言，形质相生，配于五行，故谓之君；以位而言，生于虚无，守位禀命，因动而见，故谓之相。肾肝之阴，悉其相火，东垣曰：相火，元气之贼，火与元气不相两立，一胜则一负，然则如之何，则可使之无胜负乎？周子曰：神发知矣，五性感动而万事出，有知之后，五者之性为物所感，不能不动，谓之动者，即《内经》五火也。相火易起，五性厥阳之火相扇，则妄动矣。火起于妄，变化莫测，无时不有，煎熬真阴，阴虚则病，阴绝则死。君火之气，经以暑与热言之；相火之气，经以火言之。盖表其暴悍酷烈，有甚于君火者也，故曰相火元气之贼。周子又曰：圣人定之以中正仁义而主静。朱子亦曰：必使道心常为一身之主，而人心每听命焉。此善处乎火者，人心听命于道心，而又能主之以静，彼五火将寂然不作，而相火者惟有裨补造化，而为生生不息之运用尔，何贼之有？

〔附方〕

东垣泻阴火升阳汤 治肌热烦热，面赤食少，喘咳痰盛。

羌活 甘草炙 黄芪 苍术各一两 升麻八钱 柴胡两半 人参 黄芩各七钱 黄连酒炒，半两 石膏半两，秋深不用

上㕮咀，每服一两或半两，水煎。此药发脾胃火邪。又心、胆、肝、肺、膀胱药也。泻阴火，升发阳气，荣养气血者也。

升阳散火汤 治男子妇人，四肢发热，肌热，筋痹热，骨髓中热，发困，热如燎，扪之烙手，此病多因血虚而得之，或胃虚过食冷物，抑遏阳气于脾土，火郁则发之。

升麻 葛根 独活 羌活各半两 防风二钱半 柴胡八钱 甘草炙，三钱 人参 白芍各半两 甘草生，二钱

上㕮咀，每服半两或一两，水煎，稍热服。

地骨皮散 治浑身壮热，脉长而滑，阳毒火炽，发渴。

地骨皮 茯苓各半两 柴胡 黄芩 生苄 知母各一两 石膏二两 羌活 麻黄各七钱半，有汗并去之

上㕮咀，每服一两，入姜煎。

黄连解毒汤见暑类。

斑 疹 七

斑属风热挟痰而作，自里而发于外，通圣散中消息，当以微汗散之，切不可下。内伤斑者，胃气极虚，一身火游行于外所致，宜补以降，于《阴证略例》中求之。发斑似伤寒者，痰热之病发于外，微汗以散之，若下之非理。疹属热与痰在肺，清肺火降痰，或解散出汗，亦有可下者。疹即疮疹，汗之即愈，通圣散中消息之。瘾疹多属脾，隐隐然在皮肤之间，故言瘾疹也。发则多痒或不仁者，是兼风兼温之殊，色红者兼火化也。黄瓜水调伏龙肝，去红点斑。

戴云：斑，有色点而无头粒者是也。疹，浮小有头粒者，随出即收，收则又出是也，非若斑之无头粒者，当明辨之。

〔附录〕 斑疹之病，其为证各异，疮发焮肿于外者，属少阳三焦相火也，谓之斑；小红靥行皮肤之中不出者，属少阴君火也，谓之疹。又伤寒阳证发斑有四，惟温毒发斑至重，红赤者为胃热也，紫黑者为胃烂也，一则下早，一则下之晚，乃外感热病发斑也，以玄参、升麻、白虎等药服之。阴证发斑，亦出背胸，又出手足，亦稀少而微红，若作热证，投之凉药，大误矣。此无根失守之火，聚于胸中，上独熏肺，传于皮肤，而为斑点，但如蚊蚋虱蚤咬形状，而非锦纹也。只宜调中温胃，加以茴香、芍药，或以大建中之类，其火自下，斑自消退，可谓治本而不治标也。

入方

调中汤 治内伤、外感而发阴斑。

苍术一钱半 陈皮一钱 砂仁 藿香 芍药炒 甘草炙 桔梗 半夏 白芷 羌活 枳壳各一钱 川芎半钱 麻黄 桂枝各半钱

上㕮咀，姜三片，水煎服。

消毒犀角饮子 治斑及瘾疹。

牛蒡子六钱 荆芥 防风各三钱 甘草一钱

上㕮咀，水煎。

通圣散出丹溪经验方。

川芎 当归 麻黄 薄荷 连翘 白芍 黄芩 石膏 桔梗一两 滑石三两 荆芥 栀子 白术二钱半 甘草

上剉，水煎服。如身疼，加苍术、羌活；痰嗽，加半夏，每服细末三钱，生姜三片，擂细，荡起，煎沸服之。

玄参升麻汤 斑在身，治汗下吐后，毒不散，表虚里实发于外，甚则烦躁谵妄。

玄参 升麻 甘草等分

上㕮咀，水煎。

化斑汤 治伤寒汗吐下后，斑发脉虚。

白虎汤加人参，守真再加白术

上㕮咀，时时煎服。

大建中汤

黄芪 当归 桂心 芍药各二钱 人参 甘草各一钱 半夏 黑附炮，去皮。各二钱半

上㕮咀，每服五钱，水二盏，姜三片，枣二枚，煎，食前服。

疟八

疟疾有风、暑、食、痰、老疟、疟母。大法：风暑当发汗。夏月多在风凉处歇，遂闭其汗而不泄故也。恶饮食者，必自饮食上得之。无汗者要有汗，散邪为主，带补。有汗者要无汗，正气为主，

带散。一日一发者，受病一月。间日一发者，受病半年。三日一发者，受病一年。二日连发住一日者，气血俱病。疟病感虚者，须以人参、白术一二贴，托住其气，不使下陷，后使他药。内伤挟外邪同发，内必主痰。外以汗解散，二陈汤加柴胡、黄芩、常山、草果煎服。久疟不得汗者，二陈汤加槟榔，倍苍术、白术。一方加柴胡、葛根、川芎，一补一发，不可直截。老疟病，此系风暑于阴分，用血药引出阳分则散。

入方[1]

川芎　抚芎　红花　当归　炒柏　白术　苍术　甘草　白芷

上剉，水煎，露一宿，次早服。

治疟一日间一日发者，补药带表药，后以截疟丹截之，若在阴分者，用药掣起阳分，方可截，即前药之属。

充案：疟在阴分，须彻起阳分者，即《格致论》中云：脏传出至腑，乱而失期也。又当因其汗之多寡，而为补养升发之术，下陷，谓阳气下陷入阴血中。无汗要有汗，多用川芎、苍术、干葛、升麻、柴胡之属，此丹溪治疟之微旨，学者所当知也。

截疟常山饮

穿山甲炮　草果　知母　槟榔　乌梅　甘草炙　常山

上㕮咀，水酒一大碗，煎半碗，露一宿，临发日早服，得吐为顺。一云：加半夏、柴胡，去穿山甲；如吐，加厚朴，又或加青皮、陈皮。

又方

柴胡　草果　常山　知母　贝母　槟榔

上用酒水同煎，露一宿，临发前二时服。

又治疟母，此药消导。

青皮　桃仁　红花　神曲　麦芽　鳖甲醋煮为君　三棱　莪术　海粉　香附并用醋煮

上为末，丸如梧子大，每服五七十丸，白汤下。

〔1〕方　此下原有“宜”字，据上科本删。

又治疟，寒热，头痛如破，渴饮冰水，外多汗出。

人参　白术　黄芪　黄芩　黄连　山栀　川芎　苍术　半夏　天花粉

上㕮咀，水二钟，姜三片，煎服。

又治疟病发渴。

生苄　麦门冬　天花粉　牛膝　知母　葛根　炒柏　生甘草

上㕮咀，水煎。

截疟青蒿丸

青蒿半斤　冬瓜叶　官桂　马鞭草

上焙干为末，水丸胡椒大，每一两分四服，于当发之前一时服尽。又云：青蒿一两，冬青叶二两，马鞭草二两，桂二两。未知孰是，姑两存之，以俟知者。

截疟：

槟榔　陈皮　白术　常山三钱　茯苓　乌梅　厚朴各一钱半

上㕮咀，作二服，水酒各一钟，煎至一钟，当发前一日一服，临发日早一服，服后少睡片时。

又疟疾后：

白术　半夏各[1]一两　黄连半两　白芍三钱　陈皮半两

上为末，粥丸梧子大，每服六十丸，姜汤下。

〔附录〕　世用砒霜等毒，不可轻用，俗谓脾寒，此因名而迷其实也。苟因饮食所伤而得，亦未必全是寒，况其他乎？在其阳分者易治，阴分者难治。疟母必用毒药消之，行气消坚为主。东垣谓：寒疟属太阳，热疟属阳明，风疟属少阳，在三阴经则不分，总曰温疟，此言是，但三阴经说不明，作于子午卯酉日者，少阴疟也；寅申巳亥日者，厥阴疟也；辰戌丑未日者，太阴疟也。疟脉多弦，但热则弦而带数，寒则弦而带迟，亦有病久而脉极虚微而无力，似乎不弦，然而必于虚微之中见弦，但不搏手耳，细察可见也。

疟，又名痁疾者，其证不一。《素问》又有五脏疟、六腑疟，详

---

〔1〕各　原无，据上科本补。

矣。初得病势正炽，一二发间，未宜遽截，不问寒热多少，且用清脾饮，或草果饮，或二陈汤加草果半钱，或平胃加草果半钱、柴胡半钱，又或养胃汤加川芎、草果各半钱。热少者，进取微汗；寒多者，宜快脾汤。服后寒仍多者，养胃汤加附子、桂枝各半钱，独寒尤宜，不效，则七枣汤；热多者，宜驱疟饮，或参苏饮，每服加草果半钱；大热不除，宜小柴胡汤；渴甚者，则以五苓散入辰砂少许；独热无寒，亦与小柴胡汤；热虽剧，不甚渴者，本方加桂四分，或以柴胡桂姜汤，候可截则截之。久疟、疟[1]母不愈者，宜四兽饮，间服山甲汤。

〔附方〕

清脾汤

青皮　厚朴　白术　草果　柴胡　茯苓　黄芩　半夏　甘草炙，等分

上剉，水二盏，生姜三片，枣一枚，煎，忌生冷油腻。

七枣汤

附子一个，炮，又以盐水浸，再炮，如此七次，去皮脐。又方：川乌代附子，以水调陈壁土为糊，浸七次

上剉，分作二服，水二钟，姜七片，枣七枚，煎七分，当发日早温服。

驱疟饮

前胡　柴胡各四两　桂心　桔梗　厚朴　半夏各二两　黄芪　干姜炮　甘草炙。各二两

上剉，水二盏，生姜三片，枣四个，煎。

山甲汤

川山甲　木鳖子等分

上为末，每服二钱，空心，温酒调下。

人参　白术　茯苓　甘草减半　陈皮　草果　半夏　枣子　乌梅　生姜等分

上剉，同姜、枣，以盐少许淹食顷，厚皮纸裹，以水润湿，慢火

〔1〕疟　原无，据上科本补。

煨令香熟，焙干，每服半两，水煎，未发前并进数服。

有汗要无汗，正气为主，小柴胡加桂，或白虎加桂。无汗要有汗，散邪为主，带补，桂枝加黄芪知母石膏汤，或人参柴胡饮子。热多寒少，目痛，多汗，脉大，以大柴胡汤微利为度，余邪未尽，以白芷石膏三物汤，以尽其邪。

六和汤

人参　知母　草果　贝母　乌梅　白芷　槟榔　柴胡各一钱，用酒拌　常山二钱

上剉，水煎，姜三片，枣一个。

秘方清脾丸　治疟三日一发，或十日一发。

姜黄三钱　白术二[1]两半　人参　槟榔　草果　莪术醋炒　厚朴各半两　黄芩　半夏　青皮各一两　甘草三钱

上为末，饭丸如梧子大，每六十丸，食远，白汤下，日二服。

红丸子　消食疟。

胡椒一两　阿魏一钱，醋化　莪术　三棱醋煮一伏时。各二两　青皮炒，三两

上为末，另用陈仓米末，同阿魏醋煮，糊丸梧子大，炒土朱为衣，每服七十丸，姜汤下。

二陈汤见中风类。

草果饮子

草果　川芎　紫苏叶　白芷　良姜　炙甘草　青皮去白，炒　陈皮去白

上等分，为粗末，每服三钱，水一盏，煎至七分，去渣，温服，留渣两服并一服，当日进三服，不以时。

人参养胃汤

平胃散加人参、茯苓、半夏、草果、藿香、生姜、乌梅。

参苏饮

陈皮去白　枳壳麸炒　桔梗　甘草炙　木香各半两　半夏　干

〔1〕二　上科本作“一”。

葛 苏叶 前胡 人参 茯苓各七钱半。一方不用木香

上剉，每服五钱，水盏半，生姜七分，枣一个，煎微热服。

五苓散见中暑类。

柴胡桂姜汤

柴胡八两 桂枝 黄芩各三两 栝蒌根四两 牡蛎二两 甘草炙，二两 干姜二两

上剉，水煎，日三服，烦汗出愈。

小柴胡汤

柴胡八两 黄芩 人参 甘草炙。各三两 半夏三两

上剉，每五钱，水盏半，生姜五片，枣一枚，煎服，不拘时。

白虎加桂枝汤 治温疟。

知母六两 甘草炙，二两 石膏四两，碎 桂枝一两 粳米六合

上剉，水煎，日三，汗出愈。

小柴胡加桂汤

本方去人参加桂一两。

桂枝加黄芪知母石膏汤

本方加黄芪、知母、石膏各四钱半。

大柴胡汤

柴胡八两 黄芩 赤芍各三两 大黄二两 半夏一[1]两半 枳实半两，麸炒

上剉，每五钱，水盏半，生姜五片，枣一枚，煎服，无时。

白芷石膏三物汤

白芷一两 知母一两七钱 石膏四两

上为粗末，每半两，水一盏半，煎一盏，温服。

痢 九

痢，赤属血，白属气，有身热，后重，腹痛，下血。身热挟外

〔1〕一 上科本作“二”。

感，小柴胡汤去人参。后重，积与气坠下之故，兼升兼消，宜木香槟榔丸之类。不愈者，用秦艽、皂角子、煨大黄、当归、桃仁、黄连、枳壳。若大肠风盛，可作丸服。保和丸亦治因积作后重者。五日后不可下，盖脾胃虚故也。后重窘迫者，当和气，木香、槟榔。腹痛者，肺金之气郁在大肠之间，如实者，以刘氏之法下之，虚则以苦梗开之，然后用治痢药，气用气药，血用血药，有热用黄芩、芍药之类，无热腹痛，或用温药，姜、桂之属。下血，四物为主。下血，多主食积与热，或用朴硝者。青六丸治血痢，效。痢疾初得一二日间，以利为法，切不可便用止泻之剂。若实者，调胃承气、大小承气、三乙承气下之；有热先退热，然后看其气病血疾[1]，加减用药，不可便用参、术，然气虚者可用，胃虚者亦用之。血痢久不愈者，属阴虚，四物汤为主；凉血和血，当归、桃仁之属。下痢久不止，发热者，属阴虚，用寒凉药，必兼升散药并热药。下痢大孔痛者，因热流于下也，以木香、槟榔、黄连、黄芩、炒干姜。噤口痢者，胃口热甚故也。大虚大热，用香连丸、莲肉各一半，共为末，米汤调下。又方，人参二分、姜炒黄连一分，为末，浓煎，终日细细呷之。如吐则再服，但一呷下咽便开。人不知此，多用温热药甘味，此以火济火，以滞益滞。封脐引热下行，用田螺肉捣碎，入麝香少许，盦脐内。下痢不治之证，下如鱼脑者半死半生，下如尘腐色者死，下纯血者死，下如屋漏水者死，下如竹筒注者不治。赤痢乃自小肠来，白痢乃自大肠来，皆湿热为本，赤白带浊同法。下痢有风邪下陷，宜升提之，盖风伤肝，肝主木故也。有湿伤血宜行湿清热。《内经》所谓身热则死，寒则生，此是大概言，必兼证详之方可，今岂无身热而生，寒而死者？脉沉小留连或微者易治，洪大数者难治也。脉宜滑大，不宜弦急。仲景治痢，可温者五法，可下者十法，或解表，或利小便，或待其自已，还分易治、难治、不治之证，至为详密，但与泻同，立论不分，学者当辨之。大孔[2]痛，一

〔1〕疾　上科本作“病”。
〔2〕孔　上科本作“抵”。

曰温之，一曰清之，按久病身冷，脉沉小者，宜温；暴病身热，脉浮洪者，宜清宜补。有可吐者，亦有可汗可下者。初得之时，元气未虚，必推荡之，此通因通用之法，稍久气虚则不可下。壮实初病宜下，虚弱衰老久病宜升之。先水泻后脓血。此脾传肾，贼邪难愈；先脓血后水泻，此肾传脾，微邪易愈。下痢如豆汁者，湿也。盖脾肾为水谷之海，无物不受，常兼四脏，故五色之相杂，当先通利，此迎而夺[1]之之义。如虚者，亦宜审之。因热而作，不可用巴豆。如伤冷物者，或可用，宜谨。又有时疫作痢，一方一家之内，上下传染相似，却宜明逆气之胜复以治之。

戴云：痢虽有赤白二色，终无寒热之分，通作湿热治，但分新旧，更量元气，用药与赤白带同。

入方

黄连　滑石　生苄　白芍　苍术　白术　当归　青皮　条芩

上㕮，水煎。里急后重，炒连、滑石，加桃仁、槟榔，甚者大黄。呕者，用姜汁、半夏。

又方

干姜一钱　当归二钱半　乌梅三个　黄柏一钱半　黄连一钱

上㕮，作一服，水煎，食前。若水泻，可等分用，或加枳壳。

又方　治热与血。

大黄　黄连　黄芩　黄柏　枳壳　当归　芍药　滑石　桃仁　甘草　白术等分

上为末，或汤调，或作丸，用面糊，或神曲糊丸服。一本云：误服热药、涩药，毒犯胃者，当明审，以祛其毒。

治白痢。

苍术　白术　神曲　茯苓　地榆　甘草

上㕮，水煎。

治赤痢。

地黄　芍药　黄柏　地榆　白术

〔1〕夺　原作“专”，据上科本改。

上剉，水煎。腹痛，加枳壳、厚朴；后重，加滑石、木香、槟榔；有热，加黄芩、山栀。

又**治痢方**

滑石一两　苍术半两　川芎三钱　桃仁活法用　芍药半两，炒　甘草一钱

上为末，姜一片，擂细，煎滚服。

又方　孙郎中因饮水过多，腹胀，泻痢带白。

苍术　白术　厚朴　茯苓　滑石

上㕮咀，水煎，下保和丸。又云：加炒曲、甘草。

又方　痢后脚弱渐细者。

苍术　酒芩　白芍各二两半　酒柏炒，半两

上为末，粥丸，以四物汤加陈皮、甘草，水煎送下。

又方　痢后腰痛，两脚无力。

陈皮　半夏　白芍各一钱　茯苓　苍术　当归　酒芩各半钱　白术　甘草各二钱

上㕮咀，作一服，姜煎，食前。

又方　治小儿八岁下痢纯血，作食积治。

苍术　白术　黄芩　滑石　白芍　茯苓　甘草　陈皮　神曲炒

上㕮咀，水煎，下保和丸。

治痢十法

其或恶寒发热，身首俱痛，此为表证，宜微汗和解，用苍术、川芎、陈皮、芍药、甘草、生姜三片煎。其或腹痛后重，小水短，下积，此为里证，宜和中疏气，用炒枳壳、制厚朴、芍药、陈皮、滑石、甘草，煎。其或下坠异常，积中有紫黑血，而又痛甚，此为死血证，法当用擂细桃仁、滑石行之。或口渴，及大便口燥辣，是名夹热，即加黄芩；或口不渴，身不热，喜热手熨荡，是名挟寒，即加干姜。其或下坠在血活之后，此气滞证，宜于前药加槟榔一枚。其或在下则缠住，在上则呕食，此为毒积未化，胃气未平证，当认其寒则温之，热则清之，虚则用参、术补，毒解积下食自进。其或力倦，自觉气少，恶食，此为夹虚证，宜加白术、当归身，虚甚者加人

参，又十分重者，止用此一条加陈皮补之，虚回而利自止。其或气行血和积少，但虚坐努责，此为无血证，倍用当归身，尾却，以生芍药、生苄、生桃仁佐之，复以陈皮和之，血生自安。其或缠坠退减十之七八，秽积已尽，糟粕未实，当炒芍药、炒白术、炙甘草、陈皮、茯苓煎汤，下固肠丸三十粒。然固肠丸性燥，恐尚有滞气未尽行者，但当单饮此汤，固肠丸未宜进[1]用，盖固肠丸有去湿实肠之功。其或利后，糟粕未实，或食粥稍多，或饥甚方食，腹中作痛，切不可惊恐，当以白术、陈皮各半煎汤，和之自安。其或久痢后，体虚气弱，滑下不止，又当以药涩之，可用诃子、肉豆蔻、白矾、半夏，甚者添牡蛎，可择用之。然须用陈皮为佐，恐大涩亦能作痛。又甚者，灸天枢、气海。上前方用厚朴，专泻滞凝之气，然厚朴性大温而散气，久服大能虚人，滞气稍行即去之。余滞未尽，则用炒枳壳、陈皮，然枳壳亦能耗气，比之朴稍缓，比陈皮稍重，滞气稍退当去之，只用陈皮以和众药。然陈皮去白，有补泻之功，若为参、术之佐，亦纯作补药用。凡痢疾腹痛，必以白芍药、甘草为君，当归、白术为佐，恶寒痛者加桂，恶热痛者加黄柏。达者更能参以岁气时令用药，则万举万全，岂在乎执方而已哉！

〔附录〕 痢有气虚兼寒热，有食积，有风邪，有热，有湿，有阳气下陷，而感不一，当分治。泻轻痢重，诸有积，以肚热缠痛推之；诸有气，以肚如蟹渤验之。究其受病之源，决之对病之剂，大要以散风邪、行滞气、开胃脘为先，不可遽用肉豆蔻、诃子、白术辈，以补住寒邪，不可投米壳、龙骨辈，以闭涩肠胃，邪得补而愈盛，故证变作，所以日夕淹延而未已也。若升散者，以胃风汤、防风芍药汤、神术散、苍术防风汤、败毒散，皆可汗之。攻里，若有湿者，用道水丸；兼郁，承气汤、和中丸；若积滞，用圣饼子、脾积丸；冷积，用局方苏感丸；若湿热甚者，宜宣明玄青膏；若后重窘迫，用木香槟榔丸。色白者属气，赤白者属气血受病，赤黑相兼属湿热，青绿杂色是风与火湿。下血者，当凉血，当归、生苄。赤者属血，保命

---

〔1〕进 原作“退”，据上科本改。

集四物汤加槐花、黄连、米壳醋炒。下利，脉沉弱而腹痛，用姜附汤加对五苓、理中，又机要浆水散。若青色者，寒兼风。若阳气下陷者，以升阳益胃汤加桔梗、醋沃南星。用梅叶外贴眉攒极效，起泡便止。下痢，若湿盛胜湿者，以平胃散对五苓散最可，或曲芎丸。老人奉养大过，饮食伤脾，为脾泄，机要白术芍药汤，湿胜，仙术炒用。若阴阳不分，当渗泄，以五苓之类，或单用苿苡实炒为末，米饮调二钱。若气血俱虚，神弱者，以人参、白术、当归、芍药炒、茯苓，少加黄连服之，或钱氏白术散，又或十补汤佳。若暑痢而脉虚者，香薷饮，或清暑益气，又或六和汤、藿香正气各加木香半钱，名木香交加散。若白痢下如冻胶，或鼻涕，此属冷痢，宜除湿汤加木香一钱，虚弱者亦与十补汤。赤痢发热者，以败毒散加陈苍术一撮煎。下痢，小便不通者，黄连阿胶丸为最。

〔附方〕

胃风汤 治风冷入于肠胃，泄下鲜血，或肠胃湿毒，下如豆汁，或瘀血。

人参 茯苓 川芎 当归 桂 白术 白芍等分

上㕮，水煎，入粟米百余粒，同煎。腹痛加木香。

噤口痢。

石莲肉日干

上为末，服二钱，陈仓米汤调下，便觉思食，仍以日照东方壁土炒真橘皮为末，姜、枣略煎佐之。

戴人木香槟榔丸

木香 槟榔 青皮 陈皮 广术 枳壳 黄连 黄柏 大黄各半两 丑末 香附各二两

上为末，水丸梧子大，每五六十丸，煎水下，量虚实与之。《绀珠》多三棱、黄芩、当归，分两不同。

调胃承气汤〔1〕

芒硝半斤 甘草炙，二两 大黄四两，去皮，酒洗

〔1〕汤 原作“阳”，据上科本改。

上剉，每服临期斟酌多少，先煮二味熟，去渣，下硝，上火煮二三沸，顿服之。

大承气汤

大黄四两，如棋子大，酒洗　厚朴八两，姜制　枳实大者五枚，炒　芒硝二合

每服看证斟酌多少，先煮二物至七分，去渣，内大黄煮八分，去渣，内芒硝煎一二沸，温服。

小承气汤

大黄四两　厚朴二两，姜炒　枳实大者三枚，炒

上剉，看证斟酌多少用之。

防风芍药汤

防风　芍药　黄芩各一[1]两

上㕮咀，每服半两，水煎[2]服。

神术散

苍术一斤　藁本　川芎各六两　羌活四两　粉草　细辛一两六钱

上为粗末，每服三钱，姜三片煎。要出汗加葱白。

苍术防风汤

苍术二两　防风一两

姜七片煎。

败毒散

羌活　独活　人参　甘草炙　柴胡　前胡　茯苓　枳壳麸炒　川芎　桔梗等分

上剉，每服四钱，水一盏，姜三片，薄荷五叶煎，热服。寒多则热服，热多则温服。伤湿加白术，脚痛加天麻。

神芎导水丸

大黄　黄芩二两　丑末　滑石四两

---

〔1〕一　正脉本作"二"。

〔2〕煎　上科本此下有"温"字。

上为末，滴水丸，每四五十丸，温水下。

和中丸

白术二两四钱　厚朴二两　陈皮一两六钱　半夏泡，一两　槟榔五钱　枳实五钱　甘草四钱　木香二钱

上用生姜自然汁浸，蒸饼为丸，每三十丸，温水下，食远。

圣饼子

黄丹二钱　定粉三钱　密陀僧二钱　舶上硫黄三钱　轻粉少许

上为细末，入白面四钱，滴水和为指尖大，捻作饼子，阴干，食前，浆水磨化服之，大便黑色为妙。

苏感丸

以苏合香丸与感应丸，二药和匀，如粟米大，每五丸，淡姜汤空心下。

宣明玄青膏

黄连　黄柏　大黄　甘遂　芫花醋拌炒　大戟各半两　丑头末二两　轻粉二钱　青黛一两

上为末，水丸小豆大，初服十丸，每服加十丸，日三，以快利为度。

保命集四物汤

本方内加槐花、黄连、御米壳等分。

姜附汤　**理中汤**并见中寒类。

五苓散见中暑类。

浆水散

半夏一两，汤洗　附子半两，炮　干姜一作干生姜　桂　甘草炙。各五钱　良姜二钱半

上为细末，每服三五钱，浆水二盏，煎至半盏，和滓热服。

升阳益胃汤

羌活　独活　防风各半两　柴胡　白术　茯苓渴勿用　泽泻各三钱　黄芪二两　人参　半夏　甘草炙。各一两　黄连一钱　陈皮四钱　白芍五钱

上㕮咀，每服三钱，水煎，入姜、枣，温服。

曲䓖丸

川芎 神曲 白术 附子炮。等分

上为细末，面糊丸梧子大，每服三五十丸，温米饮下。此药亦治飧泄。

机要白术芍药汤

白术 芍药各一两 甘草五钱

上剉，每服一两，水煎。

钱氏白术散

人参 白茯苓 白术 木香 甘草 藿香各一两 干姜[1]

上为粗末，水煎。

香薷饮 清暑益气汤并见中暑类。

六和汤见霍乱类。或加香薷、厚朴[2]。

藿香正气散见中风类。

黄连阿胶丸

阿胶炒，二两 黄连三两 茯苓二两

上水熬阿胶膏，搜和二末为丸，米饮下。

固肠丸见妇人类。

除湿汤见泄泻类。

十全大补汤见诸虚类。

泄 泻 十

泄泻，有湿，火，气虚，痰积[3]。

湿用四苓散加苍术，甚者苍白二术同加，炒用，燥湿兼渗泄。火用四苓散加木通、黄芩，伐火利小水。痰积宜豁之，用海粉、青黛、黄芩，神曲糊丸服之。在上者用吐提。在下陷者宜升提之，用

---

〔1〕干姜 上科本作“干葛二两”，义胜。

〔2〕或加香薷、厚朴 上科本无此句。

〔3〕积 上科本此下有“食积”二字。

升麻、防风。气虚用人参、白术、炒芍药、升麻。食积二陈汤和[1]泽泻、苍术、白术、山楂、神曲、川芎，或吞保和丸。泻水多者，仍用五苓散。久病大肠气泄，用熟地黄半两，炒白芍、知母各三钱，升麻、干姜各二钱，炙甘草一钱，为末，粥丸服之。仍用艾炷如麦粒，于百会穴灸三壮。脾泻当补脾气，健运复常，用炒白术四两，炒神曲三两，炒芍药三两半，冬月及春初用肉蔻代之，或散或汤，作饼子尤佳。食积作泻，宜再下之，神曲、大黄作丸子服。脾泄已久，大肠不禁，此脾已脱，宜急涩之，以赤石脂、肉豆蔻、干姜之类。

戴云：凡泻水腹不痛者是湿，饮食入胃不住，或完谷不化者是气虚，腹痛泻水肠鸣，痛一阵泻一阵是火，或泻时或不泻，或多或少是痰，腹痛甚而泻，泻后痛减者是食积。

入方

一老人奉养太过，饮食伤脾，常常水泻，亦是脾泄。

黄芩炒，半两　白术炒，二两　白芍酒拌炒　半夏各一两，炮　神曲炒　山楂炒。各一两半

上为末，青荷叶包饭烧熟，研，丸如梧子大，食前，白汤下。

一老人年七十，面白，脉弦数，独胃脉沉滑，因饮白酒作痢，下血淡脓水，腹痛，小便不利，里急后重，参、术为君，甘草、滑石、槟榔、木香、苍术为佐，下保和丸二十五丸。第二日前证俱减，独小便不利，以益元散与之安。

治痛泄。

炒白术三两　炒芍药二两　炒陈皮两半　防风一两

久泻加升麻六钱。

上剉，分八贴，水煎，或丸服。

止泻方**姜曲丸**

隔年陈麦面作曲二两，炒，又一两　茴香五钱　生姜二两，又一两

上为末，或丸，每服五七钱，白汤下。

---

〔1〕和　上科本作“加”。

又方

肉豆蔻五两　滑石夏二两半，秋二两[1]，春冬一两二钱半

上为末，饭丸，或水调服。

青六丸　去三焦湿热，治泄泻多与清化丸同用，并不单用，兼治产后腹痛或自利者，能补脾补血，亦治血痢。

六一散一料　红曲炒，半两，活血。又云：二两半

上为末，饼丸梧子大，每五七十丸，白汤下。

又方　治泄泻或呕吐。

上以六一散，生姜汁入汤调服。

〔附录〕　寒泄，寒气入腹，攻刺作痛，洞下清水，腹内雷鸣，米饮不化者，理中汤，或吞大已寒丸，宜附子桂香丸，畏食者八味汤。热泻，粪色赤黄，肛门焦痛，粪出谷道，犹如汤浇，烦渴，小便不利，宜五苓散吞香连丸。湿泻，由坐卧湿处，以致湿气伤脾，土不克水，梅雨久阴，多有此病，宜除湿汤吞戊己丸，佐以胃苓汤，重者术附汤。伤食泻，因饮食过多，有伤脾气，遂成泄泻，其人必噫气，如败卵臭，宜治中汤加砂仁半钱，或吞感应丸尤当。有脾气久虚，不受饮食者，食毕即肠鸣腹急，尽下所食物，才方宽快，不食则无事，俗名禄食泻，经年不愈，宜快脾丸三五粒。因伤于酒，每晨起必泻者，宜理中汤加干葛，或吞酒煮黄连丸。因伤面而泻者，养胃汤加萝卜子炒研破一钱，痛者更加木香半钱，泻甚者去藿香，加炮姜半钱。有每日五更初洞泻，服止泻药并无效，米饮下五味丸，或专以五味子煎饮，亦治脾肾泻。虽省节饮食忌口，但得日间，上半夜无事，近五更其泻复作，此病在肾，俗乎为脾肾泻，分水饮下二神丸及椒朴丸，或平胃散下小茴香丸。病久而重，其人虚甚，宜椒附汤。暑泻，因中暑热者、宜胃苓汤或五苓散加车前子末少许，甚效。世俗类用涩药治痢与泻，若积久而虚者，或可行之，初得之者，必变他疾，为祸不小，殊不知多因于湿，惟分利小水最为上策。

---

〔1〕秋二两　原无，据正脉本补。

〔附方〕

四苓散即五苓散内去桂。五苓散　益元散并见中暑类。

理中汤见中寒类。

大已寒丸

荜拨　肉桂各四两　干姜炮　高良姜各六两

上为末，水煮面糊丸，梧子大，每三十丸，空心，米饮吞下。

八味汤

吴茱萸汤洗七次　干姜炮。各二两　陈皮　木香　肉桂　丁香　人参　当归洗，焙。各一两

上㕮，每四钱，水一盏，煎七分，温服。

香连丸

黄连去须，十两，用吴茱萸五两，同炒赤色，去茱萸不用　木香二两四钱，不见火

上为末，醋糊丸梧子大，每二十丸，空心，米饮下。

升阳除湿汤

升麻　柴胡　防风　神曲　泽泻　猪苓各半两　苍术一两　陈皮　甘草炙　大麦蘖面各三钱

上作一服，水煎，饭后热服。胃寒肠鸣，加益智仁、半夏各半钱，姜、枣煎，非肠鸣不用。

戊己丸　治胃经受热，泄痢不止。

黄连　吴茱萸去梗，炒　白芍各五两

上为末，面糊丸梧子大，每三十丸，米饮下。

胃苓汤　夏秋之间，脾胃伤冷，水谷不分，泄泻不止。

五苓散　平胃散

上合和，姜、枣煎，空心服。

术附汤《和剂》。

甘草二两，炙　白术四两　附子炮，一两半

上㕮，每服三钱，姜五片，枣一枚，煎，空心服。

治中汤见脾胃类。

感应丸出《宝鉴》。

木香　肉豆蔻　丁香各一两半　干姜炮，一两　巴豆七十个，去皮、心、膜，研出油　杏仁百四个，汤浸，去皮尖，研

上前四味为末，外入百草霜二两研，与巴豆、杏仁七味同和匀，用好蜡六两，溶化成汁，以重绢滤去柤，更以好酒一升，于银石器内，煮蜡数沸倾出，待酒冷，其蜡自浮于上，取蜡秤用。春夏修合，用清油一两，铫内熬令末散香熟，次下酒，煮蜡四两，同化成汁，就铫内乘热拌和前项药末。秋冬修合，用清油一两半，同煎煮熟成汁，和匀药末成剂，分作小铤子，油纸裹，旋丸服之，每三十丸，空心，姜汤下。

保和丸见积聚类。

酒蒸黄连丸

黄连半斤，净酒二升浸，以瓦器置甑上蒸至烂，取出晒干

上为末，滴水丸，每五十丸，食前，温水下。

养胃汤见疟类。

五味子散　治肾泄。

五味子二两　吴茱萸半两，细粒绿色者

上二味，炒香熟为度，细末，每服二钱，陈米饮下。有一亲识，每五更初晓时，必溏泄一次，此名肾泻，服此愈。

椒附丸《微义》

椒红炒　桑螵蛸炙　龙骨　山茱萸取肉　附子炮　鹿茸酒蒸，焙

上为末，酒糊丸，每六十，空心。

二神丸

破故纸炒，四两　肉豆蔻二两，生

上为末，以大肥枣四十九个，生姜四两，切，同煮枣烂，去姜，取枣肉研膏，入药和丸，每五十丸，盐汤下。

燥结十一

燥结血少，不能润泽，理宜养阴。

入方

治大肠虚秘而热。

白芍一两半　陈皮　生苄　归身一两　条芩　甘草二钱

上为末，粥丸，白汤下七八十丸。

〔附录〕　凡人五味之秀者养脏腑，诸阳之浊者归大肠，大肠所以司出而不纳也。今停蓄蕴结，独不得疏导，何哉？抑有由矣。邪入里则胃有燥粪，三焦伏热，则津液中干，此大肠挟热然也。虚人脏冷而血脉枯，老人脏寒而气道涩，此大肠之挟冷然也。亦有肠胃受风，涸燥秘涩，此证以风气蓄而得之。若夫气不下降，而谷道难，噫逆泛满，必有其证矣。

东垣诸论，原附于此，今节不录，观者宜于东垣书中求之。

〔附方〕　理宜节去，姑存以便阅者。

导滞通幽汤　治大便难，幽门不通，上冲，吸门不开，噎塞不便，燥秘气不得下，治在幽门，以辛润之。

归身　升麻　桃仁泥各一钱　生苄　熟苄各半钱　甘草炙　红花各三分

上作一服，水煎，食前，调槟榔末半钱，或加麻仁泥一钱。加大黄，名当归润燥汤。

润燥汤

升麻　生苄各二钱　归梢　生甘草　大黄煨　熟苄　桃仁泥　麻仁各一钱　红花半钱

上除桃仁、麻仁另研，作一服，水煎，次下桃仁、麻仁煎，空心热服。

活血润燥丸　治大便风秘、血秘，常常燥结。

归梢一钱　防风三钱　大黄纸裹煨　羌活各一两　桃仁二两，研如泥　麻仁二两五钱，研　皂角仁烧存性，一两五钱，其性得温则滑，温滑则燥结自通

上除二仁另研外，余为末后和匀，蜜丸梧子大，空心服五十丸，白汤送下。三两服后，以苏子麻子粥，每日早晚食之，大便不致结燥。以磁器盛之，纸封，无令见风。

半硫丸 治冷秘、风秘结、老人秘。

透明硫黄研 半夏洗七次。等分

上为末，生姜糊丸梧子大，服二十丸，姜汤下。或用[1]葱白一条，姜三片，煎入阿胶二片，溶开，食前空心送下。

麻仁丸 治大便秘、风秘、脾约。

郁李仁 麻子仁各六两，另研 大黄二两半，以一半炒 山药 防风 枳壳炒，七钱半 槟榔五钱 羌活 木香各五钱半

上为末，蜜丸梧子大，服七十丸，白汤下。

脾约丸

麻仁一两一钱半，研 枳实 厚朴 芍药各二两 大黄四两，蒸 杏仁去皮，麸炒，一两二钱，研

上为末，炼蜜丸梧子大，服三五十丸，温水下。

凡诸秘服药不通，或兼他证，又或老弱虚极，不可用药者，用蜜熬，入皂角末少许，作锭[2]以导之，冷秘，生姜汁[3]亦佳。

霍乱十二

内有所积，外有所感，致成吐泻，仍用二陈汤加减，作吐以提其气。此非鬼神，皆属饮食，前人确论，乃阳不升，阴不降，乖隔而成。切莫与谷食，虽米饮一呷，入口即死。必待吐泻过二三时，直至饥甚，方可与稀粥食之。脉多伏欲绝。见成吐泻不彻，还用吐提其气起。或用樟木煎汤吐之亦可。大法生姜理中汤最好，不渴者可用。如渴者用五花散，有吐者以二陈汤探吐，亦有可下者。转筋不住，男子以手挽其阴，女子以手牵乳近两边，此《千金》妙法也。转筋皆属乎血热，四物汤加酒芩、红花、苍术、南星煎服。干霍乱者，最难治，死在须臾，升降不通，当以吐提其气，极是良法，世多用盐汤。此系内有物所伤，外有邪气所遏，有用吐者，则兼发

〔1〕用 此下原有“一”字，据上科本删。
〔2〕锭 原脱，据上科本补。
〔3〕汁 原脱，据上科本补。

散之义，有用温药解散者，不可用凉药，宜二陈汤加解散药。

二陈汤

加川芎　苍术　防风　白芷又云白术

上剉，姜五片，煎服。

治霍乱方

苍术　厚朴　陈皮　葛根各一钱半　滑石三钱　白术二钱　木通一钱　甘草炙

上剉，入姜煎汤，下保和丸四五十丸。

戴云：霍乱者吐也，有声有物。凡有声无物而躁乱者，谓之干霍乱也。

〔附录〕 霍乱之候，挥霍变乱起于仓卒，多因夹食伤寒，阴阳乖隔，上吐下利，而燥扰痛闷，是其候也。偏阳则多热，偏阴则寒，卒然而来，危甚风烛，其湿霍乱死者少，干霍乱死者多，盖以所伤之物，或因吐利而尽泄出则止，故死者少也。夫上不得吐，下不得利，所伤之物，拥闭正气，关格阴阳，其死者多。霍乱，热多而渴者，五苓散；寒多而不饮水者，理中汤。或有寒，腹满而痛，四肢拘急，转筋下利者，以理中汤加生附子、官桂。中暑霍乱，烦躁大渴，心腹撮痛，四肢冷，冷汗出，脚转筋，用霍香散。《千金方》云：转筋者，用理中汤加火煅石膏。若霍乱吐泻，心腹疠痛，先以盐汤探吐，后服藿香正气加木香半钱。若频欲登圊不通者，更加枳壳一钱。人于夏月，多食瓜果，多饮冷乘风，以致食留不化，因食成痞，隔绝上下，遂成霍乱，以六和汤倍加藿香煎服，皆要药也。

〔附方〕

六和汤

砂仁　半夏　杏仁　人参　甘草炙。各一两　赤茯苓　藿香　扁豆炒　木瓜各二两

上剉，每服五钱，水二钟，生姜三片，枣一个煎，温服。一本有香薷、厚朴各四两。

二陈汤见中风。

五苓散见中暑。

理中汤见中寒。

藿香正气散见中风。

通脉四逆汤 治霍乱多寒，身冷脉绝。

吴茱萸二两，炒 附子炮，一两 桂心 通草 细辛 白芍 甘草炙。各半两 当归二钱

上咀，每四钱，水酒各半，加生姜煎。

木瓜汤 治霍乱吐下，举体转筋，入腹则闷绝。

干木瓜一两 吴茱萸半两 茴香 炙甘草各一[(1)]钱

上咀，每服四大[(2)]钱，姜三片[(3)]，苏十叶煎。

痰 十 三

脉浮当吐。久得脉涩，卒难开也，必费调理。大凡治痰，用利药过多，致脾气虚，则痰易生而多。湿痰，用苍术、白术；热痰，用青黛、黄连、芩；食积痰，用神曲、麦芽、山楂；风痰，用南星；老痰，用海石、半夏、瓜蒌、香附、五倍子，作丸服。痰在膈上，必用吐法，泻亦不能去。风痰多见奇证，湿痰多见倦怠软弱。气实痰热结在上者，吐难得出。痰清者属寒，二陈汤之类。胶固稠浊者，必用吐。热痰挟风，外证为多。热者清之，食积者必用攻之，兼气虚者，用补气药送。痰因火盛逆上者，以治[(4)]火为先，白术、黄芩、软石膏之类。内伤夹痰，必用参、芪、白术之属，多用姜汁传送，或加半夏，虚甚加竹沥。中气不足，加参、术。痰之为物，随气升降，无处不到。脾虚者，宜清中气，以运痰降下，二陈汤加白术之类，兼用升麻提起。中焦有痰则食积，胃气亦赖所养，卒不便虚，若攻之尽则虚矣。痰成块，或吐咯不出，兼气郁者，难治。气湿痰热者难治。痰在肠胃间者，可下而愈。在经络中，非吐不可，吐法

---

〔1〕一 上科本作“二”。

〔2〕大 上科本无此字。

〔3〕片 上科本此下有“紫”字。

〔4〕治 原作“致”，据上科本改。

中就有发散之义焉。假如痫病因惊而得，惊则神出舍，舍空则痰生也。血气入在舍，而拒其神不能归焉。血伤必用姜汁传送。黄芩治热痰，假其下火也。竹沥滑痰，非姜汁不能行经络。五倍子能治老痰，佐他药大治顽痰。二陈汤一身之痰都治管，如要下行，加引下药，在上加引上药。凡用吐药，宜升提其气便吐也，如防风、山栀、川芎、桔梗、芽茶、生姜、齑汁之类，或用瓜蒂散。凡风痰病，必用风痰药，如白附子、天麻、雄黄、牛黄、片芩、僵蚕、猪牙皂角之类。诸吐法另具于后。

凡人身上中下有块者，多是痰，问其平日好食何物，吐下后方用药。许学士用苍术治痰成窠囊一边行，极妙。痰夹瘀血，遂成窠囊。眩运嘈杂，乃火动其痰，用二陈汤加山栀子、黄连、黄芩之类。噫气吞酸，此食郁有热，火气上动，以黄芩为君，南星、半夏为臣，橘红为使，热多加青黛。痰在胁下，非白芥子不能达。痰在皮里膜外，非姜汁、竹沥不可导达。痰在四肢，非竹沥不开。痰结核在咽喉中，燥不能出入，用化痰药和咸药软坚之味，瓜蒌仁、杏仁、海石、桔梗、连翘，少佐朴硝，以姜汁蜜和丸，噙服之。海粉即海石，热痰能降，湿痰能燥，结痰能软，顽痰能消，可入丸子、末子，不可入煎药。枳实泻痰，能冲墙壁。小胃丹治膈上痰热，风痰湿痰，肩膊诸痛，能损胃气，食积痰实者用之，不宜多。

喉中有物，咯不出，咽不下，此是老痰，重者吐之，轻者用瓜蒌辈，气实必用荆沥。天花粉大能降膈上热痰。痰在膈间，使人颠狂，或健忘，或风痰，皆用竹沥，亦能养血，与荆沥同功。治稍重能食者，用此二味，效速稳当。二沥治痰结在皮里膜外，及经络中痰，必佐以姜汁。韭汁治血滞不行，中焦有饮，自然汁冷吃二三银盏，必胸中烦躁不宁，后愈。参萸丸能消痰。

入方

青礞石丸　解食积，去湿痰，重在风化硝。

南星二两，切作片，用白矾末五钱，水浸一二日，晒干。又云一两　半夏一两，汤泡，切作片，以皂角水浸一日，晒干　黄芩姜汁炒　茯苓　枳实炒。各一两　法制硝同莱菔水煮化去卜，绵滤令结，入腊月牛胆内，风化，秤五钱，或只风化硝亦可。又云一两　礞石二两，捶碎，焰硝二两，同入小砂罐内，瓦片盖之，铁线缚定，盐泥固济，晒干，火煅红，候冷取出

上为末，神曲糊丸梧子大，每服三五十丸，白汤下。一方加苍术半两，滑石一两，看病冷热虚实，作汤使。

一本礞石、南星各一两，无枳实。

又方

半夏二两　白术一两　茯苓七钱半　黄芩　礞石各[1]一两　风化硝二钱

上为末，同前。

润下丸　降痰甚妙。

南星一两　半夏二两，各依橘红制　黄芩　黄连各一两　橘红半斤，以水化盐五钱，拌令得所，煮干焙燥　甘草炙，一两

上为末，蒸饼丸如绿豆大，每服五七十丸，白汤下。一方单用陈皮半斤，盐半两，水拌，煮陈皮候干，焙燥为末，入甘草末一两，炊饼同上丸，亦好去胸膈有痰兼嗽。上热加青黛，有湿加苍术，或加参、萸，看虚实作汤使。

又方　治湿痰喘急，止心痛。

半夏一味。不拘多少，香油炒

上为末，粥丸梧子大，每服三五十丸，姜汤下。

又方

黄芩　香附　半夏姜制　贝母

已上治湿痰，加瓜蒌仁、青黛作丸子，治热痰。

又方　燥湿痰，亦治白浊因痰者。

南星　半夏各一两　蛤粉二两

上为末，神曲糊丸如梧子大，青黛为衣，每服五十丸，姜汤下。湿痰加苍术，食积痰加神曲、麦芽、山楂，热加青黛。

中和丸　治湿痰气热。

苍术　黄芩　半夏　香附等分

---

〔1〕各　原无，据上科本补。

上为末，粥丸梧子大，每服五七十丸，姜汤下。

又方　治痰嗽。

黄芩酒洗，一两半　贝母　南星各一两　滑石　白芥子去壳。各半两　风化硝二钱半，取其轻浮速降

上为末，汤泡，蒸饼丸服。

导痰汤

南星炮，一两　橘红去白，一两　赤茯苓去皮，一两　枳壳去穰，麸炒，一两　甘草炙，半两。又云一两　半夏四两。又云四钱

上水煎，生姜五片，食前服。

千缗汤　治喘。

半夏七个，泡制，每个作四片　皂角去皮，炙，一寸　甘草炙，一寸

上咀，作一服，生姜如指大，煎。

小胃丹

芫花好醋拌匀，过一宿，瓦器不住手搅，炒令黑，不要焦　甘遂湿面裹，长流水浸半日，再用水洗，晒干，又水浸，冬七春秋五日，或水煮亦可　大戟长流水煮一时，再水洗，晒干。各半两　大黄湿纸裹煨勿焦，切，焙干，再酒润炒熟，焙干，一两半　黄柏三两，焙炒

上为末，粥丸麻子大，每服二三十丸，临卧，津液吞下，或白汤一口送下，取其膈上之湿痰热积，以意消息之，欲利则空心服。又方：甘遂、大戟减三分之一，朱砂为衣，名辰砂化痰丸。一方加木香、槟榔各半两，蒸饼丸，每服七八丸，至十丸止。

治酒痰。

青黛　瓜蒌

上为末，姜蜜丸，噙化，救肺。

治郁痰。

白僵蚕　杏仁　瓜蒌仁　诃子　贝母　五倍子

上为末，糊丸梧子大，每服五十丸，白汤下。

导痰丸

吴茱萸三钱，制　茯苓一两　黄连半两　滑石七钱半　苍术泔浸，一两

上为末，糊丸梧子大，每服八九十丸，姜汤下。

茯苓丸出《千金方》，《百一选方》同

半夏四两　茯苓二两　枳壳一两　风化硝半两

上为末，蒸饼或神曲、姜汁糊丸，梆[1]子大，每服三十丸，姜汤下。

又方　治食积痰火，并泻胃火。

软石膏，不拘多少，研细。

上用醋糊丸，如绿豆大，每服二十丸，白汤下。

又方　治阴虚内多食积痰。

川芎七钱　黄连　瓜蒌仁　白术　神曲　麦芽各一两　青黛半两　人中白三钱

上为末，姜汁蒸饼丸服。

久吐痰喘。

杏仁去皮尖，生用　来复丹炒

上等分为末，粥丸麻子大，每服十五丸，白汤下。

黄连化痰丸

半夏一两半　黄连一两　吴茱萸汤洗，一钱半　桃仁二十四个，研　陈皮半两

上为末，面糊丸绿豆大，每服一百丸，姜汤送下。

白玉丸

巴豆三十个，去油　南星　半夏　滑石　轻粉各三钱

上为末，皂角仁浸浓汁，丸梧子大，每服五七丸，姜汤下。

黄瓜蒌丸　治食积痰壅滞喘急。

瓜蒌仁　半夏　山楂　神曲炒。各等分

上为末，瓜蒌水丸，姜汤、竹沥送下二三十丸。

又方

瓜蒌仁　半夏一两　苍术二两　香附二两半　黄芩　黄连半两

又方

瓜蒌仁　黄连半两　半夏一两

---

〔1〕梆　上科本作“梧”。

上为末，糊丸梧子大，服五十丸。

抑痰丸

瓜蒌仁一两　半夏二钱　贝母二钱

上为末，蒸饼丸如麻子大，服一百丸，姜汤下。

清膈化痰丸

黄连　黄芩各[1]一两　黄柏　山栀各[2]半两　香附一两半　苍术二两

上为末，蒸饼丸，白汤下。

搜风化痰丸

人参　槐角子　僵蚕　白矾　陈皮去白　天麻　荆芥各一两　半夏四两，姜汁炒　辰砂半两。另研

上为末，姜汁浸，蒸饼为丸，辰砂为衣，服四十丸，姜汤下。

坠痰丸　治痰饮。

黑丑头末，二两　枳实炒，一两半　白矾三钱，枯一半　朴硝二钱，风化　枳壳一两半，炒　猪牙皂角二钱，酒炒

上为末，用萝卜汁丸，每服五十丸，鸡鸣时服，初则有粪，次则有痰。

治湿痰。

苍术三钱　白术六钱　香附一钱半　白芍酒浸，炒，二钱半

上为末，蒸饼丸服。

治肥人湿痰。

苦参　半夏各钱半　白术二钱半　陈皮一钱

上咀，作一服，姜三片，竹沥半盏，水煎，食远，吞三补丸十五丸。

祛风痰，行浊气。

明矾一两　防风二两　川芎　猪牙皂角　郁金各一两　蜈蚣二条，用赤脚、黄脚各一条

---

〔1〕各　原无，据上科本补。

〔2〕各　原无，据上科本补。

上为末，蒸饼丸梧子大，每服三十丸，食前，茶汤下。春以芭蕉汤探吐痰。

上焦风痰。

瓜蒌　黄连　半夏　牙皂

姜汁浸，炊饼丸。

痰气方

片芩炒　半夏各[1]半两　白术　白芍各[2]一两　茯苓　陈皮各[3]三钱

上为末，蒸饼泡姜汁丸服。

利膈化痰丸

南星　蛤粉研细，一两　半夏　瓜蒌仁　贝母去心，治胸膈痰气最妙　香附半两，童便浸

上为末，用猪牙皂角十四挺，敲碎，水一碗半煮，杏仁去皮尖，一两煮，水将干去皂角，擂杏仁如泥，入前药搜和，再入姜汁泡，蒸饼丸，如绿豆大，青黛为衣，每服五十丸，姜汤下。

清痰丸　专清中管[4]热痰积。

乌梅　枯矾　黄芩　苍术　陈皮　滑石炒　青皮　枳实各半两　南星　半夏　神曲炒　山楂　干生姜　香附各一两

上为末，汤浸，蒸饼丸服。

〔附录〕　凡痰之为患，为喘为咳，为呕为利，为眩为晕，心嘈杂，怔忡惊悸，为寒热痛肿，为痞隔，为壅塞，或胸胁间漉漉有声，或背心一片常为冰冷，或四肢麻痹不仁，皆痰饮所致。善治痰者，不治痰而治气，气顺则一身之津液亦随气而顺矣。又严氏云：人之气道贵乎顺，顺则津液流通，决无痰饮之患。古方治痰饮，用汗吐下温之法，愚见不若以顺气为先，分导次之。又王隐君论云：痰清白者为寒，黄而浊者为热。殊不知始则清白，久则黄浊，清白稀

〔1〕各　原无，据上科本补。

〔2〕各　原无，据上科本补。

〔3〕各　原无，据上科本补。

〔4〕管　上科本作“焦”。

滑渍于上，黄浊稠粘凝于下。嗽而易出者，清而白也；咳而不能出，则黄浊结滞也。若咯唾日久，湿热所郁，上下凝结也，皆无清白者也。甚至带血，血败则黑，痰为关格异病人所不识。又清白者气味淡，日久者，渐成恶味，酸、辣、腥、臊、焦苦[1]不一。百病中多有兼痰者，世所不知也。凡人身中有结核，不痛不红，不作脓者，皆痰注也。治痰法：实脾土、燥脾湿，是治其本也。

〔附方〕

二陈汤见中风。

瓜蒂散见疸。

二补丸见虚损。

参萸丸见秘方。

青金丸　苍莎丸并见欬嗽。

充按：丹溪治病，以痰为重，诸病多因痰而生，故前诸方间有别出者，亦其平日常用，故不另开于附录，观者详焉。

哮喘十四

哮喘必用薄滋味，专主于痰，宜大吐药中多用酣[2]，不用凉药，须常带表散，此寒包热也，亦有虚而不可吐者。一法用二陈汤加苍术、黄芩作汤，下小胃丹，看虚实用。

入方　治寒包热而喘。

半夏　枳壳炒　桔梗　片芩炒　紫苏　麻黄　杏仁　甘草

上水煎服。天寒加桂枝。

治哮治[3]积方。

用鸡子一个，略敲壳损，膜不损，浸尿缸内三四日夜，取出，煮熟吃之，效。盖鸡子能去风痰。

紫金丹　治哮，须三年后可用。

---

〔1〕苦　原作“若”，据上科本改。

〔2〕酣　上科本作“醋”。

〔3〕治　上科本作“喘”。

用精猪肉二十两，一作三十两。切作骰子块，用信一两明者，研极细末，拌在肉上令匀，分作六分，用纸筋黄泥包之，用火烘令泥干，却用白炭火于无人处煅，青烟出尽为度，取于地上一宿，出火毒，研细，以汤浸蒸饼丸，如绿豆大，食前，茶汤下，大人二十丸，小人七八丸，量大小虚实[1]与之。

喘十五

喘病，气虚，阴虚，有痰。凡久喘之证未发，宜扶正气为主，已发用攻邪为主。气虚短气而喘，甚不可用苦寒之药，火气盛故也，宜导痰汤加千缗汤。有痰亦短气而喘。阴虚，自小腹下火起，冲于上喘者，宜降心火补阴。有火炎者，宜降心火，清肺金。有痰者，用降痰下气为主。上气喘而躁者，为肺胀，欲作风水证，宜发汗则愈。有喘急风痰上逆者，大全方千缗汤佳，或导痰汤加千缗汤。有阴虚挟痰喘者，四物汤加枳壳、半夏，补阴降火。诸喘不止者，用劫药一二服则止。劫之后，因痰治痰，因火治火。劫药以椒目研极细末一二钱，生姜汤调下止之，气虚不用。又法：萝卜子蒸熟为君，皂角烧灰，等分为[2]末，生姜汁炼蜜丸，如小豆子大，服五七十丸，噙化止之。气虚者，用人参蜜炙、黄柏、麦门冬、地骨之类。气实人，因服黄芪过多而喘者，用三拗汤以泻气。若喘者须用阿胶，若久病气虚而发喘，宜阿胶、人参、五味子补之。若新病气实而发喘者，宜桑白皮、苦葶苈泻之。

戴云：有痰喘，有气急喘，有胃虚喘，有火炎上喘。痰喘者，凡喘便有痰声；气急喘者，呼吸急促而无痰声；有胃气虚喘者，抬肩撷项，喘而不休；火炎上喘者，乍进乍退，得食则减，食已则喘，大概胃中有实火，膈上有稠痰，得食入咽，坠下稠痰，喘即止，稍

〔1〕实　原作“食”，据上科本改。
〔2〕等分为　上科本作“为臣研”。

久食已入胃，反助其火，痰再升上，喘反大作，俗不知此，作胃虚治，以燥热之药者，以火济火也。叶都督患此，诸医作胃虚治之不愈，后以导水丸利五六次而安。

入方

痰喘方

南星　半夏　杏仁　瓜蒌子　香附　陈皮去白　皂角炭　萝卜子

上为末，神曲糊丸，每服六七十丸，姜汤下。

又方

萝卜子蒸，半两　皂角半两　海粉一两　南星一两　白矾一钱半，姜汁浸，晒干

上用瓜蒌仁，姜蜜丸，噙化。

劫喘药

好铜青研细　虢丹少许，炒转色

上为末，每服半钱，醋调，空心服。

〔附录〕 肺以清阳上升之气，居五脏之上，通荣卫合阴阳，升降往来，无过不及，六淫七情之所感伤，禽[1]食动作，脏气不和，呼吸之息不得宣畅，而为喘急。亦有脾肾俱虚，体弱之人，皆能发喘。又或调摄失宜，为风寒暑热[2]邪气相干，则肺气胀满，发而为喘；又因痰气，皆能令人发喘。治疗之法，当究其源，如感邪气则驱散之，气郁即调顺之，脾肾虚者温理之，又当于各类而求。凡此证，脉滑而手足温者生，脉涩而四肢寒者死。风伤寒者，必上气急不得卧，喉中有声，或声不出，以三拗汤、华盖散、九宝汤、神秘汤，皆可选用。若痰喘，以四磨汤或苏子降气汤。若虚喘，脉微，色青黑，四肢厥，小便多，以活人书五味汤，或四磨汤。治嗽与喘，用五味子为多，但五味子有南北。若生津止渴，润肺益肾，治劳嗽，宜用北五味；若风邪在肺，宜用南五味。

---

〔1〕禽　上科本作“饱”。
〔2〕热　上科本作“湿”。

〔附方〕

分气紫苏饮 治脾胃不和，气逆喘促。

五味 桑白皮 茯苓 甘草炙 草果 腹皮 陈皮 桔梗各等分 紫苏减半

上每服五钱，水二钟，姜三片，入盐少许煎，空心服。

神秘汤 治上气喘急不得卧。

陈皮 桔梗 紫苏 五味 人参等分

每服四钱，用水煎，食后服。

四磨汤 治七情郁结，上气喘急。

人参 槟榔 沉香 台乌

上四味，各浓磨水取七分盏，煎三五沸，温服。

三拗汤 治感冒风邪，鼻塞声重，语音不出，咳嗽喘急。

生甘草 麻黄不去节 杏仁不去皮尖。等分

上服五钱，水一钟半，姜五片，煎服。

小青龙汤 治水气发喘尤捷。

麻黄 芍药 甘草炙 肉桂 细辛 干姜炮。各三两 半夏炮七次，二两半 五味二两

上咀，每三钱，煎七分，食后服。

导痰汤 **千缗汤**并见痰类。

华盖散 治感寒而嗽，胸满声重。

苏子 陈皮 赤茯苓 桑白皮 麻黄各一两 甘草五钱 或加[1]杏仁

上为末，每服二钱，水煎，食后服。

九宝汤 治咳而身热，发喘恶寒。

麻黄 薄荷 陈皮 肉桂 紫苏 杏仁 甘草 桑白皮 腹皮各等分

上咀，姜、葱煎服。

苏子降气汤见气类。

---

〔1〕加 原作“那”，据上科本改。

活人书五味子汤

五味半两　人参　麦门冬　杏仁　陈皮　生姜各二钱半　枣三个

上咀，水煎。

导水丸见痢类。

咳嗽十六附肺痿　肺痈

咳嗽，有风寒、痰饮、火郁[1]、劳嗽、肺胀。春作是春升之气，用清凉药，二陈加薄、荆之类。夏是火气炎上，最重，用芩、连。秋是湿热伤肺。冬是风寒外来，以药发散之后，用半夏逐痰，必不再来。风寒，行痰开腠理，用二陈汤加麻黄、桔梗、杏仁。逐风饮降痰，随证加药。火，主清金化痰降火。劳嗽，宜四物汤加竹沥、姜汁，补阴为主。干咳嗽难治。此系火郁之证，乃痰郁其火邪，在中用苦梗开之，下用补阴降火之剂，四物加炒柏、竹沥之类，不已则成劳。此不得志者有之。倒仓法好。肺虚嗽甚，此好色肾虚者有之，用参膏，以陈皮、生姜佐之，大概有痰加痰药。上半日多嗽者，此属胃中有火，用贝母、石膏降胃火。午后嗽多者，属阴虚，必用四物汤加炒柏、知母降火。黄昏嗽者，是火气浮于肺，不宜用凉药，宜五味子、五倍子敛而降之。五更嗽多者，此胃中有食积，至此时火气流入肺，以知母、地骨皮降肺火。肺胀而嗽，或左或右，不得眠，此痰挟瘀血，碍气而病，宜养血以流动乎气，降火疏肝以清痰，四物汤加桃仁、诃子、青皮、竹沥、姜汁之类。嗽而胁下痛，宜疏肝气，以青皮夹痰药，实者白芥子之类，在后以二陈汤加南星、香附、青黛、青皮、姜汁。血碍气作嗽者，桃仁去皮尖，大黄酒炒，姜汁丸服。治嗽多用生姜，以其辛散故也。痰因火动，逆上作嗽者，先治火，次治痰，以知母止嗽清肺，滋阴降火。夜嗽，用降阴分嗽。治嗽多用粟壳，不必疑，但要先去病根，此乃收后药也，治痢亦同。劳嗽，即火郁嗽，用诃子能治肺气，因火伤极，遂

---

〔1〕郁　原无，据上科本补。

成郁遏胀满，不得眠，一边取其味酸苦，有收敛降火之功，佐以海石、童便浸香附、瓜蒌、青黛、杏仁、半夏曲之类，姜蜜调，噙化，必以补阴为主。治嗽，灸天突穴、肺腧穴，大泻肺气。肺腧穴在三椎骨下两傍[1]各一寸五分。

师云：阴分嗽者，多属阴虚治之。有嗽而肺胀，壅遏不得眠者，难治。肺痿，专主养肺气，养血清金。嗽而肺气有余者，宜泻之，桑白皮为主，半夏、茯苓佐之，泻其有余，补其不足。肺燥者当润之，属热者，桔梗、大力、知母、鸡清。声哑者属寒，宜细辛、半夏、生姜，辛以散之。肺虚者，人参膏、阿胶为主，阴不足者，六味地黄丸为要药，或知母茯苓汤为妙。阴虚气喘，四物汤加陈皮、甘草些小[2]，以降其气，补其阴。白芍药须用酒浸晒干。湿痰带风喘嗽者，不可一味苦寒折之，如千缗汤、坠痰丸，更以皂角、萝卜子、杏仁、百药煎，姜汁丸噙化。湿痰带风，以千缗汤、坠痰丸固捷。痰积嗽，非青黛、瓜蒌不除。有食积之人，面青白黄色不常，面上有如蟹爪路，一黄一白者是。咳逆嗽，非蛤粉、青黛、瓜蒌、贝母不除。口燥咽干有痰者，不用半夏、南星，用瓜蒌、贝母。饮水者，不用瓜蒌，恐泥膈不松快。

知母止嗽清肺，滋阴降火。杏仁泻肺气，气虚久嗽者，一二服劫[3]止。治酒嗽，青黛、瓜蒌、姜蜜丸，噙，救肺。食积痰作嗽，发热者，半夏、南星为君，瓜蒌、萝卜子为臣，青黛、石碱为使。

戴云：风寒者，鼻塞声重，恶寒者是也。火者，有声痰少，面赤者是也。劳者，盗汗出，兼痰者，多作寒热。肺胀者，动则喘满气急，息重。痰者，嗽动便有痰声，痰出嗽止。五者大[4]概耳，亦当明其是否也。

入方　治痰嗽。

杏仁去皮尖　萝卜子各半两

---

〔1〕傍　原作“伤”，据上科本改。

〔2〕小　上科本作“少”。

〔3〕劫　上科本作“即”。

〔4〕大　原作“火”，据上科本改。

上为末，粥丸服。

清化丸 治肺郁痰喘嗽，睡不安宁。

贝母 杏仁 青黛

上为末，沙糖入姜汁泡，蒸饼丸如弹大，噙化。

治久嗽风入肺。

鹅管石 雄黄 郁金 款花

上为末，和艾中，以生姜一片，安舌上灸之，以烟入喉中为度。

饮酒伤肺痰嗽，以竹沥煎紫苏，入韭汁，就吞瓜蒌杏连丸。

治咳嗽劫药。

五味子五钱 甘草二钱半 五倍子 风化硝各四钱

上为末，蜜丸，噙化。又云干噙。

治咳嗽声嘶，此血虚火多。

青黛 蛤粉

上为末，蜜调噙化。

治嗽喘，去湿痰。

白术 半夏 苍术 贝母 香附各一两 杏仁去皮尖，炒 黄芩各半两

上为末，姜汁打糊丸。

治妇人形瘦，有时夜热痰嗽，月经不调。

青黛 瓜蒌仁 香附童便浸，晒干

上为末，姜蜜调，噙化。

治一人风热痰嗽。

南星 海粉各二两 半夏一两 青黛 黄连 瓜蒌子 石碱 萝卜子各半两 皂角炭 防风各三钱

上为末，神曲糊丸服。

治劳嗽吐红。

人参 白术 茯苓 百合 红花 细辛 五味 官桂 阿胶 黄芪 半夏 杏仁 甘草 白芍 天门冬

上剉，水煎。若热，去桂、芪，用桑白皮、麻黄不去节、杏仁不去皮同煎。

又方　治嗽血。

红花　杏仁去皮尖　枇杷叶去毛　紫花茸　鹿茸炙　木通　桑白皮又云：加大黄

上为末，炼蜜丸，噙化。

嗽烟筒　治痰嗽久远者。

佛耳草　款花二钱　鹅管石　雄黄半钱

上为末，铺艾上卷起，烧烟，吸入口内，细茶汤送下。

定嗽劫药。

诃子　百药煎　荆芥穗

上为末，姜蜜丸，噙化。

又方　治心烦咳嗽等证。

六一散加辰砂服。

清金丸　治食积火郁嗽劫药。

贝母　知母各半两，为末　巴豆去油膜，半钱

上为末，姜泥丸，辰砂为衣，食后服，每五丸，白汤下。一云：青黛为衣。

清金丸　一名与点丸。与清化丸同用，泻肺火，降膈上热痰。

片子黄芩炒

上为末，糊丸，或蒸饼丸梧子大，服五十丸。

清化丸　与清金丸同用，专治热嗽及咽痛，故苦能燥湿热，轻能治上。

灯龙草炒

上为末，蒸饼丸。又细末，醋调敷咽喉间痛。

又方　治痰嗽。

礞石半两，煅　风化硝二钱半　半夏二两　白术一两　茯苓　陈皮各七钱半　黄芩半两

上为末，粥丸。

又方　治咳嗽气实，无虚热者可服，汗多者亦用之。

粟壳四两，蜜炒，去蒂膜　乌梅一两　人参半两　款花半两　桔

梗半两　兜铃一两　南星姜制，一[1]两

上为末，蜜丸弹子大，含化。

苍沙丸　调中散郁。

苍术　香附各四两　黄芩二两

上为末，蒸饼丸梧子大，每服五十丸，食后，姜汤下。

人参清肺散　治痰嗽咽干，声不出。

人参一钱半　陈皮一钱半　半夏一钱　桔梗一钱　麦门冬半钱　五味十个　茯苓一钱　甘草半钱　桑白皮一钱　知母一钱　地骨皮一钱　枳壳一钱　贝母一钱半　杏仁一钱　款花七分　黄连一钱

上水煎，生姜三片。

六味地黄丸见诸虚。

千缗汤　**坠痰丸**见痰类。

肺痿治法，在乎养血养肺，养气清金。曾治一妇人，二十余岁，胸膺间一窍，口中所咳脓血，与窍相应而出，以人参、黄芪、当归补气血之剂，加退热排脓等药而愈。

〔附录〕《金匮方论》曰：热在上焦者，因咳而[2]肺痿，得之或从汗出，或从呕吐，或消渴，小便利数，或从便难，又被快药下利，重亡津液，故寸口脉数。其人欬，口中有浊唾涎沫者，为肺痿之病。其人脉数虚者是。

〔附方〕

海藏紫菀散　治数中有血，虚劳肺痿。

人参一钱　紫菀半钱　知母一钱半　贝母钱半　桔梗一钱　甘草半钱　五味十五个　茯苓一钱　阿胶炒，半钱

上㕮咀，水煎。

知母茯苓汤　治咳嗽不已，往来寒热，自汗肺痿。

甘草　茯苓各一两　知母　五味　人参　薄荷　半夏　柴胡　白术　款花　桔梗　麦门冬　黄芩各半两　川芎二钱　阿胶三钱

---

〔1〕一　原脱，据上科本补。

〔2〕而　上科本作“为”。

上水煎，生姜三片。

肺痈已破入风者，不治。用医垒元戎搜风汤吐之，或用太乙膏成丸，食后服。收敛疮口，止有合欢树皮、白敛煎饮之。合欢，即槿树皮也，又名夜合。

〔附录〕 肺痈为何？口中辟辟燥，咳即胸中隐隐痛，脉反滑数，或数实者，此为肺痈也。

〔附方〕

桔梗汤 治肺痈，咳嗽脓血，咽干多渴，大小便赤涩。

桔梗 贝母 当归酒洗 瓜蒌仁 枳壳炒 桑白蜜炙 薏苡仁炒 防己一两 甘草节生 杏仁炒 百合炙。各半两 黄芪两半

上㕮咀，每服五钱，生姜五片，水煎。大便秘加大黄，小便秘加木通。

团参饮子 治七情及饥饱失宜，致伤脾肺，欬嗽脓血，渐成劳瘵。

人参 紫菀 阿胶蛤粉炒 百合 细辛 款花 经霜桑叶 杏仁炒 天门冬去心 半夏 五味各一两 甘草半两

上每服四钱，水煎，生姜五片。气嗽加木香，唾血而热加生地黄，唾血而寒加钟乳粉，疲极咳嗽加黄芪，损肺咳血加没药、藕节，呕逆，腹满不食加白术，咳而小便多者加益智，咳而面浮气逆加沉香、橘皮。

劳 瘵 十 七

劳瘵主乎阴虚，痰与血病。虚劳渐瘦属火，阴火销烁，即是积热做成，始健可用子和法，后若羸瘦，四物汤加减送消积丸，不做阳虚[1]。蒸[2]蒸发热，积病最多。劳病四物汤加炒柏、竹沥、人尿、姜汁，大补为上。肉脱热甚者难治。

---

〔1〕不做阳虚　上科本作“使热不作”。

〔2〕蒸　上科本作“骨”。

入方

青蒿一斗五升，童便三斗，文武火熬，约童便减至二斗，去蒿，再熬至一斗，入猪胆汁七枚，再熬数沸，甘草末收之，每用一匙，白汤调服。

〔附录〕 劳瘵之证，非止一端，其始也，未有不因气体虚弱，劳伤心肾而得之，以心主血，肾主精，精竭血燥，则劳生焉。故传变不同，骨蒸殗殜，复连尸疰。夫疰者，注也。自上至下，相传骨肉，乃至灭门者有之。其证脏中有虫，啮心肺间，名曰瘵疾，难以医治。传尸劳瘵，寒热交攻，久嗽咯血，日见羸瘦，先以三拗汤与莲心散煎，万不一[1]失。

〔附方〕

莲心散 治虚劳或大病后，心虚脾弱，盗汗遗精。

人参 白茯苓 莲肉各二两 白术 甘草 白扁豆炒 薏苡炒 桔梗炒 干葛炒 黄芪各一两。炒 当归各半两 桑皮 半夏曲 百合 干姜炮 山药炒 五味 木香 丁香 杏仁炒 白芷 神曲炒。各一两

上剉，每服五钱，生姜三片，枣同煎，空心温服。

乐令建中汤 治脏腑虚损，身体消瘦，潮热自汗，将成劳瘵，此药退虚热，生血气。

前胡一两 细辛 黄芪 人参 橘皮 麦门冬 桂心 当归 白芍 茯苓 甘草炙，一两 半夏七钱

上剉，每服四钱，姜三片，枣一枚，水煎服。

黄芪鳖甲散 治虚劳客热，肌肉消瘦，四肢烦热，心悸盗汗，减食多渴，咳嗽有血。

生苄三两 桑白 半夏三两半 天门冬五两 鳖甲醋煮，五两 紫菀二两半 秦艽三两三钱 知母 赤芍 黄芪各三两半 人参 肉桂 桔梗二两六钱半 白茯苓 地骨皮 柴胡三两三钱 甘草二两半

〔1〕不一 原作“一不”，据上科本移转。

上剉，每服三钱，水煎服。

清骨散 治男子妇人，五心烦热，欲成劳瘵。

北柴胡 生苄各二两 人参 防风 熟苄 秦艽各一两 赤苓一两 胡黄连半两 薄荷七钱半

上每服四钱，水煎，温服。

三拗汤见喘类。

〔附录〕 葛可久先生劳症《十药神书》内摘书七方。夫人之生也，禀天地氤氲之气，在乎保养真元，固守根本，则万病不生，四体康健。若曰不养真元，不固根本，疾病由是生焉。且真元根本，则气血精液也。余尝闻先师有言曰：万病莫若劳症，最为难治。盖劳之由，因人之壮年，气血完聚，精液充满之际，不能保养性命，酒色是贪，日夜耽嗜，无有休息，以致耗散真元，虚败精液，则呕血吐痰，以致骨蒸体热，肾虚精竭，面白颊红，口干咽燥，白浊遗精，盗汗，饮食艰难，气力全无，谓之火盛金衰，重则半年而毙，轻则一载而亡。况医者不究其源，不穷其本，或投之以大寒之剂，或疗之以大热之药，妄为施治，绝不取效。殊不知大寒则愈虚其中，大热则愈竭其内，所以世之医劳者，万无一人焉。先师用药治劳，如羿之射，无不中的，今开用药次第于后。用药之法，如呕吐咯嗽血者，先以十灰散遏住，如甚者须以花蕊石散止之。大抵血热则行，血冷则凝，见黑必止，理之必然。止血之后，其人必倦其体，次用独参汤一补，令其熟睡一觉，不要惊动，睡起病去五六分，后服诸药。

保和汤止嗽宁肺，保真汤补虚除热，太平丸润肺除痿，消化丸下痰消气。

保和汤，内分血盛、痰盛、喘盛、热盛、风盛、寒盛六事，加味和之。保真汤，内分惊悸、淋浊、便涩、遗精、燥热、盗汗六事，加味用之，余无加用。服药之法，每日仍浓煎薄荷汤，灌漱喉中，用太平丸先嚼一丸，徐徐咽下，次噙一丸，缓缓溶化，至上床时亦如此用之，夜则肺窍开，药必流入窍中，此诀要紧。如痰壅，却先用饴糖拌消化丸一百丸吞下，次又依前噙嚼太平丸，令其仰面卧而睡。服前七药后，若肺有嗽，可煮润肺丸，食之如常。七药之前，有余暇煮此服之亦可。续煮白凤膏食之，固其根源，完其根本。病可之后，方可合十珍丸服之，此为收功起身之妙用也。

十灰散　治劳症呕血、咯血、嗽血，先用此遏之。

大蓟　小蓟　柏叶　荷叶　茅根　茜根　大黄　山栀　牡丹皮　棕榈灰

上等分，烧灰存性，研细，用纸包，碗盖地上一夕，出火毒。用时，先以白藕捣碎绞汁，或萝卜捣绞汁亦可，磨真京墨半碗，调灰五钱，食后服。病轻用此立止，病重血出升斗者，如神之效。

又方

花蕊石烧过存性，研如粉

上用童子小便一盏煎，醋调末三钱，极甚者五钱，食后服。如男子病，则和酒一半，妇人病，则和醋一半，一处调药，立止，其瘀血化为黄水。服此药后，其人必疏解其病体，却用后药而补。

独参汤　治劳症后，以此补之。

人参一两，去芦

上㕮咀，水二钟，枣五个煎，不拘时，细细服之。

保和汤　治劳嗽肺燥成痿者，服之决效。

知母　贝母　天门冬　麦门冬　款花各三钱　天花粉　薏苡　杏仁炒。各二钱　五味　粉草炙　兜铃　紫菀　百合　桔梗各一钱　阿胶炒　当归　生芐　紫苏　薄荷各半钱

一方无地黄，有百部。

上以水煎，生姜三片，入饴糖一匙，入药内服之，每日三服，食后进。加减于后：

血盛，加蒲黄、茜根、藕节、大蓟、茅花。痰盛，加南星、半夏、橘红、茯苓、枳壳、枳实、栝蒌实炒。喘盛，加桑皮、陈皮、大腹皮、萝卜子、葶苈、苏子。热盛，加山栀子、炒黄连、黄芩、黄柏、连翘。风盛，加防风、荆芥、金沸草、甘菊、细辛、香附。寒盛，加人参、芍药、桂皮、五味、蜡片。

保真汤　治劳症体虚骨蒸，服之决补。

当归　生芐　熟芐　黄芪　人参　白术　赤苓　白苓各半

钱 天门 麦门 赤芍 知母 黄柏炒 五味 白芍 柴胡 地骨 甘草 陈皮各二钱 莲心半钱

上以水煎，生姜三片、枣一枚，食后服。惊悸，加茯神、远志、柏子仁、酸枣仁。淋浊，加萆薢、台乌药、猪苓、泽泻。便涩，加木通、石苇、萹蓄。遗[1]精，加龙骨、牡蛎、连须、莲子。燥热，加滑石、石膏、青蒿、鳖甲。盗汗，加浮麦子、炒牡蛎、黄芪、麻黄根。

太平丸 治劳症咳嗽日久，肺痿肺壅，并宜噙服。

天门 麦门 知母 贝母 款花 杏仁各二钱 当归 生节 黄连 阿胶炮。各一两半 蒲黄 京墨 桔梗 薄荷各一两 北蜜四两 麝香少许。一方有熟节

上将蜜炼和，丸如弹子大，食后，浓煎薄荷汤，先灌嗽喉中，细嚼一丸，津唾送下，上床时再服一丸。如痰盛，先用饴糖拌消化丸一百丸送下，后即噙嚼此丸，仰面睡，从其流入肺窍。

消化丸

白茯二两 枳实一两半 青礞石煅黄金色，二两 白矾[2]枯 橘红二两 牙皂二两，火炙 半夏二两 南星二两 枳壳一两半 薄荷叶一两

上为末，以神曲打糊丸，如梧桐子大，每服一百丸，上床时饴糖拌吞，次噙嚼太平丸，二药相攻，痰嗽扫迹除根。

润肺膏

羊肺一具 杏仁一两，净研 柿霜 真酥 蛤粉各一两 白蜜二两

上先将羊肺洗净，次将五味入水搅粘，灌入肺中，白水[3]煮熟，如常服食。与前七药相间服之亦佳。

吐 血 十 八

吐血，阳盛阴虚，故血不得下行，因火炎上之势而上出，脉必

〔1〕遗 原作“遣”，据上科本改。

〔2〕白矾 上科本此药份量为“二两”。

〔3〕水 原无，据上科本补。

大而芤，大者发热，芤者血滞与失血也。大法补阴抑火，使复其位，用交趾桂五钱为末，冷水调服。山栀子最清胃脘之血。吐血，觉胸中气塞，上吐紫血者，桃仁承气汤下之。先吐红[1]，后见痰嗽，多是阴虚火动，痰不下降，四物汤为主，加痰药、火药；先痰嗽，后见红，多是痰积热，降痰火为急。痰嗽涎带血出，此是胃口清血热蒸而出，重者栀子，轻者蓝实。或暴吐紫血一碗者，无事，吐出为好，此热伤血死于中，用四物汤、解毒汤之类。吐血挟痰积，吐一二碗者，亦只补阴降火，四物加火剂之类[2]。挟痰若用血药，则泥而不行，只治火则止，吐血火病也。大吐红不止，以干姜炮末，童便调，从治。喉啘[3]痰血，用荆芥散。舌上无故出血，如线不止，以槐花炒末干掺之。若吐血一方，童便一分，酒半分，檑柏叶温饮，非酒不行。呕吐，血出于胃也，实者犀角地黄汤主之，虚者小建中汤加黄连主之。

入方

二黄补血汤 治初见血及见血多宜服。

熟苄一钱 生苄五分 当归七分半 柴胡五分 升麻 白芍二钱 牡丹皮五分 川芎七分半 黄芪五分

上以水煎服。血不止，可加桃仁半钱，酒大黄酌量虚实用之，内却去柴胡、升麻。

又方 治见血后脾胃弱，精神少，血不止者。

人参一钱 黄芪三钱 五味十三个 芍药 甘草五分 当归五分 麦门冬五分

上㕮咀，水煎服。加玉金研入亦可。

又方

人参一钱 白术一钱 茯苓一钱 半夏曲五分 陈皮一钱 甘草 青皮三分 川芎五分 神曲三分

上㕮咀，水煎服。如胃不和，加藿香；如渴者，加葛根半钱；

---

〔1〕红 原作“绝”，据上科本改。

〔2〕类 原作“数”，据上科本改。

〔3〕啘 原作“腕”，据上科本改。

若痰结块者，加贝母一钱，黄芩半钱，去白陈皮半钱；若小便赤色，加炒黄柏半钱；若大便结燥，加当归七分；心烦，加黄连酒拌晒干半钱；若小便滑，加煅牡蛎；如见血多，去半夏；恐燥，加生苄一钱，牡丹半钱，桃仁三分；若胃中不足，饮食少进，加炒山栀子仁八分；若血溢入浊道，留聚隔间，满则吐血，宜苏子降气汤加人参、阿胶各半钱；上隔壅热吐血者，以四物汤加荆芥、阿胶各半钱，更不止，于本方中加大黄、滑石各半钱；胃伤吐血，宜理中汤加川芎、干葛各半钱，此是饮酒伤胃也，吐血不止，用生茜根为末二钱，水煎，放冷，食后服良。白及末调服，治吐血。

以上诸方，虽非丹溪所出，以其药同，故录于前。

〔附录〕 凡血证上行，或唾或呕或吐，皆逆也。若变而下行，为恶痢者，顺也。上行为逆其治难，下行为顺其治易。故仲景云：蓄血证，下血者当自愈也。与此意同。若无病人忽然下痢，其病进也。今病血证上行，而复下行恶痢者，其邪欲去，是知吉也。诸见血，身热脉大者，难治，是火邪胜也。身凉脉静者，易治，是正气复也。故《脉诀》云：鼻衄吐血沉细宜，忽然浮大即倾危。

〔附方〕

四生丸 治吐血，阳乘于阴，血热妄行，服之良。

生荷叶 生艾叶 生柏叶 生地黄等分

上烂研，如鸡子大，服一丸，水三盏，煎一盏，去滓服。

大阿胶丸 治肺虚客热，咳嗽咽干，多唾涎沫，或有鲜血，劳伤肺胃，吐血呕血，并可服。

麦门冬去心 茯神 柏子仁 百部根 杜仲炒 丹参 贝母炒 防风各半两 山药 五味 熟苄 阿胶炒。各一两 远志 人参各二钱半 茯苓一两

上为末，炼蜜丸，如弹子大，每服一丸，水煎六分，和柤服。

犀角地黄汤 治伤寒汗下不解，郁于经络，随气涌泄，为衄血，或清道闭塞，流入胃腹，吐出清血，如鼻衄吐血不尽，余血停留，致面色痿黄，大便黑者，更宜服之。

犀角镑 生苄 白芍 牡丹等分

上㕮咀，每服五钱，水煎，温服。实者可服。

桃仁承气汤

芒硝三钱　甘草二钱半　大黄一两　桂三钱　桃仁半两，去皮尖

上㕮咀，每两入姜同煎。

解[1]**毒汤**见中暑。

荆芥散

荆芥穗半两　炙草一两　桔梗二两

上㕮咀，姜煎，食后服。

小建中汤

桂枝　甘草炙，三钱　大枣　白芍六钱　生姜二钱　阿胶炒，一合

上㕮咀，水煎。

苏子降气汤见气类。

理中汤见中寒。

咳血十九

衄血，火升、痰盛、身热，多是血虚，四物汤加减用。戴云：咳血者，嗽出，痰内有血者是；呕血者，呕全血者是；咯血者，每[2]咳出皆是血疙瘩；衄血者，鼻中出血也；溺血，小便出血也；下血者，大便出血也。惟有各名色分六，俱是热证，但有虚实新旧之不同，或妄言为寒者，误也。

入方

青黛　瓜蒌仁　诃子　海粉　山栀

上为末，以蜜同姜汁丸，噙化。咳甚者，加杏仁去皮尖，后以八物汤加减调理。

〔附方〕

黄芪散　治咳血成劳。

〔1〕解　原作"觧"，据上科本改。
〔2〕每　原作"毋"，据上科本改。

甘草四钱　黄芪　麦门冬　熟苄　桔梗　白芍各半两

上㕮咀，每服半两，水煎服。

茯苓补心汤　治心气虚耗，不能藏血，以致面色痿黄，五心烦热，咳嗽唾血。

茯苓　半夏　前胡　紫苏　人参　枳壳炒　桔梗　甘草　葛根各半分　当归二两　川芎七钱半　陈皮　白芍各二两　熟苄

上㕮咀，水、姜、枣煎。

呕血二十

呕血，火载血上，错经妄行。脉大发热，喉中痛者，是气虚，用参、芪、蜜炙黄柏、荆芥、当归、生地黄用[1]之。呕血，用韭汁、童便、姜汁磨郁金同饮之，其血自清。火载血上，错经妄行，用四物汤加炒山栀、童便、姜汁服。又方，山茶花、童便、姜汁，酒服。又郁金末治吐血，入姜汁、童便良。又方，用韭汁、童便二物合用，郁金[2]细研和服。又方治吐血或衄血上行，用郁金，无，用山茶花代，姜汁、童便和好酒调服即止，后以犀角地黄汤加郁金。怒气逆甚则呕血，暴瘴[3]内逆，肝[4]肺相搏，血溢鼻口，但怒气致血证者则暴甚，故经曰：抑怒以全阴者是也。否则五志之火动甚，火载血上，错经妄行也。用柴胡、黄连、黄芩、黄芪、地骨、生熟苄、白芍，以水煎服。虚者，以保命生地黄散，再加天门冬、枸杞、甘草等分，水煎服。

〔附方〕

治呕血。

黄柏蜜炙

上捣为末，煎麦门冬汤调二钱匕，立瘥。

---

〔1〕用　上科本作“服”。

〔2〕金　此下原有“如”字，据上科本删。

〔3〕瘴　上科本作“瘖”。

〔4〕肝　原作“行”，据上科本改。

《圣惠方》治呕血。

侧柏叶

上为末，不计时，以粥饮调下二钱匕。

保命生地黄散

生苄　熟苄　枸杞　地骨皮　天门冬　黄芪　白芍　甘草　黄芩

上㕮咀，水煎食前。

咯血二十一附痰涎血

咯血，痰带血丝出者，用姜汁、青黛、童便、竹沥，入血药中用。如四物汤加地黄膏、牛膝膏之类。咯唾血出于肾，以天门冬、麦门冬、贝母、知母、桔梗、百部、黄柏、远志、熟苄、牡蛎、姜、桂之类。痰涎血出于脾，以葛根、黄芪、黄连、芍药、当归、甘草、沉香之类主之。

入方　治痰中血。

白术一钱半　当归一钱　芍药一钱　牡丹皮一钱半　桃仁一钱，研　山栀炒黑，八分　桔梗七分　贝母一钱　黄芩五分　甘草三分　青皮五分

上以水煎服。

又方　治痰中血。

白术一钱半　牡丹皮一钱半　贝母一钱　芍药一钱　桑白一钱　山栀炒黑，一钱一分　桃仁一钱，研　甘草三分

又方　治痰中血。

橘红二钱　半夏五分　茯苓一钱　甘草三分　白术一钱　枳壳一钱　桔梗一钱　五味十五个　桑白一钱　黄芩一钱　人参五分

上以水一钟，生姜三片，煎服。或加青黛半钱。

又方

橘红一钱半　半夏一钱　茯苓一钱　甘草五分　牡丹一钱　贝母一钱　黄连七分　桃仁一钱　大青五分

上以水煎，生姜三片。

〔附方〕

治咯血。

荷叶不以多少，焙干

上为末，米汤调二钱匕。

初虞世方 治咯血并肺痿多痰。

防己 葶苈等分

上为末，糯米饮调下一钱。

又方 治咯血及衄血。

白芍一两 犀角末二钱半

上为末，新汲水服一钱匕，血止为限。

天门冬丸 治咯血并吐血，又能润肺止嗽。

阿胶炮[1]，半两 天门冬一两 甘草 杏仁炒 贝母 白茯苓各半两

上为末，蜜丸如弹大，服一丸，噙化。

又方 治咯血。

桑皮一钱半 半夏一钱，炒 知母一钱 贝母一钱 茯苓一钱 阿胶炒，半钱 桔梗七分 陈皮一钱 甘草五分 杏仁五分，炒 生苄一钱 山栀七分，炒 柳桂二分，即桂之嫩小枝条，宜入上焦

上以水煎，生姜三片。

衄血二十二

衄血，凉血行血为主，大抵与吐血同。用山茶花为末，童便、姜汁、酒调下。犀角生地黄汤，入郁金同用，如黄芩、升麻、犀角能解毒。又以郁金末，童便、姜汁并酒调服。经血逆行，或血腥，或吐血，或唾血，用韭汁服之立效。治血汗[2]、血衄，以人中白新

〔1〕炮 上科本无此字。此下原有“各”字，据上科本删。

〔2〕汗 原作“汁”，据上科本改。

瓦上火逼干，入麝香少许，研细酒调下。《经验》：人中白即溺盆白垽秋石也。衄血出于肺，以犀角、升麻、栀子、黄芩、芍药、生地黄、紫菀、丹参、阿胶之类主之。《原病式》曰：衄者，阳热怫郁，干于足阳明而上热，则血妄行，故鼻衄也。

〔附方〕

河间生地黄散 治郁热衄血，或咯吐血皆治之。

枸杞 柴胡 黄连 地骨 天门冬 白芍 甘草 黄芩 黄芪 生芐 熟芐等分

上㕮咀，汤煎服。若下血，加地榆。

又方 治衄血。

伏龙肝半斤

上以新汲水一大碗，淘取汁，和蜜顿服。

茜根散 治鼻衄[1]不止。

茜根 阿胶蛤分[2]炒 黄芩各一两 甘草炙，半两 侧柏叶 生芐

上以水一钟，姜三片，煎服。

黄芩芍药汤 治鼻衄不止。

黄芩 芍药 甘草各等分

上以水煎服。或犀角地黄汤，如无犀角以升麻代之。鼻通于脑，血上溢于脑，所以从鼻而出，凡鼻衄，并以茅花调止衄散，时进淅米泔，仍令其以麻油滴入鼻，或以萝卜汁滴入亦可。又茅花、白芍药，对半尤稳。

外迎法 以井花水湿纸顶上贴之，左鼻以线札左手中指，右出札右手，俱出两手俱札。或炒黑蒲黄吹鼻中，又龙骨末吹亦可。

止衄血。

黄芪六钱 赤茯苓 白芍 当归 生芐 阿胶各三钱

上为末，每服二钱，食后黄芪汤调服。

芎附散

〔1〕衄 原无，据上科本补。

〔2〕分 按文义应作"粉"。

川芎二两 香附四两

上为末，每服二钱，茶汤调下。

又法 治心热吐血及衄血不止。

百叶榴花不以多少

上干为末，吹出鼻中立瘥。

溺血二十三

溺血属热。用炒山栀子，水煎服，或用小蓟、琥珀。有血虚，四物加牛膝膏。实者，用当归承气汤下之，后以四物加山栀。

入方

小蓟饮子 治下焦结热，血淋。

生苄 小蓟 滑石 通草 淡竹叶 蒲黄炒 藕节 当归酒浸 栀子炒 甘草炙。各半两

上以水煎，空心服。

〔附录〕 溺血，痛者为淋，下[1]痛者为溺血。溺血，先与生料五苓散加四物汤。若服不效，其人素病于色者，此属虚，宜五苓散和胶艾汤，吞鹿茸丸或辰砂香散。四物加生地黄、牛膝。或四物加黄连、棕灰。又六味地黄丸为要药。茎中痛，用甘草梢，血药中少佐地榆、陈皮、白芷、棕灰。劫剂，用瑞竹堂蒲黄散，或单用蒲黄。或煎葱汤，调郁金末服之。又文蛤灰入煎剂妙。大抵小便出血则小肠气秘，气秘则小便难，甚痛者谓之淋，不痛者谓之溺血，并以油头发烧灰存性为末，新汲水调下，妙。又方以车前子为末，煎车草叶，调二钱服。

〔附方〕

许令公方 治尿血。

生地黄汁一升 生姜汁一合

上以二物相合，顿服瘥。

〔1〕下 按文义应作“不”。

当归承气汤

当归　厚朴　枳实　大黄　芒硝

生料五苓散见中暑[1]。

胶艾汤

阿胶　川芎　甘草炙。各二两　川归　艾叶炒。各二两　熟苄　白芍各四两

上㕮咀，每三钱，水酒煎，空心热服。

鹿茸丸

鹿茸一两，蜜炙　沉香　附子炮。各半两　菟丝子制，一两　当归　故纸炒　茴香炒　胡芦巴[2]炒。各半两

上为末，酒糊丸，每服七十丸，空心盐酒下。

辰砂妙香散

麝香一钱，另研　山药姜汁炙，一两　人参半两　木香煨，二钱半　茯苓　茯神　黄芪各一两　桔梗半两　甘草炙，半两　远志炒，一两　辰砂三钱

上为末，每二钱，温酒下。

六味地黄丸见诸虚。

瑞竹堂蒲黄散

故纸炒　蒲黄炒　千年石灰炒

上等分，为细末，每三钱，空心热酒调下。

下血二十四

下血，其法不可纯用寒凉药，必于寒凉药中加辛味为佐。久不愈者，后用温剂，必兼升举，药中加酒浸炒凉药，如酒煮黄连丸之类，寒因热用故也。有热，四物加炒山栀子、升麻、秦艽、阿胶珠，去大肠湿热。属虚者，当温散，四物加炮干姜、升麻。凡用血

---

〔1〕暑　原作“著”，据上科本改。

〔2〕巴　原作“丸”，据正脉本改。

药，不可单行单止也。

入方

白芷　五倍子

上为末，粥丸梧子大，服五十丸，米汤下。

〔附录〕 下血当别其色，色鲜红为热，以连蒲散。又若内蕴热毒，毒气入肠胃，或因饮酒过多，及啖糟藏炙煿，引血入大肠，故下血鲜红，宜黄连丸，或一味黄连煎。余若大下不至者，宜四物汤加黄连、槐花，仍取血见愁少许，生姜捣取汁，和米大服，于血见愁草中加入侧柏叶，与生姜同捣汁尤好。毒暑入肠胃下血者，亦宜加味，黄连、槐花入煎服。血色瘀者，为寒，血逐气走，冷寒入客肠胃，故上瘀血，宜理中汤温散。若风入肠胃，纯下清血，或湿毒，并宜胃风散加枳壳、荆芥、槐花。攧扑损，恶血入肠胃，下血浊如瘀血者，宜黑神散加老黄茄，为末，酒调下。《内经》云：下血为内伤络脉[1]所致，用枳壳一味[2]服。又方：用黄连二两，枳壳二两，槐花八两炒上一味[3]，去槐花不用，止以二味煎服立效，以解络脉之结也。

〔附方〕

血余灰　鞋底灰　猪牙皂角灰等分

上为末，酒调三钱匕。

又方　治下血劫剂。

百药煎一两，取一半烧为灰

上为末，糊丸如梧子大，服六十丸，空心米汤下。

槐花散　治肠胃不调，胀满下血。

苍术　厚朴　陈皮　当归　枳壳各一两　槐花二两　甘草半两　乌梅半两

上以水煎，空心服。

又方　治下鲜血。

---

〔1〕脉　原作“服”，据上科本改。

〔2〕味　原作“末”，据上科本改。

〔3〕味　原作“米”，据上科本改。

栀子仁烧灰

上为末，水和一钱匕服。

又方　治粪前有血，面色黄。

石榴皮

上为末，煎茄子枝汤，调一钱匕。

又方　治粪后下血不止。

艾叶不以多少

上以生姜汁三合和服。

又方

槐花　荆芥穗等分

上为末，酒调下一钱匕，仍空心食，猪血炒[1]。

又方　治脏毒下血。

苦楝炒令黑

上为末，蜜丸，米饮下二十丸尤妙。

又方　治卒下血。

赤小豆一升，捣碎，水二升，绞汁饮之。

乌梅丸　治便血下血。

乌梅三两，烧灰存性

上为末，醋糊丸，梧子大，空心服七十丸，米[2]汤下。

酒煮黄连丸见泄泻类。

黄连丸

黄连二两　赤茯苓一两　阿胶二两

上用黄连、茯苓为末，调阿胶，众手丸，每三十丸，食后饮下。

黄连香薷散[3]见中暑。

理中汤见中寒。

胃风汤见下痢。

黑神散

---

〔1〕炒　上科本作“妙”。

〔2〕米　原作“末”，据上科本改。

〔3〕散　正脉本作“饮”。

百草霜研细

上用酒调下。

肠风脏毒二十五

肠风独在胃与大肠出。若兼风者，苍术、秦艽、芍药、香附。

入方

黄芩　秦艽　槐角　升麻　青黛

治肠风下血。

滑石　当归　生苄　黄芩　甘草　苍术等分

上以水煎服。或以苍术、生苄，不犯铁器，为末，丸服。

又方

茄蒂烧存性　栀子炒

上为末，捣饭丸如梧子大，每服空心一百丸，米汤下。

又方　便血久远，伤血致虚，并麻风癣见面者。

龟板二两，酥炙　升麻　香附各五钱　芍药一两五钱　侧柏叶　椿根皮七钱五分

上为末，粥丸，以四物汤加白术、黄连、甘草、陈皮作末，汤调送下丸药。

又方　脉缓大，口渴，月经紫色，劳伤挟湿。

白术五钱　黄柏炒　生苄　白芍各三钱　地榆二钱　黄芩二钱　香附二钱

上为末，蒸饼丸服。

又方　治积热便血。

苍术　陈皮一两五钱　黄连　黄柏　条芩各七钱五分　连翘五钱

上为末，生苄膏六两，丸如梧子大，每服五七十丸，白汤下。

又方

肠风脱露，以车荷鸣五七个，焙干烧灰，醋调搽。仍忌湿面、酒、辛热物。

〔附录〕　肠胃不虚，邪气无从而入。人惟坐卧风湿，醉饱房

劳，生冷停寒，酒面积热，以致荣血失道，渗入大肠，此肠风藏毒之所由作也。挟热下血，清而色鲜，腹中有痛；挟冷下血，浊以色黯，腹中略痛。清则为肠风，浊则为脏毒。有先便而后血者，其来也远；有先血而后便者，其来也近。世俗粪前、粪后之说，非也。治法大要，先当解散肠胃风邪，热则用败毒散，冷者与不换金正气散，加川芎、当归，后随其冷热而治之。芎归汤一剂，又调血之上品，热者加茯苓、槐花，冷者加茯苓、木香，此则自根自本之论也。虽然精气血，气生于谷气，靖为大肠下血，大抵以胃药收功，以四君子汤、参苓白术散、枳壳散、小乌沉汤和之，胃气一回，血自循于经络矣。肠风者，邪气外入，随感随见；脏毒者，蕴积毒久而始见。《三因方》五痔肠风脏毒，辨之甚详。前二证皆以四物汤加刺猬皮。

〔附方〕

蒜连丸一名金屑万应膏。

独头蒜十个　黄连不以多少

上先用独蒜煨香熟，和药杵匀，丸如梧子大，空心米汤下四十丸。

又方　治肠风。

香附一两，炒　枳壳七钱五分，炒　当归五钱　川芎五钱　槐花炒　甘草炙。各二钱五分

上为粗末，每服三钱，水煎，生姜三片，枣一个。

败毒散见瘟疫。

不换金正气散

厚朴姜制　藿香　甘草炙　半夏　苍术米泔浸　陈皮去白

上等分，姜三片，枣二个，煎，食前热服。

芎归汤

川芎　当归

上等分，水煎。

参苓白术散见脾胃类。

枳壳散

枳壳麸[1]炒，去穰　槐子微炒黄　荆芥穗各五钱

上为末，每服三钱，薄粟米粥调下。如人行一二里，再用粥压下，日进二三服。

小乌沉汤

香附二十两　乌药十两　甘草炙，一两

上为末，汤调下。

痔疮二十六

痔疮专以凉血为主。

入方

人参　黄芪　生芐　川芎　当归和血　升麻　条芩　枳壳宽肠　槐角凉血生血　黄连

一方无黄连。

熏浣[2]

五倍子　朴硝　桑寄生　莲房又加荆芥

煎汤，先熏后洗，又冬瓜藤亦好。又大肠热肿者，用木鳖子、五倍子研细末，调敷。痔头向上，是大肠热甚，收缩而上，用四物汤解毒，加枳壳、白术、槐角、秦艽。

〔附录〕 痔者，皆因脏腑本虚，外伤风湿，内蕴热毒，醉饱交接，多欲自戕，以故气血下坠，结聚肛门，宿滞不散，而冲突为痔也。其肛边发露肉珠，状如鼠乳，时时滴渍脓血，曰牡痔；肛边生疮肿痛，突出一枚，数日脓溃即散，曰牝痔；肠口大颗发瘟，且痛且痒，出血淋沥，曰脉痔；肠内结核有血，寒热往来，登溷脱肛，曰肠痔。若血痔，则每遇大便清血随而不止；若酒痔，则每遇饮酒发动，疮肿痛而流血；若气痔，则忧恐郁怒适临乎前，立见肿痛，大便艰难，强力则肛出而不收矣。此诸痔之外证也。治法总要，大抵以解热调血顺气先之。盖热则血伤，血伤则经滞，经滞则气不

〔1〕麸　原作“夫”，据上科本改。

〔2〕浣　上科本作“洗方”。

运行，气与血俱滞，乘虚而坠入大肠，此其所以为痔也。诸痔久不愈，必至穿穴为漏矣。

〔附方〕

治诸痔疮。

槐花四两　皂角刺一两，捶碎　胡椒十粒　川椒一两

上用猿猪肚一个，入药在内，扎定口，煮熟去药，空心食猪肚。

清心丸　《素问》云：诸痛痒疮，皆属于心。心主血热，此药主之。

黄连一两　茯神　赤苓

上为末，炼蜜丸如梧子大，每一百丸，食前米汤下。

清凉饮　治诸痔热甚，大便秘结。

当归　赤芍　甘草炙　大黄米上蒸晒

上等分为末，每服二钱，新水调下。

槐角丸　治诸痔及肠风下血脱肛。

槐角一两　防风　地榆　当归　枳壳　黄芩各半两

上为末，糊丸如梧子大，空心米汤下二十丸。

猬皮丸　治诸痔出，里急疼痛。

槐花炒　艾叶炒　枳壳　地榆　当归　川芎　黄芪　白芍　白矾枯　贯众　猬皮一两，炙　头发烧，三钱　猪后蹄重甲十枚，炙焦　皂角一大锭，炙黄去皮

上为末，炼蜜丸，梧子大，服五十丸，食前米汤下。

猪甲散　治诸痔。

猪悬蹄甲不以多少

上为末，陈米汤调二钱，空心服。

芎归丸　治痔下血不止。

川芎　当归　黄芪　神曲炒　地榆　槐花炒。各半两　阿胶炒　荆芥　木贼　头发烧灰。各一钱半

上为末，炼蜜丸，梧子大，服五十丸，食前米汤下。

干葛汤　治酒痔。

干葛　枳壳炒　半夏　茯苓　生节　杏仁各半两　黄芩二钱半　甘草同上

上剉，每服三钱，黑豆一百粒，姜三片，白梅一个，煎服。

橘皮汤 治气痔。

橘皮 枳壳炒 川芎 槐花炒。各半两 槟榔 木香 桃仁炒，去皮 紫苏茎叶 香附 甘草炙。各二分半

上剉，每服八钱，姜、枣煎服。

熏洗方

槐花 荆芥 枳壳 艾叶

又方

土矾末二钱 木鳖子七个，取仁研

上以水煎，熏洗三两次。如肛门肿热，以朴硝末水调淋之良。

又方 治肠痔，大便常有血。

上以蒲黄末方寸匕，米饮调下，日三顿瘥。

又方

捣桃叶一斛蒸之，内小口器中，以下部榻上坐，虫自出。

地黄丸 治五痔，滋阴必用之。

地黄酒蒸熟，一两六钱 槐角炒 黄柏炒 杜仲炒 白芷各一两 山药 山茱萸 独活各八钱 泽泻 牡丹 茯苓各六钱 黄芩一两半 白附子二钱

上炼蜜丸，如梧子大，空心服五十丸，米汤下。

熏痔方

用无花果叶煮，水熏少时，再洗。又好醋沃，烧新砖，如法坐熏，良。

又方

大黄三钱，煨 牡蛎一两，煅

上为末，作十服，空心服。

又方

大蒜一片，头垢捻成饼子，先安头垢饼于痔上，外安蒜艾灸之。

翻花痔

荆芥、防风、朴硝煎汤洗之，次用木鳖子、郁金研末，入龙脑些少，水调傅。又方熊胆、片脑，和匀贴之。

漏疮二十七

漏疮，先须服补药，生气血，用参、术、芪、芎、归为主，大剂服之，外以附子末津唾和作饼子，如钱厚，以艾灸之[1]。漏大炷大，漏小炷小，但灸令微热，不可使痛，干则易之，则再研如末作饼再灸，如困则止，来日再灸，直到肉平为效。亦有用附片灸，仍用前补剂作膏贴之尤妙。痔漏，凉大肠，宽大肠。用枳壳去穰，入巴豆，铁线缠，煮透去巴豆，入药用丸子则烂捣用，煎药干用，宽肠。涩窍，用赤石脂、白石蜡、枯矾、黄丹、脑子。漏窍外塞，用童子小便、煅炉甘石、牡蛎粉。

入方

黄连散 原有痔漏，又于肛门边生一块，皮厚肿痛作脓，就在痔孔出，作食积注下治。

黄连　阿魏　神曲　山楂　桃仁　连翘　槐角　犀角等分

上为末，以少许置掌心，时时舐之，津液咽下，如消三分之二，止后服。

〔附录〕 漏者，诸瘘之溃漏也。狼瘘、鼠瘘、蝼瘘、蛄瘘、蜂瘘[2]、蚍蜉瘘、蛴螬瘘、浮蛆瘘[3]、转筋[4]瘘，古所谓九瘘是尔。析而言之，三十六种，其名目又不同焉。大抵外伤血气，内窘七情，与夫饮食乖常，染触蠢动含灵之毒，未有不变为瘘疮穿孔，一深脓汁不尽，得冷而风邪并之，于是涓涓而成漏矣。然有近年漏者，有久年漏者。近则带淡红，或微肿，或小核；久则上而槁白，内而黑烂，淫虫恶臭生焉。

〔附方〕

猪肾丸 通行漏疮中恶水，自大肠中出。

黑牵牛碾细末，二钱半，入猪肾中，以线扎，青竹叶包，慢火

---

〔1〕之　原无，据上科本补。

〔2〕蝼瘘、蛄瘘、蜂瘘　上科本作“蝼蛄瘘蛊瘘”。

〔3〕瘘　上科本此下有“瘰疬瘘”三字。

〔4〕筋　上科本作“脉”。

煨熟，空心温酒嚼下。

乳香丸 治冷漏。

乳香二钱半 牡蛎粉一钱二分半

上为末，雪糕糊丸，麻子大，每服三十丸，姜汤，空心。

生地黄膏 治漏痛通用。

露蜂房炙 五倍子 木香三钱 乳香一钱 轻粉一字

上为末，用生地黄一握，捣细和为膏，摊生绢上贴。

蛇蜕散 治漏疮血水不止。

蛇皮焙焦 五倍子 龙骨各二钱半 续断五钱

上为末，入麝香少许，津唾调傅。

熏漏疮方

艾叶 五倍子 白胶香 苦楝根等分

上剉碎，烧香法置长桶内，坐熏疮处。

洗漏疮方 治漏疮孔中多有恶秽，常须避风洗净。

露蜂房、白芷煎汤洗 或大腹皮、苦参煎汤洗

上洗毕，候水出，拭干，先用东向石榴皮晒为末，干掺以杀淫虫，少顷敷药。

久瘘方

九孔蜂房炙黄

上为末，腊月猪脂研敷，候收汁，以龙骨、降香节末，入些乳香硬疮。

漏疮 或腿足先是积热所注，久则为寒。

附子破作两片，用人唾浸透，切成片，安漏孔上，艾灸。

又方

川芎半两 细辛 白芷梢一钱半

上为末，每日作汤服之，病在下食前服，在上食后服。看疮大小，讨隔年黄麻根刮去皮，捻成绳子，入孔中，至入不去则止，疮外膏药贴之。

脱肛二十八

脱肛属气热、气虚、血虚、血热。

气虚者补气，参、芪、芎、归、升麻；血虚，四物汤；血热者凉血，四物汤加炒柏；气热者，条芩六两，升麻一两，曲糊丸，外用五倍子为末，托而上之，一次未收，至五七次，待收乃止。

又东北方壁土，泡汤，先熏后洗。

〔附录〕 肺与大肠为表里，故肺脏蕴热则肛门闭结，肺脏虚寒则肛门脱出。又有妇人产育用力，小儿久痢，皆致此。治之必须温肺脏、补阳胃，久则自然收矣。

〔附方〕

香荆散 治肛门脱出，大人小儿皆主之。

香附子 荆芥等分 砂仁

上为末，每服三钱，水一碗，煎熟[1]淋洗。每服三钱，煎服亦可。

又方 五倍子为末，每用三钱，煎洗。

又方 木贼不以多少，烧灰为末，掺[2]肛门上，按入即愈。

呕吐二十九

凡有声有物谓之呕吐，有声无物谓之哕。

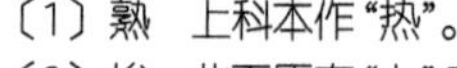

〔1〕熟 上科本作“热”。

〔2〕掺 此下原有“上”字，据正脉本删。

胃中有热，膈上有痰者，二陈汤加炒山栀、黄连、生姜。有久病呕者，胃虚不纳谷也，用人参、生姜、黄芪、白术。香附之类。

呕吐，朱奉议以半夏、橘皮、生姜为主。刘河间谓：呕者，火气炎上。此特一端耳，有痰膈中焦食不得下者，有气逆者，有寒气郁于胃口者，有食滞心肺之分而新食不得下而反出者，有胃中有火与痰而呕者。

呕吐药忌瓜蒌、杏仁、桃仁、萝卜子、山栀，皆要作吐，丸药带香药行散不妨。注船大吐，渴饮水者即死，童便饮之最妙。

〔附方〕

理中加丁香汤 治中脘停寒，喜辛物，入口即吐。

人参 白术 甘草炙 干姜炮。各一钱 丁香十粒

上㕮咀，生姜十片，水煎服，或加枳实半钱亦可。不效，或以二陈汤加丁香十粒，并须冷服，盖冷遇冷则相入，庶不吐出。又或活人生姜橘皮汤。

活人生姜橘皮汤

橘皮四两 生姜半斤

上㕮咀，水七盏，煮至三盏，去滓，逐旋温服。

热呕 济生竹茹汤、小柴胡加竹茹汤见疟类。

上并用生姜，多煎服。

济生竹茹汤

葛根三两 半夏炮七次，二两 甘草炙，一两

上㕮咀，每四钱，水一盏，入竹茹一小块，姜五片。

加味二陈汤 治停痰结气而呕。

半夏 橘皮各五两 白茯苓三两 甘草炙，一两 砂仁一两 丁香五钱 生姜三两

上水煎服。

吐虫而呕方

黑铅炒成灰，槟榔末，米饮调下。

恶心三十

恶心有痰、有热、有虚，皆用生姜，随症佐药。

戴云：恶心者，无声无物，心中欲吐不吐，欲呕不呕，虽曰恶心，实非心经之病，皆在胃口上，宜用生姜，盖能开胃豁痰也。

〔附录〕 恶心，欲吐不吐，心中兀兀，如人畏舟船，宜大半夏汤，或小半夏茯苓汤，或理中汤加半夏亦可。又胃中有热恶心者，以二陈加生姜汁炒黄连、黄芩各一钱，最妙。

〔附方〕

大半夏汤

半夏　陈皮　茯苓各二钱半

上㕮咀，水二盏，姜二钱半，煎八分，食后服。

小半夏茯苓汤

半夏五两　茯苓三两

上㕮咀，每服八钱，用水一盏半，煎至一盏，入生姜自然汁投药中，更煎一两沸，热服，无时。或用生姜半斤同煎。

理中汤见中寒。

咳逆三十一

咳逆有痰，气虚、阴火。视其有余不足治之，其详在《格致余论》。

不足者，人参白术汤下大补丸；有余并有痰者吐之，人参芦之类。痰碍气而吃逆，用蜜水吐，此乃燥痰不出。痰者，陈皮、半夏；气虚，人参、白术；阴火，黄连、黄柏、滑石；咳逆自痢者，滑石、甘草、炒黄柏、白芍、人参、白术、陈皮，加竹荆沥服。

戴云：吃，逆者，因痰与热，胃火者极多。

〔附录〕 咳逆为病，古谓之哕，近谓之呃，乃胃寒所生，寒气自逆而呃上，此证最危。亦有热呃，已见伤寒证。其有他病发呃者，宜用半夏一两，生姜半两，水煎热服。或理中汤加枳壳、茯苓各半钱，半夏一钱。不效，更加丁香十粒。吐利后，胃虚寒咳逆者，以羌活附子汤，或丁香十粒，柿蒂十个，切碎水煎服。吐利后胃热咳逆者，以橘皮竹茹汤。亦无别病偶然致呃，此缘气逆而生，宜小半夏茯苓汤加枳实、半夏。又或煎汤泡萝卜子，研取汁，调木香调气散，热服之，逆气用之最佳。

〔附方〕

橘皮干姜汤 治咳逆不止。

橘皮 通草 干姜 桂心 甘草炙。各二两 人参一两

上用五钱，水煎服。

生姜半夏汤 通治咳逆欲死。

半夏一两 生姜二两

上以水煎，温作三服。

阴证咳逆。

川乌 干姜炮 附子炮 肉桂 芍药 甘草炙 半夏 吴茱萸 陈皮 大黄等分

上为末，每服一钱，生姜五片，煎服。

人参白术汤

人参 黄芩 柴胡 干葛 栀子仁 甘草炙。各半两 白术 防风 半夏泡，七次 五味

上㕮咀，每服四钱，姜三片煎。

羌活附子汤 治吃逆。

木香 附子炮 羌活 茴香炒。各半两 干姜一两

上为末，每服二钱，水一盏半，盐一捻，煎二十沸，和柤热服，一服止。《三因》加丁香。

橘皮竹茹汤

橘皮一升 竹茹一升半 甘草炙，二两 人参半两 枣子三十个 生姜半两

上㕮咀，水十盏，煎至三盏，作三服。

小半夏茯苓汤

二陈汤加黄芩煎。

木香调气散

白蔻仁　丁香　檀香　木香各二两　藿香　甘草炙。各八两　砂仁四两

上为末，每服二钱，入盐少许，沸汤点服。

大补丸见补损。

理中汤见中寒。

翻胃三十二

翻胃大约有四：血虚、气虚、有热、有痰兼病，必用童便、韭汁、竹沥、牛羊乳、生姜汁。

气虚，入四君子汤，右手脉无力；血虚，入四物汤加童便，左手脉无力。切不可用香燥之药，若服之必死，宜薄滋味。治反胃，用黄连三钱，生姜汁浸，炒山楂肉二钱，保和丸二钱，同为末，糊丸如麻子大，胭脂为衣，人参汤入竹沥再煎一沸，下六十丸。有痰，二陈汤为主，寸关脉沉或伏而大；有气结，宜开滞导气之药，寸关脉沉而涩。有内虚阴火上炎而反胃者，作阴火治之。

年少者，四物汤清胃脘，血燥不润便故涩，《格致余论》甚详；年老虽不治，亦用参、术，关防气虚胃虚。

气虚者，四君子汤加芦根、童便，或参苓白术散，或韭汁、牛羊乳，或入驳驴尿。又有积血停于内而致，当消息逐之。大便涩者难治，常令食兔肉则便利。

翻胃即膈噎，膈噎乃翻胃之渐。《发挥》备言：年高者不治。粪如羊屎者，断不可治，大肠无血故也。

戴云：翻胃血虚者，脉必数而无力；气虚者，脉必缓而无力；气血俱虚者，则口中多出沫，但见沫大出者必死。有热者，脉数而有力；有痰者，脉滑数，二者可治。血虚者，四物为主；气虚者，四

君子为主；热以解毒为主；痰以二陈为主。

又方 用马剥儿烧灰存性一钱，好枣肉、平胃散二钱。

上和匀，温酒调服，食即可下，然后随病源调理。

又方

茱萸 黄连 贝母 瓜蒌 牛转草

治翻胃。

韭菜汁二两 牛乳一盏

上用生姜汁半两，和匀，温服效。

治翻胃，积饮通用。

益元散，生姜自然汁澄白脚，丸小丸子，时时服。

〔附方〕

烧针丸 此药清镇，专主吐逆。

黄丹不以多少

上研细，用去皮小枣肉，丸如鸡头大，每用针签于灯上，烧灰为末，乳汁下一丸。

枣肉平胃散

厚朴姜制 陈皮去白。各三斤二两 甘草炙 红枣 生姜各二斤 苍术泔浸一宿，炒，五斤

上剉拌匀，以水浸过面上半寸许，煮干焙燥为末，每服二钱，盐汤空心点服。

参苓白术散见脾胃类。

保和丸见积聚类。

吞酸三十三附嗳气

吞酸者，湿热郁积于肝而出，伏于肺胃之间，必用粝食蔬菜自养。宜用炒吴茱萸顺其性而折之，此反佐之法也。必以炒黄连为君。二陈汤加茱萸、黄连各炒，随时令迭其位，使苍术、茯苓为辅佐，冬月倍茱萸，夏月倍黄连，汤浸炊饼，丸如小丸，吞之，仍教以粝食蔬菜自养，即安。

戴云：湿热在胃口上，饮食入胃被湿热郁遏，其食不得传化，故作酸也。如谷肉在器，湿热则易为酸也。

入方

茱萸一两，去枝梗，煮少时，浸半日，晒干　陈皮一两　苍术米泔浸，一两　黄连二两，陈壁土炒，去土秤　黄芩一两，如上土炒　或加桔梗一两，茯苓一两

上为末，神曲糊丸，绿豆大，每服二三十丸，时时津液，食后服。

〔附录〕　吞酸与吐酸不同。吐酸，《素问》以为热，东垣又为寒，何也？吐酸，是吐酸水如醋，平时津液随上升之，气郁积而久，湿中生热，故从火化，遂作酸味，非热而何？其有郁积之久不能自涌而出，伏于肺胃之间，咯不得上，咽不得下，肌表得风寒则内热愈郁，而酸味刺心，肌表温暖，腠理开发，或得香热汤丸，津液得行，亦可暂解，非寒而何？《素问》言热，言其本也；东垣言寒，言其末也。

〔附方〕

曲术丸　治中脘宿食留饮，酸蛰心痛，或口吐清水。

神曲炒，三两　苍术泔浸，炒，一两半　陈皮一两

上为末，生姜汁煮神曲糊为丸，每七十丸，姜汤下。

加味平胃散　治吞酸或宿食不化。

生料平胃散加神曲、麦芽炒，各半钱术朴不制

上生姜三片，水煎五钱服。

嗳气，胃中有火有痰。

入方

南星　半夏　软石膏　香附

一本有炒栀子

上作丸，或作汤，服之。盖胃中有郁火，膈上有稠痰故也。

软石膏丸亦不可服。本方痰条下云：噫气吞酸，此系食郁有热，火气冲上，黄芩为君，南星、陈皮为佐，热多加青黛。

痞三十四

痞者有食积兼湿。东垣有法有方。

心下痞，须用枳实炒黄连。如禀受充实，面苍骨露，气实之人而心下痞者，宜枳实、黄连、青皮、陈皮、枳壳；如禀受素弱，转运不调，饮食不化而心下痞者，宜白术、山楂、曲糵、陈皮。如肥人心下痞者，乃是实痰，宜苍术、半夏、砂仁、茯苓、滑石；如瘦人心下痞者，乃是郁热在中焦，宜枳实、黄连、葛根、升麻。如食后感寒，饮食不化，心下痞，宜藿香、草豆蔻、吴茱萸、砂仁。痞挟血成窠囊，用桃仁、红花、香附、大黄之类。

又方

吴茱萸三两，汤浸煮少时　黄连八两

粥糊为丸，每服五七十丸，白术陈皮汤下。

玉液丸

软石膏不以多少，又云火煅红出火毒

上为末，醋糊丸如绿豆大，服之专能泻胃火，并治食积痰火。

〔附录〕 痞者与否同，不通泰也。由阴伏阳蓄，气与血不运而成。处心下，位中央，䐜满痞塞者，皆土之病也。与胀满有轻重之分，痞则内觉痞闷，而外无胀急之形者，是痞也。有中气虚弱，不能运化精微为痞者；有饮食痰积，不能施化为痞者；有湿热太甚为痞者。古方治痞用黄连、黄芩、枳实之苦以泄之，厚朴、生姜、半夏之辛以散之，人参、白术之甘苦以补之，茯苓、泽泻之淡以渗之。既痞同湿治，惟宜上下分消其气，如果有内实之证，庶可略与疏导。世人苦于痞塞，喜行利药，以求其速效，暂时快通，痞若再作，益以滋甚。

〔附方〕

加味补中益气汤　治内伤心下痞。方见内伤。

脉缓，有痰而痞，加半夏、黄连；脉弦，四肢满闷，便难而心下痞，加柴胡、黄连、甘草；大便秘燥，加黄连、桃仁，少加大黄、归身；心下痞瞀闷者，加白芍药、黄连；心下痞中寒者，加附子、黄连；心下痞腹胀，加五味子、白芍、砂仁，天寒少加干姜或中桂；心下痞呕逆者，加黄连、生姜、陈皮，如冬月加黄连、少入丁香、藿香；心下痞如腹中气上逆者，是冲脉逆也，加黄柏三分，黄连一分半以泄之；如食已心下痞，别服橘皮枳术丸。

枳实消痞丸 治右关脉浮弦，心下虚痞，恶食懒倦，开胃进食。

枳实 黄连各五钱 干生姜二钱 半夏曲三钱 厚朴四钱 人参三钱 甘草炙，二钱 白术三钱 茯苓 麦芽各二钱

上为末，水浸蒸饼丸，如梧桐子大，服三五十丸，温水下。

橘皮枳术丸

橘皮 枳实 白术等分

上为末，荷叶裹，烧饭为丸，每服五十丸，白汤下。

枳术丸 助胃消食，宽中去痞满。

白术 枳实各二两

上为末，荷叶裹，烧饭为丸。

嘈杂三十五

嘈杂是痰因火动，治痰为先。姜炒黄连入痰药，用炒山栀子、黄芩为君，南星、半夏、陈皮为佐。热多加青黛。嘈杂，此乃食郁有热，炒栀子、姜炒黄连不可无。肥人嘈杂，二陈汤少加抚弓、苍术、白术、炒山栀子。嘈杂若湿痰气郁，不喜食，三补丸加苍术、倍香附子。

医按：蒋氏子条云：心嘈索食，以白术、黄连、陈皮作丸，白汤下七、八十丸，数服而止。又云：眩运嘈杂，是火动其痰，二陈汤加栀子、芩、连之类。

戴云：此则俗谓之心嘈也。

三补丸见补损

伤食三十六

伤食恶食者，胸中有物，宜导痰补脾，用二陈汤加白术、山楂、川芎、苍术服之。

忧抑伤脾，不思饮食，炒黄连、酒芍药、香附，同清六丸末，用姜汁浸，蒸饼丸服。

入方

治气抑痰，倦不思食。

白术二两　苍术　陈皮　黄连　黄柏　半夏各二两　扁柏七钱半　香附一两半　白芍一两半

上为末，姜汁面糊丸。

治心腹膨，肉[1]多食积所致。

南星一两半，姜制　半夏　瓜蒌仁研和润，一两半　香附一两，童便浸　黄连三两，姜炒　礞石硝煅　萝卜子　连翘半两　麝少许

又方　加陈皮半两。

上为末，曲糊丸。

一人因吃面内伤，肚热头痛。白术一钱半，白芍、陈皮、苍术各一钱，茯苓、黄连、人参、甘草各五分。

上作一服，姜三片，煎。如口渴，加干葛二钱，再调理。

补脾丸

白术半斤　苍术　茯苓　陈皮各三两

粥为丸。

清六丸见泄泻。

〔附录〕　伤食之证，右手气口必紧盛，胸膈痞塞，噫气如败卵臭，亦有头痛发热，但身不痛为异耳，用治中汤加砂仁一钱，或用红丸子。

〔附方〕

加味二陈汤　治中脘闻食气则呕。

---

〔1〕肉　上科本作“内”。

本方加砂仁一钱，青皮半钱。

红丸子 治伤食。

京三棱 蓬术煨 青皮 陈皮五两 干姜炮 胡椒三两

上为末，用醋糊丸，如梧子大，矾红为衣，服三十丸，食后姜汤下。

治中汤见脾胃类。

疸三十七

疸不用分其五，同是湿热，如盦曲相似。轻者小温中丸，重者大温中丸。热多加芩、连；湿多者，茵陈五苓散加食积药。温热因倒胃气，服下药大便下利者，参、芪加山栀、茵陈、甘草。

戴云：五疸者，周身皮肤并眼如栀子水染，因食积黄者，量其虚实，下其食积，其余但利不便为先，小便利白，其黄则自退矣。

入方

小温中丸 治疸又能去食积。

苍术 川芎 香附 神曲 针砂醋炒红

春加芎，夏加苦参或黄连，冬加吴茱萸或干姜。

大温中丸 治食积与黄肿，又可借为制肝燥脾之用，脾虚者，以参、术、芍药、陈皮、甘草作汤使。

陈皮 苍术 厚朴 三棱 蓬术 青皮五两 香附一斤 甘草一两 针砂二两，醋炒红

上为末，醋糊丸，空心，姜盐汤下，午后饮食，可酒下。忌犬肉果菜。

〔附录〕 黄疸乃脾胃经有热所致，当究其所因，分利为先，解毒次之。诸疸口淡怔忡，耳鸣脚软，微寒发热，小便白浊，此为虚证，治宜四君子汤吞八味丸，不可过用凉剂强通小便，恐肾水枯竭，久而面黑黄色，及有渴者不治，不渴者可治。黄疸通身面目悉黄，宜生料五苓散加茵陈，又宜小柴胡加茵陈、茯苓、枳实，加少[1]

〔1〕加少 上科本作“少加”。

朴硝，济生茵陈汤，《千金方》东引桃根细者煎，空心服。谷疸，食已头眩，心中怫郁不安，饥饱所致，胃气蒸冲而黄，宜小柴胡加谷芽、枳实、厚朴、山栀、大黄、济生谷疸丸。酒疸身目黄，心中懊侬，足胫满，尿黄面黄而赤斑，酒过胃热，醉卧当风，水湿得之，小柴胡加茵陈、豆豉、大黄、黄连、葛粉。脉微数，面目清黑，或大便黑，《三因方》白术散。脉弦涩，三因当归白术散，《济生方》五苓加葛根汤。女劳疸，因房事后为水湿所搏，故额黑身黄，小腹满急，小便不利，以大麦一撮，同滑石、石膏末各一钱煎服。黄汗者，因脾胃有热，汗出入水，澡浴所致，故汗出黄染衣而不渴，《济生方》黄芪散、茵陈汤。又以苦丁香如豆大，深吸鼻中，出黄水，差。发黄脉沉细迟，四肢逆冷，身冷，自汗不止，宜茵陈四逆汤。

〔附方〕

茵陈蒿汤　治湿热发黄，身热鼻干，汗出，小便赤而不利。

茵陈六两　栀子十四个　大黄三两

上三味，每服一两半，水煎服。

栀子大黄汤　治酒疸。

栀子十五个　大黄一两　枳实五枚　豉一升

水煎温服。

硝石矾石散　治女劳疸，身黄额黑。

硝石　矾石各烧等分

上为末，以大麦粥汁和服二钱，日三，重衣覆取汗。

瓜蒂散

瓜蒂二钱　母丁香一钱　黍米四十九粒　赤小豆半钱

上为末，每夜于鼻内嗃之，取下黄水，凡用先令病人含水一口。

茵陈五苓散

上用五苓散五分，茵陈蒿末十分，和匀，先食饮，服方寸匕，日三服。

八味丸见补损。

生料五苓散见中暑。

小柴胡汤见疟。

济生茵陈汤

茵陈二两　大黄一两　栀子仁三钱

上咀，每服四钱，水一盏，煎八分，温服不拘时。

济生谷疸丸

苦参三两　牛胆一个　龙胆草一两

上为末，用牛胆汁入少炼蜜丸，如梧子大，每五十丸，空心，热水或生姜甘草汤送下。

三因白术汤

桂心　白术各一两　豆豉　干葛　杏仁　甘草各半两　枳实去穰，麸炒

上㕮咀，每服四钱，水一盏，煎七分，食前服。

三因当归白术汤

白术　茯苓各三两　当归　黄芩　茵陈各二两　甘草炙　枳实麸炒　前胡　杏仁去皮尖，麸炒。各二两　半夏泡七次，二[1]两半

上㕮咀，每服四钱，食后温服。

济生五苓散

猪苓　泽泻　白术　茵陈　赤苓等分

上㕮咀，每四钱，水煎，温服无时。

济生葛根汤

葛根二两　枳实麸炒　豆豉一两　栀子仁一两　甘草炙，半两

上㕮咀，水煎服，无时。

济生黄芪散

黄芪　赤芍　茵陈各二两　石膏四两　麦门去心　豆豉各一两　甘草炙，半两

上㕮咀，姜五片，水煎服无时。

茵陈四逆汤方见中寒类。加茵陈。

---

〔1〕二　上科本作“一”。

水肿三十八

水肿因脾虚不能制水，水渍妄行，当以参、术补脾，使脾气得实则自健运，自能升降运动其枢机，则水自行，非五苓、神佑之行水也。宜补中、行湿、利小便，切不可下。用二陈汤加白术、人参、苍术为主，佐以黄芩、麦门冬、炒栀子制肝木。若腹胀，少佐以厚朴；气不运，加木香、木通；气若陷下，加升麻、柴胡提之。随病加减，必须补中行湿。二陈治湿，加升提之药，能使大便润而小便长。产后必须大补血气为主，少佐苍术、茯苓，使水自降，用大剂白术补脾，若壅满，用半夏、陈皮、香附监之。有热当清肺金，麦门冬、黄芩之属。一方用山栀子去皮取仁，炒，捶碎，米汤送下一抄。若胃热病在上者，带皮用。治热水肿，用山栀子五钱，木香一钱半，白术二钱半，㕮咀，取急流顺水煎服。水胀，用大戟、香薷，浓煎汁成膏丸，去暑利小水。大戟为末，枣肉丸十丸，泄小水，劫快实者。

戴云：水肿者，通身皮肤光肿如泡者是也，以健脾、渗水、利小便、进饮食，元气实者可下。

〔附录〕 腰以下肿宜利小便，腰以上肿宜发汗，此仲景之要法也。诸家只知治湿当利小便之说，执此一途，用诸去水之药，往往多死；又用导水丸、舟车丸、神祐丸之类大下之，此速死之兆。盖脾极虚而败，愈下愈虚，虽劫效目前，而阴损正气，然病亦不旋踵而至。大法宜大补中宫为主，看所挟加减，不尔则死，当以严氏实脾散加减用。阳病水兼阳证者，脉必沉数；阴病水兼阴证者，脉必沉迟。水之为病不一，贾洛阳以病肿不治，必为锢疾，虽有扁鹊，亦莫能为，则知肿之危恶，非他病比也。夫人之所以得全其性命者，水与谷而已，水则肾主之，土谷则脾主之，惟肾虚不能行水，惟脾虚不能制水，胃与脾合气，胃为水谷之海，又因虚而不能传化焉，故肾水泛溢，反得以浸渍脾土，于是三焦停滞，经络壅塞，水渗于皮肤，注于肌肉而发肿矣。其状：自胞上下微起，肢体重著，咳喘怔忡，股间清冷，小便涩黄，皮薄而光，手按成窟，举手即满是也。治法：身有热者，水气在表，可汗；身无热，水气在里，可下。其间通利小便，顺气和脾，俱不可缓耳。证虽可下，又当权其轻重，不可过用芫花、大戟、甘遂猛烈之剂，一发不收，吾恐峻决者易，固闭者难，水气复来而无以治之也。风肿者，皮粗，麻木不仁，走注疼痛；气肿者，皮厚，四肢瘦削，腹胁胀膨；其皮间有红缕赤痕者，此血肿也。妇人怀胎，亦有气遏水道而虚肿者，此但顺气安脾，饮食无阻，既产而肿自消。大凡水肿先起于腹，而后散四肢者可活；先起于四肢，而后归于腹者不治。大便滑泄，与夫唇黑，缺盆平，脐突，足平，背平，或肉硬，或手掌平，又或男从脚下肿而上，女从身上肿而下，并皆不治。若遍身肿，烦渴，小便赤涩，大便闭，此属阳水，先以五皮散或四磨饮添磨生枳壳，重则疏凿饮；若遍身肿，不烦渴，大便溏，小便少不涩赤，此属阴水，宜实脾饮或木香流气饮。阳水肿，败荷叶烧灰存性，为末，米饮调下；若病可下者，以三圣饮，牵牛、枳实、萝卜子三味，看大小虚实与服。气实者，三花神祐丸、舟车丸、禹功散选用。忌食羊头、蹄肉，其性极补水，食之百不一愈。

〔附方〕

加味五皮散　治四肢肿满，不分阳水、阴水皆可服。

陈皮　桑白皮　赤茯苓皮　生姜皮　大腹皮各一钱　加姜黄一钱　木瓜一钱

上作一服，水煎。又方去陈皮、桑白，用五加、地骨皮。

疏凿饮子　治水气遍身浮肿，喘呼气急，烦渴，大小便不利，服热药不得者。

泽泻　赤小豆炒　商陆　羌活　大腹皮　椒目　木通　秦艽　槟榔　茯苓皮等分

上㕮咀，水煎，姜五片。

大橘皮汤　治湿热内攻，腹胀水肿，小便不利，大便滑泄。

陈皮一两　木香二钱半　滑石六两　槟榔三钱　茯苓一两　猪苓　白术　泽泻　肉桂各半两　甘草二钱

生姜五片，水煎服。

十枣丸 治水气四肢浮肿，上气喘急，大小便不利。

甘遂 大戟 芫花各等分

上为末，煮枣肉为丸，桐子大，清晨热汤下三十丸，以利为度，次早再服，虚人不可多服。

又方 治虚肿。

大香附不以多少，以童便浸一日夜，取出，另换童便又浸一日夜，再取出，又换童便，浸一日夜，擦去皮，晒干。

上为末，醋糊丸如梧子大，服七十丸，煎二十四味流气饮送下。

严氏实脾散

厚朴制 白术 木瓜 大腹子 附子 木香 草果仁 白茯苓 干姜炮。各一两 甘草炙，半两

上㕮咀，姜五片，枣一枚，煎服无时。

木香流气饮见气类。

四磨饮见喘类。

三花神祐丸 **舟车丸**并见中湿类。

禹功散

黑牵牛头末四两 茴香炒，一两

上为末，生姜自然汁调一二钱，临睡服。或加白术一两。

加味枳术汤 治气为痰饮闭隔，心下坚胀，名曰气分。

枳壳 白术 紫苏茎叶 桂 陈皮 槟榔 北梗 木香 五灵脂炒。各二分 半夏 茯苓 甘草各一分半

上以水煎，姜三片。

胎水证：凡妇人宿有风寒冷湿，妊娠喜脚肿，亦有通身肿满，心腹急胀，名曰胎水。

二十四味流气饮见气类。

鼓胀三十九

鼓胀又名单鼓。宜大补中气、行湿。此乃脾虚之甚，必须远

音乐，断厚味。大剂人参、白术，佐以陈皮、茯苓、苍术之类。有血虚者，用四物汤行血药；有脉实坚人壮盛者，或可攻之，便可收拾，用参、术为主。凡补气，必带厚朴宽满。厚朴治腹胀，因味辛，以气聚于下焦故也，须用姜汁制之。如肥胖之人腹胀者，宜平胃、五苓共服之；如白人腹胀者，是气虚，宜参、术、厚朴、陈皮；如瘦人腹胀者，是热，宜黄连、厚朴、香附、白芍；如因有故蓄血而腹胀者，宜抵当丸下死血；如因有食积而腹胀者，有热用木香槟榔丸，有寒用木香、厚朴、丁香、砂仁、神曲、香附；如因外寒郁内热而腹胀者，用藿香、麻黄、升麻、干葛、桂枝；因大怒而腹胀者，宜青皮、陈皮、香附、木香、栀子仁、芦荟。实者按之不坚不痛，治须实者下之，消之，次补之；虚者温之，升之，补为要。朝宽暮急血虚，暮宽朝急气虚，终日急，气血皆虚。腹胀不觉满者，食肉多，以黄连一两，阿魏半两，醋浸蒸饼为丸，同温中丸、白术汤下。食肉多腹胀，三补丸料内加香附、半夏曲，蒸饼丸服。

〔附录〕 心肺阳也，居上；肾肝阴也，居下；脾居中，亦阴也，属土。经曰：饮食入胃，游溢精气，上输于脾，脾气散精，上归于肺，通调水道，下输膀胱，水精四布，五经并行。是脾具坤静之德，而有乾健之运，故能使心肺之阳降，肾肝之阴升，而成天地交之泰，是为无病。今也七情内伤，六淫外侵，饮食不节，房劳致虚，脾土之阴受伤，转运之官失职，胃虽受谷不能运化，故阳自生，阴自降，而成天地不交之否，清浊相混，隧道壅塞，郁而为热，热留为湿，湿热相生，遂成胀满，经曰鼓胀是也。以其外虽坚满，中空无物，有似于鼓，其病胶固，难以治疗。又名曰蛊，若虫侵蚀之义。理宜补脾，又须养脾[1]金以制木，使脾无贼邪之患，滋肾水以制火，使肺得清化，却厚味，断妄想，远音乐，无有不安。医又不察虚实，急于作效，病者苦于胀急，喜行利药，以求通快，不知觉得一日、半日其肿愈甚，病邪甚矣！真气伤矣！古方惟禹余粮丸，又名紫金丸，制肝补脾，殊为切当。

---

〔1〕脾　上科本作“肺”。

〔附方〕

中满分消丸 治中满鼓胀、水气胀、大热胀并皆治之。

黄芩 枳实炒 半夏 黄连炒。各五钱 姜黄 白术 人参 甘草 猪苓各一钱 厚朴制，一两 茯苓 砂仁各二两 泽泻 陈皮各三钱 知母四钱 干生姜二钱

上为末，水浸蒸饼，丸如梧子大，每服百丸，焙热，白汤下，食后。寒因热用，故焙服之。

广茂溃坚汤 中满腹胀，内有积块，坚硬如石，令人坐卧不安，大小便涩滞，上气喘促，遍身虚肿。

厚朴 黄芩 益智 草豆蔻 当归各五钱 黄连六钱 半夏七钱 广茂 升麻 红花炒 吴茱萸各二钱 甘草生 柴胡 泽泻 神曲炒 青皮 陈皮各三钱 渴者加葛根四钱

上每服七钱，生姜三片，煎服。

紫苏子汤 治忧思过度，致伤脾胃，心腹胀满，喘促烦闷，肠鸣气走，漉漉有声，大小便不利，脉虚紧而涩。

苏子一两 大腹皮 草果 半夏 厚朴 木香 陈皮 木通 白术 枳实 人参 甘草各半两

上水煎，生姜三片，枣一枚。

人参芎归汤 治血胀烦躁，水不咽，迷忘，小便多大便异，或虚厥逆，妇人多有此证。

当归 半夏七钱半 川芎一两 蓬术 木香 砂仁 白芍 甘草炙。各半两 人参 桂心 五灵脂炒。各二钱半

上水煎，生姜三片，枣一个，紫苏四叶。

禹余粮丸 治中满气胀，喘满，及水气胀。

蛇含石大者三两，以铁铫盛，入炭火中，煅药与铫子一样通红，用钳出铫子，以药淬醋中，候冷研极细 真针砂五两，先以水淘净，控干，更以铁铫子炒干，入禹余粮一处，用水醋二斤，就铫内煮令醋干为度，却就用铫子同二药入一秤炭火中，煅令通赤，钳出铫子，倾药于净砖地上，候冷研极细 禹余粮三两，同入针砂内制

已上三物为主，其次量人虚实入下项药：

木香　牛膝酒浸　莪术炮　白蒺藜　桂心　川芎　白豆蔻　土茴香炒　三棱炮　羌活　茯苓　干姜炮　青皮去白　附子炮　陈皮　当归酒浸一夕

上各半两，虚人、老人全用半两，实壮之人随意减之。

上为末，拌匀，以汤浸蒸饼，滤去水，和药再捣极匀，丸如梧桐子大，每服五十丸，空心温[1]酒下。最忌食盐，否则发疾愈甚。

平胃散见脾胃。

五苓散见中暑。

抵当丸

水蛭七个　虻虫八个　桃仁七个　大黄一两

上为末，分作四丸，水一盏，煎一丸，取七分，温服，当下血，未下再服。

绀珠木香槟榔丸

木香　槟榔　当归　黄连　枳壳　青皮　黄柏各一两　黄芩　陈皮　三棱　香附　牛末各二两　莪术　大黄各四两

上为末，面糊丸，梧子大，每服五七十丸，临卧姜汤下。寻常消导开胃，只服三四十丸。

温中丸见积类。

三补丸见补损。

小便不通四十

小便不通，有气虚、血虚、有痰、风闭、实热。

气虚用参、芪、升麻等，先服后吐，或参、芪药中探吐之；血虚四物汤先服后吐，或芎归汤中探吐亦可；痰多，二陈汤先服后吐。已上皆用探吐。若痰气闭塞，二陈汤加木通一作木香、香附探吐之，以提其气，气升则水自降下，盖气承载其水也。有实热者，当利之，砂糖汤调牵牛末二三分，或山栀之类。有热、有湿、有气

---

〔1〕温　原作“湿”，据上科本改。

结于下，宜清宜燥宜升。有孕之妇，多患小便不通，胞被胎压下故也，转胞论用四物汤加参、术、半夏、陈皮、甘草、姜、枣，煎汤，空心服。

一妇人脾疼后，患大小便不通，此是痰隔中焦，气滞于下焦，以二陈汤加木通，初吃后煎柤吐之。

〔附录〕 肾主水，膀胱为之府，水潴于膀胱而泄于小肠，实相通也，然小肠独应于心者，何哉？盖阴不可以无阳，水不可以无火，水火既济，土不相交，此荣卫所以流行，而水窦开阖，所以不失其司耳。惟夫心肾不交，阴阳不调，故内外关格而水道涩，传送失度而水道滑，热则不通，冷则不禁。其热盛者，小便闭而绝无；其热微者，小便难而仅有。肾与膀胱俱虚，客热乘之，故不能制水，水挟热而行涩，为是以数起而溺有余沥；肾与膀胱俱冷，内气不充，故胞中自滑，所出多而色白，为是以遇夜阴盛愈多矣。小便涩滑，又当调适其气欤。

〔附方〕

草蜜汤 治心肾有热，小便不通。

生车前草，捣取自然汁半盏，入蜜一匙调下。

蒲黄汤 治心肾有热，小便不通。

赤茯苓 木通 车前子 桑白皮 荆芥 灯心 赤芍 甘草炙 生蒲黄 滑石等分

上为末，每服二钱，葱头一根，紫苏五叶，煎汤调服。

又方 治膀胱不利为癃。癃者，小便闭而不通。

八正散加木香，以取效。或曰滑石亦可。

又方 治小便不通，脐下满闷。

海金沙一两 腊茶半两

上为末，每服三钱，生姜甘草汤调下。

又方 治小便不通。

鸡子中黄一枚，服之不过三。

又方 炒盐热，熨小腹，冷复易之。

又方 治忍小便，久致胞转。

自取爪甲烧，饮服之。

又方　以蒲黄裹患人肾，令头至地，三度即通。

又方　取陈久笔头一枚，烧为灰，和水服之。

芎归汤见肠风类。

二陈汤见中风。

八正散见淋。

小便不禁四十一

小便不禁者，属热，属虚。热者五苓散加解毒，虚者五苓加四物。

戴云：小便不禁，出而不觉，赤者有热，白者气虚也。

〔附录〕　小便不禁，有虚热、虚寒之分。内虚寒，自汗者，秘元丹、三因韭子丸；内虚湿热者，六味地黄丸，或八味丸加杜仲、骨脂、五味。老人宜八味丸减泽泻为妙。

〔附方〕

秘元方　助阳消阴，正气温中，内虚里寒，冷气攻心，胀痛泄泻，自汗时出，小便不禁，阳衰足冷，真气不足，一切虚冷。

白龙骨三两，烧　诃子十个，炮，去核　砂仁一两　灵砂二两

上四味为末，煮糯米粥丸，如麻子大，空心，温酒送下二丸，临卧冷水送下三丸。忌葱、茶、葵菜物。

暖肾丸　治肾虚多溺，或小便不禁而浊。

胡芦巴炒　故纸炒　川楝用牡蛎炒，去牡蛎　熟苄　益智　鹿茸酒炙　山茱萸　代赭烧，醋淬七次，另研　赤石脂各七钱半　龙骨　海螵蛸　熟艾醋拌，炙焦　丁香　乳香各五钱　禹余粮煅，醋淬，七钱半

上为末，糯米粥丸，如梧子大，服五十丸，煎菖蒲汤空心送下。

三因家韭子丸　治下元虚冷，小便不禁，或成白浊。

韭子六两，炒　鹿茸四两，酥炙　苁蓉酒浸　牛膝　熟苄　当归各二两　巴戟去心　菟丝子酒浸。各一两半　杜仲　石斛　桂心

干姜炮。各一两

上为末，酒糊丸如梧子大，每服一百丸，空心，汤酒任下。

六味地黄丸见补损。

八味丸见补损。

关格四十二

关格，必用吐，提其气之横格，不必在出痰也。有痰宜吐者，二陈汤吐之，吐中便有降。有中气虚不运者，补气药中升降。寒在上，热在下，脉两手寸俱盛四倍以上。

戴云：关格者，谓隔中觉有所碍，欲升不升，欲降不降，欲食不食，此谓气之横格也。

淋 四 十 三

淋有五，皆属乎热。解热利小便，山栀子之类。山栀子去皮一合，白汤送下。淋者，小便淋沥，欲去不去，不去又来，皆属于热也。

入方 治老人气虚而淋者。

人参 白术 木通 山栀

地髓汤 治死血作淋，痛不可忍，此证亦能损胃不食。

杜牛膝一合

上以水五钟，煎耗其四而留其一，去滓，入麝香少许，空心服之，又只单以酒煎亦可，又名苦杖散。老人虚寒者，八味丸或六味地黄丸为要药。

又方 治气虚而淋者。

八物汤加黄芪、虎杖、甘草，煎汤服，诸药中可加牛膝。

〔附录〕 诸淋所发，皆肾虚而膀胱生热也。水火不交，心肾气郁，遂使阴阳乖舛，清浊相干，蓄在下焦，故膀胱里急，膏血砂石从小便道出焉，于是有欲出不出，淋沥不断之状，甚者窒塞，其间则令人闷绝矣。大凡小肠有气则小便胀，小肠有血则小便涩，小肠有热则小便痛，痛者为血淋，不痛者为尿血。败精结者为沙，精结散者为膏，金石结者为石，小便涩常有余沥者为气，揣本揆原，各从其类也。执剂之法，并用流行滞气，疏利小便，清解邪热，其于调平心火，又三者之纲领焉。心清则小便自利，心平则血不妄行。最不可用补气之药，气得补而愈胀，血得补而愈涩，热得补而愈盛，水窦不行，加之谷道闭遏，未见其有能生者也。虽然，肾气虚弱，囊中受寒，亦有挟冷而小便淋涩，其状先寒战而后溲便，盖冷气与正气交争，冷气盛则寒战而成淋，正气盛则寒战解而得便溺也。又有胞系转戾之不通者，是不可不辨，胞转证，脐下急痛，小便不通。凡强忍小便，或尿急疾走，或饱食忍尿，饱食走马，忍尿入房，使水气上逆，气迫于胞，故屈戾而不得舒张也，胞落则殂。

淋闭，古方为癃。癃者，罢也。不通为癃，不约为遗。小便滴沥涩痛者，谓之淋；小便急满不通者，谓之闭。宜五苓散、灯心汤调服。若脐下胀满，更加琥珀末一钱，甚效。

有淋病，下诸通利药，不能通者，或用木香流气饮，或别用通气香剂才愈者，此乃气淋，出于冷、热淋之外。血淋一证，须看血色，分冷热。色鲜者，心小肠实热；色瘀者，肾膀胱虚冷。若的是冷淋，及下元虚冷，血色瘀者，并宜汉椒根剉碎，不以多少，白水煎，候冷服。若热极成淋，服药不效者，宜减桂五苓散加木通、滑石、灯心、瞿麦各少许，蜜水调下。

〔附方〕

二神散 治诸淋急痛。

海金砂七钱半 滑石半两

上为末，每服二钱半，多用灯心、木通、麦门冬煎，入蜜少许调下。

五淋散 治诸淋。

赤茯苓 赤芍 山栀仁 生甘草七钱半 当归 加黄芩五钱

每服五钱，水煎空心服。

车前子散 治诸淋，小便痛不可忍。

车前子不炒，半两　淡竹叶　荆芥穗能通窍　赤茯苓　灯心各二钱半

上作二服，水煎。

又方　治小肠有热，血淋急痛。

生车前草洗净，臼内捣细，每服准一盏许，井水调，滤清汁，食前服。若沙淋，则以煅寒水石为末，水调服。

茯苓调血汤　治酒面过度，房劳后，小便下血。

赤茯苓一两　赤芍　川芎　半夏曲各五钱　前胡　柴胡　青皮　枳壳　北梗　桑皮　白茅根　灯心　甘草炙。各二钱半

每服三钱，姜三片，蜜一匙，水煎服。

沙石淋方

黑豆一百二十粒　生粉草一寸

上以水煎，乘热入滑石末一钱，空心服。

木香汤　治冷气凝滞，小便淋涩作痛，身体冷。

木香　木通　槟榔　大茴香炒　当归　赤芍　青皮　泽泻　橘皮　甘草

上每服三钱，姜三片，入桂少许，煎服。

又方　治小便淋痛，下沙石或赤涩。

萱草根

上用一握，捣取汁服。或嫩苗煮食之亦可。

又方　治卒淋痛。

益元散二钱　茴香一钱，微炒黄

上为末，水煎服。

又方　治淋，茎中痛，是肝经气滞有热。

甘草梢子一味

上用水煎，空心服。

又方　治苦病淋而茎中痛不可忍者。

六君子汤或四君子汤加黄柏、知母、滑石、石苇、琥珀，煎服。方见脾胃类。

博济方　治五淋。

赤芍药一两　槟榔一个，面裹煨

上为末，每服一钱，水煎，空心服。

又方　治热淋、血淋效。

赤小豆不以多少，炒熟

上为末，每服二钱，煨葱一根，温酒调服。

通秘散　治血淋，痛不可忍。

陈皮　香附　赤茯苓等分

上㕮散，每服二钱，水煎，空心服。

白薇散　治血淋、热淋。

白薇　赤芍等分

上为末，每服二钱，温酒调下立效。或加槟榔。

发灰散　治血淋，若单小便出血，为茎衄，皆主之。

乱发不以多少，烧灰，入麝香少许，每服用米醋泡汤调下。

治淋以葵子末等分，用米饮空心调下。最治妇人胞转不尿。

沉香散　治气淋，多因五内郁结，气不舒行，阴滞于阳而致壅滞，小腹胀满，便溺不通，大便分泄，小便方利。

沉香　石苇去毛　滑石　王不留行　当归各半两　葵子　芍药七钱半　甘草　陈皮二钱半

上为末，每服二钱半，煎大麦汤调下。

又方　治淋。

人参一钱　白术一钱半　泽泻七分　麦门冬半钱　赤茯苓七分　甘草半钱　滑石半钱　竹叶三十片　灯心二十茎

上㕮作一服，水煎。

又方

海金沙七钱半，滑石五钱，煎木通、麦门冬、车前草，汤服二钱。

生附汤　治冷淋，小便秘涩，数起不通，窍中苦痛，憎寒凛凛，多因饮水过度，或为寒湿，心虚志耗，皆有此证。

附子去皮脐　滑石各半两　瞿麦　木通七钱半　半夏

上㕮散，每服三钱，水一钟，生姜三片，灯心二十茎，蜜半匙，煎，空心服。

八正散 治大人小儿心经蕴热，脏腑秘结，小便赤涩，癃闭不通，热淋、血淋并宜。

车前 瞿麦 萹蓄 滑石 甘草 山栀 木通 大黄面裹煨。各等分 灯心二十茎 上每服五钱，水煎，空心服。

清心莲子饮 治上盛下虚，心火炎上，口苦咽干，烦渴微热，小便赤涩，或欲成淋。

黄芪 石莲肉 白茯苓 人参各七钱半 黄芩 甘草炙 地骨皮 麦门冬 车前子各五钱

上每服五钱，水煎。发热加柴胡、薄荷。

又方 治诸淋。

五苓散二钱 益元散一钱 灯心三十茎

上水煎，空心服。或云：益元散只加车前末一钱，又或去前二件，只加阿胶末一钱。

又方 治热淋、血淋。

麻根十个

上以水四碗，煎去三留一，空心服，甚效。

又方 治淋疾。

石燕子十个，捣如黍米大 新桑白皮三两，剉，同拌匀

上将二物作七贴，每用水一盏，煎七分，去柤，空心午前至夜，各一服。

参茯琥珀汤 治淋，茎中痛不可忍，相引胁下痛。

人参五分 茯苓四分 琥珀三分 川楝子炒，一钱 生甘草一钱 玄胡索七分 泽泻 柴胡各三分 当归梢三分

上作一服，长流水煎，空心服。

灸法 治小便淋涩不通，用食盐不以多少，炒热，放温填脐中，却以艾灸七壮，即通。

八味丸见诸补损。

六味地黄丸 **八物汤**并见补损。

五苓散见中暑。

木香流气饮见气类。

赤白浊四十四

浊主湿热、有痰、有虚。

赤属血，白属气，痢带同治。寒则坚凝，热则流通。大率皆是湿痰流注，宜燥中宫之湿，用二陈加苍术、白术，燥去其湿。赤者乃是湿伤血也，加白芍药，仍用珍珠粉丸，加臭椿根白皮、滑石、青黛作丸药。虚劳用补阴药，大概不宜热一作凉药。肥白人必多痰，以二陈汤去其湿热。胃弱者，兼用人参，以柴胡、升麻升其胃中之气，丸药用黄柏炒褐色、干姜炒微黑、滑石、蛤粉、青黛糊丸服。胃中浊气下流为赤白浊，用二陈加柴胡、升麻、苍术、白术。丸药用樗皮末、蛤粉、炒干姜、炒黄柏。胃中浊气下流，渗入膀胱，青黛、蛤粉。肝脉弦者，用青黛以泻肝。又方，炒黄柏一两，生柏一两，滑石三两，神曲半两，为末，滴水丸。燥湿痰，南星、半夏、蛤粉、青黛为末，神曲糊丸，青黛为衣。有热者，青黛、滑石、黄柏之类，水丸。张子元气血两虚有痰，痛风时作，阴火间起，小便白浊，方在痛风类。

一人便浊经年，或时梦遗，形瘦，作心虚主治，用珍珠粉丸和定志丸服。

一妇人年近六十，形肥，奉养膏粱，饮食肥美，中焦不清，浊气流入膀胱，下注白浊，白浊即湿痰也。用二陈去痰，加升麻、柴胡升胃中清气，加苍术去湿，白术补胃，全在活法。服四贴后，浊减大半，却觉胸满，因柴胡、升麻升动胃气，痰阻满闷，又用本汤加炒曲、白术、香附。素无痰者，虽升动不满也。

入方

青黛　蛤粉　椿末　滑石　干姜炒　黄柏炒褐色

上为末，神曲糊丸，仍用前燥湿痰丸子，亦治带下病。

法云：黄柏治湿热，青黛解郁热，蛤粉咸寒入肾，滑石利窍，干姜味苦，敛肺气下降，使阴血生。干姜监制。

又方

黄柏炒黑，一两　生柏二两，一云生地黄　蛤粉三两　神曲半两

上为末，水丸服。

〔附录〕 人之五脏六腑，俱各有精，然肾为藏精之府，而听命于心，贵乎水火升降，精气内持。若调摄失宜，思虑不节，嗜欲过度，水火不交，精元失守，由是而为赤白浊之患。赤浊是心虚有热，因思虑得之；白浊肾虚有寒，过于淫欲而得之，其状漩白如油，光彩不定，漩脚澄下，凝如膏糊。治法：赤者当清心调气，白者温补下元，又须清上，使水火既济，阴阳叶[1]和，精气自固矣。

〔附方〕

定志丸方

远志去心　石菖蒲各二两　人参　白茯苓各三两

上为末，蜜丸梧子大，朱砂为衣，每服七丸，加至二十丸，空心，米汤送下。

半夏丸治白浊神效。

半夏燥湿　猪苓分水　肝脉弦加青黛。

二陈汤治浊，能使大便润而小便长。浊气只是湿[2]痰。有白浊人，服玄菟丹不愈，服附子八味丸即愈者，不可不知。有小便如常，停久才方漩浊。

清心莲子饮　心虚有热，小便赤浊，或有沙膜。方见淋类。

萆薢分清饮　治真元不足，下焦虚寒，小便白浊，频数无度，漩白如油，光彩不定，漩脚澄下，凝如膏糊。

益志　川萆薢　石菖蒲　乌药等分

上剉，每服五钱，水煎，入盐一捻，食前服。一方加茯苓、甘草。

茯菟丸　治思量太过，心肾虚损，真阳不固，便溺余沥，小便白浊，梦寐频泄。

菟丝子五两　白茯苓三两　石莲肉二两

---

〔1〕叶　通“协”。
〔2〕湿　原作“温”，据上科本改。

上为末，酒糊丸如梧子大，每三十丸，空心盐汤下。

瑞莲丸 治思虑伤心，小便赤浊。

白茯苓 莲肉 龙骨 天门冬 麦门冬 远志去心 柏子仁另研 紫石英火煅七次，另研 当归酒浸 酸枣仁炒 龙齿各一两 乳香半两，研

上为末，蜜丸梧子大，朱砂为衣，服七十丸，空心，温酒、枣汤任下。

又方 治小便白浊出髓条。

酸枣仁炒 白术 人参 白茯苓 故纸炒 益智 大茴香 左顾牡蛎煅。各等分

上为末，青盐酒为丸，梧子大，每三十丸，温酒下。

又方 心经伏暑，小便赤浊。

人参 白术 赤茯苓 香薷 泽泻 猪苓 莲肉去心 麦门冬去心，等分

上剉，水煎服。

珍珠粉丸 治白浊，梦泄遗精，及滑出而不收。

真蛤粉一斤 黄柏一斤，新瓦上炒赤

上为末，滴水丸，梧子大，每服一百丸，空心，温酒送下。法曰：阳盛阴虚，故精泄也。黄柏降心火，蛤粉咸而补肾阴。

玄菟丹

菟丝子酒浸，研焙，取末十两 五味子酒浸，研末七两 白茯苓 莲肉各三两

上为末，别研干山药末六两，将所浸酒余者，添酒煮糊搜和，捣数千杵，丸如梧子大，每服五十丸，米饮空心下。

附子八味丸见补损。

梦遗四十五附精滑

专主乎热。

带下与脱精同治法，青黛、海石、黄柏。内伤气血，虚不能固

守，常服八物汤加减，吞樗树根丸。思想成病，其病在心，安神丸带补药。热则流通，知母、黄柏、蛤粉、青黛为丸。精滑专主湿热，黄柏、知母降火，牡蛎粉、蛤粉燥湿。

戴云：因梦交而出精者，谓之梦遗；不因梦而自泄精者，谓之精滑。皆相火所动，久则有虚，而无寒也。

入方

良姜三钱　黄柏二钱　芍药二钱。并烧灰存性　樗根　白皮一两半

上为末，糊丸，每服三十丸。

〔附录〕　遗精得之有四：有用心过度，心不摄肾，以致失精者；有因思色欲不遂，精乃失位，输精而出者；有欲太过，滑泄不禁者；有年高气盛，久无色欲，精气满泄者。然其状不一，或小便后出多，不可禁者，或不小便而自出，或茎中出而痒痛，常如欲小便者。并宜先服辰砂妙香散，或感喜丸，或分清饮，别以绵裹龙骨同煎。又或分清饮半贴，加五倍子、牡蛎粉、白茯苓、五味子各半钱，煎服。

梦遗，俗谓之夜梦鬼交，宜温胆汤去竹茹，加人参、远志、莲肉、酸枣仁、炒茯神各半钱。

〔附方〕

妙香散见溺血类。

感[1]**喜丸**

黄蜡四两　白茯苓去皮，四两，作块，用猪苓一分，同于磁器内，煮二十沸，取出，日干，不用猪苓

上以茯苓为末，溶蜡搜丸，如弹子大，每服一丸，空心细嚼津液咽下，小便清为度，忌米醋。

八物汤见补损。

分清饮见浊类。

樗树根丸即固肠丸。见妇人。

---

〔1〕感　《太平惠民和剂局方》作“威”。

安神丸见痫。

温胆汤

半夏　枳壳各一两　甘草四钱　茯苓三分　陈皮一两半

上㕮咀，每服四钱，水盏半，姜七片，枣一枚，竹茹一块，煎七分，去柤，食前热服。

消渴四十六

消渴，养肺、降火、生血为主。分上、中、下治。三消皆禁用半夏，血虚亦忌用。口干咽痛，肠燥大便难者，亦不宜用；汗多者，不可用。不已，必用姜盐制。消渴若泄泻，先用白术、白芍药炒为末，调服后却服前药。即诸汁膏。内伤病退后，燥渴不解，此有余热在肺经，可用参、芩、甘草少许，生姜汁调，冷服，或以茶匙挑姜汁与之，虚者可用人参汤。天花粉，消渴神药也。上消者，肺也，多饮水而少食，大小便如常；中消者，胃也，多饮水而小便赤黄；下消者，肾也，小便浊淋如膏之状，面黑而瘦。

入方

黄连末　天花粉末　人乳汁又云牛乳　藕汁　生苄汁

上后二味汁为膏，入前三味搜和，佐以姜汁和蜜为膏，徐徐留舌上，以白汤少许送下。能食者，加软石膏、瓜蒌根。

〔附录〕 水包天地，前辈常有是说矣。然则中天地而为人，水亦可以包润五脏乎？曰：天一生水，肾实主之，膀胱为津液之府，所以宣行肾水，上润于肺，故识者肺为津液之脏，自上而下，三焦脏腑，皆囿乎天一真水之中。《素问》以水之本在肾，末在肺者，此也。真水不竭，安有所谓竭哉？人惟淫欲恣情，酒面无节，酷嗜炙煿糟藏，咸酸酢醢，甘肥腥膻之属，复以丹砂玉石济其私，于是炎火上熏，腑脏生热，燥炽盛，津液干焦，渴饮水浆而不能自禁。其热气上腾，心虚受之，心火散熳，不能收敛，胸中烦躁，舌赤唇红，此渴引饮常多，小便数少，病属上焦，谓之消渴。热蓄于中，脾虚受之，伏阳蒸胃，消谷善饥，饮食倍常，不生肌肉，此渴亦不甚烦，但欲饮冷，小便数而甜，病属中焦，谓之消中。热伏于下，肾虚受之，腿膝枯细，骨节酸痛，精走髓空，引水自救，此渴水饮不多，随即溺下，小便多而浊，病属下焦，谓之消肾。又若强中消渴，其毙可立待也。治法总要：当以白术散养脾，自生津液，兼用好粳米煮粥，以膂肉碎细，煮服以养肾，则水有所司，又用净黄连湿剉，入雄猪肚中，密札，于斗米上蒸烂，添些蒸饮，臼中杵，粘丸如桐子，服一百丸，食后米饮下，可以清心止渴。东垣云：膈消者，以白虎加人参汤治之；中消者，以调胃承气汤、三黄丸治之；下消者，以六味地黄丸治之。

〔附方〕

茯菟丸 治三消渴通用，亦治白浊。

菟丝子酒浸，十两 北五味子七两 白茯苓五两 石莲肉三两

上为末，用山药六两为末，作糊和丸，梧子大，每服五十丸，米汤下。

麦门冬饮子 治膈消，胸满烦心，津液干少，短气而渴。

知母 甘草炙 瓜蒌 五味子 人参 葛根 生苄 茯神 麦门冬去心。各等分

上㕮咀，水煎，入竹叶十四片。

加味钱氏白术散 治消渴不能食。

人参 白术 白茯苓 甘草炙 枳壳炒，各半钱 藿香一钱 干葛二钱 木香 五味 柴胡三分

上作一服，水煎服。

地黄饮子 治消渴咽干，面赤烦躁。

甘草炙 人参 生苄 熟苄 黄芪 天门冬 麦门冬去心 泽泻 石斛 枇杷叶炒

上每服五钱，水煎服。

加减八味丸 治肾虚消渴引饮。

本方内减附子，加五味子。《要略》治男子消渴，小便反多者，仍用本方。方见补损。

清心莲子饮 治渴而小便浊或涩。

黄芩　麦门冬　地骨皮　车前子　甘草各三钱　莲子　茯苓　黄芪　柴胡　人参各三钱半

上㕮咀，水煎服。

川黄连丸　治渴。

川黄连五两　天花粉　麦门冬去心。各二钱半

上为末，生地黄汁并牛乳夹和，捣丸梧子大，服三十丸，粳米汤送下。

玉泉丸　治烦渴口干。

麦门冬去心　人参　茯苓　黄芪半生半蜜炙　乌梅焙　甘草各一两　瓜蒌根　干葛各一两半

上为末，蜜丸弹子大，每服一丸，温汤嚼下。

白虎加人参汤见中暑

调胃承气汤见痢类

三黄丸

黄连去须　黄芩　大黄煨。各等分

上为末，炼蜜丸梧子大，每服四十丸，熟水下。

六味地黄丸见补损。

发热四十七附胸中烦热　虚烦不眠　虚热

阴虚发热证难治。

戴云：凡脉数而无力者，便是阴虚也。

四物汤加炒黄柏、黄芩、龟板。兼气虚加人参、黄芪、黄芩、白术。四物汤加炒柏，是降火补阴之妙剂，甚者必加龟板。吃酒人发热难治。不饮酒人，因酒发热者，亦难治。

一男子年二十三岁，因酒发热，用青黛、瓜蒌仁，入姜汁，每日数匙入口中，三日而愈。

阳虚发热，补中益气汤。手足心热，属热郁，用火郁汤。伤寒寒热，当用表散。发热柴胡，恶寒苍术，虚人用苍术恐燥。发热恶风，人壮气实者，宜先解表。发热恶寒，亦宜解表。

入方

苍术半两　片芩三钱　甘草一钱半

上为末，汤浸炊饼丸服。

治手心发热。

山栀　香附　或加苍术　白芷　半夏生用　川芎

上为末，神曲糊丸服。

治烦不得眠。

六一散加牛黄。

治大病后阴虚，气郁夜热。

酒芍药一两二钱半　香附一两　苍术半两　炒片芩三钱　甘草一钱半

上为末，炊饼丸服。

湿痰发热。

炒片芩　炒黄连半两　香附二两半　苍术二两

上为末，用瓜蒌穰丸。

湿痰夜发热。

以三补丸加白芍药为末。见补损。

退劳热食积痰。

上甲　下甲　侧柏　瓜蒌子　半夏　黄连　黄芩　炒柏

上为末，炊饼为丸。

胸中烦热，须用栀子仁。有实热而烦躁者，亦用栀子仁；有虚热而烦躁者，宜参、芪、麦门冬、白茯苓、竹茹、白芍药。若脉实数，有实热者，神芎丸。

虚热用黄芪，止虚汗亦然。又云：肌热及去痰者，须用黄芩，肌热亦用黄芪。如肥白之人发热，宜人参、黄芪、当归、芍药、浮小麦炒，止虚汗同。补中益气汤治虚中有热，或肌表之热。

〔附方〕

火郁汤

升麻　葛根　柴胡　白芍各一两　防风　甘草各五钱

上㕮咀，每五钱，入莲须、葱白三寸煎，稍热，不拘时。

补中益气汤见内伤。

神芎丸

大黄　黄芩　滑石　牵牛

上为末，滴水为丸。

恶寒四十八附面热　面寒

阳虚则恶寒，用参、芪之类，甚者加附子少许，以行参、芪之气。

一妇人恶寒，用苦参、赤小豆各一钱为末，齑水调服，探吐之后，用川芎、南星、苍术、酒炒黄芩，为末，曲糊丸，服五六十丸，白汤下。冬月芩减半，加姜汁调，曲煮糊丸。

虚劳，冬月恶寒之甚，气实者可利，亦宜解表，柴胡、干葛。恶寒久病，亦用解郁。

戴云：凡背恶寒甚者，脉浮大而无力者，是阳虚也。

面热火起，寒郁热；面寒退胃热。

〔附录〕《内经》云：面热者，手阳明病，阳经气盛有余，则身已前皆热。此经多血多气，本实则风热上行，诸阳皆会于头，故面热也。先以承气汤加黄连、犀角彻其本热，次以升麻加黄连汤主之。

〔附方〕

升麻加黄连汤

升麻　葛根各一钱　白芷七分　甘草炙　白芍五分　黄连酒炒　川芎三分　荆芥　薄荷一分　生犀三分

上作一服，水煎。升麻汤加黄连治面热，加附子治面寒。

升麻附子汤　治阳明经本虚，气不足，则身已前皆寒，故面寒。

升麻　葛根一钱　白芷　黄芪七分　甘草炙　草豆蔻　人参二分　附子炮，七分　益智三分

上作一服，连须葱白同煎服。

承气汤见痢类。

自汗四十九

自汗属气虚、血虚、湿、阳虚、痰。

东垣有法有方，人参、黄芪，少佐桂枝。阳虚附子亦可少用，须小便煮。火气上蒸胃中之湿亦能汗，凉膈散主之。痰证亦有汗。自汗大忌生姜，以其开腠理故也。

〔附录〕 或问湿之与汗，为阴乎，为阳乎？曰：西南坤土也，在人则为脾胃也。人之犹天地之雨也，阴滋其湿则为露，露为雨也，阴湿下行，地之气也，汗多则亡阳，阳去则阴胜也。甚则寒中湿胜，则音声如从瓮中出，言其壅也，不出也，以明其湿审矣。《内经》曰：气虚则外寒。虽见热中，蒸蒸为汗，终传大寒。知始为热中，表虚亡阳，不任外寒，终传寒中，多成痹寒矣。色以候天，脉以候地，形者乃候地之阴阳也，故以脉气候之，皆有形无形之可见者也。又云：心之所藏，在内者为血，发外者为汗。盖汗乃心之液，而自汗之证，未有不由心肾俱虚而得之者。故阴虚阳必凑，发热而自汗，阳虚阴必乘，发厥而自汗，故阴阳偏胜所致也。

〔附方〕

玉屏风散 治自汗。

防风 黄芪各一两 白术二两

上每服三钱，水一钟半，姜三片，煎服。

大补黄芪汤 治自汗，虚弱之人可服。

黄芪蜜炙 防风 川芎 山茱萸肉 当归 白术炒 肉桂 甘草炙 五味 人参各一两 白茯苓一两半 熟节二两 肉苁蓉三两[1]

上每服五钱，姜三片，枣一枚，水煎服。

调卫汤 治湿胜自汗，补卫气虚弱，表虚不任风寒。

〔1〕三两 原缺，据上科本补。

麻黄根　黄芪各一钱　羌活七分　生甘草　归梢　生黄芩　半夏各五分　麦门冬　生芐各三分　猪苓二分　苏木　红花各二分　五味七个

上作一服，水煎热服。

温粉

牡蛎　麦皮　麻黄根　藁本　糯米　防风　白芷

上为末，周身扑之。

又方　何首乌末，津调封脐妙。

黄芪建中汤

黄芪　肉桂各三两　甘草二两　白芍药六两

每服五钱，姜三片，枣一个，入饧少许，水煎服。

凉膈散

连翘一两　山栀　大黄　黄芩　薄荷叶各半两　甘草一两半　朴硝一分

上以水煎服。

盗汗五十

盗汗属血虚、阴虚，小儿不须治。忌用生姜。

东垣有方，用当归六黄汤甚效，但药性寒，人虚者，只用黄芪六一汤。盗汗发热，因阴虚，用四物加黄柏，兼气虚，加人参、黄芪、白术。

戴云：盗汗者，谓睡而汗出也，不睡则不能汗出，方其睡熟也，溱溱然出焉，觉则止而不复出矣，非若自汗而自出也。杂病盗汗，责其阳虚，与伤寒盗汗非比之，亦是心虚所致，宜敛心气、益肾水，使阴阳调和，水火升降，其汗自止。

〔附方〕

当归六黄汤　治盗汗之神剂。

当归　生芐　熟芐　黄连　黄芩　黄柏　黄芪加倍

上用五钱，水煎服。或加甘草、麻黄根、炒栀子，去归。

黄芪六一汤

黄芪六两　甘草一两

上各用蜜炙十数次，出火毒，每服一两，水煎。

又方

白术四两，分作四分，一分用黄芪同炒，一分用石斛同炒，一分用牡蛎同炒，一分用麸皮同炒。

上各微炒黄色，去余药，只用白术，研细，每服三钱，粟米汤调下，尽四两妙。

正气汤　治盗汗。

黄柏炒　知母炒。各一钱半　甘草炙，五分

上作一服，水煎，食前热服。

麦煎散　治荣卫不调，夜多盗汗，四肢烦疼，肌肉消瘦。

知母　石膏　甘草炙　滑石　地骨皮　赤芍　葶苈　杏仁炒，去皮尖　人参　白茯苓　麻黄根

上为末，每服一钱，煎浮麦汤调下。

又方　治别处无汗，独心孔一片有汗，思虑多则汗亦多，病在用心，宜养心血。以艾煎汤调茯苓末一钱服之，名曰心汗。又青桑第二叶，焙干为末，空心，米饮调服，最止盗汗。

补损五十一

大补丸　去肾经火，燥下焦湿，治筋骨软。气虚以补气药下，血虚以补血药下，并不单用。

川黄柏炒褐色

上以水丸服。

龙虎丸　补下焦。

白芍　陈皮各二两　锁阳　当归各一两半　虎骨酒浸，酥炙。各一两　知母酒炒　熟芐各三两　黄柏半斤，盐炒　龟板四两，酒浸，酥炙

上为末，酒煮羊肉捣汁丸服。冬月加干姜半两。

补肾丸 治痿厥之重者，汤使与大补丸同。此冬令之正药，春夏去干姜。

干姜二钱 黄柏炒 龟板一两半，酒炙 牛膝一两 陈皮半两

上为末，姜汁和丸，或酒糊丸，每服七十丸，白汤下。

补天丸 治气血俱虚甚者，以此补之，多与补肾丸并行。若治虚劳发热者，又当以骨蒸药佐之。

紫河车洗净，用布缴干，同前补肾丸捣细，焙，碾末，酒米糊丸。夏加五味子半两。

虎潜丸 治痿，与补肾丸同。

黄柏半斤，酒炒 龟板四两，酒炙 知母二两，酒炒 熟苄 陈皮 白芍各二两 锁阳一两半 虎骨一两，炙 干姜半两

上为末，酒糊丸或粥丸。一方加金箔一片，一方用生地黄，懒言语者加山药。加炒黄柏、酒知母、炙龟板各等分，干姜三分之一，酒糊丸，名补血丸。一方无干姜，冬月方加有当归一两半，熟苄比前多一两，余同。

补虚丸

人参 白术 山药 枸杞 锁阳

上为末，面糊丸服。

汤药 补心、肝、脾、肾。

莲肉去心 枸杞 山药炒 锁阳各等分

上为细末，沸汤调服，若加酥油些少尤妙。

补阴丸

侧柏 黄柏 乌药叶各二两 龟板酒炙，五两 苦参三两 黄连半两 冬加干姜，夏加缩砂

上为末，地黄膏丸，梧子大[1]。

又方

黄柏半斤，盐酒炒 知母酒浸，炒 熟苄各三两 龟板四两，酒浸，炙 白芍炒 陈皮 牛膝各二两 锁阳 当归各一两半 虎骨一两，

〔1〕大 原缺，据上科本补。

酒浸，酥炙

上为末，酒煮羊肉和丸，每服五十丸，盐汤下，冬加干姜半两。

又方

下甲二两　黄柏炒　牛膝　人参各半两　香附　白芍各一两　甘草二钱　砂仁三钱，春不用

上为末，酒糊丸。

又方

下甲二两　黄柏一两

上细切地黄，酒蒸熟，擂细丸。

又方

龟板二两，酒炙　黄柏七钱半　知母半两　人参三钱　牛膝一两

上为末，酒糊丸。

又方

龟板一两，酒煮　黄柏半两　知母三钱　五味三钱

上为末，酒糊丸。

又方　治抑结不散。

下甲五两　侧柏一两半　香附三两

上为末，姜汁浸地黄膏为丸，空心服。

三补丸　治上焦积热，泄五脏火。

黄芩　黄柏　黄连各等分

上为末，蒸饼丸。

又方　治酒色过伤少阴。

黄柏炒，一两半　黄连炒，一两　条芩炒，半两　龟板酒炒黑色，五两　冬加干姜炒黑色三钱　夏加砂仁三钱，五味五钱

上用蒸饼丸，每三十丸，食前白汤下。

又方　治阴虚。

人参一钱　白术三钱　麦门冬半两　陈皮二钱

上作一服，水煎，吞补阴丸。

又方　治体弱，肌肥壮，血虚脉大。

龟板三两　侧柏七钱半，酒浸　生苄一两　白芍一两，炒　乌药

叶酒蒸。七钱半

上除生苄细切熬膏，余皆作末，同捣为丸，以白术四钱，香附一钱半，煎汤下。

又方　益少阴经血，解五脏结气。

山栀子炒令十分有二分焦黑

上为末，以姜汁入汤煎饮之，此方甚验于他方也。

五补丸

枸杞　锁阳各半两　续断　蛇床微炒。各一两　两头尖二钱半

上为末，糊丸，每服三十丸，淡盐汤下。

锁阳丸

龟板炙　知母酒炒　黄柏酒炒。各一两　虎骨炙　牛膝酒浸　杜仲姜炒　锁阳酒浸。五钱　破故纸　续断酒浸。各二钱半　当归　地黄各三钱

上为末，酒糊丸梧子大，服五十丸。

诸补命门药，须入血药则能补精，阳生阴长故也，阳药若多则散火。

补心丸

朱砂二钱五分　瓜蒌五钱　黄连三钱　归身尾三钱五分

上为末，猪心血为丸。

又方　宁心益智。

人参　茯苓　茯神　牡蛎　酸枣仁　远志　益智各半两　辰砂二钱半

上为末，枣肉丸。

大补丸　降阴火，补肾水。

黄柏炒褐色　知母酒浸，炒。各四两　熟苄酒蒸　龟板酥炙。各六两

上为末，猪脊髓蜜丸，服七十丸，空心，盐白汤下。

济阴丸

黄柏二两七钱。盐、酒拌炒　龟板炙，一两三钱半　陈皮七钱　当归一两，酒浸　知母一两。酒炒　虎骨七钱，酥炙　锁阳一两　牛膝一

两三钱半　山药　白芍　砂仁　杜仲炒　黄芪各七钱。盐水拌炒　熟节七钱　枸杞五钱　故纸三钱半，炒　菟丝子酒浸，一两三钱半

上为末，以苄膏如丸，每服七十丸。

〔附方〕

充按：丹溪书并无补损专条，诸补阴药兼见于各症之下，杨氏类集于此，又取燥热兴阳诸方混于其间，殊不知丹溪之补乃滋阴益血之药，与燥烈壮阳之剂其意天壤悬隔，欲并去之而用者既久，今明白疏出，俾观者知其旨而自采择焉。

大全大补汤　治男子、妇人诸虚不足，五劳七伤。

人参　肉桂　川芎　地黄　茯苓　白术　甘草　黄芪　当归　白芍等分

上剉，水煎、姜三片，枣一个。

茯神汤　治脉虚极，或咳则心痛，喉中介介或肿。

茯神　人参　远志　通草　麦门　黄芪　桔梗　甘草等分

上剉，水煎，入姜三片。

金匮肾气丸　即六味地黄丸[1]。治形体瘦弱，无力多困，肾气久虚，久新憔悴，寝汗发热，五脏齐损，瘦弱下血。

干山药　山茱萸肉各四两　泽泻　牡丹皮　白茯苓各三两　熟节八两

上为末，蜜丸梧子大，服五六十丸，空心温水下。

三才封髓丹　降心火，益肾水。

天门冬　熟节　人参各五钱　黄柏炒，三两　砂仁一两半　甘草七钱半，一方无

上为末，水糊丸梧子大，服五十丸，用苁蓉半两，切作片子，酒一盏，浸一宿，次日煎三四沸，去滓，空心送丸子。

八物汤　治心肺俱损，皮聚毛落，血脉虚损，妇人月水愆期，宜益气和血。

---

〔1〕丸　上科本此下注有“加桂附车前牛膝是金匮肾气丸此方名曰老六味丸”句。按六味加桂、附、车前、牛膝名济生肾气丸。

四君子合四物汤

上以水煎，温服。

八味丸 治肾气虚乏，下元冷惫，脐腹疼痛，夜多旋溺，脚膝缓弱，肢体倦怠，面皮痿黄或黧黑，及虚劳不足，渴欲饮水，肿重疼痛，少腹急痛，小便不利。

熟苄八两 泽泻 牡丹皮 白茯苓各三两 山茱萸肉 山药各四两 附子炮，一两 桂心一两

上为末，蜜丸梧子大，每五十丸，温酒送下，或盐汤下，妇人淡醋汤下。

无比山药丸 治诸虚百损，五劳七伤，肌体消瘦，肤燥脉弱。

赤石脂 茯苓各一两 山药三两 苁蓉四两，酒浸 巴戟去心 牛膝酒浸 泽泻一两 山茱萸肉一两 五味二两 杜仲炒，去丝 菟丝子 熟苄各三两

上为末，炼蜜丸，梧子大，每服五十丸，空心温酒下。

还少丹 大补真气虚损，肌体瘦弱。

肉苁蓉 远志去心 茴香 巴戟 山药 枸杞 熟苄 石菖蒲 山茱萸肉 牛膝 杜仲炒 楮实 五味 白茯苓各等分

上为末，炼蜜同枣肉为九，梧子大，每服三五十丸，温酒或盐汤送下，日三服。此药平补，力衰体倦，小便浑浊最宜服之。有热加山栀子一两，心气不宁加麦门冬一两，少精神倍加五味一两，阳弱加续断一两。

补益肾肝丸 治目中焰火，视物昏花，耳聋耳鸣，困倦乏力，寝汗憎风。行步不正，两足欹侧，卧而多惊，脚膝无力，腰下消瘦。

柴胡 羌活 生苄 苦参 防己炒，各半两 附子炮 肉桂各一钱 归身三钱

上为末，熟水丸如鸡头子大，服四十丸，温水下。

巴戟丸 治肾肝俱虚，收敛精气，补戢真阳，充肌肤，进食止汗。

五味 巴戟去心 苁蓉 人参 菟丝 熟苄 覆盆子 白术 益智炒 骨碎补去毛 茴香各一两 白龙骨二钱半 牡蛎煅，二钱

上为末，蜜丸梧子大，服五十丸，空心盐汤下。

八味定志丸 补益心神，安定魂魄，治痰，去胸中邪热，理肺肾。

人参一两半 菖蒲 远志去心 茯神去心 茯苓各一两 白术 麦门冬各半两 牛黄二钱，另研 朱砂一钱

上为末，蜜丸梧子大，米饮下三十丸，无时。若髓竭不足，加生芐、当归；若肺气不足，加天门冬、麦门冬、五味；若心气不足，加上党人参、茯神、菖蒲；若脾气不足，加白术、白芍、益智；若肝气不足，加天麻、川芎；若肾气不足，加熟芐、远志、牡丹；若胆气不足，加细辛、酸枣仁、地榆；若神昏不足，加朱砂、预知子、茯神。

海藏大五补丸 补诸虚不足。

天门冬 麦门冬 茯神 菖蒲 人参 益志 枸杞 地骨 远志 熟芐

上为末，蜜丸梧子大，空心，酒下三十丸，服数服，以七宣丸泄之。

补肾丸 有效不燥。

熟芐八两 菟丝酒浸，八两 归身三两半 苁蓉酒浸，五两 黄柏酒炒，一两 知母酒浸，一两 故纸酒炒，五钱 山茱肉三两半

上为末，酒糊丸梧子大，服五十丸。

小菟丝子丸 治肾气虚损，目眩耳鸣，四肢倦怠，夜梦遗精。又云：心腹胀满，脚膝痿缓，小便滑数，股内湿痒，水道涩痛，小便出血，时有遗沥，并宜服。

石莲肉二两 菟丝子酒浸，五两 白茯苓一两 山药二两七钱半，打糊

上为末，山药打糊，丸如梧子大，服五十丸，空心盐汤下。脚无力，木瓜汤下。

十四味建中汤 治荣卫失调，血气不足，积劳虚损，形体羸瘦，短气嗜卧，欲成劳瘵。

当归 白芍 白术 麦门冬 甘草炙 肉苁蓉 人参 川芎 肉桂 附子炮 黄芪 半夏 熟芐 茯苓各等分

上剉，以水煎，姜三片，枣一个，空心服。

人参养荣汤 治积劳虚损，四肢倦怠，肌肉消瘦，面少颜色，汲汲短气，饮食无味。

白芍三两 当归 陈皮 黄芪 桂心 人参 白术 甘草炙。各一两 熟苄 五味 茯苓各七钱半 远志半两

上以水煎，生姜三片，枣一个。遗精加龙骨，咳嗽加阿胶。

价宝丹 治五劳七伤，四肢无力，腿脚沉困，下元虚惫，失精阳痿。

川楝子二两 牛膝酒浸，一两 槟榔一两 蛇床一两 川山甲一大片，炙 莲心子 苁蓉酒浸 茯神 巴戟去心 五味各一两 乳香三钱，另研 菟丝子一两 沉香 白檀各五钱 鹿茸酥炙 大茴香各一两 仙灵脾三钱 故纸炒，五钱 凤眼草三钱 胡芦巴炒，五钱 人参 泽泻 白芍 山药 熟苄 麦门冬各一两

上为末，蜜丸梧子大，空心服七十丸，白汤下。

延寿丹

天门冬去心 远志去心 山药 巴戟各二两 赤石脂 车前子 菖蒲 柏子仁 泽泻 川椒去目，炒 熟苄 生苄 枸杞 茯苓 覆盆子一两 牛膝酒浸 杜仲炒 菟丝子酒浸 苁蓉四两 当归酒洗 地骨 人参 五味各一两

上为末，蜜丸梧子大，服七十丸。

添精补髓丹

赤石脂二钱 茯苓一两 山药二两 苁蓉四两 巴戟一两，去心 杜仲三两 牛膝一两，酒浸 五味一两 泽泻一两 菟丝三两 熟苄 山茱肉各一两 晚蚕蛾二两，如无以鹿茸代 山甲七钱，酒炙 地龙一两，去土 柏子仁一两 枸杞 故纸各二两 川椒一两，去目 厚朴一两 人参二两 白术二两 仙灵脾一两半，羊脂炒

上为末，蜜丸。如腰痛加小茴香。

滋血百补丸

苄半斤，酒蒸 菟丝半斤，酒浸 当归酒浸 杜仲酒炒。各四两 知母酒炒 黄柏酒炒。各二两 沉香一两

上为末，酒糊丸。

固精丸 治心神不安，肾虚自泄精。

知母炒 牡蛎三钱，煅 龙骨三钱 黄柏酒炒。各一两 芡实 莲蕊 茯苓 远志去心。各三钱 一方加山茱萸肉三钱

上为末，煮山药糊丸，梧子大，朱砂为衣，服五十丸。

巨胜子丸

熟苄四两 生苄 首乌 牛膝酒浸 天门去心 枸杞 苁蓉 菟丝 巨胜子 茯苓 柏子仁 天雄炮 酸枣仁 破故纸炒 巴戟去心 五味 覆盆子 山药 楮实 续断各一两 韭子 鸡头实 川椒 莲蕊 胡芦巴各五钱 木香二钱半

上为末，蜜丸服。

如意丸

生苄 熟苄各二两 天门冬去心 麦门冬去心 川椒去目，炒 胡芦巴酒炒 补骨脂炒 苁蓉酒浸 杜仲炒，去丝 白茯苓 小茴香炒 菟丝子酒浸 川楝肉 地龙酒浸，去土 石菖蒲 枸杞 远志去心。以上各一两 青盐半两，炒 山栀去皮，二钱，炒 川山甲十四片，炙 甘菊花三钱半

上为末，用晋枣煮，去皮核，肉二两，核桃肉煮，去皮二两，各研如泥，余再炼蜜和丸，梧子大，每服七八十丸，白汤、温酒任下。

沉香百补丸

熟苄六两 菟丝子四两 杜仲炒，三两 知母炒，二两 黄柏二两，酒炒 人参二两 山药 当归 苁蓉各三两 沉香一两

上为末，酒糊丸。

滋肾百补丸

当归四两，酒浸 知母二两，酒浸 沉香五钱 黄柏酒炒褐色 山药 菊花 楮实各二两 青盐 一两，炒 菟丝四两，酒浸 杜仲二两，炒 熟苄八两

上为末，酒糊丸，或炼蜜丸服。

明目益肾丸

枸杞一两 当归酒浸 生苄酒浸，一两 五味五钱 知母七钱，

酒炒　黄柏七钱，酒炒　山药半两　茯神一两　巴戟去心，五钱　菟丝子一两，酒浸　人参五钱　甘菊五钱　天门冬五钱

上为末，蜜丸梧子大，空心。盐汤下五十丸。

固真丸　治肾经虚损，真元不足。

鹿角霜一斤　白茯苓五两　鹿角胶二两

上为末，将胶水搜丸，梧子大，空心，米汤或酒服一百丸。

地芝丸　和颜色，利血气，调百节，黑发坚齿，逐风散气。

生苄八两　天门冬八两　菊花四两　枳壳麸炒，四两

上为末，酒蜜面糊丸，梧子大，空心服三十丸，酒下。

黄连茯苓丸　壮水原，降火。

黄连五两　白茯苓五两　故纸炒，五钱　菖蒲五钱

上为末，酒糊丸梧子大，服六十丸，空心，温酒下。

延生护宝丹　补元气，壮筋骨，固精健阳。

菟丝子酒浸，二两　肉苁蓉酒浸，二两。二味浸药多著要熬膏子　韭子四两，用枣二两煮熟，去枣，将韭子再用酒浸一宿，焙干用二两　蛇床子二两，用枣三两同煮熟，去枣，用一两　木香五钱　晚蚕蛾全者二两，酥微炒　白龙骨一两，用茅香一两同煮一日，去茅香，用绵裹悬入井中浸一宿。取出用　鹿茸一两，酥炙黄　莲实一两，炒　桑螵蛸一两，炒　干莲蕊二两　胡芦巴二两　丁香五钱　乳香五钱　麝香一钱，另研

上一十五味，除乳、麝、菟丝子末外，十二味同为末，将前菟丝子末三两，用浸药酒二升，文武火熬至一半，入荞面两匙，用酒调匀，下膏子搅匀，次下乳香、麝香，不住手搅，轻沸熬如稠糊，放冷。此膏子都要用尽，恐硬，再入酒少许，成剂捣千余下，丸如桐子，服五十丸，空心，温酒下。

柏子仁丸　补益元气，充实肌肤。

山茱肉四两　柏子仁半两，微炒　远志半两，去心　覆盆子一两　山药一两，取末

上为末，将山药、白面同酒煮和，丸梧子大，服三十丸，温酒下。

八物肾气丸　平补肾气，坚齿驻颜。

熟苄半斤　山药　山茱萸肉各四两　桂二两　泽泻三两　牡丹

皮　白茯苓各三两　五味二两

上为末，蜜丸服。

延龄丹　脾肾不足，真气伤惫，肢节困倦，举动乏力，怠惰嗜卧，面无润泽，不思饮食，气不宣通，少腹内急，脐下冷痛，及奔豚小肠气攻冲脐腹，其功不可具述。

牛膝酒浸　苁蓉酒浸　金铃子去皮及子，麸炒　补骨脂炒　川茴香以上各七钱半　鹿茸去毛，酥炙　益智仁　檀香　晚蚕蛾炒　没药研　丁香　青盐　山川甲各五钱。酥炙　沉香　香附炒　姜黄　山药　木香　巴戟去心　甘草炙。各一两　乳香研　白术　青皮各三钱　苍术三两，酒浸，炒，用青盐炒，去青盐不用

上为末，酒糊丸梧子大，空心服四十丸，温酒下，茴香汤亦可。

肉苁蓉丸　壮元气，养精神。

山茱萸一两　苁蓉二两，酒浸　楮实　枸杞　地肤子　狗脊去毛　五味　覆盆子　菟丝子　山药　故纸炒　远志去心　石菖蒲　萆薢　杜仲去皮，炒　熟苄　石斛去根　白茯苓　牛膝酒浸　泽泻　柏子仁各一两。炒

上为末，酒糊丸，梧子大，服六七十丸，空心，温酒下。

益寿地仙丹　补五脏，填骨髓，续绝伤，黑髭发，清头目，聪耳听。

甘菊三两　枸杞二两　巴戟三两，去心　肉苁蓉四两，酒浸

上为末，蜜丸梧子大，服三十丸，空心盐汤下，温酒亦得。

秘真丸　治肾水真阴本虚，心火狂阳过甚，心有所欲，速于感动，应之于肾，疾于施泄。此药秘固真元，降心火，益肾水。

莲蕊一两　白茯苓　砂仁半两　益智一两　黄柏二两，酒炒　甘草炙，二两　半夏泡，一两　猪苓二钱半

上为末，水浸蒸饼丸，梧子大，服五十丸，空心酒下。

六郁五十二

气血冲和，万病不生，一有怫郁，诸病生焉。故人身诸病，多

生于郁。

苍术、抚芎，总解诸郁，随证加入诸药。凡郁皆在中焦，以苍术、抚芎开提其气以升之，假如食在气上，提其气则食自降矣。余皆仿此。

戴云：郁者，结聚而不得发越也。当升者不得升，当降者不得降，当变化者不得变化也，此为传化失常，六郁之病见矣。气郁者，胸胁痛，脉沉涩；湿郁者，周身走痛，或关节痛，遇阴寒则发，脉沉细；痰郁者，动则喘，寸口脉沉滑；热郁者，瞀闷，小便赤，脉沉数；血郁者，四肢无力，能食便红，脉沉；食郁者，嗳酸，腹饱不能食，人迎脉平和，气口脉紧盛者是也。

入方

气郁　香附童便浸、苍术米泔浸、抚芎。

湿郁　白芷、苍术、川芎、茯苓。

痰郁　海石、香附、南星姜制、瓜蒌，一本无南星、瓜蒌，有苍术、川芎、栀子。

血郁　桃仁去皮、红花、青黛、川芎抚芎亦可、香附。

食郁　苍术、香附、山楂、神曲炒、针砂醋炒七次，研极细。春加芎，夏加苦参，秋冬加吴茱萸。

越鞠丸　解诸郁。又名芎术丸。

苍术　香附　抚芎　神曲　栀子各等分

上为末，水丸如绿豆大。

内伤五十三

东垣内外伤辨甚详，世之病此者为多，但有挟痰者，有挟外邪者，有热郁于内而发者，皆以补元气为主，看所挟而兼用药。如挟痰者，则以补中益气汤加半夏、竹沥，仍少入姜汁传送。凡内伤发斑，因胃气虚甚，是火游行于外，亦痰热所致。火则补而降之，痰热则微汗以散之，切不可下，恐生危证。内伤病退后，燥渴不解者，有余热在肺家，可用参、苓、甘草少许，姜汁冷服，或茶匙挑姜汁与之，虚者可用人参。

〔附录〕 内伤者，其源皆由喜怒过度，饮食失节，寒温不适，劳役所伤而然。元气者，乃生发诸阳上升之气，饮食入胃，有伤则中气不足，中气不足则六腑阳皆绝于外，是六腑之元气病也，气伤脏乃病，脏病形乃应，是五脏六腑真气皆不足也。惟阴火独旺，上乘阳分，故荣卫失守，诸病生焉。始受饮食劳倦所伤之病，必气高而喘，身热而烦，及短气上逆，鼻息不调，怠惰嗜卧，四肢困倦不收，无气以动，亦无气以言，皆为热伤元气，以甘温之剂以补元气，即是泻火之药。凡所受病，扪摸之肌肤间必大热，必燥热闷乱，心烦不安，或渴久病必不渴，或表虚恶风寒，慎不可以寒凉药与之。经言：劳者温之，损者温之。惟以补中益气汤温药，以补元气而泻火邪。《内经》云：温能除大热。正谓此也。

〔附方〕

补中益气汤

黄芪劳役病甚可用一钱半，嗽者减去一钱　人参一钱，有嗽去之　甘草炙，一钱。以上三味，除躁热、肌热之圣药　当归身酒洗，焙干，半钱，以和血脉　柴胡半钱，引清气行少阳之气上升　陈皮半钱，以导滞气，又能同诸甘药益元气，独用泻脾　白术半钱　升麻三分，引胃气上腾而复其本位　葛根半钱，如渴用之，不渴不用。

一方有白芍半钱，秋冬不用，红花三分，少加黄柏三分，以救肾水、泻伏火。

上作一服，水煎，午前稍热服。若病日久者，以权立加减法。若头痛，加蔓荆子三分，痛甚，加川芎五分，顶疼脑痛者，加藁本五分、细辛三分，诸头痛，并用此药四味。头痛有痰，沉重懒倦者，乃太阴、厥阴头疼，加半夏半钱或一钱，生姜三片。若耳鸣目黄，颊颔肿，颈肩臑肘臂外后廉痛，面赤，脉洪大者，加羌活一钱、防风七分、甘草三分、藁本五分，通其经血；加黄芩、黄连各三分，消其肿。嗌痛颔肿，脉洪大，面赤，加黄芩三分、桔梗七分、甘草三分。口干嗌干，或渴者，加葛根五分，升胃气上行以润之。心下痞，瞀闷者，加芍药、黄连各一钱。如痞腹胀，加枳实三分、厚朴七分、木香、砂仁各三分，如天寒加干姜。腹中痛，加白芍药炒半钱、炙甘草三分。如恶寒觉冷痛，加中桂即桂心半钱，夏月腹中痛，不恶寒不恶热者，加黄芩五分、芍药一钱、甘草五分，以治时热。脐下痛者，加真熟地黄半钱。如胸中滞气，加莲花、青皮一分或二分，壅滞可用，气促少气者去之。如身体重疼，乃风湿相搏，加羌活半钱、防风半钱、升麻一钱、柴胡半钱、藁本根半钱、苍术一钱。如病去，勿再服。若大便秘涩，加当归梢一钱。若久病痰嗽者，去人参、冬月加不去节麻黄，秋凉亦加不去根节麻黄，春月天温只加佛耳草三分、款花一分，勿加麻黄。若初病之人，虽痰嗽不去，人参必不增添。若久病肺中伏火者，去人参，以防痰嗽增益耳。长夏湿土，客邪大旺，加苍术、白术、泽泻，上下分消其湿热之气，湿热大胜，主食不消，故食减，不知谷味，则加曲以消之，加五味子、麦门冬，助人参泻火，益肺气，助秋损也，在三伏中为圣药。胁下急或痛，俱加柴胡、甘草、人参。多唾或唾白沫，胃口上停寒也，加益智仁。若胃脘当心痛，加草豆仁三分。疲甚之人，参、芪、术有用至一两、二两者。

枳术丸 治痞，消食强胃。又云：食过伤损元气，以此主之。

枳实炒，一两　白术二两

上用荷叶裹烧，饭丸。白术者，本意不取其食速化，但久令人胃气强实，不复伤也。

积聚痞块五十四

痞块在中为痰饮，在右为食一云痰积，在左为血块。气不能作块成聚，块乃有形之物也，痰与食积、死血而成也，用醋煮海石、醋煮三棱、蓬术、桃仁、红花、五灵脂、香附之类为丸，石碱白术汤吞下。瓦垄子能消血块，次消痰。石碱一物，有痰积，有块可用，洗涤垢腻，又能消食积。治块当降火消食积，食积即痰也。行死血块，块去须大补。凡积病不可用下药，徒损真气，病亦不去，当用消积药，使之融化，则根除矣。凡妇人有块，多是血块。

戴云：积聚癥瘕，有积聚成块，不能移动者是癥；或有或无，或上或下，或左或右者是瘕。

积聚癥瘕，朱先生医台州潭浦陈家，用蜀葵根煎汤去柤，再入人参、白术、青皮、陈皮、甘草梢、牛膝，煎成汤，入细研桃仁、玄明粉各少许，热饮之，二服当见块下。如病重者，须补接之，后加减再行。

入方

消块方 即《千金方》硝石大黄丸，止可磨块，不令人困，须量度虚实。

硝石六两 人参三两 甘草三两 大黄八两

上为末，以三年苦酒三升，又云三斗。置瓷器中，以竹片作准，每入一升作一刻，柱竖器中，先纳大黄，不住手搅，使微沸，尽一刻，乃下余药，又尽一刻，微火熬使可丸，则取丸如鸡子中黄大，每一丸，米饮下。如不能大丸，作小丸，如桐子大，每三十丸。服后当下如鸡肝、如米泔、赤黑等色，下后避风冷，啖软粥将息之。

三圣膏

未化石灰半斤，为末，瓦器中炒令淡红色，提出火，候热稍减；次下大黄末一两，就炉外炒，候热减；下桂心末半两，略炒，入米醋熬，搅成黑膏，厚纸摊贴患处。

痞块在皮里膜外，须用补气药香附开之，兼二陈汤加补气药，先须断厚味。

又方**琥珀膏**

大黄 朴硝各一两

上为末，大蒜捣膏和贴。

又方 治茶癖。

石膏 黄芩 升麻

上为末，沙糖水调服。

又方 一人爱吃茶。

白术 软石膏 片芩 白芍 牛胆星 薄荷圆叶大者

上为末，沙糖调作膏，食后津液化下。

又方 治胁下有块。

龙荟丸二钱半　姜黄五钱　桃仁五钱

上为末，蜜丸服。

又方　龙荟丸和鹁鸽粪，能大消食积，或入保和丸治块，看在何部分。

治血块丸，瓦垄子能消血块。

海粉醋煮　三棱　莪术醋煮　红花　五灵脂　香附　石碱

上为丸，白术汤吞下。

又方　治妇人血块如盘，有孕难服峻利。

香附醋煮，四两　桃仁去皮　白术各一两　海粉醋煮，二两

上为末，神曲糊丸。

又方　治妇人食块，死血痰积成块，在两胁动作，腹鸣嘈杂，眩晕身热，时作时止，男子亦可服。

黄连一两半。一半用吴茱萸炒，去茱萸；一半用益智炒，去益智　山栀炒　川芎　三棱　莪术醋煮　神曲　桃仁去皮尖。各半两　香附童便浸，一两　萝卜子炒，一两半　山楂一两

上为末，蒸饼丸服。

又方有青皮半两，白芥子一两半炒。

保和丸　治一切食积。

山楂六两　神曲二两　半夏　茯苓各三两　陈皮　连翘　萝卜子各一两

上为末，炊饼丸如梧子大，每服七八十丸，食远，白汤下。

又方

山楂四两　白术四两　神曲二两

上为末，蒸饼丸如梧子大，服七十丸，白汤下。

又方

山楂三两　白术二两　陈皮　茯苓　半夏各一两　连翘　黄芩　神曲　萝卜子各半两

上为末，蒸饼丸梧子大，每服五十丸，食后姜汤下。

阿魏丸　治肉积。诸阿魏丸，脾虚者须以补脾药佐之，切不可独用，虚虚之祸，疾如反掌。

连翘一两　山楂二两　黄连一两三钱　阿魏二两。醋煮作糊

上为末，醋煮阿魏作糊丸，服三十丸，白汤下。

小阿魏丸

山楂三两　石碱三钱　半夏一两，皂角水浸透。晒干

上为末，粥糊丸，每服三十丸，白汤下。

又方　治饱食停滞，胃壮者宜此，脾虚勿服。

山楂　萝卜子　神曲　麦芽　陈皮　青皮　香附各二两　阿魏一两，醋浸软，另研

上为末，炊饼丸。

又**阿魏丸**　去诸积聚。

山楂　南星皂角水浸　半夏皂角水浸　麦芽炒　神曲炒　黄连各一两　连翘　阿魏醋浸　瓜蒌　贝母各半两　风化硝　石碱　萝卜子蒸　胡黄连二钱半，如无以宣连代

上为末，姜汁浸，蒸饼丸。一方加香附、蛤粉治嗽。

佐脾丸

山楂三两　半夏　茯苓各一两　连翘　陈皮　萝卜子各半两

上为末，粥丸服。

小温中丸

青皮一两　香附四两，便浸　苍术二两　半夏二两　白术半两　陈皮一两　苦参半两　黄连一两，姜汁炒　针砂二两，醋炒

上为末，曲糊为丸。

又方

针砂醋煮三次　香附童便浸，四两　山楂二两　神曲炒，二两　黄连姜汁炒，一两半　山栀炒　厚朴姜汁炒　苍术一两　半夏一两　台芎半两　一方加人参、炒白术一两半，有苦参用白术，用苦参不用黄连

枳实丸

白术二两　枳实　半夏　神曲　麦芽各一两　姜黄　陈皮各半两　木香一钱半　山楂一两

上为末，荷叶蒸饭为丸，梧子大，每服一百丸，食后姜汤下。

大温中丸 又名大消痞丸。

黄连炒 黄芩六钱 姜黄 白术一两 人参 陈皮 泽泻二钱 炙甘草 砂仁 干生姜 炒曲二钱 枳实炒，半两 半夏四钱 川朴三钱 猪苓一钱半

上为末，炊饼丸。

〔附录〕 五脏之积曰五积，六腑之积曰六聚。积有定形，聚无定处。不问何经，并宜服十味大七气汤，吞下尊贵红丸子。凡木香、槟榔去气积，神曲、麦芽去酒积，虻虫、水蛭去血积，礞石、巴豆去食积，牵牛、甘遂去水积，雄黄、腻粉去涎积，硇砂、水银去肉积，各从其类也。肝积曰肥气，肺积曰息贲，心积曰伏梁，脾积曰痞气，肾积曰奔豚。其如积聚之脉，实强者生，沉小者死。

〔附方〕

乌梅丸 治酒毒，消食化痰。

乌梅一斤 半夏八两 白矾八两 生姜一斤

上件石臼捣细末，新瓦两片夹定，火上焙三日三夜为度，次入神曲、麦芽、陈皮、青皮、莪术、枳壳、丁皮、大腹子各四两，用酒糊丸，每服四五十丸，姜汤下。

备急丸 大治心腹厥痛，食积胸膈，下咽气便速行。

大黄一钱 巴豆去油膜心 干姜半钱

上用蜜丸，白汤下。

治吐虫有积。

上以黑锡灰、槟榔末，米饮调下。

大七气汤

三棱 莪术各一两半 青皮七钱半 陈皮一两半 藿香 桔梗 肉桂各七钱半 益智一两半 香附一两半 甘草炙，七钱半

上剉，水煎服。

散聚汤

半夏 槟榔 当归各七钱半 陈皮 杏仁炒 桂心各二两 茯苓 甘草炙 附子炮 川芎 枳壳炒 厚朴 吴茱萸各一两

上剉，水煎，姜三片。大便不利加大黄。

香棱丸 治五积六聚，气块。

三棱六两，醋炒 青皮 陈皮 莪术炮，或醋炒 枳壳炒 枳实炒 萝卜子炒 香附子各三两。炒 黄连 神曲炒 麦芽炒 鳖甲醋炙 干漆炒烟尽 桃仁炒 硇砂 砂仁 归梢 木香 槟榔六两 山楂四两

上为末，醋糊丸，每服三五十丸，白汤下。

龙荟丸见胁痛类。

红丸子见疟类。

脚气五十五附足跟痛

脚气须用升提之药，提起其湿，随气血用药。有脚气冲心者，宜四物汤加炒黄柏，再宜涌泉穴用附子末津唾调傅上，以艾灸，泄引热下。

入方

防己饮

白术 木通 防己 槟榔 川芎 甘草梢 犀角 苍术盐炒 黄柏酒炒 生苄酒炒

大便实加桃仁，小便涩加杜牛膝，有热加黄芩、黄连，大热及时令热加石膏，有痰加竹沥、姜汁。如常肿者，专主乎湿热，先生别有方。

又方 治湿热食积，痰流注。

苍术 黄柏 防己 南星 川芎 白芷 犀角 槟榔 血虚加牛膝、龟板。

健步丸

生苄半两 归尾 芍药 陈皮 苍术各一两 吴茱萸 条芩各半两 牛膝一两 桂枝二钱 大腹子三个

上为末，蒸饼丸如梧子大，每服一百丸，空心煎，白术木通汤下。

又方 一妇人足胫肿。

红花 牛膝俱酒洗 生苄 黄柏 苍术 南星 草龙胆 川芎

有筋动于足大指上，至大腿近腰结了，乃因奉养厚，遇风寒，宜四物汤加酒芩、红花、苍术、南星、生姜煎服。

湿痰脚气，大便滑泄。

苍术二两　防风一两　槟榔六钱　香附八钱　川芎六钱　条芩四钱　滑石一两二钱　甘草三钱

上为末，或丸或散皆可服。

脚软筋痛。

牛膝二两　白芍一两半　龟板酒炙　黄柏酒炒，一两　知母炒　甘草半两

上为末，酒糊为丸。

应痛丸　治脚气痛不可忍，此药为劫剂。

赤芍药半两，煨，去皮　草乌半两，煨，去皮尖

上为末，酒糊丸，空心服十丸，白汤下。

又方　治脚气肿痛。

芥子　白芷等分

上为末，姜汁和敷贴，或用仙术、羌活、独活、白芷、细辛为末，入帛内作袜用。

又方　渫洗脚气。

威灵仙　防风　荆芥　地骨皮　当归　升麻　朔藋

上煎汤渫洗。

〔附录〕 脚气有湿热，有食积流注，有风湿，有寒湿。胜湿以仙术、白术、防己、川芎为主，或六物附子汤，或当归拈痛汤。脚气，气郁甚者，舟车丸、除湿丹；有饮者，东垣开结导饮丸。脚气，解表用麻黄左经汤等药随经选用；有兼痰气寒湿者，五积散加木瓜。若双解，以大黄左经汤、东垣羌活导滞汤；若理血，以八味丸，或四物加羌活、天麻，又或四物加黄柏、南星，或健步丸；若疏风养血，用独活寄生汤最效。

〔附方〕

六物附子汤

附子　桂　防己各四钱　甘草炙，二钱　白术　茯苓各三钱

上㕮咀，每服半两，入姜煎。

当归拈痛汤

羌活半两　人参　苦参酒制　升麻　葛根　苍术各二钱　炙甘草　黄芩酒制　茵陈酒炒，各半两　防风　归身　知母酒炒　泽泻　猪苓　白术一钱半

上㕮咀，每服一两，水煎空心服，临睡再服。

舟车丸见水气类。

除湿丹

槟榔　甘遂　威灵仙　赤芍　泽泻　葶苈各二两　乳香　没药各一两　牵牛半两　大戟炒。三两　陈皮四两

上为末，糊丸如梧子大，每服五十丸至七十丸，温水下。

东垣开结导饮丸

白术　陈皮　泽泻　茯苓　神曲炒　麦蘖曲　半夏各半两　枳实炒　巴豆霜各一钱半　青皮　干生姜各半两

上为末，汤浸蒸饼，丸如梧子大，每服四五十丸或七十丸，温水下。

麻黄左经汤

麻黄　干葛　细辛　白术　茯苓　防己　桂　羌活　甘草　防风

上㕮咀，每半两入姜、枣煎服。

五积散

白芷一两半　陈皮三两　厚朴姜制，一两　桔梗六两　枳壳三两　川芎　甘草炙　茯苓各一两半　桂　芍药　半夏泡。各两半　当归一两半　麻黄三两，去节　干姜三两　苍术泔浸去皮，十二两

上㕮咀，每服四钱，水一盏，姜三片，葱白三茎，煎至七分，热服。冒寒用煨姜，挟气加茱萸，妇人调经催产入艾、醋。

大黄左经汤

细辛　茯苓　羌活　大黄煨　甘草炙　前胡　枳壳　厚朴制　黄芩　杏仁等分

上㕮咀，每服半两，入姜、枣煎。

东垣羌活导滞汤

羌活　独活各半两　防己　当归各二钱　大黄酒浸，煨，一两　枳实炒，二钱

上㕮咀，每服五钱或七钱，水煎服。

八味丸见诸虚类。

独活寄生汤见腰痛类。

足跟痛，有痰，有血热。血热，四物加黄柏、知母、牛膝之类。

痿五十六

痿证断不可作风治而用风药。有湿热、湿痰、气虚、血虚、瘀血。湿热，东垣健步丸加燥湿降阴火，苍术、黄芩、黄柏、牛膝之类；湿痰，二陈汤加苍术、白术、黄芩、黄柏、竹沥、姜汁；气虚，四君子汤加黄芩、黄柏、苍术之类；血虚，四物汤加黄柏、苍术，煎送补阴丸；亦有食积、死血妨碍不得下降者，大率属热，用参、术、四物汤、黄柏之类。

〔附录〕 谨按：五痿等证，特立篇目，所论至详，后代诸方，独于此证，盖多缺略，考其由，皆因混入中风条内故也。丹溪先生痛千古之弊，悯世之罹此疾者，多误于庸医之手，有志之士，必当究其心焉。夫陈无择谓：痿因内藏不足所致。诚得之矣！然痿之所不足，乃阴血也，而方悉是补阳、补气之剂，宁免实实虚虚之患乎？且无择以三因立方，可谓诸方之冠，其余此证，尤且未明，况求于他者乎？

〔附方〕

健步丸 东垣方。

防己酒洗，一两　羌活　柴胡　滑石炒　甘草炙　瓜蒌根酒洗。以上各半两　泽泻　防风各三钱　苦参酒洗　川乌各一钱　肉桂五分

上为末，酒糊为丸，梧桐子大，每服七十丸，葱白煎愈风汤下。见中风类。

补阴丸见诸虚类。

清燥汤 治湿热成痿，以燥金受湿热之邪，是绝寒水生化之源，源绝则肾亏，痿厥之病大作，腰已下痿软，瘫痪不能动。

黄芪一钱五分 苍术一钱 白术 橘皮 泽泻各半钱 人参 白茯苓 升麻各三分 麦门冬 归身 生苄 曲末 猪苓各二分 酒柏 柴胡 黄连各一分 五味子九个 甘草炙，二分

上每服半两，水煎，空心服。

厥五十七附手足十指麻木

厥，逆也，手足因气血逆而冷也。因气虚为主，有因血虚。气虚脉细，血虚脉大，热厥脉数，外感脉沉实，有痰脉弦。因痰者，用白术、竹沥；气虚四君子；血虚四物；热厥用承气；外感用双解散加姜汁酒。有阴厥阳厥，阴衰于下则热，阳衰于下则寒。

手足麻者属气虚，手足木者有湿痰、死血，十指麻木是胃中有湿痰、死血。

〔附录〕 厥者，甚也、短也、逆也、手足逆冷也。其证不一，散之方书者甚多，今姑撮大概，且如寒热厥逆者，则为阴阳二厥也。阳厥者，是热深则厥，盖阳极则发厥也，不可作阴证而用热药治之，精魂绝而死矣。急宜大、小承气汤随其轻重治之。所谓阴厥者，始得之，身冷脉沉，四肢逆，足蜷卧，唇口青，或自利不渴，小便色白，此其候也，治之以四逆、理中之辈，仍速灸关元百壮。又尸厥、飞尸、卒厥，此即中恶之候，因冒犯不正之气，忽然手足逆冷，肌肤粟起，头面青黑，精神不守，或错言妄语，牙紧口噤，或昏不知人，头旋晕倒，此是卒厥客忤，飞尸鬼击，吊死问丧，入庙登塚，多有此病，以苏合丸灌之，候稍苏，以调气散和平胃散服，名调气平胃散。痰厥者，乃寒痰迷闷，四肢逆冷，宜姜附汤，以生附汤，以生附代熟附。蛔厥者，乃胃寒所生。经曰：蛔者，长虫也。胃中冷即吐蛔虫，宜理中汤加炒川椒五粒，槟榔半钱，吞乌梅丸效，蛔见椒则头伏故也。

气厥者，与中风相似，何以别之？风中身温，气中身冷。以八

味顺气散或调气散，如有痰，以四七汤、导痰汤服之。

〔附方〕

八味顺气散见中风类。

调气散

白豆蔻　丁香　檀香　木香各二钱　藿香　甘草炙。各八钱　砂仁四钱

上为末，每服二钱，入盐少许，沸汤点服。

平胃散

苍术泔浸，五斤　厚朴姜制，炒　陈皮各三斤　甘草炒，三十两

上为末，每服五钱，姜三片，枣一个，煎服，入盐一捻，沸汤点服亦得。

四七汤

厚朴二两　茯苓四两　半夏五两　紫苏二两

上每服四钱，水一钟，姜七片，枣一个，煎服。

承气汤见痢类。

四逆汤　**理中汤**　**姜附汤**并见中寒类。

乌梅丸见心痛类。

导痰汤见痰类。

痓 五 十 八

痓，切不可作风治，兼用风药。大率与痫病相似，比痫为甚为虚，宜带补。多是气虚有火兼痰，宜用人参、竹沥之类。

〔附录〕　古方风痓曰痓也。经云：诸痓项强，皆属于湿。土是太阳伤湿也。又云：诸暴强直，皆属于风。是阳明内郁而阴行于外。又曰：阳痓曰刚，无汗；阴痓曰柔，有汗。亢则害，承乃制，故湿过极反兼风化制之，然兼化者虚象，实非风也。

〔附方〕

葛根汤　治痓病无汗而小便少，反恶寒者，名刚痓。

葛根四钱　麻黄三钱　桂枝二钱　芍药二钱　甘草三钱。炙

上㕮咀，水二盅，生姜三片，枣一枚，煎服，覆取微汗。

桂枝加葛根汤 治痓病有汗，不恶寒者服之，此名柔痓。

葛根四钱 生姜三钱 桂枝 芍药 甘草各二钱

上作一服，水二盅，枣一个，煎服。二痓皆可用小续命汤加减服，若胸满，口噤咬齿，脚挛，卧不着床者，以大承气汤下之，无疑矣。

小续命汤见中风类。

大承气汤见痢类。

痫五十九

惊与痰宜吐。大率行痰为主，用黄连、南星、瓜蒌、半夏寻火寻痰，分多分少，治之无不愈者。分痰与热。有热者，以凉药清其心；有痰者，必用吐药，吐后用东垣安神丸。大法宜吐，吐后用平肝之剂，青黛、柴胡、川芎之类，龙荟丸正宜服之。且如痫，因惊而得，惊则神不守舍，舍空而痰聚也。

戴曰：痫者，俗曰猪癫风者是也。

〔附录〕 痫症有五：马、牛、鸡、猪、羊。且如马痫，张口摇头，马鸣；牛痫，目正直视，腹胀；鸡痫，摇头反折，喜惊；羊痫，喜扬眉吐舌；猪痫，喜吐沫。以其病状偶类之耳，非无痰涎壅塞，迷闷孔窍，发则头旋颠倒，手足搐搦，口眼相引，胸背强直，叫吼吐沫，食顷乃苏，宜星香散加全蝎三个。

〔附方〕

续命汤 主痫发顿闷无知，口吐沫出，四体角弓反张，目反上，口噤不得言。

竹沥一升二合 生节汁一升 龙齿末 生姜 防风 麻黄去节。各四两 防己 附子炮。各二两 石膏 桂二两

上十味，水一升，煮取三升，分三服。有气加紫苏、陈皮各半两。

但小儿痫，《千金》有风、食、惊三种，《本事方》又有阴阳痫、慢脾风三证，慢脾即食痫，宜醒脾丸、人参散。

古方三痫丸 治小儿百二十种惊痫。

荆芥穗二两 白矾一两，半生半枯

上为末，面糊为丸，黍米大，朱砂为衣，姜汤下二十丸。如慢惊用来复丹，急惊三痫丸，食痫醒脾丸可也。

本事人参散 治慢脾风，神昏痰盛。

人参半两 圆白大南星一两，切片，以生姜汁并浆水各半，荫满煮，带性晒

上为末，每服一钱，水一盏，姜三片，冬瓜仁擂细少许同煎，取半盏，作两三次灌下。

宁神丹 清热养气血，不时潮作者可服。

天麻 人参 陈皮 白术 归身 茯神 荆芥 僵蚕炒 独活 远志去心 犀角麦 门冬去心 酸枣仁炒 辰砂各半两。另研 半夏 南星 石膏各一两 甘草炙 白附子 川芎 郁金 牛黄各三钱 珍珠三钱 生节 黄连各半两 金箔三十片

上为末，酒糊丸，空心服五十丸，白汤下。

东垣安神丸

黄连一钱五分，酒洗 朱砂一钱，水飞 酒生节 酒 归身 炙甘草各五分

上除朱砂水飞外，四味捣为末，和匀，汤浸蒸饼丸，如黍米大，每服十五丸，食后津咽下。

星香散见中风类。

癫 狂 六 十

癫属阴，狂属阳，癫多喜而狂多怒，脉虚者可治，实则死。大率多因痰结于心胸间，治当镇心神，开痰结。亦有中邪而成此疾者，则以治邪法治之。《原病式》所论尤精，盖为世所谓重阴者癫，重阳者狂是也。大概是热。癫者，神不守舍，狂言如有所见，经年不愈，心经有损，是为真病。如心经蓄热，当清心除热；如痰迷心窍，当下痰宁志；若癫哭呻吟，为邪所凭，非狂也，烧蚕纸，酒水下方寸匕。

卒狂言鬼语，针大拇指甲下即止。风癫引胁痛，发则耳鸣，用天门冬去心，日干作末，酒服方寸匕。癫证春治之，入夏自安，宜助心气之药。阳虚阴实则癫，阴虚阳实则狂，狂病宜大吐下则除之。

入方　治颠风。

麻仁四升

上以水六升，猛火煮至二升，去滓，煎取七合，旦空心服。或发或不发，或多言语，勿怪之，但人摩手足须定，凡进三剂愈。

又方　治狂邪发无时，披头大叫，欲杀人，不避水火。

苦参不以多少

上为末，蜜丸如梧子大，每服十五丸，煎薄荷汤下。

惊悸怔忡六十一

惊悸者血虚，惊悸有时，以朱砂安神丸。痰迷心膈者，痰药皆可，定志丸加琥珀、郁金。怔忡者血虚，怔忡无时，血少者多。有思虑便动属虚，时作时止者痰因火动。瘦人多因是血少，肥人属痰，寻常者多是痰，真觉心跳者是血少，四物、朱砂安神之类。假如病因惊而得，惊则神出其舍，舍空则痰生也。

戴云：怔忡者，心中不安，惕惕然如人将捕者是也。

〔附录〕　惊悸，人之所主者心，心之所养者血，心血一虚，神气不守，此惊悸之所肇端也。曰惊曰悸，其可无辨乎？惊者恐怖之谓，悸者怔忡之谓。心虚而郁痰，则耳闻大声，目击异物，遇险临危，触事丧志，心为之忤，使人有惕惕之状，是则为惊；心虚而停水，则胸中渗漉，虚气流动，水既上乘，心火恶之，心不自安，使人有怏怏之状，是则为悸。惊者，与之豁痰定惊之剂；悸者，与之逐水消饮之剂。所谓扶虚不过调养心血，和平心气而已。

入方　治劳役心跳大虚证。

朱砂　归身　白芍　侧柏叶炒，五钱　川芎　陈皮　甘草各二钱　黄连炒，一钱半

上为末，猪心血丸服。

〔附方〕

养心汤 治心虚血少，惊悸不宁。

黄芪炙 白茯苓 茯神 半夏曲 当归 川芎各半两 远志去心。姜汁炒 辣桂 柏子仁 酸枣仁炒 五味 人参各[1]二钱半 甘草炙，四钱

上每服三钱，水煎，姜三片，枣一个，食前服。治停水怔忡，加槟榔、赤茯苓。

宁志丸 治心虚血虚多惊，若有痰惊，宜吐之。

人参 白茯苓 茯神 柏子仁 琥珀 当归 酸枣仁温酒浸半日，去壳，隔纸炒 远志各半两，炒 乳香 朱砂 石菖蒲二钱半

上为末，炼蜜丸如梧子大，服三十丸，食后煎枣汤吞下。

朱雀丸 治心病怔忡不止。

白茯神二两 沉香五钱

上为末，炼蜜丸，小豆大，服三十丸，人参汤下。

加味四七汤 治心气郁滞，豁痰散惊。

半夏二两半 白茯苓 厚朴各一两半 茯神 紫苏各一两 远志炒 甘草炙，半两

上每服四钱，生姜五片，石菖蒲一寸，枣一个，水煎服。

朱砂安神丸

朱砂五钱，水飞过，另研 黄连酒洗，六钱 甘草炙，二钱半 生苄一钱半 当归二钱半

上四味为末，蒸饼丸如黍米大，朱砂为衣，服二十丸或五十丸，津下。

定志丸见健忘类。

健忘六十二

健忘精神短少者多，亦有痰者。

---

〔1〕各 原无，据上科本补。

戴云：健忘者，为事有始无终，言谈不知首尾，此以为病之名，非比生成之愚顽不知人事者。

〔附录〕 健忘者，此证皆由忧思过度，损其心胞，以致神舍不清，遇事多忘，乃思虑过度，病在心脾。又云：思伤脾，亦令朝暮[1]遗忘，治之以归脾汤，须兼理心脾，神宁意定，其证自除也。

〔附方〕

归脾汤 治思虑过度，劳伤心脾，健忘怔忡。

白术 茯神 黄芪 圆眼肉 酸枣仁炒。各一两 人参 木香各半两 甘草炙，二钱半

上每服四钱，姜三片，枣一枚，水煎服。

定志丸 治心气不定，恍惚多忘。

远志二两 人参一两 菖蒲一两 白茯苓三两

上为末，炼蜜丸如梧子大，朱砂为衣，服二十丸，米汤下。

痛风六十三附肢节痛

四肢百节走痛是也，他方谓之白虎历节风证。大率有痰、风热、风湿、血虚。因于风者，小续命汤；因于湿者，苍术、白术之类，佐以竹沥；因于痰者，二陈汤加酒炒黄芩、羌活、苍术；因于血虚者，用芎、归之类，佐以红花、桃仁。大法之方，苍术、川芎、白芷、南星、当归、酒黄芩。在上者，加羌活、威灵仙、桂枝；在下者，加牛膝、防己、木通、黄柏。血虚，《格致余论》详言，多用川芎、当归，佐以桃仁、红花、薄桂、威灵仙。治痛风，取薄桂味淡者，独此能横行手臂，领南星、苍术等药至痛处。

入方 治上中下疼痛。

南星姜制 苍术泔浸 黄柏酒炒。各二两 川芎一两 白芷半两 神曲炒，半两 桃仁半两 威灵仙酒拌，三钱 羌活三钱，走骨节 防己半两，下行 桂枝三钱，行臂 红花酒洗，一钱半 草龙胆半

〔1〕暮 原作"暗"，据上科本改。

钱，下行

上为末，曲糊丸，梧子大，每服一百丸，空心白汤下。

张子元血气虚有痰，白浊，阴火痛风。

人参一两　白术　熟节　黄柏炒黑。各二两　山药　海石　南星各一两　锁阳半两　干姜烧灰，半两，取其不走　败龟板酒炙，二两

上为末，粥丸，一云酒糊丸。

臂痛方

苍术一钱半　半夏　南星　白术　酒芩炒　香附各一钱　陈皮　茯苓各半钱　威灵仙三钱　甘草少许，别本加羌活一钱

上㕮咀，作一服，入生姜二三片。

二妙散　治筋骨疼痛因湿热者。有气加气药，血虚者加补药，痛甚者加生姜汁，热辣服之。

黄柏炒　苍术米泔浸，炒

上二味为末，沸汤入姜汁调服。二物皆有雄壮之气，表实气实者，加酒少许佐之。若痰带热者，先以舟车丸，或导水丸、神芎丸下伐，后以趁痛散服之。

趁痛散

乳香　没药　桃仁　红花　当归　地龙酒炒　牛膝酒浸　羌活　甘草　五灵脂酒淘　香附童便浸　或加酒芩、炒酒柏

上为末，酒调二钱服。

八珍丸　治痛风走注脚疾。

乳香　没药　代赭石　穿山甲生用。各三钱　羌活　草乌生用。各五钱　全蝎二十一个，炒　川乌生用，一两，不去皮尖

上为末，醋糊丸如梧子大，每二十一丸，温酒送下。

四妙散　痛风走注。

威灵仙酒浸，五钱　羊角灰三钱　白芥子一钱　苍耳一钱半，一云苍术

上为末，每服一钱，生姜一大片，擂汁入汤调服。又二妙散同调服。

又方　治酒湿痰痛风。

黄柏酒炒　威灵仙酒炒。各五钱　苍术　羌活　甘草三钱　陈皮一钱　芍药一钱

上为末，每服一钱或二钱，沸汤入姜汁调下。

治气实表实，骨节痛方。

滑石六钱　甘草一钱　香附　片芩各三钱

上为末，姜汁糊丸如梧子大，每服五七十丸，白汤吞下。

又方

糯米一盏　黄踯躅根一握　黑豆半合

上用酒水各一碗煎，徐徐服之，大吐大泻，一服便能行动。

治食积肩腿痛。

龟板酒浸，一两　酒柏叶　香附半两　辣芥子　凌霄花

上为末，酒糊丸如梧子大，煎四物汤加陈皮、甘草汤下。

〔附方〕

控涎丹　治一身及两胁走痛，痰挟死血者。

甘遂面裹煨　大戟制　真白芥菜子炒。各等分

上为末，加桃仁泥糊丸如梧子大，每服五七丸，渐加至十丸，临卧姜汤下。

龙虎丹　治走注疼痛，或麻木不遂，或半身痛。

草乌　苍术　白芷各一两，碾粗末，拌发酵盦过，入后药　乳香　没药各二钱，另研　当归　牛膝各五钱

上为末，酒糊丸如弹大，每服一丸，温酒化下。

〔附录〕　遍身骨节疼痛，昼静夜剧，如虎啮之状，名曰白虎历节风，并宜加减地仙丹，或青龙丸、乳香丸等服之。

又有痛风而痛有常处，其痛处赤肿灼热，或浑身壮热，此欲成风毒，宜败毒散。凡治臂痛，以二陈汤加酒炒黄芩、苍术、羌活。

如肢节痛，须用羌活，去风湿亦宜用之。如肥人肢节痛，多是风湿与痰饮流注经络而痛，宜南星、半夏。如瘦人肢节痛，是血虚，宜四物加防风、羌活。如瘦人性急躁而肢节痛，发热，是血热，宜四物汤加黄芩、酒炒黄柏。如肢节肿痛，脉滑者，当用燥湿，宜苍术、南星，兼行气药木香、枳壳、槟榔。在下者，加汉防己。若

肢节肿痛，脉涩数者，此是瘀血，宜桃仁、红花、当归、川芎及大黄微利之。如倦怠无力而肢节痛，此是气虚兼有痰饮流注，宜参、术、星、半。丹溪无肢节痛条。此文又纯似丹溪语，姑书以俟知者。

小续命汤　地仙丹并见中风类。

舟车丸见中湿类。

导水丸见痢炎。

神芎丸见发热类。

败毒散见瘟疫类。

乳香丸

白附子炮　南星　白芷　没药　赤小豆　荆芥　藿香去土　骨碎补去毛　乳香另研。各一两　五灵脂　川乌炮，去皮脐尖　糯米炒。各二两　草乌头炮，去皮尖　京墨煅。各五两　松脂半两，研

上为末，酒糊丸梧子大，每服十丸，至十五丸，冷酒吞下，茶亦得，不拘时，忌热物。

疠风六十四附身上虚痒

大风病是受天地间杀物之风，古人谓之疠风者，以其酷烈暴悍可畏耳。人得之者，须分在上、在下。夫在上者，以醉仙散取臭涎恶血于齿缝中出；在下者，以通天再造散取恶物陈虫于谷道中出。所出虽有上下道路之殊，然皆不外乎阳明一经，治此病者，须知此意。看其疙瘩与疮，若上先见者，上体多者在上也；若下先见者，下体多者在下也；上下同得者，在上复在下也。阳明经胃与大肠也，无物不受，此风之入人也，气受之则在上多，血受之则在下多，气血俱受者甚重，自非医者神手，病者铁心，罕有免此。夫或从上或从下，以渐而来者，皆是可治之病，人见病势之缓多息之，虽按此法施治，病已全然脱体，若不能绝味绝色，皆不免再发，再发则终不救矣。某曾治五人矣，中间惟一妇女得免，以其贫甚且寡，无物可吃也，余四人三两年后皆再发。孙真人云：吾尝治四五百人，终无一人免于死。非孙真人不能治也，盖无一能守禁

忌耳。此妇人本病外，又是百余贴加减四物汤，半年之上，方得月经行，十分安愈。

醉仙散

胡麻仁　牛蒡子　蔓荆子　枸杞子各半两，同炒黑色　防风　瓜蒌根　白蒺藜　苦参各半两

上为末，每一两半，入轻粉二钱，拌匀，大人每用一钱，空心，日午临卧各一服，茶汤调下。吃后五七日间，先于牙缝内出臭涎水，浑身觉疼，昏闷如醉，利下臭屎为度，量大小虚实加减与之。证候重而急者，须先以再造散下之，候补养得还，复与此药吃，须断盐、酱、醋、诸般肉、鱼腥、椒料、水果、煨烧炙煿及茄子等物，只宜淡粥、煮熟时菜，并乌梢菜花蛇用淡酒煮熟食之，以助药力也。

再造散

锦纹大黄一两　皂角刺一两半，独生经年黑大者[1]　郁金半两，生　白牵牛头末，六钱，半生半炒，一本无此二味

上为细末，每服二钱一云五钱，临卧冷酒调服一云：日未赤面东服，以净桶伺候泄出虫，如虫黑色乃是多年，赤色是为方近。三四日又进一服，直候无虫，则绝根矣。后用通圣散调理，可用三棱针刺委中出血。终身不得食牛、马、驴、骡等肉，大忌房事，犯者必不救。

黄精丸

苍耳叶　紫背浮萍　大力子各等分　乌蛇肉中半酒浸，去皮骨　黄精倍前三味，生捣汁，和四味研细，焙干

上为末，神曲糊丸，如梧子大，每服五七十九，温酒下。一方加炒柏、生节、甘草节。

又方

苍耳叶　浮萍　鼠粘子　乌蛇肉等分

上用豆淋酒炒，等分为末，每服一二钱，豆淋酒调下。

治麻风，脉大而虚者。

---

〔1〕者　原作“黄”，据上科本改。

苦参七钱半　苍耳　牛蒡子　酒蒸柏一作酒柏。各二两　黄精　浮萍各一两

上为末，用乌蛇肉酒蒸，如无蛇以乌鲤鱼亦可，糊丸服之。候脉实，再用通天再造散取虫。

治麻风，四物汤加羌活、防风、陈皮、甘草。

又方

大黄　黄芩　雄黄三两

上为末，用樟树叶浓煎汤，入药蒸洗。

〔附录〕　此疾非止肺脏有之，以其病发于鼻，从俗呼为肺风也。鼻准肿赤胀大而为疮，乃血随气化也。气既不施则血为之聚，血既聚则使肉烂而生虫也。生虫者，厥阴主之。以药缓疏之，煎局方升麻汤，下泻青丸，余病各随经治之。

〔附方〕

凌霄花散　治疠风。

蝉壳　地龙炒　僵蚕炒　全蝎各七个　凌霄花半两

上为末，每服二钱，酒调下。于浴室内常在汤中住一时许，服药效。

东坡四神丹　治大风。

羌活　玄参　当归　熟节

上等分，炼蜜丸，梧子大，每服七十丸。

浮萍散　治癞及风癣。

浮萍一两　荆芥　川芎　甘草　麻黄去根节。已上各半两，或加当归、芍药

上为末，每服一两，水二盏煎，入葱白、豆豉亦可，汗出则愈。

通圣散见斑疹类。

局方升麻汤

熟半夏　茯苓　白芷　当归各二钱　苍术　干葛　桔梗　升麻各一两　熟枳壳　干姜各半钱　大黄蒸，半两　芍药七钱半　陈皮　甘草各一两半

上㕮咀，每服四钱，生姜、灯心同煎，食前服。

泻青丸见中风类。

身上虚痒，血不荣于腠理，所以痒也。

上用四物汤加黄芩，煎调浮萍末服之。

又方　凌霄花末一钱，酒调下。

缠喉风　喉痹六十五附咽痛　咽疮

喉痹大概多是痰热，重者用桐油探吐。一方，射干，逆流水吐之。又方，李实根皮一片，噙口内，更用李实根研，水敷项上一周遭。用新采园中者。缠喉风属痰热。戴云：谓其咽喉里外皆肿者是也，用桐油以鹅翎探吐。又法，用灯油脚探吐。又，用远志去心为末，水调傅项上一遭立效，亦可吐。咽喉生疮痛是虚热血虚多，属虚火，游行无制，客于咽喉也。用人参、荆芥、蜜炙黄柏；虚火用人参、竹沥；血虚，四物加竹沥；实热者，黄连、荆芥、薄荷、硝，蜜、姜汁调噙化。治咽喉用倒滴刺根净洗，入些好酒同研，滴入喉中，痛立止。喉痹，风热痰，先以千缗汤，后以四物加黄芩、知母，养阴则火降。又方，猪牙皂角为末，和霜梅噙。又方，木鳖子用盐水浸，噙一丸。又方，茜草一两一服，降血中之火。又方，焰硝半钱，枯矾半钱、硇砂一钱，为末，杜仲、牛膝捣汁调。喉闭，或有中垂一丝结成小血珠，垂于咽喉中，用杜牛膝根，即鼓槌草直而独条者，捣碎，用好米醋些小，和研取汁，三五滴，滴在鼻中即破。喉痛，必用荆芥，阴虚火炎上必用玄参。又喉痹，陈年白梅入蜒蚰令化，噙梅于口中。

入方

雄黄解毒丸　治缠喉急喉风，双蛾肿痛，汤药不下。

雄黄一两　巴豆去油，十四个　郁金一钱

上为末，醋糊丸如绿豆大，热茶清下七丸，吐出顽涎即苏，大效。如口噤，以物斡开灌之，下咽无有不活者。

润喉散　治气郁夜热，咽干梗塞。

桔梗二钱半　粉草一钱　紫河车四钱　香附三钱　百药煎一钱半

上为末，敷口内。

又方 喉痛。

硼砂 胆矾 白僵蚕 陈霜梅

上为末，和噙。

头风六十六

属痰者多，有热、有风、有血虚。在左属风，荆芥、薄荷，属血虚，川芎、当归；在右属痰，苍术、半夏，属热，酒芩为主，又属湿痰，川芎、南星、苍术。偏头风在左而属风者，用荆芥、薄荷，此二味即是治之主药，有君、臣、佐、使之分，凡主病者为君而多，臣次之，佐又次之，须要察其兼见何症而佐使之。如有痰，即以二陈汤治痰而佐之，他症皆仿此。又须察识病情，全在活法出入加减，不可执方。

又方

酒片芩一两 苍术 羌活 防风各五钱 细辛二钱 苍耳三钱

上为末，每服三钱，生姜一大片，同擂匀，茶汤荡起服之。

又方

酒片芩五钱 苍术二钱半 羌活 苍耳 川芎 生甘草 酒黄连各一钱半 半夏曲炒，三钱半

上为末，服法同前。

又方

酒片芩一两 苍术 羌活 川芎各五钱 苍耳 细辛各三钱

上为末，服法同前。

又方 湿痰头风。

片芩酒炒，三钱 苍术酒炒，一两 川芎 细辛各二钱 甘草一钱

上为末，服法同前。

瘦人嗜药

软石膏 朴硝各五钱 脑子 荆芥 檀香皮 薄荷各一钱

白芷　细辛各二钱

上为末，嗃鼻内。

头痒风屑发黄[1]。

用大黄酒浸，炒为末，茶调服。

一粒金嗃鼻方　治偏头风。

荜拨不以多少，研细，用猿猪胆汁拌匀，再入胆内，悬阴干　藁本　玄胡索　白芷　川芎各一两　青黛一[2]两

上为末，入制荜拨末一两半，用无根水丸，每用一粒，长流水化开，嗃鼻，以铜钱二三文口咬定，出涎。

治头风。

乌头尖七个　荆芥　防风　甘草　蔓荆子　台芎　桔梗　麻黄

上为末，茶调。

一人头风鼻塞。

南星　苍术　酒芩　辛夷　川芎

上为末，茶调。

〔附录〕　头风用热药多，间有挟热而不胜热剂者，宜消风散、茶调散服之。头风发动，顶后、两项筋紧吊起痛者，看其人挟寒挟虚，宜三五七散。头风，九月取菊花作枕最良。《素问》论：头风者，本于风寒入于脑髓耶。《本事方》论：妇人患头风者，十居其半，或者妇人无巾以御风寒焉耳。男子间有患者，若经年不愈者，宜灸囟会、百会、前顶、上星等穴，差。

〔附方〕

消风散

荆芥穗　甘草炙　川芎　羌活　人参　茯苓　防风　白僵蚕炒　藿香　蝉蜕去土炒。各二两　厚朴姜制，半两　陈皮去白，半两

上为末，每服二钱，荆芥汤或茶清调下。

---

〔1〕黄　上科本此下有“方”字。

〔2〕一　上科本作“二”。

茶调散

薄荷去梗，不见火，八两　川芎四两　羌活　甘草　白芷各二两　细辛去叶，一两　防风二两半　荆芥去梗，四两

上为细末，每服二钱，食后，茶清调下，常服清头目。

三五七散

细辛一斤半　干姜炮，二斤　防风四斤　山茱萸去核　茯苓各三斤　附子三十五个，炮，去皮脐

上为细末，每服二钱，温酒食前调下。

头眩六十七

头眩，痰挟气虚并火。治痰为主，挟补气药及降火药。无痰则不作眩，痰因火动。又有湿痰者，有火痰者。湿痰者多宜二陈汤，火者加酒芩，挟气虚者相火也，治痰为先，挟气药降火，如东垣半夏白术天麻汤之类。眩晕不可当者，以大黄酒炒为末，茶汤调下，火动其痰，用二陈加黄芩、苍术、羌活散风行湿。左手脉数热多，脉涩有死血；右手脉实有痰积，脉大是久病。久，一作虚。久病之人，气血俱虚，而脉大痰浊不降也。

昔有一老妇，患赤白带一年半，头眩，坐立不得，睡之则安，专治赤白带，带愈其眩亦安。

〔附录〕 眩者，言其黑晕转旋，其状目闭眼暗，身转耳聋，如立舟船之上，起则欲倒，盖虚极乘寒得之，亦不可一途而取轨也。又风则有汗，寒则掣痛，暑则热闷，湿则重滞，此四气乘虚而眩晕也。又或七情郁而生痰动火，随气上厥，此七情致虚而眩运也。淫欲过度，肾家不能纳气归元，使诸气逆奔而上，此气虚眩运也。吐衄漏崩，肝家不能收摄荣气，使诸血失道妄行，此血虚眩运也。要寻致病之因，随机应敌，其间以升降镇坠行汗为最，不可妄施汗下，识者将有采薪之忧。有早起眩运，须臾自定，日[1]以为常者，

〔1〕日　原作“目”，据上科本改。

正元饮下黑锡丹。伤湿头运，肾著汤加川芎，名除湿汤。疏风，川芎茶调散；有痰，青州白丸子。

〔附方〕

头运方 利痰清热降火，或滚痰丸亦可。

南星五分，制 半夏一钱 桔梗七分 枳壳一钱 陈皮一钱 甘草五分 茯苓一钱 黄芩七分

上作一服，生姜七片，水煎，食后服。

香橘饮 治气虚眩晕。

木香 白术 半夏曲 橘皮 茯苓 砂仁各半两 丁香 甘草炙，二钱半

上㕮散，水二盏，生姜五片，煎服。加当归、川芎、官桂，治血虚眩晕。

白附子丸 治风痰上厥，眩晕头疼。

全蝎半两，炒 白附子炮 南星炮 半夏 旋覆花 甘菊 天麻 川芎 橘红 僵蚕炒 干姜生。各二两

上为末，生姜半斤，取汁打糊丸，梧子大，煎荆芥汤，下五十丸。

人参前胡汤 治风痰头晕目眩。

半夏曲 木香 枳壳炒 紫苏 赤茯苓 南星炮 甘草炙。各五钱 人参三钱 前胡五钱 橘红五钱

上㕮散，每服五钱，生姜五片，水煎服。

芎术除眩散 治感湿感寒，头重眩晕。

附子生 白术 川芎各半两 官桂 甘草炙。各二钱半

上㕮，每服三钱，姜七片，水煎服。

茯苓桂枝白术甘草汤 治气上冲胸，战摇眩晕。

茯苓一两 桂枝七钱半 白术 甘草炙。各半两

上㕮，每服四钱，水煎服。风症加川芎、细辛；湿症加川芎、苍术；寒症加干姜、良姜。

半夏白术天麻汤见头痛类。

正元散

红豆炒，三钱 人参二两 肉桂半两 附子炮，去皮尖 川芎

山药姜汁炒　乌药　干葛各一两　川乌炮，去皮脐，半两

干姜炮，三钱　白术　甘草炙　茯苓各二两　陈皮二钱　黄芪炙，一两半

上㕮咀，每服三钱，水一盏，姜三片，枣一个，入盐少许，煎服。

黑锡丹

肉桂半两　沉香　附子炮，去皮脐　故纸　胡芦巴酒浸，炒　茴香炒　肉豆蔻面裹煨　阳起石研细，水飞　金铃子蒸，去皮核　木香各一两　硫黄　黑锡去滓。各二两

上用黑盏或新铁铫内，如常法结黑锡、硫黄砂子，地上出火毒，研令极细，余药并杵罗为末，一处和匀，自朝至暮，以研至黑光色为度，酒糊丸如桐子大，阴干，入布袋内擦令光莹，每服四十粒，空心，盐姜汤或枣汤下，女人艾枣汤下。

肾著汤见腰痛类。

川芎茶调散见头痛类。

头痛六十八

头痛多主于痰，痛甚者火多，有可吐者，可下者。清空膏治诸头痛，除血虚头痛不可治。出《东垣试效方》。血虚头痛，自鱼尾上攻头痛，用芎归汤，古方有追涎药。

〔附录〕 头痛须用川芎，如不愈，各加引经药。太阳川芎，阳明白芷，少阳柴胡，太阴苍术，少阴细辛，厥阴吴茱萸。如肥人头痛是湿痰，宜半夏、苍术；如瘦人是热，宜酒制黄芩、防风；如感冒头痛，宜防风、羌活、藁本、白芷；如气虚头痛，宜黄芪、酒洗生地黄、南星、秘藏安神汤；如风热在上头痛，宜天麻、蔓荆子、台芎、酒制黄芩；如风苦头痛，用细辛；如形苍黑之人头痛，乃是血虚，宜当归、川芎、酒黄芩；如顶颠痛，宜藁本、防风、柴胡。东垣云：顶颠痛须用藁本，去川芎。且如太阳头痛，恶风脉浮紧，川芎、羌活、独活、麻黄之类为主；少阳头痛，脉弦细，往来寒热，柴胡为

主；阳明头痛，自汗，发热恶寒，脉浮缓长实，升麻、葛根、石膏、白芷为主；太阴头痛，必有痰，体重，或腹痛，脉沉缓，以苍术、半夏、南星为主；少阴头痛，足寒气逆为寒厥，其脉沉细，麻黄、附子、细辛为主；厥阴头痛，或吐痰沫厥冷，其脉浮缓，以吴茱萸汤主之。血虚头痛，当归、川芎为主；气虚头痛，人参、黄芪为主；气血俱虚头痛，调中益气汤内加川芎三分、蔓荆子三分、细辛二分，其效如神。又有痰厥头痛，所感不一，是知方者体也，法者用也，徒知体而不知用者弊，体用不失可谓上工矣。

〔附方〕

清空膏　治偏正头痛，年深不愈者，又治风湿热头上壅及脑痛，除血虚头痛不治。

川芎五钱　柴胡七钱　黄连酒炒　防风　羌活各一两　炙甘草一两五钱　细挺子黄芩三两，去皮，一半酒制，一半炒

上为末，每服二钱，热盏内入茶少许，汤调如膏，抹在口内，临卧少用白汤送下。如苦头痛，每服加细辛二分。痰厥头痛，脉缓，减羌活、防风、川芎、甘草，加半夏一两五钱。如偏正头痛，服之不愈，减羌活、防风、川芎一半，加柴胡一倍。如发热恶热而渴，此阳明头痛，只与白虎汤加好吴白芷。

安神汤　治头痛头旋眼黑。

生甘草　炙甘草各二钱　防风二钱五分　柴胡　升麻　酒生节　酒知母各五钱　酒柏　羌活各一两　黄芪二两

上剉，每服五钱，水煎，加蔓荆子五分、川芎三分再煎，临卧热服。

彻清膏

蔓荆子　细辛各一分　薄荷叶　川芎各三分　生甘草　炙甘草各五分　藁本一钱

上为末，茶清调下二钱。

顺气和中汤　治气虚头痛，此药升阳补气，头痛自愈。

黄芪一钱半　人参一钱　甘草炙，七分　白术　陈皮　当归芍药各五分　升麻　柴胡各三分　细辛　蔓荆子　川芎各二分

上作一服，水煎，食后服。

不卧散 治头痛。

猪牙皂角一钱 玄胡 青黛些小

上为末，吹鼻中取涎。

半夏白术天麻汤 治脾胃证，已经服疏风丸下二三次，原证不瘳，增以吐逆，痰唾稠粘，眼黑头旋，目不敢开，头苦痛如裂，四肢厥冷，不得安卧。

黄柏二分，酒洗 干姜三分 泽泻 白茯苓 天麻 黄芪 人参 苍术各三分 炒神曲 白术各一钱 麦芽 半夏汤洗 陈皮各一钱半

上每服五钱，水煎热服。

芎归汤见肠风类。

调中益气汤见脾胃类。

治头痛，片芩[1]酒浸透，晒干为末，茶清调。治诸般头痛，亦治血虚头痛。

治头痛连眼痛，此风痰上攻，须用白芷开之。

雨前茶 川芎 白芷 防风 藁本 细辛 当归

治头痛如破。

酒炒大黄半两，一半茶煎。

眉眶痛六十九

眉眶痛属风热与痰，作风痰治，类痛风。

入方

黄芩酒浸，炒 白芷一本作白术

上为末，茶清调二钱。

又方

川乌 草乌二味为君，童便浸，炒，去毒 细辛 羌活 黄芩

〔1〕芩 原作“苓”，据上科本改。

甘草等分，为佐

上为细末，茶清调服。一本加南星。

〔附录〕 痛有二证，眼属肝，有肝虚而痛，才见光明则眶骨痛甚，宜生熟地黄丸；又有眉棱骨痛，眼不可开，昼静夜剧，宜导痰汤，或芎辛汤入芽茶，或二陈汤，吞青州白丸子良。

〔附方〕

《选奇方》治眉骨痛不可忍，大有效。

羌活　防风各二钱　甘草二钱，夏月生，冬炒　酒黄芩一钱，冬月不用，有热者用

上每服三钱，水煎，食后温服。

生熟地黄丸

生苄　熟苄各一两　玄参　金钗石斛各一两

上为末，蜜丸。

导痰汤见痰类。

芎辛汤

附子生，去皮脐　乌头生　天南星　干姜　甘草炙　川芎　细辛等分

上剉，每服四钱，姜五片，芽茶少许，煎服。

青州白丸子见《和剂》及《瑞竹堂方》。

四神散　治妇人血风，眩晕头痛。

菊花　当归　旋覆花　荆芥穗

上等分，为细末，每服二钱，葱白三寸，茶末二钱，水一盏半，煎至八分，去滓，食后温服。

心脾痛七十

心痛即胃脘痛，虽日数多不吃食，不死。若痛方止便吃物，还痛，必须三五服，药后方吃物。痛甚者脉必伏，用温药附子之类，不可用参、术。诸痛不可补气。大凡心膈之痛，须分新久。若明知身受寒气，口吃寒物而得病者，于初得之时，当与温散或温利之

药；若曰病得之稍久则成郁，久郁则蒸热，热久必生火，《原病式》中备言之矣。若欲行温散温利，宁无助火添病耶！古方中多以山栀子为热药之向导，则邪易伏，病易退，正易复，而病安然。病安之后，若纵恣口味，不改前非，病复作时，反咎医之失，良可叹哉！一方用山栀子炒，去皮，每服十五枚，浓煎汤一呷，入生姜汁令辣，再煎小沸，又入川芎一钱尤妙。山栀子大者，或七枚或九枚，须炒黑。大概胃口有热而作痛者，非山栀子不可，须佐以姜汁，多用台芎开之。病发者，或用二陈汤加川芎、苍术，倍加炒栀子，痛甚者加炒干姜从之，反治之法也。轻者川芎一两，苍术一两，山栀子炒去皮二两，姜汁蒸饼糊丸，梧桐子大，服七八十丸，热辣姜汤下。重者，桂枝，麻黄、石碱各等分，姜汁和，蒸饼丸桐子大，服五十丸，热辣姜汤下。一本轻者散之，麻黄、桂枝之类；重者加石碱、川芎、苍术、炒山栀子去皮，作丸服。凡治此证，必要先问平日起居何如，假如心痛，有因平日喜食热物，以致死血留于胃口作痛，用桃仁承气汤下之，切记！轻者用韭汁、桔梗，能开提其气，血药中兼用之。以物柱按痛处则止者，挟虚，以二陈汤加炒干姜和之。有虫痛者，面上白斑，唇红能食，属虫，治以苦楝根、锡灰之类。痛定便能食，时作时止者是虫。上半月虫头向上易治，下半月虫头向下难治。先以肉汁及糖蜜食下，则引虫头向上，然后用药打出。楝树根皮、槟榔、鹤虱，夏取汁饮，冬浓煎汤，下万应丸最好。脉坚实不大便者，下之。心痛用山栀，并劫药止之，若又复发，前药必不效，可用玄明粉一服立止。左手脉数热多，脉涩有死血。右手脉实痰积，弦大必是久病。胃脘有湿而痛者，宜小胃丹下之。

入方

黄连炒　山栀炒　吴茱萸汤洗。各五钱　荔枝核烧存性，三钱　滑石五钱

上为末，姜汁和丸服。

又方

山栀子仁炒黄色

上为末，姜汤调，粥丸亦得。冷痛者，加草豆蔻仁炒末，姜汁

炊饼丸服。

又方

白术五钱　白芍　砂仁　半夏　当归各三钱　桃仁　黄连　神曲炒　陈皮各二钱　吴茱萸一钱半　僵蚕　人参　甘草各一钱

上为末，蒸饼丸服。

又方

白术三钱半　白芍炒　陈皮　归尾各二钱半　人参　黄连炒，一钱半　吴茱萸半钱

上为末，蒸饼丸。

又方　治气实心痛者。

山栀子炒焦，六钱　香附一钱　吴茱萸一钱

上为末，蒸饼丸，如花椒大，以生地黄酒洗净。同生姜汤煎，送下二十丸。

又方

胡椒　荜拨各半两

上为末，以醋调，捏作团子吞之。

又方　治心痛，亦治哮喘。又见痰类。

半夏切碎，香油炒

上为末，姜汁炊饼丸，姜汤下二三十丸。

又方

黄荆子炒焦为末，米汤调下，亦治白带。

一人脉涩，心脾常痛。白术一两，半夏一两，苍术、枳实、神曲、香附、茯苓、台芎各半两。

上为末，神曲糊丸。

治死血留胃脘作痛者。

玄胡一两半　桂　滑石　红花　红曲各五钱　桃仁三十个

上为末，汤浸蒸饼和丸。

治痰饮积食[1]，胃脘痛。

---

〔1〕食　正脉本、上科本均无此字。

螺蛳壳墙上年久者，烧　滑石炒　苍术　山栀　香附　南星各二两　枳壳　青皮　木香　半夏　砂仁各半两

上为末，生姜汁浸，蒸饼为丸，绿豆大，每服三四十丸，姜汤下。春加芎，夏加黄连，冬加吴茱萸半两。有痰者用明矾，溶开就丸，如鸡头大，热姜汤吞下一丸。青黛亦治心痛。蓝叶槌碎取汁，姜汁和服亦可。如无叶处，用水一小瓶，用蓝安在刀头，火中烧红，淬水服。

治脾痛，用海粉佐以香附末，用川芎、山栀、生姜汁煎辣汤，调服为佳。又方，治脾痛气实者，可用牡蛎煅为粉，用酒调一二钱服。有脾痛，大小便不通者，此是痰隔中焦，气聚下焦。

〔附录〕　夫心痛其种有九：一曰虫痛，二曰疰痛，三曰风痛，四曰悸痛，五曰食痛，六曰饮痛，七曰寒痛，八曰热痛，九曰来去痛。其痛甚手足青过节者，是名真心痛，旦发夕死，夕发旦死，非药物所能疗。若蛔虫攻啮心痛，令人恶心而吐，用川椒十粒煎汤，下乌梅丸良。有肾气上攻以致心痛，用生韭研汁，和五苓散为丸，空心茴香汤下。时作时止，或饮汤水咽下而作哕者，是有死血在其中，以桃仁气汤下之。草豆蔻丸多治气馁弱人心痛，妙。

〔附方〕

草豆蔻丸　治客寒犯胃痛者，宜此丸，热亦可服，止可一二服。

草豆蔻一钱四分，面裹煨，去皮　益智　橘皮　僵蚕　人参　黄芪各八分　吴茱萸汤洗去苦，八分　生甘草三分　炙甘草三分　归身　青皮各六分　神曲炒　姜黄各四分　泽泻一钱，小便数者减半　桃仁七个，去皮尖，另研　麦芽炒，一钱五分　柴胡四分，详胁下加减用　半夏洗，一钱

上除桃仁另研，余为末，浸蒸饼丸如桐子大，服三十丸，白汤下，食远，旋斟酌多少用之。

丁香止痛散　治心气痛不可忍。

良姜五两　茴香炒　甘草各一两半　丁香半两

上为末，每服二钱，沸汤点服。

失笑散　治心气痛不可忍，小肠气痛。

蒲黄炒　五灵脂酒研，淘去砂土。各等分

上先以醋调二钱，煎成膏，入水一盏煎，食前热服。

二姜丸　治心脾疼，温养脾胃，冷食所伤。

干姜炮　良姜

扶阳助胃汤　治寒气客于肠胃，胃脘当心而痛，得热则已。

干姜炮，一钱半　拣参　草豆蔻　甘草炙　官桂　白芍各一钱　陈皮　白术　吴茱萸各五分　附子炮，二钱　益智五分

上㕮，作一服，水煎，生姜三片，枣二枚。有积聚，备急丹良。

乌梅丸　治胃冷，蛔虫攻心痛，呕吐，四肢冷。

乌梅三百个　黄柏炙　细辛　肉桂　附子炮。各六两　黄连十六两　人参六两　蜀椒炒，去闭口者及目　当归各四两　干姜炮，十[1]两

上为末，取乌梅肉和蜜丸，桐子大，每服五十丸，空心盐汤下。

桃仁承气汤见吐血类。

小胃丸见痰类。

五苓散见中暑类。

胁痛七十一

胁痛，肝火盛、木气实、有死血、有痰流注、肝急。木气实，用苍术、川芎、青皮、当归之类；痛甚者，肝火盛，以当归龙荟丸姜汁下，是泻火之要药；死血，用桃仁、红花、川芎；痰流注，以二陈汤加南星、苍术、川芎；肝苦急，急食辛以散之，用抚芎、川芎、苍术，血病入血药中行血。治咳嗽胁痛，以二陈汤加南星、香附、青皮、青黛，入姜汁。胁痛有瘀血，行气药中加桃仁不去尖，并香附之类。有火盛者，当伐肝木。左金丸治肝火。有气郁而胸胁痛者，看其脉沉涩，当作郁治。痛而不得伸舒者，蜜丸龙荟丸最快。胁下有食积一条扛起，用吴茱萸、炒黄连。控涎丹，一身气痛及胁

〔1〕十　上科本作“一”。

痛，痰挟死血，加桃仁泥，丸服。右胁痛，用推气散，出《严氏方》。左胁痛，用前药为君，加柴胡，或小柴胡亦可治。

入方

小龙荟丸

当归　草龙胆酒洗　山栀炒　黄连炒　川芎各半两　大黄煨，半两　芦荟三钱　木香一钱

一方有黄芩、柴胡各半两，无大黄、木香；一方有甘草、柴胡、青皮，无当归、栀子。

上为末，入麝香少许，粥糊丸如绿豆大，每服五十丸，姜汤下，仍以琥珀膏贴痛处。龙荟丸亦治有积，因饮食大饱、劳力行房，胁痛。

当归龙荟丸　治内有湿热，两胁痛，先以琥珀膏贴痛处，却以生姜汁吞此丸。痛甚者，须炒令热服。

草龙胆　当归　大栀子　黄连　黄芩各一两　大黄　芦荟各[1]半两　木香一钱半　黄柏一两　麝香半钱

一方加柴胡、川芎各半两。

又方　加青黛半两，蜜丸治胁痛；曲丸降肝火。

上十味为末，面糊丸。

抑青丸　泻肝火。

黄连半斤

上为末，蒸饼糊丸服。

〔附录〕 胁下痛，发寒热，小柴胡汤。肥白人因气虚而发寒热，胁下痛者，补虚用参、芪，退热用柴胡、黄芩，调气止痛用青木香、青皮；瘦人胁下痛发寒热，多怒者，必有瘀血，宜桃仁、当归、红花、柴胡、青皮、大黄、栀子、草龙胆。

〔附方〕

推气散　治右胁疼痛，胀满不食。

枳壳　桂心　片子姜黄各半两。一本作僵蚕　甘草炙，一钱半

---

〔1〕各　原无，据上科本补。

上为末，每服二钱，姜枣汤调下，酒亦可。

枳芎散 治左胁痛刺不可忍者。

枳实炒 川芎各半两 粉草炙，一钱半

上为末，每服二钱，姜枣汤下，酒亦可。

十枣汤 治胁痛甚效。病人气实可用，虚人不可用。

甘逐 芫花慢火熬[1]紫色 大戟各等分

上为末，水一大盏，枣十枚，切开煮取汁半盏，调半钱，人实更加一钱，量虚实加减。

控涎丹见痛风类。

小柴胡汤见疟类。

琥珀汤见积聚类。

腹痛七十二附腹中窄[2]狭 绞肠沙

腹痛有寒、积热、死血、食积、湿痰。

脉弦，食；脉滑，痰。一作涩。清痰多作腹痛，台芎、苍术、香附、白芷，为末，以姜汁入汤调服，大法之方若此。腹痛者，气用气药，如木香、槟榔、香附、枳壳之类；血用血药，如归、川芎、桃仁、红花之类。初得时元气未虚，必推荡之，此通因通用之法。久必难，壮实与初病宜下，虚弱衰与久病宜升之消之。腹中水鸣，乃火击动其水也，用二陈汤加黄芩、黄连、栀子，亦有脏寒而鸣者。凡心腹痛者，必用温散，此是郁结不行，阻气不运故痛。在上者，多属食，食能作痛，宜温散之，如干姜、炒苍术、川芎、白芷、香附、姜汁之类，不可用竣利药攻下之。盖食得寒则凝，热则化，更兼行气快气药助之，无不可者。

一老人腹痛，年高不禁下者，用川芎、苍术、香附、白芷、干姜、茯苓、滑石之类。

---

〔1〕熬 弘治本作“炒”。

〔2〕窄 原作“乍”，据弘治本及下文文义改。

戴云：寒痛者，绵绵痛而无增减者是；时痛时止者是热也；死血痛者，每痛有处，不行移者是也；食积者，甚欲大便，利后痛减者是；湿痰者，凡痛必小便不利。

入方 治酒积腹痛者，宽气紧要。

槟榔 三棱 莪术 香附 官桂 苍术 厚朴 陈皮 甘草 茯苓 木香

上为末，神曲糊丸，每服五十丸，白汤下。

〔附录〕 或曰：痰岂能痛？曰：痰因气滞而聚，既聚则碍其路道不得运，故作痛也。诸痛不可用参、芪、白术，盖补其气，气旺不通而痛愈甚。白芍药只治血虚腹痛，诸痛证不可用，以酸收敛。脐下忽大痛，人中黑色者，多死。

绞肠沙作痛，以樟木煎汤大吐，或白矾调汤吐之，盐汤亦可探吐。宜刺委中出血。腹痛须用芍药，恶寒而痛加桂，恶热而腹痛者亦加黄柏。凡腹痛，以手重按者，属虚，宜参、术、姜、桂之属；凡腹痛，以手不可按者属实，宜大黄、芒硝下之。凡肥人腹痛者，属气虚兼湿痰，宜参、二术、半夏。如感寒而腹痛，宜姜、桂，呕者丁香；如伤暑而腹痛，宜玉龙丸；如饮食过伤而痛者，宜木香槟榔丸下之；如禀受弱，饮食过伤而腹痛者，当补脾胃而消导，宜参、术、山楂、曲、蘖、枳实、木香；如攧扑损伤而腹痛者，乃是瘀血，宜桃仁承气汤加当归、苏木、红花，入酒、童子便煎服下之。有全不思食，其人本体素弱而腹冷痛者，以养胃汤仍加桂、茱萸各半钱，木香三分，又或理中汤、建中汤皆可用，内加吴茱萸良。

〔附方〕

玉龙丸，又名黄龙丸见中暑。

木香槟榔丸见痢类。

桃仁承气汤见吐血类。

养胃汤见疟类。

理中汤见中寒类。

小建中汤

芍药三两 甘草一两 生姜一两半 大枣六个 桂枝去皮，一两

半　胶饴半斤，旧有微溏或呕者去胶

上剉，每服五钱，水盏半，姜三片，大枣一个，煎八分，去滓，下饴胶两匙许，再煎化温服。

腹中窄狭须用苍术。若肥人自觉腹中窄狭，乃是湿痰流灌脏腑，不升降，燥饮用苍术，行气用香附；如瘦人自觉腹中窄狭，乃是热气熏蒸脏腑，宜黄连、苍术。

腰痛七十三附肾著

腰痛主湿热、肾虚、瘀血、挫闪、有痰积。脉大者肾虚，杜仲、龟板、黄柏、知母、枸杞、五味之类为末，猪脊髓丸服；脉涩者瘀血，用补阴丸加桃仁、红花；脉缓者湿热，苍术、杜仲、黄柏、川芎之类。痰积作痛者，二陈加南星、半夏。腰曲不能伸者，针人中。

凡诸痛皆属火，寒凉药不可峻用，必用温散之药。诸痛不可用参，补气则疼愈甚。

人有痛，面上忽见红点者多死。

戴云：湿热腰疼者，遇天阴或久坐而发者是也；肾虚者，疼之不已者是也；瘀血者，日轻夜重者是也。

入方　治湿痰腰痛，大便泄。

龟板一两，炙　苍术　椿皮　滑石半两　白芍酒炒　香附各四钱

上为末，糊丸。如内伤，白术山楂汤下。

又方　治腰腿湿痛。

龟板酒炙　黄柏酒炙　苍术　苍耳　威灵仙酒浸。各一两　扁柏半两

上为末，酒糊丸，每用黑豆汁煎四物汤，加陈皮、甘草、生姜，煎汤下。

久腰痛必用官桂，以开之方止，腹胁痛亦可。

又方

龟板酒炙，一两半　炒柏　白芍一两　陈皮　威灵仙　知母　苍术　苍耳

上为末，调服。

又方

龟板酒炙，半两　酒炒柏四钱　青皮三钱　生甘草一钱半

上为末，姜一大片，同前药末一钱研匀，以苍耳汁荡起，煎令沸服之。

摩腰膏　治老人虚人腰痛，并妇人白带。

附子尖　乌头尖　南星各二钱半　雄黄一钱　樟脑　丁香　干姜　吴茱萸各一钱半　朱砂一钱　麝香五粒，大者

上为末，蜜丸如龙眼大，每服一丸，姜汁化开，如粥厚，火上顿[1]热，置掌中，摩腰上，候药尽粘腰上，烘绵衣包缚定，随即觉热如火，日易一次。

〔附录〕腰者，肾之外候，一身所恃，以转移阖辟者也。盖诸经皆贯于肾，而络于腰脊。肾气一虚，凡冲寒受湿、伤冷蓄热、血涩气滞、水积堕伤、与失志作劳，种种腰疼叠见而层出矣。脉若弦而沉者为虚，沉者为滞，涩者瘀血，缓者为湿，滑与伏者是痰。

气痛，一身腔子尽痛，皆用少许木香于药内行气。若寒湿腰痛，见热则减，见寒则增，宜五积散加吴茱萸半钱，杜仲一钱。若湿腰痛，如坐水中，或为风湿雨露所着，湿流入肾经，以致腰痛，宜渗湿汤，不效，宜肾著汤。肾虚腰痛，转侧不能，以大建中汤加川椒十粒，仍以大茴香盐炒为末，破开猪腰子作薄片，勿令断，层层散药末，水纸裹，煨熟细嚼，酒吃下。闪挫腰痛，宜复元通气散酒调服，或五积散加牵牛头末一钱，或桃仁七枚。

〔附方〕

青娥丸　治肾虚腰痛，益精助阳。

破故纸四两，炒　杜仲四两，炒，去丝　生姜二两半，炒干

上为末，用胡桃肉三十个，研膏入蜜丸，桐子大，每服五十丸，盐汤下。

独活寄生汤　治肾气虚弱，为风湿所乘，流注腰膝，或挛拳掣

---

〔1〕顿　上科本作“炖”。

痛，不得屈伸，或缓弱冷痹，行步无力。

独活一两　桑寄生如无以续断代之　细辛　牛膝　秦艽　茯苓　白芍　桂心　川芎　防风　人参　熟节　当归　杜仲炒　甘草炙。各二两

上剉，每服三钱，水煎，空心服。下利者去地黄；血滞于下，委中穴刺出血妙，仍灸肾俞、昆仑尤佳。

治腰疼。

黑丑四两，半生半炒

上研细，取头末，水丸桐子大，硫黄为衣，每服三十丸，空心盐汤送下，四服即止。

补阴丸见诸虚类。

五积散见脚气类。

大建中汤见斑疹类。

复元通气散见气类。

肾著为病，其体重腰冷如冰，饮食如故，腹重如物在腰，治宜流湿，兼用温暖之药以散之。

肾著汤　治肾虚，伤湿身重，腰冷如坐水中，不渴，小便自利。

干姜炮　茯苓各四两　甘草炙　白术各二两

上㕮咀，每服五钱，水煎，空心服。

渗湿汤　治寒湿所伤，身体重著如坐水中。

苍术　白术　甘草炙。各一两　茯苓　干姜炮。各一两　橘红　丁香各二钱半

上每服五钱，水一钟，生姜三片，枣一枚，煎服。

疝痛七十四附木肾　肾囊湿疮

疝痛，湿热，痰积流下作病，大概因寒郁而作，即是痰饮食积并死血。专主肝经，与肾经绝无相干，大不宜下。痛甚者，不宜参、术。癞，湿多。

疝气宜灸大敦穴，在足大指爪甲后一韭叶，聚毛间是穴。食

积与死血成痛者，栀子、桃仁、山楂、枳子一作枳实、吴茱萸，并炒，以生姜汁、顺流水煎汤调服。一方加茴香、附子。却有水气而肿痛者。又有挟虚者，当用参、术为君，佐以疏导之药，其脉沉紧豁大者是。按之不定者属虚，必用桂枝、山栀炒、乌头细切炒，上为末，姜汁糊丸，每服三四十丸，姜汤下，大能劫痛。

戴云：疝本属厥阴肝之一经，余常见。俗说小肠、膀胱下部气者，皆妄言也。

入方　治诸疝，定痛速效。

枳实十五片，一作橘核　山栀炒　山楂炒　吴茱萸炒。各等分　湿胜加荔枝核炮

上为末，酒糊丸服。或为末，生姜水煎服，或长流水调下一二钱，空心。

守效丸　治㿗之要药不痛者[1]。

苍术　南星　白芷散水　山楂各一两　川芎　枳核又云枳实，炒　半夏

秋冬加吴茱萸，《衣钵》有山栀。

上为末，神曲糊丸服。又云：有热加山栀一两；坚硬加朴硝半两；又或加青皮、荔枝核。

又方　治诸疝，发时服。

海石　香附

上为末，生姜汁调下，亦治心痛。

又方　治阳明受湿热传入太阳，恶寒发热，小腹连毛际间闷痛不可忍。

山栀炒　桃仁炒　枳子炒　山楂

上各等分，研入姜汁，用顺流水荡起，同煎沸，热服。一方加茱萸。

橘核散

橘核　桃仁　栀子　川乌细切，炒　吴茱萸

---

〔1〕之要药不痛者　上科本“不痛者之要药”。

上研煎服。橘核散单止痛，此盖湿热因寒郁而发，用栀子仁以除湿热，用乌头以散寒郁，况二药皆下焦之药，而乌头又为栀子所引，其性急速，不容胃中留也。

又方　治疝劫药。

用乌头细切炒，栀子仁炒，等分为末，或加或减，白汤丸。

又方　治疝。

枇杷叶　野紫苏叶　椒叶　水晶葡萄叶

上以水煎，熏洗。

肾气方

茴香　破故纸　吴茱萸盐炒。各五钱　胡芦巴七钱半　木香二钱半

上为末，萝卜捣汁丸，盐汤下。

积疝方

山楂炒，一两　茴香炒　柴胡炒，三钱　牡丹皮一钱

上为末，酒糊丸如桐子大，服五六十丸，盐汤下。

疝病、黄病久者，皆好倒仓。

又方　治疝痛。

山楂炒，四两　枳实炒　茴香炒　山栀炒。各二两　柴胡　牡丹皮　桃仁炒　八角茴香炒，一两　吴茱萸炒，半两

上为末，酒糊丸桐子大，服五十丸，空心盐汤下。

又方　治疝作痛。

苍术盐炒　香附盐炒　黄柏酒炒，为君　青皮　玄胡索　益智　桃仁为臣　茴香佐　附子盐炒　甘草为使

上为末，作汤服后，一痛过更不再作矣。

又方　治癞疝。

南星　山楂　苍术二两　白芷　半夏　枳核　神曲一两　海藻　昆布半两　玄明粉　茱萸二钱

上为末，酒糊丸。

一人疝痛作，腹内块痛止，疝痛止块痛作。

三棱　莪术醋煮　炒曲　姜黄　南星各一两　山楂二两　木

香　沉香　香附各三钱　黄连用茱萸炒，去茱萸，用五钱，净　萝卜子　桃仁　山栀　枳核炒。各半两

上为末，姜汁浸，蒸饼为丸。

予尝治一人，病后饮水，患左丸痛甚，灸大敦穴，适有摩腰膏，内用乌、附、丁香、麝香，将与摩其囊上横骨端，火温帛覆之，痛即止，一宿肿亦消。

予旧有柑橘积，后因山行饿甚，遇橘、芋食之，橘动旧积，芋复滞气，即时右丸肿大，寒热，先服调胃剂一二帖，次早注神思，气至下焦呕逆，觉积动吐复，吐后和胃气，疏通经络而愈。

〔附录〕 木肾者，心火下降，则肾水不患其不温；真阳下行，则肾气不患其不和温。温且[1]和，安有所谓木强者哉？夫惟嗜欲内戕，肾家虚惫，故阴阳不相交，水火不相济，而沉寒痼冷凝滞其间，胀大作痛，顽痹结硬，势所必至矣。不可纯用燥热，当温散、温利以逐其邪，邪气内消，荣卫流转，盎如寒谷回春，盖有不疾而速，不行而至者矣。

入方　治木肾。

楮树叶又云杨树雄者，晒干为末，酒糊丸桐子大，空心，盐汤下五十丸。

又方　治木肾不痛。

枸杞子　南星　半夏　黄柏酒炒　苍术盐炒　山楂　白芷　神曲炒　滑石炒　昆布　吴茱萸

上为末，酒糊丸桐子大，空心，盐汤下七十丸。

治小肠气及木肾偏坠。

黑牵牛一斤，用猪尿胞装满，以绵缚定口子，好酒、米醋各一碗，于砂锅内煮干为度，取出黑牵牛，用青红娘子各十九个，于铁锅内炒燥，去青红娘子，将牵牛碾取头末四两，另入猪苓、泽泻细末各二两，醋糊丸如梧桐子大，每服三十丸，空心盐酒送下。不可多服，多服令人头眩，如头眩可服黑锡丹。

〔1〕且　原作“其”，据上科本改。

肾囊湿疮

密陀僧　干姜　滑石

上为末，擦上。

又方　先用吴茱萸煎汤洗。

吴茱萸半两　寒水石三钱　黄柏二钱　樟脑半两　蛇床子半两　轻粉十盏　白矾三钱　硫黄二钱　槟榔三钱　白芷三钱

上为末，麻油调搽。

又方　治肾上风湿疮及两腿。

全蝎一钱　槟榔一钱　蛇床子一钱　硫黄一钱

上四味，研如细末，用麻油调，入手心搽热，吸三口，用手抱囊一顷，次搽药两腿上。

耳聋七十五

耳聋皆属于热，少阳、厥阴热多，当用开痰散风热，通圣散、滚痰丸之类。大病后耳聋，须用四物汤降火；阴虚火动耳聋者，亦用四物汤。因郁而聋者，以通圣散内大黄酒煨，再用酒炒三次，后入诸药，通用酒炒。耳鸣因酒遏者，大剂通圣散加枳壳、柴胡、大黄、甘草、南星、桔梗、青皮、荆芥，不愈用四物汤妙。耳鸣必用龙荟丸，食后服。气实入槟榔丸或神芎丸下之。聋病必用龙荟丸、四物汤养阴。湿痰者，神芎丸、槟榔丸。耳湿肿痛，凉膈散加酒炒大黄、黄芩、酒浸防风、荆芥、羌活服，脑多麝少。湿加枯矾吹。耳内哄哄然，亦是阴虚。

戴云：亦有气闭者，盖亦是热。气闭者，耳不鸣也。

入方

蓖麻子四十九粒　枣肉十个

上入人乳汁，捣成膏，石上略晒干，便丸如指大，绵裹，塞于耳中。

又方　鼠胆汁，滴入耳中尤妙。

又方　将龟于漆桌上，尿出用绵渍之，捏入青葱管中，滴入耳中。

〔附录〕 耳属足少阴之经，肾家之寄窍于耳也。肾通乎耳，所主者精，精气调和，肾气充足，则耳闻而聪，若劳伤气血，风邪袭虚，使精脱肾惫，则耳转而聋。又有气厥而聋者，有挟风而聋者，有劳损而聋者。盖十二经脉上络于耳，其阴阳诸经适有交并，则脏气逆而为厥，厥气搏入于耳，是谓厥聋，必有眩晕之证。耳者，宗脉之所附，脉虚而风邪乘之，风入于耳之脉，使经气痞而不宣，是谓风聋，必有头痛之证。劳役伤于血气，淫欲耗其精元，瘦悴力疲，昏昏聩聩，是为劳聋，有能将息得所，血气和平，则其聋暂轻。又有耳触风邪，与气相搏，其声嘈嘈，眼见光为之虚聋。热气乘虚，随脉入耳，聚热不散，浓汁出为之脓耳。人耳间有津液，轻则不能为害，若风热搏之，津液结鞕[1]成核塞耳，亦令暴聋，为之耵耳。前是数者，肾脉可推，风则浮而盛，热则洪而实，虚则涩而濡。风为之疏散，热为之清利，虚为之调养，邪气屏退，然后以通耳调气安肾之剂主之，于此得耳中三昧。

〔附方〕

和剂流气饮 治厥聋。

方见气类，内加菖蒲、生姜、葱同煎服。治聋皆当调气。

桂星散 治风虚耳聋。

辣桂 川芎 当归 细辛 石菖蒲 木通 白蒺藜炒 木香 麻黄去节 甘草炙。各二钱半 南星煨 白芷梢各四钱 紫苏一钱

上剉，每服二钱，水煎，葱二茎，食后服。

地黄丸 治劳损耳聋。

熟节 当归 川芎 辣桂 菟丝子 川椒炒 故纸炒 白蒺藜炒 胡芦巴炒 杜仲炒 白芷 石菖蒲各一钱半 磁石火烧，醋淬七次，研，水飞，一钱二分半

上为末，炼蜜丸如桐子大，服五十丸，葱白、温酒下。

益智散 治肾虚耳聋。

磁石制如前 巴戟去心 川椒各一两。炒 沉香 石菖蒲各半两

〔1〕 鞕（bào 报） 起也。

上为末，每服二钱，用猪肾一枚，细切，和以葱白、少盐并药，湿纸十重裹，煨令熟，空心嚼，以酒送下。

芎芷散 治风入耳虚鸣。

白芷 石菖蒲炒 苍术 陈皮 细辛 厚朴 半夏 桂 木通 紫苏茎叶 甘草炙。各二钱半 川芎五钱

上剉散，每服三钱，姜三片，葱二枝，水煎，食后临卧服。

耳鸣方

草乌烧 石菖蒲

上等分为末，用绵裹塞耳，一日三度。

耳鸣暴聋方

川椒 石菖蒲 松脂各二钱半 山豆肉半钱

上为末，溶蜡丸如枣核大，塞入耳。

蔓荆子散 治内热，耳出浓汁。

甘草炙 川升麻 木通 赤芍 桑白皮炒 麦门冬去心 生节 前胡 甘菊 赤茯苓 蔓荆子

上等分，每服三钱，姜三片，枣一枚，煎，食后温服。

又方 治耳内出脓。

真龙骨 枯白矾 赤小豆 黄丹 乌贼骨 胭脂一钱一分

上为末，掺耳。

又方 治耳内脓出或黄汁。

石膏新瓦上煅 明矾枯 黄丹炒 真蚌粉 龙骨各等分 麝香少许

上为末，绵缠竹签拭耳，换绵蘸药入耳。

耵耳方 治风热搏之，津液结鞕成核塞耳。

生猪脂 地龙 釜下墨等分

上件细研，以葱汁和捏如枣核，薄绵裹入耳，令润即挑出。

耳烂 贝母为末，干糁。

桃花散 治耳中出脓。

枯矾 干胭脂各一钱 麝香一字

上为末，绵杖子蘸药捻之。

通圣散见斑疹类。

滚痰丸

大黄半斤　黄芩半斤　青礞石一两　沉香五钱

上为末，水丸桐子大。

龙荟丸见胁痛类。

槟榔丸见痢类。

神芎丸见痛风类。

凉膈散见自汗类。

鼻病七十六

酒渣鼻是血热入肺，治法用四物汤加陈皮又云柏皮、红花、酒炒黄芩，煎，入好酒数滴，就调炒五灵脂末同服。《格致论》中于上药有茯苓、生姜，气弱者加黄芪。

入方　用桐油入黄连末，以天吊藤烧灰，热傅之。一云用桐油，入天吊藤烧油熟，调黄连末，拌傅之。

又方　用山栀为末，蜜蜡丸，弹子大，空心嚼一丸，白汤送下。

治鼻中瘜肉，胃中有食积、热痰流注，治本当消食积。

蝴蝶矾二钱　细辛一钱　白芷五钱

上为末，内鼻中。

治鼻渊。

南星　半夏　苍术　白芷　神曲　酒芩　辛夷　荆芥

上水煎，食后服。

〔附录〕　酒渣者，此皆壅热所致。夫肺气通于鼻，清气出入之道路，或因饮酒，气血壅滞，上焦生热，邪热之气留伏不散，则为之鼻疮矣。又有肺气，不能饮而自生者，非尽因酒渣耳。宜一味淅米泔，食后用冷饮，外用硫黄入大菜头内煨，碾涂之。若鼻尖微赤及鼻中生疮者，辛夷碾末，入脑、麝少许，绵裹纳入。或以枇杷叶拭去毛，剉，煎汤候冷，调消风散食后服。一方以白盐常擦妙。又以牛、马耳垢傅，妙。

〔附方〕

白龙丸末逐日洗面，如澡豆法，更罨少时，方以汤洗去[1]，食后常服龙虎丹一贴。方见《和剂》风门。

白龙丸

川芎　藁本　细辛　白芷　甘草各等分

上为细末，每四两入煅石膏末一斤，水丸。

又方　黄柏、苦参、槟榔等为末，傅以猪脂调尤妙。

又方　以青黛、槐花、杏仁研傅之。

又方　以杏仁研乳汁傅之。

铅红散　治风热上攻，面鼻紫赤，刺瘾疹，俗呼肺风。

舶上硫黄　白矾枯。各半两

上为末，黄丹少许，染与病人面色同。每上半钱津液涂之，临卧再涂，兼服升麻汤下泻青丸，服之除其根本也。二方见疠风类[2]。

轻黄散　治鼻中瘜肉。

轻粉一钱　雌黄半两　杏仁一钱，汤浸去皮尖双仁　麝香少许

上于乳钵内，先研杏仁如泥，余药同研细匀，磁合盖定，每有患者，不问深浅，夜卧用箸点粳米许，纴鼻中，隔夜一次，半月效。

消风散见中寒类。

眼目七十七

眼黑睛有翳，皆用黄柏、知母。眼睛痛，知母、黄柏泻肾火，当归养阴水。眼中风泪出，食后吞龙荟丸数粒，日三次。冬月眼暴发痛，亦当解散，不宜用凉药。

入方

神效七宝膏　治暴发眼，热壅有翳膜者。

蕤仁去油、心、膜　白硼砂　朱砂　片脑

〔1〕去　原作“法”，据上科本改。

〔2〕二方见疠风类　上科本无此句。

蜜调成膏，点眼。

烂眶眼。

薄荷　荆芥　细辛

上为粗末，如烧香状烧之，以青碗涂蜜少许于内，覆香烟上，取烟尽之后，以小青礶收烟藏之。凡眼有风热多泪者皆可点，此是阳明经有风热所致。

生熟地黄丸　治血虚眼方见眉眶痛类。

龙荟丸见胁痛类。

一人病眼，至春夏便当作郁治。

黄芩酒浸　南星姜制　香附童便浸　苍术童便浸。各二两　川芎便浸，两半　山栀炒，一两　草龙胆酒浸　陈皮　连翘　萝卜子蒸　青黛各半两　柴胡三钱

上为末，神曲糊丸。

〔附方〕

泻热黄连汤　治眼暴发赤肿疼痛。

黄连酒炒　黄芩酒炒　草龙胆　生苄各一两　升麻半两　柴胡一两

上㕮咀，每服四钱，水煎，日午前、饭后热服。

上清散　治上热鼻壅塞，头目不清利。

川芎　薄荷　荆芥穗各半两　盆硝　石膏　桔梗各一两

上为末，每服一字，口噙水，鼻内嗃之，神效。加龙脑三分尤妙。

东垣熟干地黄丸

人参二钱　炙甘草　天门冬去心　地骨皮　五味子　枳壳炒　黄连各三钱　归身酒洗，焙　黄芩各半两　生苄酒洗，七钱半　柴胡八钱　熟干地黄一两

上为末，炼蜜丸桐子大，每服百丸，茶清下，食后，日二服。

口齿七十八

口疮服凉药不愈者，因中焦土虚，且不能食，相火冲上无制，

用理中汤。人参、白术、甘草补土之虚，干姜散火之标，甚则加附子，或噙官桂亦妙。一方，生白矾为末，贴之极效。或噙良久，以水漱之，再噙。一方，治口疮甚者，用西瓜浆水徐徐饮之。冬月无此，用西瓜皮烧灰敷之。又方，黄连好酒煮之，呷下立愈。又方，远志醋研，鹅毛扫患处，出涎。

入方

细辛　黄柏炒，一云黄连。等分

上为末贴之，或掺舌上，吐涎水再敷，须旋合之。

治满口白烂。

荜拨一两，为末　厚柏一两

上用柏，火炙为末，米醋煎数沸后调上药，漱涎，再用白汤漱口即愈，重者三次。

舌上生疮，用白荷花瓣贴之。

〔附录〕　口舌生疮，皆上焦热壅所致，宜如圣汤或甘桔汤，加黄芩一钱，仍用柳花散掺之。

〔附方〕

黑参丸　治口舌生疮久不愈。

黑参　天门冬　麦门冬去心。各炒，一两

上为末，炼蜜丸如弹子大，每用一丸，绵裹噙化咽津。

柳花散　治口舌生疮。

玄胡索一两　黄柏　黄连各半两　密陀僧二钱　青黛二钱

上为末，敷贴口内，有津即吐。

增损如圣汤

桔梗二两　甘草炙，一两半　防风半两　枳壳汤浸，去穰，二两半

上为末，每服三钱，水煎，食后服。

甘桔汤

桔梗二两　甘草一两

上水煎，食后温服。

理中汤见中寒类。

牙痛，梧桐泪为末，少加麝香擦之。牙大痛，必用胡椒、荜拨，

能散其中浮热，间以升麻、寒水石，佐以辛凉，荆芥、薄荷、细辛之类。又方，用清凉药便使痛不开，必须从治，荜拨、川芎、薄荷、荆芥、细辛、樟脑、青盐。

治牙痛甚者。

防风　羌活　青盐入肉　细辛　荜拨　川椒

上为末，擦噙。

又方

南星为末，霜梅五个，取其引涎，以荆芥、薄荷散风热，青盐入肾入骨，擦噙。

又方

蒲公英烧灰　香附末　白芷　青盐

上为末，擦噙。

治阴虚，牙出鲜血，气郁。

用四物汤加牛膝、香附、生甘草、侧柏。

蛀牙

芦荟、白胶香塞蛀孔中。

阳明热而牙痛。

大黄、香附各烧灰存性为末，入青盐少许，不时擦牙上。

固齿

用羊胫骨烧灰存性二钱，当归、白芷、猪牙皂角、青盐各一钱，为末，擦牙上。

刷牙药

烧白羊骨灰一两，升麻一两，黄连半钱，擦用。

破滞气七十九附气刺痛　诸气

破滞气须用枳壳，高者用之。夫枳壳者，损胸中至高之气，二三服而已。又云：滞气用青皮勿多，用多则泻真气。如实热在内，相火上冲。有如气滞，宜知母、黄柏、黄连、黄芩。如阴虚气滞者，宜四物加玄参、黄柏以补血。

气刺痛用枳壳，看何部分，以引经药导，使之行则可。若禀受素壮，而气则刺痛，枳壳、乌药；若肥白气虚之人，气刺痛者，宜参、术加木香。若因事气郁不舒畅而气刺痛，当用木香。

〔附录〕 充按：丹溪无治气条，后人增入，姑存以便阅者。

人以气为主，一息不运则机缄穷，一毫不续则穹壤判。阴阳之所以升降者，气也；血脉之所以流行者，亦气也；荣卫之所以运转者，此气也；五脏六腑之所以相养相生者，亦此气也。盛则盈，衰则虚，顺则平，逆则病。气也者，独非人身之根本乎？人有七情，病生七气，七气者，寒、热、怒、恚、喜、忧、愁；或以为喜、怒、忧、思、悲、惊、恐，皆通也。然则均调是气，将何先焉？曰气结则生痰，痰盛则气愈结，故调气必先豁痰，如七气汤以半夏为主，而官桂佐之，盖良法也。况夫冷则生气，调气须用豁痰，亦不可无温中之剂，其间用桂，又所以温其中也。不然七情相干，痰涎凝结，如絮如膜，甚如梅核窒碍于咽喉之间，咯不去，咽不下，或中艰食，或上气喘急，曰气隔、曰气滞、曰气秘、曰气中，以至五积六聚，疝癖癥瘕，心腹块痛，发则欲绝殆，无往而不至矣。怒则气上，喜则气缓，惊则气乱，恐则气下，劳则气耗，悲则气消，思则气结，此七者皆能致疾。寒气郁于中作痛者，以七气汤、盐煎散、东垣升阳顺气汤。逆者抑之，以木香流气饮、降气汤，有热者须加凉剂抑之，所谓从阴引阳也。

〔附方〕

和剂七气汤 七气所伤，痰涎结聚，心腹刺痛，不能饮食。

半夏五两 人参 桂各一两 甘草炙，半两

上每服三钱，水煎，姜五片，枣一枚。

三因七气汤 治如前。

半夏五两 茯苓四两 厚朴三两 紫苏二两

上㕮，以水煎，姜七片，枣二个。

指迷七气汤 治七情相干，阴阳不得升降，气道壅滞，攻冲作疼。

青皮 陈皮 桔梗 莪术 桂 藿香 益智各一两 香附一

两半　甘草炙，七钱半　半夏七钱半

上剉，每服三钱，水煎，姜三片，枣一个。

加减七气汤

莪术炮　三棱炮　青皮　陈皮　香附　藿香　益智　甘草炙　桔梗　官桂　木香　槟榔　枳壳炒　白果　萝卜子炒　紫苏

上以水煎，姜三片。

流气饮子　治男妇五脏不和，三焦气壅，心胸闷痞，咽塞不通，腹胁膨胀，脚气肿痛，肩背走注疼痛，呕吐不食，气喘咳嗽，痰盛，面目浮肿及四肢，大便秘涩，小便不通。

木香二钱半　槟榔　青皮　半夏　茯苓　枳壳　桔梗　当归　芍药　防风　川芎　紫苏　枳实　黄芪　乌药　腹皮　甘草炙　陈皮七钱半

上剉，每服五钱，水煎，姜三片，枣一枚。

和剂流气饮　调荣卫，利三焦，行痞滞，消肿胀。

陈皮　青皮　紫苏　厚朴姜制　香附炒　甘草炙。各四两　木通二两　腹皮　丁皮　槟榔　桂　木香　草果　莪术炮　藿香各一两半　麦门冬去心　人参　白术　木瓜　赤茯苓　石菖蒲　白芷　半夏　枳壳炒。各一两

上每服三钱，水煎，姜四片、枣二枚。

一方有大黄，无藿香。

大七气汤　治积聚随气上下，发作有时，心腹疞[1]痛，大小便不利。

三棱炮　莪术炮　青皮炒　陈皮　藿香　桔梗　肉桂　益智各一两半　甘草炙，七钱半　香附炒，一两半

上剉，以水煎，姜五片。

分心气饮　治男妇一切气不和，心胸痞闷，胁肋胀满，噎塞不通，噫气吞酸，呕哕恶心，头目昏眩，四肢倦怠，面目痿黄，口苦舌干。饮食减少，日渐羸瘦，大肠虚秘，并皆服之。

---

〔1〕疞　上科本作“疼”。

紫苏茎叶俱用，四两　羌活　半夏　肉桂　青皮　陈皮　腹皮　桑白皮炒　木通　芍药　甘草炙　赤茯苓各一两

上剉，每服三钱，水煎，生姜三片，枣一枚，灯心十茎。若气秘，加枳壳、萝卜子、皂角子各半钱。咳嗽不利，加人参一钱，五味子七粒，桔梗一钱。气滞腰疼，加木瓜二片，枳壳一钱。水气面目浮肿，加车前、麦门冬、葶苈子、泽泻、猪苓。

分心气饮　治一切气留滞于胸膈之间，不能流畅，以致痞闷，噎塞不通，大便虚秘。

木香　丁皮各二钱　人参　麦门冬去心　腹皮　槟榔　桑白皮　草果　桔梗　厚朴　白术各半两　香附　藿香　陈皮　紫苏各一两半　甘草炙，一两

上剉，每服姜三片，枣一枚，水煎服。

分心气饮真方　治忧思郁怒，诸气痞满停滞，通利大小便。

紫苏茎叶，三两　半夏　枳壳各一两半　青皮　橘红　腹皮　桑白皮炒　木通　赤茯苓　木香　槟榔　莪术煨　麦门冬去心　桔梗　桂　香附　藿香各一两　甘草炙，一两三钱

上剉，每服三钱，水煎，入姜三片，枣二枚，灯心十茎。

苏子降气汤　治虚阳上攻，气不升降，上盛下虚，痰涎壅盛头目，腰痛，大便风秘，冷热气泻，肢体浮肿。

紫苏子　半夏五钱　当归　甘草炙　前胡　厚朴各二两　官桂　陈皮三两

上剉，姜三片，枣一枚，水煎服。

三和散　和畅三焦，治痞胀浮肿，肠胃涩秘。

腹皮炒　紫苏茎叶　沉香　木瓜　羌活各二两　白术　川芎　木香　甘草炒　陈皮　槟榔湿纸煨。各七钱半

上每服三钱，水煎服。加茯苓利水。

蟠葱散　治男妇脾胃虚冷，气滞不行，攻刺心腹，痛连胸胁，膀胱小肠肾气，及妇人血气刺痛。

玄胡索　肉桂　干姜炮。各一两　苍术　甘草炙。各八两　砂仁　丁皮　槟榔各四两　蓬术　三棱　茯苓　青皮各六两

上每服二钱，水煎，入连茎葱白一茎，空心温服。

治气六合汤

当归　芍药　川芎　地黄　木香　槟榔

上以水煎服。

分气紫苏饮　治脾胃不和，胸膈噎塞，腹胁疼痛，气促喘急，心下胀闷。

枳壳　茯苓　腹皮　陈皮　甘草　苏子　草果　白术　当归　紫苏　半夏　桑皮　五味子

上剉，姜三片，水煎。

木香化滞散

木香　白术　陈皮　桔梗　腹皮　茯苓　人参　砂仁　青皮　藿香　姜黄　檀香　白果

聚香饮子　治七情所伤，遂成七疝，心胁引痛，不可俯仰。

檀香　木香　丁香　乳香　沉香　藿香各一两　玄胡索　川乌炮　桔梗炒　桂心　甘草炙　片子姜黄各半[1]两

上姜三片，枣一枚，煎服。

沉香降气汤　治三焦痞满，滞气不宣，心腹痛满，呕吐痰沫，五噎五膈。

沉香　木香　丁香　藿香　人参　甘草　白术各一两　肉豆蔻　桂花　槟榔　陈皮　砂仁　川姜炮　枳实炒　白檀各二两　白茯苓　青皮　白豆蔻

上每服三钱，水煎，入盐少许。

乌药平气散　治脚气上攻，头目昏眩，脚膝痠疼，行步艰苦，诸气不和，喘满迫促。

人参　白术　茯苓　甘草　天台乌药　当归　白芷　川芎　麻黄　木瓜　五味子

上姜三片，水煎服。

复元通气散　治气不宣流，或成疮疖，并闪挫腰痛，诸气滞

---

〔1〕半　原作“十”，据弘治本改。

闭，耳聋耳疼，止痛活血。

茴香 穿山甲蛤粉炒。各二两 白牵牛炒 玄胡索 甘草炒 陈皮各一两 木香一两半

上为末，每服一钱，热酒调服。

手拈散 治心脾气痛。

草果 没药 玄胡 五灵脂

上为末，酒调二钱。

枳壳煮散 治悲哀伤肝，气痛引两胁。

防风 川芎 枳壳 细辛 桔梗 甘草 葛根

上用水煎服。

盐煎散 治男子妇人，一切冷气攻冲胸胁，刺痛不已，及脾胃虚冷，呕吐泄泻，膀胱小肠气，妇人血气痛。

羌活 砂仁 甘草炙 茯苓 草果 肉豆蔻煨 川芎 茴香 荜澄茄 麦芽炒 槟榔 良姜油炒 枳壳炒 厚朴 陈皮 苍术等分

上用水煎，加盐少许。

东垣升阳顺气汤

升麻 柴胡 陈皮各一钱 半夏 人参各三钱 黄芪四钱 甘草 柏皮各五分 当归一钱 草豆蔻一钱 神曲炒，一钱半

上㕮咀，每半两入姜煎。

分气紫苏饮 治脾胃不和，气逆喘促，心下胀满，呕逆不食。

五味子 桑白皮 茯苓 甘草炙 草果 腹皮 陈皮 桔梗各一斤 紫苏十五两

上剉，每服四钱，水煎，姜三片，入盐少许。

鸡舌香散 治脏腑虚弱，阴阳不和，中脘气滞，停积痰饮，胸膈胀闷，心脾引痛。

台乌 香附 良姜 芍药 甘草 肉桂

上以水煎服。

大玄胡汤

莪术 三棱 当归 芍药 官桂 槟榔 厚朴 木香 玄

胡 大黄 桔梗 川楝子 川芎 甘草炙 黄芩

上以水煎服。

化气散 治诸食积，并宿食不消，此剂至为稳当。

三棱 莪术 青皮 陈皮 厚朴 神曲 麦芽 甘草 台乌 香附

上以水煎服。

东垣木香顺气散 治浊气在上则生䐜胀。

木香三分 厚朴四分 青皮 陈皮 益智 茯苓 泽泻 生姜 吴茱萸 半夏各二分 当归五分 升麻 柴胡一分 草豆蔻三分，煨 苍术三分

上服一服，水煎温服。

匀气散 治气滞不匀，胸膈虚痞，宿食不消，心腹刺痛，胀满噎塞，呕吐恶心，调脾胃，进饮食。

生姜 沉香 丁香 檀香 木香各一两 藿香四两 甘草炙，四两 砂仁二两 白果仁二两

上为末，每服二钱，沸汤调下，或水煎服。

顺气木香散 治气不升降，胸膈痞闷，时或引痛，及酒食过伤，噫气吞酸，心脾刺痛，女人一切血气刺痛。

砂仁 官桂 甘草炙 陈皮 厚朴 丁皮 茴香 桔梗 苍术 木香 干姜 良姜

上以水煎服。

快气散 治一切气，心腹胀痛，胸膈噎塞，噫气吞酸，胃中痰逆呕吐，及宿酒不解。

砂仁 甘草炙 香附 生姜

上为末，盐汤调下。

异香散 治肾气不和，腹胁胀满，饮食难化，噫气吞酸，一切冷气结聚，腹中刺痛。

石莲肉一两 莪术炮 益智 甘草炙 三棱各六两 青皮 陈皮各三两 厚朴二两

上剉，每服三钱，水煎，姜三片，枣一枚，入盐一捻，同煎服。

化气汤 治一切气逆，胸膈噎塞，心脾卒痛，呕吐酸水，丈夫小肠气，妇人血气。

沉香 胡椒各一两 砂仁 桂心 木香各二两 陈皮炒 干姜炮 莪术炮 青皮去穰，炒 茴香炒 甘草 丁皮各四两

上为末，每服二钱，姜苏盐汤调下，妇人淡醋汤下。

降气汤 治中脘不快，心腹胀满，气不升降，噎塞喘促，干哕咳嗽，嗜卧减食，停积不消，专治脚气上冲，肢体浮肿，有妨饮食。

紫苏 厚朴 官桂 半夏 当归 前胡 柴胡 甘草 姜

上以水煎服。

木香化滞汤 治因忧气，食湿盐面结于中脘，皮腹底微痛[1]，心下痞满不食。

草豆蔻 甘草五钱，炙 半夏一两 当归梢 枳实炒。各二钱 红花半两

上每用五钱，水煎，姜三片，枣一个，热服。

脾[2]胃八十附胃风

〔附方〕

调中益气汤

升麻二分 黄芪一钱 甘草五分 苍术五分 木香二分 人参五分 柴胡五分 陈皮二分 加黄柏二分

水煎服。

四君子汤 治脾胃不调，不进饮食。

人参 白术 茯苓 甘草炙

上以水煎服。

六君子汤 治脾胃不和，不进饮食，上燥下寒，服热药不得者。

人参 白术 茯苓 甘草 砂仁 陈皮 又方加半夏

上以水煎，姜三片，枣一枚。

---

〔1〕皮腹底微痛 上科本作“腹皮底微痛”。

〔2〕脾 此前原有“附”字，据上科本删。

胃苓汤

甘草　茯苓　苍术　陈皮　白术　官桂　泽泻　猪苓　厚朴

上剉，每服五钱，水煎，姜五片，枣二枚。

参苓白术散　治脾胃虚弱，饮食不进，或致呕吐泄泻，及大病后调助[1]脾胃。

白扁豆一斤，炒　白茯苓　山药　人参　白术各二斤　莲子　砂仁一斤　甘草炙，二斤　薏苡　桔梗各一斤。炒黄色

上为末，每服二钱，煎枣汤调下。

治中汤　治脾胃不和，呕逆霍乱，中满虚痞，或泄泻。

人参　甘草炙　干姜炮　白术　青皮　陈皮等分

上每服五钱，水煎。如呕，加半夏等分。加丁香，减半夏，名丁香温中汤。

丁沉透膈汤　治脾胃不和，痰逆恶心，或时呕吐，饮食不进，十膈五噎。

白术二两　香附炒　砂仁　人参各一两　丁香　麦芽　木香　肉豆蔻　白豆蔻　青皮各半两　沉香　厚朴　藿香　陈皮各七钱半　甘草炙，一两　半夏　神曲炒　草果各二钱半

上剉，每服四钱，水煎，姜三片，枣一个，不拘时候温服，忌生冷瓜果。

五膈宽中散　治七情四气，胸膈痞满，停痰气逆，遂成五膈。

青皮　陈皮　丁皮　厚朴　甘草炙　白果　香附　砂仁　木香

上以水煎，生姜三片，入盐少许。

枳缩二陈汤　理脾胃，顺气宽膈，消痰饮。

砂仁　枳实　茯苓　半夏　陈皮　甘草炙

水煎，生姜五片。

八珍汤　和血气，理脾胃。

当归　赤芍　川芎　熟苄　人参　白茯苓　甘草　砂仁等分

上以水煎，姜三片，枣二枚。

---

〔1〕助　上科本作“理”。

凝神散 收敛胃气，清凉肌表。

人参 白术 茯苓 山药各一两 粳米 扁豆炒 知母 生节 甘草炙，半两 淡竹叶 地骨皮 麦门冬各二钱半

上水煎，姜三片，枣一枚。

胃风，此因初饮食讫，乘风凉而致。其证胀满，食饮不下，形瘦腹大，恶风头多汗，隔塞不通，胃风汤正治[1]，然此亦看挟证加减。脉右关弦而缓带浮。

胃风汤见痢证类。

瘿气八十一附结核

瘿气先须断厚味。

入方

海藻一两 黄连二两，一云黄柏，又云黄药[2]

上为末，以少许置掌中，时时舔之，津咽下，如消三分之二，止后服。

结核或在项、在颈、在臂、在身，如肿毒者，多是湿痰流注，作核不散。

入方 治耳后、项间各一块。

僵蚕炒 酒大黄 青黛 胆南星

上为末，蜜丸噙化。

又方 治项颈下生痰核。

二陈汤加大黄酒炒 连翘 桔梗 柴胡

上以水煎，食后服。

又方 治臂核作痛。

二陈汤加连翘 防风 川芎 皂角刺 酒黄芩 苍术

上以水煎服。

---

〔1〕治 原作“始”，据上科本改。

〔2〕药 上科本作“檗”。

跌扑损伤八十二

跌扑损伤，须用苏木和血，黄连降火，白术和中，童便煎妙[1]。在下者，可先须补接，后下瘀血；在上者，宜饮韭汁，或和粥吃。切不可饮冷水，血见寒则凝[2]，但一丝血入心即死。

入方　治攧扑伤损。

跌伤出血者，姜汁、香油各四两，酒调服之。

治攧伤骨折及血出者。

用滑石、甘草为末，人参汤调服，次用生姜自然汁一盏，米醋一盏，独核肥皂四个敲破，按于姜汁米醋中，纱片滤过去柤，入牛皮胶煎成膏药贴之，遍身者皆可。

接骨散

没药　乳香各半两　自然铜一两，煅淬　滑石二两　龙骨三钱　赤石脂三钱　麝香一字，另研

上为末，好醋浸没，煮多为上，干就炒燥为度，临睡服时入麝香，抄以茶匙留舌上，温酒下，分上下食前后服。若骨已接尚痛，去龙骨、赤石脂，而服多尽好，极效。

世以自然铜为接骨药，然此等方尽多，大抵在补气、补血、补土，俗工惟在速效，以罔利迎合病人之意，而铜非煅不可服，若新出火者，其火毒、金毒相扇，夹香夹药毒，虽有接伤之功，而燥散之祸甚于刀剑，戒之！

又方

冬瓜皮　阿胶等分

上炒干为末，以酒调饮，醉为度。

---

〔1〕妙　原作“炒”，据上科本改。

〔2〕凝　原作“疑”，据上科本改。

破伤风八十三

破伤风多死。防风、全蝎之类，非全蝎不开，十个为末，酒调，日三次。破伤风血凝心，鸦翅烧灰存性研细，酒调一钱。

入方　破伤风发热。

瓜蒌子九钱　滑石一钱半　南星　苍术　赤芍　陈皮一钱　黄连　炒柏　黄芩　白芷五分　甘草些少

上姜一片，煎服。

〔附方〕

天麻丸　治破伤风神效。

天麻　川乌生，去皮。各三钱　草乌生　雄黄各一钱

上为末，酒糊丸梧子大，每服十丸，温酒下无时。

《元戎》治破伤风欲死者。

川乌　南星　半夏并生　天麻去芦。等分

上为细末，每服一钱，豆淋酒调下，稍温服，次以酒三盏投之。

诸疮痛八十四附天疱疮　冻疮

诸疮痛不可忍者，用苦寒药加黄连、黄芩，详上下根稍用，及引经药则可。又云：诸疮以当归、黄连为君，连翘、甘草、黄芩为佐。诸痛痒疮疡属火，若禀受壮盛，宜四物加大承气汤下之。若性急，面黑瘦，血热之人因疮而痛，宜四物加黄连、黄芩、大力子、甘草，在下焦者加黄柏。若肥胖之人生疮而痛，乃是湿热，宜防风、羌活、荆芥、白芷、苍术、连翘，取其气能胜湿。诸疮药：脓窠，治热燥湿为主，用无名异；干疥，开郁为主，用茱萸；虫疮如癣状，退热杀虫为主，芜荑、黑狗脊、白矾、雄黄、硫黄、水银。杀虫，樟脑、松香，头上多加黄连、方解石。蛇床定痒杀虫，松皮炭主脓。肿多者，加白芷开郁；痛多，加白芷、方解石；虫多，加藜芦、斑蝥；

痒多，加枯矾；阴囊疮，加茱萸；湿多，香油调；干痒，出血多，加大黄、黄连，猪脂调；红色加黄丹；青色加青黛；虫多加锡灰、芜荑、槟榔；在上多服通圣散，在下多须用下；脚肿出血，分湿热用药。

入方　疮有三种。

脓疱疮，治热为主。

黄芩　黄连　大黄各三钱　蛇床　寒水石三两　黄丹半钱　白矾一钱　轻粉　白芷　无名异少许，炒　木香少许，痛者用

上为末，油调敷。

沙疮。

芜荑二钱　剪草二钱　蛇床三钱　白矾枯　吴茱萸　黄柏各一钱　苍术　厚朴　雄黄各五分　寒水石二钱　轻粉十贴

上为末，油调敷。

疥疮药　春天发疮疥，开郁为主，不宜抓破敷。

白矾二钱　吴茱萸二钱　樟脑半钱　轻粉十盏　寒水石二钱半　蛇床三钱　黄柏　大黄　硫黄各一钱　槟榔一个

又方

芜荑　白矾枯　软石膏　大黄　樟脑各半两。另入　管仲　蛇床各一两　硫黄　雄黄各二钱半

上为末，香油调，须先洗疮，去痂敷之。

一上散

雄黄三钱半　寒水石一两　蛇床　白胶香　黑狗脊各一两　黄连五钱　硫黄三钱半　吴茱萸三钱　白矾枯，五钱　斑蝥十四个，去翅足

上硫黄、雄黄、寒水石另研如粉，次入斑蝥和匀，蛇床、狗脊等为极细末，同研匀，洗疮令汤透，去痂，用腊猪油调，手心中擦热，鼻中嗅三二次，却擦上，一上即愈。如痛甚，肿满高起，加寒水石一倍；如不苦痒，只加狗脊；如微痒，只加蛇床子；如疮中有虫，加雄黄；如喜火炙汤洗，加硫黄，口臭不止，亦可愈也。

〔附方〕

四物汤见妇人类。

大承气汤见痢类。

郭氏升麻牛蒡子散 治时毒疮疹，脉浮，红在表者，疮发于头面胸膈之际。

升麻 牛蒡子 甘草 桔梗 葛根 玄参 麻黄各一钱 连翘一钱

上㕮咀，姜三片，水二盏，作一服。

升麻和气饮 治疮肿，疖疥痒痛。

甘草 陈皮各一两半 芍药七钱半 大黄半两，煨 干葛 苍术 桔梗 升麻各一两 当归 半夏 茯苓 白芷各二钱 干姜 枳壳各半钱

《三因》有厚朴半两。

上㕮咀，每服一两，水煎。

当归饮子 治疮疥、风癣、湿毒[1]，燥痒疮。

当归 白芍 川芎 生节 白蒺藜 防风 荆芥各一两 何首乌 黄芪 甘草各半两

上㕮咀，每服一两，水煎。或为末，每服一二钱亦得。天疱疮，用防风通圣散末及蚯蚓略炒，蜜调敷极妙。

从肚皮上起者，是里热发于外也，还服通圣散。见斑疹类。

冻疮，用煎熟桐油调密陀僧末敷。

脚上烂疮久不愈，先以豆腐浆水洗三两次，悬钩桕叶，地暴桕叶，捣细，入盐些少，罨之。

---

〔1〕毒 原作“每”，据上科本改。

痈疽八十五

痈疽只是热胜血。六阳经、六阴经，有多气少血者，有少气多血者，有多气多血者，不可一概论也。若夫要害处，近虚怯薄处，前哲已曾论及，惟分经之言未闻。诸经惟少阳、厥阴经生痈疽，理宜预防，以其多气少血，肌肉难长，疮久未合，必成死症。遽用驱毒利药，以伐其阴分之血，祸不旋踵。阳滞于阴，脉浮洪弦数；阴滞于阳，脉沉细弱涩。阳滞以寒治之，阴滞以热治之。

人中年以后，不可生痈，才有痛肿，参之脉证，但见虚弱，便与滋补气血，可保终吉。若用寻常驱热拔毒纾气之药，虚虚之祸，如指诸掌。

内托之法，河间治肿焮于外，根盘不深，形证在表，其脉多浮，病在皮肉，非气盛则必侵于内，急须内托以救其里，宜复煎散除湿散郁，使胃气和平。如或未已，再煎半料饮之。如大便秘及烦热，少服黄连汤。如微利及烦热已退，却与复煎散半两。如此使荣卫俱行，邪气不能内伤也。然世俗多用排脓内补十宣散，若用之于此小疮，与冬月时令即可，若溃疡于夏月用之，其桂、朴之温散，佐以防风、白芷，吾恐虽有参、芪，难为倚杖[1]。一妇年七十，形实性急而好酒，脑生疽才五日，脉紧急且涩，急用大黄酒煨细切，酒拌炒为末，又酒拌人参

〔1〕杖　弘治本作“仗”。

炒，入姜煎，调一钱重。又两时再与，得睡而上半身汗，睡觉病已失，此内托之意。又一男子，年五十，形实色黑，背生红肿，及胛骨下痛，其脉浮数而洪紧，食亦呕，正冬月与麻黄桂枝汤，加酒黄柏、生附、瓜蒌子、甘草节、羌活、青皮、人参、黄芩、半夏、生姜，六贴而消。此正内托之法，非《精要》内托散乳香、绿豆等药，想此方专为服丹石而发疽者设，不因丹石而发，恐非必用之剂。

疮先发为肿，气血郁积，蒸肉为脓，故其痛多少，疮之始作时也。脓溃之后，肿退肌宽，痛必渐减，而反痛者，此为虚，宜补。亦有秽气所触，宜和解；风寒逼者，宜温散。

肠　痈

大肠有痰积死血流注，桃仁承气汤加连翘、秦艽。近肛门破入风者，难治，防风之类。

乳　痈

乳房阳明所经，乳头厥阴所属。乳子之母，不知调养，怒忿所逆，郁闷所遏，厚味所酿，以致厥阴之气不行，故窍不得通，而汗不得出，阳明之血沸腾，故热甚而化脓。亦有所乳之子，膈有滞痰，口气焮热，含乳而睡，热气所吹，遂生结核。于初起时，便须忍痛，揉令稍软，吮令汁透，自可消散。失此不治，必成痈疖。治法：疏厥阴之滞，以青皮清阳明之热，细研石膏行汗浊之血，以生甘草之节消肿导毒，以瓜蒌子或加没药、青橘叶、皂角刺、金银花、当归，或汤或散，或加减，随意消息，然须以少酒佐之。若加以艾火两三壮于肿处，其效尤捷。不可辄用针刀，必至危困。若不得于夫，不得于舅姑，忧怒郁闷，昕夕积累，脾气消阻，肝气横逆，遂成隐核如大棋子，不痛不痒，数十年后方为疮陷，名曰奶岩。以其疮形嵌凹似岩穴也，不可治矣。若于始生之际，便能消释病根，使心清神安，然后施之治法，亦有可安之理。

乳痈方

青皮　瓜蒌　橘叶　连翘　桃仁　皂角刺　甘草节

破多，加参、芪。

上以水煎，入酒服。

乳痈奶劳焮肿。

石膏煅　桦皮烧　瓜蒌子　甘草节　青皮

上以水煎服。

治乳有核。

南星　贝母　甘草节　瓜蒌各一两　连翘半两

上以水煎，入酒服。

又方

人参　黄芪　川芎　当归　青皮　连翘　瓜蒌　白芍　甘草节乳岩小破，加柴胡、川芎

上以水煎，入酒服。

乳硬痛。

没药一钱　甘草三钱　当归三钱

上作一服，水煎，入酒少许，热饮。

吹奶。

金银花　大荞麦　紫葛藤等分

上以醋煎洗患处立消。如无下二物，只金银花亦可。

乳栗破，少有破，必大补。

人参　黄芪　白术　当归　川芎　连翘　白芍　甘草节

上以水煎服。

附骨痈

热在血分之极细初觉，先以青皮、甘草节；后破，当养血。初腿肿，以人参、黄连、茯苓各二钱，瓜蒌子四十八粒，作二贴，入竹沥，热饮之。

治环跳穴痛不已，防生附骨疽。以苍术佐黄柏之辛，行以青皮。冬月加桂枝，夏月加条子芩，体虚者加牛膝，以生甘草为使，

大料煎，入姜汁带辣，食前饮之。病深者，恐术、柏、桂枝十数贴发不动，加少麻黄。二三贴又不动，恐痈将成矣，急掘地坑，以火煅红，沃以小便，赤体坐其上，以被席围抱下截，使热气熏蒸，腠理开，气血畅而愈。

铁围散 治痈疽肿毒。

乳香 没药半两 大黄 黄柏 黄连 南星 半夏 防风 皂角刺 木鳖子 瓜蒌 甘草节 草乌 阿胶

上为末，醋调成膏，砂石器内火熬黑色，鹅翎敷之。

围药 诸般痈疽，傅上消散。

乳香 没药 大黄 连翘 黄芩 黄连 黄柏 南星 半夏 防风 羌活 瓜蒌 阿胶 皂角刺

上研为细末，好醋煎黑色成膏。寒者热用，热者寒用。

围药铁井栏

贝母 南星各七钱 连翘 五倍子 经霜芙蓉叶各一两

上碾为细末，用水调傅四向肿处，止留中间一窍出毒气。

隔皮取脓法

驴蹄细切，一两 荞麦面一两 白盐半两 草乌四钱，去皮

上为末，水调作饼子，慢火炙微黄色，出火毒，研末，醋调成膏，用白纸摊贴患处，水自毛孔而出，其肿自退。

骑马痈

用大粉草带节四两，长流水一碗，以甘草淬焙水尽，为末，入皂角炭少许，作四服，汤调顿服效。

又方

甘草节、白芷、黄连。破者，龙骨、枯矾、赤石脂并用。

敷疽疖方

草乌 黄连 紫荆皮 白芷 大黄 芙蓉皮 朴硝 糯米各等分

上为末，蜜水调敷。如疮盛，以蜜调雄黄末，围定疮穴大小，前后敷前药末。

一人肛门生疖，久不收口，有针窍三孔，劳力则有脓。

黄芪　条芩　连翘　秦艽

上为末，神曲糊为丸。

取朽骨，久疽及痔漏者用之。

取乌骨鸡胫骨，以上等雌黄实之，盐泥固济，火煅通红取出，地上出火毒，去泥用骨，研细，饭丸如粟大。以纸捻送入孔中窍内，更用膏药贴之。

便毒。

山栀子　大黄　乳香　没药　当归五分　瓜蒌仁三钱　代赭石一钱

上作一服煎。

又方

木鳖子　大黄　瓜蒌　桃仁　草龙胆

上㕮咀，浓煎，露星月一宿，清早温服，立愈。

又方

白僵蚕、槐花为末，调酒服。一方加酒大黄。

〔附方〕

消毒饮　治便毒初发三四日，可消。

皂角刺　金银花　防风　当归　大黄　甘草节　瓜蒌仁等分

上㕮咀，水酒各半煎，食前温服。仍频提掣顶中发，立效。

机要内托复煎散　痈疽托里健胃。

地骨皮　黄芩　茯苓　白芍　人参　黄芪　白术　桂　甘草　防己　当归各一两　防风三两

上㕮咀，先以苍术一斤，水五升，煎至三升，去术，入前十二味，再煎至三四盏，取清汁，分三四次，终日饮之。又煎苍术柤为汤，去柤，依前又煎前十二味柤，分饮之。

内疏黄连汤　治疮皮色肿硬，发热而呕，大便闭，脉洪实者。

黄连　芍药　当归　槟榔　木香　黄芩　栀子　薄荷　桔梗　甘草各一两　连翘二两　大黄二两半

上㕮咀，每服一两，入姜煎。

疔疬八十六

疔疬，用针刀镞破头上，以蟾酥敷之，后用绿豆、野菊莎末，酒调饮醉睡觉，即定痛热除，不必去疔自愈也。治一切疔疮，用紫梗菊花，根、茎、叶皆可，研碎取汁，滴口中饮之。

瘰疬，血气痰热，以牡蛎煅过为末，玄参捣膏为丸。桑椹黑熟者，捣汁熬膏，汤调服。红者，晒干为末，汤调服。师云：大田螺连肉，烧灰存性，为末，入麝香少许，湿则干敷，干则油调敷。夏枯草大能散结气，而有补养血脉之功，能退寒热。虚者尽可倚仗，若实者，以行散之药佐之，外施艾灸，亦渐取效。

入方　治瘰疬。

海藻洗去砂土，晒干　昆布揉去土同上，二味先研为末　何首乌木臼捣为末　皂角刺炒令黄色　公蛇退树上或墙上是雄，用一条，平地上是雌

上五味，为细末，和匀一处，猪项下刀口肉烧熟，醮前药末吃，食后倒患处眠一伏时，每核灸七壮，口中觉烟起为度，脓尽即安。初生起时，灸曲池，男左女右。

〔附方〕

宝鉴保生挺子　治疔疮背疽瘰疬，一切恶疮。

金脚信　雄黄　硇砂各二钱　麝一钱　轻粉半大匣半大盏　巴豆四十九粒，文武火炒，研

上为极细末，用黄蜡五钱溶开，将药和成挺子，冷水浸少时，取出旋丸，捏作饼子，如钱眼大，将疮头拨开，安一饼子，次用神圣膏，贴后服托里散。若疮气入腹危者，服破棺丹。

神圣膏　治一切恶疮。

当归　藁本各半两　没药二钱　黄丹　黄蜡各二两　乳香二钱　琥珀二钱半　胆矾　粉霜各一钱　白胶香二两　清油二斤　木鳖子五十个，去皮　巴豆十五个，去壳　槐枝　柳枝各一百二十条

上作一处，先将槐枝、柳枝下油内熬焦，取出不用，后下余药，熬至焦黑，亦漉出不用，将油澄清，下黄丹，再熬成膏，用绯帛摊之，立效。

千金托里散 治疔疮发背，一切恶肿。

官桂 人参 甘草 川芎 白芷 芍药各一两 木香 没药各三钱 乳香二钱 当归半两 连翘一两二钱 黄芪一两半 防风 桔梗 厚朴各二两

上十五味为细末，每服三钱，酒一大盏，煎三二沸，和柤温服，无时。

破棺丹 治疮肿，一切风热。

大黄二两，半生半熟 芒硝 甘草各一两

上为末，炼蜜丸如弹子大，每服半丸，食后，茶清温酒任化下。童便半盏研化服亦得。忌冷水。

太乙膏 治疬子疮神效。

脑子一钱，研 轻粉 乳香各二钱，研 麝香三钱，研 没药四钱，研 黄丹五两

上用清油一斤，先下黄丹熬，用柳枝搅，又用憨儿葱七枝，先下一枝，熬焦再下一枝，葱尽为度，下火不住手搅，觑冷热得所，入脑子等药搅匀，磁器盛之，用时旋摊。

克效散 治疬子疮。

官桂 硇砂各半钱 赤小豆 粳米各四十九粒 班蝥四十九个，不去翅足

上五味研为末，初服一字，次服二字，次服三字，次服四字，煎商陆根汤送下，空心服，小便淋沥为效。

如恶心呕吐黄水无妨，瘰疬日日消矣。

玉烛散 治瘰疬，和血通经，服之自消，日进一服，七八日取效。方见妇人类。

东垣升阳调经汤 治瘰疬绕颈，或至颊车，此皆出足阳明胃经中来。若疮深远，隐曲肉底，是足少阴肾经中来，乃戊脾传于癸肾，是夫传与妻，俱作块子，坚硬大小不等，并皆治之，或作丸

亦可。

草龙胆酒制　酒芩　莪术酒洗，炒　三棱酒炒　升麻八钱　葛根　甘草炙　黄连酒洗　连翘　桔梗已上各五钱　生黄芩四钱　归梢　芍药各三钱　黄柏酒炒，二钱　知母酒洗炒，一两

上另秤一半作末，炼蜜为丸绿豆大，每服百余丸。一半作㕮咀，每服五钱，若能食，大便硬，可旋加至七八钱，水二盏，先浸半日，煎至一盏，去柤，临卧热服。足高，去枕仰卧，噙一口，作十次咽下，留一口在后，送下丸药。服毕，其卧如常。

金汤疳癣诸疮八十七

金　疮

五倍子、紫苏等分。

又方　白胶香三钱，龙骨一钱。

金疮狗咬

五月五日午时，用陈石灰一斤，捣为末，韭一斤，捣汁，和成饼，阴干，为细末敷之。

治阳证肿毒并金疮。

大粉草剉细，用竹筒一段，割去青，两头留节，节上开一窍，入粉草在内，满后用油灰塞孔窍，从立冬日，放粪缸内，待立春先一日取起，竖立在有风无日阴处二十一日，多最好，却破竹取草，为细末，用傅金疮。干者水调。

火　烧

桐油二钱　水二钱

上二件，以桃柳枝不住手搅成膏，再入少水溶，外用猫儿肚底毛细剪掺上。

汤　浇

以淋了茅灰相敷患处。

汤火疮，腊月猪胆涂黄柏，炙干为末，敷上。

臁　疮

乳香　没药　水银　当归各半两　川芎　贝母　黄丹二钱半　真麻油五两

上㕮咀，除黄丹、水银外，先将余药，用香油熬黑色，去柤，下黄丹、水银，又煎黑色，用柳桃枝搅成膏，油纸摊贴。

又方

龙骨生用　血竭　赤石脂共一两　头发如指大　黄蜡一两　白胶香　香油不拘多少

上件，先以香油煎头发三五沸，去发，入黄蜡、白胶香，却入龙骨、血竭、赤石脂，搅匀，安在水盘内，候冷取起，以磁器盛之。每遇一疮，捻作薄片贴疮口，以竹箬贴在外，三日后，翻过再贴，仍服活血药。

又方

用砂糖水煎冬青叶三五沸，捞起，石压平。将叶贴疮上，日换二次。

又方

以头垢烧灰，和枣肉捣作膏，先以葱椒叶煎汤洗净，用轻粉掺上，却以前膏，雨伞纸摊贴之。

又方

地骨皮一两　白蜡半两　甘草节半两

上以香油，入地骨皮、甘草节，文武火熬熟去柤，入黄丹一两半，紧火熬黑提起，白纸摊贴之，次用冬青叶醋煎过，以药贴之。

杖　疮　疼

黄柏、生地、黄紫荆皮皆要药。热血作痛，凉血去瘀血为先，须下鸡鸣散之类。生地黄、黄柏为末，童便调敷，或加韭汁。不破者，以韭菜、葱头舂碎，炒热贴，冷则易。膏药，紫荆皮、乳香、没药、生地黄、黄柏、大黄之类。

又方

用大黄、黄柏为末，生地黄汁调敷，干即再敷。

又方

野生苎麻根，嫩者，不拘多少，洗净，同盐擂敷疮上，神效。伤重多用盐。

癣　　疮

防风通圣散去硝、黄，加浮萍、皂角刺。又紫苏、樟树、苍耳、浮萍煎汤洗。

又方

浮萍一两　苍术二两　苦参一两半　黄芩半两　香附二钱半

上为末，酒糊丸。

又方

芦荟　大黄　轻粉　雄黄　蛇床子　槿树皮　槟榔

上为末，先刮癣，用米醋调药末涂之。

又方

芦荟研，三钱　江子去壳，十四粒　萆麻子去壳，十四粒　斑蝥七个，去翅足　白蜡

上以香油二两，熬江子、萆麻、斑蝥三药，以黑为度，去药入蜡，并芦荟末在内，磁罐盛贮，微微刮癣令破，以油涂上，过夜略肿即愈。

下　疳　疮

蛤粉　腊茶　苦参　密陀僧

上为末，河水洗净，腊猪油调傅。兼治臁疮。

又方

米泔水洗疮净，用头发，以盐水洗净去油，再用清汤洗，晒干

烧灰，敷疮上，即时生靥。

〔附方〕

冰霜散 治火烧燎损伤，油热浇伤，皮烂肉大痛。

寒水石生 牡蛎煅 明朴硝 青黛各一两 轻粉一钱

上为末，新水调，或油调，湿则干贴痛处，立止如神。

圣粉散 治下注疳疮，蚀臭腐烂，疼痛不可忍者。

黄柏蜜炙 密陀僧 黄丹 高末茶 乳香各三钱 轻粉一钱半 麝少许

上为末，用葱汤洗疮后，次贴此药，兼治小儿疳疮。

下疳疮洗药

黄连 黄柏 当归 白芷 独活 防风 朴硝 荆芥

上等分，水煎，入钱五十文，乌梅五个，盐一匙，同煎。温洗，日五七次，用下药敷：

木香 槟榔 黄连 铜青 轻粉 枯矾 螵蛸 麝各等分两

上为极细末，洗后，至夜敷上。

妇人八十八

妇人经水过期，血少也，四物加参、术，带痰加南星、半夏、陈皮之类。经水不及期而来者，血热也，四物加黄连。过期紫黑有块，亦血热也，必作痛，四物加香附、黄连。过期淡色来者，痰多也，二陈加川芎、当归。过期而来，乃是血虚，宜补血，用四物加黄芪、陈皮、升麻。未及期先来，乃是气血俱热，宜凉气血，柴胡、黄芩、当归、白芍、生苄、香附之属。经不调而血水淡血，宜补气血，参、芪、芎、归、香附、白芍。腹痛加胶珠、艾叶、玄胡索。经候过而作痛者，乃虚中有热，所以作疼。经水将来作疼者，血实也一云气滞，四物加桃仁、黄连、香附。临行时，腰疼腹痛，乃是郁滞，有瘀血，宜四物加红花、桃仁、莪术、玄胡索、香附、木香，发热加黄芩、柴胡。紫色成块者，热也，四物加黄连、柴胡之类。痰多，占住血海地位，因而下多者，目必渐昏，肥人如此，用南星、苍术、川芎、香附，作丸子服之。肥人不及日数而多者，痰多血虚有热，亦用前丸药中，更加黄连、白术丸服。血枯经闭者，四物加桃仁、红花。躯脂满经闭者，以导痰汤加黄连、川芎，不可服地黄，泥膈故也，如用，以姜汁炒。肥胖饮食过度之人，而经水不调者，乃是湿痰，宜苍术、半夏、滑石、茯苓、白术、香附、川芎、当归。临经来时，肚痛者，四物汤加陈皮、玄胡索、牡丹、甘草。痛甚者豆淋酒，痛缓者童便煮莎，入炒条芩末为丸。经水去多，不能住者，以三补丸加莎根、龟板、金毛狗脊。阴虚经脉久不通，小便涩，身体疼痛，以四物加苍术、牛膝、陈皮、生甘草。又用苍莎丸加苍耳、酒芍药为丸，就煎前药吞下。

又方　治经水过多。

黄芩炒　白芍炒　龟板炙。各一两　黄柏炒，三钱　椿树根皮七钱半　香附子二钱半

上为末，酒糊丸，空心，温酒或白汤下五十丸。

又方　治积痰伤经不行，夜则妄语。

瓜蒌子一两　黄连半两　吴茱萸十粒　桃仁五十个　红曲二钱　砂仁三两

上为末，生姜汁化炊饼为丸桐子大，服百丸，空心。

又方　治一切瘀血为痛。

香附四两，醋煮　瓦垄子煅，二两，醋煮一昼夜　桃仁二两　牡丹皮　大黄熟蒸　当归各一两　川芎　红花各半两

上为末，蒸饼丸如桐子大，空心，温酒下三五十丸。

〔附方〕

四物汤　治冲任虚损，月水不调，腹疞痛。

当归　川芎　芍药　熟苄等分

上以水煎服，加减于后。若经候微少，渐渐不通，手足烦疼渐瘦，生潮热，脉微数，本方去地黄、芎，加泽兰叶三倍，甘草半分。经候过多，本方去熟地黄，加生苄，或只加黄芩、白术。经行身热，脉数头昏，本方加柴胡、芩。经行微少，或胀或疼，四肢疼痛，加延胡、没药、白芷与本方等，淡醋汤调下末子。经候不调，心腹疞痛，只用

芎、归二味，名君臣散。气冲经脉，故月事频并，脐下多痛，加芍药。经欲行，脐腹绞痛，加玄胡、槟榔、苦楝，炒木香减半。经水涩少，加葵花、红花。经水适来适断，或有往来寒热，先宜服小柴胡汤，后以四物和之。经候过而作痛，血气俱虚也，宜本方对四君子汤服之。

治经事过期不行。

玄胡索一钱　香附　枳壳各半钱

上为末，杜牛膝捣汁半钟，空心调服。

交加地黄丸　治经水不调，血块气痞，肚腹疼痛。

生苄一斤　老生姜一斤　玄胡索　当归　川芎　白芍二两　没药　木香各一两　桃仁去皮尖　人参各一两半　香附子半斤

上先将地黄、生姜各捣汁，以姜汁浸地黄柤，地黄汁浸生姜柤，皆以汁尽为度，次将余药为末，共作一处，日干同为末，醋糊丸如桐子大，空心服五十丸，姜汤下。

当归散　治经脉不通。

当归　川山甲灰炒　蒲黄各半两，炒　辰砂一钱　麝香少许

上为末，酒调服二钱。

琥珀散　治月水不通，心膈迷闷，腹脏撮痛。

台乌二两　当归　莪术各一两

上为末，空心，温酒调二钱，以食压之。产后诸疾，炒姜酒调下。

通经丸　治妇人室女，经候不通，脐腹疼痛，或成血瘕。

川椒炒　莪术　干漆炒烟尽　当归　青皮　干姜　大黄煨　桃仁去皮尖，炒　川乌炮　桂心各等分

上为末，将一半用米醋熬成膏子，和余药成剂，臼中杵之，丸如桐子，阴干，每服三五十丸，醋汤下。《严氏方》无川乌，有红花。

红花当归散　治妇人血脏虚竭，或积瘀血，经候不行，时作痛，腰胯重疼，小腹坚硬，乃室女经水不行。

红花　当归尾　紫葳即凌霄花　牛膝　甘草炙　苏木各三两　白芷　桂心一两半　赤芍九两　刘寄奴五两

上为末，空心，热酒调三钱服。一名凌霄花散。

导痰汤见痰类。

三补丸见诸虚类。

苍莎丸见咳嗽类。

越鞠丸见六郁类。

崩漏八十九

血崩，东垣有治法，但不言热，其主在寒，学者宜寻思之。急则治其标，用白芷汤，调百草霜末。甚者用棕榈灰，后用四物汤加炒干姜调理。因劳者，用参、芪带升补药，因寒者用干姜，因热者黄芩。崩过多者，先用五灵脂末一服，当分寒热。盖五灵脂能行能止。紫色成块者，热，以四物汤加黄连之类。妇人血崩，用香附、白芷丸服。气虚、血虚者，皆以四物汤加参、芪。漏下，乃热而虚，四物加黄连。崩中白带，用椒目末，又用白芷、石灰炒，去灰为末、茜草少许，粥丸服。一方用生狗头骨，烧灰存性，或酒调服，或入药服。一方五灵脂半生半炒，为末，酒调服。经血逆行，或血腥，或吐血，或唾血，用韭菜汁服，效。

夫妇人崩中者，由脏腑伤损，冲任二脉，血气俱虚故也。二脉为经脉之海，血气之行，外循经络，内劳脏腑，若气血调适，经下依时，若劳动过极，脏腑俱伤，冲任之气虚，不能约制其经，血故忽然而下，谓之崩中暴下。治宜当大补气血之药，举养脾胃，微加镇坠心火之药，治其心，补阴泻阳，经自止矣。

〔附方〕

小蓟汤 治崩中不止。

小蓟茎叶研取汁，一盏 生节汁一盏 白术半两

上三件，入水一盏，煎温服。

荆芥散 治妇人崩中，连日不止。

用荆芥穗，于灯盏多著灯心，好麻油点灯，就上烧荆芥焦色。

上为末，每服三钱，童便调下。

又方

艾叶如鸡子大 阿胶半两 干姜一钱

上为粗末，用水五盏，先煮艾、姜，后入胶烊消，分作二服，空心。

如圣散 治妇人血山崩。

棕榈灰 乌梅各一两 干姜一两五分。并烧灰存性

上为末，每服二钱，乌梅酒调下，空心。

凉血地黄汤 治妇人血崩，是肾水月虚，不能镇守包络相火，故血走而崩也。

黄芩 荆芥 蔓荆子各一分 黄柏 知母 藁本 细辛 川芎各二分 黄连 羌活 柴胡 升麻 防风各三分 生苄 当归各五分 甘草一钱 红花炒，少许

上作一服，水煎，空心，稍热服。

带下九十

带下，赤属血，白属气，主治燥湿为先。漏与带，俱是胃中痰积流下，渗入膀胱，无人知此，只宜升提，甚者上必用吐，以提其气，下用二陈汤，加苍术、白术，仍用丸子。一本作瓦垄子。又云：赤白带下，皆属血出于大肠、小肠之分。肥人多是湿痰，海石、半夏、南星、炒柏、苍术、川芎、椿皮。一方无椿皮，有青黛。瘦人白带少，如有者多热，以炒黄柏、滑石、椿皮、川芎、海石。如无海石，以蛤粉亦可。一方有青黛作丸子服。赤白带下，炒黄荆子为末，酒调下二钱，或米汤亦可。又治心痛，罗先生法，或十枣汤，或神佑丸，或玉烛散，皆可服。实者可行，虚者不可峻攻。血虚者，加减四物汤。气虚者，参、术、陈皮间与之。湿胜者，用固肠丸。相火动者，于诸药中，少加黄柏。滑者，加龙骨、赤石脂；滞者，加葵花。葵花白者治白带，赤者治赤带。性燥者，加黄连。痰气带下者，苍术、香附、滑石、蛤粉、半夏、茯苓丸服。寒月少加干姜，临机应变。必须断厚味。

入方

良姜 芍药 黄柏二钱。各炒成灰 椿树根皮一两半

上为末，粥丸，每服四五十丸，空心。

又方　一妇人白带兼风痛。

半夏　茯苓　川芎　陈皮　甘草　苍术　黄柏酒炒　南星　牛膝酒洗

治妇人上有头风鼻涕，下有白带。

南星　苍术　柏皮炒　滑石　半夏　川芎　辛夷　牡蛎粉炒　酒芩

上㕮咀，水煎，去柤，食前服。

又方　治白带。

龟板炙　枳子各二两　黄柏炒，一两　白芍药七钱半　香附半两　干姜炒，二钱半　山茱萸　苦参　椿树皮各半两　贝母

上为末，酒糊丸桐子大，空心，米汤下五十丸。

又方　治赤白带下，或时腹痛。

龟板香炙，二两　黄柏炒，一两　干姜炒，一钱　枳子二钱半

上为末，酒糊丸如桐子大。每服七十丸，日服二次。

又方　治妇人有孕白带。

苍术三钱　白芷二钱　黄连炒，二钱　黄芩炒，三钱　黄柏炒，一钱半　白芍二钱半　椿树皮炒，一钱半　山茱萸二钱半

上为末，糊丸，空心，温酒下五十丸。

治结痰白带，先以小胃丹，半饥半饱，津液下数丸，候郁积开，却宜服补药。

白术二两　黄芩半两　红白葵花二钱半　白芍七钱半

上为末，蒸饼丸，空心，煎四物汤下三五十丸。

固肠丸　治湿气下利，大便血，白带。去脾胃陈积之痰，用此以燥其湿，亦不可单用，须看病作汤使。

椿根白皮性凉而燥须炒用

上为末，酒糊丸服。

又方

椿根皮四两　滑石二两

上为末，粥丸桐子大，空心，白汤下一百丸。

又方　治白带，因七情所伤，而脉数者。

黄连炒　扁柏酒蒸　黄柏炒。各半两　香附醋炒　白芍　白术各一两　椿根皮炒，三两　白芷烧存性，三两

上为末，粥丸桐子大，每服七十丸，食前，米饮下。

又方　治赤白带，因湿胜而下者。

苍术盐炒　白芍　滑石炒。各一两　枳壳炒　甘草各三钱　椿根皮炒，二两　干姜炮，二钱　地榆半两

上为末，粥丸，空心，米饮下一百丸。

〔附录〕　赤白带者，皆因七情内伤，或下元虚惫，感非一端。叔和云：崩中日久为白带，漏下多时骨本枯。崩中者，始病血崩，久则血少，亡其阳，故白滑之物下流不止，是本经血海将枯，津液复亡，枯干不能滋养筋骨。执剂之法，须以本部行经药为引用，为使；大辛甘油腻之药，润其枯燥而滋益津液；以大辛热之气味药，补其阳道，生其血脉；以寒苦之药，泄其肺而救上热；伤气，以人参补之，以微苦温之药为佐而益元气，此治之大法也。

〔附方〕

戴人玉烛散　治经候不通，腹胀或痛。

当归　芍药　川芎　熟节　芒硝　大黄　甘草

上吹咀，生姜三片，煎服。

十枣汤见胁痛类。

神佑丸见中湿类。

产前九十一

产前当清热养血。产妇因火动胎逆，上作喘急者，急用条芩、香附之类，为末调下。条芩，水中取沉者为佳。坠胎，乃气虚、血虚、血热。黄芩安胎，乃上中二焦药，能降火下行。益母草即茺蔚子，治产前、产后诸病，能行血养血，难产可煎作膏。地黄膏、牛膝膏皆可用。怀妊爱物，乃一脏之虚，假如肝脏之虚，肝气止能生胎，无余用也。又云不能荣其肝，肝虚故爱酸物。产前安胎，白

术、黄芩为妙药也。条芩，安胎圣药也。俗人不知，以为害而不敢用，反谓湿热之药可养胎，殊不知产前宜清热，令血循经而不妄行，故能养胎。胎热将临月，以三补丸加炒香附、炒白芍，蒸饼丸服。抑热，以三补丸用地黄膏丸。有孕八九个月，必用顺气，须用枳壳、紫苏梗。凡妊妇，脉细匀易产；大、浮、缓，火气散，难产。生产如抱舡过坝一般。

入方　固胎。

地黄半钱　归身　人参　白芍各一钱　白术一钱半　川芎五分　陈皮一钱　黄芩半钱　甘草三分　黄连少许　黄柏少许　桑上羊儿藤七叶，圆者。一本无芩

上㕮咀，每二钱，入糯米二十四粒煎服。血虚不安者用阿胶，痛者用砂仁，止痛安胎行气故也。

束胎丸　第八个月可服。

炒黄芩夏一两，春秋七钱半，冬半两　白术二两，不见火　茯苓七钱半，不见火　陈皮三两，忌火

上为末，粥丸服。

达生散　又名束胎散。

大腹皮三钱　人参　陈皮各半钱　白术　芍药各一钱　紫苏茎叶半钱　甘草炙，二钱　归身尾一钱

上作一服，入青葱五叶，黄杨脑七个，此即黄杨树叶稍儿也，或加枳壳、砂仁，以水煎，食后服。于八九个月，服十数贴，甚得力。夏月加黄芩，冬不必加，春加川芎。或有别证，以意消息于后。气虚加参、术，气实倍香附、陈皮，血虚倍当归加地黄，形实倍紫苏，性急加黄连，有热加黄芩，湿痰加滑石、半夏，食积加山楂，食后易饥倍黄杨脑，有痰加半夏，腹痛加木香、桂。

又方　第九个月服。

黄芩一两，酒炒。不宜凉药、怯弱者减半　白术一两　枳壳炒，七钱半　滑石七钱半。临月十日前，小便多者，减此一味

上为末，粥丸桐子大，每服三十九，空心热汤下，多则恐损元气，实人宜服。

又方 安胎。

白术 黄芩 炒曲

上为末，粥丸服。一本云：用条芩一二两，为末，每一钱或半钱，浓煎白术汤调下。每次用白术五七钱煎汤。

恶阻从痰治，多用二陈汤。

戴云：恶阻者，谓妇人有孕，恶心，阻其饮食者是也。肥者有痰，瘦者有热，须用二陈汤。

入方

白术不拘多少

上为末，水丸，随所好，或汤或水下。

子肿，湿多。

戴云：子肿者，谓妇人手足或头面通身浮肿者是也。

入方

山栀子炒用，一合

上为末，米饮吞下，或丸服。

三因鲤鱼汤 治妊娠腹大，间有水气。

白术五两 茯苓四两 当归 芍药各三两

上细剉，以鲤鱼一头，修事如食法，煮取汁，去鱼不用，每服四钱，入鱼汁一盏半，姜七片，陈皮少许，煎至七分，去柤，空心服。

胎漏，气虚、血虚、血热，可服固孕之药。

戴云：胎漏者，谓妇人有胎而血漏下者。

参术饮 治妊娠转胞。

四物汤加人参 白术 半夏制 陈皮 甘草

上㕮咀，入生姜煎，空心服。

〔附方〕

治胎动不安，已有所见。

艾叶 阿胶 当归 川芎各三两 甘草一两

上每服五钱，水煎熟，下胶令烊，温服。

胶艾汤 损动胎去血腹痛。

艾叶　阿胶

上二味，水煎服。

难产，气血虚故也。此盖九月十日之际，不谨守者有之，亦有气血凝滞而不能转运者，临月时服野天麻，熬膏，白汤调下。油、蜜、小便和极匀，治难产。

入方

砂仁　香附醋煮　枳壳　甘草

上为末，汤调，又以香油、蜜、小便和匀各半盏，调益母草末。

催生。

白芷灰　百草霜　滑石

上为末，用芎、归煎汤调下，或姜汁服。

天麻丸　易产。

天麻即益母草，六月间连根采，阴干。

上为末，不拘多少，炼蜜丸如圆眼大，临产时，温酒或白汤化一丸，能除产后百病。

〔附方〕

催生如圣散

黄葵花不以多少，焙干

上为末，热汤调下二钱，神妙。或有漏血，胎脏干涩，难产痛剧者，并进三服，食久，腹中气宽胎滑，即时产下。如无花，只以蜀葵子，烂研小半合，以酒调尤妙。亦治打扑伤损，如死胎不下，煎红花，温酒调下。《经验方》用子四十九粒或三十粒。歌曰：黄金内子三十粒，细研酒调能备急，命若悬丝在须臾，即令眷属不悲泣。

又方

蛇蜕一条，全者　蚕脱纸一张。一方无

上入新瓮中，盐泥固脐，烧存性为末，煎榆白皮，调下一钱，三服觉痛便产。

又方　治产难，兼治胞衣不下并死胎。

蓖麻子七粒，去壳，研细成膏，涂脚心，胞衣即下，速洗去，不洗肠出，却用此膏涂顶上，肠自缩入，如神之妙。

又方

腊月兔头一枚，烧灰

上为末，葱白汤调二钱立生。

又方　治难产三日不下。

伏龙肝细研，每服一钱，酒调服之。又，或吞鸡子黄三个，并少苦酒服之，立生。又，或用赤小豆二升，水九升，煮取一升汁，入炙了明黄胶一两，同煎少时，一服五合。又，用槐子十四枚即下。又方，当归为末，酒调方寸匕服。

胞衣不下，取灶屋黑尘，研为细末，酒调方寸匕。

产后九十二

产后无得令虚，当大补气血为先，虽有杂证，以末治之。一切病多是血虚，皆不可发表。产后不可用芍药，以其酸寒伐生发之气故也。产后血晕，因虚火载血上行，渐渐晕来，方用鹿角烧灰，出火毒，研极细末，好酒同童便灌下，一呷即醒，行血极快。又方，以韭叶细切，盛于有嘴瓶中，以热醋沃之，急封其口，以嘴塞产妇鼻中，可愈眩冒。产后中风，切不可作风治，必大补气血为主，然后治痰，当以左右手之脉，分其气血多少而治。产后中风，口眼㖞斜，切不可服小续命汤。产后水肿，必用大补气血为主，小佐苍术、茯苓，使水自利。产后大发热，必用干姜。轻者用茯苓淡渗其热，一应寒苦并发表之药，皆不可用。产后发热恶寒，皆属血虚。左手脉不足，补血药多于补气药。恶寒发热腹痛者，当去恶血，腹满者不是。产后发热，乳汁不通，及膨者无子，当消。用麦蘖二两，炒研细末，清汤调下，作四服。有子者用木通，通草、猪蹄煎服。凡产后有病，先固正气。前条云产后大热必用干姜，或曰用姜者何也？曰：此热非有余之热，乃阴虚生内热耳。故以补阴药大剂服之，且干姜能入肺和肺气，入肝分引血药生血，然不可独用，必与补虚药同用，此造化自然之妙，非天下之至神，孰能与于此乎？产后脉洪数，产前脉细小涩弱，多死。怀孕者，脉主洪数，已产而洪数不改者，多主死。

入方　产后补虚。

人参　白术一钱　茯苓　归身尾　陈皮　川芎各半钱　甘草炙，三分

有热加黄芩一钱　生姜三片

上以水煎服。

产后消血块方

滑石三钱　没药二钱　血竭二钱，如无，以牡丹皮代之

上为末，醋糊丸。如恶露不下，以五灵脂为末，神曲丸，白术、陈皮汤下。瓦垄子能消血块。

又方

血竭　五灵脂

上为末，消产后血块极好。

又方　治产后泄泻。

黄芩　白术　川芎　茯苓　干姜　滑石　陈皮　炒芍药　甘草炙

上㕮咀，水煎服。

又方　治产后恶露不尽，小腹作痛。

五灵脂　香附一方加蛤粉

上为末，醋糊丸，甚者入桃仁，不去尖用。

独行丸　治妇人产后血冲心动，及治男子血气心腹痛。有孕者忌服。

五灵脂去土，半炒半生

上为末，水丸弹子大，每一丸，或酒或姜汤化下。

参术膏　治产后胞损成淋沥证。

人参二钱半　白术二钱　桃仁　陈皮各一钱　黄芪一钱半　茯苓一钱　甘草炙，半钱

上㕮咀，水煎猪羊胞，后入药，作一服。

〔附录〕　产后血晕者，皆由败血流入肝经，眼见黑花，头目旋

晕，不能起坐，甚至昏闷不省人事，谓之血晕。用酒调黑神散最佳，切不可作中风治之。凡血晕，皆血乘虚，逆上凑心，故昏迷不省，气闭欲绝是也。古法有云：产妇才分挽[1]了，预烧秤锤或江中黄石子，硬炭烧令通赤，置器中，急于床前，以醋沃之，得醋气可除血晕。或以好醋久涂口鼻，乃置醋于傍，使闻其气，兼细细少饮之，此为上法也。又法，以干漆烧烟，熏产母面即醒，无干漆以破漆器亦可。

〔附方〕

清魂散 治血迷血晕

泽兰叶 人参各二钱半 荆芥一两 川芎半两 甘草二钱

上为末，用温酒热汤各半盏，调一钱，急灌之，下咽即开眼。

黑神散

黑豆炒，半升 熟节 当归 肉桂 干姜 甘草 白芍 蒲黄各四两 生节别本无

上为末，每服二钱，童便、酒各半调服。一名乌金散。

子嗣九十三附断子法

若是肥盛妇人，禀受甚厚，恣于酒食之人，经水不调，不能成胎，谓之躯脂满溢，闭塞子宫，宜行湿燥痰，用星、夏、苍术、台芎、防风、羌活、滑石，或导痰汤之类。若是怯瘦性急之人，经水不调，不能成胎，谓之子宫干涩无血，不能摄受精气，宜凉血降火，或四物加香附、黄芩、柴胡，养血养阴等药可宜。东垣有六味地黄丸，以补妇人之阴血不足无子，服之者能使胎孕。出《试效方》。

断子法用白面曲一升，无灰酒五升，作糊，煮至二升半，滤去柤，分作三服，候经至前一日晚，次早五更，及天明，各吃一服，经即不一无不字行，终身无子矣。

---

〔1〕挽 同“娩”。

小儿九十四

乳下小儿，常多湿热食积，痰热伤乳为病，大概肝与脾病多。小儿易怒，肝病最多，大人亦然。肝只是有余，肾只是不足。

小儿初生，未经食乳，急取甘草一寸，火上炙熟，细切，置地上出火毒一时许，用水一小盏。熬至三分之一，去滓，用新绵蘸滴儿口中，令咽尽，须臾吐痰及瘀血，方与乳食，年长知[1]肤无病。

小儿急慢惊风，发热口噤，手心伏热，痰热咳嗽痰喘，此类证，并用涌法吐之，重剂瓜蒂散，轻剂用苦参、赤小豆末，须虾齑汁调服之，后用通圣散为末，蜜丸服，间以桑树上牛儿，阴干，焙末调服，以平其气。惊有二证，一者热痰主急惊，当吐泻之；一者脾虚，乃为慢惊，所以多死，当养脾。急惊只用降火、下痰、养血。慢惊者，先实脾土，后散风邪，只用朱砂安神丸，更于血药中求之。

小儿蓦然无故大叫作发者，必死，是火大发则虚其气故也。

入方

黑龙丸 治小儿急慢惊风。

牛胆南星 青礞石焰硝等分煅。各一两 天竺黄 青黛各半两 芦荟二钱半 辰砂三钱 僵蚕半钱 蜈蚣一钱半，烧存性

上为末，甘草煎膏，丸如鸡头大，每服一二丸，急惊煎姜蜜薄荷汤下，慢惊煎桔梗白术汤下。

治惊而有热者。

人参 茯苓 白芍酒炒 白术

上㕮咀，姜煎，夏月加黄连、生甘草、竹叶。

〔附方〕

神圣牛黄夺命散

槟榔半两 木香三钱 大黄二两，面裹煨熟为末 白牵牛一两，一半炒、一半生用 黑牵牛粗末，一半生用、一半炒

〔1〕知 上科本作“肌”。

上为一处，研作细末，入轻粉少许，每服三钱，用蜜浆水调下，不拘时候，微利为度。

通圣散见斑疹类。

朱砂安神丸见惊悸类。

瓜蒂散见疸类。

疳病，或肚大筋青。

胡黄连丸 治疳病腹大。

胡黄连五分，去果子积 阿魏一钱半，醋浸，去肉积 神曲二钱，去食积 麝香四粒 炒黄连二钱，去热积

上为末，猪胆汁丸如黍米大，每服二三十丸，白术汤送下。又云胡黄连丸十二粒，白术汤下。

五积丸 治小儿诸般疳积。

丑头末一两 黄连半两 陈皮一两 青皮半两 山楂半两

上炒焦黑色，为末，每用巴豆霜半钱，前药末半钱，宿蒸饼丸，麻子大，小儿二岁十丸，五更姜汤下，至天明大便泄为度，温粥补之。未利，再服三五丸。

乌犀丸

丑头末三两 青皮三两 史君子肉七钱半 白芜荑一钱半 鹤虱五钱 芦荟一钱，另研，烧红醋淬 苦楝根皮半两

上炒令焦黑色，为末，曲丸麻子大，每服三五十丸，米饮送下，食前，量小儿大小加减。

黄龙丸

三棱三两 黑角莪术三两 青皮一两半 山楂肉七钱半 干姜七钱半

上用曲丸麻子大，日晒干，食后，姜汤下，量儿大小加减。乌犀、黄龙间服，食前服乌犀，食后服黄龙。

肥儿丸 治小儿疳积。

芦荟另研 胡黄连三钱 炒曲四钱 黄连 白术 山楂炒，半两 芜荑炒，三钱

上为末，芦荟末和匀，猪胆汁丸粟米大、每六十丸，食前米饮下。

疳黄食积。

白术　黄连　苦参　山楂等分

上为末，曲糊丸麻子大，食后，白汤下十五丸。

食伤胃热熏[1]蒸。

白术一两　半夏　黄连半两　平胃散二两

上用粥丸，食后，白汤下二十丸。

〔附录〕 小儿疳病者，小儿脏腑娇嫩，饱则易伤。乳哺饮食，一或失常，不为疳者鲜矣。疳皆因乳食不调，甘肥无节而作也。或婴幼缺乳，粥饭太早，耗伤形气，则疳之根生。延及岁月，五疳病成，甚者胸陷喘哕，乳食直泻，肿满下利，腹胁胀疼，皮发紫疮，肌肉先紫。与夫疳劳，渴泻而槁，色夭骨露，齿张肚硬不食者，皆危笃矣。凡此等类，卢扁复生，难施其巧。

〔附方〕

集圣丸　治小儿疳通用。

芦荟　五灵脂　好夜明砂焙　砂仁　陈皮　青皮　莪术煨　木香　史君子煨。各二钱　黄连　虾蟆日干炙焦。各二分

上为末，用雄猪胆二枚，取汁和药入糕，糊丸麻子大，每服十五丸，米饮送下。

大芦荟丸　治诸疳。

芦荟　芜荑　木香　青黛　槟榔　黄连炒，二钱半　蝉壳二十四枚　黄连半两　麝香少许

上为末，猪胆汁二枚，取汁浸糕，为丸麻子大，每服二十丸，米饮下。

褐丸子　治疳肿胀。

莱菔子一两，炒　陈皮　青皮　槟榔　黑丑半熟半生　五灵脂　赤茯苓　莪术煨。各半两　木香二钱半

上为末，面糊丸绿豆大，每服十五丸，煎紫苏桑皮汤下。

子热。

---

〔1〕熏　原作“重”，据弘治本改。

炒芍药 香附 滑石一两 甘草三钱 黄连二钱

上作四服，水一盏半，生姜三片煎，乳母服。

风痰。

南星一两，切，用白矾末半两，水泡一指厚浸，晒干，研细入 白附子二两

上为末，飞白面糊丸如芡实大，每服一二丸，姜蜜薄荷汤化下。

白附丸

牛胆星一两，须用黄牯牛胆。腊月粉南星，亲手修合，风干，隔一年用。牛胆须入三四次者佳 大陈半夏半两 粉白南星一两，切作片用，腊雪水浸七日，去水晒干 枯白矾二钱半

上为末，宿蒸饼，丸如梧子大，用姜汁蜜汤送下。有热加薄荷叶。

紫金泥 治小儿哮喘不止，端午日修合。

黑椒四十九粒，浸透去皮，研如泥次入 人言一钱 鹅管石一钱

上为末，丸如黍米大，朱砂为衣，每一丸或二丸，量儿大小，空心，冷茶清下。当日忌生冷、荤、腥、热物。服药病止后，更服白附丸三五贴。

小儿腹痛，多是饮食所伤。宜：

白术 陈皮 青皮 山楂 神曲 麦蘖 砂仁 甘草

受寒痛者加藿香、吴茱萸，有热加黄芩。

小儿腹胀。

萝卜子蒸 紫苏梗 干葛 陈皮等分 甘草减半

食减者，加术煎服。

小儿好吃粽，成腹胀疼。用白酒曲末，同黄连末为丸，服之愈。

又方

茯苓皮 陈皮 赤小豆 萝卜子炒 木通各半钱 木香二分 甘草些少

上㕮咀，姜一片煎服。

〔附录〕 小儿腹痛，多因邪正交争，与脏气相击而作也。挟热作痛者，以面赤，或壮热，四肢烦，手足心热见之。挟冷作痛者，以面色或白或青见之。冷甚而证变，则面色黯黑，唇爪甲皆青矣。热证，宜四顺清凉饮加青皮、枳壳；冷证，指迷七气汤；冷热不调，以桔梗枳壳汤加青皮、陈皮、木香、当归。

小儿吐泻黄疸。

三棱　莪术　青皮　陈皮　神曲炒　茯苓　麦蘖　黄连　甘草　白术

上为末，调服。伤乳食吐泻加山楂。时气吐泻加滑石。发热加薄荷。

夏月小儿肚泻，用益元散，钱氏五补、五泻之药俱可用。吐泻腹疼吐乳，调脾以平胃散，入熟蜜，加苏合香丸，名万安膏，用米汤化下。夏月热病，六一散最妙。

小儿痢疾。

黄连　黄芩　陈皮　甘草

上以水煎服。赤痢加红花、桃仁，白痢加滑石末。

又方　治小儿食积痢。

炒神曲　苍术　滑石　白芍　黄芩　白术　甘草炙　陈皮

上㕮咀，水煎，下保和丸。一方加茯苓。

小儿赤痢壮热。用蓝青捣汁，每服半盏，与之妙。

〔附录〕 凡小儿痢疾，亦作食积论，初得之时，宜用木香槟榔丸下之，后用白术、白芍药、黄芩、甘草、滑石。如里急后重，加木香、槟榔、枳壳；久不止者，用肉豆蔻、粟壳炒黄。小儿赤斑、红斑、疮痒、瘾疹，并宜用防风通圣散，为末调服。

小儿口糜。

戴云：满口生疮者便是。

江茶　粉草

上为末敷之。一方用黄丹。

又方

苦参　黄丹　五倍子　青黛

上等分，为末敷之。

又方

青黛　芒硝

上为末，敷口中。

又方

黄柏　细辛　青盐

上等分，为末噙之，吐出涎，不过三日愈。亦治大人。治毒口疮，五倍子、黄丹、甘草、江茶、芒硝等分，为末敷之。

龟胸。

苍术　酒柏　酒芍药　陈皮　防风　威灵仙　山楂　当归

痢后加生节。

小儿夜啼，此是邪热乘心。

黄连姜汁炒，钱半　甘草一钱

上用竹叶一十片煎服。又方加人参二钱半，作二服。入姜一片，水煎。

又法　夜啼不止，潜取捕鸡窠草一握，置小儿身下。

〔附录〕　夜啼，小儿脏冷也。阴盛于夜则冷动，冷动则为阴极发燥，寒盛作疼，所以夜啼而不歇。

〔附方〕

钩藤散　治小儿夜啼。

钩藤　茯苓　茯神　川芎　当归　木香各一钱　甘草炙，五分

上为末，每服一钱，姜、枣略煎服。又灯草烧灰，涂傅乳上与之。

小儿脱肛。

戴云：脱肛者，大肠脱下之说。

脱囊，即外肾肿大。

戴云：脱囊者，阴囊肿大，坠下不收上之说。或云：溃烂阴丸脱出。

入方

木通　甘草　黄连炒　当归　黄芩炒

上以水煎服。

又方　治脱肛，用东北方陈壁土泡汤，先熏后洗。

又方　治脱囊。紫苏茎叶末，干敷。如烂，用香油调，鹅翎刷。又用青荷叶包上。

小儿木舌。

戴云：木舌者，舌肿硬不和软也。又言，重舌者亦是。

此类二者，皆是热病。

入方

百草霜　芒硝　滑石

上为末，酒调敷之。

重舌，用好胆矾研细敷之。

咯血。

戴云：咯红者即唾内有血，非吐血与咳血。

又方

黑豆　甘草　陈皮

上煎服。

小儿尿血。

甘草汤调益元散，加升麻煎服，尤妙。

小儿吃泥，胃气热故也。

入方

软石膏　黄芩　陈皮　茯苓　白术　甘草

上用水煎服。

又方

腻粉一钱，砂糖和丸如麻子大，米饮下一丸，泻出土立瘥。

小儿解颅，乃是母气虚与热多耳。

戴云：即初生小儿，头上骨未合而开者。

又方

四君子与四物，子母皆可服。有热加酒炒黄芩、连、生甘草煎服。外用帛束紧，用白敛末敷之。

小儿吐蛔虫。

以苦楝根为君，佐以二陈汤煎服。

小儿冬月吐蛔，多是胃寒、胃虚所致，钱氏白术散加丁香二粒。

〔附方〕

钱氏白术散

藿香　白术　木香　白茯苓　甘草　人参各一钱　干葛二钱

上为末，每一钱至二钱，水煎服。

小儿口噤。

治法　用㕮鼻方。

郁金　藜芦　瓜蒂

上为末，水调㕮之。

小儿秃头。

用白灰烧红，淬长流水令热，洗之，内又服酒制通圣散，除大黄另用酒炒入，研为末，再用酒拌干，每服一钱，水煎频服。外又用胡荽子、伏龙尾即梁上灰尘、黄连、白矾为末，油调敷。

又方

松树厚皮烧灰　黄丹水飞，一两　寒水石一两，细研　白矾枯　黄连　大黄各半两　白胶香熬飞倾石上，三两　轻粉四盏。或云一分

上为末，熬熟油调敷疮上，须先洗了疮痂敷之佳。

又方　治小儿癞头，并身癞等证。

松皮烧灰　白胶香　枯矾　大黄　黄柏

上为末，用熟油调敷。

小儿头疮。

腊猪油半生半熟　雄黄　水银等分

上研和匀，洗净傅疮上。

又方

川芎　酒片芩　酒白芍　陈皮半两　酒白术　酒归一两半　酒天麻　苍术　苍耳七钱半　酒柏　酒粉草四钱　防风三钱

上为末，水荡起煎服，日四五次，服后睡片时。

又方　单治头疮。

松树皮厚者，烧炭，二两　白胶香熬沸倾石上，二两　黄丹一两，火飞　白矾火飞，半两　黄芩　黄连　大黄各三钱　寒水石三钱　白芷　无名异炒，少许　木香少许，痛者用　轻粉

上为极细末，熬熟油调敷疮上，须洗净疮，去痂敷之佳。

又小儿疮。

猪牙皂角去皮　胡椒些少　枯矾　轻粉

上为末，樟脑、烛油搽七日。如樱桃脓窠，去椒。

小儿脐肿汗[1]出。

用枯白矾为末敷，或黄柏为末敷之。又，小儿脐不干，伏龙肝涂。

小儿天火丹脐腹起者，赤溜不妨。

蚯蚓泥炒调敷。

小儿赤溜，主伤血热。

用生苄、木通、荆芥、苦药带表之类，外以芭蕉油涂患处，芒硝浓煎汁洗之。又方，鸡子清调伏龙肝，敷之。

小儿耳后月蚀疮。

黄连　枯白矾

上为末，敷之。

小儿鼻赤。

雄黄　黄丹

上同为末，无根水调敷之。又苍耳叶，酒蒸焙干，为末调服，最解食毒。又鼻下一道赤者，名曰䘌，以黄连末敷之。

辛夷膏　专治小儿鼻流清涕不止。

辛夷叶一两，洗净焙干　细辛　木通　白芷各半两　杏仁一两，去皮，研如泥　木香半两

上为细末，次用杏仁泥、羊骨髓、猪脂各一两，同诸药和匀，于瓦石器中熬成膏，赤黄色为度，于地上放冷，入脑、麝各一钱，拌匀涂囟门上，每用少许涂鼻中。

---

〔1〕汗　疑为“汁”字。

小儿变蒸，是胎毒散也。

乳儿疟疾痞块。

川芎二钱 生节 白芍一钱半 陈皮 半夏 炒芩一钱 甘草二分

上作一服，姜三片，就煎下甲末半钱。

痘疮九十五

痘疮分气虚、血虚，用补。

气虚者人参白术加解毒药，血虚者四物汤中加解毒药。凡痘疮初出之时，色白者，便用大补气血，参、术、芪、芎、升麻、干葛、草、木香、丁香、酒洗当归、白芍。若大便泻，加诃子肉、豆蔻、酒炒芩、连，名解毒散。但见红点，便忌葛根汤，恐发得表虚也。吐泻食少为里虚，不吐泻能食为里实。里实而补，则结痈毒。陷伏倒靥为表虚，灰白者亦表虚，或用烧人尿。红活绽凸为表实，表实而更复用表药，则反溃烂，不结痂。吐泻陷伏，二者俱见，为表里俱虚。黑陷甚者，亦用烧人尿，蜜水调服，出子和方。痘疮初出时，或未见时，人有患者，宜预服此药，多者令少，重者令轻，方以丝瓜近蒂三寸，连皮子烧灰存性，为末，沙糖拌，干吃。入朱砂末尤妙。痘疮分人清浊，就形气上取勇怯。黑陷二种，因气虚而毒气不能尽出者，酒炒黄芪、酒紫草、人参。颜色正者如上治。将欲成就，却色淡者，宜助血药，用当归、川芎、酒洗芍药之类，或加红花。将成就之际，却紫色者属热，用凉药解其毒，升麻、葛根、黄连、黄芩、桂枝、连翘之类，甚者犀角大解痘毒。炉灰白色，静者、怯者作寒看，勇者、燥者、焮发者作热看。痘疮，鼠粘子、连翘、山楂、甘草，此四味，始终必用之药。全白色将靥时，如豆壳者，盖因初起时，饮水多，其靥不齐，俗呼倒靥，不好，但服实表之剂，消息以大小便，如大便秘通大便，小便秘通小便。有初起，烦躁谵语，狂渴引饮，若饮水则后来靥不齐，急以凉药解其标，如益元散之类亦可服。痒塌者，于形色脉上分虚实，实则脉有力，气壮；虚则脉无力，气怯。轻者用淡蜜水调滑石末，以羽润疮上。虚痒者，以实表之剂，加凉血药。实痒，如大便不通者，以大黄寒凉之药，少许与之，下其结粪。疏则无毒，密则有毒，宜凉药解之，虽数十贴，亦不妨，无害眼之患。疮干者宜退火，湿者用泻湿。退火止用轻剂，荆芥、升麻、葛根之类，泻湿乃肌表间湿，宜用风药，白芷、防风之类。如痘疮伤眼，必用山栀、决明、赤芍、归尾、芩、连、防风、连翘、升麻、桔梗，作小剂末调服。如眼无光，过百日后，血气复自明。痘痈多是实毒，血热成痈，分上下用药，一日不可缓。已成脓必用凉药为主，赤芍、甘草节、连翘、桔梗。上引用升麻、葛根，下引用槟榔、牛膝，助以贝母、忍冬草、白芷、瓜蒌之类。大便燥用大黄，发寒热用黄芩、黄柏。痘疮黑属血热，凉血为主；白属气虚，补气为主。中黑陷而外白起得迟者，则相兼而治，初起时自汗不妨，盖湿热薰蒸而然故也。痘风分气血虚实，以日子守之，多带气血不足。虚则黄芪，生血、活血之剂助之，略佐以风药；实则白芍为君，黄芩亦为君，佐以白芷、连翘、续断之类。若属寒，陈氏方可用。

入方　解痘疮毒。

丝瓜　升麻　酒芍药　生甘草　黑豆　山楂　赤小豆　犀角

上水煎服。

又方　治痘疮已出未出，皆可服。

朱砂

上为末，蜜水调服，多者可减，少者可无。

痘疮敷药：

贝母　南星　僵蚕　天花粉　寒水石最多　白芷　草乌　大黄　猪牙皂角

上为末，醋调傅之。

〔附录〕　小儿疮疹，大抵与伤寒相似，发时烦躁，脸赤唇红，身痛头疼，乍寒乍热，喷嚏呵欠，嗽喘痰涎，伤寒证候类有之。始发之时，有因伤风寒而得者，有因时气传染而得者，有因伤食呕吐而得者，有因跌扑惊恐蓄血而得者，或为窜眼禁牙惊搐如风之证，或口舌咽喉腹肚疼痛，或烦躁狂闷昏睡，或自汗，或下痢，或发热，或不发热，证候多端，卒未易辨，亦须以耳冷、骫冷、足冷验之。盖谓疮疹属阳，肾脏无证，耳与骫足俱属于肾，故肾之所部独冷。疑似之间，或中或否，不若视其耳后，有红脉赤缕为真，于此可以稽验矣。调护之法，首尾俱不可汗下，但温凉之剂兼而济之，解毒和中安表而已。如欲解肌，干葛、紫苏可也。其或小儿气实，烦躁热炽，大便秘结，则与犀角地黄汤，或人参败毒散辈，又或紫草饮多服，亦能利之，故前说大便不通者，少与大黄，尤宜仔细斟酌之，慎之可也。若小便赤少者，分利小便，则热气有所渗而出。凡热不可骤遏，但轻解之，若无热则疮又不能发也。凡已发未发，并与紫苏饮为当。虚者益之，实者损之，冷者温之，热者平之。是为权度，借喻而言，亦如庖人笼蒸之法，但欲其松耳。如苟妄汗，则荣卫既开，转增疮烂，妄下则正气内脱，变而归肾，身体振寒，耳骫反热，眼合肚胀，其疮黑坏，十无一生。钱氏云：黑陷青紫者，百祥丸下之；不黑者，谨勿下。余知其所下者，泻膀胱之邪也。又云：下后身热气温，欲饮水者，可治。水谷不消，或寒战者，为逆。余知其脾强者，土可以治水也，百祥丸大峻，当以宣风散代之。泻后温脾，则用人参、茯苓、白术等分，厚朴、木香、甘草各半为妙。盖疮发肌肉，阳明主之，脾土一温，胃气随畅，独不可消胜[1]已泄之肾水乎？此钱氏不刊之秘旨也。朱氏曰：疮疹已发未发，但不可疏转，此为大戒。又曰：疮疹首尾，皆不可下，辄用利药，则毒气入里杀人。以此观之，疮疹证状，虽与伤寒相似，而疮疹治法，实与伤寒不同。伤寒所传，从表入里，疮疹所发，从里出表。盖毒根于里，若下之，则内气一虚，毒不能出，而返入焉，由是，土不胜水黑陷者有之。毒发于表，若汗之则荣卫一虚，重令开泄，转增疮烂，由是风邪乘间变证者有之。汗下二说，古人所深戒也。调解之法，活血调气，安表和中，轻清消毒，温凉之剂，二者得兼而已。温如当归、黄芪、木香辈，凉如前胡、干葛、升麻辈，佐之以川芎、芍药、枳壳、桔梗、羌活、木通、紫草、甘草之属，则可以

〔1〕胜　上科本作“弭”。

调适矣。但小儿凡觉身热证似伤寒，若未经疮痘，疑似未明，且先与惺惺散、参苏饮、或人参羌活散辈；热甚则与升麻葛根汤、人参败毒散。疮痘已出，则少与化毒汤；出不快者，加味四圣散、紫草饮子、紫草木香汤、紫草木通汤，或快斑散、丝瓜汤；出太甚者，人参败毒散、犀角地黄汤。小便赤涩者，大连翘汤、甘露饮、麦门冬、五苓散；大便秘结，内烦外热者，小柴胡汤加枳壳最当，或少少四顺清凉饮。若咽喉痛者，大如圣汤、鼠粘子汤；喘满气壅者，麻黄黄芩汤；胸腹胀满者，枳壳桔梗汤、二陈加枳壳汤；烦渴者，甘草散、乌梅汤；下利呕逆者，木香理中汤、甘草干姜汤；陷入者，加味四圣散。更以胡荽酒，薄敷其身，厚敷其足，喷其衣服，并以厚绵盖之。若犹未也，独圣散入麝香，老酒调剂，或不用酒，则木香煎汤；若其疮已黑，乃可用钱氏宣风散加青皮主之。然而疮疹用药，固有权度，大小二便不可不通，其有大便自利，所下黄黑则毒气已减，不必多与汤剂，但少用化毒汤可也，或不用亦可。若大小二便一或闭焉，则肠胃壅塞，脉络凝滞，毒气无从而发泄，眼闭声哑，肌肉黧然[1]，不旋踵而告变矣。其坏疮者，一曰内虚泄泻，二曰外伤风冷，三曰变黑归肾。春夏为顺，秋冬为逆。凡痘疮初出之时，须看胸前，若稠密，急宜消毒饮加山楂、黄芩酒洗、紫草，减食加人参。凡痘疮初欲出时，发热鼻尖冷，呵欠咳嗽，面赤，方是痘出之候，便宜服升麻葛根汤加山楂、大力子。其疮稀疏而易愈。凡痘疮发热之时，便宜恶实子为末，蜜调，贴囟门上，免有患眼之疾。近世小儿痘疮，上党陈文中木香散、异功散，殊不知彼时立方之时，为运气在寒水司天，时令又值严冬大寒，为因寒气郁遏，痘疮不红绽，故用辛热之剂发之，今人不分时令寒热，一概施治，误人多矣。时值温热，山野农家贫贱之人，其或偶中也。

〔附方〕

犀角地黄汤

犀角一两　生节二两　赤芍三分　牡丹皮一两

〔1〕然　上科本作“黑”。

上㕮咀，三岁儿，三钱水煎。

人参败毒散

人参　茯苓　甘草炙　前胡　川芎　羌活　独活　桔梗　柴胡已上并去苗芦　枳壳麸炒，去穰。各半两

上为粗末，每服二钱，水一盏，姜二片，薄荷少许，煎温服。

紫草饮子

紫草一两

上剉细，百沸汤大碗沃之，盖定勿令气出，逐旋温服。紫草能导大便，发出亦轻。

百祥丸

红牙大戟，不以多少，阴干，浆水煮极软，去骨，日中曝干，复内无汁中煮汁尽，焙为末，水丸如粟米大，每服一二十丸，研，赤脂麻汤下，无时。

宣风散

槟榔二个　陈皮　甘草各半两　黑丑四两。半生半熟

上为末，每一钱，量大小与服，蜜汤调下。

惺惺散　治小儿风热，及伤寒时气，疮疹发热。

白茯苓　细辛　桔梗　瓜蒌根　人参　甘草炙　白术　川芎等分

上为末，每一钱，水煎，入薄荷三叶，同煎服。

参苏饮

前胡　人参　苏叶　干葛　半夏汤泡七次，姜汁制　茯苓　枳壳　陈皮　甘草　桔梗

上剉，姜枣煎，微热服。

人参羌活散

羌活　独活　柴胡　人参　川芎　枳壳　茯苓各半两　前胡　北梗　天麻　地骨皮　甘草炙。各二钱半

加麻黄、薄荷、葱白煎服。汗后尚热，宜服此，去麻黄加紫草。如已见三五点，加紫草、陈皮、赤芍，使热退疮出亦轻。更调辰砂末半钱，以制胎毒。

升麻葛根汤

干葛　升麻　白芍　甘草炙。各四两

上粗末，每服四钱，水一盏半，煎一盏，温服。

化毒汤　疮痘已发，以此消毒。

紫草茸半两　升麻　甘草

上剉散，每服二钱，糯米五十粒，同煎服。

加味四圣散

紫草　木通　黄芪　川芎　木香等分　甘草炙，减半

上为粗末，水煎。大便秘加枳壳，大便如常加糯米百粒。杨氏曰：糯米能解毒发疮。

紫草木香汤　治疮出不快，大便泄痢。

紫草　木香　茯苓　白术等分　甘草炙，少许

入糯米煎服。杨氏云：紫草能利大便，白术、木香佐之。

紫草木通汤

紫草　人参　木通　茯苓　糯米等分　甘草减半

上剉，煎二钱，温服。内虚大便利者，可入南木香，去紫草。

快斑散

紫草　蝉壳　人参　白芍各一分　木通一钱　甘草炙，半钱

上剉散，煎二钱，温服。

又方

紫草茸五钱　陈皮二钱　黄芪三钱　赤芍五钱　甘草炙，三钱

上剉，加糯米百粒煎，二岁已上服三钱，已下一钱，服后疮遍匀四肢，住服。

丝瓜汤

丝瓜连皮，烧存性为末，汤调。杨氏云：发痘疮最妙。或加甘草、紫草。

大连翘汤

连翘　瞿麦　荆芥　木通　车前　当归　防风　柴胡　赤芍　滑石　蝉蜕　甘草炙，各一钱　黄芩　山栀子各半钱

上剉，每服加紫草煎。

甘露饮子

生苄　熟苄　天门冬去心　麦门冬去心　枇杷叶去毛　枳壳麸炒去穰　黄芩　石斛　山茵陈　甘草炙，各等分

上剉，每二钱，水一盏，煎八分，食后服。

五苓散见中暑类。

小柴胡汤见疟类。

四顺清凉饮

当归　赤芍　大黄虚者煨，实者生　甘草

一方加陈皮、糯米煎。

如圣饮子

桔梗　甘草生　鼠粘子炒。各二钱　麦门冬三钱

上末，竹叶煎二三钱。一方加荆芥、防风，重者竹沥同煎。

鼠粘子汤

鼠粘子炒，四钱　荆芥穗二钱　甘草一钱　防风半钱

上为细末，沸汤点服，去防风，名消毒散。

麻黄黄芩汤

麻黄三钱　赤芍　黄芩各二钱半　甘草炙　桂枝各半钱

上为粗末，煎。

桔梗枳壳汤

枳壳　桔梗各二两　甘草炙，半两

上剉，姜煎。

甘草散

甘草炙　瓜蒌根等分

上为末，煎服一钱。

乌梅汤

小黑豆　绿豆各一合　乌梅二个

上㕮咀，新汲水一碗，煎取清汁，旋服。

木香理中汤见寒类。

本方中加木香、甘草、干姜。

独圣散

牛蒡子炒，五钱　白僵蚕二钱半

上末，入紫草三茎煎，连进三服，其痘便出。

又方

穿山甲汤洗净，炒焦黄，为末，每服半钱，入麝少许，木香煎汤调下，或紫草煎汤，入红酒少许调。

犀角消毒饮[1]

恶实四两，炒　甘草炙，一两　防风半两　荆芥穗二两

上为末，煎紫草、糯米、芫荽子汤调，食后临睡，日三。

论倒仓法九十六

倒仓法，治瘫、劳、蛊、癞等证，推陈致新，扶虚补损，可吐可下。用黄色肥牯牛腿精肉二十斤或十五斤，顺取长流急水，于大锅内煮，候水耗少再添汤，不可用冷水，以肉烂成粗为度，滤去粗，用肉汤再熬如琥珀色。隔宿不吃晚饭，大便秘者，隔宿进神芎丸，不秘者不用。五更于密室不通风处，温服一钟，伺膈间药行，又续服至七八钟。病人不欲服，强再与之，必身体皮毛皆痛，方见吐下。寒月则重汤温之。病在上，欲吐多者，须紧[2]服，又不可太紧，恐其不纳；病在下，欲利多者，须疏服，又不可太疏，恐其不达，临时消息。大抵先见下，方可使吐，须极吐下，伺其上下积俱出尽，在大便中见如胡桃肉状无臭气则止。吐利后或渴，不得与汤，其小便必长，取以饮病者，名曰轮回酒，与一二碗，非惟可以止渴，抑且可以涤濯余垢，睡一二日，觉饥甚，乃与粥淡食之，待三日后，始与少菜羹自养，半月觉精神焕发，形体轻健，沉疴悉安矣。大概中间饮至七八钟时，药力经涉经络骨节，搜逐宿垢，正邪宁不抵牾，悉有急闷，似痛非痛，自有恶况，此皆好消[3]息，邪不胜

〔1〕犀角消毒饮　方中未列犀角，与汤名不符。
〔2〕紧　原作“疏”，据弘治本、上科本改。
〔3〕消　原作“洗”，据弘治本、上科本改。

正，将就擒耳。尤须宁耐忍受，又于欲吐未吐，欲泄未泄交作，皆有恼恬意思，皆须欢喜乐受，一以静处之，此等有大半日景象，不先说知，使方寸了然，鲜有不张皇者矣。未行此法前一月，不可近妇人，已行此法半年，不可近妇人，五年不可吃牛肉。性急好淫，不守禁忌者，皆不可行此法。倒仓全在初起三钟慢饮最紧要，能行经隧中去。

法曰：肠胃为市，以其无物不有，而谷为最多，故曰仓。仓，积谷之室也。倒者，倾去积旧，而涤濯使之洁净也。经曰：胃为受盛之官。故五味入口，即入于胃，留毒不散，积聚既久，致伤冲和，诸病生焉。今用黄牯牛肉，其义至矣。夫牛，坤土也；黄，上之色也。以顺为德，而效法乎健以为功者，牡之用也。肉者，胃之乐也，熟而为液，无形之物也，横散入肉络，由肠胃而渗透，肌肤、毛窍、爪甲无不入也。积聚久则形质成，依附肠胃回薄曲折处，以为栖泊之窠臼[1]，阻碍津液[2]血，熏蒸燔灼成病，自非剖肠刮骨之神妙，孰能去之，又岂合勺铢两之丸散所能窍犯其藩墙户牖乎。夫牛肉全重厚和顺之性，润枯泽槁，岂有损也。其方出于西域之异人。人于中年后，行一二次，亦却疾养寿之一助也。

论吐法九十七

凡药能升动其气者皆能吐。如防风、山栀、川芎、桔梗、芽茶，以生姜汁少许，醋少许，入齑汁捣服，以鹅翎勾引之。附子尖、桔梗芦、人参芦、瓜蒂、藜芦、砒不甚用、艾叶、芽茶，此皆自吐之法，不用手探，但药但汤，皆可吐，吐时先以布褡缚勒腰腹，于不通风处行此法。一法用萝卜子五合，擂，入浆水滤过，入清油、白蜜少许，旋半温，用帛紧束肚皮，然后服，以鹅翎探吐。其鹅翎，平时用桐油浸，皂角水洗，晒干待用。又法，用虾带壳半斤，入酱、葱、姜等料物煮汁，先吃虾，后饮汁，以鹅翎勾引即吐，必须紧勒肚腹。

〔1〕臼　原作“旧”，据上科本改。
〔2〕液　弘治本、上科本此下有“气”字。

又法，苦参末、赤小豆末各一钱，虀汁调，重则宜用三钱。吐法取逆流水。益元散吐湿痰。白汤入盐方可吐。人参芦煎汤吐虚病。凡吐，先饮二碗，隔宿煎桔梗半两，陈皮二钱，甘草二钱。凡吐不止，麝香解藜芦、瓜蒂，葱白汤亦解瓜蒂，甘草总解百药，白水总解。

充按：三法中，惟涌剂为难用，有轻重卷舒之机，汗下则一定法也，故先生特注吐为详者，恐人不深造其理，徒仓皇颠倒，反有害于病耳。今总列诸法于此，使临病随机应变，披卷了然，不必搜检，而便于施治也。

救急诸方九十八

鱼骨鲠，用砂糖、白炭皮末、紫苏叶、滑石末和丸，含口中，津液咽下，骨自下。

蕈毒，用木香、青皮等分，作汤饮之。

众药毒，用五倍子二两重，研细用，无灰酒调服。毒在上即吐，在下即泻。

解一切毒，用粉草五两重，细切，微炒，捣细，量病人吃得多少酒，取无灰酒，一处研，去柤温服，须臾大吐泻，毒亦随去。虽十分渴，不可饮水，饮水难救。

解九里蜂，用皂角钻孔，贴在蜂叮处，就皂荚孔上，用艾灸三五壮即安。

天蛇头，用落苏即金丝草、金银花藤、五叶紫葛、天荞麦，切碎，用十分好醋浓煎，先熏后洗。

又方　用人粪杂黄泥捣之，裹在患处即安。

又方　用捕蛇烧为炭存性，地上出火毒，研为细末，用香油调敷。如洗只用井花水。

天火带，用白鳝泥烧研细，香油敷之。

又方　雄鸡毛及鹅毛烧灰敷之，用香油调。

治蜈蚣全蝎伤，方同九里蜂灸法。

治一切蛇咬，用金线重楼，水磨少许敷咬处，又为细末，酒调饮。

又方　柏树叶、鱼胎草、皱面草、草决明，一处研细，敷咬处佳。

中牛马肉毒，方同解一切毒法。

狗咬，以紫苏口嚼碎涂之。

风狗咬，取小儿胎发炒新香附、野菊花研细，酒调服，尽醉。

拾遗杂论九十九

小便黄用黄柏，涩者、数者，或加泽泻。又云小便不利，黄柏、知母为君，茯苓、泽泻为使。若湿热流注下焦，小便赤黄，兼之涩滞，用黄柏、泽泻甚当。若禀受甚壮，酒食过度，寡欲无虑之人，小便涩滞不利，茎中痛甚，却不宜用寒凉药并渗利之药，只宜升麻、柴胡、羌活、甘草梢，服后却用鹅翎探而入，呕吐数十声，其小便自通。若是下焦无血，小便涩数而赤，宜四物加黄柏、知母、牛膝、甘草梢。

凡用引经药，正药六两，引经药只可用半两。

白腊属金，禀收敛坚凝之气，外科之要药，生肌止血定痛，接骨续筋补虚，与合欢树皮同入长肌肉膏药，用之神效。

凡制玄明粉，朴硝一斤，萝卜一斤，同煮萝卜熟为度，取出，用白皮纸滤在瓷器中，露一宿收之，冬月可制。

凡治上升之气，大概用香附、黄连、黄芩、山栀。

凡补中气药，必多服而效迟，劫药必速效，如汗下之法。

白芍药酒浸炒，与白术同用则补脾，与川芎同用则泻肝，与参、术同用则补气，能治血虚腹痛，余腹痛皆不可用。

凡面黑人不可多服黄芪，以其气实而补之也；面白人不可多发散，以其气虚而又亏之也。面白人不可饮酒，以酒耗血故也。气实人因服黄芪过多喘者，用三拗汤以泄其气。

用椒叶升起胃气之后，胸中满闷，旧有痰之故，以二陈加白术、香附、炒曲。

二陈汤治浊，加升提之药，能使大便润而小便长。

腰曲不能伸者，针人中妙。

恶寒久病，亦可解郁。

中焦有食积与痰而生病者，胃气不虚，卒不便死。

人有病，面皮上忽见红点者多死。

凡治病，必先问平日起居饮食如何。

气属阳，无寒之理，上升之气觉恶寒者，亢则害、承乃制故也。

人卧则气浮于肺。

凡治病，必先固正气。

升降浮沉即顺之，此必先岁气，毋伐天和。

寒热温凉则逆之，以寒治热之法。

凡看脉，如得恶脉，当覆手取，如与正取同，乃元气绝，必难治矣。如与正取不同者，乃阴阳错综，未必死。

弦坚之脉，虽是有积，亦带阴虚，脉无水不软之意。脉紧指者，其气大虚，多死，峻补气，无水，参、术、归之类。形脱者，必补气，参、术。面白补气，肥人补气。

针法浑是泻而无补，妙在押死其血气则不痛，故下针随处皆可。

灸法有补火、泻火。若补火，艾焫至肉；若泻火，不要至肉，便扫除之，用口吹风主散。

点三里穴，随意依古法点，但趺阳脉不应即是穴，盖三里属阳明经也。

灸疮不收口，用黄连、甘草节、白芷、黄丹、香油煎膏贴。

一妇人十九岁，气实，多怒事不发。一日忽大叫而欲厥，盖痰闭于上，火起于下而上冲，始用香附五钱，生甘草三钱，川芎七钱，童便、姜汁煎服，又用青黛、人中白、香附末为丸，稍愈不除，后用大吐乃安。吐后用导痰汤，加姜炒黄连、香附、生姜煎，下龙荟丸。

狐臭用硇砂、密陀僧、明矾、铜青、白附子、辰砂为末，先以皂角水洗二三次，后敷上，不过三次全好。

又方，加黄丹、水银，用白梅肉为丸，擦之。又方，飞黄丹，密陀僧、枯矾，以蒸饼蘸药擦之。

治赤游风，用二蚕砂炒研细，用剪刀草根自然汁调匀，先涂腹了，却涂患处，须留一面出处，患处移动为效。剪刀草即野茨菇。

金钗石斛，每二钱洗净，生姜一片，擂细，水荡起，煎沸去柤，食前饮之，补脾清肺甚妙。

酒风多搐，用白术半两，人参二钱半，甘草三钱，陈皮、苍术、天麻细切，酒浸白芍一钱，酒浸防风、川芎一钱半，若小便多，加五味子。上为末，作丸服。

秘方一百

清六丸 治三焦湿，止泄泻，产后腹痛，并自利者，以补脾补血药送之。治血痢效。

六一散一料 红曲炒，半两

上为末，陈仓米饭丸，并不单用，与他丸同行。又加五灵脂一两，名灵脂丸，能行血。

参萸丸 治湿而带气者，湿热甚者用之为向导，上可治酸，下可治自利。

六一散一料 吴茱萸一两，制

上为末，饭丸。若去茱萸加干姜半两，名温青丸，治痢效。

固肠丸见妇人类。

补脾丸 有脾虚而恶汤药者，制此丸，用汤吞，省口苦而易于从也。

白术半斤 苍术三两 茯苓 陈皮各三两 芍药半两

上为末，粥糊丸，加润下丸，可作催生用。上热甚者加清金丸尤妙。与此药必无产患。

白术丸

白术一两 芍药半两

冬月不用芍药，加肉豆蔻，泄者炒丸服。上为末，粥丸。一方枯矾、半夏各一钱半。

润肠丸 能润血燥大便不通。

麻子仁 当归 桃仁 生节 枳壳各一两

上为末，蜜丸。

回令丸 泻肝火，行湿为之反佐，开痞结，治肝邪，可助补脾药。

黄连六两 茱萸一两

上为末，粥丸。一方名左金丸。治肺火，茱萸或半两，水丸，白汤下。

抑青丸 泻肝火。方见胁痛类。

龙荟丸 泻肝火治胁痛。方见胁痛类。

清金丸 泻肺火热嗽。方见嗽类。

清化丸 治热嗽。方见嗽类。

咽酸方方见吞酸类。

黄连清化丸

黄连一两 吴茱萸浸炒，一钱 桃仁二十四个，研 陈皮半两 半夏一两半

上为末，神曲糊丸，绿豆大，每服百丸，姜汤下。

加减补阴丸

熟节八两 菟丝子四两，盐酒浸一宿 当归三两，酒浸 白芍三两，炒 锁阳三两，酥炙 杜仲二两，炒 牛膝四两，酒浸 破故纸 枸杞一两半 虎骨二两，酥炙 龟板一两，酥炙 黄柏二两，炒 山药 人参 黄芪各二两

冬加干姜一两。

上为末，猪骨髓入蜜丸，桐子大，空心服一百丸，盐汤下。

又方

白术 白芍 人参 莲肉 知母 黄柏等分

上为末，糊丸，朱砂为衣，服法如前。

清膈丸

黄芩半斤，酒浸，炒黄 南星四两，生用 半夏汤洗七次

上为末，姜糊丸。

宽中丸 治胸膈痞闷，停滞饮食。

山楂不以多少，蒸熟晒干

上为末，作丸服。

温清丸 治翻胃，伐肝邪。

干姜一两 滑石 甘草各二两

上为末，丸服。

大安丸 脾经消导之药。

山楂二两 神曲炒 半夏 茯苓各一两 陈皮 萝卜子 连翘各半两 白术二两

上为末，粥糊丸服。

上丹溪秘撰方，已散于各类甚多，如阿魏丸、保和丸、小胃丹、越鞠丸、大补丸、参术饮、束胎丸、达生散等，及诸秘法，不及一一重录，姑举此数方，以表其用药之旨。大抵治法，以气、血、痰为主，凡病血虚四物，气虚四君子，有痰二陈，酌量轻重，加入主病引经之药，一循活法，不执专方，学者推此求之，则达其蹊径矣。

附 录

故丹溪先生朱公石表辞

宋太史濂撰

丹溪先生既卒，宗属失其所倚藉，井邑失其所依凭，嗜学之士失其所承事，莫不彷徨遥慕，至于洒涕。濂闻之，中心尤摧，咽不自胜。盖自加布于首[1]，辄相亲于几杖间[2]，订义质疑，而求古人精神心术之所寓，先生不以濂为不肖，以忘年交遇之，必极言而无所隐，故知先生之深者，无逾于濂也。方欲聚厥事行，为书以传来

〔1〕加布于首　古代男子二十岁行冠礼。《仪礼》："某将加布于某之首。"这里宋濂指自己二十岁时。

〔2〕相亲于几杖间　是说宋濂与丹溪间的友谊甚深，交往十分亲近。几杖，老人居则凭几，行则携杖。古时常用以表示敬老。也说明丹溪此时年齿渐高。

世，而先生之子玉汝、从子嗣汜，忽踏[1]濂门，以先生从弟无忌所为状，请为表以勒[2]诸墓上，濂何敢辞。

先生讳震亨，字彦修，姓朱氏。其先出于汉槐里令云之后，居平陵，至晋永兴中，临海太守泛，始迁今婺之义乌。子孙蝉联，多发闻于世，郡志家乘载之为详。当宋之季，有东堂府君者，讳良祐，懿[3]然君子人也，盖以六经为教，以弘[4]其宗，府君生某，某生迪功郎桂，迪功生乡贡进士环，先生之大父也。父讳元，母某氏。先生受资爽朗，读书即了大义，为声律之赋，刻烛而成，长老咸器之，已而弃去，尚侠气，不肯出人下，乡之右族咸陵之，必风怒电激求直于有司，上下摇手相戒，莫或轻犯。时乡先生文懿许公，讲道东阳八华山中，公上承考亭[5]朱子四传之学，授受分明，契证真切，担簦[6]而从之者，亡虑数百人，先生叹曰：丈夫所学，不务闻道，而唯侠是尚，不亦惑乎？乃抠衣往事焉。先生之年，盖已三十六矣。公为开明天命人心之秘，内圣外王之微，先生闻之，自悔昔之沉冥颠隮[7]，汗下如雨，由是日有所悟，心扃融廓，体肤如觉增长，每宵挟朋坐至四鼓[8]，潜验默察，必欲见诸实践，抑其疏豪，归于粹夷，理欲之关，诚伪之限，严辨确守，不以一毫苟且自恕。如是者数年，而其学坚定矣。岁当宾兴[9]，先生应书秋闱[10]，幸沾

---

〔1〕踏　后脚紧接着前脚。

〔2〕勒　刻《礼记·月龄》："物勒工名，以考其诚。"

〔3〕懿　美德。

〔4〕弘　扩充；光大。《论语·卫灵公》："人能弘道，非道弘人。"

〔5〕考亭　在今福建建阳西南。相传五代南唐时黄子棱筑，以望其父（考）墓，因名望考亭，简称考亭。南宋理学家朱熹晚年居此，建沧洲精舍。宋理宗为了崇祀朱熹，于淳祐四年赐名考亭书院，此后称其学派为"考亭学派"。

〔6〕担簦　簦，带柄之斗笠，伞。担簦，即背着伞。引申为远行，跋涉。《史记·平原君虞卿列传》："虞卿者，游说之士也，蹑跻担簦，说赵孝成王。"江藩《汉学师承记序》："担簦追师，不远千里。"

〔7〕隮　坠落。《书·微子》："王子弗出，我乃颠隮。"上科本作"沛"。

〔8〕鼓　更的代称。古代夜间击鼓报更，故为更的代称。

〔9〕宾兴　科举时代，地方官设宴招待应举之士，谓之宾兴。此处指到了应举考期。

〔10〕秋闱　即秋试。闱是考场的意思。

一命，以验其所施，再往，再不利，复叹曰：不仕固无义，然得失则有命焉。苟推一家之政，以达于乡党州闾，宁非仕乎？先是，府君置祭田三十余亩，合为一区，嗣人递司穑事，以陈时荐。然有恒祭而无恒所，先生乃即适意亭遗址，建祠堂若干楹，以奉先世神主，岁时行事，复考朱子家礼，而损益其仪文，少长咸在，执事有恪，深衣大带，以序就列，宴私洽比，不愆于礼。适意亭者，府君所造，以延徐文清公之地，先生弗忍其废，改创祠堂之南，俾诸子姓肄习其中。包银之不下，州县承之，急如星火，一里之间，不下数十姓，民莫敢与辨。先生所居里，仅上富氓二人。郡守召先生，自临之曰：此非常法，君不爱头乎？先生笑曰：守为官，头固当惜，民不爱也，此害将毒子孙，必欲多及，民愿倍输吾产当之。守虽怒，竟不能屈。县有暴丞，好谄渎鬼神，欲修岱宗祠以徼福，惧先生莫己与，以言尝之曰：人之生死，岳神实司之，欲治其宫，孰敢干令。先生曰：吾受命于天，何庸媚土偶为生死计耶？且岳神无知则已，使其有知，当此俭岁，民食糠核不饱，能振吾民者，然后降之福耳，卒罢其事。赋役无艺，胥吏高下其手，以为民奸。先生集同里之人谓曰：有田则科徭随之，君等入胥吏饵而护相倾，非策之上也，宜相率以义，絜[1]其力之朒[2]赢而敷之。众翕然从。每官书下，相依如父子，议事必先集。若苛敛之至，先生即以身前，辞气恳款，上官多听，为之损裁。县大夫劝耕于乡，将有要于民，先生惧其临境，邪幅[3]扉屦[4]，往迎于道左。大夫惊曰：先生何事乃尔耶？先生曰：民有役于官，礼固应尔。大夫曰：劝耕善乎？先生曰：私田不烦官劝，第公田生青刍耳。是时圭田赋重，种户多逃亡，故先生以此为风，大夫一笑而去。乡有蜀墅塘，周围凡三千六百步，溉田至六千亩而赢，堤坏而水竭，数以旱告，先生倡民兴筑，置坊庸，

---

〔1〕絜　用绳子计量圆筒形物体的粗细。这里引申为衡量。

〔2〕朒(nǜ)　不足。《九章算术》第七章为“盈朒”。刘徽注：“盈者谓之朓，不足者为之朒。”

〔3〕邪幅　即行縢，裹腿布。《诗·小雅·采菽》：“邪幅在下。”郑玄笺：“邪幅，如今行縢也，逼束其胫，自足至膝，故曰在下。”

〔4〕屦　用麻、葛等制成的单底鞋。《诗.·魏风·葛屦》：“纠纠葛屦。”

凿为三窦，时其浅深而舒泄之，民食其利。后十年，山水暴至，堤又坏，先生命再从子漳力任其事，以嗣其成。县令长或问决狱得失，先生必尽心为之开导。东阳郭氏父子三人，虐殴小民几毙，又贯针鳅[1]腹，逼使吞之。事移义乌鞠问，当其子父皆死。先生曰：原其故杀之情，亦一人可偿尔。一子从父之令，宜从末减，若皆杀之，无乃已重乎？事上从先生议。张甲行小径中，适李乙荷任器来，几中甲目，甲怒拳其耳而死。甲乙皆贫人，甲又有九十之亲。先生曰：贳[2]甲罪则废法，狥[3]法甲必瘦死，亲无以养亦死，乙尸暴于道，孰为藏之？不若使竟其葬薶[4]，且慰其亲，徐来归狱，服中刑耳。或曰：甲或逃奈何？先生曰：若以诚待之，必不尔也。县如先生言，后会赦免。细民有斩先生丘[5]木者，先生讯[6]之，民弗服，先生闻于县，将逮之。人交让民曰：汝奈何犯仁人耶？民曰：计将安出？人曰：先生，长者也，急舁[7]木还之，当尔贷[8]。民从之，先生果置而不问。先生客吴妙湛院，尼刻木作人形，以为厌蛊，馆客陈庚得之，欲发其事，尼惧甚，先生知之，以计绐[9]陈出，碎其木刻，陈归怒且詈，先生徐曰：君乃士人，获此声于吴楚间，甚非君利，傥乏金，吾财可通用，勿忧也。尼后辇[10]金帛为谢，先生叱而去。方岳重臣及廉访使者，闻先生名，无不愿见，既见无不欲交章荐之，先生皆力辞，唯民瘼[11]吏弊，必再三蹙额[12]告[13]之，不

---

〔1〕鳅（qiū 秋） 通“遒”，迫蹙。引申为蹴踏、箝制。

〔2〕贳（shì 世） 通“赦”。赦免。

〔3〕狥 “徇”的异体字。顺从的意思。

〔4〕薶 同“埋”。《淮南子·时则训》：“掩骼薶骴。”

〔5〕丘 古代田地的区划。

〔6〕讯 审问。《汉书·邹阳传》：“卒从吏讯，为世所疑。”颜师古注：“讯，谓鞫问也。”

〔7〕舁（yú 於） 抬。《三国志·魏志·钟繇传》：“虎贲舁上殿。”

〔8〕贷（dài 代） 饶恕；宽免。

〔9〕绐（dài 怠） 欺骗。《史记·高祖本纪》：“（高祖）乃绐为谒曰：贺钱万。实不持一钱。”

〔10〕辇（niǎn 捻） 载运。《后汉书·张衡传》：“或辇贿而违车兮。”

〔11〕瘼（mò 莫） 病，疾苦。《三国志·蜀志·马超传》：“求民之瘼。”

〔12〕蹙额 愁苦貌。即皱眉头。

〔13〕告 原作“吉”，据弘治本、上科本改。

啬亲受其病者。覃怀郑公持节浙东，尤敬先生，以尊客礼礼之，众或不乐，竞短其行于公，公笑曰：朱聘君盛举诸公之长，而诸公顾反短之，何其量之悬隔耶？皆惭不能退。初，先生壮龄时，以母夫人病脾，颇习医，后益研磨之，且曰：吾既穷而在下，泽不能至[1]远，其可远者，非医将安务乎？时方盛行陈师文、裴宗元所定大观一百九十七方，先生独疑之，曰：用药如持衡，随物重轻而为前却，古方新证，安能相值乎？于是，寻师而订其说，渡涛江走吴，又走宛陵，走建业，皆不能得，复回武林。有以罗司徒知悌为告者，知悌字子敬，宋宝祐中寺人，精于医，得金士刘完素之学，而旁参于李杲、张从正二家，然性倨[2]甚，先生谒焉，十往返不能通。先生志益坚，日拱立于其门，大风雨不易。或告罗曰：此朱彦修也，君居江南而失此士，人将议君后矣。罗遽修容见之，一见如故交，为言学医之要，必本于《素问》、《难经》，而湿热相火为病最多，人罕有知其秘者。兼之长沙之书详于外感，东垣之书详于内伤，必两尽之，治疾方无所憾，区区陈裴之学，泥之且杀人。先生闻之，夙疑为之释然。学成而归，乡之诸医，始皆大惊，中而笑且排，卒乃大服相推尊，愿为弟子。四方之疾迎候者无虚日，先生无不即往，虽雨雪载途，亦不为止。仆夫告痡[3]，先生谕之曰：疾者度刻如岁，而欲自逸耶。窭[4]人求药，无不与，不求其偿，其困厄无告者，不待其招，注药往起之，虽百里之远弗惮也。江浙省臣往讨闽寇，深入瘴地，遂以病还钱塘，将北归，先生脉之曰：二十日死。使道经三衢时召吾，可使还燕，然亦不能生之也。如期卒于姑苏驿。权贵人以微疾来召，危坐中庭，列三品仪卫于左右。先生脉已，不言而出，或追问之，先生曰：三月后当为鬼，犹有骄气耶。及死，其家神先生之医，载粟为寿，先生辞之。一少年病热，两颧

---

〔1〕至　上科本作“致”。

〔2〕倨（jù 句）　傲慢。《汉书·汲黯传》：“为人性倨少礼。”

〔3〕痡（pū 扑）　过度疲劳。（诗·周南·卷耳）：“我仆痡矣。”孔颖达疏引孙炎曰：“痡，人疲不能行之病。”

〔4〕窭（jù 据）　贫寒。毛传：“窭，无礼也；贫者困于财。”

火赤，不能自禁，躁走于庭，将蹈河，先生曰：此阴证也。制附子汤饮之。众为之吐舌，饮已，其疾如失。先生治疗，其神中若此甚多，门人类证有书，兹不详载。先生孤高如鹤，挺然不群，双目有小大轮，日出明，虽毅然之色不可凌犯，而清明坦夷，不事表襮[1]，精神充满，接物和粹，人皆乐亲炙之，语言有精魄，金锵铗铿，使人侧耳耸听，有蹶然兴起之意，而于天人感应殃庆类至之说，尤竭力戒厉，反复不厌，故其教人也，人既易知，昏明强弱，皆获其心。老者则爱慈祥，幼者则乐恭顺，莫不皆知忠信之为美，固未能一变至道，去泰去甚，有足观者，或有小过，深掩密覆，唯恐先生之知。凡先生杖屦所临，人随而化。浦阳郑太和，十世同居，先生为之喜动颜面，其家所讲冠婚丧祭之礼，每咨于先生而后定。盖先生之学，稽诸载籍，一以躬行为本，以一心同天地之大，以耳目为礼乐之原，积养之久，内外一致，夜寐即平昼之为，暗室即康衢[2]之见。汲汲孜孜，耄[3]而弥笃，每见夸多斗靡之士，辄语之曰：圣贤一言，终身行之弗尽矣。以为多，至于拈英摘艳之辞，尤不乐顾。且以吾道蟊贼目之，及自为文，率以理为宗，非有关于纲常治化，不轻论也。居室垣墉[4]，敦尚俭朴，服御唯大布宽衣，仅取蔽体，藜羹糗[5]饭，安之如八珍，或在豪大姓家，当其肆筵设席，水陆之羞[6]，交错于前，先生正襟默坐，未尝下箸。其清修苦节，能为人之所不能为，而于世上所悦者，澹然无所嗜，惟欲闻人之善，如恐失之，随闻随录，用为世劝。遇有不顺轨则者，必诲其改，事有难处者，又导之以其方，晚年识见尤卓，尝自括苍还，道过永康，谓人曰：青田之民嚚[7]悍，值此法弛令乖之时，必依险阻啸聚为乱，

---

〔1〕襮　上科本作“儤”。

〔2〕康衢　大路。《尔雅·释宫》：“四达谓之衢，五达谓之康。”

〔3〕耄（mào 帽）　老。《礼记·曲礼上》：“八十、九十曰耄。”《盐铁论·孝养》：“七十曰耄。”

〔4〕垣墉（yōng 庸）　泛指墙。

〔5〕糗（qiǔ 朽）　炒熟的米、麦等谷物。

〔6〕羞　美好的食品。

〔7〕嚚（yín 银）　愚顽；奸诈。

已而果然。又尝告亲友曰：吾足迹所及广矣，风俗浇漓甚，垂髫之童，亦能操狡谋罔[1]上，天怒已极，必假手歼之，盖力善以延其胤[2]乎？时方承平，闻者咸笑先生之迂。言未几，天下大乱，空村无烟，火动百余里。先生所著书，有《宋论》一卷，《格致余论》若干卷，《局方发挥》若干卷，《伤寒论辨》若干卷，《外科精要发挥》若干卷，《本草衍义补遗》若干卷，《风水问答》若干卷，凡七种，微文奥义，多发前人之所未明。先生尝曰：义理精微，礼乐制度，吾门师友论著已悉，吾可以无言矣。故其所述，独志于医为多。先生生于至元辛巳十一月二十八日，卒于至正戊戌六月二十四日。濒卒无他言，独呼嗣汜，谓曰：医学亦难矣，汝谨识之。言讫，端坐而逝，享年七十有八。娶戚氏，道一书院山长象祖之女，先三十五年卒。子男二：嗣衍、玉汝。嗣衍亦先三年卒。女四，适[3]傅似翁、蒋长源、吕文忠、张思忠。孙男一，文椐。女二，一适丁榆，一尚幼。其年十一月日，始葬先生于某山之原，卒后之五月也。先生所居曰丹溪，学者尊之而不敢字，故因其地称之曰丹溪先生云。夫自学术不明于天下，凡圣贤防范人心，维持世道之书，往往割裂摭拾，组织成章，流为哗世取宠之具。间有注意遗经，似若可尚，又胶于训诂之间，异同纷拿，有如聚讼。其视身心，皆藐然若不相关，此其知识反出于不学庸人之下。呜嚱！秦汉以来，则或然矣。然而灵豸[4]不鸣，孽狐之妖弗息；黄钟不奏，瓦缶之音日甚。天开文运，濂洛[5]奋兴，远明凡圣之绪，流者遏而止之，胶者释而通之，一期闿廓[6]其昏翳，挽回其精明而后已。至其相传，唯考亭集厥大成，而考亭之传，又唯金华之四贤，续其世胤之正，如印印泥，不

---

〔1〕罔（wǎng 旺） 欺骗。

〔2〕胤（yìn 印） 后代。《左传·隐公十一年》："夫许，大岳之胤也。"

〔3〕适 《玉篇》："适，女子出嫁也。"

〔4〕豸（zhì 至） 指长脊兽，如猫、虎之类。

〔5〕濂洛 宋代理学的主要学派。"濂"指原居道州营道濂溪的周敦颐；"洛"即洛阳二程（程颢、程颐）。

〔6〕闿（kǎi）廓 消除。闿，开。《汉书·匈奴传上》："今欲与汉闿大关。"廓，清除。

差毫末，此所以辉连景接而芳猷[1]允著也。先生少负任侠之气，不少屈挠，及闻道德性命之说，遽变之而为刚毅，所以局量弘而载任重，寤寐先哲，唯日不足，民吾同胞之念，须臾莫忘，虽其力或弗支，苟遇惠利少足以濡物，必委蛇周旋，求尽其心，应接之际，又因人心感发之机，而施仁义之训，触类而长，开物成化。所谓风雨霜露，无非君子之教者，要亦不可诬也。致思于医，亦能搜隐抉秘，倡期南方之绝学，婴疢[2]之家，倚以为命。先生一布衣耳，其泽物有如此者，使其得位于朝，以行其道，则夫明效大验，又将何如哉？呜呼！先生已矣，其山峙渊澄之色，井洁石贞之操，与其不可传者，弗能即矣。徒因其遗行而诵言之，见闻不博，恶能得十一于千百之间哉！虽然，舍是又无足以求先生者，敢摭状之概叙而为之铭曰：

濂洛有作，性学复明。考亭承之，集厥大成。化覃荆扬，以及闽粤。时雨方行，区萌毕达。世胤之正，实归金华。绵延四叶，益烨其葩。辟诸[3]上尊，置彼逵路。随其志分，不爽其度。有美君子，欲振其奇。血气方刚，畴能侮予。七尺之驱，忍令颠越。壮龄已逾，亟更其辙。更之伊何？我笈有书。负而东游，以祛所疑。非刻非厉，曷图曷究。岂止惜阴，夜亦为昼。昔离其罿[4]，今廓其矇。始知人心，同[5]宇宙同。出将用世，时有不[6]利。孚惠家邦，庶亨厥志。勤我祠事，以帅其宗。况有诗书，以陶以硥[7]。以畅其施，期寿夫物。苛躬可捐，我岂遑恤[8]。仁义之言，绳绳勿休。昭

---

〔1〕猷（yóu 犹） 道术。郑玄笺："猷，道也。"

〔2〕婴疢 即婴疾。为疾病所困。

〔3〕诸 原无，据弘治本、上科本补。

〔4〕罿（tóng 童） 捕鸟网。《诗·王风·兔爰》："雉离于罿。"

〔5〕同 上科本作"与"。

〔6〕不 上科本作"小"。

〔7〕硥（lóng 龙） 磨。见《广雅·释诂》。王念孙疏证："硥者，《说文》：'硥，硥也。'……磨与礲同。"

〔8〕遑恤 惊恐。遑通"惶"，恐惧。恤，惊恐貌。枚乘《七发》："徒观水力之所到，则恤然足以骇矣。"

朗道真，释除欲仇。上帝有赫，日注吾目。天人之交，间不容粟。听者耸然，如闻巨镛。有声铿訇[1]，无耳不聪。旁溢于医，亦绍绝躅。开阐玄微，功利尤博[2]。敛其豪英，变为毅弘。所以百为，度越于人。呫呫世儒，出入口耳。竞藻斗华，柝门殊轨。以经为戏，此孰甚焉。不有躬行，其失曷镌。世涂方冥，正资扬燎。梦梦者天，使埋其耀。精神上征，定为长庚。与造化游，白光焞焞。表德幽墟，遵古之义。佥曰允哉，是词无愧。

丹溪翁传

戴九灵良撰

丹溪翁者，婺之义乌人也，姓朱氏，讳震亨，字彦修，学者尊之曰丹溪翁。翁自幼好学，日记千言。稍长，从乡先生治经，为举子业。后闻许文懿公得朱子四传之学，讲道八华山，复往拜焉。益闻道德性命之说[3]，宏深粹密，遂为专门。一日，文懿谓曰：吾卧病久，非精于医者，不能以起之。子聪明异常人，其肯游艺于医乎？翁以母病脾，于医亦粗习，及闻文懿之言，即慨然曰：士苟精一艺，以推及物之仁，虽不仕于时，犹仕也。乃悉焚弃向所习举子业，一于医致力焉。时方盛行陈师文、裴宗元所定大观二百九十七方，翁穷昼夜是习，既而悟曰：操古方以治今病，其势不能以尽合。苟将起度量、立规矩、称权衡，必也《素》、《难》诸经乎。然吾乡诸医，鲜克知之者。遂治装出游，求他师而叩之。乃渡浙河，走吴中，出宛陵，抵南徐，达建业，皆无所遇。及还武林，忽有以其郡罗氏告者。罗名知悌，字子敬，世称太无先生，宋理宗朝寺人，学精于医，得金刘完素之再传，而旁通张从正、李杲二家之说。然性褊甚，恃能厌事，难得意。翁往谒[4]焉，凡数往返不与接。已而求见愈笃，罗乃进之，曰：子非朱彦修乎？时翁已有医

〔1〕铿訇（hōng轰） 钟鼓并作声。班固《东都赋》："钟鼓铿訇，管弦烨煜。"

〔2〕博 上科本作"溥"。

〔3〕道德性命之说 指程朱的"性理之学"，本于程颐"性即理也"一句。

〔4〕谒 原作"谒"，据弘治本、上科本改。

名，罗故知之。翁既得见，遂北面再拜以谒，受其所教。罗遇翁亦甚欢，即授以刘、张、李诸书，为之敷扬三家之旨，而一断于经，且曰：尽去而旧学，非是也。翁闻其言，涣焉无少凝滞于胸臆。居无何，尽得其学以归。乡之诸医泥陈、裴之学者，闻翁言，即大惊而笑且排，独文懿喜曰：吾疾其遂瘳矣乎！文懿得末疾，医不能疗者余十年，翁以其法治之，良验。于是，诸医之笑且排者，始皆心服口誉。数年之间，声闻顿著。翁不自满足，益以三家之说推广之。谓刘、张之学，其论脏腑气化有六，而于湿、热、相火三气致病为最多，遂以推陈致新泻火之法疗之，此固高出前代矣。然有阴虚火动，或阴阳两虚湿热自盛者，又当消息而用之。谓李之论饮食劳倦，内伤脾胃，则胃脘之阳不能以升举，并及心肺之气，陷入中焦，而用补中益气之剂治之，此亦前人之所无也。然天不足于西北，地不满于东南。天，阳也；地，阴也。西北之人，阳气易于降；东南之人，阴火易于升。苟不知此，而徒守其法，则气之降者固可愈，而于其升者亦从而用之，吾恐反增其病矣。乃以三家之论，去其短而用其长，又复参之以太极之理，《易》、《礼记》、《通书》、《正蒙》诸书之义，贯穿《内经》之言，以寻其指归。而谓《内经》之言火，盖与太极动而生阳，五性感动之说有合；其言阴道虚，则又与《礼记》之养阴意同。因作相火及阳有余阴不足二论，以发挥之。其论相火有曰阳动而变，阴静而合，而生水火木金土。然火有二焉，曰君火，曰相火。君火者，人火也；相火者，天火也。火内阴而外阳，主乎动者也，故凡动皆属火。以名而言，形质相生，配于五行，故谓之君；以位而言，生于虚无，守位禀命，故谓之相。天生物恒于动，人有此生，亦恒于动。然其所以恒于动者，皆相火助之也。见于天者，出于龙雷则木之气，出于海则水之气也，具于人者寄于肝肾二部，肝属木而肾属水也。胆者肝之府，膀胱者肾之府，心胞络者肾之配，三焦以焦言，而下焦司肝肾之分，皆阴而下也。天非此火不能生，人非此火不能以有生。天之火虽出于木，而皆本乎地。故雷非伏、龙非蛰、海非附于地，则不能鸣，不能飞，不能波也。鸣也，飞也，波也，动而为相火者也。肝肾之阴，悉具相火，人而同乎天也。或曰相火，天人所同，东垣何以指为元气之贼。又谓火与元气不两立，一胜则一负，然则如之何而可使之无胜负乎？曰：周子曰：神发知矣。五性感动而万事出，五者之性，为物所感，不能不动。谓之动者，即《内经》五火也。相火易动，五性厥阳之火，又从而扇之，则妄动矣。火既妄动，则煎熬真阴，阴虚则病，阴绝则死。君火之气，《经》以暑与热言之，而相火之气，则以火言，盖表其暴悍酷烈，有甚于君火也。故曰相火元气之贼。周子曰：圣人定之以中正仁义而主静。朱子亦曰：必使道心常为之主，而人心每听命焉。此善处乎火者也。人心听命于道心，而又能主之以静，彼五火将寂然不动，而相火者，惟有扶助造化，而为生生不息之运用尔。夫何元气之贼哉！或曰：《内经》相火注，言少阴少阳矣，未尝言及厥阴太阳，而吾子言之何也？曰：足太阳少阴，东垣尝言之，治以炒柏，取其味辛，能泻水中之火。戴人亦言胆与三焦，肝与胞络，皆从火治，此历指龙雷之火也。余以天人之火皆生于地，如上文所云者，实广二公之意耳。或曰：《内经》言火者非一，往往于六气中见之，而言脏腑者未之有也。二公岂他有所据耶？曰：《经》以百病皆生于风寒暑湿燥火之动而为变者。岐伯历指病机一十九条，而属火者五，此非相火为病之出于脏腑者乎？考之《内经》，诸热瞀瘛，则属之火；诸狂躁越，则属之火；诸病胕肿，痛酸惊骇，则属之火。又《原病式》曰：诸风掉眩，属于肝火之动也；诸风膹郁病痿，属于肺火之升也；诸湿肿满，属于脾火之胜也；诸痛痒疮疡，属于心火之用也。是皆火之为病，出于脏腑者然也。噫！以陈无择之通达，犹以暖识论君火，日用之火论相火，是宜后人之聋瞽哉！其论阳有余阴不足，有曰：人受天地之气以生，天之阳气为气，地之阴气为血。然气常有余，而血常不足，何为其然也？天，大也，为阳，而运于地之外；地，居天之中为阴，而天之大气举之。日，实也，属阳，而运于月之外；月，缺也，属阴，而禀日之光以为明者也。则是地之阴已不胜夫天之阳，月之阴亦不敌于日之阳，天地日月尚然，而况于人乎？故人之生，男子十六岁而精通，女子十四岁而经行。是有形之后，犹有待于乳哺水谷之养，而后阴可与阳配成乎人，而为人之父母。古人必近三十、二十而后嫁娶者，可见阴气之难于成，而古人之善于保养也。钱仲阳于肾有补而无泻，其知此意者乎？又按《礼记》注曰：人惟五十，然后养阴者有以加。《内经》年至四十，阴气自半，而起居衰矣。男子六十四岁而精绝，女子四十九岁而经断。夫以阴气之成，止为三十年之运用，而竟已先亏，可不知所保养也。《经》曰：阳者，天也，主外；阴者，地也，主内。故阳道实阴道虚，斯言岂欺我哉！或曰：远取诸天地日月，近取诸男女之身，曰有余，曰不足，吾已知之矣。人在气交之中，今欲顺阴阳之理，而为摄养之法，如之何则可？曰：主闭藏者，肾也；司疏泄者，肝也，二脏皆有相火，而其系上属于心。心，君火也，为物所感，则易于动，心动则相火翕然而随。圣贤教人收心养心，其旨深矣。天地以五行更迭衰旺而成四时，人之五脏六腑，亦应之而衰旺。四月属巳，五月属午，为火不旺。火为肺金之夫，火旺则金衰；六月属未，为土大旺，土为水之夫，土旺则水衰。况肾水尝藉肺金为母，以补助其不足。古人于夏月，必独宿而淡味，兢兢业业，保养金水二脏，正嫌火土之旺尔。《内经》又曰：冬藏精者，春不病温[1]。十月属亥，十一月属子，正元气潜伏闭藏，以养其本然之真，而为来春升动发生之本。若于此时，不恣欲以自戕，至春升之际，根本壮实，气不轻浮，尚何病之可言哉！于是，翁之医益闻。四方以病来迎者，遂辐辏[2]于道，翁咸往赴之。其所治病凡几，病之状何如，施何良方，饮何药而愈，自前至今，验者何人，何县里、主名，得诸见闻，班班可纪。浦江郑义士病滞下，一夕忽昏仆，目上视，溲注而汗泻。翁诊之，脉大无伦，即告曰：此阴虚阳暴绝也，盖得之病后酒且内，然吾能愈之。急命治人参膏，而且促灸其气海。顷之手动。又顷而唇动。及参膏成，三饮之苏矣。其后服参膏尽数斤，病已。天台周进士病恶寒，虽暑亦必以绵蒙其首，服附子数百，增剧。翁

〔1〕温　原作“湿”，据上科本改。

〔2〕辐辏　车辐辏集于毂上，比喻人或物聚集一起。颜师古云：“辏，聚也，言如车辐之聚于毂也。”

诊之，脉滑而数，即告曰：此热甚而反寒也。乃以辛凉之剂，吐痰一升许，而蒙首之绵减半，仍用防风通圣饮之，愈。周固喜甚。翁曰：病愈后，须淡食以养胃，内观以养神，则水可生，火可降。否则附毒必发，殆不可救。彼不能然，后告疽发背死。浙省平章南征闽粤还，病反胃，医以为可治。翁诊其脉，告曰：公之病不可言也。即出，独告其左右曰：此病得之惊后而使内，火木之邪相挟，气伤液亡，肠胃枯损。食虽入而不化，食既不化，五脏皆无所禀，去此十日死。果如言。郑义士家一少年，秋初病热，口渴而妄语，两颧火赤，医作大热治。翁诊之，脉弱而迟，告曰：此作劳后病温，惟当服补剂自已。今六脉皆搏手，必凉药所致，竟以附子汤啜之，应手而瘥。浙东宪幕傅氏子，病妄语，时若有所见，其家妖之。翁切其脉，告曰：此病痰也。然脉虚弦而沉数，盖得之当暑饮酸，又大惊。傅曰：然，尝夏因劳而甚渴，恣饮梅水一二升，又连得惊数次，遂病。翁以治痰补虚之剂处之，旬浃愈。里人陈时叔，病胀腹如斗，医用利药转加。翁诊之，脉数而涩，告曰：此得之嗜酒。嗜酒则血伤，血伤则脾土之阴亦伤，胃虽受谷，不能以转输，故阳升阴降而否矣。陈曰：某以嗜酒，前后溲见血者有年。翁用补血之剂投之验。权贵人以微疾来召，见翁至，坐中堂自如。翁诊其脉，不与言而出。使诘之；则曰：公病在死法中，不出三月，且入鬼录，顾犹有骄气耶！后果如期死。一老人病目无见，使来求治。翁诊其脉微甚，为制人参膏饮之，目明如常。时后数日，翁复至，忽见一医在庭炼礞石，问之，则已服之矣。翁愕然曰：此病得之气大虚，今不救其虚，而反用礞石，不出夜必死。至夜参半，气奄奄不相属而死。一男子病小便不通，医治以利药，益甚。翁诊[1]之，右寸颇弦滑，曰：此积痰病也，积痰在肺。肺为上焦，而膀胱为下焦，上焦闭则下焦塞，譬如滴水之器，必上窍通而后下窍之水出焉。乃以法[2]大吐之，吐已病如失。一妇人病不知，稍苏，即号叫数四

〔1〕诊　原缺，据弘治本、上科本补。
〔2〕法　原作“发”，据上科本改。

而复昏。翁诊之，肝脉弦数而且滑，曰：此怒心所为，盖得之怒而强酒也。诘之，则不得于夫，每遇夜，引满自酌解其怀。翁治以流痰降火之剂，而加香附以散肝分之郁，立愈。一女子病不食，面北卧者且半载，医告术穷。翁诊之，肝脉弦出左口，曰：此思男子不得，气结于脾故耳。叩之，则许嫁，夫[1]入广且五年。翁谓其父曰：是病惟怒可解。盖怒之气击而属木，故能冲其土之结，今第触之使怒耳。父以为不然。翁入而掌其面者三，责以不当有外思，女子号泣大怒，怒已进食。翁复潜谓其父曰：思气虽解，然必得喜，则庶不再结。乃诈以夫有书，旦夕且归，后三月。夫果归，而病不作。一妇人产后，有物不上如衣裾，医不能喻。翁曰：此子宫也，气血虚故随子而下。即与黄芪、当归之剂，而加升麻举之，仍用皮工之法[2]，以五倍子作汤洗濯，皴其皮。少选[3]，子宫上。翁慰之曰：三年后可再生儿，无忧也。如之。一贫妇，寡居病癞，翁见之恻然，乃曰：是疾世号难治者，不守禁忌耳。是妇贫而无厚味，寡而无欲，庶几可疗也。即自具药疗之，病愈。后复投四物汤数百，遂不发动。翁之为医，皆此类也。盖其遇病施治，不胶于古方，而所疗皆中；然于诸家方论，则靡所不通。他人靳靳[4]守古，翁则操纵取舍，而卒与古合。一时学者咸声随影附，翁教之亹亹[5]忘疲。一日，门人赵良仁问大[6]极之旨，翁以阴阳造化之精微与医道相出入者论之，且曰：吾于诸生中，未尝论至于此，今以吾子所问，故偶及之，是盖以道相告，非徒以医言也。赵出，语人曰：翁之医，其始橐籥于此乎！罗成之自金陵来见，自以为精仲景学。翁曰：仲景之书，收拾于残篇断简之余，然其间或文有不备，或意有

---

〔1〕夫　此下原有“人”字，据弘治本、上科本删。

〔2〕皮工之法　皮工以五倍子浸水鞣制生皮，便其性柔如革。朱氏仿皮工以五倍子煎汤浸洗脱垂之子宫，令其收缩，乃取五倍子收敛之功。

〔3〕少选　一会儿；不多久。《吕氏春秋·音初》：“少选，发而视之。”高诱注：“少选，须臾。”

〔4〕靳靳（jìn jìn 近近）　固执吝惜貌。《后汉书·崔实传》：“悔不小靳，可至千万。”

〔5〕亹（wěi 伟）亹　勤勉；不倦。《汉书·张敞传》：“亹亹不舍昼夜。”

〔6〕大　上科本作“太。”

未尽，或编次之脱落，或义例之乖舛，吾每观之，不能以无疑，因略摘疑义数条以示。罗尚未悟，乃遇治一疾，翁以阴虚发热，而用益阴补血之剂疗之，不三日而愈。罗乃叹曰：以某之所见，未免作伤寒治。今翁治此，犹以芎、归之性辛温，而非阴虚者所宜服，又况汗下之误乎。翁春秋既高，乃狥张翼等所请，而著《格致余论》、《局方发挥》、《伤寒辨疑》[1]、《本草衍义补遗》、《外科精要新论》[2]诸书，学者多诵习而取则焉。翁简悫[3]贞良，刚严介特[4]；执心以正，立身以诚；而孝友之行，实本乎天质。奉时祀也，订其礼文而敬泣之。事母夫人也，时其节宣以忠养之。宁歉于己，而必致丰于兄弟。宁薄于己子，而必施厚于兄弟之子。非其友不友，非其道不道。好论古今得失，慨然有天下之忧。世之名公卿多折节[5]下之，翁每直陈治道，无所顾忌。然但语及荣利事，则拂衣而起。与人交，一以三纲五纪为去就。尝曰：天下有道，则行有枝叶；天下无道，则辞有枝叶。夫行，本也；辞，从而生者也。苟见枝叶之辞，去本而末是务，辄怒溢颜面，若将浼[6]焉。翁之卓卓如是，则医又特一事而已。然翁讲学行事之大方[7]，已具吾友宋太史濂所为翁墓志，兹故不录，而窃录其医之可传者为翁传，庶使后之君子得以互考焉。

论曰：昔汉严君平，博学无不通，卖卜成都。人有邪恶非正之问，则依箸龟为陈其利害。与人子言，依于孝；与人弟言，依于顺；与人臣言，依于忠。史称其风声气节，足以激贪而万俗。翁在婺，

---

〔1〕《伤寒辨疑》 宋濂《故丹溪先生朱公石表辞》作《伤寒论辨》，证之《玉机微义》诸书，当以宋濂所记为是。

〔2〕《外科精要新论》 宋濂《故丹溪先生朱公石表辞》作《外科精要发挥》，证之《玉机微义》诸书，当以宋濂所记为是。

〔3〕悫(què 确) 诚笃；忠厚。

〔4〕介特 介立特行，指行为不苟且随俗，与众不同。

〔5〕折节 屈己下人。《史记·张仪列传》："折节以下秦。"

〔6〕浼(měi 每) 玷污。

〔7〕大方 《庄子·秋水》："吾长见笑于大方之家。"成玄英疏："方犹道也。"大方，犹大道。

得学道之源委，而混迹于医。或以医来见者，未尝不以葆精毓神[1]开其心。至于一语一默，一出一处，凡有关于伦理者，尤谆谆训诲，使人奋迅感慨激厉之不暇。左丘明有云：仁人之言，其利博[2]哉！信矣。若翁者，殆古所谓直谅多闻之益友[3]，又可以医师少之哉？

上杨楚玉类集心法。中间水肿、虚肿、痛风、肢节痛、麻木、妇人小便不通等证，文多重出，又取别论附于其间。虽能补其缺略，不免混淆难别，致丹溪主病之旨不明。王季瓛因正论及附论中方未备载，又作附录。如梦遗椿树根丸、淋证六味地黄丸、妇人三补丸等。不录丹溪原方，却于他书取方名相同增入，药味与病悬隔。充恐用者不察反致有误，今以丹溪原论考订遗误，录于症首，次附戴元礼辨证，次录正方，以见正法不杂，其附论不去。题曰附录，用存编者之意也。复尽载附论中方，题曰附方，恐人妄去取也。庶几明白，又增入外科倒仓等法，以翼其未备，观者详焉。

成化庚子花朝日程充识

---

〔1〕葆精毓神　葆，通“保”；毓，养育。指保重养育精神。

〔2〕博　上科本作“溥”。

〔3〕直谅多闻之益友　语出《论语·季氏》：“友直，友谅，友多闻，益矣。”谅，诚信。

朱丹溪门人、私淑者整理五种

丹溪手镜

丹溪医集

居常每遇岐黄家抵掌[1]医术，辄曰：丹溪朱先生《心法》曰是会通《素》、《难》之精，而折衷仲景、东垣、戴人诸家，以集其成者也。每拈一方，曰：是从先生旧方增减其间。盖人人饮食、寒温、灾祥、生死于是，而不识先生为何他人也。丙辰，令义乌，而乃知先生义乌人也。求其书，自《心法》诸刻以外，无闻焉。

己未，兼摄吴宁，得其刻在吴宁署中，曰《丹溪纂要》，即吴宁卢子从其所刻石钵《荟丛》、《钩玄》诸书，删正向裁取之者也。急模数本以归，以为先生之真传真印尽是矣。

辛酉之秋孟，一日课诸生于司，学博陈先生曰：闻丹溪有秘传，在其后裔而秘不传也。余曰：果有传矣，安得秘之，当为君急索之。俄而审编于庭，而先生之裔适至，诘之，则曰先人手授有《手镜》、《樵隐》二帙，藏之久矣，未敢示人也。越日，而即以其二书至。夫先生之书传三百年矣，前之令兹土者，亦尝访而阅之矣。即余之窃禄，亦已五年所矣，而任满将解之时，乃始闻于陈先生。以是日闻于陈先生，即以是日得于其裔。三百年而未行其书，一日而行之；五年而未得其书，一日而得之。岂先生之灵有以启余与陈先生之灵而衍其传乎？天下万世之灵有以启余与陈先生，与先生之灵而延其几坠、广其未尽乎？先生生于元之末，以先生之才之识，岂不能擘画世务而一试于仕，而仅

〔1〕抵掌　击掌。《国策·秦策一》有"见说赵王于华屋山下，抵掌而谈"语。这里引申作击掌畅谈。

以其医术试，而后乃显于我，太宗文皇帝之朝，则后日以医显，当日实以医隐也，托之医而浮沉身名间者也。先生初游许文懿公门，潜心理学，得考亭之绪，故自叙其刻曰《格致余论》。夫医出之格致之余，则此物此知即修正诚之真脉所衍而流也。康节先生，以理衍数，虽数亦理；先生以理精医，虽医亦理。医而出于理，而安得不信，今而传后哉。

邑历代故多豪杰君子，秦则颜乌，唐则骆中丞，宋则忠简公、文清公，元则文献公、昭代王、龚楼三公，或以孝著，或以忠显，或以节标，或以文学传，皆表表为一代人物，至今列俎豆[1]而光史册，以先生之寄迹于医，阐医于道，方之诸君子，宁多让焉。董[2]是刻者，医官丁承祖，承祖医得先生之精，而人物亦仿佛先生云。

天启元年冬孟之吉　宛陵　吴尚默拜撰

---

〔1〕俎豆　古代祭祀用的器具，引申为祭祀。

〔2〕董　监督。

刻丹溪先生手镜序[1]

丹溪先生之书，为世所诵习，如《格致余论》、《局方发挥》、《伤寒辨疑》、《本草衍义补遗》等集，以列于张刘诸大家，毋或敢复置喙[2]矣。独《手镜》一帙，为先生所秘惜，左右行游，常挟与俱，不轻以示人。迄于今垂三百年，海内之急欲一见之，不啻如长桑阳庆所称禁方，而不可得，以为殆非人间有也。不佞尝为言，明府吴公，乃佹[3]得之于其后裔，神物之出，岂有其候耶。先生之后，兴废者数矣，然皆徒秘其书，相戒毋泄，而不能有所表章，故亦时有鱼豕之憾，公于是为一一考正，而命剞劂[4]以广之。不佞阳获卒业焉，其文简质，而旨奥衍，其洞人之脏腑阴阳，而为之剂，往往于单辞片语，辄能奇中，然大要渊源于黄帝语，非《素问》弗道也。当胜国时方行陈师文、裴宗元所定大观二百九十七方，相率为《局方》之学，先生独以[5]☐。

〔1〕刻丹溪先生手镜序　本序语意未完，疑有脱漏。查《中国医籍考》，系陈乾阳作。

〔2〕置喙（huì 会）　鸟兽的嘴为喙。置喙，插嘴。如：不容置喙。

〔3〕佹　出于偶然的。

〔4〕剞劂　指书籍雕板。

〔5〕以　此下有脱文，存疑待考。

目录

医家源流

帝王世纪云：神农以赭鞭击草木，审其平毒，旌其燥寒，察其畏恶，辨其臣使，厘而正之，一日之间遇七十余毒，极含气也。人病四百，药二百六十有五，乃著《本草》，而医书之原启矣。黄帝深虑人生夭昏凶札，上穷下际，察五气，立五运，洞性命，纪阴阳，亟咨于岐雷而《内经》作。自《内经》而下，藏于有司者，一百七十九家，二百九部，一千二百五十九卷，而后出杂著者不与焉。夫《内经》谓为黄帝之书，虽先秦之士依仿而托之，其言质奥，而义弘深，实医家之宗旨，犹吾儒之六经乎。

秦越人《八十一难经》继作，盖举黄帝、岐伯之要旨，而推明之，亚于《内经》者也。汉张仲景本《内经》、《难经》之旨，著《金匮玉函经》及《伤寒》诸论，其论六气之所伤，最为详备。晋王叔和纂岐伯、华佗等书为《脉经》，叙阴阳内外，辨三部九候，条陈十二经，洎[1]三焦五脏六腑之病尤为精密。二氏之书，诚千古不刊之典也。厥后巢元方著《病源候论》，王冰撰《天元玉策》，要皆有所祖述，然元方风寒二湿，而不著湿热之说，冰推五运六气之变，而患在滞而不通，此其失也。至唐孙思邈出，以绝人之识，笃济物之仁，其列《千金方》、《翼》[2]，所以发前言启后学，有功于医道深矣。当时，王焘有《外台秘要》，所言方证符证灼炙甚详，然谓针能杀生人而不能起死人，则一偏之论也。及宋钱乙、庞安常、许叔微迭兴，庞则囿于准绳尺寸之中，许则务在出奇而应变，其术皆本于仲景，惟钱深造仲景之阃奥[3]，建为五脏之方，各随所宜用，谓肝有相火则有泻而无补，肾为真水则有补而无泻，可谓启《内经》之秘，惜其遗书散亡，出于阎忠孝之所集者，非乙之本真也。若大观间，陈师

〔1〕洎(jì记) 及；到。

〔2〕翼 即《千金翼方》。

〔3〕阃(kǔn捆)奥 本指室内深处，后用以比喻学问、事理的精微深奥的境界。

文、裴宗元[1]辈所制二百九十七方，则欲以一定之方，而应无穷之病，识者固知其昧于变通之道矣。金氏之有中原也，张洁古、刘守真、张子和、李明之四人者作，医道于是乎中兴。洁古治疾一切不以方，故其书不传，其学则明之深得之。明之推内外二伤，尤先于治脾土，其为法专于补，其所著《脾胃论》，诚根本之言也。子和以吐汗下三法，风寒暑湿燥火六门为医之关键，其剂多峻厉，其为法主于攻。守真论风火之病，以《内经》病机气宜十九条著为《原病式》，曲尽精微，其治法则与子和相出入者也。张氏一再传，其后无闻，李氏弟子多在中州，独刘氏传之荆山浮屠[2]师，师至江南，传之宋中人罗知悌，而南方之医皆宗之矣。及元时之言医者，非刘氏之学弗道也。刘、李之法虽攻补不同，若会而通之，神而明之者，丹溪人也；研而精之，化而裁之者，丹溪书也。上续天潢之正派，下衍济渎之远流者，兹人也，兹书也，吾不知其尽也。

天启岁重光作噩壮月天医日宛泾谟觞山人吴恺茂仁甫述

---

〔1〕裴宗元　原作"裴元宗"，《太平惠民和剂局方》系陈师文、裴宗元校正，据改。

〔2〕浮屠　原作"浮图"，王祎《青岩丛录》载："李氏弟子多在中州，独刘氏传之荆山浮屠师。"据此改。

宛陵吴尚默以时父　　订正
西吴陈乾阳潜夫父　　参订
宛陵戴天眷德苻父
天台林凤翔　父
括苍王硕辅缙卿父
黔中刘汝舟戴卿父
玉融林士元则允父
螺川王万亨景和父
孝乌后学丁承祖仲德父
同邑后学龚天定孔固父　同阅
赤岸裔孙朱文英　　藏稿

评　脉　一附久病新脉、形脉相应[1]

凡男女当以左手尺脉常弱，右手尺脉常盛为平。

脉诸按之不鼓为虚寒。脉诸搏手，为寒凉或寒药致之。

脉两手相似而右为甚，或责胃虚。脉少有力，胜则似止，元气不及。

脉诸短为虚，诸大为虚。

脉涩而盛大，外怕寒，证名寒中。注云：寒留于血，脉涩，故大也。脉涩与弦而大，按之有力为实，无力为虚。

脉滑，关已上见为大热，关已下见为大寒。注云：

〔1〕附久病新脉、形脉相应　此类副标题原无，据体例、目录补。下同，不注。

水并于上，从火化；火并于下，从水化[1]。

脉沉迟，寸微滑者为实。寸微尺紧，其人虚损，为阴盛阳微故也。

脉小而虚，不可损气；脉大而实，不可益气。

两寸短小，谓阳不足，病在下。两尺不见或短小，乃食塞，当吐之。两寸不足，求之脾胃，当从阴引阳。两尺脉虚为寒，宜姜附。两关脉实，上不至发汗，下不至利小[2]便。两关沉细，此虚也，宜温补之。

右肾属火，补之巴戟、杜仲；左肾属水，补之地黄、山茱萸、黄柏。

伤寒，寸脉浮滑者，有痰，宜吐。杂病寸脉沉者，属痰，宜吐。

凡脉有力者为实，无力者为虚。假令脉浮，则为阳盛阴虚；脉沉，则为阴盛阳虚。此有则彼无；彼有则此无。又如弦，木实、金亏、土虚也。

凡脉来者，为阳为气；去者为阴，为血。假令来疾去迟，为阳有余而阴不足，故曰外实内虚，出候外，入候内。

久新病脉

长病脉：虚而涩　虚而滑　虚而缓　虚而弦　虚而结　浮而滑　实而滑　实而大微　而伏　细而软　如屋漏　如雀啄[3]　如橐上肥　如蜘蛛丝　如霹雳　如贯珠　如水淹皆死脉也。

卒病与长病条下反者，死候。

形脉相应

肥人脉细欲绝者死。瘦人脉躁者死。

身涩脉滑者死。身滑脉涩者死。

---

〔1〕水并于上，从火化；火并于下，从水化　《脉因证治·杂脉》作“火并于上，以丙火化；火并于下，以壬水化”。

〔2〕小　《脉因证治·杂脉》作“大”。

〔3〕啄　原作“喙”，据人卫本改。

身小脉大者死。身大脉小者死。

身短脉长者死。身长脉短者死。

察 视 二附治法

黑色起于耳目鼻上，渐入于口者死；白色亦然。

赤色见于耳目额上，五日死。

面青目黑，面青目黄，面青目白，面青唇黑，皆死。

面白目黑，面白目白；面赤目黄，面赤目白；面黑目白，面黑唇青，面黑目青，面黄目白，面黄目黑，面黄目赤，皆死。

张口如鱼，出气不反者死。循摸衣缝者死。无热妄语者死。遗尿不知觉者死。爪甲青者死。爪甲肉黑者死。舌卷卵缩者死。眉倾目直者死。唇反人中满者死。阴阳俱闭失音者死。神气不守声嘶者死。汗出不流者死。口臭不可近者死。目直视者死。肩息者死。齿忽黑色者死。

心绝，肩息回眄[1]、目直视者，一日死。肺绝，气去不反，口如鱼口者，三日死。骨绝，腰脊痛不可反侧者，五日死。脾绝，口冷足肿胀泄者，十二日死。肾绝，大便赤涩下血，耳干脚浮，舌肿者，六日死。筋绝，魂惊虚恐，手足爪甲青，呼骂不休者，九日死。肠绝，发直汗出不止，不得屈伸者，六日死。肝绝，恐惧伏卧，目直面青者，八日死。又曰一日死。肾[2]绝，齿落目黄者，七日死。

治 法

湿热病多，相火病多，土病多。气常有余，血常不足。肥者，血多湿多；瘦者，气实热多。白者，肺气弱，血不足；黑者，肾气有余。

下用补相间，劳病忌寒凉。辛苦饥饱劳役疼痛，皆伤血。肺痈非吐不可。药峻用酸收。治病先调气。久病要开郁。诸病寻痰

〔1〕眄（miǎn免） 斜视。

〔2〕肾 本书“五脏绝死”节载：“胃绝……齿落目黄。”据此，应作“胃”。又《脉因证治·察视》亦作“胃”。

火。痰火生异证。腑病责脏用。脏病责腑用。

五脏三

肝　胃脘当心而痛，上支两胁，肝经也。膈咽不通，饮食不下，土衰病也。甚则耳鸣眩转，目不识人，善暴僵仆，里急缥戾，胁痛呕泄，令人善怒也。虚则目无所见，耳无所闻，善恐，如人将捕之。

心　胸中热，嗌干，右胠满，皮肤痛，寒热欬喘，惊惑狂妄，一切血症，胸中痛，膺背肩甲间痛，两臂痛，虚则胸腹大，胁下与腰背相引而痛。

脾　胕肿，骨节腰脊头顶痛，大便难，积饮痞膈，霍乱吐下，飧泄肠鸣，脾热生虚。

肺　骨节内变，左胠胁肋痛，寒积于中，咳逆鹜溏，心胁满引小腹，不可反侧，嗌干面尘脱色，丈夫㿗疝，妇人小腹痛，实则咳逆肩背痛，虚则少气不能报息，耳聋咽干。

肾　腿腰痛，大关节不利，屈身不便，腹满痞坚，寐汗，实则股[1]胫肿身重，虚则胸中痛[2]，大小腹痛清厥。

怒　为呕血飧泄，胸满胁痛，食则气逆而不下，为喘渴烦心，为消瘅肥气，目盲，耳闭，筋缓。怒伤肝，为气逆，悲助怒。

喜　为笑不休，毛革焦，阳气不收，甚则狂，喜伤心，为气缓，恐治喜。

悲　为阴缩筋挛，肌痹脉痿，男为数溲，女为血崩，酸鼻辛额，汗则臂麻，悲伤肺，为气消，喜治悲。

惊　为潮[3]涎，目睘[4]吐，痴痫不省人事，惊伤心[5]，为气乱，习治惊。

---

〔1〕股　《脉因证治·五脏证》作“腹”。
〔2〕痛　《脉因证治·五脏证》作“满”。
〔3〕潮　《脉因证治·七情证》作“痰”。
〔4〕睘　原脱，据《脉因证治·七情证》补。
〔5〕心　《脉因证治·七情证》作“神”。

劳　为咽噎，喘促嗽血唾血，腰痛骨痿阴痿，男小[1]精，女不月，劳伤筋[2]，为气耗，逸治劳。

思　为不眠好卧，昏瞀，三焦痞塞，咽喉不利，呕苦，筋痿白[3]淫，不嗜饮食，思伤脾，为气结，怒治恐。

恐　为破䐃脱肉，为骨瘈痿厥，为暴下渌水，为面热肤急，为阴痿，为惧而脱颐，恐伤肾，为气不行，思治恐。

治血用行气，治气用行血。

汗吐下温水火刺灸八法四

附可汗、不可汗、可吐、不可吐、可下、不可下、可温、不可温、可水、不可水、可火、不可火、可灸、不可灸、可刺、不可刺

可　汗

脉浮大可汗，问病者设利为虚，不可汗。浮而紧可汗。

太阳病，脉浮弱数者，可汗。

阳明脉迟，汗出多，微恶寒，表未解，可汗。

日晡发热如疟，此属阳明，脉浮虚，可汗。

下利后，身痛清便自调，可汗。

不可汗

脉沉细，为在里。不可汗。

濡弱，为血气虚。不可汗。

脉浮而紧，法当身痛，当以汗解，假令尺脉迟者，不可汗。尺迟则血少故也。

伤寒有风温、湿温二证，忌汗。见后伤寒类。

---

〔1〕小　《脉因证治·七情证》作“少”，义胜。

〔2〕筋　《脉因证治·七情证》作“血”。

〔3〕白　原作“目”，据《脉因证治·七情证》改。

伤寒头疼，形象中风，常微汗出，又自呕者，心懊侬，发汗则痓[1]。

伤寒脉弦细，头痛而反热。此属少阳，不可汗。

太阳与少阳并病，头项强痛，或眩冒，心下痞坚，不可汗。

少阴病，数而下利谵语者，此强汗之故也。

气动一切左右上下，不可汗。

咽中闭寒[2]，不可汗，汗之则吐血。

亡血家不可汗，汗则寒[3]栗。

厥不可汗，汗则声乱咽嘶。

衄不可汗，汗则耳聋目直。

疮家[4]不可汗，汗则痓。

淋不可汗，汗则便血。

冬时发汗，则吐利。

汗家不可重汗，汗必恍惚，脉短者死。

下利清谷，不可汗，汗必腹胀满。

欬而小便利，不可汗，汗之则厥逆。

诸逆发汗剧者，言乱睛眩者死。

可　　吐

寸口脉微细，胸中痞坚，气上冲咽喉不得息，此为胸有寒，可吐。

病胸上诸实，胸中郁郁而痛，不能食，欲使人按之，而反有浊唾，下利日十余行，脉反迟，寸口微滑，可吐。

病者手足厥冷，脉乍紧，邪结在胸中，心下满烦，饥不能食，可吐。

伤寒脉浮滑，可吐。

杂病脉沉，可吐。

不　可　吐

诸四逆厥者，不可吐。

---

〔1〕痓　《脉因证治·汗》作“痉”。

〔2〕寒　《脉因证治·汗》作“塞”。

〔3〕寒　原作“虚”，据《伤寒论》第八十七条和《脉因证治·汗》改。

〔4〕疮家　原作“口疮”，据《伤寒论·辨太阳病证并治中》和《脉因证治·汗》改。

虚家不可吐。

胸膈上有寒饮，干呕者，不可吐，法当温之。

可　下

脉滑而数者，有宿食，可下。

脉双弦迟，心下坚；脉大而紧者，阳中有阴，可下。

下利，三部脉皆平，按其心下坚者，可下。

伤寒后，脉沉，为内实，可下。

病无表、里证，发热七八日，虽脉浮数，可下。

伤寒有热，而小腹满，应小便不利，今反利者，此为血蓄，可下。

伤寒六七日，结胸实热，脉沉紧，心下痛，按之如石，可下。

太阳中风，下利呕逆，表解汗出，发作有时，头痛心下痞坚，可下。

太阳病不解，热结膀胱，其人如狂，其血自下，可下。

阳明证喜忘，必有瘀血，大便虽坚，必黑，可下。

阳明证发热汗出则解，复如疟，日晡发热，脉实，可下。

阳明证谵语潮热，而反不能食，必有燥屎，可下，脉滑实，可下。

阳明证，发热汗多者，急下之。

不吐而心烦者，可下。

二阳并病，太阳证罢，但发潮热，手足汗出，大便难，谵语，可下。

少阴病得之二三日，口燥咽干，急下之；又六七日腹满不大便，可下。

少阴病，下利清水色青者，心下必痛，口干燥者，可下。

不 可 下

脉濡而弱，气血虚，不可下。

脉浮而大，气血虚，不可下。

尺脉弱涩者，不可下。

趺阳脉浮而数，浮伤胃，数动脾，此非本病，医下之使然也。诸外实，不可下，下之微发热，亡脉则厥。

诸虚不可下，下之则渴引水者易愈，恶水者剧，动气不可下。

咽中闭塞不可下，下之上轻下重，水浆不下，体痛腹下利。结胸证，其脉浮大不可下，下之则死。

太阳与阳明合病，必喘而胸满，不可下。

太阳与少阳合病，心下痞坚，项强而眩，不可下。

太阳病，有外证未解或阳多者热，不可下。

太阴病，腹满而吐，食不下，下之则甚。

厥阴病，消渴、气上冲，心中疼热，饥不食，甚下之不肯止。

少阴病，饮食入则吐，脉弦迟，胸中寒也，不可下。

阳明证，潮热，有燥屎，可下；不坚，不可下。

阳明病，身合赤色者，不可下，必发热身黄，小便不利。阳明病，当心下坚满不可攻，攻之遂利不止者死，止者愈。

阳明病，自渴，若发汗，小便自利，此为内竭，虽坚不可攻，宜导之。

伤寒五六日，不结胸，脉虚，复厥者，不可下，下之亡血死。

伤寒呕多，虽有阳明证，不可攻。

藏结无阳证，寒而不热，其人反静，舌上苔滑，不可下。

诸四逆厥，不可下。

病欲吐者，不可下。

下利，脉浮大，为虚，强下之故也。设脉浮革，肠鸣，属当归四逆汤。

可温

病发热头痛，脉反沉，身更疼，宜温之。

下利，身痛腹满，宜温之。脉迟紧，为痛未欲止，宜温之。

少阴病，脉沉者，宜温之。

少阴下利，脉微涩者，即呕，汗出，必数更衣，反小，宜温之。

自利不渴属太阴，其脏有寒，宜温之。

下利欲食者，宜温之。

不　可　温[1]

可　水

太阳病，发汗后，若大汗出，胃中干燥，烦不得眠，欲饮水者，少与之愈。

厥阴病，渴欲饮水，少与之，宜服五苓散。

霍乱，头痛、发热、体疼、热多、欲饮水，属五苓散。

呕吐而病在膈上，后必思水，急与之，五苓散。

不　可　水

发汗后，饮水多者必喘，以水灌之亦然。

大吐、大下之极虚，复极汗，与水即哕。所以然者，胃中虚冷故也。

可　火[2]

不　可　火

太阳中风，或在表，或脉浮，皆不可火，若以火劫汗，而两热相搏，则津液枯竭。

可　灸

少阴，得之一二日，口中和，背恶寒者，可灸。

少阴吐利，手足不逆反热，脉不至，可灸。

---

〔1〕不可温　此节文字原脱，存疑待考。

〔2〕可火　此节文字原脱。《千金翼方》载伤寒宜火证为“凡下利谷道中痛，宜炙枳实，若熬盐等熨之”；《太平惠民和剂局方》亦载可火形证为“凡下利后，下部中痛，当温之，宜炒枳实，若熬盐等熨之”。可资参证。

少阴伤寒六七日，脉微手足厥、烦躁，可灸。其厥阴不还者死。

伤寒脉促，手足厥逆，可灸。少阴厥阴主逆。

诸下利，手足厥，无脉，可灸；灸之不温，反微喘者死。可灸足大敦、阴陵泉、商丘。

不可灸

微数之脉不可灸，因火为邪。

浮脉当汗不可灸，因火而盛。

可刺[1]

不可刺[2]

五脏虚实五附肝、心、脾、肺、肾、膀胱、六腑

肝

虚　胁下坚胀，寒热，腹满不食，如人将捕，目暗黑花，筋挛节痛，爪枯青色，善恐，脉沉细而滑。

---

〔1〕可刺　此节文字原脱。《千金翼方》载伤寒宜刺证为"太阳病，头痛至七日，自当愈，其经竟故也。若欲作再经者，宜刺足阳明，使经不传则愈；太阳病，初服桂枝汤，而反烦不解，宜先刺风池、风府，乃却与桂枝汤则愈；伤寒腹满而谵语，寸口脉浮而紧者，此为肝乘脾，名曰纵，宜刺期门；伤寒发热，啬啬恶寒，其人大渴，欲饮酨浆者，其腹必满而自汗出，小便利，其病欲解，此为肝乘肺，名曰横，宜刺期门；阳明病，下血而谵语，此为热入血室，但头汗出者，刺期门，随其实而泻之；太阳与少阳合病，心下痞坚，颈项强而眩，宜刺大椎、肺俞、肝俞，勿下之；妇人伤寒怀身，腹满不得小便，加从腰以下重，如有水气状，怀身七月，太阴当养不养，此心气实，宜刺写劳宫及关元，小便利则愈；伤寒喉痹，刺手少阴穴，在腕当小指后动脉是也，针入三分补之；少阴病，下利便脓血者，宜刺"。可资参证。

〔2〕不可刺　此节文字原脱。《千金翼方》载伤寒忌刺为"大怒无刺，新内无刺，大劳无刺，大醉无刺，大饱无刺，大渴无刺，大惊无刺；无刺熇熇之热，无刺渌渌之汗，无刺浑浑之脉，无刺病与脉相逆者"。可资参证。

实　胁下痛，寒热，心下坚满，气逆，头晕，颈直，背强筋急，目赤，颊肿，耳聋，善怒，脉浮大而数。

中风　左部浮弦；中寒，左关紧弦。胀水，恶血。胆主呕汁，肝主胀。

心

虚　心腹暴痛，心膈胀满，时唾清涎，多惊悲恍惚，少颜色，舌本强，脉浮虚。

实　心神烦乱，面赤身热，口舌生疮，咽燥，头痛，手心热，衄血，喜笑，脉洪实。

中风　中风本位浮洪，中寒本位洪紧。小肠胀水主宿食胀，忧思。

脾

虚　四肢不举，饮食不化，吞酸或不下食，食则呕吐，腹痛肠鸣，溏泄，脉沉细软弱。

实　心胸烦闷，口干身热，颊肿，体重，腹胀寒饥，舌根肿，四肢怠堕，泄下利，脉紧急实。

中风　中风本位浮迟，中寒本位沉紧细。胀水，醉饱，胃主癖胀。

肺

虚　语嘶，用力棹颤，少气不足，咽中干无津液，欬喘鼻流清涕，恐怖耳聋，脉沉缓。

实　胸膈满，上气喘逆，咽中不利，鼻赤口张，饮食无度，痰粘，肩背痛，脉不上不下。

中风　中风本位浮涩短，中寒本位紧涩。胀水，大肠宿食胀溏泄。

肾

虚　腰背切痛，不得俯仰，足腿酸，手足冷，呼吸少气，骨节痛，腹结痛，面黑，耳鸣，小便数，脉浮细而数。

实　舌燥咽干肿，心烦，胸膈时痛，喘嗽，小腹满，腰强痛，体重骨节下热，小便黄，腹腰肿，盗汗，胀泄。

中风　中风本位浮滑，中寒本位沉紧而滑。冷湿，房劳，胀水。

膀　胱

虚　面赤色无液，尿多，寐中不觉，小腹气痛，攻冲腹胁。

实　小便不通，或涩，尿血，淋闭，茎中痛，脉沉濡滑。

六　腑

虚　水谷不化，肠鸣泄利，吐逆，手足冷。

实　粪结，皮肤瘙痒，致厕艰难。

五脏绝死六

心绝　肩息，回眄目直，掌肿，狂乱心闷绝热，一日死。心头痛而咳不止，关节不通，身重不已，三日死。

肝绝　汗出如水，恐惧不安，伏卧，四肢乏力，目直如盲，面青，舌卷苍黑，泣下，八日死。头痛目眩，肢满囊缩，小便不通。又云：身热恶寒，四肢不举，脉当弦长，今反短涩，十日死。

脾绝　口冷足肿，胀泄不觉，面浮黄，唇反，十二日死。色黄，体重，失便，目直视，唇反张，爪甲青，四肢节痛，吐食，脉当大缓反弦，死。

肺绝　口如鱼口，气出不快，唇反无纹，皮毛焦，三日死。足满泄利不觉，鼻孔开而黑枯，喘而目直，言音喘急短气。

肾绝　大便赤涩，耳干，下血，舌肿，足浮，齿痛，目盲，腰折，汗如水，发无泽，面黑，腿筋痛，小便闭，两胁胀，目盲。又云：阴缩小便不出，出而不快。

胃绝　口噤唇黑，四肢重如山，不能收持，大小便自利无休，饮食不入，七日死，又舌强语涩，转筋卵缩牵阴股痛，不食，鼓胀变水泄，不卧。又云：齿落目黄，七日死。

小肠绝 发直，汗不止，不得屈伸。

大肠绝 泄利无度，六日死。

筋绝 惊恐，爪甲青，呼骂不休，九日死。

骨绝 腰脊痛，不可反侧，肾中重，足膝腹平，五日死。

肌绝 口冷足肿，胀泄不知人，十二日死。

脉 七图附后

浮 在皮肤，按之不足，举之有余，虚也。人迎风邪在表。气口阴阳耗散。左寸因风头痛心昏有热。右寸宿食滞气肺风逆喘。左关因胁下满。右关脾食伤胃风。趺阳胃滞。左尺如经。右尺腰肿脚弱。

芤 与浮相似，血虚也。人迎风热血涌。气口积血在胸。左寸衄血。右寸血。关上脾胃虚热，肠痈便血。尺中血淋。

滑 浮中如有力，漉漉如欲脱，与数相似，为实，下阳气衰。左寸伏痰外热。右寸左关蓄血在肝。右关痰积。趺阳胃气不行。左尺困邪相干，腰痛。右尺便精遗沥滞下。

实 大长微弦强，为痛、呕、风寒。人迎风寒热盛。气口喘嗽上迫。左寸气壅咽喉，胸中痛，尿血不利。右寸如经身热大便秘。左关肝实血多肋下痛。右关胃实脾虚，为痛为呕，食不消，大便不利。左尺小腹痛，小便不禁。右尺。

弦 浮紧为弦，为水气、中虚、寒癖、拘急、饮疟。左寸风寒相侵，头痛心痛。右寸痰饮宿食。左关筋急、疟疾、忿怒、血聚。右关胃脘寒痛。左尺如经。右尺腰痛，小腹拘急。

紧 数如切绳，为寒，人迎感寒。气口头痛拘急。左寸心痛或虚。右寸欬嗽喘急。左关两肋痛满。右关胃痛，蛔。左尺如经。右尺寒湿在下焦。

洪 与浮大相似，为气、热。人迎寒壅诸阳。气口气实攻搏。

左寸实热。右寸疝气燥结伤食。左关风热在肝。右关反胃，胃热。左尺如经。右尺热在下焦。

微　极细而软，似有似无，按之欲尽，轻手乃得，一曰小，一曰薄，一曰手下快，与涩相似，为虚。左寸亡汗。右寸吐血。左关肝虚少血。右关如经。左尺如经。右尺失气遗泄。

沉　为水实，鬼疰。左寸血实。右寸气实。人迎寒搏阴经。气口血滞而凝。左关血癖在肋下。右关　左尺如经。右尺腿膝疼。

缓　浮大而软，与迟相似，为虚。人迎风，虚烦，喘。气口怒极伤筋。左寸血虚头痛眩晕。右寸肺风乘胀如经。左关风痹、血耗、筋脉弛张。右关风热燥结。左尺遗沥。右尺如经，肾虚。

涩　细而迟，往来难，且或一止复来，浮而短，又短而止，为少血，寒湿。左寸短气，心血少。右寸如经。左关如经。右关胃气不足，如经。左尺如经，困惫。右尺大便难，小便数。

迟　三至，按之牢，举不足，按有余，为寒。左寸心寒痛。右寸咽酸。左关血涩，胁下痛。右关如经。左尺大便难，水谷不化。右尺如经。

伏　至骨方得，为实、水气、痰饮。人迎寒湿。气口积聚。左寸如经。右寸肺痿，痰。左关惊悸，水泄。右关如经。左尺疝瘕，冷凝在下。右尺水谷不化。

濡　极软而浮细，按之无，举之有余，轻手乃得，与迟弱相似，为虚。左寸如经，阳弱恶寒，肾邪入于心。右寸唾涎沫，飧泄，虚喘息。左关筋弱纵缓。右关湿，虚冷。左尺小便难，虚。右尺脚痹。

弱　极软而沉细，举之无，按之乃得，为虚悸热。左寸如经，阳虚。右寸气虚短。人迎风湿纵缓　气口筋骨弛。左关风热入肝，血虚。右关脾弱多泄少食，胃或客热。左尺如经，虚。右尺大便溏滞下。

细　略大于微，常有，但细耳，为血气俱虚。人迎湿中诸经。气口小气涎凝。左寸心虚劳神。右寸气忧伤。左关惊悸，胁痛，肝血少。右关如经，血耗。左尺　右尺遗泄。小便利。

脉证一览表[1]

脉 证	浮	芤	滑	实	弦	紧	洪	迟	缓	濡	弱	涩	微	沉	伏	细	数
虚	△		阳虚		劳			△	下		△					△	△
实														△			
气							实		虚	虚		△	少		上	虚	
血		失血	经闭						少			少	败			虚	
风	△								△	△	△						
寒				△	△	△		△				△		△			
湿									痹	痹		△					
热	△			△			△										
喘	△			△		△							△				
满闷	△		△	△		△	△										
欬嗽			△			△											
下利			△						△	△			泄		泄	泄	
痛					△	△	△	△	△			心			疝	△	△
水	△				△	△	△							△	△	△	
呕吐	△		△												霍乱	△	△
痰饮			痰		饮	饮		饮							痰		
宿食			△												△		
癖积					△									△	△	△	
自汗	△	肠痈		△		虫				△		△	△				
肠痈						紧				濡		△	△				
疟					△												

〔1〕脉证一览表　古人印制表格，限于条件，很不规范，不堪卒读和理解，此表及以下各表即是其例，为保留古籍原貌，姑存其旧。

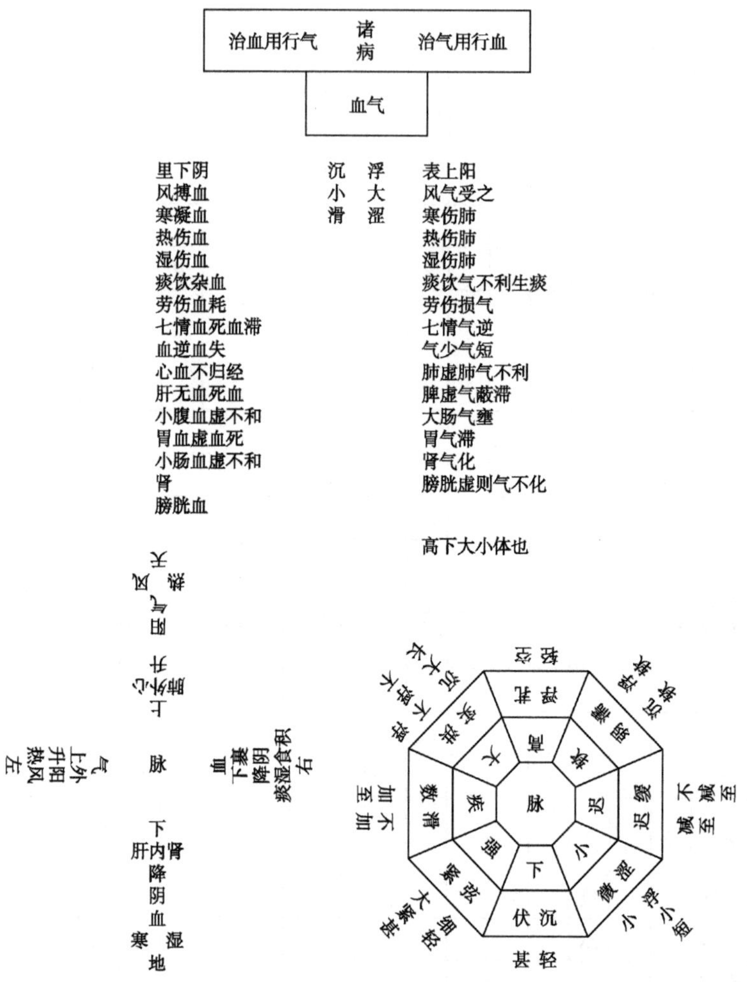

数　为虚热。人迎风壅燥盛。气口阴虚阳并。左关怒，血虚筋急。右关脾热食癥。左尺如经。右尺大便难，热在下。

动　见关上，无头尾，大如豆，动摇不进不走，为痛、虚、惊。左寸心惊神恐。右寸寒极冷痛。左关血虚。右关脾泄为痛。左尺真气俱竭。

虚　迟大而软，按之不足，豁然空虚也。人迎冒暑气泄。气口血气走越。左寸心虚神不安。右寸肺虚邪易侵。左关肝虚血少。右关脾虚寒泄。左尺失精，漏。右尺伤暑。

促　去来数而一止复来，皆以痰饮，气血留滞不[1]□。

结　去来缓，时一止，复来，皆积。

革代散同图。

动　为恐、为痛、为惊、为革。

革代散死，又革为虚寒。

周身经穴八

中行　五分后发际　喑门　五分　风府　寸半　脑户　寸半　强间　寸半　后顶　寸半　百会　寸半　前顶　寸半　囟会　寸　上星　五分　神庭　五分前发际。

二行　天柱　发际　玉枕　寸半　络却　寸半　通天　寸半　承光　寸半　五处　五分　曲差　五分。

三行　五分　风池　脑空　寸半　承灵　寸半　正营　寸　目窗　寸　临泣　五分。

<table>
<tr><td>翳风耳后陷中</td><td colspan="2">脐至横骨长六寸半</td></tr>
<tr><td>耳</td><td colspan="2">脐寸　阴交　五分　气海　五分　石门
寸　关元　寸</td></tr>
<tr><td rowspan="3">角孙　耳郭开口有空
和髎　耳前兑发下
耳门　耳前起内
上关　耳前开口有空
听宫　耳中珠子大
下关　耳前起骨开口有空
听会　耳微前陷中
颊车　耳下二韭大</td><td colspan="2">中极　寸　曲骨　寸半　横骨
寸半　寸　中注　寸　四满　寸　气穴　寸
大赫　寸　横骨
寸半　寸　外陵　寸　大巨　寸　水道　二
寸　归来　寸　气冲</td></tr>
<tr><td>脐膜六寸</td><td rowspan="2">章门　五寸三分到　维道　三
寸　居髎　京门　寸八分　带
脉　三寸到侧胁边　五枢</td></tr>
<tr><td>又寸半</td></tr>
</table>

[1] 不　此下脱字，疑作“畅”。因文献记载，促脉主病与气滞血凝有关。如李中梓说：“促脉之故……或因气滞，或因血凝，或因痰饮。”

结喉至髃骬长一尺三寸

结喉下五分　天突　寸　璇玑　寸　华盖　寸六分　紫宫　寸六分　玉堂　寸六　膻中　寸六　中庭

自膺中至云门阔六寸

二寸　俞府　彧中　神藏　灵虚　神封　步廊

二寸　气户　库房　屋翳　膺窗　乳中　乳根

二寸　云门　中府　周荣　胸乡　天溪　食窦

髃骬至脐中长八寸

髃骬五分　鸠尾　寸　巨阙　寸　上脘　寸　中脘　寸　建里　寸　下脘　寸　水分　寸　脐中

自腹中至期门阔四寸半

寸半　幽门　通谷　阴都　石关　商曲　肓俞

寸半　不容　承满　梁门　关门　太乙　滑肉　天枢

寸半　期门　日月　腹哀　三寸半　大横

横骨至内辅上廉一尺八寸

髀外骨　环跳　中渎　髀骨外膝上五寸　伏兔　膝上六寸　阴市　膝上三寸　箕门　鱼腹上筋间股内廉　阴包

膝上四寸股内上廉至内踝一尺六寸半

太阳委中　合阳　腘下二寸　承筋　跟上七寸　承山　腿肚下分肉间　跗阳　外踝上二寸

少阳阳关　犊鼻外阳陵上三寸　阳陵　阳辅　外踝上四寸　悬钟　外踝上三寸　自膺中至云门阔六寸

阳明犊鼻　膝膑下骭大筋罅中　三里　三寸　上廉　寸　丰隆　外踝上三寸　下廉上廉　下三寸

少阴阴谷　膝内辅骨后后大筋下小筋上屈膝取之　筑宾　内踝上腨分间　复溜　踝上二寸

太阴阴陵　地机　膝下五寸　漏谷　内踝上六寸　三阴交　内踝上三寸

厥阴曲泉　膝内辅骨下曲膝横纹头　膝关　犊鼻下二寸　中都　内踝上七寸

内踝至地三寸

太阳昆仑　外踝后　申脉　外踝下　京骨　大骨下

少阳丘墟　外踝如前去临泣三寸　临泣寸半　地五会寸　侠溪

阳明解溪寸半　冲阳三寸　陷谷二寸　内庭

厥阴中封　内踝前寸　太冲　本节后二寸　行间

太阴商丘　内踝微前　公孙　本节寸　太白　大都

少阴吕细内踝后

肘至腕一尺二寸半

列缺　侧腕上寸半　尺泽　孔最腕上七寸　经渠寸口　太渊

曲泽　郄门去腕五寸　间使三寸　内关去腕二寸　大陵

少海　灵道　通里腕后寸　神门

曲池三寸　三里寸　上廉寸　下廉　温溜腕后五寸半　偏历腕后三寸　阳溪

四渎肘前五寸　三阳络寸　支沟腕后三寸　外关腕后二寸　阳池

小海　支正腕后五寸　会宗腕后三寸　阳谷

大　天府腋下三寸　侠白去肘三寸　肘

中　大陵

小　青灵去肘三寸

肩至肘一尺七寸

○肩井肩上陷罅

○肩髃肩端臑上陷中

○巨骨肩端上两丫骨中

○肩髎

○臑俞肩髃后大骨下甲

○肩外俞肩甲上廉去脊骨二寸

○肩中俞肩甲内廉去脊骨二寸

○曲垣肩中央曲甲陷

大椎下至尾骶二十一椎共长三尺

志肓胃意阳魂　关譩神膏魄附

室门仓舍纲门　膈譆堂肓户分

白中胞小关大气肾三胃脾胆肝　膈督心厥肺风大

环旅肓肠元肠海俞焦俞俞俞俞　俞俞俞阴俞门杼

二二十十十十十命十十脊十九八七六五四三二一

十十九八七六五门三二中

一

手阴阳起

太阴肺　少商在手大指内侧去爪甲韭叶大

少阴心　少冲在手小指内廉去爪甲一韭叶大

厥阴心胞　中冲在手中指内廉去爪甲韭叶大
阳明大肠　商阳在手次指内侧
太阳小肠　少泽在手小指外廉去爪甲一分
少阳三焦　关冲在手无名指端去爪甲韭叶大
足阴阳起
止
中府在中部四行云门下一寸
极泉
天池在侧腋部乳下一寸
迎香在鼻孔傍五分直陷缝中
听宫在耳珠
耳门在耳前缺处
止
太阴脾　隐白在足大指内侧端去爪甲如韭叶　大包在腋下六寸
厥阴肝　大敦在足大指去爪甲一韭叶大　期门在乳下四寸不容傍一寸半
少阴肾　涌泉在足底心屈足第三缝中　腧府在膺部一行璇玑之傍二寸，巨骨之下
阳明胃　厉兑在足次指端去爪甲一分　头维在眉上额角入发际陷中
少阳胆　窍阴在足第四指端去爪甲一分　童子窌在肩外尖尺处
太阳膀胱　睛明在目内泪孔中　至阴在足小指外侧去爪一分

歌　曰

脉起少商中府上，大肠商阳迎香二。足胃厉兑头维三，脾部隐白大包四。膀胱睛明至阴间，肾经涌泉腧府位。心包中冲天池随，三焦关冲耳门继。胆家窍阴童子窌，厥行大敦期门已。手心少冲极泉来，小肠少泽听宫云。

伤　寒　九附脉法、伤寒证治

脉　法

大浮数动滑为阳也，沉涩弱弦微为阴也。凡阴病见阳脉者生，凡阳病见阴脉者死。

脉浮而数，阳脉也。能食不大便者，里实也，名曰阳结，期十七日当剧。为阳气固结，阴脉不得而杂之。阳结为火，至十七日传少阴水，当愈，水不能制火，故剧。

脉沉而迟，阴也。不能食，身体重，大便反鞕，阴病也，名曰阴结，期十四日当剧。阴病见阴脉当下利，今反鞕者，是阴气结固，阳不得而杂之，阴结属水，至十四日传阳明土，当愈，土不制水土故剧，此病要死。

脉蔼蔼如车盖者，名为阳结也；大而厌厌聂也，为阳气郁结于外，不与阴杂也。

脉累累如循长竿者，名阴结也；连连强直也，为阴气郁结于内，不与阳杂也。

脉瞥瞥如羡上肥者，轻浮也。阳气微也，衰也。

脉萦萦如蜘蛛丝，萦萦惹之不利者，至细也。阳气衰也。

脉绵绵缓而连绵。如泻漆之状者，前大后小也。亡其血也。

脉来缓，时一止复来，名曰结，结，阴也。阴气胜而阳不能相续也。

脉来数，时一止复来，名曰促，促，阳也。阳气胜而阴不能相续也。

脉三部浮沉大小迟数同等，为阴阳和平，虽剧当愈。

脉浮而洪，邪气胜也；身汗如油，喘而不休，正气脱也；水浆不下，胃气尽也；形体不仁，荣卫绝也；乍静乍乱，正邪交争，此为命绝。

汗出发润，津脱也。喘而不休，气脱也。此状为肺先绝也。

阳反独留，身体大热是血先绝，为气独在。形体如烟熏，身无精华，血不荣也。直视，心经绝也。头摇，阴绝阳无根也。此为心先绝也，心主血。

唇吻反青脾部见木色。四肢漐习，手足振动。此为肝绝也。

环口黧黑，脾主口，无精华则黑。冷汗，阳脱也。发黄，此为脾绝也。

溲便遗屎，肾绝不能约制也。狂言，肾藏志，志不守也。目反直视，此为肾绝也。

脉阴阳表里也。俱紧，紧为寒。口中气出，唇口干燥。阳气渐复也。

倦卧足冷，鼻中涕出，舌上苔滑，知阴独在也。勿妄治也，自解。到七日微发热，手足温者，阴气已绝，阳气得复。解矣。到八日已上，反大热者，阴极变热，邪气胜正。此为难治。设使恶寒者，必欲呕也，寒邪发于上焦，腹内痛者，必欲利也。寒邪胜于下焦。

脉阴阳俱紧，至于吐利，其脉独不解，紧去乃安，为欲解矣。若脉迟，至六七日不欲食，为吐利后脾胃大虚。此为脱，水停故也，为未解。食自可者，脾胃已和，寒邪已散。为欲解。

病六七日，手足三部脉皆至，阳正胜也，大烦热也。而口噤不能言，其人躁扰者，则阴阳争胜也。此欲解也。

脉和，其人大烦，目内眦皆黄者，欲解。

脉不和者，病进。脉浮阳也。而紧，阴也。按之反芤，虚也。此为本虚，当战汗出而解。

脉浮而数，阳也。按之不芤，阳实也。不战而汗解矣。

脉自微，邪气弱，正气微。此以曾经汗吐下亡血，内无津液，此阴阳自和，必不汗不战而自解。

风伤阳。则浮，虚伤阴。则牢坚沉潜。水畜支散也。饮急弦，动阴阳相搏。则为痛，数则热烦。设有不应，知变所缘，三部不同，病各异端。

人恐怖，脉形如循丝累累然，面白脱色者，血气不足。

人愧，脉浮，面色乍白乍赤者，神气怯也。

人不饮食，脉自涩，涩阴也，主亡津液。唇口干燥也。

下利三部无脉，冷气在胸中，令脉不通。然尺中时一小儿脉再举头者，肾气也。脾虚肾气所以乘。若见损脉来，至为难治。

趺阳脉滑而紧，滑者胃气谷气。实，紧者胃气阴气强。持实击强，痛还自伤。

寸口脉浮而大，浮为正虚，大为邪实，在尺为关，邪关下焦。在寸为格，邪格上焦。关则不得小便，格则吐逆。趺阳脉伏而涩，伏者胃气伏而不宣，则吐逆水谷不化；涩者，脾气涩而不布，则食不入，名曰关格。

趺阳脉大而紧者，当即下利为难治。下利者脉微小，今反紧者，邪胜也。

寸口诸微亡阳，诸濡亡血，诸弱阴虚也发热，诸紧为寒。

诸寒乘虚，寒乘气虚，抑佚阳气。则为厥郁，昏也。胃不仁，强直不知人也。以胃无谷气，脾涩不通，上下也。使口急不能言，战寒在表也。栗寒，在里也。病欠者，阴阳相引，故欠和也。无病言迟者，风也，风中经络，舌难运用。摇头者，里痛也，行迟者，表强也。邪中经络也。坐而伏者，短气也；坐而一脚下者，腰痛也。里实护腹如卵者，心痛也。

伤寒证治

冬时触冒杀厉之气，即时为病，名曰伤寒。寒毒藏于肌肤，伏留至春，再感乖戾之气，名曰春温，至夏变为暑病。春温者，至夏至已前也，脉数而大散，似太阳发热不恶寒，同中暑烦渴不憎寒，治宜升麻葛根解肌类也；热多，小柴胡；发渴烦躁便秘，大柴胡微利之；脉实者可下之。

阳脉浮滑，阴脉濡弱，更遇于风，变为风温，以前热未歇，又感于风者也，又因发汗身犹灼然，自汗喘息，切忌再汗，亦不可下及烧针类也。又云：寸尺俱浮，误则死矣。宜萎蕤汤、知母葛根汤也。

热病者，夏时发也，热极重于温也，治宜寒凉解其内外之烦毒也。如头疼恶寒身热，脉洪盛有汗，夏至前阳旦汤，夏至后，桂枝加石膏升麻汤。无汗，夏至前后，麻黄加知母石膏汤，烦躁大青龙汤加黄芩，大热栀子升麻汤。

阳脉洪数，阴脉实大，更遇温热，变为温毒，以前热未已，又感温热，以其表里俱热，病之最重者也。

阳脉濡弱，阴脉弦紧，更遇温气，变为温疫。

六 经 十

太阳　发热恶寒，头项痛，腰背强，脉尺寸俱浮。若阳浮而阴弱，为中风自汗；若骨节疼而喘，脉浮紧，为中寒；或者下之太早，阳发为结胸，阴发为痞气。不渴，小便清，知邪气未入，本禁利小便。下后脉促，为阳胜阴，故不作结胸，为欲解。脉紧，邪传少阴，令人咽痛。脉弦，邪传少阳，令人胁拘急。脉细数，为邪未传里而伤气也。脉沉紧，邪传阳明，为里实，必欲呕也。脉沉滑，传于肠胃，协热利也。脉浮滑，为气胜血虚，必下血也。

阳明　身热，目疼，鼻干不得眠，尺寸脉长，若能食，名中风。口苦咽干腹满微喘；热传里也。发热恶寒脉浮而紧；仍在表也。若下之，腹满，小便难也；若不能食，名中寒。小便不利，寒则津液不化。手足自汗，此欲作固瘕，寒气结积。攻其热则哕，乃胃中虚冷故也。阳明反无汗，小便自利，二三日呕而咳，手足厥冷，必苦头痛。寒邪发于外也。阳明但头眩不恶寒，风气攻内也。能食，风也。而咳必咽痛，胃也。此风气攻于内也。又呕多，未入府也。虽有阳明证，不可攻，攻之心下满鞕，邪气消灭尚浅。不可攻，攻之利遂不止者死。正气脱也。阳明虽汗出不恶寒，其身必重，短气腹满而喘，有潮热，虽脉迟，此外欲解，可攻里也，大便鞕者，承气主之；不鞕者，不可攻之。阳明自汗，禁发汗；小便自利，禁利小便，为重亡津液也。

少阳　胸胁痛而耳聋口苦，舌干，往来寒热而呕，尺寸脉弦，禁下、禁汗、禁利小便，治宜和解。耳聋目赤，胸满而烦，不可吐下，吐下则悸而惊，吐则气虚，下则血虚。邪在半表半里故也。若脉弦细者，邪传渐里也，不可汗，汗之则谵语，调胃承气汤主之。

太阴　腹满咽干而吐，食不下，自利不渴，时腹自痛，尺寸脉沉细，自利不渴寒也，当温之，四逆也。若下之，必作痞，若头痛风也。四肢风淫未入。阳微表邪少也。阴涩里和也。而长阳也，以阴得阳则解。者为欲愈，名曰中风，脉浮者可汗，宜桂枝。太阴禁下。本太阳病，医反下之，因而腹满时痛表邪乘虚传太阴也。属太阴，桂枝加芍药主之。大实痛者，桂枝加大黄主之。若脉弱，其人续自便利，设当行大黄芍药者，亦宜减之。脉弱者，胃气尚弱易动利也。

少阴　口燥舌干而渴，或口中和而恶寒，尺寸脉沉，始得之反发热，少阴病当无热恶寒，反热者，邪在表也。脉沉者，麻黄附子细辛汤汗之，若细沉数，病为在里，不可发汗，汗之亡阳，里虚故也。尺弱涩，复不可下。虚也。若脉紧紧寒也。至七八日传经时也。自下利，脉暴微寒气得泄。手足反温，脉紧反去阳气缓，寒气去也。者为欲解，虽烦下利，必自愈。若利自止，恶寒而蜷卧，寒极而阴胜也。手足温阳气复。者，可治。若恶寒蜷卧，自烦欲去衣者，亦阳气得复也。可治。少阴中风，阳脉微表解也。阴微里和也。者，为欲愈。若吐利手足不冷阳气不衰。反发热者不死。脉不至者，灸少阴七壮。凡少阴之为病，脉微细但欲寐也。若脉阴阳俱紧，寒也法当无汗。反汗出者，亡阳也，法当咽痛而复下利。少阴病但厥无汗热行于内。而强汗之，必动其血，上出，名下厥上竭，为难治。少阴恶寒而蜷而利，手足冷者阴极无阳。不治；若吐利四逆寒甚也。烦躁阳欲绝也。者不治；若利止水谷竭也。而头眩时时自冒阳气脱也。者死；若六七日息高生气绝。死。治法邪在表汗之，口中和、背恶寒与下利，当温之；若下利便脓血者，桃花汤主之；心中烦，不得卧者，黄连阿胶汤。

厥阴　厥阴烦满囊缩，尺寸脉微缓，若浮缓而囊不缩，外证又发热恶寒似疟者，欲愈，桂枝麻黄各半汤；若尺寸沉短者，囊必缩，毒气入脏，承气汤下之；若手足寒，脉细欲绝者，当归四逆汤主之。久有寒，加茱萸、生姜。伤寒六七日，大下后，寸脉沉而迟，手足厥逆，下焦气虚，阳气内陷。下部脉不至，咽喉不利，唾脓血，亡津液成肺痿。泄利不止大虚也。者为难治，与麻黄升麻汤。伤寒本自寒下，邪自传里为本。医反吐下之，损伤正气。寒格吐也。为逆，吐下，与干姜黄芩黄连人参汤。又云：厥阴为病，消渴，气上冲心，心中疼热，皆热□矣。饥不欲食，胃虚客热。食则吐蛔，胃中无食则动，此热在厥阴也。下之利不止；胃虚也。若中风脉微浮，为欲愈，不浮为未愈，禁下、禁汗。

时行疫疠十一

时行者，春应暖而寒，夏应热而凉，秋应凉而热，冬应寒而温，是以一岁之中，长幼之病俱相似也。疫者，暴厉之气是也。治法与伤寒不同，又不可拘以日数，疫气之行，无以脉论。

春应温，而清折之邪在肝，身热头疼，目眩呕吐，长幼率似，升麻葛根解肌类也。

夏应暑，而寒折之邪在心，身热头疼，腹满自利，理中汤、射干半夏桂甘汤也。

秋应凉，而热折之邪在肺，湿热相搏多病黄疸、咳嗽喘急，金沸草散、白虎加苍术；发黄，茵陈五苓。

冬应寒，而温折之邪在肾，多病咽痛，或生赤疹，喘咳挛痛，萎蕤汤、升麻葛根汤；咽痛，甘桔汤、败毒散之类。

湿暍痓十二

湿家，一身尽疼，发热，身色如熏黄。又太阳病，关节疼痛而烦[1]，□内流也。脉沉而细，此名湿痹。其候大便反快，小便不利，头汗，背强，寒湿相搏。反欲近火，寒湿在表，若下之早则哕而胸满，伤动胃气。小便不利，下后内虚也。舌上如苔，以丹田有热，胸上有寒，渴欲得水而不能饮，则口烦躁也。湿家下之额上汗出微喘，小便利者死，下利不止者亦死。又有身上疼，面黄而喘，头痛鼻塞而烦，阳也、表也。脉大，阳也。自能饮食，腹中无病，不在内也。病在头中，内药鼻中则愈，湿宜利小便。

风湿，一身尽疼，日晡热剧，风也。脉浮身重，恶风汗出，此先客湿而后感风也，治宜麻黄薏苡仁杏子甘草汤，又宜五苓散。

湿温，吐利，大烦大渴，冷汗转筋，但尺脉沉弱，手足微厥，先伤于湿，因而中暑，治宜五苓。又胫冷胸满，头目痛，妄言，多汗，阳脉濡弱，阴脉小急，治宜茯苓白术汤、白虎加苍术汤。忌汗，汗之暍死。

暍，发热恶寒，身重，脉弦细芤迟，小便已洒然毛耸，手足冷，

---

〔1〕烦　此下脱字，按下文“此名湿痹”，疑作“湿”。

劳则热，口开，前板齿燥，白虎加参；小便不利及赤，五苓散；不恶寒，竹叶石膏汤；昏愦不省，葱饼熨法。中暍之候，自汗面垢，烦热，脉虚，若脉洪浮，伏暑也，宜辛温散之。若病如痫者，风暑也。

痓，状与伤寒相似，但项背反张强硬，口禁，如发痫状，头摇，此太阳中风，重感寒湿而然。无汗，脉弦长劲急，名曰刚痓，为表实感寒也，治宜葛根麻黄，便秘宜大承气；有汗，脉迟濡弱弦细，名曰柔痓，为表虚感湿也，治宜桂枝瓜蒌葛根汤，便秘宜大承气，二症通用小续命。大发湿家汗，亡阳亦作痓。

寒热往来十三

往来寒热者，日至四五套或十套也，皆正邪分争也。

表也，寒热，热多寒少，无里证，宜桂枝麻黄各半汤。

半表半里也，寒热宜小柴胡，有里证宜大柴胡。

亡阳也，脉微弱，热多寒少，不可汗，宜桂枝二越婢一汤。

血少也，尺脉迟涩，热多寒少，宜建中汤加芪。

已汗已下，寒热往来者，桂枝干姜汤。

恶 寒 十 四

不待风而寒，虽身大热而不欲去衣，厚衣犹言冷也，向火不能遏其寒。又云：身大热不欲去衣，表热里寒也；身大寒不欲衣者，表寒里热也。

有虚实之别：汗出恶寒表虚也，可解肌；无汗恶寒，表实也，可汗。

有阴有阳之别：恶寒而蜷，脉沉细而紧者，发于阴也，可温之；寒热相继者，发于阳也，可发汗。

有气虚，因吐下、因发汗后，反恶寒，脉微弱，宜芍药附子甘草汤。

背恶寒十五

有阴盛阳盛。

阴寒气盛，阳气不足则口中和也，处以附子汤。

阳气内陷，阴气不足，口中干燥，白虎加参，复津液。

恶风十六

见风至则恶矣，得以居密室帐中则坦然自舒无畏，或扇或当风则淅淅然而恶矣。又云：天本无风，病人自恶，谓无风而皮毛粟起也。盖三阳有恶风，三阴并无也。

有伤寒、中风之别：无汗伤寒，有汗中风。

有亡阳、风湿之别：发汗多，亡阳，漏汗不止，外不固也，以附子桂枝汤，温经固卫也。风湿相搏，骨节烦疼，湿胜，自汗腠理不密恶风也，以甘草附子汤。

发热十七

日三四五发者，谓之发热。寅卯太阳表也，桂枝麻黄；巳午少阳，柴胡。

热在外也，若翕翕覆热而不炽，即风寒怫郁阳气所致。

热在内也，若火之蒸灼然而热，即阳气下陷入阴中，热先自里而表。

表里俱热，则半表半里也，但热有轻于纯在表者也。

不治证

阴阳俱虚，热不止者死。

下利热不止者死。

汗后复热而脉躁疾，狂言不能食，名曰阴阳交死，乃肾虚感邪，则阴邪与真阳交合，伏入于心包络之间。先用三黄泻心汤加参附三服，和其心包。病若静，次用知母麻黄汤三服，开泄心包之邪，又次用竹叶石膏汤，复其津液。

潮 热 十 八

一日一发，止于未申之时，属阳明也，可下之，热已入胃故也。

烦 热 十 九

无时而歇，非比发热时发时止。

烦热与发热，二者俱表也。

曰病人烦热汗出而解；又曰发热已解，半日许复烦，再与桂枝汤；又曰服桂枝反烦不解，先刺风池、风府，再与桂枝。

汗后热二十

发汗不入格病不解，宜再汗。汗后再伤风寒而热，宜再汗。

汗后温温而热，脉弦小而数，有余热也，宜和解之。

汗后温温而热，脉静身无痛处，虚热也，宜平补之。

汗后温温而热，或渴，或胸满，或腹急，有里证，脉沉数，宜下之。

自汗二十一

风邪干卫，自汗表虚，脉浮而无力，桂枝和之。

暑邪干卫，中暍自汗，恶寒身热而渴，脉虚，白虎主之。

湿邪干卫，多汗而厥，脉濡沉，此其风湿甚者，白虎加苍术。

风湿自汗，脉弦，宜萎蕤汤，彻其热也。

寒渐入里，传而为热，亦使自汗。

已上皆表邪未解也。

漏不止而恶风自汗亡阳，脉沉细，宜桂附汤温经，此表之虚也。

阳明发热，其汗如雨，则胃汁内干，急下之；下迟津液内涸，黑斑而死。

自汗脉沉数有力，宜下之。

柔痓自汗，脉沉，宜小续命，散其风邪。

霍乱自汗，脉细紧，宜四逆回阳也。

少阴病反自汗，脉沉细，宜四逆汤，补其肾也。

不治证

汗出发润及如油，或大如贯珠，著身出而不流者死。

发湿温汗，名曰重暍死。乃人素有湿，因而中暑，暑温[1]相搏。

自汗属太阴脾经，脾之真气随汗而泄，复以热药汗之，两热相攻，热旺脾脱，口不能言，而耳聋身不知痛，身青面变而死。有白虎加苍术，救其在表里者，可保十死一生。

盗汗二十二

睡中出，曰盗汗。

盗汗，邪气在半表半里也。

睡则卫气行于里，乘表中阳气不密，故自汗，觉则气散于表，故汗止。

---

〔1〕温　按文义、医理应作“湿”。

头汗二十三

头汗，邪热内蓄不得越，蒸于阳经，且头汗为里虚表实，玄府不开则阳气上蒸于头。头汗则五脏枯干，心包络中空虚，至此则津液竭也。切勿下之，下之则肠胃真气大泄，津液外亡，故曰重虚。凡头汗忌下。

表也。头汗，往来寒热，宜柴胡桂枝干姜汤。

半表半里。头汗，名曰阳微结，则阳气衰而肠胃燥，大便秘结矣，宜小柴胡，次与脾约丸润之。

又有胸胁满微结，小便不利，呕而渴，但头汗，往来寒热，及微恶寒，手足冷，大便鞕，脉细，亦是也。

里也。头汗，名曰纯阴结，不热，但烦渴，便秘不通，宜大柴胡下之。不热者，热在内。

热入血室，头汗，谵语，宜小柴胡加生地黄。

瘀热在里，渴而小便不利，发黄，头汗，宜茵陈五苓散。

阳明病，心下懊侬[1]，宜栀子豆豉汤，吐其胸胃之邪也。

水结胸，头汗，心下紧满，宜小半夏加茯苓。

寒湿相搏，头汗，欲得被覆向火。

阳明被火。

虚烦。

不　治　证

小便不利，头汗者死。阳脱也。

湿家误下，额上汗，微喘者死。阳脱也。

手足汗二十四

手足汗，属阳明胃。

〔1〕侬 《脉因证治》“自汗头汗”条此下有“头汗”二字，可以互参。

热聚于胃，是津液傍达，必大便鞕，或谵语，可下。

寒中于胃，阳明中寒，不能食，小便不利，大便初鞕后溏，不可下。

无汗二十五附不治证

邪在表无汗，六脉浮而有力。

太阳无汗，脉浮紧，宜麻黄。

阳明无汗，小便利，呕而咳，手足厥逆。

刚痓无汗，脉弦，宜葛根汤。

邪内传：

阳明无汗，小便不利，心中懊憹，发黄。

伤寒发热无汗，大渴，无表证，白虎加人参主之。

冬阳明无汗，脉洪实，下其热也，大便不通，口噤胸满者，下之。潮热谵妄，便秘，脉沉数而洪大，下之。

太阴无汗，脉沉细，宜桂枝汗之。

少阴无汗，脉沉，宜四逆温之。

厥阴病无汗，脉微缓，宜桂枝麻黄各半汤，以和其荣卫也。

水饮内蓄而不行，则津液不足，心下满微痛，小便不利。

亡阳无汗，阳虚则津液少，脉浮而迟，其身必痒，又云宜桂枝麻黄各半汤。

阴阳易无汗，脉紧则阳虚，无阳作汗，宜烧裩散、鼠屎汤以和之。

不治证

热病脉躁盛，不得汗者，阳之极也，死；尽药三剂，发汗不出者死。

头痛二十六附不治证

三阳俱头痛，太阳脉浮，葛根葱白汤；少阳脉弦，柴胡汤；阳明脉长，承气汤。

三阴无头痛，惟厥阴脉会于巅，有头痛、干呕、涎沫，吴茱萸汤主之。

小便清者，热不在里，可发散之。

不大便者，有热头痛，可下之。

不　治　证

真头痛，甚入连于头脑，而手足冷者死。

项强二十七

表邪也，太阳证。

痓亦项强，因太阳中风加之寒湿，宜发散之。

结胸项亦强，如柔痓状，宜大陷胸丸下之。

头眩二十八附不治证

眩者非玄，而见其玄。

眊者非毛，而见其毛。

眴者，目摇动也。

运者，运转，世谓之头旋。

冒者，蒙冒，世谓之昏冒。

皆阳虚也。

风亦头眩。

不治证[1]

胸满[2]二十九

胁痛[3]三十

心下满三十一附不治证

虚气上逆也，旋覆代赭石汤主之。痞与泻心不解，渴而小便不利为水饮内蓄，五苓散主之。泻心汤并治痞虚气。

不治证

结胸证悉具而加之烦躁者死，邪胜也。

脏结亦如结胸，邪结于阴也。寸脉浮而关小细沉紧，饮食如故，而阴结阳不结也。时自利，是阴乘阳虚而下也。舌上白苔滑者难治，白苔寒多也。脏结，于法当下，若无阳证寒热，其人反静，苔滑，不可攻也，宜刺关元，小柴胡汤也。

又，病人胁下旧有痞，连在脐旁，痛引小腹入阴筋者死，积与真脏气结也。

腹满并痛三十二附汗吐下后胀满

大满大痛，或潮热大便不通，腹满不减者，实也，可下之。曰

---

〔1〕不治证　此下内容原脱，存疑待考。

〔2〕胸满　此节内容原脱，存疑待考。

〔3〕胁痛　此节内容原脱，存疑待考。

阳热为邪者，腹满而咽干，方可下之。又曰：痛而不满为实，宜大柴胡、承气辈下之。满而且痛，内外表里俱有证，宜桂枝加大黄汤，以和其内外。已上皆热病也。

有冷痛者，痛而大便利，手足冷，恶寒脉细，面青者，温之，四逆也。

有下寒上热痛者，腹中痛，欲呕吐，黄连汤主之。

腹满不痛或时减者，为虚。此虚寒从上下也，当温之。盖虚气留滞，亦为之胀，比之实，但不坚痛为异，宜桂枝半夏汤、小建中汤以和之。又曰，阴寒为邪者，腹满而吐，食不下，自利益甚，时腹自痛，属太阴也，可温之。

汗吐下后胀满

发汗后不解，腹满痛者，急下之。

发汗后腹满是膀胱虚也。者，厚朴生姜甘草半夏人参汤主之。此因表邪发散去津液少，胃主津液，胃虚不能宣布诸气，当温散之。

吐后腹满者，邪气不去，下传入胃，承气主之。

太阳病反下，因而腹满时痛，桂枝加芍药主之。大实痛，桂枝加大黄主之。伤寒下后，腹胀心烦，卧不安，热乘虚，郁于中，气不得上下，栀子厚朴汤主之。

小腹满三十三

谓脐下满也，是在上而满者，气也；是在下而满者，物也；小腹下，溺与血也。若从心至小腹皆鞕满而痛者，实也，大陷胸汤下之。但小腹鞕满而痛，小便利者，蓄血之证，曰热结膀胱，其人如狂，桃仁承气主之。小便不利者，则是溺涩之证，此皆邪气聚于下焦，津液血气不行，留滞故也。

虚烦三十四

谓心中郁郁而烦也。烦者，热也。欲吐不吐，心中无奈。胸中烦、心烦、虚烦三者，皆邪热传里。心烦喜呕，胸中烦不喜呕，小柴胡主之。

少阴病二三日，心中烦，不得卧，黄连阿胶汤主之。少阴病，胸满而烦，猪肤汤主之。已上皆彻热而和解也。如作膈实者，可瓜蒂散吐之。如不因汗吐下，实也，可以重剂吐之。

足阳明病，不吐不下心烦者，实也，可下之。

又伤寒二三日，心中悸而烦者，虚也，与小建中汤补之。大抵先烦而悸者，热也；先悸而烦者，虚也。如因吐下汗后而烦者，虚也。可以轻剂吐之，则是内陷之烦也，栀子豉汤主之，少气者加甘草，呕者加生姜，腹满加厚朴。凡药大下后，热不去微烦，加干姜。

烦躁三十五附不治证

烦而扰，扰而烦，阳也，为热之轻者。烦躁谓先烦而渐至躁也，躁为愦躁而躁，阴也，为热之重者。躁烦谓先躁而后烦者也。

有不烦而躁者，怫怫然便作躁闷，此为阴盛格阳也，虽大躁欲于泥水中卧，但饮水不得入口者是也，治宜温之。

有邪气在表而烦躁者，太阳中风，脉浮紧，不汗烦躁，大青龙主之。曰当汗不汗，其人烦躁。

有邪气在里而烦躁者，大[1]便六七日，绕脐痛，烦躁发作有时，此燥屎也，可下。有火劫而烦躁。太阳病，以火熏之，大热入胃。

有伤寒乍解，胃气尚弱，强食过多，因而烦闷，胃脉浮洪，宜损谷。

有因虚而烦躁。阳微发汗，躁不得眠。下后复发汗，昼日烦躁不得眠，夜则安静，不渴不呕，无表证，身无大热，脉沉微，姜附

〔1〕大　据《伤寒论·辨阳明病脉证并治》“若不大便六七日，恐有燥屎”，此上当有“不”字。

汤主之。发汗若下之烦躁，病仍不去者，茯苓四逆主之。

汗吐下，脏腑俱虚，余热相协，因虚而烦，以身不疼，脉不紧不数，宜补其虚。

有阴盛而烦躁。少阴吐利，手足冷，烦躁欲死，茱萸汤主之。

不　治　证

结胸证悉具，烦躁者死。

发热下利，厥逆，躁不得卧者死。

少阴病，吐利烦躁，四逆者死。

少阴恶寒而蜷，四逆脉不出，不烦而躁者死。

少阴六七日自利，复烦躁不得卧寐者死。

懊侬三十六

谓郁闷不舒畅也，无奈也，比之烦闷而甚。

由下后，表邪未解，阳邪内陷，结伏于心胸之间，邪热郁于胸中，宜栀子豉汤吐之。

或发汗吐下后，乃阳明病下之，其外有热，手足温，不结胸，饥不饮食，头汗，邪热结于胸中，宜承气茵陈下之。

阳明下之，胃中有燥屎，及阳明病无汗，小便不利，心懊侬，必发黄。

不得眠卧三十七

眠者，常睡熟也；不得眠者，虽睡不熟，且安静不烦也。卧者，欲睡着而复醒也；不得卧者，欲安卧而烦闷不能安也。二者皆由汗吐下而生。胃虚则不得眠，心虚则不得卧。汗吐下后不得眠，栀豉主之。日烦夜静，姜附主之。

不眠。少阴病，心烦不得眠，宜黄连阿胶汤。大热错语不眠，宜黄连解毒汤。下利而渴不眠，宜猪苓汤利其水。吐下后，虚烦不得眠，酸枣仁汤导其热。

下后不眠同前。

不卧。身热目疼，不卧有汗，宜桂枝柴胡汤；无汗，宜麻黄加白虎。误服青龙，汗多亡阳，先与防风白术牡蛎散，收其汗，次用小建中，养其心血。

风温误汗不卧者死。

热病余热入心包络，不卧，宜知母麻黄汤小汗之，次用小柴胡乌梅栀子汤，散心经之热，差后阴未复不卧，宜栀子乌梅汤。

喜眠三十八

一忽又一忽，终日睡着沉沉不醒，惟狐惑二证有之，乃因下利后，内热乘虚生虫，杀人甚急，宜桃仁汤、黄连犀角汤。

终日终夜常眠不寤，惟少阴下后，心肾虚寒，宜四逆温之。

有欲幽静而但不能眠熟，惟百合、风温二证有之。百合因汗下后，内外俱虚，气无以守，心神不宁，汗后成者，百合知母汤；下后成者，滑石代赭汤；吐后成者，鸡子汤；不曾汗吐下自成者，百合地黄汤。

舌上苔三十九附不治证

热也，津液结搏为膜在舌上。

白滑者，邪气初传入里，客于胸中，栀子豉汤主之。

又阳明误下，白苔者，同治。

半表半里者，小柴胡汤主之。

不滑而涩，是结热在里，表里俱热，口大干，舌上干燥，白虎汤加参主之。

黄者[1]□□入胃，可下之。

黑者热极也，死。

不治证

脏结白苔滑者死，其候如结胸，饮食如故，时时下利。

〔1〕者　此下脱字，按上下文义疑作“热邪”。

衄四十附不治证

热在表也，是经络热盛，阳气拥重，迫血妄行，衄乃自解，忌汗。

不治证

衄，头汗出，身无汗，死。及汗出不至足者死。

发衄家汗，则额上陷脉紧急，直视不得眴，不得眠。

少阴病，但厥无汗，强汗之，因致衄者，难治，名曰下厥上竭。

哕四十一附不治证

䭇[1]者，但胸喉间气塞不得下通，然而无声也。

哕者，吃吃然有声也。二者皆胃受疾也，趺阳浮为䭇，滑为哕。䭇者，胃虚水寒相搏，宜小青龙去麻黄加附子；哕者，因大吐大下，胃虚之极也，此妄下之过，多不治。

又有热气拥，郁气不得通而成，轻者，有和解之证，重者，有攻下之候，非比大下后。

不治证

太阳中风，以火劫发汗，阴阳俱虚竭，身体枯烦，头汗至颈而还，腹满微喘，口干咽烂不便，谵语至哕者死。

又不尿腹满加哕者死。

咳四十二附不治证

咳，嗽也，肺主也。肺主气，形寒饮冷则伤之，使气上而不下，逆而不收，冲击膈咽，令喉中如痒，习习如梗，治宜发散。小便利者，不可发汗，发汗则四肢厥冷，咳而发汗，蜷而苦满，腹复坚为逆。

〔1〕䭇（yè 噎）《玉篇》："食不下也。"《说文》："饭噎也。"

肺寒而咳者，皮毛之寒内合饮食之寒，则为咳嗽。

停饮而咳者，伤寒表不解，心下有水气，干呕发热而咳，小青龙主之。此为水饮与表寒相合也。

又有少阴病，腹痛小便不利，四肢沉重痛，自利，此为有水气，其咳者，真武主之。此为水饮与里寒相合也，表传里而咳者。

少阴病四逆，其人或咳，四逆散加干姜五味子主之。此为阴邪动肺而咳也。

少阴证，其人或咳者，小柴胡去参加干姜五味子。此为阳邪动肺而咳也。

不治证

脉散者死，是心火刑于肺金也。

喘四十三附不治证

喘，肺主也。谓气逆而上行，息数、气急、张口、抬肩、摇身、滚肚。

有邪气在表而喘者，心腹必濡而不坚。

太阳恶风无汗而喘，桂枝加厚杏汤主之。

喘而汗出者，邪气在里也，且邪气内攻，气逆不利而喘，以葛根黄芩黄连汤以利之。

汗出而喘者，邪气在表也，邪气外盛，拥遏诸气不利而喘，与麻黄杏子甘草石膏以发之。

有里证而喘者，心腹坚满短气，有潮热，此外欲解，可攻里也。

有水气而喘者，心下有水气，干呕发热而咳或喘，小青龙去麻黄加杏子主之。

又水停心下则胸膈满而喘，宜利其小便。

不治证

直视谵语喘满者死。

身汗如油，喘而不休，肺绝也，死。

因药下之，泻止而喘者，气已脱也，死。

喘而噫者死。

喘而四逆者死。

喘而鱼口者死。

喘而口闭面里者死。

吐呕四十四附不治证

吐，物出也，胃中虚冷。吐血有热毒，宜犀角地黄汤；有虚寒，宜理中汤。

呕，有声也。干呕有寒，宜姜附；有热，宜五苓；有水气，宜小青龙也。

有热呕者，呕而发热，少阳证具及呕不止，心下急，郁郁微烦，宜大柴胡。

有寒呕者，膈上有寒饮干呕者，不可吐，宜温之，呕涎沫头痛，茱萸汤主之。

有停饮呕者，先呕后渴，此为欲解；先渴后呕，为水停心下，此属饮家。

有胃脘有脓而呕者，不须治，脓尽自安。

表邪传里必致呕也，阴不受邪而不呕也。呕家用半夏以去其水，用生姜以散其逆气。

呕多，虽有阳明证，不可攻之，谓邪气未收敛也。

不治证

呕而脉弱，小便微利，身有微热见厥者死。此虚寒之甚也。

悸四十五

悸，心忪也，惕然动而不安矣。

有停饮者，饮水多必心下悸，心火恶水，心不安也。凡治悸者，必先治饮，以水停心下，散而无所不至。浸于肺则喘咳，浸于胃则哕，噎溢于皮肤则肿，渍于肠间则利下，可以茯苓甘草汤治之。

有气虚者，由阳明内弱，心下空虚，正气内动，心悸脉代，气血内虚也，宜炙甘草汤补之。

又伤寒二三日，心悸而烦，小建中主之。

少阴病四逆或悸，四逆加桂五分主之。

有汗下之后，正气内虚，邪气交击，又甚于气虚者也。

太阳病发汗过多，其人叉手自冒，必心下悸。

又太阳病，若下之身重心下悸者，不可发汗。

少阳病不可吐下，吐下则悸而惊。又少阳不可汗，汗则谵语，此属胃，胃和则愈，胃不和则烦而悸，治法宜镇固之或化散之，皆须定其气浮也。

渴四十六

渴，热也，在里也。

渴小，热小，宜五苓散；渴大，热深，宜白虎汤。

舌干咽焦，乃肾汁干也，可急下之。肾经上属舌本，盖热入肾水为所烁，无以灌注咽喉，失下则舌焦而死矣。

振四十七

振，谓森然，若寒耸然，振动皆虚寒也。至于欲汗之时，其人必虚，必蒸蒸而振，却发热汗出而解，比战为之轻者。

下后复发汗，必振寒者，谓其表里具虚也。

亡血家发汗则寒栗而振，谓其血气俱虚也。

发汗过多亡阳，经虚不能自主持，故身为振摇也，宜茯苓桂枝甘草白术汤。

有振振欲擗地者，真武汤主之。二者皆温经益阳滋血助气。

战栗四十八

战者，身摇，外也。栗者，心战，内也。微则振，甚则战，又甚则栗，其人本虚，邪与正争，邪与外正气争则战，邪与内正气争则栗。

四逆厥附四十九附不治证

四逆，四肢厥冷也。

若手足自热而至温，自温而至厥，传经之邪也。治宜寒冷四逆散，柴胡、芍药、枳壳、甘草。

若始得之手足便冷而不温，而阳气不足，阳经受邪，宜四逆汤温之，姜、附是也。

厥，厥冷甚于四逆也。厥有阴阳气不相顺接。

先热而后厥者，热伏于内也，阳气内陷也。

阳厥，身热便秘，宜下之。

先厥而后热者，阴退而阳气得复也。

阴厥逆冷脉沉细，宜温之。

若始得之便厥者，则是阳气不足，阴气胜也，主寒多矣。

厥少热多，其病则愈；厥多热少，其病为逆。至于下利，先厥后热，利必自止，阳气得复，见厥复利，阴气还胜，有邪结胸中，阳气不得敷布而手足冷，当吐之，为阴盛矣，加之恶寒而蜷阴，极也。

不 治 证

少阴病，恶寒身蜷而利，手足厥冷者，不治。

又少阴病，但厥无汗，不当发汗，强发之则真阳之气绝，阳无所养，血上溢矣。故两足逆冷，名曰下厥上竭。尺脉得微有，宜脐下灸千壮，服回阳辈，脉不回人不省死。

郑声　谵语五十附不治证

郑声，乃声转而不正也，以身凉脉小，自利不渴而多言者，为郑声，虚也，宜凉补之。

谵语，乃妄有所见而言，皆真气昏乱，神识不清所致。

并热在胃中，上乘于心也，有言语差谬，睡中呢喃，独语不休，乱言皆热，分轻重。

有被火劫谵语者，大热入胃中，水竭水燥。又腹满微喘，口干咽烂不便，久必谵语。

有汗出谵语者，风也，须过经，可下之；若下之早，言语必乱，以表虚里实故也。

有下利谵语者，有潮热谵语者，皆胃中有燥屎，可下之，承气汤。

有下血谵语者，热入血室，当刺期门，宜小柴胡、桃仁承气辈。

有三阳合病谵语者，腹满身重，难以转侧，口中不仁，面垢遗尿。

有发汗多，亡阳谵语者，不可下，以桂枝柴胡汤，和其荣卫也。

不治证

脉短者死。

逆冷脉沉细者死。

上气喘满直视者死。

自痢下夺者死。

短气五十一

短气，乃气急而短促，呼吸频数而不能相续，似喘而不能摇肩，似呻吟而无痛，腹心满胀而短气者，里也，实也。又短气不足以息者，实也，十枣、陷胸也。心腹濡满而短气者，表也，虚也。

有水饮短气者，食少饮多，水停心下，宜五苓。

摇头五十二附不治证

摇头，有摇头言者，里痛也，痛使之然。

有口噤背反张者，痓也，风使之然。

不　治　证

有形体如烟熏，头摇直视，此心绝也，乃阴极阳无根矣，死。

瘈疭五十三

瘈疭，瘈者，筋脉缩急也；疭者，筋脉伸缓也。伸缩不止俗曰发搐，并邪热盛也。热盛则风搏并经络。风主动，四肢动而不宁，若以祛风涤热治之亦有可生，若妄加灼火发表之药则死矣。

不仁五十四

不仁，谓不柔和，不知痛痒，不知寒热也。

由气血虚少，邪气拥盛，正气不能通行而致也。

直视五十五

直视，视物而目睛不转动也，能转动者非也。

直视为不治之疾，由正气已脱，邪气极盛也。

有目中不了了，睛不和者，无表里证，大便难，身微热者，此内实也，可下之。

郁冒五十六

郁冒，昏迷也。郁则气不舒，冒则神不清。

由虚极而乘寒，如少阴病下痢止而头眩而冒者死，此虚极也。

动气五十七

动气，脐傍筑筑然动跳也。

由真脏之气虚发动也，虽有攻里发表之证，不可汗下。

肝内证，脐左有动气；肺脐右；心脐上；肾脐下，并按之牢，若痛，必待问而知。

自利五十八附不治证

自利，有热，肠垢也。有寒，鸭溏也。有湿毒，利脓血也。

有合病自利：太阳与阳明合病，必自利，在表也，以葛根汤发之。太阳与少阳合病，必自利，在半表半里也，以黄芩汤和之，呕加半夏。阳明与少阳合病，必自利，邪入府也，以承气下之。

有热利者，不应下而下，表邪乘虚入里，内虚协热遂自利。又下利欲饮水者，热也。发热复重，泄色黄赤者，热也。大热内结，注泄不止，治宜寒疗，结伏虽除，以寒下之，又热则分利之。

有寒利者，自利不渴属太阴，以脏寒故也。又小便色白，少阴病形悉俱，寒也。又恶寒脉微，自利清谷，寒也。并宜理中温之。又大寒凝内，久痢溏泄，绵历岁年，宜热下之。

有湿毒利，脓血，宜地榆散。

有结积利者。

少阴病自利清水，心下必痛，口干燥，必下利，三部皆平，按之心下鞕，或脉沉而滑，或不欲食而谵语，或作复年月，宜攻之、逐之。

治下利，虽有表证，不可发汗，为邪内攻，走津液而胃虚，表之必胀满。

不 治 证

下利身凉脉小为顺，身热脉大为逆。下利脉反实者死。

发热下利至甚厥不止者死。

直视谵语下利者死。

手足厥冷无脉，灸之不温，脉不还者死。

少阴证自利，复烦躁不得卧寐者死。

已上皆邪拥盛，正气下脱而死者也。

曰六府气绝于外，手足寒；五脏气绝于内，下利不禁。

又下利右关脉弦者死，是胃虚木胜也，治以理中辈，得胃脉缓者生。

又伤寒六七日，脉迟下利而热，当与黄芩汤彻其热。

腹中应冷当不能食，今反能食，名曰除中，死。能食者是热，热未去也，此脾经邪热未去，而胃气去矣。

筋惕五十九

筋惕，跳也，肉瞤动也。

由发汗过多，津液枯少，阳气大虚，筋肉失养。

太阳病脉微弱，汗出恶风，不可服青龙，服之则筋跳肉动。

又太阳病发汗，汗出不解，仍发热头眩，身动振振欲擗地，真武主之。动气在左右不可汗，汗出头眩身动，治宜温经益阳。

有吐下后发汗，表里俱虚，此又甚也。

吐下后发汗，虚烦，脉甚微，八九日心下痞，胁下痛，气上冲咽喉，眩冒，筋脉动惕，久而成痿，此逆甚也。

又太阳病发汗复下之，肤动胸烦，面青黄者，难治，此阳气太虚也。若面黄手足温者，易治，此阳气复也。

热入血室六十

热入血室，血室乃经脉留止之处，血海也，冲脉也。男子由阳明内热，方得而入，感则下血谵语。

妇人由太阳经便得，而入则有月水适来适断为异。

中风发热，经水适来，热除脉迟，胸胁下满如结胸状，谵语，此邪留于胸胁不去，当刺期门。

中风七八日，经水适断，寒热有时如疟，此乃血不行也，小柴胡散之。

伤寒发热，经水适来，昼日明了，暮则谵语如见鬼，以血自下无留，邪热随血散，必自愈也。

发黄六十一附不治证

发黄，由湿热相交也，主在脾经。

有热盛而黄者，身黄色如橘子，甚者染衣如柏。

阳明病无汗，小便不利，必发黄。

又头汗，身无汗，小便不利，渴饮水浆，此为瘀热在里也，茵陈汤、五苓散。

又有内热已盛，被火者，亦发黄也。

邪风被火热，两阳相薰灼，其身黄也。

伤寒身黄发热者，此外热也，宜栀子柏皮汤以散之。

有湿黄者，身如薰黄，虽黄而色暗不明也。

伤寒发汗后，身目为黄者，寒湿在里不解故也。

有蓄血下焦，身黄者，脉沉结，小腹鞕，而小便自利，如狂，宜抵当汤下之。

不　治　证

寸口无脉，鼻气出冷者死。

体如烟薰，直视摇头，为心绝也，死。

环口黧黑，柔汗发黄，为脾绝也，死。

狂六十二附不治证

狂，谓少卧不饥而自高贤也，自辨智也。曰重阳者狂，重阴者癫，由邪热至极也，宜大下之。

又有热在下焦膀胱，如狂而未至于狂，但卧者不安耳。

又狂见蓄血，下焦蓄血亦狂也。

不治证

狂言目反直视，肾绝也，死。

汗出复热，狂言，不食，为失志，死。

霍乱六十三附不治证

霍乱，谓邪在上焦则吐，邪在下焦则下利，邪在中焦，胃气不治。为邪所伤，阴阳乖鬲，遂上吐而下利。若呕吐而利，谓之吐利；躁扰烦乱，谓之霍乱。

伤寒吐利者，邪气所伤也。霍乱吐利者，饮食所伤也。其有兼伤寒之邪，内外不和者，加之头痛发热，热多欲饮水者，五苓散主之。寒多不欲饮水者，理中汤主之。理中加减：脐上动者，肾气动也，去术加桂；吐多者，去术加生姜辛散也；悸者，加茯苓，以导其气也；寒加干姜温也；腹痛加参以补之；腹满者，此胃虚气壅也，去术甘，令人满也，加附辛以散壅；吐利止而身痛者，宜桂枝汤，以和之；吐利寒热，手足冷与下利清谷，脉微，四逆汤主之。

不治证

干霍乱者，死。乃躁扰不安，喘胀不得吐下者也。

蓄血六十四

蓄血，谓血结下焦不行也。

由太阳随经瘀血在里，血为热所搏。

太阳病七八日，表证仍在，脉微而沉，反下，结胸，其人如狂，以热在下焦，小腹当鞕满，小便自利者，蓄血也，抵当主之。小便不利，非血畜也，是津液内结也。

又阳明病，其人喜忘，屎虽鞕，其色必黑，亦蓄血也。喜忘者，瘀血也，此又甚也，轻则桃仁承气，重则抵当丸下之。

又如病人无里证，发热七八日，虽脉浮数者，可下之。假令已下，脉数不解，浮则伤气，下后脉浮是荣间热去而卫间热在矣；数则伤血，下后脉数是卫间热去而荣间热在矣。合热则消谷善饥，邪热不杀谷也。至六七日不大便者，瘀血也，抵当汤主之。

凡看伤寒，先观两目，次看口舌，又次以手自心下至小腹按之，如觉有满鞕者，审之问之而治之。

劳复六十五

劳复谓差后血气未平，余热未尽，劳动其热，热还经络复作也。

脉当浮数而鞕，若余热未除再热者，则非劳复也。

治法非此伤寒次第，可速下之。曰大热差后劳复者，梔子豉汤主之，若有宿食加大黄。又曰，劳力而耳热者，宜柴胡鳖甲散平解之。

过食而热者，宜消之。

又曰，伤寒差后，更发热者，小柴胡主之。脉浮汗之，沉实下之。

又麦门冬汤治劳复，竹叶石膏汤治食复。

易六十六附舌卷卵缩

即阴阳易也，以大病差后，男女相易而复作也。

易，谓男女相易则为阴阳易，不易自病谓之女劳复，以其内损其气，外动邪热，真虚邪盛，不可治矣。

其证身体重少气，乃损真气也。小腹里急，引阴中拘挛，膝胫拘急，阴气极也。热上冲胸，头重不欲举，眼中生花。乃所易之毒气上蒸也。

舌卷卵缩

舌卷卵缩，谓肝热也。

目瞪六十七

目瞪，伤寒目瞪口噤，不省人事，此中风痓，宜开关吐痰，痰退眼开，观证治之。

伤寒过经，疾退无热，人因不语，脉和目瞪，下虚戴阳故也。

阳毒不解，热伏太阳，故使目瞪，六脉弦劲，渐作鱼口，气粗者死。

发斑六十八

发斑，热炽也。

舌焦黑，面赤，阳毒也，治宜阳毒升麻汤、白虎加参汤。

冬月大暖，至春发斑，阳脉浮数，阴脉实大，温毒也，治宜承气黄连汤。

狐惑六十九

狐惑，舌上白，唇青，有疮，四肢沉重，忽忽喜眠，因失汁[1]致之。

蛔厥七十

蛔厥，脏寒也，治宜乌梅丸、理中丸。

---

〔1〕汁 狐惑的成因，历代医家多认为伤寒失汗所致，如郭白云说："狐惑……有不发汗，内热焦枯而成者。"据此，疑作"汗"。

两感七十一

两感，一日双传，脉沉而大；二日沉长；三日沉弦，在里证宜四逆汤，表证桂枝汤也。

咽痛七十二

咽痛，有少阴有热，宜黄连龙骨汤。有少阴无热，宜四逆散。有口疮，宜蜜渍连汁。

身痛七十三

身痛，有阳，宜麻黄桂枝；有阴，宜真武；有湿，宜术附五苓也。

小便不利数七十四

小便不利数，热宜五苓承气，湿宜姜附，寒热宜柴胡桂枝干姜汤也。数宜干姜芍药汤、承气类也。

四证类伤寒七十五附表里、表里双见

伤食，右寸脉紧盛，痞满。又口无味液不纳谷，息匀。

痰证，呕逆头痛，脉浮而滑，痞满。

虚烦，不恶寒，不头痛，身疼。

脚气，但疾起于脚。

表　里

无表里，至十三日后，大柴胡主之。脉数，不大便，瘀血也，抵当主之，过经不解，承气主之。

表里双见

脉浮大表也，又烦渴小便赤，心下痞，治宜大柴胡、桂枝汤、五苓散。

脉浮紧，咽燥，口苦，腹满而喘，发热汗出，不恶寒而反恶热，治宜栀子豉汤。

脉迟弦细，里也，又有里证，治宜小建中、小柴胡。

误下表未解，下之协热利不止，宜桂枝人参汤。腹痛喘渴，见各门下。

祖按：伤寒第九至此条款，俱系伤寒变证，后有言及伤寒者，乃论杂证中参及之耳。凡治病辨得伤寒明透，则杂症皎然矣。盖伤寒专言足六经：足太阳膀胱经、足少阳胆经、足太阴脾经、足少阴肾经、足厥阴肝经。杂症则兼手六经：手太阳小肠经、手少阳三焦经、手阳明大肠经、手太阴肺经、手少阴心经、手厥阴心包络。此之谓十二经配脏腑也，故分言之，以便览者。

丹溪手镜卷之中

宛陵吴尚默以时父　　订正
西吴陈乾阳潜夫父　　参订
宛陵戴天眷德符父
天台林凤翔　父
括苍王硕辅晋卿父
黔中刘汝丹戴卿父
玉融林士元则允父
螺川王万亨景和父
孝乌后学丁承祖德父
同邑后学龚天定孔固父　同阅
赤岸裔孙朱文英　　藏稿

伤寒方论一附李论、刘论

李　论

太阳证，脉浮紧无汗，名伤寒，宜麻黄汤；脉浮缓自汗，名伤风，宜桂枝汤。

阳明证，不恶风寒，自汗，脉长，宜白虎汤；浮沉按之有力，宜大承气汤。

少阳证，脉弦，宜柴胡汤。

太阴证同前脉沉细，宜四逆；浮宜桂枝汤。

少阴证，脉沉实，宜大承气；脉细沉迟，宜四逆汤；身凉，脉沉细而虚，宜泻心汤；身热而烦躁，二便自利，脉浮洪无力，按之全无，宜附子泻心汤；吐泻不渴，脉微弱，宜理中汤；渴而脉沉有力而疾，宜五苓

散；脉沉发热当汗，宜麻黄细辛附子汤；下利青色，口燥，宜下，不渴温之。

厥阴证，脉俱微沉实，按之有力，宜下，无力宜温。

刘　论

表证宜麻黄汤发之，内证之外者，麻黄细辛附子汤。渍形以为汗，里证依方加大黄下之。

肾外证，脉浮，前方加姜附。内证泄利，后方加同。

肝外证，面青，脉弦，前方加羌活、防风。内证便秘淋溲，沉弦，后方加同。

心外证，面赤，脉浮洪，前方加石膏、黄芩。内证烦心，心痛而哕，脉沉，后方加同。

肺外证，面白，嚏悲，脉浮而涩，前方加桂姜。内证喘咳，脉沉，后方加同。

脾外证，面黄，善噫，脉浮缓，前方加白术、防己。内证腹满，脉沉，后方加同。

羌活汤　治一切伤寒及两感。出刘。

羌活　防风　川芎　甘草　地黄　黄芩各一两　白术二两　细辛二钱五分

如身热加石膏四钱；腹满[1]加芍药三钱；寒热加柴胡一两，半夏五钱；心下痞加枳实一钱；里证加大黄三钱，邪尽止之。

大羌活汤　治同上方。出李。

防风　羌活　川芎　甘草　黄芩　细辛　独活　苍术　防己　白术　黄连各一钱　知母　地黄三钱　白芷阳明加之

双解散　混治。出刘、张。

春夏不服麻黄　秋冬不服桂枝

夏不服青龙　冬不服白虎

桂枝汤　解肌和卫也，治太阳中风自汗脉浮。

〔1〕满　《脉因证治·伤寒·六经余证》作“痛”。

桂枝君也，风湿于内，平以辛　芍药　甘草臣也，酸收甘缓　姜枣使也，辛散甘缓各三钱

此方，西北可常行之，惟江淮间冬春可行之。自春末夏至前用，加黄芩，谓之阳旦汤，夏至后，加芩二钱半、知母半两、石膏一两。若病人素虚寒，不必加减。

加芍药一两，治腹痛下后脉浮。

加大黄，治大实腹痛。

加附子一枚，治风湿身疼，又治汗漏不止。

加干姜治已汗已下，又寒热往来。

加瓜蒌、葛根，治有汗柔痓。

加麻黄二钱、杏仁十二枚，治寒热往来，名桂麻各半汤。

加麻黄二分、石膏三钱，治寒热往来，脉微弱，不可汗，名桂枝二越婢一汤。

加厚朴、杏仁，治喘恶风无汗，表也。

去芍药，治下后，脉促胸满。

麻黄汤　治寒邪。

麻黄君也，三钱，散寒　桂枝臣也，二钱，解肌　甘草佐也，一钱，寒伤荣，荣主肝，肝苦急，以甘缓之　杏仁使也，利气，二十个

加知母一钱五分、石膏三钱，治夏至前后无汗热病。加杏仁五十枚、麻黄半两、甘草二钱、石膏八钱半，治喘。

加麻黄、薏苡二钱、甘草一钱、杏仁十枚，治风湿相搏身疼。

加麻黄细辛二钱、附子十枚，治少阳证脉沉。

加芍药、葛根、姜枣，治刚痓无汗，名葛根麻黄汤。

解肌汤　治春温，又治疫。

葛根二钱　麻黄三钱　桂枝　甘草一钱　芍药　黄芩二钱　枣同煎。

升麻葛根汤　治春冬时行。

升麻　葛根　甘草　芍药各等分

又治太阳阳明合病自利，葛根一两　黄芩　黄连　甘草各二钱

汤，治喘汗出里也。又治误下协热利不止。

阳毒升麻

升麻二钱　犀角　射干　黄芩　人参　甘草各一钱

大青龙汤　治风寒两伤，寒脉浮紧中风证；风脉浮缓伤寒证是也。

麻黄君也，六钱，散寒　桂枝臣也，二钱，祛风　甘草二钱　杏仁四十枚，甘苦助之佐麻黄也　姜枣辛甘合之佐桂枝也　石膏使也，使荣卫之气俱和而又专达肌表者也

上一服止，若再服汗多则亡阳也。若脉微弱汗出恶风不可服，服之则厥逆筋惕肉瞤也。大青龙不可误服，误服则厥逆。

小青龙汤　治风寒两伤，加之心下有水气，乃除表里之邪耳。

麻黄君也，发散表之风寒　芍药　五味佐也，寒饮伤肺咳逆而喘，以酸收肺逆也　干姜　细辛　半夏辛热，心下有水，津液不行，则紧气燥，以辛润之，以热散之

若渴者，去半夏加瓜蒌根。渴者气燥也，瓜蒌根苦寒润燥也；若微利去麻黄，加芫花，水入肠间则利下，不可攻表，芫花下水；若噎者去麻黄，加附子，噎者水寒与虚，麻黄非宜，附热温气辛散寒；若小便不利、小腹满去麻黄，加茯苓；若喘者去麻黄，加杏仁泄逆气。

大承气汤　治邪结入胃，又治阳明少阴合病自利，治久利热利腹胀。

枳实君也，十枚，苦寒溃坚破结，为之主　大黄使　厚朴臣也，苦湿泄满除燥　芒硝佐以治热

桃仁承气汤　治蓄血。

桃仁五十枚　桂枝　芒硝　甘草六钱　大黄一两三钱

大柴胡汤　治春温。

柴胡君也　黄芩臣也　芍药佐也，苦酸涌泄为阴　枳实佐也，苦寒泄实折热也　大黄使也　半夏　姜枣辛散甘缓

小柴胡汤　治春温热多呕，治曰[1]胎。

---

〔1〕曰　疑残字，据《伤寒论辨阳明病脉证并治》："阳明病……舌上白胎者，可与小柴胡汤"，应作"白"。

柴胡君也　黄芩臣也　人参　甘草佐也，甘平也，邪气传里，里气则不治，甘以缓之，以扶正气而复之　半夏佐也，以辛散之

若胃中热而不呕，去半夏、参，加瓜蒌根。不呕无逆气，故去半夏；人参恐助热，亦去之；瓜蒌根苦寒，以通胸中郁热。若渴者，燥也，去半夏，加人参生津、瓜蒌根润也。

若痛，中痛寒也，去黄芩加芍药。

若胁下痞鞕，去枣，加牡蛎以咸软坚也。

若以心下悸，小便不利者，去黄芩，加茯苓以行水也。

若不渴，外有微热，表也，去人参加桂治表也。

若咳者，去人参、姜、枣，加五味子、干姜，甘补。逆气，故去参、枣，五味酸收，干姜散寒也。

若热入血室，谵语，加生地黄。

四逆散　治少阴四肢厥逆。

柴胡　芍药　枳实　甘草

右为细末，每服二钱，米饮调下。

嗽加五味子，干姜；悸者加桂。

栀子豉汤　治心下懊侬，及吐汗下后，胸满虚烦不眠，又治白苔，又治劳复。

栀子　豆豉

若下之后热不去，加干姜。

下后腹胀，加厚朴、枳实。

若劳复，加枳壳。

若发黄外热，加柏皮、甘草。

若时行大热虚烦，加生地黄、石膏、柴胡、升麻，名栀子升麻汤。

瓜蒂散　吐胸满膈实。

瓜蒂苦寒　赤小豆酸苦，涌膈实　香豉苦寒，去热　亡血家忌。

大陷胸汤　治胸中邪气与阳气相结，不得分解，壅于心下，鞕痛。

甘遂君也，一字，苦寒，泄热破结　芒硝臣也，八钱，咸寒，泄热软

坚 大黄使也

大陷胸丸

大黄半两 葶苈 芒硝 杏仁七钱 甘遂丸如弹，不下再服 蜜水下一丸。

小陷胸丸 治前证按之痛。

黄连三钱 半夏八钱 瓜蒌仁二个

枳实理中丸 治无热证结胸。

本方加枳实、茯苓。

枳梗汤 治胸满不利。

桔梗 枳壳 水二钟，煎八分服。

泻心汤 治虚痞，邪留心下谓之痞，留于胸中谓之结胸。

大黄一两 黄芩 黄连二钱半

若满而软，加半夏。

若胸满恶寒自汗，加附子。

若胸满下之尤痞，加甘草、于姜、人参。

已上并去大黄。

旋复代赭汤 治吐汗下后痞而噫气不除。

旋复花 甘草一两 人参六钱 代赭石三钱 半夏八钱 姜枣

厚朴汤 治腹胀满。

厚朴四钱 半夏二钱 甘草 人参各五分

十枣汤 治痞硬引胁。

芫花 大戟 甘遂四钱 枣十个 同煎。

茵陈汤 治热极发黄。

茵陈君也，苦酸寒泄热主也 栀子臣也，苦寒入心 大黄使也

白虎汤 治热甚于外，又中外俱热；内不得泄，外不得散。

知母君也，苦寒 石膏臣也，助 甘草 粳米使也，以甘缓之

白虎为大寒之剂，立秋后不可服，服之则哕逆成虚损也。

治秋时行，加苍术。

治风湿自汗，亦加苍术。

治暍中暑、治暍、治白苔涩者，加人参。

五苓散 克伐肾邪。治发黄、霍乱，通行津液。

茯苓君也 猪苓臣也 白术佐也，脾恶寒，水饮内畜，脾气不治，以甘助之 泽泻使下也，导溺 桂辛热，水畜不行则肾气燥，以辛润之，以热散之

小半夏加茯苓汤〔1〕 治水结胸。

茯苓甘草汤〔2〕 治水饮为悸。

理中丸 治脾胃。

人参君也 白术臣也，脾恶湿，甘胜湿 甘草佐也，甘朴 干姜使也，辛热，胃恶寒

若脐下筑动者，肾气动也，去白术，加桂。术甘滞气，桂辛散肾气。

若吐多，加生姜，去白术。术甘壅，姜散逆气。

若下多，加术，术胜湿。

若悸者，饮也，加茯苓。

渴欲水者，加术生津。

腹痛，加参补之。

寒多，加干姜。

腹满，去术，加附。术令人中满，附辛散满。

四逆汤 治阴寒脉沉。

甘草君也，六钱 干姜臣也，半两，逐寒 附使也，一钱，温经

水二升，取四合，去滓，分二服。

吴茱萸汤 治厥阴头痛，干呕涎沫。又治少阴烦躁，吐利四逆。

茱萸 生姜半两 人参一钱

真武汤 治停饮而欬，水饮内寒相合者。又治振；又治水在心下，外带表。

茯苓君也 白术臣也，脾有水则不治 芍药 生姜湿淫所胜，佐以

---

〔1〕小半夏加茯苓汤 方出《金匮要略》，由半夏、生姜、茯苓组成。

〔2〕茯苓甘草汤 方出《伤寒论》，由茯苓、甘草、生姜、桂枝组成。

酸辛　附子使也，散湿温经

若欬者，加五味、干姜、细辛，水寒射肺，酸收辛散。

若小便利者，去茯苓。

若下利，去芍药，加干姜，酸泄辛散寒也。

呕者，去附子，加生姜。附补气，姜散气也。

建中汤　治热多寒少。又治血少，尺脉迟涩；治腹痛；又治虚烦；又治悸。

胶饴君也，甘温　甘草臣也　桂枝佐也，辛散也　芍药佐也，酸收也，泄也　姜枣使也，健脾胃

脾约丸　脾约则小便数大便鞕。约，胃强脾弱津液不布也。又曰脾日虚弱，津液约缩而不舒布也。

杏仁润燥也　枳实散结也　芍药酸苦泄也　厚朴散脾也　麻仁　大黄使也

抵当汤　治蓄血。

水蛭君也，咸寒，咸胜血　虻虫臣也，苦寒，苦走血　桃仁佐也，血聚则肝气散　大黄使也　水煎一服。

小续命汤

麻黄　人参　黄芩各一两　芍药　桂　防己　甘草　川芎　防风　附

金沸草汤　治咳嗽喘急。

前胡　旋复花各一两　半夏五钱　细辛　甘草各二钱　荆芥穗一两半　赤茯苓六钱半

萎蕤汤　治冬热病，咽痛，赤疹。又治风湿自汗。

萎蕤一钱　麻黄　白薇　羌活　杏仁　青木香　甘草各一钱半　石膏二钱半　葛根五钱　川芎一钱半

作三服。

甘桔汤　治咽痛。

桔梗　甘草　水煎服。

射干半夏桂甘汤[1] 治腹满自利。

赤石脂禹余粮汤 治利不止，各一两，作三服。

黄芩汤 治太阳少阳合病自利。

黄芩 芍药 甘草 枣

黄连汤 治下寒上热，腹痛呕吐者。

黄连二钱 陈皮 枳实 麻黄 杏仁 厚朴 甘草 葛各一钱半

黄连阿胶汤 治心烦不得卧。

黄连一两三钱 黄芩三钱 芍药六钱 阿胶一两 鸡子黄八分三个 先煎，后入黄柏。

右和匀，作三服。

猪肤汤 治少阴胸满而烦。

猪黑皮五两 煎至半，加蜜三、米粉二，分三。

酸枣仁丸 治吐下后虚烦不眠。

酸枣仁一升 甘草二钱 知母五钱 麦门冬三钱 茯苓

桃仁汤[2] 治狐惑。

黄连犀角汤

黄连五钱 乌梅七个 木香一钱 犀角一两，无，以升麻代

百合知母汤 治汗吐下后，寒不寒，热不热，行不能，坐不安也。

百合三个 知母半两

百合地黄汤[3]

坏证，谓伤寒，又感风、寒、暑、湿、火、燥，或经汗、吐、下、温针，仍不解，宜知母麻黄汤、鳖甲散。

知母麻黄汤

知母三钱 麻黄 甘草 芍药 黄芩 桂枝半两

---

〔1〕射干半夏桂甘汤 方药组成待考。

〔2〕桃仁汤 本书卷之下“疝十六”载有桃仁汤，治证与此似不相符，此方组成待考。

〔3〕百合地黄汤 方出《金匮要略》，由百合、地黄组成。

鳖甲散

鳖甲　升麻　前胡　黄芩　乌梅　犀角　枳实半两　地黄一两　甘草一钱

发明五味阴阳寒热伤寒汤丸药性二

附辛甘发散为阳、酸苦涌泄为阴、寒淫所胜平以辛热、热淫于内治以咸寒、利水道分阴阳、涤虚烦止燥渴、退寒热交争、润心肺咳逆、破除结鞕而下血、收敛神气以镇惊、陷结胸痞气、泄水肿阴湿、断下利不止、除客噫不休、润经益血、撤热除黄、心烦不得眠、咽痛不能言、建中焦之虚、安蛔虫之厥

辛甘发散为阳

桂枝辛热，发散风寒，肥实腠理。

越婢汤发越脾气；葛根汤用为解肌；大青龙散寒；小青龙发表；甘草汤行阳；附子汤升阴；救逆汤解未尽表邪；牡蛎汤散经中火逆；桃核承气散血；炙甘草汤复脉；半夏散散客寒咽痛；四逆汤救阳气外虚。

凡三十七方同用。

麻黄苦温，泄卫气发表，通腠理解肌，疏伤寒头疼，消赤黑斑毒，治温疟瘴疫，开毛孔皮肤。

大青龙主营卫俱病；小青龙救寒邪在表；附子汤解少阴之寒；石膏汤治汗出而喘，升麻汤发甚热；甘草汤救表寒。

凡十三方同者。

葛根甘平，主伤寒中风头痛，开腠理发汗解肌，治太阳项强，疗合病自利。

半夏汤但呕而不下利；黄连汤表未解而喘急。

凡四方同用。

升麻味甘苦平，主瘟疫时行热疾，止头痛寒热瘴疟。葱白为引，散太阳风寒；石膏为使，止阳明齿痛。升阳气于至阴之下，发

浮热表实可以。

生姜辛温，主伤寒头痛鼻塞，治咳逆痰水，温中安和胃气，游行诸经，仲景诸汤以发散风寒而通神明。

凡二十三方同用。

葱白辛温，通上下阳气，散风寒表邪，入太阴阳明，引众药发散。少阴证，面色赤者，宜加白通汤。肾苦燥者可润。

酸苦涌泄为阴

瓜蒂苦寒有毒，吐心胸填塞，咽喉不得息，湿家头中风寒湿，内药鼻中即愈。

赤小豆甘酸，通气利小便，下水，止消渴。

瓜蒂散涌吐逆气、虚烦。

赤小豆汤，治黄从小便中出。

栀子苦寒有毒，主少阴虚满，时疾发黄，轻飘象肺，入太阴经，色赤象火，彻心中热。

栀子豉汤吐心中懊侬；厚朴汤吐心烦腹满。

凡用栀子汤旧微溏者，不可服。

凡六方同用。

香豉苦甘，通关节，出汗，吐胸中塞窒。治下后心热。与薤白同煎，治伤寒下利劳复发热，用苦以发之。

寒淫所胜平以辛热

附子辛甘大热有大毒，为阳中之阳，故走而不守，入手太阳，浮中沉无所不至，非身表凉四肢厥，不可用。

四逆汤散阴寒；姜附汤复阴虚；附子汤补胃，加桂枝和表；白通汤温里；真武汤除湿。

凡十六方同用。

干姜辛温大热，其性止而不移，属阳，可升可降，补下焦虚寒，温手足厥冷，同附子温里，共甘草复阳。

桃花汤补不足；理中丸止吐利；人参汤解表；陷胸丸开结。

凡十七方同用。

吴茱萸辛温大热有小毒，入太阴厥阴之经，治阴毒下气最速，开腠理散寒通关节和胃，仲景主食谷欲呕，杂证治心腹绞痛。

细辛辛温，入少阴厥阴之经，主咳逆头痛下气，安五脏，破痰利水。

小青龙行水润燥；乌梅丸温脏散寒；四逆汤治内有久寒；附子汤温少阴之气。

凡四方同用。

热淫于内治以咸寒

大黄苦寒，名号将军，夺壅滞去陈垢荡涤。

大承气攻短气腹满而喘；小承气微和胃气，勿令大泄；调胃承气治蒸蒸发热；桃核承气下小腹急结；陷胸汤下结热；抵当汤逐瘀血；泻心汤攻痞；麻仁丸润肠。

凡十四方同用。

芒硝咸寒，伐伤寒大热，治关节不通，利大小便，除肠胃垢，佐大黄攻实满，同甘草陷结胸。

枳实苦酸寒，有疏通决泄之功，破结消坚之效，解伤寒痞结，除胸胁痰癖。

大柴胡扶阴；四逆散散热和胃，汤中麸炒开结，散内生宜。

凡六方同用。

厚朴苦温，苦以泻满，温以补胃，主伤寒头痛，散积冷逆气。

人参汤泄腹满；麻仁丸下燥结；伤寒大满大实，非承气无以攻下，承气有芒硝之峻，非枳朴无以泄气而安胃。

凡六方同用。

利水道分阴阳

猪苓味甘苦平，入太阴少阴之经，主伤寒温疫大热。五苓散分利阴阳；猪苓汤通调水道。

泽泻甘咸性寒而沉，通小肠遗沥，逐三焦停水，利小便不通，宣膀胱胞垢。

凡三方同用。

白术甘平，利水道，有分渗之功；强脾胃，有进食之效。

甘草汤利津液；五苓散润虚燥；真武汤益脾；理中丸和胃。

凡七方同用。

茯苓甘平，开胃府止渴，伐肾水消痰，止小便多，分小便涩。

大枣汤伐肾；四逆汤益阴；甘草汤生津；猪苓汤利水；附子汤补阳；附子丸益脾。

凡九方同用。

滑石甘寒，主伤寒身热虚烦，通六腑九窍津液，同阿胶分渗大肠滑窍。

涤虚烦止燥渴

人参甘温微寒，主虚烦吐逆，益元气，生津液，补阳温寒退热。

白虎汤益气；竹叶汤扶羸；四逆汤滋阴；黄连汤益胃；小柴胡汤补表里不足；附子汤补阳弱阴胜；乌梅丸缓脾；理中汤断利。

凡十九方同用。

竹叶味苦大寒，主咳逆呕吐，胸中烦热，故石膏汤用以清经中余热。

石膏辛甘微寒，解肌发汗，彻热除烦，入少阳主三焦皮肤大热。入阳明疗身热、目痛、鼻干。

越婢汤发表；白虎汤除烦；大青龙解荣中寒；升麻汤清肺中热。

凡五方同用。

萎[1]蕤甘平，治时疾虚寒客热，润心肺止渴除烦。

升麻汤用以润肺；白虎汤加以治斑。

瓜蒌根苦寒，主烦渴身热，口燥舌干。

干姜汤生津液；小柴胡止烦渴。

---

〔1〕萎　此字原脱，据文义疑作“萎”。

退寒热交争

柴胡苦平微寒，专入少阴之经，引清气而行阳道，去内外脏腑俱乏。

小柴胡退寒热；四逆散发表热；大柴胡除里热；加芒硝退潮热，故干姜汤用之复津液而助阳。

凡六方同用。

黄芩苦寒，养阴退阳，滋源撤热，中枯而飘，入太阴泄肺中火；细实而坚，入少阴除心中热；佐柴胡除往来寒热；同半夏退表里之邪。

黄连汤主下利；泻心汤去痞热，以至宣泄五淋，通利关节者用之。

凡十方同用。

半夏辛平，生微寒，熟[1]温有毒，润无形有形则燥，同柴胡主表虚恶寒，共黄芩退里热发热，入足阳明止吐，行手太阴除痰，表里之中用此，故有半夏之称。

小青龙行水气；大柴胡散逆气，以至祛痰止咳，下气消食者用之。

凡十三方同用。

润心肺咳逆

五味子皮肉甘酸，核中辛苦总有咸，故云五味，强阴涤热，逐冷止嗽。

小青龙收逆气安肺；真武汤理咳逆散水。

杏仁甘苦性温有毒，润大肠风闭便难，解肌表时行头痛，利胸中气逆心下烦热。

麻黄汤散寒；陷胸丸泄满；大青龙发荣卫寒邪；麻仁丸润津液不足。

---

〔1〕熟　原作“热”，据文义改。

凡六方同用。

破除结鞕而下血

桃仁苦平，破瘀血血闭，逐瘀血血结。

桃核承气汤下小腹结鞕；抵当汤丸破下焦蓄血。

水蛭咸苦有毒，苦走血，咸胜血，破蓄血之证，逐恶血，消瘀血，通月经之闭。

虻虫苦平有毒，专破瘀血。抵当汤治下焦蓄血，其人如狂者用之，或小腹满因小便不利，而利者为有血也，以抵当丸小可药攻之。

收敛神气以镇惊

铅丹辛寒，收敛神气镇惊，除热下气止利。

龙骨甘平微寒，涩可去脱，固气，安定神志，涩肠。

牡蛎咸寒，入少阴肾经，主荣卫虚热，消胁下坚痞。伤寒阳气亡脱，非龙骨牡蛎之涩，无以固之。凡四方同用。

蜀漆苦平微温有小毒，吐胸中结气，咳逆寒热，故伤寒火邪错逆，惊狂亡阳者用之。

陷结胸痞气

甘遂苦甘寒有毒，其功决水，使气直达下十二水。大反甘草，散膀胱留热，胸腹坚满。

陷胸汤下结胸；十枣汤泄鞕满。

葶苈大寒性沉辛苦，属阳走泄行水，通小肠膀胱留热，抽肺经上气喘急。

陷胸丸泄满，泽泻散导湿。

巴豆性温有大毒，荡涤肠胃，宣通闭塞，破积聚留饮，下十种水气，故三物白散寒实结胸者用之。

栝蒌实苦寒，主胸痹，悦人面，润心肺，止血痰。

陷胸汤下结；小柴胡泄热。

贝母辛苦平，主伤寒烦热，心胸痞满，故曰散下结气，散实。

文蛤味咸，走肾可以胜水，软坚而能开结，故仲景散表中水寒之气。

泄水肿阴湿

芫花味辛苦，性温有小毒，主咳逆上气，胸中痰水，故十枣汤散饮逐水。

大戟味苦甘寒，通十二水，利大小肠，故十枣汤下热而泄水。

商陆味辛酸平有毒，主水胀腹满，花白者可入药，花赤者见鬼神，故泽泻散利小便而散水。

海藻咸寒性沉，属阴利水，通闭结，泄水消肿满，同商陆散水而导湿。

荛花酸苦微寒有小毒，主伤寒温疟水肿坚实，小青龙治利，谓水去利自止也。

断下利不止

赤石脂味甘酸辛大温，涩可去脱以收敛，益神志五脏虚乏[1]，主腹痛肠澼下痢。

禹余粮汤止痢；桃花汤固肠。

禹余粮甘寒，仲景治痢，在下焦用重去怯以禁固。

白头翁苦寒，主赤毒下痢，仲景用散热厚肠。

秦皮苦寒，主身热风寒湿痹，仲景治热痢下重，故以纯苦之剂坚之。

粳米味甘，益气止烦，止泄养脾，补胃补中，象西方色白入太阴脾经。

桃花汤养正气；石膏汤益不足。

白粉，米粉也，故猪肤汤用以益气断痢。此非定粉化铅所作，止可涂面，不堪入药。

猪肤甘温，猪，水畜，其气入肾，少阴客热，下痢咽痛者解之。

---

〔1〕乏　原作“之”，据文义改。

薤白辛苦性温，泄满气，入太阴经，性滑利，行阳明路，除寒热，去水散结气温中。四逆散治泄痢下重，三焦气滞，故以引用。

除客噫无休

代赭石苦甘性寒，重为镇固之剂，其气虚逆而上则噫，故仲景用重以镇虚逆。

旋覆花咸甘，冷利有小毒，开结气行痰水，逐留饮，消痰结。仲景治痞鞕则气坚，用咸以软之。

润经益血

生地黄甘苦大寒，手太阴益阴之剂，撤肾经虚热，导心膈虚烦，故炙甘草汤润经而复脉。

天门冬苦平，利小便泄而不收，通肾气冷而能补，保肺气止嗽、撤虚热、祛痰。故升麻汤润肺而除热。

麦门冬甘平微寒，阳中有阴之药，消肺中伏火伤金。治口干烦渴，虚劳客热。

炙甘草汤益阴血；石膏汤补不足。

麻子仁甘平，足太阴手阳明要药，汗多胃实便难，燥湿而亡津液，故脾约丸通肠润燥，复脉汤益气润经。

通草辛甘，通阴窍涩而不行，消水肿闭而不去，闭涩用之，故名通草。故当归四逆以缓阴血。

当归甘辛性温，属阳，可升可降，在气主气，在血主血，各有所归，故名当归。除客血，补虚劳，滋养诸经。

四逆汤益血；升麻汤补虚。

凡四方同用。

撤热除黄

黄连苦寒，手少阴经撤心肺间热，厚肠胃止下利。

陷胸汤泄胸中实热；泻心汤导心下虚热；人参汤通寒格；白头翁汤坚下利；乌梅丸安蛔；黄连汤降阳。

凡十一方同用。

黄柏苦寒，入手少阴经，泄隐伏火，主五脏肠胃热结。

柏皮汤散热；白头翁汤坚利。

知母苦寒，主燥闷烦心，泻心火清肺。

白虎汤清消肺气；升麻汤除热凉心。

茵陈蒿苦寒，通关节，解肌热，除黄疸，利小便。故仲景治瘀血发黄，小便不利。

连轺即连翘根，味苦寒，故赤小豆汤除热而退黄。

生梓白皮苦寒，主目病，去三虫。仲景治黄，故赤小豆汤降热而散虚。

心烦不得眠

阿胶甘平微温，续气入手太阴经，补血行厥阴路。主阴气不足，泄利无休。

炙甘草汤润经益心血；猪苓汤滑窍利小便；故阿胶汤阴血不足以补之。

鸡子黄甘温，除烦热火疮。阿胶汤补阴血；苦酒汤缓咽痛。

咽痛不能言

桔梗辛苦微温有小毒，手太阴经分之药，行胸中至高之分，止咽痛除寒热，利咽膈定喘促。桔梗汤散寒，佐甘草除热，甘桔相合以调寒热咽痛。

苦酒即醋，味酸温，助诸药行经。

苦酒汤敛咽疮；猪胆汁汤润便鞕。

建中焦之虚

胶饴甘温，补虚止渴，健脾胃补中，故建中汤用以温中散寒而健脾。

甘草甘平，安和药石解诸药毒，调和脏腑神养脾胃。治五劳七伤，通九窍百脉，发散方解表，厥逆方温里，承气汤调胃，白虎汤清肺，柴胡汤缓中，泻心汤导热。中满相反不用，内外上下中无所不至。

凡四十九方同用。

大枣甘温，安中缓脾润经，益胃补养不足，调和百药。

桂枝汤发表；附子汤除湿；十枣汤益土胜水；小青龙滋荣和卫；柴胡汤调寒热；建中汤缓脾胃；复脉汤补不足；吴茱萸汤止呕逆，治客噫，能补胃弱。

凡二十九方同用。

芍药味苦酸，专入太阴经，除湿益津液，缓中通五脏，止腹痛，利膀胱，赤者泻，白者补。

越婢汤益津液；甘草汤益阴血；建中汤收正气；小青龙主气逆；黄芩汤固胃；麻仁丸敛津液；大柴胡挟阴；真武汤除湿。

下后胸满，当去。传经腹满宜加。

凡二十一方同用。

安蛔虫之厥

乌梅酸缓，主劳热虚烦，收肺气喘急，治下利不止，除口干好唾，故乌梅丸以安蛔厥。

蜀椒辛温大热，温中利关节，止利消宿食，开腠理发汗，逐寒湿通经，合和于乌梅丸中温脏寒安蛔。

祖按：伤寒方论一章，是据古方升降补泻以为主治之本，乃定局也。伤寒药性一章，是详品味阴阳良毒，以为佐治加减之用，乃活机也。学者熟读而深省焉，治伤寒无余蕴矣。

杂病分气血阴阳三

日增夜静，是阳气病，而血不病；夜增日静，是阴血病，而气不病。

夜静日恶寒，是阴上溢于阳；夜静日热，是阳盛于本部；日静夜恶寒，是阴旺于本部；日夜并恶寒，是阴部太盛兼有其阳，当泻其寒，峻补其阳。

日安夜躁烦，是阳气下陷于阴中，当泻其阳，峻补其阴。

日恶寒，夜躁烦，为阴阳交，饮食不入死。

阴盛格阳，目赤烦躁不渴，或渴不欲水，脉七八至，按之不鼓，姜附主之。又伤寒二三日，身冷额上汗，面赤心烦者亦是。

阳盛拒阴，表凉身痛，四肢冷，脉沉数而有力，承气汤主之。

阳厥极深，或时郑声，指甲面色青黑，势困，脉附骨取之有，按之无，乃阳气拂郁不能运于四肢，故身冷。先凉膈，以待心胸微缓，可承气主之。

阴证　身重，语无声，气难布息，目睛不了了，口鼻气冷，水浆不入，二便不禁，面刺。

阳证　身轻动语有声，目睛了了，鼻中呼吸利，口鼻气热。

内伤　见于右关前气口，躁作寒已，寒作躁已，不相并，但有间，晡时必减，潮作之时神倦。

外伤　见于左手关前人迎，无间，晡时必剧，潮作之时精神有余。

恶　寒　四附战栗、有热

有湿痰抑遏其阳气不得外泄，脉沉微，治宜江茶、香油、姜汁同服，吐其痰；以通圣去芒硝、大黄、麻黄四物汤。

伏脉有热甚而血虚，脉沉而涩、宜四物、四君子陪地黄、黄柏。

战　栗〔1〕

有　热〔2〕

热　烦　五附劳

内热曰烦，外热曰热。

〔1〕栗　此下疑有脱文，存疑待考。
〔2〕热　此下疑有脱文，存疑待考。

脉浮大而里虚为虚，细小而实为实。暴热病在心肺；积热病在肝肾；虚热不食，自汗，气短属脾虚；实热能食，渴，便难属胃实；火郁而热，五心热，乃心火陷于脾；血中伏火，心神烦乱不安，宜镇阴火，阴虚热，酒食肉热。

肺热　日西甚，喘欬寒热，轻者泻白散，重者凉膈、白虎、地骨皮散。

心热　日中甚，烦心，心痛，掌中热而啘，以黄连泻心汤、导赤散、安神丸。

肝热　寅卯时甚，脉弦，四肢困，热满、转筋，筋痿不起，以泻青丸、柴胡饮子。

脾热　夜甚，怠惰嗜卧，以泻黄散、谓胃承气治实热，补中治虚热。

肾热　如火，困热不任起床，以滋肾丸、六味地黄丸。

木香金铃子散　治暴热心肺上喘。

大黄五钱　金铃子三钱　木香三钱　轻粉一钱　朴硝一钱　柳白皮汤下三钱。

地黄丸　治肾热不能运动。

熟地八钱　茯苓　泽泻　牡丹皮各三钱　山茱萸　山药各四钱　蜜丸酒下。

柴胡饮子　治肝热，两胁下肌热，脉浮弦，寅申候者。

柴胡　人参　黄芩　甘草一两　大黄　川归　芍药半两　活石三钱，又方三两

三黄丸[1]　治胃实热。

四物四君子加升柴　治脾虚热。

补中益气汤

人参　白术　黄芪　陈皮　甘草　川归　升麻三分　柴胡三分　水煎。

火郁汤　治四肢热，五心烦热。因热伏土中，抑遏阳气。

---

〔1〕三黄丸　方见卷之中"吐衄二十一"。

羌活　升麻　葛根　芍药　人参五钱　柴胡　甘草三钱　防风三钱

上葱白三寸煎。

朱砂安神丸　治血中伏火，心神烦乱，蒸蒸不安，兀兀欲吐。

朱砂一钱　黄连一钱半，酒炒　生地　甘草　川归半钱

心下痞除地黄加大黄并丸。

四物补阴丸　治阴虚。

四物汤　人参　白术　黄柏　龟板　青黛　瓜蒌　姜汁丸。治酒肉热。

凉膈散　退六经热。

连翘　栀子　薄荷　大黄　黄芩半两　朴硝二钱半　甘草两半

上酒下八钱。咽不利，肿痛并涎嗽，加桔梗、荆芥；欬而呕，加半夏；鼻衄呕血，加归芍；淋闭，加滑石茯苓；痛秘，加木香、沉香。

六一加辰砂薄荷丸　治表里热。

活石六两，水飞　甘草一两　共为末。

朱砂凉膈丸　治上焦虚热，肺脘有气如烟上。

黄连　栀子一两　人参　茯苓五钱　脑五钱　朱砂三钱

蜜丸。

黄连清膈丸　治心肺间热及经中热。

麦门冬　黄芩　黄连

当归承气汤　治狂热甚。

四顺饮子　治血热日晡热者。

桃仁承气汤　治血热夜热者。

潮热者，芩连甘草汤；平旦发，阳分也，白虎加芩；日晡潮，阴分也，肾主之，用滋肾丸；辰戌时，加羌活；午间，加黄连；未时石膏；申时柴胡；酉时升麻；夜间当归；有寒加四君子。平旦热属肺，日晡热肾主之。

五蒸汤　治蒸劳。

人参　知母　黄芩□钱　石膏二钱　甘草五分　地黄　竹

叶　葛根　茯苓钱半　粳米以小麦煮水煎，随虚实加减。

实热加芩、连、柏、大黄；虚热加秦艽、柴胡、乌梅、蛤蚧、青蒿、牡丹皮、鳖甲、小麦。

肺，鼻干，乌梅、天门冬、麦门冬、柴胡、紫菀。

大肠，右鼻孔干痛，大黄、芒硝。

舌白唾血，石膏、桑白皮。

气身热喘促鼻干，人参、栀子、黄芩、石膏。

昏昧嗜卧，牡丹皮。

心，舌干，黄连、地黄。

小肠，下唇焦，地黄、赤茯苓、木通。

脉，唾白脉不调，归、生地黄。血，发焦、地黄、当归、桂、童便。

脾，唇焦，芍药、木瓜、苦参。

胃，舌下痛，石膏、粳米、大黄、芒硝、葛根。

内食无味而呕烦躁不安，芍药。

肝，眼黑，川芎、川归、前胡。

胆，眼白，柴胡、瓜蒌。

筋，甲焦，川芎、当归。

三焦，乍寒乍热，石膏、竹叶。

肾，二耳焦，石膏、知母、地黄、寒水石。

膀胱，左耳焦，泽泻、茯苓、滑石。

脑，头眩热闷，地黄、防风、羌活。

髓，骨中热，地黄、当归、天门冬。

骨，齿黑腰痛足逆，当归、地骨皮、牡丹皮、鳖甲、地黄。

肉，肢细趺肿，脏腑俱热，石膏、黄柏。

胞，小便赤黄，泽泻、茯苓、滑石、沉香、生地黄。

参归散　治骨蒸劳。

人参　柴胡同川归炒　鳖甲麦芽汤浸七日　秦艽　川归同柴胡炒　川常山酒浸三日　甘草　前胡半两　茯苓七钱半　地骨皮　北知母炒　乌梅二个　煎服。

牛膝丸　治肾肝损，骨痿筋缓不能收持。亦治腰痛。

萆薢炒　苁蓉酒浸　菟丝子酒浸　牛膝酒浸，治肾　杜仲炒　蒺藜治肝。等分　桂一钱半

上以酒煮猪腰子丸，酒下。

脾胃虚，四君子主之。

肝乘之胁痛，口苦，寒热而呕，四肢满，淋溲，便难，转筋，腹痛，宜用柴胡、防风、川芎、独活、羌活、芍药、白术、桂。

心乘之宜黄芩、黄连、黄柏、芍药、地黄、石膏、知母。

肺受病，咳嗽寒热，懒语嗜卧短气，宜补中益气。

水浸侮，作涎清涕，冷泄，肩甲腰脊痛，宜姜、附、桂。

诸病能发热，风寒、水湿、火燥、七情，皆能热也。

五心烦热　小肠热、心虚热、日晡热、女疸。胸中烦热、肝中寒、足下热。酒疸。

疸　六附不治证

疸有酒疸、女劳疸、女疸，日晡热、足下热，皆湿热为之。有谷疸、酒疸、黄汗，前治相同，宜五苓散、茵陈汤下。

不治证

女疸其症额黑，日哺热，小腹急，足下热，便黑时溏，此大热交接入水，肾虚流湿于脾也。脉寸口无脉，口鼻气冷者死。

疟　七

疟脉弦数者多热，又风痰也。弦迟者多寒。风宜汗之；寒宜温之；痰宜吐之。弦小紧者可下之；紧数者可汗之灸之；浮大者可吐之。

太阳经谓之风，宜汗。阳明经谓之热，宜下。少阳谓之风热，宜和解之。三阳经谓之温疟，宜从太阴论之。

不可早截，寒之不久，肾之虚，热之不久，心之虚，截之早，其邪不尽，正气愈胜矣，当先服小柴胡一二贴，扶正散邪，方可截。夜间发者属阴，加升麻、桔梗开提之，至于阳分截。

补发丹　治久疟痰邪相合者带虚。

小柴胡　二陈汤　苍术　葛根　常山

虚加人参　白术

老疟丹　治风水入阴在脏用气血，间日发。

川芎　台芎　白芷　苍术　桃仁　红花　川归　白术　黄柏　甘草　露星月饮

常山饮　黎芦散

中　暑　八附不治证

中暑脉虚身热，头痛恶热，躁热大渴，自汗怠惰嗜卧，四肢不收，精神不足，两脚痿弱，烦躁，状如伤寒。辛苦之人，动而火胜，热伤气也，脉洪而大，白虎加参主之；安佚[1]之人，静而湿胜，头痛恶寒，拘急支节疼，大热无汗，火胜金位，脉沉而实，白虎加苍术主之。

阴胜阳之极，甚则传肾肝，为痿厥，清暑益气汤主之，虚也。

黄连香薷饮　治暑身热。

挟痰加半夏，虚加参、芪。

清暑益气汤　治暑伤金虚甚。五苓散。

不　治　证

四日之外，谵语、口干、潮热、失视失溲者死。

厥　　九

脉沉微而不数，谓之寒厥，乃纵欲于秋冬，阳夺于内，精气下

〔1〕佚　通“逸”。

溢，阳衰阴气独行。

脉沉数，谓之热厥，乃醉饱入房，阴气虚，阳气入，肾气衰，阳独胜。

气虚，四君子主之。

血虚，四物主之。

热，用承气下之。

痰，用白术、竹沥。

痿　十

由肾衰水不能制火，火削肺金则生痿躄不能用，因色欲之过，宜降火补虚。

清暑益气汤　治肺被火烁成痿。

黄芪一钱　人参五分　甘草三分。已上补气虚　白术　苍术　泽泻除湿　升麻　黄芩　葛根解肌热，风胜湿也　五味　麦冬救被金侮　川归　陈皮　知母补水　青皮　黄柏

建步丸　治湿热成痿。

羌活　防风　柴胡　滑石　甘草　蒌根　泽泻半两　防己一两，酒制　苦参酒　川乌　桂一钱　愈风汤下。

气虚　四君子加苍术、白术、黄芩、黄柏。

有痰加竹沥。

血虚，四物汤加苍术、黄柏，下补阴丸。

湿痰，二陈汤加四君子下。

痹　十　一

风寒湿三气合而成之。寒气胜为痛痹，寒则阴受之，故痛而夜甚；湿气胜者为着痹，着于肌肉不去；风气胜者为行痹，风则阳受之，走经而且甚。脉迟则寒，数则热，浮则风，濡则湿，滑则虚。治法各随其宜。

附子汤 治风寒痹。

附子去皮脐，炮 桂枝 芍药 甘草 茯苓 人参三分 白术一两

上，行痹加升麻桂枝汤；痛痹加附子茯苓干姜汤。

忍冬藤膏 治五痹拘挛。

麻木十二

麻木 风湿热下陷入血分阴中，阳道不行。亦有痰在血分者。

人参 芍药 甘草 升麻 黄芪助阳道 苍术 黄柏 白术 柴胡 茯苓除湿热 川归行阴 痰加二陈汤。

痛风十三

痛风 血久得热，感寒冒湿不得运行，所以作痛，夜则痛甚，行于阴也，亦有血虚痰逐经络，上下作痛。

四物汤 桃仁 牛膝 陈皮 甘草 白芷 黄芩又本是茯苓 草龙胆

在上属风，加羌活、威灵仙二倍，桂枝一倍。在下属湿，加牛膝、防己、木通、黄柏二倍。血虚加芎、归，佐以桃仁、红花。气虚加参、术、败龟板。有痰加南星。

破伤风十四

破伤风 风则生热也。

风袭于疮，传播经络，病如疟状，治同伤寒。

脉浮无力，表之太阳也，汗之而愈。

脉长有力，阳明也，下之而愈。

脉浮而弦，少阳也，和解之愈。

大便秘，小便赤，汗不止，病在里，可速下之。脉沉在里，承气下之。

背后搐者，羌活、独活、防风、甘草。

向前搐者，升麻、白芷、独活、防风、甘草。

两傍搐者，柴胡、防风、甘草。右搐者加白芷。

厉 风 十 五

厉风　血热凝结，其气不清，上体先见多者，气受之，下体先见多者，血受之。宜醉仙散、再造散、桦皮散、七圣、七宣辈大下之。

醉仙散　治在上。

瓜蒌根　苦参　蔓荆子　胡麻子　牛蒡子　防风　枸杞子　白蒺藜

上末一钱半[1]，轻粉二钱，空心临卧茶下，如醉，下恶臭物为度。

再造散　治在下。

大黄钱半　皂角一钱　生者烧灰冷酒下，以虫尽为度。

大风方　任意加减。

威灵仙　凌霄花　防风　白芷　荆芥　何首乌　川芎　羌活　皂角　石菖蒲　苦参　川归　乌蛇　白花蛇

僵蚕　全蝎　雄黄　大黄　苏木　桃仁　苍耳子　梧桐泪　虻虫　水蛭　红花

冷 丹 十 六

冷丹　血风也，血热也，痰血相搏也。

通圣散　消风散　治血风血热。

---

〔1〕一钱半　《丹溪心法·疠风六十四》醉仙散方作“一两半”。

蝉蜕 僵蚕　荆芥

南星散　治痰血相搏。又用吐法。

肺风十七

肺风皮燥开折，血出大痛，乃肺热生风也。

苦参　皂角　蛇肉　荆芥　黄芩　沙参

中风十八附不治证

中风涎壅，口目㖞斜，语言謇涩。热甚生风，血虚有痰。

中腑者，面加五色，有表证着四肢，脉浮，恶风寒，拘急不仁，先以小续命汤加减，发其表，调以通圣散辛凉之剂。

中脏者，唇吻不收，舌不转而失音，耳聋而眼盲，鼻不闻香臭，便秘，宜三化汤通其滞，调以十全、四物。

血虚有痰，半身不遂，涎潮昏塞，宜以四物、四君子，随气虚血虚加二陈汤用之，调以凉剂导痰行气也，或权宜吐之。

中经者，内无便溺之阻，外无留结之患，宜大秦艽调之。

手足拳挛，筋脉抽掣，中于风冷者也，脉应弦急，治宜缓风之药。

手足弹曳，四肢痈缓，中于风热者也，脉应浮缓，治宜凉热消风之剂。

口目㖞斜，乃风贼阳明胃土者也。有寒则急引颊移，有热则筋缓不收，偏于左则左寒而右热，偏于右则右寒而左热也。

小续命汤　治表。

麻黄　桂枝　芍药　甘草　人参　黄芩　防己　川芎　杏仁一两　防风半两　附子半两

无汗恶寒加麻黄、杏仁、防风。

无汗身热加白虎。

无汗身凉加姜附。有汗恶寒加桂枝、杏仁、芍药。有汗身热加葛根、黄芩、桂。有汗无热加桂、附。

三化汤

朴硝厚朴是　大黄　枳实

大秦艽汤　养血荣筋。

四物汤　秦艽三两　独活　羌活　白茯苓一两　防风　甘草　白芷　白术一两　石膏二两　细辛半两

独圣散　吐痰潮。

瓜蒂一两炒黄，为末　茶末三钱　齑汁调下则吐。

如风痫加全蝎，有虫加狗油、雄黄、芫花，立吐，后须降火安神。

泻青丸　治风热，泻肝安神。

川芎　川归　防风　羌活　栀子　龙胆　大黄　蜜丸，竹叶汤下。

通圣散

泻青丸去羌活、龙胆，加麻黄、薄荷、荆芥、芍药、芒硝、连翘、白术半两，桔梗、黄芩、石膏各一两，甘草二两，滑石二两，姜煎服。

二陈汤加竹沥、姜汁治痰，气虚加四君子，血虚加四物汤。

中风有急中不省，口角流涎，喉中作声，脉浮缓者。先去其痰，后治风热，又次养血益阳，其证有不同者，皆风热涎潮，随其何脏有虚而袭之。

如肝虚中风，脉应左关，面色青，诊在目，左胁偏痛，筋急，头目瞤。

如心虚中风，脉应左寸，面色赤，诊在舌，不能言，不可转侧，呼怒叫。

如脾虚中风，脉应右关，面色黄，诊在唇，怠惰不能饮食，嗜卧如醉。

如肺虚中风，脉应右寸，面色白，诊在鼻，喘逆面肿。

如肾虚中风，脉应左尺，面色黑，诊在耳，面庞然浮肿，腰脊痛。

胃虚中气，脉应人迎两关，并浮而大。饮食不下，腹胀，食寒则泄，㖞斜不随。

邪中心肺，涎潮逼塞。

四肢纵缓，以风散涎注于关节，气不能行，故四肢不遂。

舌强不能言，风入心脾涎中之，口噤不能言，以风冷客滞心肺，涎塞也。

四肢拘挛，以风冷邪气中肝脏，使筋挛也。

风柔，以风热中肝藏，使筋缓也。

不治证

脉急数而大数者死。

鼻下赤黑相兼，吐沫身直者死。

汗出不流如珠与汗出不止，呼吸有声者死。

口如鱼口，气粗面红者死。

口开目开，手撒，声如鼾者死。

发直口吐沫，膈满，咽如锯，喘急摇头者死。

昼恶寒，夜烦躁者死。

中风寒一如中风证，止牙车紧不动为异。

中风湿一如中风证，止兼腹满身重，便利不禁。

中寒手足挛急疼痛，四肢冷，口噤失音，吐沫，挟风则晕眩，兼湿则肿疼也。

中湿胀满，四肢关节疼痛，久则浮肿，挟风眩晕呕吐，兼寒则挛拳掣痛，脉沉而细微缓。

中风暑，如一中风证，止四肢缓弱。

中寒湿，湿寒二证相兼。

中暑湿，一如中风手足亸[1]曳，入浴晕倒骨解。

中气，一如中风于七情中发，宜顺其气，脉沉伏，大法风浮而气沉也。

中痰，素有蓄痰，随气上厥。

---

〔1〕亸（duǒ 朵） 亦作“亸”。下垂的意思。

中尸口开目直，手撒形脱者死，脉紧而急者死，坚而细者死，弦而数者死。

中恶如醉如狂，乃心气虚有恐，治宜镇心神以降火。

唇青身冷脉小者死。

筋急者，肝中虚、肝中寒、筋实热、筋虚。

转筋者，筋虚、关节痛、筋寒、肝寒。

脚心痛，筋实、十指甲痛、筋虚。

曲蜷不伸，肝中虚、舌卷囊缩、肝中寒、筋虚。

瘖不言，心中虚、中风湿、痹痓。

头目瞤动，肝中虚、皮肉瞤动、脾中虚。

四肢头节痛，有中风、中寒、中湿、肝虚、有留饮、历节。

脚 气 十 九

身体疼。有溢饮，虚寒搏之，有湿伤血也。

亦有血虚而痛者。

历节风二十

历节风，疼痛不可屈伸，体魁瘰肿如脱，痛掣流注骨节，自汗短气，头眩欲吐，由风湿寒相搏而成。痛者寒多，肿者湿多，汗出历节者风多。

历节风痛走注不定；痛风有定，夜甚；鹤膝风膝大，或痹，或痛不痛，筋动难，或仁不仁，饮痹往来如历节风；白虎飞尸痛浅按之便；附骨疽痛深按之无益。

吐衄二十一

吐衄　脉涩濡弱，细弦而涩，按之虚皆为亡血。沉弦，面无血色，无寒热者，必衄。沉为在里，荣卫内结，胸满必吐血。

因热则淖溢妄行，有劳则血不归经，大怒则气逆血莞[1]于上。

肾病则咳唾而有血。

衄者出于肺，呕吐者出于胃。

膈上伏热，寸脉洪数；荣血妄行，左手洪大；阳毒伤寒，脉洪数；虚劳吐血出于肺，脉洪。

饱食大饮，屈身劳力而吐血，出胃[2]，肺[3]洪，怒伤肝，气逆也。

传尸注病吐血，两尺弦细。

治衄，凉血行血。

犀角地黄汤加郁金、黄芩、柴胡、人参、丹参，治呕血咯血。因血上错经火载而呕，因血虚痰盛而欬，四物汤、栀子、郁金、童便、姜汁、韭汁、山茶花；痰加竹沥；喉中痛是气虚，加参、术、芪、柏。

咯血血虚痰盛，加青黛、瓜蒌仁。嗽加诃子、海石、杏仁。

咯唾血出于肾。天门冬、麦门冬、黄柏、熟地、桔梗、知母、贝母、远志，有寒加姜、桂。

呕吐血出于胃。犀角一钱、地黄三钱、牡丹皮二钱、芍药三钱，名犀角地黄汤，治胃实及有瘀血。

人参饮子 治脾胃虚弱衄血。又治吐血久不愈。

人参三钱 黄芪一钱 芍药一钱 川归三钱 五味子五个 甘草 麦门冬二钱

救肺散 治欬血，六脉大，按之虚，心脉也，此气盛而亡血，以泻心补气以坠气。

四物汤 人参 黄芪 升麻 柴胡 牡丹皮 陈皮 甘草 多加地黄，又名三黄泻血汤。

---

〔1〕莞 《素问·生气通天论》有“阳气者，大怒则形气绝，而血菀于上”句，据此，疑作“菀”。

〔2〕胃 原书字迹欠清，似属“胃”字，按文义亦应作“胃”。

〔3〕肺 按文义、医理疑作“脉”。

益阴散 治阳浮阴翳，咯血衄血。

黄柏 黄芩 黄连并以蜜水浸炒 芍药一两 人参 白术 干姜三钱 甘草六钱 茶一两 谷一两，香油釜炒 米饮下五钱。

三黄丸 治衄不止，大便急燥者下之。

栀子 黄芩 黄连 地黄 大黄 朴硝

上蜜丸。

清心莲子饮 治咯痰血。

下血二十二

下血脉浮弱，按之绝者，下血。因荣卫之气妄行，在春夏为溢上，在秋冬为泄下，左脉洪大伏毒下血；脉虚而数，毒者暑也。

内热下血，关后沉数。

肺受风热，传下大肠，名肠风。

先因便结而后下血，右尺脉浮，食毒物积于畅中，血随粪下，遇食则发，名脏毒下血，脉见积脉。

四物汤 升麻 秦艽 阿胶 白芷

热加黄连酒煮温散 栀子炒

虚加干姜炮 五倍子

如寒药用加辛升温散，一行一止。

胃风汤 治风毒客肠胃，动则下血。

四物去地黄，加人参、白术、桂枝、茯苓等分。

凉血地黄汤 治肠澼下血，水谷与血另作一派。

知母炒 黄柏一钱，炒 熟地 川归各五分 槐子炒 青皮各五钱

越桃散 治下血与血利。

栀子仁 槐花 枣 干姜

上各烧存性，米饮下三钱。

伏龙肝散 治便血因内外有感，停凝在胃，随气下通妄行。

伏龙肝一两 白术 阿胶 黄芩 地黄 甘草三钱

阴结　夫邪入五脏则阴脉不和，血留之渗入肠间，脉虚涩也。

生地黄汁　小蓟汁各一斤　沙糖熬膏　地榆　阿胶　侧柏叶　赤小豆五两，浸芽出，日干　川归一两　为末下。

治先血后便，谓之近血，水下前末。

治下血，五灵脂炒末，芎归汤下。

溺血二十三附不治证

溺血，热也，又因房劳过度，忧思气结，心肾不交。

生地黄　小蓟根　淡竹叶　栀子仁炒　藕节　甘草　滑石　通草　蒲黄炒　川归

血虚加四物汤、牛膝膏。

发灰能消瘀血、通关，醋汤二钱

棕榈灰亦治，烧灰，米饮下。

赤脚马兰汁、老鸦饭、水杨柳脑并治。

不治证

吐衄、唾血、下血，脉浮大而数者死。

吐血脉紧弦者死。

中恶吐血，脉沉细数者死。

藏血，脉俱弦者死。

下脓血，脉绝者死；血温身热，脉躁者死。

霍乱二十四

霍乱，脉滑者霍乱，弦滑者宿食。洪者热，细者死，微迟者死，弦甚者死。

其气有三，火、风、湿。承胃之虚，吐为热也，泻为湿也。风胜则动，故转筋也，甚则转筋入腹者死。

干霍乱，则心腹胀满绞痛，欲吐不吐，欲利不利，须臾则死。急以盐汤大吐之。

热则五苓散；寒则理中汤，转筋霍乱，则二陈汤加白术、甘草、桂枝。

干霍乱者，系内有积，外有邪气，和解散治之，二陈汤。和解散，即川芎、防风、白芷、苍术也。

下利二十五附不治证

下利，脉滑，按之虚绝者，必下利。

寸脉浮数，尺中自涩，必下清脓血。沉弦者下重，微弱数者自止。迟而滑者实也，可下之。数而滑者，有宿食，可下。或谵语，或腹坚痛，脉沉紧者，可下。脉迟，或肠鸣，心下急痛，大孔痛，可温。由风湿热也，轻则飧泄，重则下利脓血。

在表者发之，表者身热也，柴胡去参主之。

有里者下之，或后重，或积也。在上者涌之，或痰气也。在下者竭之，去者送之，盛者和之，过者止之。

后重则宜下之，乃热物薮也，脉洪者是。又气不通，宜加槟榔、木香。腹痛则宜和胃气，以川归、厚朴、桂、芍药、茯苓和之。

身重则除湿，脉弦则去风，大柴胡主之。血脓稠粘，以重药竭之，热甚也。

身冷自汗，以毒药温之。身冷自汗，下无声，小便清利；大便不禁，气难布息，脉沉微，呕吐，虽里急后重，谓寒邪在内而气散也。可浆水散温之。

鹜溏为利，宜温之。结粪也。风邪内缩宜汗之。有厥阴动利不止，脉沉细，手足厥逆，涕唾脓血，此难治，宜麻黄汤、小续命汤汗之。

黄芩芍药汤 治泻利腹痛后重，身热，脉洪疾。

黄芩一两　芍药一两　甘草五钱

痛甚加桂少许，下利脓血加归连五钱，里急后重加槟榔、木香。前证重者，大黄一两，酒浸半日，煎服，以利为度。

黄连当归汤 治下血腹不痛，谓之湿毒。痛，热毒也。

连归半两 热毒加大黄一两 芍药二钱半

腹痛加桂

白术芍药汤 治脾受湿，水泄，微满困弱，暴下无数，是大势来，宜宣和也。

白术 芍药 甘草

腹痛甚，加黄芩、桂；脉弦，头痛，加苍术、防风；痒与下血，加苍术、地榆；心下痞，加枳实。

凡痢疾腹痛，以芍药、甘草为君，归术为佐。见血前后，以三焦热论。伤食微加大黄，腹胀加朴，渴加茯苓；冬月减芍药一半，夏月加芩。见脓血在大便前者，黄柏为君，地榆为佐，加归尾；脓血在大便后者，制芩、归梢。脓血相杂下者；制大黄。腹不痛，白芍药半之。

身倦，目不欲开，口不欲言，四君子。沉重，制苍术；不思食者，木香、藿香。

诃子散 治虚滑久不已。

木香 黄连 甘草 诃子皮。

术芍汤下。

桃花汤 治冷利腹痛，下鱼脑白。

赤石脂煅 干姜炮

饼丸饮下。

浆水散 治暴泄如水，身冷脉微，自汗。

半夏一两 附子炮 干姜五钱 良姜三钱 桂三钱

甘草为末，浆水煎，和滓服。

小续命汤 治风邪内缩。方见前。

椿皮丸 治酒积利、久利湿也。

黄连茱萸粟壳丸 止利。

小柴胡去参汤 治身热挟外感者。

保和丸 治食积利。

乳香没药桃仁活石丸 治瘀血利，木香槟榔汤下。

茯苓汤 治伤冷饮水，变成白利，腹痛减食。

茯苓 猪苓 泽泻一钱 川归 桂五分 苍术五分 甘草 芍药二钱 升麻 柴胡 黄芩五分

李先生和血汤 治肠澼下血，另作一派，腹中大痛，此乃阳明热毒也。

生地 熟地五分 甘草生五分，炙五分 芍药一钱半 黄芪一钱 升麻一钱 牡丹皮五分 苍术 秦艽 桂 当归 陈皮三钱

作一服。

腹中不痛，腰沉，谓之湿毒下血，加羌活、独活、防风、葛根、槐花各三钱

益智和中汤 治前证腹痛，皮恶寒，脉俱弦，按之无力，关甚紧弦，内寒明矣。

升麻 芍药钱半 川归 黄芪 甘草一钱 葛根 柴胡 牡丹皮 肉桂 半夏 干姜 益智一钱五分

噤口利，谓下利而呕不纳食，是谓噤口。痢止，口不纳食，下便又不利。

人参，姜汁煮，焙干，半夏半之，入香附末丸。

又缩砂蜜调，抹口上。呕不纳食，谓之噤口。

又人参、黄连浓煎，细呷之。

凡利下，外有滞下，疳利、劳瘵利、湿食[1]疮利。

血利则有瘀血、血枯、肺痿、风。

不 治 证

脉浮大者死，及数者死。

身热，脉数者死。

肠澼下白沫，脉浮者死。如屋漏色者死，尘腐色者死，如鱼脑者死，大孔如竹筒者死，血热者死。

---

〔1〕食 《脉因证治·下痢》作“蚀”。

泄泻二十六附不治证

泄泻，脉沉而细疾或微，欲食不下，目睛不了了，又腹满，泄鹜溏，此阴寒也。脉数疾，声亮，暴注下迫，渴烦，小便赤涩，水谷消化，此阳热也。虚则无力，不禁固也，温之。实则圊不便，虚坐努积[1]，下之。

积泄，脾部脉沉弦，宜逐积。

痰积，在太阴分，宜萝卜子吐之。

水恣泄，及大引饮，热在其上，水多入下，胃经无热不胜，宜五苓。

风泄，久风为飧泄，水谷不化而完出也。肝病传脾，宜泻肝补脾。

脾泄，腹胀满，肠鸣，食不化，呕吐，宜理中汤。一云肠鸣，食不化，脾虚。

气泻，躁怒不常，伤动气，肺气胜脾，脉弦而逆，宜调气。

惊泄者，心受惊则气乱，心气不通，水入。

理中丸 治冷泻、脾泻、虚泄。

白术土炒 干姜炮焦 甘草炙 人参

为末粥丸。

胃风丸 治气虚。

四君子 升麻 芍药

胃补丸 治气虚下溜。

四君子 芍药炒 升麻

平胃五苓散 治湿泄、水恣泄、热泄。此方治一切阳证。

平胃散 五苓散 白术 芍药 甘草

热加芩、木通

流积丸 治瘀积下流，甚则吐之。

青黛 黄芩 神曲 海石

椒术丸 治湿。

川椒 苍术 肉豆蔻

〔1〕积 《脉因证治·泄》作“责”，义胜。

脾泄丸

白术二两，炒　神曲一两半，炒　山楂　半夏两半　芍药酒炒，一两　黄芩一两半，炒　苍术五钱

虚加参、术、甘草；里急后重加槟榔、木香，荷叶煨饭丸。

止泄丸

肉豆蔻五钱　滑石春一钱，夏二钱，秋一钱半

寒加炒曲、茱萸，热加连、茯苓，滑加诃子皮。

温六丸　**青龙丸**　俱可治。

不治证

脉大而滑带紧或浮皆死。

脉急而食不下者死。

四肢冷困，不能转侧，下泄亡阳，喘者死。

小便淋闭二十七

脉细而数，盛大而实者生；虚小而涩者死，关格头汗者死。

淋沥赤涩，皆内热也，宜解热利小便。

闭则气不利，有气虚则气不行，血虚则气不升，有痰多则气不运。

治法，气虚补气，血虚补血，痰多导痰，先服本药，后皆用吐之，以提其气，气升则水自下，加以五苓散。

清肺饮子　治热在上焦气分，小便不利，热而渴者是也。

泽泻五钱　猪苓三钱　茯苓二钱　通草　木通三钱　灯心一钱　车前子一钱　扁蓄　瞿麦　琥珀三钱

滋肾丸　治热在下焦气分，小便不利，不渴者是也。

黄柏酒炒　知母酒炒，一钱　桂少许

血涩致气不通，或死血作淋，加滑石、茯苓、泽泻。

牛膝膏　治死血作淋。

李先生治法：热在上焦，栀子、黄芩主之；中焦，加连、芍；下焦，加黄柏。淋热利之，山栀子之类；气虚，参、术加木通。

小便不通利，气虚，参、术加升麻，后吐；血虚，以四物，后吐；痰气，二陈加木通、香附，后吐。

《三因》淋用：

五苓散：牛膝、葵子、滑石、瞿麦，冷加附子，热加黄芩，血加栀子、石膏、石苇，气少腹满闭，加木香、沉香。

发灰散　治走马、房劳、饮食，忍小便以致转胞不通，脐下急满，醋下二合。

甘遂和蒜捣饼，安脐孔，合实，着艾灸三十壮，治小便不通。或加葵子。

小便不禁二十八

膀胱不约为遗溺。

小便不禁韭子丸　出《三因方》，治肾冷。

韭子六两　苁蓉　鹿茸　牛膝　菟丝子　巴戟　石斛　杜仲　川归　地黄　桂

上随分酌用为丸。

阿胶散　治失禁。

阿胶炒，二两　牡蛎煅　鹿茸酥炙，四两，任下

茯苓丸　治心肾虚淋沥。

赤白茯苓各二两　地黄汁

好酒熬成膏丸，盐酒任下。

大小便闭者，外有骨热不同。

关格者，外有肝实热、心实热。

便利不禁，外有中风湿、肝脾不同。

结燥便闭二十九附肾脏风

结燥便闭，火邪伏于血中，耗散真阴，津液亏少。夫肾主大便为津液，津液润则大便润，热燥，脾脉沉数，下连于尺，脏中有热，

亦有吐泻后，肠胃虚，服热药多者，宜承气下之。

又大便秘，小便数者，谓之脾约。脾血耗燥，肺金受邪，无所摄脾，津液枯竭，治宜养血润燥。

风燥，肺受风邪入肠中，右尺脉浮，宜麻仁丸。

阴结，阴燥欲坐井中，两尺脉按之虚，或沉细而迟者是。

如有阴证，脉坚实，汤[1]药中亦少加苦寒，以去燥热，宜黄柏、知母、附子。

气躁，尺脉伏也，宜温补之。

老人产妇，气弱，津液不足而结者，并宜地黄丸。

治法，肾恶燥，以辛润之。脾结燥，以苦泻之，如食伤腹满，腹响是也。

阳结者，散之；阴结者，热之。

如能食，小便赤，为实，有物秘也，宜麻仁丸、七宣等主之。如不能食者，小便清，为虚，乃气秘也，宜用厚朴汤主之。

润肠丸

麻仁　桃仁一两　羌活　归尾　大黄煨。各半两

上蜜丸梧子大。

如大便全秘，加酒制大黄；如血燥，大便干燥，加桃仁、大黄；如风结，大便不行，加麻仁、大黄；如风湿[2]加皂角仁、秦艽、大黄；如脉涩，身觉气短，加郁李仁、大黄；如阴结，加姜附。

厚朴汤　治气。

厚朴　半夏　甘草三两　白术五两　枳实　陈皮一两

外有脚气虚寒，气实，亦大便不通。

肾脏风，湿也，阴茎痒痛不忍。

苦参、大黄、荆芥、皂角、洗薰。海螵蛸末敷。

阴包痒虫蚀。

狗脊、黄连、黄柏、水银、光粉、赤石脂，为末敷，又加黄丹。

〔1〕汤　《脉因证治·结燥》作“阳”。
〔2〕湿　《脉因证治·结燥》作“涩”。

头痛三十

太阳头痛，兼项与攒竹，脉浮紧，或关前紧数，恶风寒，宜羌、芎、活主之。

阳明头痛，自汗发热，胃热上攻，脉浮缓长，或关洪数，石膏、葛、芷主之。

少阳头痛，额角偏疼，往来寒热，脉弦细，黄芩、柴胡主之。

太阴头痛，有湿痰，体重腹痛，脉沉缓，半夏、南星、苍术主之。

少阴头痛，足寒气逆，为寒厥，脉沉细，细辛、麻黄、附子主之。

厥阴头痛，顶痛，吐涎沫，厥冷，脉浮缓，吴茱萸汤主之。

气虚头痛，耳鸣，九窍不和，尺脉虚浮，参、芪主之。

血虚头痛，鱼尾上攻，芎、归主之。

风涎冷痰在膈上，或呕吐，脉弦细出寸口，为痰厥，宜吐。

火作痛，痛甚，清之，散之。

湿热头痛，证则心烦。

伤风头痛，半边偏痛，皆因冷气所吹，遇风冷则发，寸浮。

食积头痛，因胃中有阴冷，宿食不化，上冲，右寸紧盛、左属风，浮为风；右属痰，滑为痰。

半夏白术天麻汤 治痰厥头痛。

半夏二钱 白术一钱 天麻一钱半 人参一钱 黄芪 苍术 陈皮 黄柏 茯苓一钱半 神曲炒 泽泻 干姜二钱

清空膏 治风湿热诸般头痛，惟血虚不治。

黄芩二钱 羌活 川芎 黄连 防风 甘草钱 柴胡七分

上为末，白汤下。

玉壶丸 治风湿痰头痛。

雄黄 白术 天麻 南星 半夏

茶调散 吐痰头痛。

家珍方 治偏头痛连睛。

石膏 黍粘子炒

香芎散 治一切头风。

香附二两，炒 甘草 川芎一两 石膏五钱 细茶 荆芥

点服二钱。

细辛 防风 川乌 草乌 白芷 荆芥 羌活

煎服。

目痛三十一

皆血太过与不及也。太过者，血得大热而溢于上，则目壅塞而发痛。不及者，血虚无所养而拈目痛。目之锐眦，少阳经也，血少气多；目之上纲，太阳经也，血多气少；目之下纲，阳明经也，血气俱多。惟足厥阴连于目系而已。

治法，血实者决之，血虚者补之，佐以辛散之，以凉清之、汗之、吐之。

脑痛三十二

因风热乘虚而入于脑，宜以辛凉散之、行之。头目昏眩疼痛及脑痛，宜以辛凉散之、行之。

羌活汤 治风热壅盛，上攻头目，昏眩疼痛及脑痛。

羌活 防风 黄芩酒 黄连一两，酒 柴胡七钱 瓜蒌根酒 茯苓一钱 甘草

羌附汤 治冬天寒气犯脑痛，齿亦痛，名曰脑风。

麻黄 附子 防风 羌活 白芷 升麻 僵蚕 黄柏 甘草三钱 苍术 黄芪一钱

藿香散 治脑风头痛。

藿香 川芎 天麻 蔓荆子 白芷

上槐花酒汤下。

又谷精草、铜绿另研，各三钱，硝石另研，一钱，为末，吹鼻中。

又细辛、瓜蒂、良姜一钱，硝五钱，含水满口，以药搐鼻。

又荆芥 薄荷 木贼 僵蚕 蝎梢

上为末，茶清下二钱。

眉眶骨痛三十三附不治证

因风痰。

羌活　防风　甘草　黄芩酒　白术　半夏　南星　细辛

又方　加川乌、乌头，童便浸，炒去毒，二味为君。

不治证

头目痛，脉反短涩者死。

脑痛，脉弦大者死。

卒视无所见者死。

目泣泪目黄三十四

风气与阳明入胃，循脉而上，至目内眦，泣泄，名风成寒中，宜辛温之。不得外泄，目黄，名风成热中而郁也，宜辛凉发之。

眩晕三十五

因痰饮随气上，伏留于阳经，遇火则动，或七情郁而生涎，亦同呕吐，眉目疼痛，目不欲开。

因血虚眩晕，眼花屋转，起则晕倒。

因外感，风在三阳经，头重项强，有汗。

因虚[1]则掣痛，暑则热闷，湿则重着，皆令吐逆晕倒。

散风行湿汤　治痰火眩晕。

二陈汤　黄芩　苍术　滑石

瓜蒂散　治痰厥眩晕，吐之。

芎归汤　治血虚眩晕。

---

〔1〕虚　《脉因证治·眩运》作“寒”。

参苓汤 治气虚挟火。

人参 白术 黄芩 黄连

心腹痛三十六

脉细小迟者生，坚大实者死。

腹痛，反浮大而长者死。腹痛而喘，滑利数而紧者死。

滑而紧者痛，阳微阴弦者虚，短数心痛。

由中气虚，寒邪乘虚客之，治宜温之、散之。

或久不散郁而生热，宜开郁治热。或素有热，虚热相搏，结郁胃脘而痛。或有食积痰饮，或气而食相郁，停结胃口作痛。

热厥心痛，身热足冷，痛甚则烦躁而吐，额汗，脉洪，宜刺太溪、昆仑。

寒厥心痛，手足逆，冷汗，不渴，便利，溺清，脉微，乃寒客心包络也，宜温之。良姜、菖蒲，辛热也。

大实心痛，卒然发痛，便秘，久而注闷，心胸高起，按之痛，不能饮食，可下之。

胃病者，腹胀胸满，胃脘当心而痛，上支两胁，膈咽不通，饮食不下，刺大都、大白。

脾病者，腹胀，食则吐呕，善噫，胃脘痛也。心下急痛如锥刺，刺太溪。

又中胃痛，太阴也，理中、建中、草豆蔻丸等主之。

胃[1]心痛，痛与背相接，善恐如从后触其心，伛偻，刺束骨、合谷、昆仑。

脾[2]心痛，状若死，终日不得休息，取行间、太冲。

肺心痛，卧若起居动作益痛甚，刺鱼际、太渊。

草豆蔻丸 治脾胃虚损客寒，及一切虚证，心腹大痛。

草豆蔻面煨去皮，四两 吴茱萸八钱 益智仁二钱 陈皮八钱

---

〔1〕胃 《脉因证治·心腹痛》作“肾”。

〔2〕脾 《脉因证治·心腹痛》作“肝”。

青皮三分　泽泻三分　人参八分　甘草炙，三分；生，六分　麦蘖一钱　黄芪八分　姜黄四分　川归八分　柴胡四分　桃仁去皮　僵蚕六分　半夏一钱　神曲一钱半

金铃子散　治热厥心痛，或作或止，久不愈。

金铃子　玄胡各一钱

热加黄连；散[1]气加荔枝核，酒下三钱。

术附汤　治寒厥心痛，脉微虚弱，暴痛。

白术四两　附子一两　甘草二两

治心痛久成郁。

川芎　栀子　苍术　香附已上四味俱开郁。石碱　干姜炒，反治　火毒加黄连、甘草

有因酒、牛乳，心痛十八年，时以一物拄之，脉三至，弦弱而涩，吞酸，用二陈汤、白术、黄芩、黄连、泽泻、桃仁、郁李仁。

痰水停饮，留结不散，名胸痹。

瓜蒌　枳实　香附　苍术　台芎

死血留于胃口作痛。

承气汤　栀子　韭汁　桔梗能开提气血　麻黄重者须此发之

木香散　治心脾卒痛。

木香　蓬术一两　干漆炒烟尽，二钱

上醋汤下一钱。

煮雄黄[2]　治大实心痛、痃癖，如神。

雄黄一两，另研　巴豆五分，研，入雄黄末　白面三两，再研匀

上水丸梧桐子大，每服时先煎井水令沸，下药二十四、五丸，煮二十沸，捞入冷浆水浸冰冷，一时一丸，一日二十四时，加至微利为度，用前浸水下。

治吞酸作痛，饮水为病也，可燥之。

干蚬壳丸　苍术半夏丸。

胃脘当心痛，有垢积者。

---

〔1〕散　《脉因证治·心腹痛》作“疝”。
〔2〕黄　《脉因证治·心腹痛》作“丸”。

斑蝥　乌梅肉

丸如豆大，泔下一丸。

皂树上蕈，汤泡肥珠起，饮之泄效。

腹痛三十七

因寒客之则阻不行，有热内生郁而不散，有死血，有食积，有湿痰结滞，妨碍升降，故痛当分部分治。

小腹痛，厥阴也，正阳、回阳、四逆加归主之。

杂癥而痛，苦楝丸、丁香楝实丸、酒煮当归丸主之。

腹中不和而痛者，甘草芍药汤主之。或误下而痛加桂，痛甚加大黄。

夏月肌热恶寒[1]脉洪实而痛，黄芩芍药汤主之。

中气虚而痛，饥而痛者是，理中汤主之。

诸虫痛者，如腹痛肿聚，往来无有休止，涎出吐清水。

痰积腹痛隐隐然，得热汤、辛物则暂止者是。

理中、建中，治寒腹痛及虚证。

调胃承气加木香、槟榔，治热腹痛及实证。或血加桂、桃仁，温加附。

温中加减丸　治食积腹痛，脉滑者是。

二陈芎术丸　治清痰腹痛，脉滑者是。

二陈汤　台芎　苍术　香附　白芷　姜汁

心痛有心胞客寒、心胞热、虚、宿食留饮。

脾积胸痹，胸痛有积实，腹痛同前条。

外有脚气，小腹痛者有肝痹、胞痹、疝、筋虚、肠痈。

腰痛三十八附腰软

脉大者肾虚，涩者瘀血，尺脉粗者热。

---

〔1〕寒　《脉因证治·心腹痛》作“热”。

由肾虚而起于内，盖失志伤肾，郁怒伤肝，忧心伤脾，皆致腰痛也。故使气结而不行，血停不散，遂成虚损，气血羸乏。

又房劳太过、失志者，虚羸不足而黑，远行久立身不能任。

郁怒者，腹急，胁胀，目䀮䀮。

忧思者，肌肉濡渍，痹而不仁，饮食不化，肠胃胀满。

房劳者，精血不足，转摇不得。

有湿热为病，亦因肾虚而生，肾虚水涸，相火而炽，无所荣制，故湿热相搏而成。

亦有虚劳外感湿气，内热不行而成党痛。湿热者，四肢缓，足寒腰冷如水汗[1]精滑，扇痛。

有瘀血用力过多，坠堕折胸，瘀血不行。

有外感因虚袭之，如太阳腰痛，引项尻重。

阳明腰痛，不可以顾，善悲。

少阳如刺其皮，不可俛[2]仰。

太阴烦热，如横木在中，遗溺。

少阴引脊内。

厥阴如张弩弦。

大抵太阳、少阴多中寒，阳明、太阴多燥湿，少阳、厥阴多风热。

腰软者，肾肝伏热，治宜黄柏、防己。

羌活汤　治腰痛。

羌活　独活　柴胡　防风　肉桂　当归

如卧寒湿之地，是太阳、少阴络中有凝血，加归尾、桃仁、苍术、防己。

如湿热，加黄柏、苍术、杜仲、川芎。

如虚，加杜仲、黄柏、知母、五味、龟板、当归。

如坠堕瘀血，加桃仁、苏木、麝香、水蛭。

肾气丸　治房劳腰痛，补阳乏不足。即八味丸。

---

〔1〕水汗　《脉因证治·腰痛》作“冰，冷汗”。

〔2〕俛　《脉因证治·腰痛》作“俯”，义胜。

茴香丸　鹿茸丸　治同前。

六味地黄丸　治膏梁之人腰痛，补阴之不足。

封髓丸　治同前。

煨肾丸　治肾虚。

杜仲炒去丝，断为末三钱，以猪腰一个，批五七片，以盐淹去腥水，掺末入内，包以荷叶，外用重重湿纸包定煨，酒下。

立效散

玄胡　桂　川归

酒下。

挫气腰痛。

山楂一两　北茴香炒，一钱半

酒下。

肩背痛三十九

脉促上紧者，肩背痛。沉而滑者，肩膂痛。洪而大者，风热。

由风热乘肺，手太阴经郁甚不行也，病则颊额[1]肿，颈肩臑肘臂外后臁痛，小便数而少，如小便遗失者，肺虚也。

治宜通经血，益元气，散风热，通气散主之。

羌活　独活　防风　藁本已上通经气　黄芩　黄连降火　虚加人参、黄芪

背胛节痛四十

由小肠经气不行。

腰胯肿痛四十一

由风寒湿流注经络，结滞骨节，气血不和而痛，治宜流湿散风寒。

〔1〕额　《脉因证治·肩背痛》作“颔”。

又痰积，趁逐经络流注，搏于血内亦然，治宜逐痰积。

除湿丹

槟榔　甘遂　赤芍药　威灵仙　泽泻　葶苈各二钱　乳香研　没药一两　大戟炒，三两　陈皮四两

上面糊丸，加牵牛末。

煨肾散

甘遂掺猪腰，煨，末之。

禹功散

胁痛四十二

脉弦，由肝木气实火盛，或因怒气大逆，肝郁木盛，或因谋虑不决，风中于肝，皆使木盛生火，火盛肝急而作痛。治宜辛散之，以苦泻之，当归龙荟丸、泻青丸等。

有瘀血停留于肝，归于胁下而痛，病则自汗，痛甚，按之益甚，治宜破血为主，活血为佐，复元活血丹、导滞当归丸等。

有痰积流注厥阴之经，胁下痛，病则咳嗽，急引胁痛，治宜行气去痰，二陈汤加南星、青黛、香附、青皮等。

龙荟丸　治食积发[1]，木盛胁痛。

柴胡　甘草　青皮　黄连　当归　大黄　木香　芦荟　川芎　草龙胆

左金丸　治肝火。

黄连六钱　茱萸一钱

活血丹　治死血。

导痰汤　治痰积流注。

外有肝中风、左胁偏痛。肝中寒、胁下挛急。肝积、左胁痛。肝实、肝虚、筋实、悬饮、食积、肉虚、左胁因嗽而痛。胆实热，胁下满硬。饮水胁下鸣逐。

〔1〕发 《脉因证治·胁痛》此下有"热"字。

又有血枯证，胁满支满，经气不行。妨于食，肝伤脾。病至先闻腥臊臭，出清液，肝病肺叶伤之，四肢清，目眩，前后血。此得之少年脱血，房事，肝伤气竭致之。胁满面黑，不能反侧者死。

身体痛四十三

伤寒太阳经表证，六脉俱紧。

阴毒伤寒，身如被打，脉沉紧。

伤寒发汗后痛，气血未和，脉弦迟。

伤湿，湿流关节，一身尽痛，风湿相搏，肢体重痛，不可转侧，脉缓。

虚劳之人痛，气血虚少，脉弦小。

诸痛皆生于气。

台乌一两　香附四两　陈皮　苏叶　干姜五钱　槟榔　名正气天香丸。

贴痛，芥叶研水敷。

熨痛，醋炒灰，布里热熨。葱艾炒、韭炒亦可，茱萸醋研水敷亦可。

治膝痛，脚骨热痛，或赤肿行步难。

苍术米泔浸一日夜　盐炒柏酒浸一日夜

上煎服。

痨瘵四十四

俗声传尸，虽多种不同，其病与前人相似，大略令人寒热，盗汗，梦与鬼交，遗泄，白浊，发[1]而耸，或腹中有块，或脑后两边有小核数个，或聚或散，沉沉默默，咳血嗽痰，或腹下痢。羸瘦困乏，不自胜持。虽不同证，其根多有虫啮心肺一也，盖因阴虚，或痰与血病。

方　青蒿二钱　童便四升

文武火熬至七分，去蒿再熬至一升半，入猪胆汁十个，槟榔

〔1〕发 《脉因证治·劳瘵》此下有“干”字。

末、辰砂再熬数沸，甘草末收之。

方　治虚劳痰。

四物汤加竹沥、姜汁、童便，或加参、术。

传尸痨

李法三拗汤　治传尸一切诸证，先服此方，后服莲心散，万不失一。

麻黄　甘草　杏仁

姜、枣煎服，痰清则止。

莲心散

川芎一两　川归　黄芪　前胡　鳖甲醋炒　甘草　独活　羌活　防风　麻黄去节　防己　赤芍　桂　杏仁去皮尖　莲肉去心　阿胶　南星　陈皮　芫花醋炒黑干　枳壳麸炒　半夏　茯苓　黄芩

上除芫花，每服二钱半，水小二盏半，姜三片，枣一个，芫花一抄，煎至八分服。须吐有异物，渐减芫花，盖反甘草，杀虫少之。

调鼎方　治传尸劳有神效。

混沌皮一具，醋煮一宿，焙干　鳖甲炙　黄连　桔梗　芍药　大黄　甘草　豉心　苦参　贝母　秋石另　知母　草龙胆　黄柏蜜炙　芒硝飞　蓬术一个　犀角

上炼蜜为丸，温酒下二十丸。肠热食前，膈热食后，一月平安。

白蜡尘　治瘵虫。

喉痹四十五

盖因痰热内结，虽有蛾闭、木舌、子舌、缠喉、走马八[1]名，火则一也。

夫少阴君火，少阳相火，并络于喉，气热则结，甚则肿胀，甚则痹，痹甚不通则死。惟喉痹急速，相火之为也。至如嗌干痛、咽颔肿、舌木强，皆君火之为也。

---

〔1〕八　《脉因证治·喉痹》作“之”。

治法，微以咸软之，甚以辛散之；痰结则吐之，甚则砭出血之；人火以凉平之，龙火以火逐之，凉剂热服是也，宜刺少商出血。

方 朴硝 牙硝各另研

青鱼胆放硝上干，方研为末，以竹管吹入喉中，痰出即愈。

秘方 桐油脚鹅翎刷，取吐痰为妙。又皂角取吐。

又僵蚕同姜研服解毒。

又生艾汁亦解。

玉匙散 治风热喉痹及缠喉风。

朴硝一两 硼砂五钱 脑子五钱 僵蚕

以竹管吹入喉中。

神效散 治热肿，语声不出。

荆芥穗另 蓖麻去皮，另。各一两

上蜜丸皂子大，嚼含化。

蜜附子 治府寒咽门闭，不能咽。

大附子生，去皮脐，切片，蜜涂，炙黄，含之咽津。

雄黄解毒丸 治缠喉风及喉痹，倒仆失音，牙关紧急，不省人事。

雄黄一钱，飞 郁金 巴豆十四个，去油

上醋糊丸，绿豆大，热茶清下丸子九丸，取吐即止。

又方 胆矾一钱，以乌梅肉裹之，外以绵裹含。

龙火拔毒散 治缠喉急证，先以针出血，后以此丹，用新水扫之。

阳起石煅 伏龙肝等分，水敷

又白瑞香花根，研水灌之。

咽物[1]状，咽者，咽物久[2]也 咽肿不能吞，干则不能咽，或因多饮咳热，或呕吐咯伤，皆致咽系干枯之所为也。

喉病状，喉者，声音出入处也。藏热则暴肿闭塞。

---

〔1〕物 按下文“喉病状”，此字应作“病”。

〔2〕久 《脉因证治·喉痹》作“处”。

悬壅俗云蛾也，在上腭。

欬而声嘶喉破也，俗云声散。

虾蟆瘟四十六

风热也，宜服车前叶汁，又宜解毒丸下之

附方　侧柏叶汁调蚯蚓粪敷，烧灰大妙。

又　丁香尖、附子尖、南星，醋磨敷。

又　五叶藤汁敷妙。

口甘苦四十七

口甘，脾热也，三黄丸治之。

口苦，胆热也，乃谋虑不决，柴胡汤主之。柴胡加麦门冬、酸枣仁、地骨皮、远志。

舌四十八

心脉系舌根，脾脉络系舌傍，肝脉络系舌本。因风寒所中，则舌卷缩而不言；七情所郁，则舌肿满而不得息；肝壅则血上涌；心热则裂而疮；脾热则苔滑；脾热则舌强；脾闭则白苔如雪。

金沸草散　治风寒伤心脾，令人寒热，齿浮舌肿。

荆芥四钱　旋覆花　前胡　麻黄各三钱　半夏　甘草一钱

升麻柴胡汤　治心脾虚热上攻，舌上疮，舌本强，两颊肿痛。

石膏煅，二钱　升麻　芍药　栀子　木通一钱　杏子　大青　黄芩三分　柴胡一钱

敷舌肿，破锅底黑，醋盐调敷。

出血如泉，白胶香、五倍子、牡蛎糁。

白苔语涩，薄荷汁、白蜜姜汁揩敷。

目四十九

因风热，血少，神劳，肾虚。

病在腑，则为表，除风散热；在脏则为里，宜养血安神。

如暴失明，昏涩，翳膜，眵泪，班入眼，皆表也，宜发表以去之。

如昏弱不欲视物，内障见黑花，瞳散，皆虚也，血少、神劳，肾虚也，宜养血、补水、安神。

拨云汤

羌活　防风钱半　藁本　川芎　荆芥一钱　葛根　细辛　柴胡　升麻五分　川归　知母　黄柏　黄芪　甘草一钱

内障是[(1)]虚火盛，加四君子汤、五味、茯苓。

湿热加黄芩、黄连、生地。

睛痛加四物汤。

胸中不利加槐子。

水[(2)]翳加羚羊角，大府秘加大黄。

凡目暴赤肿，以防风、黄芩为君以泻火，黄连、当归为佐以养血，使以羌活、升麻、柴胡、白芷、甘草。

白睛红加白豆蔻少许。

凡目久病昏暗，以熟地、川归为君，以羌活、防风、干菊之类为佐。

退云丸　治一切翳晕，内外障昏无睛，屡效。

川归酒洗　川芎两半　犀角　楮实　蝉退　黄连　薄荷各五两　干地黄酒浸，一两　瓜蒌根一两　羌活一两　川木贼一两半，童便浸一宿，去节，火干用之

上炼蜜丸，米饮下，妇人川归汤下，有气木香汤下。

泻青丸　治风热。

熟地黄丸　治血少。

---

〔1〕是 《脉因证治·目》此下有“脾”字，义胜。

〔2〕水 《脉因证治·目》作“赤”。

驻景丸 补肾水。

车前子三两 熟地三两 菟丝子五两

槐子散 治体肥气盛，风热上行，目昏涩。

槐子 黄芩 木贼 苍术

末之，茶点服之。

桔梗丸 治太阳卫虚血盛，瞳入肿痛，眼黑肝风盛。

桔梗一斤 牵牛头末，三两

蜜丸水下。

羊肝丸 治一切目病，不问盲障。

白乳羊肝一具，以竹刀去膜 黄连一两 川归 于菊 防风 薄荷 荆芥 羌活 川芎三钱

上为末，羊肝捣丸，浆水下。

地芝丸 治不能远视，能近视，此除风热。

地黄 天门冬四两 枳壳炒 干菊二两

上蜜丸，茶酒任下。

定志丸 治不能近视，能远视。

人参 远志 菖蒲 茯苓

蜜为丸下。

治瞳子散大，此辛热之为也。

黄芩 黄连除风热 归身 地黄养血凉血 地骨皮 五味收散 天门冬泻热补气

点方 百点膏

黄连二钱，水大碗，以火熬至一半 加川归六分 防风三分 蕤仁去皮尖，三分

上熬水中不散，加蜜少许点之。蔓荆子、椒根、地黄、甘草、荆芥、麻黄、升麻，随所长加之。

金丝膏 七宝膏

真珠 珊瑚 炉甘石二味俱煅七次，以连水浸七次 辰砂 脑麝 蕤仁去壳

上研末点。

眼稍赤。

白矾飞过三钱　铜绿五分　密陀僧一钱

轻粉少许，末贴之。

豆后上翳。

谷精草　蛇壳　绿豆粉　天花粉

上等分，粟米泔浸煮蜜服。

烂翳，茜藤灰、灯草，点须臾，大痛，百节草刮去。柿干为度，食之。

春雪膏

朴硝，置豆腐上蒸，待流下，用瓦器承之，点赤眼。又黄丹、白矾点赤眼。

耳　五　十

因风热、气虚火胜，风耳痛，全蝎一两，生姜三两，切作方块，同炒熟去姜，末之，汤点。

聤耳出脓，桑螵蛸一介，火炙　麝一字，另研掺之　又加染坯枯矾吹之。

虫入耳中，麻油灌耳中，虫出。

耳痛甚，茱萸、乌附尖、大黄、同为末，盦涌泉，即脚底心也。

鼻　五　十　一

肺窍也，心肺有病而鼻为之不利也。有寒，有热。

寒则表之，羌活、独活、防风、升麻、干葛、白芷、黄芪、苍术、甘草、川椒。

热则清之，黄芩、黄连。

酒皶鼻乃血热入肺，四物加酒芩、酒红花，煎服。

敷，乳香、硫黄酥调敷。　萝卜内煨乌尖。又鸭嘴，胆矾敷。

齆鼻乃肺气盛也，枯矾研为面，脂绵裹塞自消。

瓜蒂末，绵裹塞亦可。

又木通、细辛、附子炮，蜜和绵裹，塞鼻亦可。

服用防风通圣散，加好山棱、茱萸、海藻，并酒浸，炒干为末，每一钱五分，任汤下。

鼻渊乃胆移热于脑，通圣散加薄荷、黄芩、黄连、辛夷。又孩儿茶服妙。

齿五十二

夫齿，肾之标，骨之余。上龈，胃络贯也，喜热恶寒；下龈，大肠络也，恶热喜寒。

盖因肾衰则豁。

大肠壅，齿为之浮；大肠虚，齿为之宣露。热甚则齿动龈脱，作痛不已；寒邪气[1]邪客脑则脑痛，祖露疼痛。

羌活散

麻黄去根节　羌活一钱　防风三钱　细辛　升麻　柴胡　当归　苍术一钱五分　白芷三钱　黄连　骨灰二钱　桂枝

上为末，先以汤嗽口净，擦之嗽之。

又　蒺藜五钱，青盐三钱，浆水二碗，煎半，热漱。

又乌豆、熟艾、葱、川椒，浓煎漱，有浓痰出则安。

治虫散气，荜拨、木鳖，同研搐鼻。

因气走注，藁本、煎草、细辛，热漱。

治骨槽风，皂角，不蛀者去子，入杏仁在子位上。

上烧存性，每两入青盐一钱，揩用。

治风蛀牙，北枣一个去核，入巴豆一枚，合成，文武火上炙焦成灰样，放地上良久，研细，以纸捻入蛀孔十次。

---

〔1〕气　《脉因证治·齿》作“风”，义胜。

丹溪手镜卷之下

宛陵吴尚默以时父　　订正
西吴陈干阳潜夫父　　参订
宛陵戴天眷德荇父
天台林凤翔　　父
括苍王硕辅缙卿父
黔中刘汝舟载卿父
玉融林士元则允父
螺川王万享景和父
孝乌后学丁承祖仲德父
同邑后学龚天定孔固父　同阅
赤岸裔孙朱文英　　藏稿

咳逆痰嗽一附张论、李论、刘论、治法论

脉出鱼际，逆气喘息。脉浮为风，为湿。此生于外邪之所搏。脉浮紧则虚寒，沉数则少血，洪滑则多痰。此皆生于内气之郁。又弦为饮，人壮[1]☐愈，沉者不可发汗。

风寒为病，主乎肺，以肺主皮毛而司于外，伤之则腠理不疏，风寒内郁于肺，清肃之气不利，而生痰动嗽。又寒饮食入胃，从脾脉上至于肺，则肺寒，内外相合邪，因而嗽之。

火盛炎烁肺金，遂成郁遏胀满，甚则干咳无痰，或

〔1〕壮　此下脱字，据《脉因证治·逆痰饮》“欬而弦者，相其人强，吐之而愈”句，疑脱“吐之而”。

吐血痰。好色肾虚，阴虚生火，肺津耗散，津液气血皆化为痰矣。痰则气滞，妨碍升降。

有论咳者，卫气之失；嗽者，荣血之失。外伤六气，随风寒暑湿燥火，感其部位，察而表之，内伤七情，皆胃受之，而关于肺。

伤风咳者，憎寒壮热，自汗恶风，口干烦躁，宜麻黄汤。遗屎，赤石脂。

伤寒咳者，发热无汗恶寒，无渴。

伤暑咳者，烦热引饮；或吐沫、声嘶、咯血。

伤湿咳者，骨节烦疼，四肢重着，洒洒淅淅。

喜伤心，咳者喉中介介如肿状，甚则咽[1]肿喉痹，又自汗咽干，咯血，此劳伤心，小肠[2]受之[3]与气俱失，宜芍药甘草汤。

又☐。怒伤肝，咳而两胁下痛，不可转或[4]☐宜小柴胡汤；胆受之，呕苦汁，宜黄芩[5]☐草治之。

思伤脾，咳而两胁下痛，引肩背，又[6]痛不饮食，此饥饱之伤，宜升麻汤。胃受之，呕长虫，乌梅汤，又云人参主之。

忧伤肺，咳而喘息有声，甚则吐血，或吐白沫，口燥声嘶，此叫呼伤肺；大肠受之，遗屎。治同气下条，又云枳壳治之。

恐伤肾，咳而腰背相引痛，甚则咳涎，或寒热喘满引腰背，此房劳伤肾，宜麻黄细辛附子汤。膀胱受之，遗溺，宜茯苓甘草汤治之。

久嗽不已，三焦受之，腹满不欲食，此皆聚于胃关于肺，令多涕唾而面浮肿，气逆也，宜异功白术散。

---

〔1〕状，甚则咽　原脱，据《脉因证治·逆痰嗽》补。

〔2〕小肠　原脱，据《脉因证治·逆痰嗽》补。

〔3〕之　此下《脉因证治·逆痰嗽》有“咳”字。

〔4〕或　疑作“侧”，《脉因证治·逆痰嗽》有“怒伤肝，咳而右胁下痛，不可转侧”句，可资参证。

〔5〕芩　此下脱字，《脉因证治·逆痰嗽》有“胆呕苦汁，黄芩半夏汤”句，可资参证。

〔6〕又　此下《脉因证治·逆痰嗽》有“腹胀心”三字。

张　　论

有贫者外感之由，经曰：秋伤于湿，冬必咳嗽。又曰：岁火太过，肺金受邪，病嗽是也。有富贵者，多食味厚，热痰所成也，谓之涎嗽是也。

李　　论

皆脾弱受病，肺金受邪，饮食不行，留积[1]，冲肺道而成嗽。

刘　　论

皆脾虚而成痰，伤肺而成嗽。

有论痰嗽潮热四证：因痰嗽者潮热大体虽同，动[2]，作有异，或因虚伤冷，则先痰嗽，嗽久而不已，血形如线[3]，随痰而出，恶寒发热，右寸脉浮而数，外证日轻夜重[4]，面白痰清。

因忧愁大怒则吐血，而后痰嗽，少寒多热，左寸脉沉小而数，外证心下噎塞，情思不乐，饮食不下。

或虫注相搏，或死魂相逐，则先呕血，不知来处，微有痰嗽，渐生寒热，两手脉弦细而数，外证食不为肌，烦乱动变不常，身体酸疼倦，久久嗽搐痰多，或喘，或泻，即死。

或先因伤寒伤湿，解利不尽，虽病退人起，饮食减少，不生肌肉，身倦无力，劳力则热，身体酸疼如劳状，但不吐血，不发潮热，经二三年，医无验，此是余毒伏于经络，其脉弦也，再发即愈。

治　法　论

咳嗽、痰嗽分而为二。

咳者，谓无痰而有声，乃肺气伤而不清，关于肺也。宜以辛润

---

〔1〕积　此下《脉因证治·逆痰嗽》有“而成痰”三字。

〔2〕潮热大体虽同，动　原脱，据《脉因证治·逆痰嗽》补。

〔3〕而不已，血形如线　原脱，据《脉因证治·逆痰嗽》补。

〔4〕日轻夜重　原脱，据《脉因证治·逆痰嗽》。

其肺，青陈皮以散三焦之气壅。

嗽者，谓有痰而无声，乃脾湿而为痰，而以嗽，皆积于肺也。盖因伤于肺气，动于脾湿，咳而为嗽[1]也。盖脾无留湿，虽伤肺气而不为痰。然寒暑燥湿风[2]火皆令人嗽，独湿病痰饮入胃，留[3]□则为咳嗽也。宜以化痰为先，下气[4]□经谓之热痰，湿在肝经谓之风痰，湿[5]痰，湿在肺经谓之气痰，湿在肾经谓之寒痰。

能食者下之，不能食者，厚朴汤主之。痰而热者，柴胡汤加石膏主之。痰而寒者，小青龙加杏仁主之。

张之治风痰，以通圣散加半夏。暑痰，以白虎、凉膈。火痰，以黄连解毒。湿痰，以五苓、白术。燥嗽，以木香葶苈散。寒嗽，以宁神宁肺散，更分吐、汗、下也。

又大热大饮，凝于胸中而成湿，故作痰矣，宜吐之。

方　南星　半夏　枳壳　陈皮

风痰脉弦，加通圣散；热痰脉洪，加小柴胡、青黛、黄连；湿痰脉缓，加苍术、防己；寒痰脉沉，加桂、杏仁、小青龙；气痰脉涩，加青皮、陈皮；气上逆，加苦葶苈；气促，加人参、桔梗；发热，加黄芩、桔梗；热上喘涌，加寒水石、石膏；痞加枳实，重加茯苓；浮肿，加郁李仁、杏仁、泽泻、茯苓；大便秘，加大黄；能食，加承气；不能食，加川朴。

利膈丸　治胸中不利，痰嗽喘促。

木香　槟榔各一钱　枳壳麸炒，一两　厚朴三两　大黄酒制，一两　川归　人参各三钱

紫苏饮子　治脾肺受寒，痰涎嗽。

紫苏子　桑白皮　青皮　陈皮　杏仁　麻黄　半夏　五味

---

〔1〕而为嗽　原脱，据《脉因证治·逆痰嗽》补。

〔2〕然寒暑燥湿风　原脱，据《脉因证治·逆痰嗽》补。

〔3〕留　此下脱字，《脉因证治·逆痰嗽》作“之而不行，上入于肺”。

〔4〕气　此下脱字，《脉因证治·逆痰嗽》有“有痰而嗽者，治痰为先，下气为上”句，并有“假令湿在心经谓之热痰”句，可资参证。

〔5〕湿　此下原有脱字，存疑待考。

炙甘草　人参

千缗汤　治痰。

半夏一两　皂角去皮弦子，半两　雄黄

上以水三升，姜八片，煎至半，以手揉洗之绢袋，取清汁服。

秘方　治风寒，行痰，开腠理。

二陈汤加麻黄、杏仁、桔梗。

治火嗽，黄芩、黄连、瓜蒌、海石。

治劳嗽，四物汤加竹沥、姜汁。

治肺胀及火郁。

诃子　杏仁　半夏　瓜蒌　青黛　香附子

治痰积方

南星　半夏　瓜蒌　青黛　石碱

肝痛，疏肝气，加青皮。上半日嗽，多属胃火，加贝母、石膏。下半日嗽，多属阴虚，加知母、黄柏、川芎、川归；虚甚好色者，加人参膏、陈皮、生姜。

酒病嗽。

白矾研，一两　杏仁一升

上以水一升，煎干，摊瓦上，露一宿，炒干，夜饭后嚼杏仁十五个。

鹅管石散　治风入肺脘。

南星　雄黄　款冬花　鹅管石

上为末，入艾中，放姜置舌上灸，烟入咽内，以多为妙。

青礞石丸　化痰。

沉香丸　治痰。

痰嗽

南星　半夏　茯苓　陈皮　风化硝　贝母　滑石　白芥子

热加黄芩、青黛，风加皂角，湿加苍术，口加枳实，润加瓜蒌仁。

劳嗽

四君子　百合　款花　细辛　桂　五味　阿胶　天门冬　杏

仁　半夏　黄芪　芍药

上水煎服。

逆　　二附不治证

谓气上逆，肺壅而不下。

皂角丸　治上气逆。

竹茹，治气上逆因热者。

麦门冬汤　治大逆上气。

麻黄厚朴汤　治上气脉浮。

泽漆汤　治上气脉沉。

泽漆　桑白皮六钱　射干　茯苓　黄芩　术四钱

不　治　证

喘嗽上气，脉数有热，不得卧者死；上气面浮，肩息，脉浮大者死。

久嗽数岁，脉弱者生；实大数者死。

暴嗽，脉散者死。

喘息脉滑，手足温生；脉涩，手[1]☒者死。

肌瘦下脱，热不去者死。

咳嗽形脱，发热，脉小坚急者死，脉小沉伏者死。

咳而呕，腹胀且泄，脉弦急欲绝者死。

喘　　三

因虚　气虚，火入肺；阴虚，火起冲上；肺虚，必咽干无津，少气不足以息也；肾虚，先觉呼吸短气，两胁胀满，左尺大而虚者是，治宜补肾。

---

〔1〕手　此下脱字，《脉因证治·逆痰嗽》有"脉涩，四肢寒者死"句，可资参证。

因实　有痰、有水气乘肺，气实肺盛，呼吸不利，肺气壅滞，右寸沉实者是。其肺必胀，上气喘逆，咽中如塞，如呕状，自汗，治宜泻肺。

因邪　由肺感寒邪，伏于肺经，关窍不通，呼吸不利，右寸沉而紧，亦有六部俱伏者，发散则身热退而喘定。

方

气虚，人参、黄柏蜜炙、麦门冬、地骨皮。

阴虚，四物加黄连。有痰加枳壳、半夏阴则血也。

痰，二陈汤加南星、枳壳、皂角。

神秘方　治水气逆上乘肺，肺浮而气不通，其[1]□大，不卧者是，卧则喘也。

紫苏子　陈皮　桑白皮　生姜　茯苓　人参五钱　木香二钱

上㕮咀，煎服。

泻白散　治阴气在下，阳气在上，咳呕喘逆。

痰加半夏、桔梗。

劫喘，治喘甚不可用苦寒药者，以温劫之。

椒目，为末，姜汤下。

又萝卜子炒，皂角烧存性，姜汁丸，噙化。

又大黄，牵牛炒，蜜水下二钱。

猪賭丸　治喘，年深或作或止。

雄猪肚一个，如食法，入杏仁五两，线缝其口，醋三碗，煮干，先食肚，次以杏仁新瓦上焙干，捻去皮，旋食，永不作。

分论咳嗽喘息

咳者　无痰有声，喉中如痒，习习如梗，甚者续续不止[2]，连连不已，冲击膈间，外有心咳一切血证[3]，肺咳上逆者是。

嗽者，有痰。外有劳瘵、喘促，嗽血者，是肺痿。

喘者，促促而气急，喝喝而气数，张口抬肩，摇身滚肚，外有

---

〔1〕其　此下脱字，据《脉因证治·喘》神秘汤证治中“脉沉大”句，疑作“沉”。

〔2〕不止　原脱，据《脉因证治·逆痰嗽》补。

〔3〕一切血证　原脱，据《脉因证治·逆痰嗽》补。

脚气。

气逆者，但气上而奔急。外有肺中风、肺中寒、肺中暑、肺水、肺热、肝热、胆寒、心热、肠痹、痰水。

短气者，呼吸虽数而不能相续，似喘而不摇肩，似呻吟而无痛。外有脾中风、肺热、肾热虚、历节风、忧气、胸痞、痰饮、短气。

脉寸口沉，胸中短气；辟大而滑，中有短气；浮而绝者，气微弱者，少气。

宿食留饮四附宿食状、痰饮状、李论、张论

脉寸口浮大，按之反涩，尺寸亦微而涩，宿食也。脉寸口如转索而紧，宿食也。

脉滑而数者，宿食也，当下之。

又浮而滑者，宿食也；脉沉，病若伤寒者，宿食留饮，当下之。

下利不欲食者，宿食。

脉短而滑酒[1]病，脉浮而细滑者伤饮。

宿食状

《千金》云：胃中有辟食冷物则痛，不能食；有热物[2]□食。

大腹有宿食，则寒凛如疟发热状；小腹有宿食，即暮发热，明旦复止。

又有云：病宿食则头痛，恶风增寒，心腹胀满下利，不欲食，吞酸噫气腐气，或腹胀泄泻，及四肢浮肿。若胃实寒，食反留滞，其脉滑而数，宜下之愈。若虚，其脉浮大，按之反涩，尺中亦微涩，宜温消之。

痰饮状

或咳，或喘，或呕，或泄，晕眩，懵烦，悸忪，愪憹，寒热，疼痛，

〔1〕酒　原脱，据《脉因证治·宿食留饮》补。
〔2〕物　此下脱字，《脉因证治·宿食留饮》作“则欲”。

肿满，挛癖，癃闭，痞膈，如风，如颠。

悬饮者，饮水留在胁下，咳唾引痛。治法当下。

溢饮者，饮流于四肢，当汗不汗，身体疼痛。法当汗

支饮者，咳逆倚息，短气不得卧，其形如肿。随证汗下之。

痰饮者，其人素盛今瘦，肠间漉漉有声。宜治湿从小便去之。

留饮者，背寒如手大，或短气而渴，四肢历节疼，胁下痛引缺盆。

伏饮者，膈满喘咳，呕吐，发则寒热，腰背痛[1]，□振振然。

李 论

饮食自倍[2]，肠胃乃伤，复加之，则胃化迟难，故[3]□留饮。

食者物也，有形之血也，因而饱食，筋脉横解肠为重，或呕，或吐，或下利，甚则心胃大痛，犯其血也，宜分寒热轻重而治之。如初得，上部有脉，下部无脉，其人当吐，不吐者死。宜瓜蒂散吐之。轻则内消宿食，缩砂、神曲是也；重则除下，承气类也；寒则温之，半夏、干姜、三棱、莪术等也；热则寒之，大黄、黄连、枳实、麦蘖等也。

饮者水也，无形之气也，因而大饮则气逆，形寒饮冷则伤肺，病则为咳满、水泄，重而为蓄积。轻者宜取汗、利小便，使上下分消其湿，解醒汤、五苓、半夏、术、壳之类是也；重则三花神祐等也。

又一云：凡伤西瓜、冷水、羊乳寒湿之物，白术二钱，川乌二钱，防己一钱，丁香、甘草各五分；凡伤羊肉、湿面湿热之物，白术、连一钱，大黄二钱，甘草。已上二证，腹痛白芍药一钱，心下痞加枳实，腹胀加厚朴，胸中不利加枳壳，胸中寒加陈皮，渴者加茯苓，腹中闷加苍术，及体沉重加[4]□术。大抵伤冷物巴豆为君，

---

〔1〕痛　此下脱字，《脉因证治·宿食留饮》作“目泪恶寒”。

〔2〕自倍　原脱，据《脉因证治·宿食留饮》补。

〔3〕故　此下脱字，《脉因证治·宿食留饮》作“宿食”。

〔4〕加　此下脱字，据《脉因证治·宿食留饮》“体肢沉重，苍术”句，疑作“苍”。

伤热物大黄为君。

张 论

饮食不消，分贫富而治之。富者乃膏粱太过[1]，以致中脘停留，胀闭痞隔，酸心，宜木香导饮丸主之。贫者饮食粗，动作劳，酒食伤之，以致心腹满闷，时吐酸水，宜进食丸主之。又重者，证太阳[2]伤寒，止脉沉，宜导饮丸主之。

又论留饮，畜水而已，虽有四有五之说，止一证也。夫郁愤而不伸，则肝气乘脾，脾气不濡，亦为留饮。肝主虑，久不决则饮气不行；脾主思，久则脾结，亦为留饮。乘困饮水，脾胃失衰不能布散，亦为留饮。饮酒过多，胞经不及渗泄，亦为留饮。渴饮冷水，乘快过多，逸而不动，亦为留饮。

夫水者，阴物也。但积水则生湿，停酒则发燥，久则成痰。在左胁同肥气，在右胁同息贲。上入肺则喘，下入大肠则泻，入肾则涌水，在太阳为支饮，皆由气逆得之。故湿在上者，面浮目黄；在下者，股膝肿满；在中者，支饮痞膈痰逆。在阳不去，久而化[3]气；在阴不去，久而成形。宜治以导水如禹功，调以五苓、葶苈、椒目逐水为全矣。

刘用槟榔丸 治伤之轻，饮食不化，心腹膨胀。

槟榔 木香各一钱 陈皮八钱 牵牛头[4]

上醋糊丸，姜汤下二十丸。

雄黄丸 治伤之重，腹胁虚胀。

雄黄一两，另研 巴豆五钱，生用

丸治法同心痛条下。

瓜蒂散 吐心腹卒痛，闷乱急剂。

瓜蒂 赤小豆各三钱

---

〔1〕梁太过 原脱，据《脉因证治·宿食留饮》补。
〔2〕证太阳 《脉因证治·宿食留饮》作“病证同太阴”。
〔3〕化 《脉因证治·宿食留饮》作“滞”。
〔4〕头 此下《脉因证治·宿食留饮》有“末四钱”三字。

上为末，每一钱，温水下。

枳术丸 治伤食。

枳实[1]半两 白术一两

□闷加曲糵，滞气加槟榔、木香、青皮，伤□加大黄、黄连、黄芩，湿加萝卜子，热加连，伏湿痞闷加茯苓、泽泻，病后食伤加栀子，粉湿面油腻加[2]□粉、半夏，伤冷硬加草豆蔻[3]、□术，伤水加干姜，心胃痛加缩砂、丁香[4]，□□加人参、半夏。

解醒汤[5] 治伤酒。

草豆蔻 缩砂 生姜 葛花各一[6] 木[7]香五分 茯苓 陈皮去白 猪苓去皮 人[8]参 白术各钱半 青皮三钱 炒曲 泽[9]泻各三钱

白[10]汤下。

秘方[11] 治胸[12]中有物，恶食。

白[13]术、山楂、川芎、苍术、神曲炒。

神祐丸[14] 治留饮、悬饮、脉弦。又治脉伏，其人欲自利，难利[15]，心下续筑满，此为留饮欲去故也。

---

〔1〕枳实 原脱，据《脉因证治·宿食留饮》补。

〔2〕加 此下脱字，据《脉因证治·宿食留饮》“半夏、豆粉，湿面油腻加之”句，疑作“豆”。

〔3〕蔻 此下脱字，据《脉因证治·宿食留饮》“棱莪，伤冷硬加之”句，疑作“莪”。

〔4〕香 此下脱字，据《脉因证治·宿食留饮》“参，伤胃加之”句，疑作“伤胃”。

〔5〕解醒汤 原脱，据《脉因证治·宿食痰饮》补。

〔6〕一 《脉因证治·宿食留饮》作“半两”。

〔7〕木 原脱，据《脉因证治·宿食留饮》补。

〔8〕人 原脱，考葛花解酲汤中有“人参”，据补。

〔9〕泽 原脱，考葛花解酲汤中有“泽泻”，据补。

〔10〕白 此上《脉因证治·宿食留饮》有“右为末”三字。

〔11〕秘方 原脱，据《脉因证治·宿食留饮》补。

〔12〕胸 《脉因证治·宿食留饮》作“胃”。

〔13〕白 此上《脉因证治·宿食留饮》有“二陈汤加”四字。

〔14〕神祐丸 原脱，据《脉因证治·宿食留饮》补。

〔15〕利，难利 原脱，据《脉因证治·宿食留饮》补。

甘[1]草汤 治心下有痰饮，胸胁支满，目眩。

大青龙[2]汤 治溢饮体疼，当发其汗。

麻[3]黄七钱半 桂枝 甘草各二钱 杏仁 石[4]膏鸡子大 半夏续加

泽泻[5]汤 治心下有支饮，其人苦冒眩。支饮不得息，加[6]葶苈、大枣。

朴黄[7]汤 治支饮胸满。

原朴 大黄

二陈汤、小半夏[8] 治呕家本渴，今反不渴，心下有支饮；治先[9]渴却呕，水停心下，属饮也，加茯苓。

五苓散[10] 治瘦人脐下有悸，吐涎沫而颠眩，水也，亦治[11]，停痰宿水。

破饮丸[12] 治五饮结为癥瘕，支饮，胸满吐逆，心痛，大能散[13]气。

荜[14]拨 胡椒 丁香 缩砂 青皮 乌梅 木[15]香 蝎梢 巴豆去油

---

〔1〕甘 此上脱字，《脉因证治·宿食留饮》有“茯苓桂术汤 治心下有痰饮……”句，可资参证。

〔2〕大青龙 原脱，据《脉因证治·宿食留饮》补。

〔3〕麻 原脱，据《脉因证治·宿食留饮》补。

〔4〕石 原脱，据《脉因证治·宿食留饮》补。

〔5〕泽泻 原脱，据《脉因证治·宿食留饮》补。

〔6〕息，加 原脱，据《脉因证治·宿食留饮》补。

〔7〕朴黄 原脱，据《脉因证治·宿食留饮》补。

〔8〕二陈汤、小半夏 原脱，据《脉因证治·宿食留饮》补。

〔9〕治先 原脱，据《脉因证治·宿食留饮》补。

〔10〕五苓散 原脱，据《脉因证治·宿食留饮》补。

〔11〕水也，亦治 原脱，据《脉因证治·宿食留饮》补。

〔12〕破饮丸 原脱，据《脉因证治·宿食留饮》补。

〔13〕能散 原脱，据《脉因证治·宿食留饮》补。

〔14〕荜 原脱，据《脉因证治·宿食留饮》补。

〔15〕木 原脱，据《脉因证治·宿食留饮》补。

青皮同巴豆，浆水渍一宿，漉[1]，同炒，青皮焦，去豆[2]不用，清浆水淹乌梅肉，炊一熟饭，研细为膏，姜汤[3]下五七丸。

控涎丹 治患[4]胸背、手脚、头项、腰胯隐痛不忍，连筋骨牵钩痛，坐卧不宁，时时走易。

甘遂 大戟 白芥子真者

糊为丸。

嗳气吞酸嘈杂五

因胃中有火、有痰。《三因》云：中脘有饮则嘈，有宿食则痛。

二陈汤加南星、黄芩，治食郁有热吞酸。

曲术丸 治吞酸嘈杂。

缩砂 陈皮 炒曲 苍术

曲丸。

方 治吞酸湿热所郁。

黄连姜汁炒 茱萸炒 苍术 茯苓汤浸

吐清水，苍术陈壁土炒，茯苓一钱，活石炒，白术一钱半，陈皮五分，煎服。

燥饮丸 治痰饮心痛。

干螺壳墙土上者 苍术

曲为丸。

木香丸 治槃[5]气者，宿食也。

木香 蓬术 胡椒 半夏 干漆炒烟尽，各五钱 缩砂 桂心 青皮三两 附子炮去皮脐 山楂醋炒 白姜一两

上为末，蜜为丸如梧桐子大，每服五十丸，姜汤下。

---

〔1〕漉 此下《脉因证治·宿食留饮》有“出”字。

〔2〕去豆 原脱，据《脉因证治·宿食留饮》补。

〔3〕姜汤 原脱，据《脉因证治·宿食留饮》补。

〔4〕患 原作“胃”，据《脉因证治·宿食留饮》改。

〔5〕槃 原脱，据《脉因证治·论槃气》补。

感应丸 治同前。

肉豆蔻 川姜 百草霜各二钱 木香一两 荜澄茄 山棱 油各一两 巴豆百粒，去皮 蜡四两 杏仁百粒，去皮

上除巴豆、杏仁外，为末，次下别研巴、杏，和匀，先将油煎蜡溶化，倾在药内成剂，入舂内杵千余下，旋丸如绿豆大，每服三五丸，温汤送下。

积聚 六附不治证

脉来细而附骨者，乃积也。寸口见，积在胸；尺中见，积[1]在气冲；关上见，积在脐傍。左积左，右积右，脉二出，积在中央处其部。

脉浮而毛，按之辟易，胁下气逆，背相引痛，名肺积。脉沉而芤，上下无常处，胸满悸，腹中热，名心积。脉弦而细，两胁下痛，邪走心下，足肿寒重，名肝积。脉沉而急，若脊与背相引痛，饥见饱减，名肾积。脉浮大而长，饥减饱见，腹满泄呕，胫肿，名脾积。寸口沉，而横胁下及腹中，为横积。

脉小沉而实者，胸胃中有积聚，不下食，食则吐。脉沉而紧，若心下有寒时痛，有积聚。关上脉大而尺寸细者，必心腹冷积。

脉弦，腹中急痛为瘕，脉细微者为癥。迟而滑，中寒有癥结；驶而紧，积聚有击痛。脉沉重中散者，寒食成癥瘕；脉左转沉重者，病癥在胸；脉右转不至寸口者，内有肉癥。

盖积者，系于脏，始终不移；聚者，系于腑，发痛转移随[2]气往来，如有坯块。癥者，系于气，瘕者，系于血。因外有寒，血脉凝涩，汁沫与血相搏，则气聚而成积矣。又因七情忧思伤心，重寒伤肺，愤怒伤肝，醉以入房，汗出当风伤脾，用力过度入房，汗出入浴伤肾，皆脏气不平，凝血不散，汁沫相搏，蕴结成积。又因食、

〔1〕积 原脱，据《脉因证治·积聚》补。
〔2〕移随 原脱，据《脉因证治·积聚》补。

酒、肉、水、涎、血、气入积，皆因偏爱停留不散，日久成积。块在中为痰饮，在右为食积，在左为血积。又有息积者，及气息癖滞于胁下，不在脏腑荣卫之间，积久形成，气不干胃，故不妨食。病者胁下满，气逆息难，频岁不已，名曰息积。

有肝积，名肥气，在左胁下，如杯，痎疟连岁，中有血色。有心积，名曰伏梁，起脐下，大如臂，上至心下，令人烦心，有大脓血在肠胃之外。有肺积，名息贲，在右胁下，如杯，寒热喘嗽。有脾积，名痞气，在胃脘，如盆，四肢不收，黄疸，饮食不为肌肤，其食冷物，阳气为湿畜。有肾积，名贲豚，发于小腹，上至心下，如豚状，上下喘逆，骨痿。

寒者热之，结者散之，客者除之，留者行之，坚者削之，消者[1]摩之，咸以软之，苦以泻之，全真气而补之，随所[2]利而行之。

五积丸

黄连肝、肾五钱，脾七钱，心、肺一两五钱　厚朴肝、心、脾五钱，肺、肾八钱　川乌肝、肺一钱，心、肾、脾五钱　干姜肝、心五分，肺、肾钱半　茯苓一钱五分　人参脾、肺、肝二钱，心五钱　巴豆霜五分

上为末，巴豆霜旋入，蜜炼为丸如桐子大，初二丸，加至微溏，又有虚人不宜攻，以蜡匮其药，且久留磨积。

肝积加柴胡二两，皂角二钱，川椒四钱，昆布、莪术各二钱半。心积加黄芩三钱，茯苓、桂、丹参、菖蒲各一钱。肺积加桔梗、天门冬、山棱、青皮、陈皮、白豆蔻各一钱，川椒、紫菀各一钱半。肾积加玄胡三钱，苦楝三钱，全蝎、附子一钱，泽泻二钱，独活一钱，菖蒲二钱，桂三分，丁香五分。脾积加吴茱萸、缩砂、茵陈、芩各二钱，泽泻一钱，椒五分。

秋冬加朴一倍，减芩、连。服人觉热加连，觉闷乱加桂，气短减朴。

肉积，硇砂、水银、阿魏。酒积，神曲、麦蘖。水积，甘遂、芫

〔1〕者　原脱，据《脉因证治·积聚》补。
〔2〕随所　原脱，据《脉因证治·积聚》补。

花、牵牛。食积，巴豆、礞石。气积，槟榔、木香。血积，虻虫、水蛭、桃仁、大黄。涎积，雄黄、腻粉。癖积，山棱、莪术。

鱼腥，陈皮、紫苏、草果、丁香、桂心。

寒冷成积，附子、硫黄、朴。

消块丸

山棱　莪术削坚　青皮　陈皮破气　香附开气　桃仁　红花治血　灵脂破血　牛膝活血　二陈汤开皮里膜外之痰　石碱破痰块　甘草　黄连吴茱萸炒，益智子炒　山楂破食块

上为末，醋糊为丸，用葵根、石碱、白术汤下。

千金消食丸

硝石六两　大黄半斤　甘草　人参三两

上为细末，以三年苦酒三升，置竹筒中，以竹片三刻，先纳大黄，搅使微沸，尽一刻，乃下余药，又尽一刻，微火熬膏，丸桐子大，每三十丸。可消块，不令人困。

经验丸　破块。

吴茱萸、黄连、木香、槟榔、桃仁、郁李仁，大承气加连、川芎，干葛煎汤下瓜蒌、贝母、半夏、黄连丸，极妙。

破痰块　苦参、瓜蒂、半夏，姜汁蜜丸。

破茶癖　石膏、黄芩、升麻，砂糖调末服。

化气汤　治息积癖于腹胁之下，腹满疼痛，呕吐酸水。

缩砂　桂心　木香　胡椒一钱　甘草炙　茴香炒　丁香　青皮　陈皮　莪术炮。各五钱　沉香一钱

上为末，生姜、紫苏、盐酒调下三钱。

散聚汤　治六聚，状若癥瘕，随气上下，心腹绞痛，攻刺腰胁，喘咳，满闷腹胀。

半夏　槟榔　归三钱　桂　杏仁二两　茯苓　附炮去皮脐　甘草　川芎　吴茱萸　朴枳壳各一两

大便秘加大黄。

三圣散　贴块。

石灰未化者半斤，瓦器炒令淡黄红，候稍减热下　大黄一两，就炉微

炒，候凉入桂 桂心半两，末，略炒，入米醋熬成膏，厚摊贴患处

又方 大黄、朴硝各一两，大蒜捣膏，和匀贴之，亦妙。

小儿奶癖，白芥子，研，摊纸上贴。

不治证

脉虚弱者死。弦而伏，腹中有癥不可转也死。不见脉也死。

消渴七

心脉滑为渴，阳气胜也。趺阳浮而数，浮为气〔1〕，数为消谷。心脉微小为消瘅。寸脉浮而迟。浮为虚，迟为劳，卫气亏，荣气竭。

脉轻散者，气实血虚。脉洪大者，阳余阴亏。脉数大者，沉小者生，实坚大者死，细浮短者死，数甚者死。因津血不足而然也。盖火甚于上为膈膜之消，病则舌上赤裂，大渴引饮，以白虎加参主之。火甚于中为肠胃之消，病善饮者，自瘦自汗，大便硬，小便数，以调胃承气、三黄汤等治之。火甚于下为肾消，病则烦躁，小便淋浊如膏油之状，以六味地黄丸治之。

方 黄连末 天花粉 人乳 地黄汁 藕汁 姜汁 蜜

为膏，留舌上，以白汤送下。

参膏汤 治膈消，上焦渴，不欲多食。

人参五钱 石膏一两 知母六钱 甘草三钱五分

上水煎，调服寒水石、滑石末妙。

顺气散 治消中能食，小便赤黄。

川椒一两 大黄四两 枳壳二钱 赤芍药

茴香散 治肾消小便如油。

茴香 苦楝炒 五味子

上为末，酒下二钱。

珍珠丸 治白淫滑泄，思想无穷，所愿不得。

〔1〕气 《脉因证治·消渴》作“风”。

黄柏降火　真蛤粉咸补肾

上各等分，水丸，空心酒下。

生[1]津甘露饮

石膏　甘草滋水　黄连　黄柏　栀子　杏仁　知母泻热补水　麦门冬　全蝎　连翘　白葵　白芷　归　兰香和血润燥　升麻　木香　柴胡行经　藿香反佐取之　桔梗

上为末，舐之。

张法神芎丸

黄连入心　牵牛逐火　滑石入肾　大黄逐火　黄芩入肺　薄荷散热[2]

三黄丸

大黄春、秋二两，夏一两，冬五两　黄芩夏、秋六两，春四两，冬三两　黄连春四两，夏一两，秋、冬三两

神白散　治真阴虚损。

猪肚丸　治消中。

猪肚一个　连五两　麦门冬去心，四两　知母四两　瓜蒌根四两

上四味入肚中，缝之，蒸烂，乘热于砂盆内杵，丸如坚加蜜，丸桐子大，服四五十丸。

葛粉丸　治肾消。

葛根　瓜蒌各三两　铅丹二两　附炮削，一两

上蜜丸，桐子大，服十丸。春、夏去附。

胡粉散　治大渴，又[3]治肾消。

铅丹五钱　胡粉　赤白石脂各五钱　泽泻五钱　石膏五钱　瓜蒌根三两半　甘草炙，三两

上或丸或末，任意，腹痛减服。

---

〔1〕生　原作“甘”，据《脉因证治·消渴》改。

〔2〕热　原脱，据《脉因证治·消渴》补。

〔3〕又　原作“不”，据文义及医理改。

人参白术汤

人参　白术　川归　芍药　大黄　栀子　泽泻各五钱　连翘　瓜蒌根　茯苓各一两　桂一两　藿香　木香各一两　寒水石一两　滑石　消石半斤　甘草三两　石膏四两

上姜煎，入蜜少许。

酒煮黄连丸　治中暑热渴。

痞　八

因误下多将脾胃之阴亡矣。胸中之气，因虚而下陷于心之分野，治宜升胃气，以血药治之。有湿土乘心下，为虚满，若大便秘，能食，厚朴、枳实主之；若大便利，芍药、陈皮主之。有食积痰滞，痞膈胸中，宜消导之。

黄连泻心汤　治虚痞。

黄连泻心下之土邪　厚朴降气

大消痞丸　治湿土痞、虚痞。

黄连炒，六钱　姜黄　白术　半夏各一两　黄芩三钱　甘草炙　神曲炒　人参二钱　缩砂一钱　木香　猪苓　泽泻一钱　生姜五钱　陈皮三钱　枳实炒

木香[1]有忧气结中脘，心下痞满，肚皮底微痛，加之，否则不必。

利膈丸　治痰。

黄芩生一两，炒一两　黄连　南星　半夏五钱　枳壳　陈皮三钱　白矾五分　白术二钱　神曲炒　泽泻五钱

瓜蒌丸　治胸痞，胁下逆抢心。

瓜蒌　枳实　陈皮

取瓜蒌穰、皮末熬丸。

胸痞切痛，加栀子烧存性、附子炮，二两。

---

〔1〕木香　原脱，据《脉因证治·痞》补。

肿胀 九附治法、又论治胕肿七证、不治证

脉弦而滑者胀，盛而紧者曰胀。阳中有阴也，可下之愈。脉浮而数。浮则虚，数则热。趺阳紧而浮。紧为痛则坚满，浮为虚则肠鸣。脉虚紧涩者胀。乃忧思结连，脾肺气凝，大肠与胃[1]不平而胀。脉浮为风水、皮水。脉弦而迟，必心下坚。乃肝木克脾，土郁结涎，闭于脏气，腑气不舒，胃[2]则胀闭。脉沉为心下黄汗。脉沉而滑亦名风水。脉浮而迟浮热，迟湿，热湿相搏名曰沉，为水必矣。脉弦而紧弦则卫气不行，水走肠间。

盖水肿因脾虚不能制肾水，肾为胃关，胃关不利则水渍妄行，渗透经络。其始起也，目窠上微肿，颈脉动，咳，阴股间寒，足胫胀大，水已成矣。按其腹随手而起，如裹水之状。气短不得卧为心水。小肠急满为小肠水。大便溏泄为肺水。乍寒[3]乍实为大肠水。两胁满为肝水。口苦咽干为胆水。四肢重为脾水。小便涩为胃水。腰痛足冷为肾水。腹急肢瘦为膀胱水。

风水，脉浮恶风，归之肝。皮水，脉浮不恶风，不喘，渴，按之没指，归之肺。石水，脉沉而恶风[4]，归之肾。黄汗，脉沉迟，发热而多涎，归之脾。

盖胀满因脾土极虚，转输失职，胃虽受谷，不能运化精微，随道壅塞，清浊相混，湿郁为热；热又生湿，遂成胀满。又有寒湿抑遏于脾土之中，积而不散而胀。经云：脏寒生病满是也。又有五积痰饮，聚而不散，或宿食不化，皆成胀满。烦心短气，卧不安，为心胀。虚满咳逆，为肺胀。胁痛引小腹，为肝胀。善哕，四肢脱，体重不胜衣，卧不安，为脾胀。腰髀痛引背，为肾胀。腹满胃脘痛，妨食，闻焦臭，大便难，胃胀。肠鸣痛，冬寒飧泄为大肠胀。

---

〔1〕胃　原作“胸”，据《脉因证治·肿胀》改。

〔2〕胃　《脉因证治·肿胀》作“胸”。

〔3〕寒　《脉因证治·肿胀》作“虚”。

〔4〕恶风　据《脉因证治·肿胀》“石水，脉沉不恶风，归肾”句，当作“不恶风”。

小腹䐜满引腰痛，为小肠胀。小腹满而气癃，为膀胱胀。气满于肤硁硁然，为三焦胀。胁痛口苦，善太息，为胆胀。寒气客于肤中，鼓空空不坚，腹身大，色不变，按之不起，为肤胀。

腹胀，身背大，色苍黄，腹筋起，为鼓胀。

治　　法

治水肿，先使补，脾气实能健运。腰以上肿，汗之；腰以下肿，宜利小便。主以参术，佐以黄芩、麦门冬。制肝木腹胀加朴，气不运加沉木香，使其通利为两全矣。外则湿肿，脉则沉细，用附子。又有肿痛，乃中寒也，亦加附子。

治胀满，宜大补脾气，行湿散气，主以参术，佐以平胃、五苓，热加芩连，血虚加四物，有死血加桃仁。如风寒自表入里，变为热胀胃满，宜大承气下之。如积痰宿食胀满，宜消导之、下之。

又论治胕肿七证

有肺气膈膜外，运行不得，遍身浮肿，脉浮，宜调肺通气。

有男子脏虚，妇人血虚，伤于冷毒之物成积，凝滞气道不通，腹急气喘，亦有只腹胀者，脉弦，治宜化积。

有脾寒久年不愈，传为浮肿，且云内有伏热，因于泻利，及其热乘虚入脾，致胸腹急胀，脉数，治宜解热。

有肉如泥，按之不起，脾土湿病也，脉沉，治宜燥脾。

有脾虚不能制肾水，脾湿如泥，脉沉迟，治宜暖脾元，利水道。

有伤风湿、冷湿而肿，气血凝涩，脉浮缓，治宜发散风湿。有久病后浮，是气虚也。

有妇人产后，或经后，是血虚也，其脉虚弱。

消肿丸

活石　木通　黑丑　茯苓　半夏　瞿麦　陈皮　木香　丁香

上酒糊丸，麦门冬汤下。

小胃丸　治肿。

变水汤　治肿。

白术　茯苓　泽泻二两　郁李仁二钱

上煎，入姜汁，调四君子汤之类。

木香散　治肿。

木香　大戟　白牵牛各等分

为末，三钱，以猪腰一只，批片掺末，煨熟，空服。更涂甘遂末于脐，饮甘草水。

五皮散　治皮水。

大腹皮　桑白皮　茯苓皮　生姜皮　陈皮　木香

海金砂丸　治肿。

牵牛生五钱，炒五钱　甘遂五钱　海金砂三钱　白术一两

中满分消丸　治热胀、气胀、鼓胀。

黄芩　黄连炒　姜黄　人参　白术　猪苓　甘草　厚朴各一两　茯苓　缩砂　陈皮各三钱　枳壳炒，五钱　半夏五钱　知母炒　青皮　泽泻　生姜各四钱

炊饼丸。

楮实子丸　治胀。

木香塌气丸　治胀。

萝卜子炒　青皮　陈皮各五钱　草豆蔻面裹煨　木香各三钱　胡椒　蝎稍二钱，去毒

广茂溃坚丸　治胀，有积块如石，上喘，浮肿。

厚朴　草豆蔻　归尾　黄芩　益智各五钱　甘草　莪术　柴胡　神曲　黄连　泽泻各三钱　吴茱萸　青皮　陈皮二钱　红花一钱　半夏七钱　桃仁　苏木　木香

十水丸　先服，次服尊重丸。

甜葶苈炒　泽泻去毛　大戟醋炒　芫花醋炒　桑白皮　汉椒　茯苓　雄黄　甘遂

上为末三钱，用出丝水狗先去一边末，入五更水下，以肉压之，免恶心。

尊重丸　治肿胀喘乏，小便涩，大府闭，虚危甚效。

沉香　丁香　木香　青皮　陈皮　槟榔　枳实炒　白丑

参　车前子　苦葶苈各四钱　青木香四钱　赤茯苓四钱　海金砂　胡椒　蝎尾　白豆蔻　活石二钱五分　萝卜子炒，六钱　白丁香一钱半　郁李仁一两五钱

上姜汁糊丸。

不治证

脉微小者死，小疾者死，虚者死，四肢逆冷，脉长者死。荣卫俱绝，面目浮肿者死。腹满青筋起为肾败者死。手掌肿无纹为心败死。脐突出为脾胃败死。卒肿，面苍黑者死。阴囊茎俱肿者死。口张足肿，脉绝者死。足趺肿膝[1]如斗死，面肿黑点肺败死。脚跟肿[2]肝败死。

唇黑伤肝，背平伤心，足平伤胃，喘急伤肺。唇肿齿焦者死。

有肠覃，乃寒气客于肠外，与胃卫[3]相搏，气不得荣，因而所系，癖而内著。其始大也如鸡子，至其成如怀胎，按之则坚，推之则移，月事不以时下，为肠覃。有石瘕，乃寒气结于子门，子门闭塞不通，恶血当泻不去，血以留止，日以益大如胎，月事不时，此生于胞中，为石瘕。此二证生于女子，治法可导而去。有腹胀而且泄，乃胃寒肠热也。故胃寒则气收不行为胀，肠热则水谷不聚为泄，宜木香、萸、连、大黄、厚朴、茯苓、青皮。有痛而且胀，乃胃热肠寒也。

有气分者，病为涎结水饮所鬲，荣卫不利，腹满胁鸣相逐，气转膀胱；荣卫俱劳，阳气不通则身冷，阴气不通则骨疼，阳前通则恶寒，阴前通则痹而不仁。阴阳得其气乃行，实则失气，虚则遗溺。寸口脉迟则涩，迟则气不足，涩则血不足，气故涎结水饮所作，曰气分。有血分，妇人先经断，后病水，曰血分；既病水，后经断，曰水分。

有阳结者，肿四肢。夫热胜则肿，四肢为诸阳之本，大便闭

〔1〕膝　《脉因证治·肿胀》作“胜”。
〔2〕肿　原脱，据《脉因证治·肿胀》补。
〔3〕卫　原作“伤”，据《脉因证治·肿胀》改。

涩是热也，非水也。犀角、玄参、连翘、升麻、木通、麦门冬、芒硝主之。

有胁支满，或腹满痛，或腹胀，亦有经气聚而不行，如胁肢满，少阳经不行。余仿此。

有头肿、膺肿、胸胀，皆气不顺，有余于上。有身肿而冷，胸塞不能食，病在骨节，汗之安。

膜胀，有胃中风、脾中寒、中湿、脾伤、肝虚、心痹、饮聚、女疸。

小腹胀，有肾热、肠痈、三焦虚寒、女劳疸。

面肿，有肺中风、胸[1]中风、肺水、胃寒。

呕吐哕十附李论、张论、治方、《三因》论六证、不治证

脉数故吐。汗令阳微，膈气空虚，数为客热，不能消殳[2]，胃中虚冷，故使吐也。关上脉数，故吐。阳紧阴数，食已即吐，阳浮而数亦然，或浮大。皆阳偏胜，阴不能配之也，为格，主吐逆，无阴则呕故也。脉紧而滑者，吐之。关上浮大，风在胃中，食欲呕。脉弦者，虚也。胃气无余，朝食暮吐，变为胃反。寸紧尺涩，胸满不食而吐。吐止者，为下之未止者，为胃反。趺阳脉微而涩，微则下利，涩则吐逆。或浮而涩，浮则虚，虚伤脾，脾则不磨，朝食暮吐，名曰胃反。寸口微而数，微则血虚，血虚则胸中冷。脉小弱而涩者胃反。血不足也。寸口紧而芤，紧为寒，芤为虚，虚寒相搏，脉为阴结而迟，其人则噎。脉大而弱，噎鬲。气不足也。关上脉微浮，积热在胃中，呕吐蚘虫。关上紧而滑者，蚘动。

盖呕吐因胃口有热，膈上有痰，亦有寒风客于肠胃，故痛而呕也。哕，吃逆也。因胃中虚，膈上热，亦有痰水满塞而哕者，必心下坚痞眩悸。

---

〔1〕胸　《脉因证治·肿胀》作“肾”。

〔2〕殳　据《伤寒论》第一百二十二条“数为客热，不能消谷，以胃中虚冷，故叶也”句，当作“谷”。

李　　论

三者皆因脾胃虚弱，客气寒之，加之饮食所伤，治宜二陈汤加丁香、藿香、姜汁主之。痰饮必下之、导之。火者，二陈汤加芩连降之。

刘　　论

吐有三，气、积、寒也。上焦吐者，皆从于气。脉浮而洪，食已暴吐。渴欲食水，大便结燥，气上冲而胸发痛，治宜降气和中。中焦吐者，皆食从于积。脉浮而匿，或先吐而后痛，或先痛而后吐，治宜毒药行积，木香、槟榔去其气。下焦吐者，从于寒也。脉沉迟，朝食暮吐，暮食朝吐，小便清利，大便不通，治宜毒药通其闭塞，温其寒气。

治　　方

安胃散　治呕吐哕胃寒所致。

茱萸　草豆蔻　人参　苍术各一两　甘草炙　黄芪二钱　川归一钱半　升麻七分　柴胡　丁香　陈皮五分　黄柏五分

呕吐，痰涎、痰饮为患，加二陈汤。

二陈汤加黄连、栀子炒、姜汁、香附，治痰呕吐。虚加苍术。

桔梗汤　治上焦热气所冲。

半夏曲二两　陈皮　茯苓　枳壳炒　厚朴制，各一两　白术　桔梗一两五钱

上煎，调槟榔、木香末一钱。

荆黄汤　治前证甚者。

荆芥穗一两　人参五钱　甘草炙　大黄三钱

上调下槟榔、木香末二钱。大腑燥结加承气。

清镇丸　治前证头痛，有汗，脉弦。

柴胡二两　黄芩七钱半　半夏　甘草一两半　人参五分　青黛

二钱半

姜汁炊饼丸。

紫沉丸 治中焦积气相假，故吐而哕。

半夏曲 代赭石 乌梅 缩砂各三钱 杏仁去皮壳 沉香一钱 木青一钱 槟榔二钱 丁香二钱 陈皮五钱 术一钱 白豆蔻五分 巴豆霜五分，另入

醋糊丸米大，姜汤下五十丸。

木香白术散 治前证腹中痛，是脾实击强，宜和之。

木香一钱 白术五钱 半夏曲一两 槟榔二钱 茯苓五钱 甘草四钱

上浓煎，芍药姜汤下。无积者宜之。

附子丸 治下焦吐，大便不通。

附子炮，五钱 巴豆霜一钱 砂五分另研

上黄蜡丸，桐子大，每二丸，以利为度，更服紫沉丸，不令再闭。

《三因》论六证

寒 因胃寒伤食，四肢厥冷，脉弱，宜四物汤。又云：今吐先觉咽酸，然后吐食，脉滑小者，是伤寒汗下过多，食久反吐，亦属于冷也。

热 食入则吐，烦躁，脉数，柴胡汤下主之。又云：闻谷气则呕，药下则吐，关脉洪，亦属于热，宜凉药。

痰 昔肥今瘦，肠间有声，食与饮并出，宜半夏人参汤。又云：痰食脉沉伏，宜吐之。

食 因胃虚，寒气在上，忧气在下，朝食暮吐不清，宜养胃汤。

血 因瘀蓄，冷血聚于胃口，忧怒气攻，血随食出，宜茯苓汤。

气 胃者阳明，合荣于足，今随气上逆，心膈胀满，呕吐却快，宜人参、茱萸。

哕，有二证，胃中虚甚，膈上热也，陈皮竹茹汤主之，陈皮、竹茹、人参、甘草。痰则半夏汤主之。呕而心下痞。半夏泻心汤。

呕吐病在膈上，猪茯[1]苓汤。干呕而利者，黄芩半夏汤。胃反，吐而渴者，茯苓泽泻汤。呕吐谷不得入者，小半夏汤。似呕不呕，似哕不哕，无奈，姜汁半夏。食已则吐者，大黄甘草汤。先吐却渴，为水停心下，五苓主之。有伤寒差后呕者，当去余热。有酒呕者，当解酒。有脚弱脾疼而呕者，依脚气治。有中毒而呕者，解毒治之。有怀孕恶阻者，从痰治。

有漏气，病则身背热，肘臂挛痛，其气不续，膈间厌闷，食入则先吐而后下，名曰漏气。此由上焦伤风，开其腠理，经气失道，邪气内着，麦门冬汤主之，麦门冬、生芦根、萎蕤、竹茹、陈皮、甘草、茯苓、参、术。

有走哺，病者下[2]焦实热，大小便不通，气逆不续，呕逆不禁，名曰走哺，人参汤主之。前方内去竹茹、麦门冬，加知母、石膏、黄芩、山栀。

有人恶心吐虫数条后，乃屡作，服杀虫药，吐虫愈多，六脉皆细，此非虫也，乃脏寒而虫不安矣。

有人呕，饮食皆不进，治呕愈呕，此胃风也。

不治证

脉弱小便复利，身有微热，见厥者死。脉紧而涩者难治。趺阳脉浮，胃虚不食，恐怖，死；宽缓，生。

噎膈十一附《三因》有五噎五膈

脉涩小，血不足；大而弱，气不足。又脉同胃反。

盖因脉虚火起，气虚火炽，血液既耗，肠胃津涸，传化失宜，或因痰隔，妨碍升降，气不交通，皆令食而复出也。大概因津血俱耗，胃脘亦槁，在上近咽之下，水饮可行，食物难入，间或可入，

---

〔1〕茯 《脉因证治·呕吐哕》无此字。
〔2〕下 《脉因证治·呕吐哕》作“上”。

入亦不多，曰噎。其槁在下，与胃为近，食虽可进，难尽入胃，良久复出，曰膈，即翻胃也。大便秘如羊屎，小便热，名虽不同，病则一也。三结谓之膈。三阳，大肠、小肠、膀胱也。小肠结热则血脉燥，大肠结热则后不通，膀胱结热则津液涸。三阳既结则前后闭，必反而上。治宜润血降火解结。牛羊乳、韭汁、竹沥、童便、蜜润燥　姜汁去秽、甘蔗汁解酒毒，气虚以四君子为君，血虚四物汤为君，或加桃仁、红花、驴溺防其生虫。

《三因》有五噎五膈

气噎者，心悸上下不通，噫哕不彻，胸背痛。忧噎者，遇天阴冷，手足厥冷不能自温。劳噎者，气上膈，胁下支满，胸中填塞，攻背痛。思噎者，心怔忡，喜忘，目视𥆨𥆨。食噎者，食无多少，胃中苦寒痛，不得喘息。

忧膈者，胸中气结，津液不通，饮食不下，羸瘦短气。思膈者，中脘逆满，噫则酸心，饮食不消，大便不便[1]。怒膈者，胸膈逆满，噎塞不通，呕则筋急，恶闻食臭。喜膈者，五心烦热，口舌生疮，四肢倦重，身常发热，胸痹引背，食少。恐膈者，心腹胀满，咳嗽气逆，腹中逆冷雷鸣，绕脐痛，不能食。

有人血耗，便如羊屎，病胃反半年，脉涩不匀，先服六君子汤加甘蔗汁、附子、大黄、童便，便润，服牛乳愈。

跌坠十二附李论、张论

脉坚强者生，小弱者死。

李　论

凡治恶血归内，归于肝经，胁痛自汗，宜破血行经。

---

〔1〕便　《脉因证治·噎膈》作“快”，义胜。

张　论

坠堕便生心痞，痰涎发于上也，治宜三圣散吐痰壅。

神应散　治瘀血大便不通。

大黄酒浸一两[1]　桃仁　红花　瓜蒌根　川山甲炮炙，二钱　归三钱　柴胡引经　麝

透热酒下。

紫金丹　治折伤骨节疼痛。

川乌炮，一两　草乌炮，一两　自然铜煅淬　禹余粮淬。各四两　威灵仙　骨碎补　金毛　狗脊　麝　没药　红娘子各二钱半　木鳖子去壳　五灵脂　黑丑　防己　地龙　乌药　青皮　陈皮　茴香各一钱半

上醋糊丸，桐子大，酒下十丸。

杖打闪肭痛，皆同血滞证，可下之，凡忍痛则伤血，余同上治。

中毒十三

脉微细者死。

续随子　五倍子　甘草

上茶清下一二碗，取吐，治中药毒。

板蓝根四两　贯众一两，去土　甘草　青黛

上为末，蜜丸如桐子大，青黛为衣，治食毒物。

《局方》解毒丸　治中药甚者，大戟吐之。

有人用肉豆蔻、缩砂、甘草为末，入大戟、麝香、五倍，细茶服之，能大吐下。

癫狂十四附不治证

脉大坚疾者癫病。沉数为痰热。虚弦为惊。

[1] 两　原作"日"，据人卫本改。

盖因痰者，乃血气俱亏，痰客中焦，妨碍升降，视听言语皆有虚妄，宜吐之。因火者，乃火入于肺，气主鼓舞，火传于肝[1]，循衣撮空，胃中大热，治宜降火。因惊者，惊则心血不宁，心者神之本。积痰郁热随动而迷乱心神，有似邪鬼。治宜先吐之，而后以安神丸主之，佐以平肝之药，胆主惊故也。治法，痰则吐之，以三圣散；火则降之，承气汤；惊则平之，安神丸。

总治　黄连、辰砂降火、瓜蒌、南星、半夏行痰、川芎平肝、青黛、柴胡。

局方妙香丸　治洪、长、伏三脉诸痫狂者，令水浸服之。

李和南五生丸　治弦、细、缓三脉诸痫狂者。

不治证

脉沉小急实者死。虚而弦急者死。循衣缝者死。身热手足冷者死。

阴附阳则狂，阳附阴则癫。脱阳见鬼，脱阴目盲。

惊悸十五

肝脉惊暴，有所惊骇。惊生病者，其脉止而复来，目睛不转，呼吸不能，气促。寸口脉动而弱，动为惊，弱为悸。

寸口脉紧，趺阳脉浮，胃气则虚，是为悸。

趺阳微而浮，浮为胃虚，微则不食，此恐惧之脉，忧迫所作也。

盖因血虚，肝生血，无血则木盛，易惊，心神忤乱，气与涎结，遂使惊悸。血虚，宜朱砂安神丸；气涎心郁在心胆经，宜温胆汤；松悸在心脾经，因失志气郁涎聚，宜定志汤。

小儿惊搐涎潮如死，乃母胎时受怖，为腹中积热，宜坠涎镇火清心也。

朱砂安神丸　治血虚惊悸，凡血虚则木火盛也。

---

〔1〕肝　《脉因证治·癫狂》作“肺”。

朱砂一钱，另研　黄连一钱半　甘草　地黄　川归五钱

炊饼丸。

温胆汤　治心胆怯，易惊。

半夏　竹茹　枳实　陈皮　茯苓一钱　甘草五分

寒水石散　治因惊，心气不行，郁而生涎，结为饮。

寒水石煅　滑石水飞。各一两　甘草一两[1]　龙脑少许

右热则水下，寒则姜汤下。

《三因》论悸，有悸然而心筑筑动，有惊悸忪悸，痰饮闭于中脘，其证短气，自汗，四肢浮肿，饮食无味，心虚烦闷，坐卧不安。外有肝痹、肺疟。心中虚寒亦似惊也。

治惊悸癫痫狂妄，大率痰宜吐之，火则下之，血虚宜补血，平木降火。

疝十六附张论有七疝、《三因》有四癞

脉寸口弦紧为寒疝，弦则卫气不行，不行则恶寒。寸口迟缓为寒疝，迟为寒，缓为气，气寒相搏故痛。脉沉紧豁大者为虚。脉滑为疝，急为疝，搏为疝，见于何部而知其脏所病。

盖病全在厥阴肝经，有因湿热在经，抑遏至久，又感外寒，湿热被郁而作痛。或大劳则火起于筋，醉饱则火起于胃，房劳则火起于肾，大怒则火起于本经。凡火郁之甚，湿气便盛，浊气凝聚，并入血隧，流于肝经，为寒所束，宜其痛甚。

有因痰饮食积，流入厥阴，聚结成核。有因痰[2]血结于本经。有因本经虚或寒，然肝经与冲任督所会聚于阴器，伤于寒则阴缩入，伤于热则缓挺不收，盖木性速急也。

丁香楝实丸

川归酒洗　附炮，去皮脐　川楝子　茴香各一两。以酒三升煮尽，

〔1〕一两　原脱，据《脉因证治·惊悸》补。

〔2〕痰　《脉因证治·疝癞》作“瘀”。

焙干作末[1]入下药　丁香　木香五分　蝉[2]蝎十三个　玄胡五钱

上同为末，酒糊丸，梧子大，酒下百丸。

参术丸　治虚疝，脉豁大[3]者死[4]。

人参　白术　栀子　香附

秘方　治诸疝。

枳实止痛　山栀　茱萸　山楂　橘子已上去核积　桃仁去瘀血　川乌同栀劫痛　桂枝止痛不定用之　青皮　荔枝湿则加之

仓卒散　治寒疝入腹，心腹卒痛，小腹膀胱气绞，腹冷重如石，自汗。

山栀四十个，烧半过　附一个，炮

一方有乌无附，酒煎下二钱。

神应散　治诸疝，此方能散气开结。

玄胡　胡椒　或有茴香，酒煎二钱。

牡丹丸　治寒疝，心腹刺痛及血。

川乌炮，去皮尖　牡丹皮各四钱　桃仁炒，去皮尖　桂各五钱　青皮

俱为末，蜜丸，酒下。

桃仁汤　治癞疝。

桃仁如泥　茱萸　桂枝　青皮　枳壳　槟榔　木香　山棱　莪术　蒺藜　海藻　茯苓

任意加减服。

治癞要药

苍术　南星　半夏　白芷散水　川芎　枳实　山楂

应痛丸　治败积[5]恶物不出，结成疝痛不忍。

阿魏二两，醋和，荞麦面裹，火煨熟　槟榔大者两个，刮空，入滴乳香满盛，将刮下末和荞麦面裹，慢火煨

---

〔1〕末　原脱，据《脉因证治·疝癞》补。
〔2〕蝉　《脉因证治·疝癞》无此字。
〔3〕大　原脱，据《脉因证治·疝癞》补。
〔4〕死　《脉因证治·疝癞》作“是”，义胜。
〔5〕积　《脉因证治·疝癞》作“精”，义胜。

为末，入硇砂一钱、赤芍药一两，同为末，面糊和丸，梧子大，盐酒下。

雄黄散 治阴肿大如斗，核痛。

矾一两 雄黄五钱 甘草二钱半

煎洗。

张论有七疝

寒疝，因寒水湿处使内过多，囊冷结硬如石，阴茎不举，或控睾丸而痛[1]，宜温剂下之。

水疝，因醉使内汗出，遇风寒湿气，聚囊肿痛如水晶，搔出黄水，小腹按之作水声，宜逐水。

筋疝，因房劳及邪术所使，阴茎肿，或溃脓，或痛而里急筋缩，或挺不收，或白物如精，或茎痛，痛极则痒，宜降火下之。

血疝，因使内气血流溢，渗入脬囊，结为痈脓，名便痈，宜和血。

气疝，因怒气而胀，怒罢败散，宜以散气药[2]下之。

狐疝，状如仰瓦，卧则入小腹，行立出囊中，宜逐气流经之剂下之。

㿗疝，因湿得之，重[3]如升斗，不痒不痛，宜去湿之药下之。

《三因》有四㿗

气㿗，因七情脏气下坠，阴㿗肿胀急痛，易治。

水㿗，同㿗疝。

肠㿗，因房劳过度，六脏虚冷，肠边膋[4]系不收，坠入囊中，上下无定，此难治。

卵㿗，因劳役坐马，致卵核肿胀，或偏有大小，上下无常，亦难

〔1〕痛 原脱，据《脉因证治·疝㿗》补。

〔2〕散气药 原作“疝气”，据《脉因证治·疝㿗》改。

〔3〕重 《脉因证治·疝㿗》作“状”。

〔4〕膋（liáo 遼） 肠部的脂肪。

治也。

茎挺长，湿热也。小柴胡加黄连，有块加青皮，外服用丝瓜汁调五倍子末服。

脚气十七附华佗论、《三因》论、不治证

脉浮弦者风，濡弱者湿，洪数者热，迟涩者寒，微滑者虚，牢坚者实。结则因气，散则因忧，紧则因怒，细则因悲。

盖因湿为之，南方之人，当风取凉，醉以入房，久坐湿地，或履风湿毒气，血气虚弱，邪气并行腠理，邪气盛，正气少，故血气涩，涩则脾虚，虚则弱，病发热。四肢痠疼烦闷者，暑月冷湿得之；四肢结持筋者，寒月冷湿得之。病胫肿，小腹不仁，头痛烦心，痰壅吐逆，时寒热，便溺不通，甚者攻心而势迫，治之不可后也。此壅之疾，壅未成，当宣通之，调以苍术、川柏湿类药也；壅既成，当砭恶血，而后治之。攻心脚气，乃血虚而有湿热也，治宜四物加柏。筋转疼者，乃血受湿热也，治加桃仁、芩、连；有痰积流注者，加姜汁、竹沥、南星也。北方之疾，因湩乳络[1]醇酒之湿热下注，积久而成肿满疼痛也，治宜下药泄越其邪。

当归拈痛汤 治湿热肢节烦疼，肩背沉重，胸胁不利，身疼胻肿。

羌活 黄芩酒 甘草炙 茵陈酒炒 川归各五钱 人参 苦参酒洗 升麻 干葛 苍术各二两 知母酒洗 防风 泽泻各三钱 猪苓 白术各一钱半

上煎服。

羌活导滞汤 治前证便溺阻隔，先以此[2]药导之，后食前方及治此方。

羌活 独活各五钱 防己 川归各三钱 大黄酒煨，一两 枳

〔1〕湩乳络 《脉因证治·脚气》作“湩酪”，义胜。

〔2〕此 《脉因证治·脚气》无此字。

实麸炒，三钱

秘方 治湿热。

生地 黄柏酒炒 白术 防己 川芎 槟榔 苍术盐炒 犀角 甘草 木通

热加芩连，痰加竹沥、姜汁，热时加石膏，便实加桃仁，溺涩加牛膝。

食积流注

苍术 黄柏 防己 南星 川芎 白芷 槟榔 犀角 牛膝 血虚加龟板

除湿丹 治诸湿。

陈皮二两 大戟炒，两半 黑丑炒，三钱 甘遂 槟榔 赤芍 灵仙 泽泻 葶苈各一两 乳香另研 没药各五钱

上糊丸梧子大，每五十丸，加至百丸，温水下。忌湿面。

华佗论

自内，忧思喜怒，寒热邪毒之气，注于脚膝，状类诸风，谓之脚气也。

自外，风寒暑湿皆有不正之气，中于脚膝，谓之脚气也。治法曰：实则利之，虚则益之，六淫随六法以发之，七情随六气以散之。

《三因》论

乃风寒暑湿毒气袭之也。风则脉浮，寒则脉紧，湿则脉细，暑则脉洪，表则脉浮，里则脉沉。风[1]则痛，湿则重，暑则烦，风则行。随其所中何经络而治，如头项腰脊痛，太阳也，宜麻黄、羌活类。余以类推。

不治证

入心则谬妄，呕吐食不入，眠不安，左寸乍大乍小乍无者死。

〔1〕风 《脉因证治·脚气》作“寒”。

入肾则腰脚俱肿，小便不通，呻吟，目额皆黑，冲胸而呕[1]，左尺脉绝者死。

虫 十 八

䘌蚀阴肛，脉虚小者生，紧急者死。尺脉沉滑，寸白虫。盖因湿热之生，脏府虚则侵蚀。

集效丸

木香　鹤虱　诃子煨　芜荑炒　乌梅　附炮，去皮脐　干姜一两　槟榔一钱　大黄二钱或加黄柏、川连

蜜丸，陈皮醋汤任下。

化虫丸　虫即化水。

硫黄一两　木香五钱　密陀僧三钱　附一个，炮去皮脐

将附为末，用醋一升煮膏入药，和匀，丸绿豆大，荆芥茶清下二十丸。

秘方　治吐虫。

黑铅炒成灰，槟榔为末，米饮下。

又鸡子炒蜡尘治寸白虫　又川椒治虫

上并酒糊丸。

痔 漏 十 九

皆因风热燥归于大肠也。

秘方　凉血为主。

四物汤凉血　黄芩凉肠　枳壳宽肠　槐角凉血生血　升麻

秦艽白术丸

秦艽去芦　皂角仁烧存性去皮。各一两　归尾酒洗　桃仁　大

〔1〕呕　《脉因证治·脚气》作“喘”。

黄各一两　白术　泽泻五钱，渗湿　枳实麸炒，五钱，泄胃　地榆三钱，止血

上面糊丸，梧子大，空心，汤下百丸，以饭压之。

气滞加槟榔、木香，湿热胜加黄柏。

又云：以苍术、防风为君，甘草、芍药为佐。

苍术泽泻丸

苍术四两　泽泻　枳子二两　皂角仁烧　地榆一两

饭丸。

脉痔，血自肛门另作窍出。

乌头炮，去皮尖　连各一两

丸服。

又　荆芥　槐花　石菖蒲各一两

丸服。

酒痔，黄连酒浸酒煮，酒丸饮下。

痔血不止，检榛根灰，空心下。又干丝瓜一枚，连皮子烧存性，酒下二钱。

又[1]耳接疑误　川归一两　黄柏二两　乌龟一个酒煮干为度，日干为末

蜜丸皂子大。

皂角散　治痔漏脱肛。

黄牛角腮不[2]切　蛇蜕一条　川山甲七片　皂角一枚

上并切，磁瓶泥固候干，先以小火烧烟出，方以大火煅红，出冷，研细，胡桃酒下，临睡分出虫，五更却以酒下二钱。

洗　五倍子　朴硝　桑寄生　莲房　先薰后洗。

又　天仙子　荆芥　蔓荆子　小椒　煎洗。

敷　木鳖子　五倍子　末敷肿处。

麝香　脑子　朱砂　研入生田螺内，待成水抹头，不拍遍[3]，

---

〔1〕又　原无此字，按文义补。

〔2〕不　《脉因证治·痔漏》作“一个”。

〔3〕不拍遍　《脉因证治·痔漏》作“不拘遍数”。

以干收为度。

好蜡茶、细末，入脑子同研，津调纸花贴上。除根，后方贴之。白矾、枯二钱，生二钱。乳香、三钱。真香，俱同研为膏，纸花贴。如便秘，当归枳壳汤下三黄丸。

木槿花，阴干，或叶。专封痔口能干。

腐痔核，化为水。硼砂火煅。轻粉、芦干石，煅。或加信石，煅。以朴硝洗净，辰砂敷外四围，点核上。

肠风塞药　芦干石煅便淬　牡蛎粉

脱肛洗方，理省藤、桑白皮、白矾，煎汤洗。

疮疡二十附治法

脉沉实，发热烦躁，外无焮赤痛，其邪深在内，故先疏通，以绝其源。脉浮大数，焮肿在外，当先托里，恐邪入于内。脉不沉不浮，内外俱无证，知其在经，当和荣卫。浮者宜行经，黄芩、黄连、连翘、人参、木香、槟榔、泽泻、黄柏，在上半加枳壳。沉者，里。疏通脏腑，利后，用前药中加大黄；痛，当归、黄芪止之。缓者，身重，当除湿。大者，心脉[1]有热。弦者，眩运，当去肝风。涩者，气滞血虚。弦细，为膀胱寒水，小便溺多，宜泻寒水。

盖疮疡诸症，皆营营运也气偏盛，助火邪而生，湿热相搏，肌肉败坏而为脓，故从虚而出经络也。如太阳虚从背而出，少阳虚从鬓而出，阳明虚从髭而出，督脉虚从胸而出。微湿[2]则痒，热甚则痛，又甚则痛[3]，血虚则痛甚。

营气不从，逆于肉理，乃生痈肿，营气逆而不行，其原在经。湿气外伤，害人皮肉。皆营气之不行也，其在外盛则内行。膏梁之变，足生

---

〔1〕脉　《脉因证治·疮疡》作“肺”。
〔2〕湿　《脉因证治·疮疡》作“热”。
〔3〕痛　《脉因证治·疮疡》作“肿甚”。

大丁。皆营气逆行，凝于经络，其原在里，发于表。

治 法

外者，宜辛凉发之，通圣、凉膈、解毒是也；内者，宜苦寒下之，三黄、玉烛是也；中者，宜调经凉血等是也。肿疡宜解毒下之，溃疡宜托里补之。如温[1]经宜加通经之药。

夫邪气内搐肿热，宜砭射之也。气胜血聚者，宜石而泄之。

疮家呕吐有二，凡肿疡年壮谓伏热在心，宜降其火，如溃疡年老谓虚，宜大补之。

内疏黄连汤 治呕吐啘，发热，脉沉而实，肿硬色不变，根深，脏腑秘涩。

黄连 芍药 川归 黄芩 栀子 薄荷 桔梗 木香 槟榔 甘草 连翘

便秘加大黄。

复[2]煎散 治肿焮于外，根槃不深，脉浮，邪气盛则必侵于内，宜托之。

地骨皮 四君子汤 桂 川归 芍药 黄芩 防风二两 甘草[3] 防己一两 热加黄连

上以苍术一斤，水五升，煎至半，去滓，入药煎服。便秘加大黄。

黄连消毒汤 治一切疮疽背脑。

黄连一钱 黄芩 黄柏 地黄 知母四钱 羌活一钱 独活 防风 藁本 归尾 桔梗 连翘四钱 黄芪 人参 甘草三分 苏木 泽泻二分 防己五分

千金内托散 治痈疽，使气血实则脓如推出也。即前方加大

---

〔1〕温 原作"显"，据《脉因证治·疮疡》改。

〔2〕复 《脉因证治·疮疡》作"伤"。

〔3〕甘草 人卫本和《脉因证治·疮疡》均作"黄芪"。

黄、五加[1]子。

验方　有人五十，形实，背生红肿，近骨下痛甚，脉浮数而洪紧，呕食，正冬月。又，有妇人七十，好酒形实，脑生疖，脉急切涩。

大黄　人参酒炒。各一钱　麻黄　桂枝冬月用之　附子脉紧用之　黄柏酒炒　瓜蒌　甘草节　羌活　青皮　半夏　人参　黄芪

姜煎。

又　初生一切疮疽发背服之而效，云能下死血。

大黄　甘草　辰砂　血竭

酒下。

解毒丹　治一切发背痈疽、金石毒，散肿消毒，轻者可服。

紫背车鳌大者，盐泥固制，煅红出火毒，甘草膏丸，甘草汤下；外用寒水石煅红，入瓮沉井中，腊猪脂调敷。

一方以轻粉为佐，又方以灯心为佐。

三生散　治漫肿光色，附骨痈，如神。

露蜂房　蝉退　头发

上等分，烧存性，三钱，研细酒下。

清凉膏　治发背。

川归　白芷　木鳖肉　白及　黄柏　白蔹一两　乳香研　腻粉少许[2]　白胶少许　丹五两　麻油十两

煎如法，曾用五灰膏敷一宿，待恶肉腐以刀去之，却以绵蘸香油扭干覆之，待好肉如岩龕状，方可收口。收口用乳香、没药、龙骨、白蔹等。

丁疮刘方

乌头尖　附尖　蝎梢　雄黄一钱　硇砂　蜈蚣一双　粉霜　轻粉　麝香　乳香五分　信二钱半

上俱为末，先破疮出血了，以草杖头用纸带入于内，以深为妙。

---

〔1〕加　《脉因证治·疮疡》作“味”。

〔2〕许　原作“粉”，据《脉因证治·疮疡》改。

丁疮李方

归尾　没药　乳香　白及　藁本　杏仁　黄丹　萆麻　粉霜　巴霜　木鳖　麻油

桃柳条煎如法。

丁疮，毒气入腹，昏闷不食。

紫花地丁草　蝉退　贯众五钱　丁香　乳香

温酒下二钱。

疔状初发先痒后痛，先寒后热，热定则寒，四肢沉重，头痛心惊，眼花，呕则危。

乳香散　治疮口大痛。

寒水石煅　滑石各一两　乳香　没药各五分　脑少许

末，掺口上。

雄黄散　治恶肉不去。

雄黄一钱　巴豆一个，去皮　乳香　没药少许

上另研极细，和匀上肉。

木香散　治久不收口。

木香　槟榔　川归一钱　黄连二钱

末掺之。

出剩骨，血竭草罨之自出。

青橘叶　地锦草

上二件杵成膏，先洗疮口净，用土牛膝内入孔中。

治漏疮剩骨，远志、金银花、甘草、黄芪，酒煮。

瘰疬二十一

因食味之厚，郁气之积，曰毒，曰风热。实者易治，虚者可虑。

夫初发于少阳，不守禁戒，延及阳明。盖胆经主决断，有相火而气多血少，治宜泻火散结。虚则补元气，千金散主之；实则泻阴火，玉烛散主之。

化坚汤

升麻一钱　葛根五分　漏芦足阳明　牡丹皮三钱，去留血[1]　生熟地黄各三分　连翘一钱　黄芪护皮毛，生血脉　芍药三分　桂散结，寒因热用　柴胡八分　黍粘消肿　羌活　独活　防风散结　昆布软坚　广术　三棱削坚　参

腹胀加朴，气不顺加木香、陈皮，便秘加大黄。

大黄汤

大黄煨　皂角刺　甘草

煎服。以麝香、瓜蒌仁敷之。周用火针刺核，即用追毒膏，点苎线头上内针孔。

又，杜牛膝粘傅其上，一日一易，脓将尽。又，用生玄参、地榆、活石、寒水石、大黄等末缚其疮。又，用白厄菜、墨斗草同敷其上。又，用寒水石、朴硝、大黄、木香、槟榔、龙骨末收口，后又用竹茹，亦长肉。白膏药收后，红不退，用蠮螉窠傅。如已溃入不收口，用铁烙，香油灯烧，烙其腐尽，依前治。

去瘰疬毒

皂角子五两　大黑豆一升　甘草一两　青叶汁一斤

煮汁，可常食，不过二料[2]。

瘰疬，太阳经、少阳经；瘿，在隐僻处；结核，按之走痛；劳瘵结核，耳后连有数介，或聚或散。

耳后项上生块核，五倍子、香白芷，末，蜜调敷。

有人用雄黄、砒、乳香三味，入米粽内捻饼，奁疬瘤，自能开腐。

肺痿肺痈肠痈二十二附疡家不治证

脉数，应当发热而又恶寒，若有痛处，当发其痈。脉数而虚，

〔1〕血　原脱，据《脉因证治·瘰》补。
〔2〕料　原作“斗”，据《脉因证治·瘰》改。

咳唾涎沫，为肺痿。脉数而实，或滑，咳而胸隐隐痛，为肺痈。脉紧而数，脓为未成；紧去但数，脓为已成。

脉滑而数，小腹坚满，小便或涩，或汗或寒，为肠痈。设脉迟紧聚，为瘀血，下血则愈。设脉洪数，脓为已成。滑为实，数为热，卫数下降，荣滑上升。荣卫相干，血为败浊，甚者腹胀转侧闻水声。

肺痿，热在上焦，其病多涎唾，小便反难而数，大便如豚脑，欲咳不咳，咳出干沫，唾中出血，上气喘满，或燥而渴，寸口脉数而虚，按之涩。

甘草四两　干姜二两　人参一两　姜三片　枣三枚

同煎。

肺痈，乃风伤于卫，热过于荣，血为凝滞，蓄热痈肺，其病咳唾脓出，口燥胸中隐隐痛，喘满不渴，唾沫腥臭，时时振寒，吐出米粥，寸口数而实，按之滑。

小青龙汤　治肺痈，先解表之邪也，此治肿疡之法也。

葶苈大枣泻肺汤　治肺痈，喘不得卧也。

葶苈炒黄，研丸弹子大，水三升，入枣先煎二升，入葶苈煎至一升，顿服之。先进小青龙三服后，进此。

桔梗汤　治咳胸满，唾如米粥，当吐脓血。

甘草　桔梗

水煎。

苇叶汤　治咳有微热烦，胸心甲错，此治溃疡之法也。

苇叶二升，切　薏苡仁八两　瓜蒌仁八两　桃仁五十个，去皮尖

煎服。

秘方　瓜蒌仁连穰一个，煎服。

肠痈，乃湿热所为也。

薏苡仁七分　附煨削　败酱各二分　散，治肠痈腹皮急，身甲错，如胀，本无积聚，身无热，脉数者是。水煎服之。

大黄牡丹汤　治肠痈未成脓，可下之。

大黄四两　牡丹皮三两　芒硝二两　瓜子一升　桃仁五十个

水煎顿服。

云母膏 有一女子腹痛，百方不治，脉滑数，腹皮急，脉当沉细，今反滑数，以此下之。

云母膏丸梧桐大，百丸，阿胶烊[1]入，酒下之，下脓血为度。

囊痈，乃湿热下注也，浊气流入渗道，因阴道亏，水道不利而然，脓尽自安。

当归甘草防风汤李方 治便痈。

桃仁承气汤张方 治便痈。

便毒方 胡芦巴末服 又川楝灰亦好

乳痈奶房，因厚味，湿热之痰停蓄膈间，与滞乳相搏而成。又有怒气激其滞乳而成。又儿口吹嘘滞乳而成。

盖乳房为阳明所属，乳头为厥阴所经，凡病皆阳明经也，深者为岩，治宜疏厥阴之滞，清阳明之热，行瘀血，散肿结。

石膏煅，清阳明 青皮疏厥阴 桦皮烧 白芷 瓜蒌皮消肿 甘草节行血 蜂房 气郁加台芎、香附、葛根引经

上姜酒饮。

又方 大黄 天花粉 川归 甘草节一两 瓜蒌子 穿山甲陈壁土炒。各一两半

酒丸。

骨疽，因厚味及酒后涉水后，寒攻，热邪深入髀枢穴左右，痰积于血相搏而成附骨疽。

方 苍术 川柏 青皮行 虚加牛膝、姜汁辛散、甘草，发不动加麻黄，冬加桂，夏加芩。

防风通圣去芒、黄，入生犀角末、浮萍末，治骨疽。

附骨疽与白虎飞尸、历节皆相似。

历节走注不定，白虎飞尸，按之亦能作脓，著骨而生附骨疽，痛按之无益。

内疽，因饮食之火、七情之火，相郁而发，在腔子而向里，

〔1〕烊 原作"洋"，据人卫本改。

非干肠胃肓膜也，以其视之不见，故名之曰内，治宜四物加凉剂。

师云：有人性急味厚，左胁下一点痛，每服热燥之药，脉轻则弦，重则芤，知其痛处有脓，因作内疽治。

瘿状，多着肩项，如坚硬不可移，名石瘿；皮色不变，名内瘿；赤脉交络，名血瘿；筋脉露结，名筋瘿；随忧怒消长，名气瘿。

瘤状，随气凝结，有骨脂脓血肉。

口疮，焰硝、硼砂，含口不开，醋磨南星敷涌泉穴。

饮酒人口糜，导赤散、五苓散。

风寒结绝阳气，声不出，半夏一两，草乌、桂各一钱，煎服。

赤口疮，白矾飞、没药、乳香、铜绿，末掺。

白口疮，雄黄、没药、乳香各一钱，轻粉五分，巴豆，末掺。

唇紧燥裂生疮，青皮烧灰，猪脂调敷。夜卧头垢亦可。

口疮痛，五倍子一两、黄柏蜜炙、活石各五钱，铜绿，末掺。

又白蔷薇根汁嗽之。

有小儿口疮不食，以矾汤浸脚上半，顿宽。用蜜炙川黄柏炒、僵蚕同为末，敷之，立下乳而安。

脚足上生毒疮，密陀僧、黄连，俱末敷。

又杜牛膝盐敲盦。

又旱莲草即墨汁草也，以盐敲盦，以桑白皮打细作饼盖，干则易。

又无名异，又黄柏末、龙骨末敷。

阴疮，腊茶、五倍子等分，腻粉少许，同敷。

又雄黄敷。

手痴疮，皂角、轻粉、枯矾、黄连、黄柏。

沙疮，塌地藤烧灰敷。

恶疮，霜后凋残芭蕉叶干末，香油调敷，油纸掩。先洗，用忍冬藤、金丝草、葱、椒煎。

又松上白蚁、黄丹各烧黑，香油调敷，外有油纸掩上，日易，后用龙骨为末，掺口上收肉。

又黄丹、香油煎，入朴硝抹上。

金丝疮，如绳线巨细不一，上下至心即死。可于疮头刺之出血后，嚼萍草根涂之安。

疡家不治证[1]

斑疹[2]二十三附不治证

川归　甘草　吴茱萸　陈皮　地黄

治痘不透，紫草、红花子、芍药、川归、胡荽子，煎服。

剪刀草汁调原蚕沙敷之。

又猪心血，调片脑成膏，以紫草茸汤化，无脑以辰砂代，敷之，治斑疮倒靥。

又论　自吐泻者为吉，谓邪出也，治宜消毒解火。大便不利，当微利之。身温者顺，身凉者逆，切忌热药。

又当分气血虚而补之。云恶血留于命门，待气虚、血虚、脾虚，相火生焉，其证呵欠嚏喷，足冷寒热，气虚四君子主之，血虚四物汤主之。吐泻少食为里虚，陷白倒靥灰白为表虚。不吐泻能食为实，宜解毒，芩、连是也。实而更补，必结痈痘。

解毒方

丝瓜仁单方亦可　升麻　芍药酒炒　甘草　棠球　黑豆　犀角　辰砂

不　治　证

黑陷耳尻热者死。斑痘疹喘者死。凡丹从四肢入腹者死。

---

〔1〕疡家不治证　此节内容原脱，存疑待考。

〔2〕斑疹　原无，据目录补。且此篇部分内容原脱，存疑待考。

金疮[1]二十四

火烧[2]二十五

癫狗[3]二十六

小儿科[4]二十七附不治证

脉小，大便赤青飧泄，手足温者生，寒者难已。

小儿一十六岁前，纯阳，为热多也。肝只有余，肾尚不足，肠胃尚脆，饮[5]食难化，食则为痰为积。其病有四：曰惊，曰疳，曰吐、泻。其原因有二，曰饱、暖。

张皆归之湿热，常以牵牛、大黄、木通，以治小儿诸病。

惊，热痰主急惊，当泻，降火下痰丸。养血药作汤下。脾虚主慢惊，用补，朱砂安神丸。参术汤下。生人[6]血研辰砂、蝉退，治急慢惊风。

疳，因土湿。或积或虫。

黄连炒，二钱　胡黄连去果子积，五钱　阿魏去肉积，醋煮　神曲各一钱五

---

〔1〕金疮　此篇内容原脱，存疑待考。

〔2〕火烧　此篇内容原脱，存疑待考。

〔3〕癫狗　此篇内容原脱，存疑待考。

〔4〕小儿科　此篇部分内容原脱，存疑待考。

〔5〕饮　《脉因证治·小儿证》作“饱”。

〔6〕人　据《脉因证治·小儿证》“治急慢惊风，辰砂一颗、蝎一枚、生犬血，快研服”句，疑作“犬”。

丸如米大。

一方加芦荟、胡黄连、神曲、麦蘖、使君子、肉果半两、木香、槟榔二钱，糊丸治虫热积、一切疳。

啼，因肝热。黄连姜汁炒、甘草、竹叶，煎服。

吐泻，因脾虚，食积痢。

炒神曲　苍术　滑石　芍药　黄芩　白术　甘草　陈皮　茯苓

右下保和丸。

又　胡黄连　黄连　芜荑　神曲炒　山楂　青皮　陈皮　芦荟

丸服。

血痢，三黄丸。

不治证

头发上逆者死。汗出不流者死。陷胸唇干，目直视者死。口气冷、掌冷者死。身强头低者死。便[1]门肿起作坑者死。鼻干黑燥者死。肚大青筋，爪甲黑，舌出咬牙，鱼口气急皆死。啼不作声，或作鸦声，或忽然大叫作声，皆死证。

妇人胎产二十八附男女法、离经

脉平而虚者乳子。心脉洪大而滑，肺脉微而不浮，肝脉微横不绝，皆妊。阴搏阳别，谓之有子。搏者，逼近于下。别者，别出于上。气和血调，阳施阴化，谓之有子。少阴脉动甚者，妊子。少阴脉，心脉也。尺中按之不绝者，妊子。三部浮沉正等，按之无绝者妊。寸微关滑，尺数流利，往来如雀啄者妊。

妊娠初时，寸微小，呼吸五至。三月而尺数滑疾，重以手按之散者，是三月也；重手按之不散，但实[2]不滑者五月也。

〔1〕便　原作“信”，据人卫本改。
〔2〕实　《脉因证治·妇人产胎》作“疾”。

男 女 法

左沉、实、疾、大者，为男，纵者主双。右沉、实、疾、大者，为女，纵者主双。纵则横也。

离 经

脉一呼三至，曰离经；沉细而滑，曰离经；尺脉转急如切绳，曰离经。

脉浮，腹痛引腰脊，为欲生。妊三月而渴，脉反迟，欲为水分，复腹痛者堕。妊五月、六月，脉数必坏，脉紧必胞漏，脉迟必腹满而喘，脉浮必水坏肿也。妊六七月，脉弦，发热恶寒，其胎逾腹，腹痛小腹如扇，子脏闭[1]故也，当温之附子。妊六七月，暴下水斗余，必倚而堕。妊七月、八月，脉实大牢强，弦者生，沉细者死。妊月足，身热脉乱者吉。

新产，脉沉小滑者生，实大弦急者死，猋[2]疾不调者死。新产得热病，脉悬小，四肢温者生，寒清者死。新产因伤寒中风，脉实大浮[3]者生，小急者死。

脉微涩为无子，弦大为无子，皆血虚气弱故也。

漏血下赤白，日下数升，脉急实者死，紧大者死，迟者生，虚小者生。寸关调如故，尺绝不至者，月水不利，引腰绞痛，气积聚，上抢胸胁也。脉得浮紧当身痛，不痛腹鸣者，必阴吹。寸口浮而弱，浮为虚浮短气，弱有热而无血。趺阳浮而涩，浮气满，涩有寒。少阴弱而微，微少血，弱生风。胃气下泄，吹而正喧，此谷气之实也，以发煎导之。少阴滑而数，阴中必疮。少阴脉弦，白肠必挺核。少阴脉浮而紧，紧则疝瘕，腹中痛，半产而堕伤，浮则亡血，绝产恶寒。少阴浮而动，浮为虚，动为痛。必脱下。

---

〔1〕闭 《脉因证治·妇人产胎》作“开”。

〔2〕猋（biāo） 同飙。迅疾。

〔3〕浮 《脉因证治·妇人产胎》此下有“缓”字。

凡妇人脉，常欲濡弱于丈夫。

胎堕，因虚而热。四物汤、四君子汤，加阿胶、乌梅、桑寄生、黄芩。治胎常转动无时，下血疼痛。

枳壳麸炒、川芎各一两、熟地二两、糯米二合，姜枣金银同煎，治伤胎。

转胎，因血虚有痰。

其状胎满[1]逼胞，致小便不利，尿出不知时。

胎满[2]逼胞者，盖因痰，胎避而下。又因血气不足，不能升举，四物加活石、贝母，有痰加二陈汤，甚者服药后探吐。

恶阻，因痰血相搏，二陈汤加减主之。

胎妇腹胀，因脾虚有热而气不利。枳壳炒、白术、黄芩。

治气急胎惊，两胁膨胀，腹满连脐急痛，坐卧不宁，睡惊。四君子汤加茯苓、木香、川芎、川归、麦门冬。

胎水，即肿满，俗称子肿，因冷湿。川归、芍药、茯苓、白术、陈皮每四钱。

用鲤鱼修理水煮熟，去鱼，以汁盏半，姜入药同煎至七分，空心服。

胎妇寒热，小柴胡去半夏。

胎痛，因血少。四物加香附、紫苏，能安胎。

子悬，即胎凑上心腹，胀满而痛，因胎气不和也。大腹皮、紫苏、陈皮、白芍、川芎、川归酒洗，各一两，人参、甘草各半两，姜、葱白，煎服。又治临产惊恐气结，连日不下；心痛，因宿寒搏血，血凝其气，气与血并。玄胡、醋炒。川归、陈皮，酒糊丸。又方，加桂、赤芍药、蒲黄、木香、乳香、没药。又方，五灵脂、蒲黄醋炒，醋汤下，即失笑散。有寒加桂，有热加栀子，气加木香、枳壳，虚加川芎、川归。祖按上二方治心痛则可，有胎则忌，或可施之产后心痛者。

子烦，病若烦闷，因二火为之。麦门冬、黄芩、茯苓、竹叶，煎

〔1〕满 《脉因证治·妇人产胎》作“漏”。
〔2〕满 《脉因证治·妇人产胎》作“漏”。

服。一方加人参、防风。

胎漏，胶艾汤治胎动不安下血，或胎奔上刺心短气，及治顿仆，四物加胶艾。无故下血，腹痛不甚，或下黄汁，用野苎根炒，一两，金银[1]各五钱，水酒各一盏煎。坠跌压触，胎动腹痛下血，用缩砂炒透，末之酒下。胞漏下血，用生地黄末，酒下。一方加白术、地黄、枳壳、芩，汤下，治血虚有热胎漏。胎漏下血，用芎、归，水酒煎服探之。若不损则痛止，或动已损则逐之。

宿有风冷，胎痿不长，动伤易致损坠。白术、川芎一两，川椒去目炒，七钱半，牡蛎煅，五钱，酒下。腹痛加芍药。心下痛加川芎[2]。

川归、川芎、芍药、干姜，酒下。又方，治恶露不散，脐腹坚胀。川归、川芎、牡丹皮一两，玄胡、桂，蜜丸。阴脱，乃气血下溜。四物、黄芩一两，猬皮烧存性，五钱，牡蛎煅，二两，升麻，饮下。又硫黄、乌贼骨五钱，五味子一钱，末掺患处。又蛇床子炒，热布裹熨之。

阴肿，桃仁、枯矾、五倍子，等分，末敷上。

诸淋

白茅根一两　瞿麦穗　茯苓五钱　蒲黄　桃胶　滑石　甘草一钱　子目十个，烧　葵子　人参各二钱半　石首鱼脑骨二十个，烧

上姜、灯心、木通汤下。

虚烦

人参　川归　熟地　麦门冬　桂、芍药

论凡产间临月未诞者，凡有病，先以黄芩、白术安胎，然后方用治病药。发热及肌热者，芩、连、参、芪主之。腹痛者，宜白芍药、甘草。感冒者，依解利治之。

凡产后诸病，忌用白芍药、宜黄芩、柴胡。内恶物上冲胸胁者，宜大黄、桃仁。血刺痛者，宜当归。内伤发热者，宜黄连。渴者宜茯苓，忌半夏。喘嗽去参，腹胀去甘草。

产后身热血证，一同伤寒，若伤寒当有痛处，脉弦而迟，宜解

〔1〕金银　此下疑脱“花”字。
〔2〕芎　此下原有脱页，存疑待考。

伤寒；血虚者无痛，脉弱而涩，宜补其血。

酒煮当归丸 治一切虚证下脱，脉洪大无力，按之空虚不鼓，此中寒之证。

川归一两 茴香炒，五钱 附炮 良姜各七钱

上四味剉，以酒一升半，煮至酒尽，焙干。

黄盐炒 丁香 苦楝 甘草各五分 蝉蜕三钱 柴胡二钱 升麻 木香一钱 玄胡四钱

上九味，同前酒煮四味，俱末，酒煮面糊丸，空心，醋汤下。

固真丸 治带久不止，脐腹冷痛，目中溜火，此皆寒湿乘其胞内，肝经伏火也。

白石脂一钱，烧赤，水飞研 白龙骨二钱。此二味枯涩 干姜炮，泻寒水，四钱 黄柏五分，引用 柴胡一钱，本经 芍药 虚加人参黄芪

上末，面糊丸，空心下。血竭[1]将枯加葵花、郁李仁。

红葵丸 治白脓带下，此肠胃有脓也，脓去尽自安。

葵根一两 白芷五钱 赤芍 枯矾二钱半

上蜡丸，米饮下。

又黄荆子炒焦，米酒下，亦治白带白浊。

妇人室女搐搦二十九

凡妇人无病，一旦忽感手足搐搦，痰涎壅塞，精神昏愦，不省人事，似痫非痫也，此肝为病也。妇人乃血虚，七情感而生风；室女乃血实，七情感而生热。

带三十

因湿热结于带脉，津液泛溢，入小肠为赤，入大肠为白。

---

〔1〕竭 《脉因证治·妇人产胎》作“海”。

又云：热者血也，血积多日不流，从金之化，即为白淫。治宜同湿证，以十枣、禹功导水、降火、流湿之剂主之。

脉浮恶寒不治。

因痰积流下渗入膀胱，宜升宜吐，调以半夏、茯苓、陈皮、苍术、白术辈。

肥人多湿痰。海石、半夏、南星、治痰。黄柏、治湿热。苍术、燥湿。滑石、流湿热。川芎、升之。椿皮、涩之。香附。调气。风痛加牛膝。

瘦人多热。黄柏、黄连、活石、椿皮、川芎。滑者加龙骨、赤石脂。滞者加葵花，血虚四物汤。

小胃丸 治湿热带下，下之后，以苦楝丸调之。

苦楝酒浸 茴香炒 川归各一钱

酒糊丸，桐子大，酒下。

腰腿痛加四物、羌活、防风，虚甚加参、芪、甘草、白芍药。

经水三十一

血为气引而行，血未来而先有病，皆气之患也；血来而后有病者，皆血之虚也；有血之热者。

将来作疼，乃气实也。桃仁、红花、香附、连。不及期者，乃湿[1]热也，四物加连。过期有二，一者血少也，芎归参汤；紫黑成块乃有热也，加连。二者多痰，二陈汤加苍术、香附、川芎。肥人多痰也。闭而不行，乃虚而热。来而成块，乃气之滞。错经妄行，乃气之乱。

经脉不行有六

血生于心，忧愁思虑则伤心，心气停结，故血闭不行，右寸沉结，宜调心气，通心经，使血生而自通。或因堕胎，或产多，其血先少，而后不通，此血枯也，脉两尺弱少，宜生血。

---

〔1〕湿 《脉因证治·经水》作“血”。

血为气滞，结而成块，日渐增长，宜攻之。

久盗汗，致血干枯而经不通，宜补血。是汗出于心，血生于心。

久患潮热则血枯燥，盖血为热所消，治热退则血自生。

脾胃不和，饮食少则血不生。血者，饮食所化。经云：二阳之病发心脾，女子不月。

崩漏三十二

因热，因虚。由脾胃有亏，下陷于肾，与相火相合，湿热不迫，脉洪数而实，先见寒热往来，心烦不得眠卧，宜大补脾胃，升举气血。

由心气不足，其火大炽，旺于血脉之中，形容似不病者，此心病也。四物汤加镇坠心火之药，补阴泻阳。

由肾水真阴虚，不能镇守胞络相火，故血走而崩，是气血俱脱，为大寒之证。轻手其脉数实[1]，举手弦紧或涩，皆阳脱也，阴火亦亡，或渴，皆阴燥，宜温之、补之、升之。

方　防风　羌活　升麻　柴胡　川芎一钱，升阴散火　黄芩　黄连　黄柏　知母五分，凉血泻相火　川归五钱　黄芪补血凉血

胃客寒心痛，加草豆蔻、神曲；气短，加参、芪、术；冬寒，加麻黄、桂枝；久不止，加胶艾；血气俱脱，大寒证，加附子、肉桂、干姜。

治本，四物。虚加参、术，热加芩、连，寒加姜、桂。香附行气。

治标，白芷汤调棕榈灰，五灵脂亦治，鹿角灰、蒲黄炒黑亦治，凌霄花、发灰，用荆芥四物汤下大妙。

脏腑病及各部所属药性三十三

肝病，则胃脘当心而痛，上支两胁，膈咽不通，饮食不下，甚

〔1〕实　《脉因证治·崩漏》作“疾”。

则耳鸣，眩转，目不识人，善暴缧戾，胁痛呕泄，令人善恐。

虚则胁下坚胀，寒热，腹满不食，目无所见，耳无所闻，筋变节痛，爪甲枯青色，善恐，脉沉细而滑。实则胁下痛，寒热，心下坚满，气逆头晕，颈直背强[1]。

川芎臣，同上　五味子臣，温，同上　茯神君　益智臣，安心气　人参君，定心　炒盐

心实，主脚手心热，脸赤，两目眵粘，睛痛，赤□昏睡涎唾，睡中警惕，生疮，口臭唇焦。

黄芩臣，寒，退心热　白藓皮同上　羚羊□□上　生地黄臣，凉，同上　升麻臣，退心热　□□□凉心主　黄□□□□心　赤芍臣，寒，利心气　朱砂君，寒，解□　犀角君，寒，散心热及肝热　郁金臣，□　川归臣，平，泻心气　泽泻君，通心气　□□□□□使　熊胆君，寒，退热镇心　车前子□　□麦同上　天灵盖臣，寒，退心经寒[2]

脾病，膊肿，骨节、腰脊、头顶痛，大便□乱，飧泄肠鸣。虚则四肢不举，饮食□下则呕吐，腹痛，肠鸣、溏泄，脉沉细弱□闷口干心热，颊肿体重，腹胀善饥，喜□口内生疮，眼见歌乐，四肢怠惰，脉紧[3]　泽泻君，平，凉泻脾　赤茯苓君，退脾热　青木香君，解脾胃余热　槟榔臣，转脾气热　桑白皮臣，去脾燥热　蒺藜臣，泻脾气　枳壳同上　黄芩臣，退胃热　黄连臣，解脾气　硼砂臣，退□气去热　牛蒡子臣，泻脾去热　川归君，压脾热　牵牛臣，泻脾胃燥热，降气　紫苏臣，泻气蕴热　连翘

肺病，左胠胁痛，心胁满分[4]小腹，不可转反侧，寒清[5]于中，咳逆，骛溏，嗌干，面尘脱色，丈夫癞疝，妇人小腹痛。

虚则语嘶，用力掉颤，少气不足以息，耳聋咽干，咳喘，鼻清涕，恐怖，脉沉缓。

---

〔1〕强　此下原有脱页，存疑待考。

〔2〕寒　此下原有脱页，存疑待考。

〔3〕紧　此下原有脱页，存疑待考。

〔4〕分　《脉因证治·五脏证》作“引”。

〔5〕清　《脉因证治·五脏证》作“侵”。

实则胸膈满，上气咳逆，咽不利，鼻口亦张，饮无度，痰粘，肩背痛，脉不上不下。

肺绝，口似鱼口，气出不快，唇反无纹，皮毛焦，三日死。

又鼻开而黑枯，足满，泄不觉，喘而目直，喘急短气，大肠绝，泄则无度，六日死。

悲伤肺，为气消，阴缩筋挛，肌痹脉痿，男为数溲，女为血崩，酸苦辛泣则臂麻。

肺虚，主面色皖白，咳嗽涎唾，瘦瘁，气促，口无味，怯寒，喉痹，唇反，无色，饮食胸痞不快。

钟乳粉君，补肺虚　紫石英温，补肺　白茯苓君，益肺气　丹砂臣，寒温补　白术臣，补肝　磁石君，同上　桑寄生臣，补　茯神臣，补　款冬花臣，补益气　人参末入　山棱末入

肺实，主面赤唇焦，头皮四肢痒，痰涎胶粘，咽喉痛，或颈肿皮肤热疮，或发作寒热。

当归臣，利肺气　升麻臣，寒，泻肺气　木香君，通同上　桔梗臣，同上　贝母臣，解同上　石膏臣，寒，利胃气　百合臣，退肺壅，下痰　桑白皮臣，泻肺气　款冬花臣，利肺气　紫苏子臣，退肺气　紫菀君，降肺气　青皮臣，止肺气　枳实臣，通三焦热　牛蒡子臣，转肺气　荆芥穗臣，凉肺气热　赤芍药臣　诃子末入，止大府　黄芩末

大肠冷虚，肠鸣泻痢，呕逆，手足冷。

肉果君，温暖止大肠泄　白果君，温暖脾胃温大肠　诃子君，温止泻　人参君，寒，暖胃润肠　白术固元阳和气　扁豆臣，生气止泄　茯苓君，暖胃止泄　桂君，热，和脾胃，温大腑　良姜臣，热，暖胃和肠　附子君，热，壮胃暖肠胃气　吴茱萸臣，生气止吐[1]耳干下血，舌肿，足浮，齿肿，目盲，腰如折，汗如水，面黑发无泽。又阴缩，腿筋痛，两胁胀。恐伤肾，为气不行。

肾虚，盗汗，梦齿脱落，余病同前虚条。

肉苁蓉君，壮阳道，益精　阳起石君，强肾　牛膝君，补肾壮阳

〔1〕吐　此下原有脱页，存疑待考。

石斛君，壮肾　磁石君，平，补虚益肾气　熟地君，平，同上　巴戟强阳益肾　菟丝子君，补肾冷　乌药君，益肾　天雄君，壮肾气　益智君，温，暖肾虚冷　青盐臣，补肾　附子少阴行经，暖壮阳道，末入　桑螵蛸臣，强壮阳道　猪肾君，温补益肾　海狗肾君，补暖益肾　雀卵臣，助阳道　蛇床子臣，温强阳　白茯苓君，补虚损添精　黄柏末入　知母末入

肾实，主耳痛，头皮肩项肿，及脚心痛，腿膝生疮，腰肿，或鲜血目热泪，小便涩痛。

郁李仁臣，寒，降肾气　蒺藜臣，转肾气　金铃子臣，退肾热　地骨皮臣，导肾气　槟榔臣，泻肾气　青木香同上　车前子臣，利小便，除肾绝，降肾气　防风臣，益肾，治皮肤痒　枳壳臣，降肾气　青皮臣，寒，同上　牵牛疏导肾气　桑白皮臣，利肾气　黄柏臣，降肾气　地龙臣，凉，益肾水

膀胱寒热，小便淋涩，或尿血。

石韦臣，平，利水道　瞿麦臣，退小便热　芍药臣，利水道　川归臣，平，疗便痛溺血　青皮臣，导水府　葱臣，清小便　木香臣，利小便血　车前子臣，寒，利小便溺　灯草臣，通小肠　京山棱臣，利小便　黄芩臣，寒，利小便血　油麻臣，寒，滑小府　冬葵子臣，治淋　萝卜子臣，通小府　白荠臣，同上　生地臣，冷，利小肠热　木通末入

祖按：药性禀定之君臣，千古之经也；立方主治之君臣，一时之权也。学者自宜会心得之。

按：旧本系国初时孝顺方处善浦阳戴原礼同集于洪武庚戌年三月初二日。戴原礼，丹溪先生之高弟也。今诠次成于天启辛酉年八月中秋日。

丁承祖谨识

音释三十四

暍音曷，中热也。

鼾希连音汗，平卧息也。

鼽音求，病寒寒也。

皻音查，壮加切，鼻上炮也。

臗音宽，音坤，尻也。

胠挈去区三音，腋下也。

胕音附，肺附也。

瞋音嗔，充人切，引起也。

腨音时兖切，腓肚也。

胵音痴，充脂切，鸟胃也。

胗音轸，章忍切，唇疡也。疹同。

瞡音灭，莫结反，眵也。

眄音面，目偏合也。

眴音悬，胡绢反，目摇也。

瞤音闰，如伦切，目动也。

瞪音滕，如弓直耕二切，目直视。

瞀音茂，莫构亡角二切，目不明。

眊音毛，老眊目不明也。

睫音截，于叶切，目旁视也。

朱丹溪门人、私淑者整理五种

脉因证治

丹溪医集

序

余自归里后，杜门不与世事接。先太宜人病痰饮，延叶眉寿治，历四年弗痊。而眉寿谓为痼疾难效，因遍览方书，颇会其旨，拣方以治，不一年而瘳。后遂旁搜博采，穷幽极渺，而于长沙、河间、东垣、子和、丹溪诸书，尤三致意焉。窃尝谓医之有长沙，时中之圣也，而四家并峙，犹清任和之，各成其圣，偏焉而至者也。学不从此参究，犹航断港绝，潢[(1)]以望至于海也，其能之乎？但四家自河间、东垣而外，子和文多缺略，未为全书，丹溪著作，类出门人记载，惟闻《脉因证治》一书，简而赅，约而尽，学者循是而窥长沙，如得其舩与楫，沿而不止，固自不可量也。而流传绝少，历三十年，未获一觏[(2)]，心常怏怏。岁乙未，客有持来示余，欲广诸同好，亟请付梓，不禁欣感交集，以为一线灵光，忽然涌现，真为桑榆[(3)]之幸，因不辞而为之序，以弁[(4)]其首。

乾隆乙未仲夏吴趋缪遵义书于芝田山房

---

〔1〕潢（huáng黄）《说文》："潢，积水池"，指水停聚不流也。

〔2〕觏（gòu构） 遇见。《诗·豳风·伐柯》："我觏之子。"

〔3〕桑榆 原指日落时余光所在处，谓晚暮，这里用来比喻人的垂老之年。

〔4〕弁（biàn辨） 放在最前面，谓冠于书籍之首，相当于序文或前言。

小引

尝读丹溪朱震亨诸集，如痰证、卒中、阴虚发热等门，窃叹其入理悬河[1]之论，帲幪[2]后世之功，不胜缕述。至《脉因证治》二卷，尤先生之卓见。盖医者之于脉，犹听讼之于情，讼得其情，则刑不妄措；医得其脉，则方不混施。凡因之内外，证之虚实，治之缓急，何独非三指得之，昌黎公所谓善医者不视人之肥瘠，唯察其脉之病否而已。故必先求诸脉，而因而证而治，四者井然，讵[3]容废一？第脉理玄通，在乎神取，舌难掉其形似，学者譬入蜀之鸟道羊肠，往往望而裹足，几共视为天下之畏途，遂致六部茫然，适燕南指[4]，不过虚应故事[5]，以冀治之幸获。噫！生民不幸，莫此为甚。先生早鉴于此，而砥柱透波，特以脉字领头，治字煞尾，唤醒后之业是道者，必当于指下猛透一针，庶不致心聋而受天人之交谪。推是书也，直是与月俱明，鬼神争奥，诚片笺片玉，足为万世之法程，而一日不可离，一字不可摇者也。向非先生能具双眼至若是哉，说起张、刘、李于当时，谅必如晦翁云：吾且当避此老三舍耳。予

〔1〕悬河　形容说话滔滔不绝或文辞流畅奔放。

〔2〕帲（píng平）幪（méng萌）　帐幕。在旁的称“帲”，在上的称“幪”。引申为覆盖。

〔3〕讵　岂《国语·晋语六》：“讵非圣人，必偏而后可。”

〔4〕适燕南指　燕地在北，欲去燕而错指其南行。这里比喻诊断疾病上的错误。

〔5〕虚应故事　照例应副，敷衍了事。《儒林外史》有云：“近来的地方官办事，件件都是虚应故事。”

家什袭已久，先君子愿公梨枣[1]，顾有志未逮，不肖望续成之，自梓以还，将见岐伯重兴，而先生且不死矣，未必非吾圣天子化日光天之一助云。

乾隆四十年岁次乙未孟秋日语溪后学汤望久来苏氏谨识

〔1〕梨枣　旧时刻书多用梨木或枣木，因以“梨枣”为书版的代称。

目录

一、卒　尸

〔脉〕　寸口沉大而滑，沉则为实，滑则为气，实气相搏，厥气入脏则死，入腑则愈。唇青身冷为入脏，死；身和汗出为入腑，则愈。紧而急者为遁尸。少阴不至，肾气衰，少精血，为尸厥。趺阳脉不出，脾不上下，身冷硬，呼之不应，脉绝者，死。脉当大反小者死。

〔证治〕　在外者可治，入里者死。血气并走于上，则为厥暴死。素有痼疾，新加卒病，先治卒病。尸厥者，昏不知人，脉动如故，开上焦心肺之阳，自愈。

尸厥，脉动无气，气闭静而死也，以菖蒲屑内鼻两孔中吹之，令人以桂屑放舌下。

又方

剔取左角发方寸，烧末，酒和，灌入喉，立起。

救卒死身热者验方

矾石半斤，以水斗五升煮消，浸脚令没踝，盖取矾性收涩，而敛其厥逆之气。

还魂汤　治卒死、客忤死。

麻黄三两，去节　杏仁八十个，去皮、尖　炙甘草一两

上三味，水八升，煮取三升，去租，入姜汁少许，令咽之。盖取辛甘通阳气、发越邪气故也。

救卒死目闭方

捣薤汁灌耳中，妙。或吹皂荚末于鼻中，立效。薤汁辟邪安魂，荚末取嚏开窍。

救卒死张口反折方

灸手足两爪后一十四壮，饮以五毒诸膏散。

外有中恶、中气、中食等，状与卒尸相类，须详谛脉证而投之，慎勿泛视，误人仓卒。变通在神，法难毕述。

二、痹

〔脉〕 寸口喘而坚，痹在心。喘而浮，痹在肺。长而左右弹，痹在肝。大而虚，痹在脾。坚而大，痹在肾。

〔因〕 风，风为行痹，风性善行；寒，寒为痛痹，寒主收引；湿，湿为着痹，湿本重滞。三气致痹之原，或外兼他患有之，若舍此而能痹，未有也。

〔证〕 其合而为痹也，以冬遇者骨痹，春遇者筋痹，夏遇者脉痹，长夏遇者肌痹，秋遇者皮痹。久而不去，内舍五脏之合，待舍其合难治矣。

《痹论》中议痹，乃三气皆可客于五脏，其风寒湿乘虚而客之故也。筋痹不去，内舍于肝；皮痹不去，内舍于肺；肌痹不去，内舍于脾；脉痹不去，内舍于心；骨痹不去，内舍于肾。其客于心，则烦心、上气、嗌干、恐噫、厥胀是也。其客于肺，使人烦满而喘吐。其客于肝，多饮数溲，小腹痛如怀妊，夜卧则惊。其客于脾，四肢解堕，发渴，呕沫，上为大塞。其客于肾，善胀，尻以代踵，脊以代头。其客于肠，数饮而小便不得，中气喘争，时发飧泄。

夫大肠乃传道之官，为冲和之气，三气乘虚客之，而和气闭矣，水道不通，使糟粕不化，故喘争飧泄也。其客于胞小腹膀胱，按之内痛，若沃以汤，小便涩，上为清涕。夫三气客于胞中，则气不能化出，故胞满而水道不通，随经出鼻窍。其客于血脉，随脉流通上下，升降一身，谓之同痹。

华陀论痹，乃邪气合四时不正之气，感于脏腑所为，有气、血、筋、肉、骨之分。其气痹者，秋思喜怒，过则气结于上，久而不消则伤肺，正气衰，邪气胜，留于上则胸腹痛而不能食，注于下则腰脚重而不能行，贯于舌则[1]不言，遗于腹则不溺，壅则痛，流则麻，右寸脉沉而迟涩者是也。其血痹者，饮酒过多，怀热太甚，或寒折于经络，或湿犯于营卫，因而血搏，渐成枯削失血之证，左寸脉结而不流利是也。其肉痹者，饮食不节，肥美之为，肉不荣，肤不泽，则纹理疏，三气入之，则四肢缓而不收持，右关脉举按皆无力而涩也。其筋痹者，由叫怒无时，行步奔急，淫邪伤肝，肝失其气，寒热客之，流入筋会，使筋急而不舒，左关脉弦急而数浮沉有力是也。其骨痹者，乃嗜欲伤于肾，气内消而不能闭禁，邪气妄入，脉迟则寒，数则热，浮则风，濡则湿，滑则虚，治法各随其宜。

麻木余辨：是风湿热下陷入血分，阴中阳气不行，其证合目则浑身麻。亦有痰在血分痒者，血不营肌腠。

〔治〕 **附子汤** 治风寒湿痹。

附子炮，去皮、脐 桂枝 白芍 甘草 茯苓 人参各三钱 术一两

行痹加麻黄、桂汤。痛痹加附子、姜、茯汤。胞痹加四苓。肠痹加平胃、茱萸、草、肉豆蔻等。

戴人法：苦剂涌寒痰，次与痰剂。使白术除湿，茯苓养肾水，桂伐木，姜、附寒胜加。

麻木方

参助阳道 归行阴 生甘草去热 苍 柏 白术 苓除湿热 升麻 柴胡 白芍 痰加二陈

忍冬藤膏 治五痹拘挛。

三、痓即痉也

〔脉〕 太阳发热，脉反沉细，难愈。太阳证备，脉沉迟，此为痓。寸口脉直上下行，伏坚紧如弦。沉弦，沉紧。少阴脉紧，暴微者欲解。

---

〔1〕则 原作“而”，据周氏本改。

〔因〕 血气内虚，四气外袭。因湿，诸痓项强，皆属于湿。寒湿同性，故湿可伤太阳。

《三因》论状，身热足寒，头强项急，恶寒，时头热面赤，目脉赤，独头摇动，卒噤，角弓反张，皆因血虚，筋无所养，邪因入之。故寒则紧缩，热则弛张，风则弦急，湿则胀缓。又有因疮口未合，风入之为破伤风，湿入之为破伤湿，与痓同，但少头强项急，余并相如。又有因汗下过多，又有产后怒气致此病者。项强亦有痰者。

〔证〕 有汗而不恶寒，名柔痓。无汗口噤脚挛，名刚痓。

〔治〕 宜流湿祛风缓表而安，详有无汗而药之。

柔痓葛根加桂汤，刚痓大承气汤。葛根汤汗之，有表证可用；大承气下之，有里证可用。

四、痿

〔脉〕 浮而大，浮虚大热。滑而大，滑痰大虚。洪而缓，洪热缓虚。

〔因〕 肾水不能胜心火，火上烁肺金，六叶皆焦，皮毛虚弱，急而薄着者，则生痿躄。皆因贪欲好色之故，湿痰亦能为之。

经论有由悲哀太甚，阳气内动，数溲血，大经空虚，热起于心，病则枢纽如折，不相提挈，名曰脉痿。有思想无穷，入房太甚，宗筋弛纵，热入于肝，病则筋急而爪枯，名曰筋痿。有由湿地，以水为事，热生于脾，病则胃干而渴，肌肉不仁，名曰肉痿。有因远行劳倦，遇大热而渴，阳气内乏，热舍于肾，病则腰脊不举，骨枯而髓减，名曰骨痿。然此皆热熏于肺之为也，火上炎，肺治节不行，而痿躄矣。

〔证〕 面黄身热肌瘦，往来寒热，涎嗽喘满，面浮弱而不用者为痿。外有痿即软风也。

柔风脚弱，病同而证各异。

〔治〕 法独取阳明。阳明者胃脉也，五脏六腑之海，主润宗筋，宗筋主束骨而利机关也，故阳明虚而然。

张以黄连解毒汤加归等剂治之。李以甘寒泻火，苦寒泻湿热，四君子补阳明虚，清暑益气治之。湿痿之为病，宜二陈汤加术、苓、柏治之。

清暑益气汤 治热伤肺，气虚成痿。

芪一钱，汗少减半。暑邪干卫，身热自汗，甘温补之 参救火伤气 术各半钱 苍术一钱，除湿 甘草炙，三钱。益气 归三钱 升麻一钱，酒润，甘平。润肌热，风胜湿 葛二钱 陈皮半钱 泽泻半钱，渗湿 曲半钱，消食去痞 五味九分，酸寒收，暑伤金 麦门冬三钱 青皮二钱半 檗三钱，补水泻热 或加知母、黄芩

健步丸 治湿热成痿。

羌活 防风 柴胡 滑石 炙甘草 姜酒洗。各半两 泽泻五钱 防己酒制，一两 川乌 苦参酒洗 肉桂一钱

愈风汤下。

秘方

气虚，四君子加苍白术、苓、柏；痰加竹沥；血虚，四物汤；湿痰，二陈汤加苍白术、苓、柏、竹沥，下补阴丸。

经[1]论瘖痱乃肾虚也，舌不语。肾脉夹舌本，肾气厥不至，足不行，肾气不顺。

五、厥

〔脉〕 沉微而不数，谓之寒厥。沉伏而数，谓之热厥。

〔因〕 因虚，因痰，因热，因寒。

〔证〕 厥当分二种，次分五脏。寒厥为手足寒也，阴气胜则寒。其由乃恃壮纵欲于秋冬之间，则阳夺于内，精气下溢，邪气上行，阳衰精竭，阴独行，故为寒厥。热厥为手足热也，阳气胜则热。其由乃醉饱入房，气聚于脾胃，阴虚，阳气入则胃不和，胃不和则精竭，精气竭则四肢不荣，酒气与谷气相搏，则内热而溺赤，肾气

〔1〕经 原脱，据本书前后体例、周氏本补。

衰，阳独胜，故为热厥。

五心烦热，有小肠热者，有心虚而热者。

厥，亦有腹暴满不知人者，或一二日稍知人者，或卒然衰乱者，皆因邪气乱，阳气逆，是少阴肾脉不至也。肾气衰少，精气奔逸，使气促迫，上入胃隔，宗气反结心下，阳气退下，热归股腹，与阴相助，令人不仁。又五络皆会于身，五络俱绝，则令人身脉俱动，而形体皆无所知，其状如尸，故曰尸厥。正由脏气相乱[1]，或与外邪相忤，则气郁不行，闭于经络，诸脉伏匿，昏不知人。

厥有痰如曳锯声在咽中为痰厥，骨枯爪痛为骨厥，身直如椽为骭[2]厥，因醉而得为酒厥，暴怒而得为气厥，手足搐搦为风厥，喘而狂走为阳明厥，此皆气逆之所为也。

〔治〕 李法：痰用白术、竹沥，热用承气下之，气虚补气四君子，血虚补血四物。

张法：降心火，益肾水，通血和气，必先涌之。

六、伤　　寒

〔脉〕 阳浮而阴弱，谓之伤风，邪在六经俱强，加之风伤阳，故浮虚。阳浮，卫中风也；阴弱，营气弱也。

浮紧而无汗，谓之伤寒。寒伤营，营实则卫虚。寒伤阴，故坚牢。阴紧，邪在上焦，主欲呕；阴紧，邪在下焦，必欲利。

脉浮，头项痛，腰脊强，病在太阳。脉长，身热，目痛，鼻干，病在阳明。脉弦，胸胁痛而耳聋，病在少阳。脉俱沉，口燥舌干，邪在少阴。脉俱微缓，烦满囊缩，邪在厥阴。脉俱沉细，嗌干腹满，邪在太阴。脉阴阳俱盛，重感于寒而紧涩，变为阴疟。阴阳俱盛，伤寒之脉，前病热未已，后热复盛也。脉阳浮滑、阴濡弱，更遇于风乘，变为风温。阳浮而滑，阴濡而弱，皆风脉也。前热未

---

〔1〕乱　原作“形”，据周氏本改。

〔2〕骭（gàn干）　本谓小腿骨。这里“骭厥”，是一种病名。

歇，风来乘热。脉阳洪数，阴实大，遇湿热两合，变为温毒。洪数实大，皆两热相合。脉阳濡阴弱，而阴弦紧，更遇温气，变为温疫。

病发热，脉沉而细，表得太阳，名曰痓。病太阳，身热疼，脉微弱弦芤，名曰中暍。病若发汗已，身灼然热，名曰风温。风温为病，脉阴阳俱浮，自汗出，身重多眠，睡鼾语难，以小便不利，更被其下，若被火者，微发黄色，剧者则惊痫，时瘈疭，若火薰则死矣。病太阳关节疼痛而烦，脉沉细，名曰湿痹。脉沉细而疾，身冷则四肢冷，烦躁，不欲饮水，狂闷，名曰阳厥。脉当有神，不问数极迟败，当中有力，即有神焉，神者血气之先。伤寒热甚，脉浮大者生，沉小者死。已汗，沉小者生，浮大者死。温病二三日，体热，腹满，头痛，饮食如故，脉直而疾者，八日死。温病八九日，头身不痛，目不赤，色不变，而反利，脉来牒牒，按之不弹手，时大，心下坚，十七日死。温病四五日，头痛腹满而吐，脉来细强，十二日死。温病汗不出，出不至足者死。厥，汗出，肾脉强急者生，虚缓者死。温病下痢，腹中痛甚者死。热病七八日，不汗，躁狂，口舌暴燥焦黑，脉反细弱，或代者，死。八日以上，反大热死，邪胜故也。热病七八日，当汗反下，脉绝者死。热病得汗，脉躁者死，脉转大者死。厥逆呼之不应，脉绝者死。阳厥有力者生，阴厥按之大者生。热病七八日，脉不躁，喘不数，后三日中有汗，不汗者四日死。热病脉涩小疾，腹满膜胀，身热，不得大小便死。热病脉浮大绝，喘而短气，大衄不止，腹中疼死。热病脉浮洪，肠鸣腹满，四肢清，注泄死。热病脉绝动疾，便血，夺形肉，身热甚死。热病脉小疾，咳喘眩悸，夺形肉，身热死。热病腹胀，便血，脉大，时时小绝，汗出而喘，口干，视不见者死。热病脉转小，身热甚死。热病脉转小，身热甚，咳而便血，目陷，妄言，循衣缝，躁扰不卧死。热病呕血，咳而烦满，身黄腹鼓胀，泄不止，脉绝死。热病瘈疭狂走，不能食，腹满，胸痛引腰脊，呕血死。脉浮而洪，邪气胜也，身体如油，正气脱也。喘而不休，水浆不下，胃气尽也。体麻不仁，营卫不行，乍静乍乱，正邪争也，故为命绝也。

热病喘咳唾血，手足腹肿，面黄，振栗不言，名肺绝，死，丁日死。后仿此。热病头痛，呕宿汁，呕逆吐血，水浆不入，口狂妄，腹大满，名脾绝，死。热病烦满骨痛，嗌肿不可咽，欲咳不能咳，歌笑而哭，名心绝，死。热病僵卧，足不安地，呕血，血妄行，遗尿溺，名肝绝，死。热病喘悸吐逆，骨痛短气，目视不明，汗如珠，名肾绝，死。

太阳病，脉反躁盛，是阴阳交，死。得汗脉静者生。少阴病，恶寒而蜷，下利，手足逆者死。又吐利躁逆者死。少阴病，四逆，恶寒而蜷，其脉不至，不烦而躁者死。少阴病，下利止而头眩，时时自冒者死。又七八日息高者死。少阴病，脉微沉细，但欲卧，汗出不烦，自欲吐，五六日自利，烦躁不得卧寐者死。若利止，恶寒而蜷，手足温者可活。少阴病，下利止，厥逆无脉，不烦，服汤药其脉暴出者死，微续者生。伤寒下利厥逆，躁不得卧者死。下利至厥不止者死。伤寒厥逆六七日不利，便发热而利者生。汗出利不止者死，有阴无阳故也。伤寒五六日，不结胸，腹濡脉虚，复厥者不可下，下之亡血死。热病不知所痛，不能自收，口干，阳热甚，阴颇有寒者死。热病在肾，渴口干，舌燥黄赤，日夜饮水不知，腹大胀尚饮，目无精光者死。伤寒下利，日十余行，脉反实者死。病者胁下素有痞，而下至于脐旁，痛引小腹，入阴挟筋，为脏结者死。结胸证具而烦躁者死。直视谵语喘满者死。若下利亦死。

〔因〕 房劳辛苦之过，腠理开泄，少阴不藏，触冒冬时杀厉之气，严寒之毒，中而即病，曰伤寒。不即病，寒毒藏于肌肤之间，至春变为温，至夏变为热病，皆肾水涸，春无以发生故也。皆热不得发泄，郁于内，遇感而发，虽曰伤寒，实为热病。春病温疫，夏为热病及飧泄，秋发痎疟，冬生咳嗽，皆因感四时不正之气，总名之曰伤寒。

〔证治〕 自外而入，内传经络。

太阳证，头疼，发热恶寒，腰脊强，脉浮而紧，无汗，谓之伤寒，可汗，宜麻黄汤。脉缓自汗，谓之伤风，宜桂枝汤，忌利小便、重汗、下大便。

阳明证，身热，目疼，鼻干，不得卧，不恶风寒而自汗，尺寸脉俱长，宜白虎汤。浮沉按之有力，宜大承气汤。胃，血也，不主汗、利，忌汗、利小便。

少阳证，往来寒热，胸胁痛而呕，耳聋，脉弦，宜和解之，小柴胡汤。胆无出入水火之间，下犯太阳，汗、下、利皆不可，忌利小便，忌汗，忌利大便。

太阴证，腹满咽干，手足自温，自利不渴，时腹痛，脉沉细，其藏寒，宜四逆汤。脉浮可汗，宜桂枝汤。又大实痛可下，用详。忌三法、宜三法，用详。

少阴证，口噤，舌干而渴，脉沉实，宜大承气汤。脉沉细迟者，宜用温之，四逆汤。身凉脉沉细而虚，宜泻心汤。身热烦躁不宁，大小便自利，脉浮洪无力，按之全无，宜附子泻心汤。其吐泻不竭，脉浮弱，理中汤主之。渴而脉沉有力而疾，宜五苓散。少阴证，脉沉，发热，当汗，麻黄细辛附子汤。少阴证，下利色不青，当温；色青口燥，当下。脉弱忌下，干燥忌汗。厥阴证，烦满而囊缩，大小便不通，发热引饮，腹满，脉俱微沉实，按之有力当下，无力当温。厥阴乃二阴交尽，曰厥阴，为生化三源，喜温而恶清。大抵三阴非胃实不可下，此三阴无传经，止胃实可下也。

太阳，标本不同，标热太阳发热，本寒膀胱恶寒，故宜汗。

阳明，从中气，标阳肌热，本实妄语，标阳故宜解肌，本实故宜下。

少阳，标阳发热，本火恶寒，前有阳明，后有太阴，故宜和解。

太阴，标阴本湿，腹胀满，或嗌干，身目黄，从标治则温，从本治宜泄满下湿。

少阴，标阴爪甲青冷，本热脉沉实，口干渴，标宜温，本宜下。

厥阴，中气宜温，烦满囊缩，故为热，宜苦辛下之。

麻黄、桂枝之辈，汗而发之。葛根、升麻之属，因其轻而扬之。三承气、陷胸之辈，引而竭之。泻心、十枣之类，中满泄之。在表宜汗，在里宜下，在半表半里宜和。表多里少，和而少汗之；里多表少，和而微下之。在上者吐之，中气与脉气微者温之，脉亦同法，又当求本。假令腹痛，用桂枝芍药汤，何不只用芍药，却于桂内加之？要知从太阳中来，故太阳为本。又如结胸，麻黄亦然。

刘法，分病及脉，以五藏言之，诸在皮者汗之，麻黄汤内加表之；在内者下之，麻黄细辛附子汤内加下之。此言藏者五脏也，可通经入脏，物之藏者府也，方可下。麻黄汤治外证之外，麻黄细辛附子汤治内证之外。

肝脉外证，善洁面青，善怒脉弦，前方加羌活、防风三钱；内证满秘便难，淋溲转筋，沉而弦，后方加同前。

心脉外证，面赤口干，善笑，脉沉而洪，前方加黄芩、石膏各三钱；内证，烦心心痛，掌中热而哕，脉沉，后方加同前。

肺脉外证，面白善嚏，悲愁欲哭，脉浮而涩，前方加姜、桂各三钱；内证，喘咳，洒淅寒热，脉沉，后方加生姜、桂枝。

脾脉外证，面黄，善噫，善思味，脉浮而缓，前方加白术、汉防己；内证，腹胀满，食不消，怠憧，脉沉，后方加同前。

肾脉外证，面黑善怒，脉浮，前方加附子、生姜；内证，泄如注，下重，胫寒，脉沉，后方加同前。

已前外证，皆表之表，汗而发之，内证者，里之表也，渍形以汗。如脉沉，复有里证，里证为发热引饮，便利赤涩，泄下赤水，或秘，按之内痛，此为里证，宜速下之，依方加大黄三钱。如邪又未尽，复加大黄二钱。

刘、张又相继论，人多劳役饥饱者，得之火化火扰，治之宜以辛凉，比及年少性急劳役，岂非火乎？迟脉年老之人，可以辛温解之，故制双解散，治诸伤寒时气在表里，皆可服之。表里证有相似，药不可差。伤寒表证发热恶寒而渴，独头痛身热，目疼鼻干，不得卧，乃阳明经病也，白虎汤主之。杂证里证亦同，但目赤者藏病也，脉亦洪大，甚则呕血，先有形也，乃手太阴肺不足，不能管领阳气，亦以枸杞、地黄等物治之。补泻当察虚实，假如洪弦相杂，洪客也，弦主也，子能令母实，又脉弦无表证，是东方实西方虚也。又前来者为实邪，依此补泻，余仿此行之。

表汗，通圣散、双解散。

半表半里，凉膈散、柴胡汤。

里下，右手脉实承气汤，左手脉实抵当汤，不分浮沉，但实可用。

血气俱实，主三承气汤。温，四逆汤、真武汤。解利，五苓散、解毒散、白虎汤、甘露饮、栀子汤。发黄，茵陈汤。

伤寒得伤风[1]脉，伤风得伤寒脉。假如太阳证，头疼身热，自汗恶风，脉当缓而反紧，是伤风得伤寒脉也，余以例推之。桂枝麻黄各半汤，羌活汤尤妙。

吐，**瓜蒂散**

瓜蒂　赤小豆

豆豉汤下一钱。

结胸脉浮大者，不可下之，下之必死。

小陷胸汤

半夏　连姜汁炒　瓜蒌实

大陷胸丸

炒大黄五钱　苦葶苈炒，三钱　芒硝一钱　杏仁十二个

丸如弹子大，每服一丸，入甘遂末三字，蜜半匙，水煎至半，温服。

〔六经余证〕

太阳：痓，汗多，热利，误下变证。

阳明：烦躁，火入于肺烦也，火入于肾躁也，栀子豆豉汤，宿食加大黄。狂谵实热发斑，胃火呕吐哕。

少阳：潮热，有平旦日晡之分，详见前。

太阴：腹痛，有部分同杂证治。痞有虚实，实便秘，厚朴、枳实；虚便利，白芍。

少阴：心惊悸，是杂证。吐泻同霍乱证。治咽喉热，甘草、桔梗。寒热合二方。下利色青，下。色不青，温。渴逆，乃阴消阳逆，或兼以舌挛，语言不正。昏冒咽痛，大承气。

厥阴：羌活汤。

〔解利伤寒〕　不问何经，辨两感伤寒之例。

---

〔1〕风　原作“寒”，据周氏本改。

羌活　防风　川芎　炙甘草　芩各一钱　地黄　细辛二钱半　白术二钱

如身热加石膏四钱，腹痛加芍药三钱半，往来寒热加柴胡一钱，半夏五钱，心下痞加枳实一钱，里证加大黄三钱，邪去止之。

治疫。

麻黄一两　甘草一两半　石膏　滑石　黄芩　白术各四两

煎服表汗。

解利，大羌活汤。治两感伤寒，出李。

防风　羌活　独活　防己　白术　甘草炙　黄芩　连　苍术　芎　细辛各三钱　知母　生地黄各一两　白芷阳明加之

双解散　混解不问风寒。出张，李、刘皆用。

栀子豉汤　出李。

消毒饮　治疫疠时毒。

芩　连各半两　翘一钱　陈皮　玄参各三钱　甘草　黍黏子　板蓝根　马勃各一钱　人参　僵蚕各一钱　桔梗三钱　升麻七钱　柴胡五钱　薄荷　川芎各五钱　大黄便硬加之

以水煎服。

伤寒中寒说：伤寒为外寒郁内热，伤寒面惨而不舒，恶寒不恶风；中寒谓寒乘其肤腠，不分经络，疏豁一身，无热可发，温补自安，此胃气之大虚也。

〔风湿不可汗下论〕　春夏之交，病如伤寒，自汗，肢体重痛，转侧难，小便不利，此名风湿，非伤寒也。因阴雨卑湿，或引饮，多有此证，宜多与五苓散，切忌汗下。

四证类伤寒：伤寒右寸脉紧盛，痞满。脚气如伤寒证，但病起于脚胯。痰证呕逆头痛，脉浮而滑，痞满虚烦，不恶寒，不头痛身疼。阳毒，身重腰脊痛，狂言，或吐血下利，脉浮大数，咽喉痛，唾血，面赤如锦文，五六日可治。阴毒，身重背强，腹中绞痛，咽喉不利，毒气攻心，心下坚，呕逆，唇青面黑，四肢冷，脉沉细紧数，身如打，五六日可治。

阴盛格阳，目赤烦躁，不渴或渴不饮水，脉七八至，按之不鼓，姜附主之。

阳盛拒阴，身表凉痛，四肢冷，诸阴证，脉沉数而有力，承气主之。

阳厥极深，或时郑声，指甲面色青黑，势困。脉附骨，按之有，举之无，因阳气怫郁，不得荣运于四肢，以致身冷，先凉膈养阴退阳，以待心胸微暖，可承气下之。

阴证，身静，重语无声，气难布息，目睛不了了，鼻中呼不出吸不入，口鼻中气冷，水浆不入口，二便不禁，面上恶寒，有如刀刺。

阳证，身动，轻语有声，目睛了了，鼻中呼吸出入，能往能来，口鼻气热。

伤风，气出粗，合口不开，面光而不惨，恶风不恶寒，伤食，口无味，液不纳，息肩。

两感，一日太阳受之，即与少阴俱病，头疼口干，烦满而渴者是。二日阳明受之，即与太阴俱病，腹满，身热，不饮食，谵语。三日少阳受之，即与厥阴俱病，烦满囊缩，水浆不入口，不知人，六日死。

痓，太阳病，发热无汗，反恶寒者，名刚痓。无汗为表实，恶寒为重感，故名刚痓。太阳病，发热有汗，不恶寒者，为柔痓。表虚伤湿，其病身热足寒，颈项强急，恶寒，时头热，面赤，目脉赤，头摇，卒口噤，背反张。

中湿，见前脉，其病一身尽黄，头痛汗出，欲水而不饮，反欲近火。

头汗，乃邪搏诸阳，热不得越，津液上凑。又见自汗条下。

手足汗，有邪聚于胃则便硬，有寒则便溏，不能食，小便不利。

烦躁，有热传于内，胸中有热，关前洪数，宜懈热。有虚，因汗吐下虚，协余热，身不疼，脉不紧数，宜补之。又初解胃弱，强食，胃脉浮洪。

苔，皆心经之热浅深也。白而滑，乃邪在半表半里也；白而涩，热在里也；黄而干，热在胃也；黑者宜下。

哕，皆胃疾，或寒或妄下之，虚。

厥，手足冷，有寒有热。先热而后厥者，热伏于内；先厥而后热者，阴退阳气复，始得之便厥。皆阳不足而阴胜也，所主为寒。

谵语四证，伤寒谵语，属阳明经，乃胃有热，脉洪大者是，宜调胃承气汤。身不热身困者，谓之郑声，病退入虚，脉和平，宜滋补。妇人经来，适邪气乘虚入于血海，右关脉数者，小柴胡汤主之。有邪祟者，言语涉邪，颇有意思，状多变，与病相违者是。

气喘七证，伤寒太阳证，下之微喘者，内虚外热故也，宜解其表。饮水过多，水停心下，胸膈满而喘者，宜利其小便。病本无喘，因药下之，泻止而喘，其色已脱，不治。喘而四逆者，不治。喘而噫者，不治。喘而鱼口者，不治。喘而目闭面黑者，不治。

目瞪四证，伤寒至目瞪不省人事，此中风痓证，以药开关吐痰，痓退眼开，随证治之。伤寒病已过经，痓退无热，人困不语，脉和目瞪，谓之戴阳，下虚故也。阳毒不解，热毒之气伏于太阳之经，故便目瞪，六脉弦劲，渐作鱼口，气粗者死。太阴痰潮，上灌七窍，两目瞪，与小儿惊风之类同，下痰则愈。舌卷唇焦，乃心肝热极，三焦精液不生，可治；舌卷卵缩，厥阴绝也，必死。

厥逆幽闷三证，阴毒阳冷，四肢逆冷，心膈幽闷，默默思睡，脉沉伏者是。伤寒起汗下后，又战汗过多，人困身冷不动者，乏阳也。伤寒未三日，身冷额上汗出，面赤心烦者，非阴毒证，谓之阴盛格阳，阴气并于外，阳气伏于内，其脉沉数也。

咽干二证，少阳证，口苦咽干，乃胆热也，小柴胡汤。少阴证，口燥咽干，主肾热，津液不生，宜下。

恶寒三证，发热恶寒发于阳，脉浮数，宜麻黄桂枝汗之。无热恶寒发于阴，脉沉细，宜四逆温里。发汗后反恶寒，气虚也，脉微弱，补虚，芍药附子甘草汤主之。

恶风三证，汗出而脉缓，宜桂枝加葛根汤，便遍身润。太阳病，发汗过多亡阳，胃虚恶风，当温其经，宜桂枝加附子汤。风湿相搏，骨节烦痛，不得屈伸，汗出恶风，不欲去衣，宜甘草附子汤。

汗后发热并再伤八证：发汗不入格，其病不解，宜再汗之。发汗后，再伤风邪而热，宜发汗。再伤风寒而热，随证治之。汗后温之热，脉弦小而数者，有余热也，宜和解之。汗后温之热，脉静，身无痛处，虚热也，宜平补之。汗后温之热，或渴或烦，或胸满，或腹急，有里证，脉沉数，宜下之。劳力而再热，平解劳倦，宜柴胡鳖甲散。食过而热者，宜消化其食。

中暍，夏月发热恶寒，小便已洒然毛耸，脉弦细而芤迟，宜白虎人参汤，忌汗下。

中暑，背寒面垢，手足微冷，烦躁引饮，四肢不痛，脉浮，宜五苓、白虎。

中温，冬月冒寒，至春夏再感乖常之气。

风温，先伤风，后伤温，头疼，自汗，体重，息如喘，但默默欲眠，尺寸脉俱浮。

暑[1]温，脉浮，证同前条下。

温毒，汗吐下，表未罢，毒邪入脏，身有斑，脉阳洪数、阴实大。

湿温，先伤湿，后中暑。

瘟疫，众人一般，脉阳虚弱阴弦紧。

潮热，阳明，申酉时分也，胃实宜下。寒热相继在他时。太阳病，热在寅卯。少阳，在巳午。

汗自出，太阳经自汗，营弱卫强也。中风，太阳脉缓。风温，身重多睡，脉浮缓。风湿，脉沉而细，证同前条下。少阴，咽痛拘急，四肢疼，厥逆自汗，亡阳也。太阳，亡阳自汗。柔痓，同前痓下。

除中者死，伤寒六七日，脉迟，下利而热，反[2]与黄芩汤彻其热，腹中恶冷，当不能食，今反能食，名曰除中。脾经受邪，则下利而热，反[3]与黄芩，邪热未去，而胃气先去。

禁忌，厥阴心痛发斑，不欲食，食则吐蛔，下则利不止。诸四肢厥逆，不可下。五六日不结胸，腹痛满，脉虚，复厥者，不可下。

---

〔1〕暑　原作“风”，据周氏本改。
〔2〕反　原作“合”，据周氏本改。
〔3〕反　原作“合”，据周氏本改。

当下反汗之，必口烂。

少阴脉沉细数，病在里，忌汗；微者，忌汗；尺脉弱涩者，不可下之。

太阴腹满，吐，食不下，自利，时腹自痛，忌下。下之，胸下结硬。脉弱，自便利，虽用下，宜减之。

少阳不可汗，忌利小便，忌利大便，犯之各随上下前后，本变及中变诸变例。

太阳小便不利，不可利之，利之邪气入里，不能解，咽干，淋，衄，小便不利，当汗不可汗，在表不可下，下之动血，误犯之成结胸痞气，汗之成血蓄于胸中。当汗而下之，成协热利。

太阳证误[1]下有八变：脉浮者必结胸，紧者必咽痛，弦者必两胁拘急，细数者头疼不止，沉紧者必欲呕，沉滑者必热利，浮滑者必下血。

阳明不当发汗，发汗成蓄血，上焦为衄。不当下，下之血蓄下焦发狂。有年老患时热狂妄，服附者愈，服寒凉者死。

足太阳未渴，小便清者禁利；咽干禁汗；成蓄血禁下太早；已渴者五苓散；谵语潮热大渴宜下。

足少阳三禁，胃实可下。足太阴禁下。足少阴脉沉，口燥咽干而渴，禁汗，脉涩而弱，禁下。三阴非胃实不可下。

治三焦便有胆少阳经，作风治不宜汗、下、利小便。

治心便有肾少阴，故本热标寒，故脉沉细按之洪大，用承气汤，酒制热饮是也。

治膀胱便有小肠太阳，故本寒标阳，故脉紧数按之不鼓而空虚，用姜、附，寒饮顿服。

治肺便有脾太阴，故寒因寒用，大黄、枳实下之。

治阳明纯阳大肠，喜热恶清，当以热治寒也。络宜清，当以寒治热。

许学士解利外感：伤风者，恶风用防风二钱，甘草、麻黄各

〔1〕误　原作“一”，据周氏本改。

一钱。头痛加川芎；项背腰痛加羌活；身重加苍术；肢节痛加羌活；目痛鼻干及痛加升麻；或干呕，或寒热，或胁下痛加柴胡。伤寒者，恶寒用麻黄二钱，防风、甘草各一钱。头沉闷加羌活一钱。

凡治伤寒，以甘草为君，防风、白术为佐，是寒宜甘发也，看他证加减。伤风以防风为君，甘草、白术为佐，是风宜辛散也。其伤寒表证，以石膏、滑石、甘草、知母、葱、豉之类，汗出即解。如热半表半里，与小柴胡汗出而愈。热甚大柴胡与之，更甚小承气。里热甚，大承气。发黄者，茵陈蒿汤下之。结胸，陷胸汤下之。

内伤，见于右手。内伤躁作寒已，寒作躁已，不相并，但有间，且晡时必减，乃胃得令；潮作之时，精神困倦，乃其气不足。外伤，见于左手。外伤但无间，且晡时必作剧，乃邪气盛；潮作之时，精神有余，乃邪气胜。寒邪不能食，风邪能食。

表虚不作表虚治，或劳役于凉处解衣，或阴处[1]新浴，表虚为风寒所遏，切不可妄解表。

七、大头肿痛附虾蟆瘟

〔因〕 阳明邪热太甚，故资实少阳相火而为之也。湿热为肿痛。治之视其肿势在何部分，随结而取之，是天行也。

〔治〕 芩炒 甘草 大黄煨 黍粘子炒 芒硝

阳明渴加石膏，少阳渴加瓜蒌根，阳明行经加[2]升麻、白芍、葛根、甘草，太阳行经加羌活、防风。

虾蟆瘟

〔因〕 风热。

〔治〕 解毒丸下之。

〔1〕处 周氏本作“虚”。
〔2〕加 原缺，据周氏本补。

侧柏叶自然汁调蚯蚓粪敷，烧灰大妙。车前叶服。或丁香尖、附子尖、南星、酢磨傅皆可。五叶藤汁傅亦可。

八、霍乱

〔脉〕 微涩或代或伏。脉弦滑者，膈有宿食，身却不热，为霍乱。大者生，微迟者死，脉洪者热。

〔因〕 其气有三：一曰火，二曰风，三曰湿。

邪在上焦则吐，下焦则泻，中焦则吐而且利，吐为暍热也，泻为湿也。风胜则动，故转筋也。或因大渴而大饮，或饥或饱甚，伤损胃气，阴阳交争而不和，此为急病也，不死；如干霍乱，而不得吐利，必死。

〔证〕 其状心腹卒痛，呕吐下利，憎寒发热，头痛眩晕。先心痛则先吐，先腹痛则先下，心腹俱痛，吐利并作，甚则转筋入腹则死，不然则吐泻。

干霍乱者，忽然心腹胀满，绞刺痛，欲吐不吐，欲利不利，须臾则死，以盐汤大吐之佳。

外有冲恶，病同而名异。

〔治〕 **五苓散** 治热多饮水，关上脉洪者，热也，宜清之。

理中丸 治寒多不饮水，身不热者。

半夏汤 治霍乱转筋，吐利不止，身痛不止者，宜加桂枝汤。

半夏 曲 苓 陈皮 白术 薄桂 甘草

和解散 治霍乱。此条内有所积，外为邪气所阻，甚用吐法，二陈汤。

和解散

川芎 苍术 白芷 防风

九、瘟病

〔证〕 众人一般者是。

〔治〕 有三法：宜补，宜散，宜降。

大黄 芩 连 参 桔梗 苍术 防风 滑石粉 人中黄 香附子

上神曲丸送下，随宜气虚四君子，血虚四物汤，痰二陈汤，热甚童便作汤送下。

春夏不服麻黄，秋冬不服桂枝，夏不服青龙，冬不服白虎。

十、伤　　暑

〔脉〕 虚则身热，或浮自汗，自汗者火动而散故也。

〔因〕 夏火太热，损伤肺金元气，其感有二。动而得之，乃辛苦之人，动而火胜，热伤气也，脉洪而大；静而得之，乃安乐之人，静而湿胜，火胜金位也，脉沉而实。

〔证治〕 暑喜归心，入心则噎塞，昏不知人，入肝则眩晕，入肺则喘满痿躄，入脾则昏睡不觉，入肾则消渴，病则怠惰嗜卧，四肢不收，精神不足，两脚痿弱，头痛恶热，躁热，大渴引饮，大汗，因动而中，白虎加人参汤主之；头疼恶寒，拘急肢节疼，大热无汗，因静而中，大顺散、白虎加苍术。有阴胜阳之极，甚则传肾肝为痿厥，清暑益气汤主之。

凡中暍死。切忌与冷水凉处，须沃以汤，宜黄龙圆主之。

心虚伤暑，身热头痛烦满而渴，五苓散主之。肺虚伤暑，身热烦闷而喘，白虎汤主之。脾虚伤暑，则为痎疟，常山饮主之。

黄连香薷汤　治暑。

挟痰加半夏，虚加参、芪。

清暑益气汤　治暑伤金虚甚。

玉龙丸　曾用治暑。

补中益气汤　治疰夏痰渗。

油炒半夏，姜汁丸。

二苓汤　治春夏之交，病似伤寒，自汗，体重痛难转侧，此名中湿。

泽泻一两　滑石二两　茯苓　猪苓　术半两

暑风夹火，痰实者可用吐法。

玉龙丸　治暑泄泻，或二便秘。

焰硝　明矾　滑石　硫黄一两　白面六两

水丸，水下。

十一、疟

〔脉〕　疟脉自弦，弦数多热，弦迟多寒。弦小紧者可下之，弦迟者可温之，紧数者可汗灸之，浮大者可吐之。弦数者风发也，以饮食消息止之。

〔因〕　夏暑舍于营卫之间，腠理不密，遇秋之风，玄府受之，惨怆之水，寒气闭而不出，舍于肠胃之外，与营卫并行，昼行于阳，夜行于阴，并则病作，离则病止。并于阳则热，并于阴则寒，浅则日作，深则间日，在气则早，在血则晏[1]。因汗郁成痰，因虚弱阴阳相乘。

外因从六淫，有寒、温、瘅、湿、牝[2]。寒则先寒后热，温则先热后寒，瘅则但热不寒，湿则身骨节疼，牝则寒多不热。

内因有脏气不和，郁结痰饮所致，有肝、心、脾、肺、肾之说，说见后。

不内外因。

疫疟，一岁之内，大小相似。鬼疟，梦寐不详。瘅疟，乍有乍已。食疟，因饮食得之。劳疟，因劳得之。母疟，有母传染者也。

李论：夏伤于暑，秋为痎疟。暑者，季夏湿土，湿令不行，则土亏矣。所胜妄行，木气太过，少阳主也，所生者受病，则肺金不足；不胜者侮之，水胜土之分。土者坤，坤在申，申为相火，水入土，则水火相干，则阴阳交作。肺金不足，洒淅恶寒。土虚少阳乘之，则为寒热。发于秋者，湿热则卯酉之分也。

---

〔1〕晏（yàn 宴）　晚。《礼记·礼器》："质明而始行事，晏朝而退。"

〔2〕寒、温、瘅、湿、牝　原作"寒瘅温瘅温牝"，据周氏本改。

〔证治〕 先寒而热，谓之寒疟；先热而寒，谓之温疟，治之宜乎中也。中者，少阳也。渴者，燥胜也；不渴者，湿胜也。又有得之于冬，而发于暑，邪舍于肾足少阴也。有藏之于心，内热蓄于肺手太阴也。但热而不寒，谓之瘅疟，足阳明也。在太阳经，谓之风疟，宜汗之。在阳明经，谓之热疟，宜下之。少阳经谓之风热，宜和之，此伤之浅也。在阴经则不分三经，谓之温疟，宜从太阴经论之，此伤之重也。

太阳经，头痛腰痛，寒从背起，先寒后热，宜小柴胡、羌活地黄汤。少阳经，心体解㑊，寒热不甚，恶见人，多汗出甚，小柴胡汤。阳明经，先寒，久乃热，热大汗，喜见火乃快，宜桂枝二白虎一汤。少阴经，呕吐烦闷，热多寒少，欲闭户而处，病难已，小柴胡加半夏汤。太阴经，好太息，不嗜食，多寒热，汗出，病至喜呕乃衰，理中汤。厥阴经，小腹腰痛，小便不利，意恐惧，四物玄明苦楝附子汤。

心疟，烦心，甚欲得清水，反寒多不甚热，宜桂枝黄芩汤。肺疟，心寒甚，热间，善惊如有见者，桂枝加芍药汤。肝疟，色苍苍然，太息，其状若死，通脉四逆汤。脾疟，寒则腹痛，热则肠鸣，鸣已汗出，小建中汤、芍药甘草汤。肾疟，腰脊痛，宛转便难，目眴然，手足寒，桂枝加当归芍药汤。胃疟，将病也，善饥不能食，能食而肢满腹胀，理中汤丸主之。

劳疟，经年不差，后复热[1]作，微劳力不任，名曰劳疟。母疟，百药不差，结成癥癖，在腹胁，名疟母。

治虽不同，疟得于暑，当以汗解。或汗不彻，郁而成痰，宜以养胃化痰发汗，邪气得出，自然和也。虚则补之，脉洪数无力者是也。

羌活汤 治邪气浅在表。

羌活 防风 甘草

恶寒有汗加桂枝，恶风无汗加麻黄，吐加半夏。

---

〔1〕热 周氏本作“发”。

麻黄桂枝汤 治夜疟，此散血中风寒。

麻黄一两 桂枝二钱 甘草炙，三钱 芩五钱 桃仁三十粒，去皮尖

邪气深而入血，故夜。以桃仁，缓肝散血中邪。

桂枝石膏汤 治邪深间日。

桂枝五钱 石膏 知母一两半 芩一两

汗出不愈为内实外虚。寒热大作，必传入阴，太阳阳明，芪、芍；寒热传入，太阳阳明少阳合病，加柴胡、半夏、人参、甘草。

藜芦散 治久疟欲吐不能吐，宜吐之。

藜芦为末，温齑水调下半钱，以吐为度。

张法：白虎加参汤、小柴胡合五苓散、神祐丸治之。服前三方未动，次与之承气汤。治甚者甘露饮调之，人参柴胡饮子补之，常山饮吐之。

老疟丹 治老疟，风暑入阴，在脏碍血气。

川芎 桃仁 红花 当归 苍术 白术 白芷 黄柏 甘草

上水煎露一宿，次早服之。

疟母丸 治疟母食疟。

鳖甲酢炙，君 三棱 莪术酢炙 香附子 阿魏食积加酢化

截疟丸 先补药表药，彻起阳分，方可截。

川常山 草果 知母 槟榔 乌梅 川山甲炒 甘草炙

用水一大碗，煎半碗，露一宿，临发时温服之，宜吐。

一补一发丹 治久疟，内伤挟外邪，内发必主痰，外以汗解。

半夏 茯苓 陈皮 柴胡 黄芩 苍术 川常山 葛根 虚加参、术补气，甚加芩、连。

有一人夏感，脉沉细，服之愈。

常山汤 治妇胎疟。

常山二两 芩三两 石膏八钱，另研 乌梅十四个 甘草一两

煎服之。

不二散

白面二两 砒一钱

和匀，以香油一斤，煎之色黄，用草纸压之，去油为末，入江茶三两，每服一字。

神妙绝疟

木通川者　秦艽去芦　川山甲炙　常山各等分　辰砂半钱，另研　乌梅七个　大枣七个

上以水三盏，煎至半，入酒一盏，再至半，先刮砂、枣服，次服药。

十二、疸

〔脉证〕　脉沉，渴欲饮水，小便不利，皆发黄。脉沉乃阳明蓄热，喜自汗，汗出入水，热郁身肿，发热不渴，名黄汗。脉紧数，乃失饥发热，大食伤胃，食则腹满，名谷疸。数为热，热则大食，紧为寒，寒则腹满。脉浮紧，乃因暴热浴冷水，热伏胸中，身面目悉如金色，名黄疸。阳明病，脉迟者，食难用饱，饱则发烦头眩者，必小便难，欲作谷疸。脉沉弦或紧细，因饮酒，百脉热，当风入水，懊侬心烦，足热，名酒疸。其脉浮欲呕者，先吐之；沉弦者，先下之。脉浮紧，乃大热交接入水，肾气虚流入于脾，额黑，日晡热，小腹急，足下热，大便黑时溏，名女劳疸。腹如水状不治。脉寸口近掌无脉，口鼻冷，不治。其病身热，一身尽痛，发黄便涩。

〔因〕　内热入水，湿热内郁，冲发胃气，病虽有五，皆湿热也。

〔治〕　诸黄家，但利其小便愈。假令脉浮，以汗解之，如便通汗自，当下之愈。当以十八日为期，治之十日以上为差，反剧者难治。治法以疏湿利小便，清热或汗之，五苓加茵陈、连类。

茵陈栀子汤

茵陈一两，去茎　大黄半两　山栀十个

豆豉煎汤下

五苓散　热加苦参，渴加瓜蒌根，便涩加葶苈，素热加连。

茵陈蒿汤　治黄疸，寒热不食，食则头眩，心胸不安者是。

滑石石膏丸　治女劳疸，证见题下。

滑石　石膏

研末，下粥饮，便利则止。

十三、劳附劳极热、烦热、劳瘵

〔脉〕 男子平人脉大为劳，极虚为劳，浮大为里虚。男子脉虚弱细微者，善盗汗。男子脉虚沉弦，无寒热，短气里急，小便不利，面色白，时目瞑喜衄。诸芤动微紧，男子失精，女子梦交。脉沉小迟，名脱气。其人疾行则喘，手足寒，腹满，甚则溏泄，食不消。脉弦而大，大则为芤，弦则为减，女子漏下，男子失精。脉微弱而涩，为无子，精气清冷。尺脉弱寸强，胃络脉伤。安卧脉盛，谓之脱血。脉举之而滑，按之而微，看在何部，以知其藏。尺弱滑而涩，下虚也；尺滑而涩疾，为血虚。脉数，骨内相失，声散呕血，阳事不禁，昼凉夜热者死。脉轻手则滑，重按则平，看在何经，而辨其府，寸弱而微者，上虚也。

〔因〕 喜怒不节，起居不时，有所劳伤，皆伤其气，气衰则火旺，火旺则乘其脾土，而胃气元气散解，不能滋养百脉，灌注脏腑，卫护周身，百病皆作。

〔证〕 百节烦疼，胸满气短，心烦不安，耳聩鸣，眼黑眩，寒热交作，自汗飧泄，四肢怠惰者。

外有脾痹、中风、湿痹病、伤暑、骨热不同。

〔治〕 法以甘寒泻火，甘温补中，温之收之。

十全散、四物汤治血虚，四君子汤治气虚，加升麻补中益气汤。

牛膝丸 治肾肝损，骨痿不能起床，筋缓不能收持。

萆薢炒　杜仲炒　苁蓉酒浸　菟丝酒浸　牛膝酒浸，治肾　蒺藜治肝。各等分　桂半两

酒煮猪腰子，丸梧桐子大，空心酒下。亦治腰痛。

肾气丸 治肾脾不足，房室虚损，宜此荣养血以益肾。肾苦燥，以辛润之，致津液，故用川芎；酸以收之，故用五味，盖神

方也。

苍术泔浸，一斤　熟地一斤　五味半斤　川芎[1]冬一两，夏半两，秋七钱，春亦七钱

上为末，用枣肉丸，米饮下。

地黄煎丸　解劳生肌活血。

生地汁　藕汁　杏仁汁　姜汁各五升　薄荷汁　鹅梨汁　法酒二升　沙蜜四两

已上慢火熬成膏，入后药：

柴胡三两，去芦　秦艽去芦　桔梗各二两　熟地黄四两　木香　枳壳炒　柏子仁炒　山药　茯苓白　远志去心　参　术各一两　麝半钱，另研

上为末，和前药丸如梧桐子大，甘草汤下。

辛苦劳

柴胡　参　芪　柏　甘草

牡蛎散　治诸虚不足，津液不固，自汗出。

牡蛎煅，取粉　麻黄根　芪　或加秦艽、柴胡、小麦同煎。

麦门冬汤　治大病后，虚烦则热不解，不得卧。

半夏　竹茹　陈皮　茯苓　麦门冬　参

炙甘草汤　治虚劳不足，汗出而闷，心悸，脉结代[2]。

酸枣仁丸　治虚劳，虚烦不得眠者。

枣仁炒，一两　参　桂一钱　茯苓三钱　石膏半两　芩三钱

固精丸　治精滑。

牡蛎，砂锅煅酢淬七次，酢糊，丸梧子大，空心，盐酒送下。

参归散　治骨蒸劳。

知母炒　参炒　秦艽去尖芦　北柴胡同术炒　鳖甲麦汤浸七次　前胡各半两　乌梅三个　地骨皮　川常山酒浸三日　川归同柴胡炒　甘草　白茯苓各七钱半

---

〔1〕芎　原作“姜”，据周氏本改。

〔2〕代　原缺，据周氏本补。

水煎服。

脾虚　本经宜四君子。

肝乘之，胁痛，口苦，往来寒热而呕，四肢满闷，淋溲便难，转筋腹痛，宜柴胡、羌活、防风、独活、川芎、桂、芍药、白术、茯苓、猪苓、泽泻、黄柏、细辛、滑石。

心乘之，宜连、芩、柏、白芍、地黄、石膏、知母。

肺受病，痰嗽短气，懒语嗜卧，洒淅寒热，宜补中益气汤。作涎清涕，肩胛腰脊痛，冷泄，宜干姜、术、附、乌、苍术、桂、茯。

劳极热

劳者，神不宁也。

肝劳实热，关格牢涩，闭塞不通，毛悴色夭。肝劳虚寒，口苦，关节疼痛，筋挛缩，烦闷。

心劳实热，口舌生疮，大便闭塞，心满痛，小腹热。心劳虚寒，惊悸恍惚，多忘，梦寐惊魇，神志不定。

脾劳实热，四肢不和，五脏乖戾，胀满肩息，气急不安。脾劳虚寒，气胀满咽，食不下通，噫宿食臭。

肺劳实热，气喘鼻胀，面目苦肿。肺劳虚寒，心腹冷气，气逆游气，胸胁气满，从胁达背痛，呕逆虚乏。

肾劳实热，小腹胀满，小便赤黄，末有余沥，数少，茎中痛，阴囊生疮。肾劳虚寒，恐虑失志，伤精嘘吸，短气，遗泄白浊，小便赤黄，阴下湿痒，腰脊如折，颜色枯悴。

尽力谋虑则肝劳[1]。曲运神机则心劳。意外致思则脾劳。预事而忧则肺劳。矜持志节则肾劳。

极者，穷极无所养也。

筋实，咳[2]而胁下痛不可转动，脚下满不得远行，脚心痛不可忍，手足爪甲青黑，四肢筋急烦满。筋虚，好悲思，支嘘吸，脚手

〔1〕肝劳　原作“伤肝”，据周氏本改。
〔2〕咳　原作“痃”，据周氏本改。

俱挛，伸动缩急，腹内转痛，十指甲疼，转筋，甚则舌卷卵缩，唇青，面色苍白，不得饮食。脉实，气衰血焦，发落好怒，唇舌赫，甚则言语不快，色不泽，饮食不为肌肤。脉虚，虚则咳，咳则心痛，喉中介介如梗，甚则咽垂。肉实，肌痹淫淫如鼠走，津液开，腠理脱，汗大泄，或不仁，四肢急痛，或腹缓弱，唇口坏，皮肤变色。肉虚，体重怠惰，四肢不欲举，关节痛疼，不嗜饮食，饮食则咳，咳则胁下痛，阴引背及肩不可转动。气实，喘息冲胸，常欲目恚，心腹满痛，内外有热，烦呕不安，甚则呕血，气短乏，不欲食，口燥咽干。气虚，皮毛焦，津液不通，力乏，腹胀，甚则喘息，气短息塞，昼差夜甚。精实，目视不明，齿焦发落形衰，通身虚热，甚则胸中痟痛，烦闷泄精。精虚，尫羸惊悸，梦泄遗沥，小便白浊，甚则茎弱核彻，小腹里急。骨实，热，耳鸣，面色焦枯，隐曲膀胱不通，牙脑苦痛，手足酸疼，大小便闭。骨虚，面肿垢黑，脊痛不能久立，气衰发落齿槁，腰背相引痛，甚则喜睡不了。

烦　　热

内热曰烦。外热曰热。

身不觉热，头目昏痛，口干咽燥不渴，清清不寐，皆虚烦也。平人自汗，小便频并，遗泄白浊，皆忧烦过度。大病虚后烦闷，谓之心虚烦闷。

古今录验五蒸汤　治五蒸病。

甘草一两，炙　参　知母　黄芩各二两　苓　熟地　葛根各三两　竹叶二把　石膏五两，碎　粳米二合

上㕮咀，以水九升，煮取二升半，分为三服。亦可以先煎小麦水乃煎药。忌海藻、菘菜、芜荑、大酢。

实热　黄芩、黄柏、连[1]、大黄[2]。

虚热气也　乌梅、秦艽、柴胡；血也青蒿、蛤蚧、鳖甲、小麦、

---

〔1〕连　周氏本此下注有“气也”二字。

〔2〕黄　周氏本此下注有“血也”二字。

丹皮。

肺鼻干　乌梅、天冬、麦冬、紫菀。皮舌白唾血桑白皮、石膏。肤昏昧嗜睡牡丹皮。气遍身虚热，喘促鼻干　参、黄芩、栀子。大肠鼻右孔干痛大黄、芒硝。脉唾白浪语，脉络溢，脉缓急不调　生地黄、当归。

心舌干　生地、黄连。血发焦地黄、归、桂心、童便。小肠下唇焦赤茯苓、木通、生地。

脾唇焦　芍药、木瓜、苦参。肉食无味而呕，烦躁甚不安白芍药。胃舌下痛石膏、粳米、大黄、芒硝、葛根。

肝眼黑川芎、归、前胡。筋甲焦川芎、归。胆眼白失色　柴胡、栝蒌。三焦乍热乍寒石膏、竹叶。

肾两耳焦　生地、石膏、知母、寒水石。脑头眩闷热地黄、防风、羌活。髓髓沸骨中热　天冬、当归、地黄。骨齿黑，腰痛，足逆鳖甲、地骨皮、牡丹皮、归、生地黄。肉肢细肤肿，腑脏俱热石膏、黄柏。胞小便赤黄泽泻、茯苓、滑石、生地、沉香。膀胱左目焦苓、滑石、泽泻。

外有胸中烦热，肝中寒烦闷，肝中风酒疸，中暑中风湿，心痹脾痹，肝虚寒精实。五心烦热，小肠热，心虚热。足下热，酒疸，女劳疸。日晡热如疸。

劳　瘵

〔脉〕 虚。

〔因〕 痰与血病。

〔证〕 其病俗名传尸，虽多种不同，其病与前人相似，大略令人寒热盗汗，梦与鬼交，遗泄白浊，发干而耸，或腹中有块，或脑后两边有小核数个，或聚或散，沉沉默默，咳嗽痰涎，或咯脓血，如肺痿肺痈状，或腹下利，羸瘦困乏，不自胜持，虽不同证，其根多有虫啮心肺一也。

〔治〕

青蒿一斗半　童便三斗

文武火熬至七分，去蒿，再熬至一升，入猪胆汁七个，辰砂、槟榔末，再熬数沸，以甘草末收之。

治虚劳痰：四物汤、竹沥、姜汁、便，或加参、术。

三拗汤 治传尸劳瘵，寒热交攻，久嗽咯血，羸瘦。先服此方，后服莲心散，万无一失。

麻黄 生甘草 杏仁不去皮尖，炙

姜、枣煎服，痰清则止。

莲心散

归 芪 甘草炙 鳖甲酢炙 前胡 柴胡 独活 羌活 防风 防己 茯苓 半夏 芩 陈皮 官桂 阿胶 赤芍 麻黄去节 杏仁 莲心去心 天南星 川芎 芫花酢炒黑 枳壳炒

除芫花，每服二钱半，水二盏半，姜三片，枣一枚，入芫花一抄，煎至八分服。须吐有异物，渐减芫花及甘草。杀虫少之。

调鼎方 治传尸劳，神效。

混沌皮一具，酢浸一宿，焙干 炙鳖甲 桔梗 芍药 胡黄连 制大黄 甘草 豉心苦 参 贝母 秋石另研 草龙胆 知母 黄柏蜜炙 芒硝 犀角一钱 蓬术一个

上炼蜜为丸，温酒下二十丸，肠热食前，膈热食后，一日平安。

白蜡尘 治瘵。

十四、热

〔脉〕 浮大而虚为虚。脉细而实为实。脉沉细或数者皆死。病热有火者，心脉洪是也；无火者死，细沉是也。脉弱，四肢厥，不欲见人，食不入，利下不止，死。

〔因〕 因心火为之，心者君火也，火旺则金烁水亏，为火独存。

〔证治〕 暴热病在心肺。积热在肾肝。

虚热如不能食而热，自汗气短，属脾虚，治宜甘寒，温而行之。实热如能食，口干舌燥，便难者，属胃实，治宜辛苦，大寒下之。火热而郁，乃心火下陷，脾土抑而不伸，五心热，宜汗之发之。

心神烦乱，血中伏火，病蒸蒸然不安，宜镇阴火，朱砂安神丸主之。蒸劳热，乃五脏齐损，病久憔悴，盗汗下血，宜养血益阴，阴虚而热者，用四物加柏。

治法：小热之气，凉以和之；大热之气，寒以取之；甚热之气，汗而发之；不尽则逆治之。

又治法：养血益阴，其热自治。经曰：壮水之主，以制阳光。轻者可降，重者从其性而伸之。

李论：外有元气虚而热，有五脏而热，有内中外而热。轻手扪之则热。重之则不热，在皮毛血脉也；轻按之不热，重至筋骨，热蒸手足甚，筋骨热也；不轻不重而热，在肌肉也。

凡三法，以三黄丸通治之。

肺热者，轻按之瞥瞥见于皮毛，日西甚，其证喘咳，洒淅寒热，轻[1]者泻白散，重者凉膈、白虎、地骨皮散。

心热者，微按之热，见于血脉，日中甚，其证烦心心痛，掌中热而啘，以黄连泻心汤、导赤散、朱砂安神丸。

肝热，肉下骨上热，寅卯间甚，脉弦，四肢满闷，便难，转筋，多怒惊，四肢困热，筋痿不起床，泻青丸、柴胡饮。

脾热，轻重之中，见于肌肉，夜甚，怠惰嗜卧，无气以动，泻黄散、调胃承气治实热，补中益气汤治虚热。

肾热，按至骨，蒸手如火，困热不任起床，宜滋肾丸、六味地黄丸。

平旦潮热，热在行阳之分，肺气主之，白虎加芩。日晡潮热，热在行阴之分，肾气主之，地骨皮、牡丹皮、知母、柏。

木香金铃子散　治暴热心肺，上喘不已。

大黄五钱　金铃子三钱　木香三钱　轻粉　朴硝

上为末，柳白皮汤下三钱，以利为度止，喘亦止。

大[2]黄散　治上焦烦，不得卧睡。

---

〔1〕轻　原作“热”，据周氏本改。

〔2〕大　原作“牛”，据周氏本改。

大黄　栀子　蔚金各五钱　甘草二钱半

煎服，微利则止。

黄牛散　治相火之气，游走脏腑，大便闭。

大黄一两　牵牛头末半两

酒下三钱，以利为度。此不时热，温热也。

火金花丸

柏　连　芩　栀　大黄便实则加

煎丸任用，或腹满吐呕，欲作利，加半夏、苓、朴、生姜，如白脓下利后重，加大黄。

凉膈散　退六经热。

翘　栀　大黄　薄荷　甘草一两半　芩半两　朴硝二钱半

如咽噎不利，肿痛并涎嗽，加桔梗一两，荆芥半两。咳而呕，加半夏三钱，姜煎。鼻衄呕血，加白芍、地黄。如淋闭加滑石四两，茯苓一两。或闷而不通，腹下状[1]如覆碗，痛闷难忍，乃肠胃干涸，膻中气不下，先用木香三钱，沉香三钱，酒下，或八正散，甚则宜上涌。

当归承气汤　治阳狂奔走，骂詈不避亲疏，此阳有余阴不足也。

归　大黄　芒硝各一两　甘草半两　每二两，姜、枣煎。

牛黄膏　治热入血室，发狂不认人。

牛黄二钱半　朱砂一两　蔚金　甘草各半两　脑子一钱　丹皮三钱

上炼蜜丸皂子大，水下。

三黄丸　治实热能食者。能食[2]为实热也。

白虎汤　治表热恶寒而渴者。

柴胡饮子　治两胁下肌热，脉浮弦者。

四顺饮子　治一身尽热，日晡肌热，皆血热也。

桃仁承气　治血热夜发热者。

---

〔1〕状　原作“收”，据周氏本改。

〔2〕食　原作“实”，据周氏本改。

潮热者黄芩、生甘草。辰戌时加羌活，午间连，未时石膏，申时柴胡，酉时升麻，夜间当归根。如有寒者，黄芪、参、术。

两手大热为骨厥，如在火中，可灸涌泉五壮，立愈。

地黄丸 治久新憔悴，寝汗发热，肠澼下血，骨蒸，痿弱无力，五脏齐损，不能运动，烦渴，皮肤索泽，食后更宜当归饮子。

熟地八两 山茱萸 山药各四两 丹皮 苓 泻各三两

上炼蜜和丸梧子大，每服五十丸，空心，酒下。

当归饮子

柴胡 参 芩 甘草各一两 大黄 归 白芍各三钱 滑石三两

姜煎服，如痰实咳嗽，加半夏。五谷不化完出，淋闷，惊悸，上下血，宜金花丸。

朱砂安神丸 治心神烦乱怔忡，几几欲吐，胸中气乱而热，似懊侬状，皆是膈上血中伏火。

朱砂一钱，研 连一钱半，酒制 炙甘草五分 生地五钱 归半钱

饼丸，津下。如心痞，食入反出，加煨大黄，除地黄。

补血汤 治肌热燥热，目赤面黄红，烦渴引饮，日夜不息，脉浮大而虚，重按之全无，为血虚发热，证似白虎，唯脉不长并实耳。

芪一两 归二钱，酒制

热服。

火剂汤

芩 连 栀 柏

火郁汤 治四肢热，五心烦热，因热伏土中，或血虚得之，或胃虚多飧冷物，抑遏阳气于土中。

羌活 升麻 葛根 参 白芍各半两 柴胡 甘草炙，各三钱 防风二钱半 葱白三寸

煎服。

朱砂凉膈丸 治上焦虚热，肺脘咽膈有气，如烟抢上。

连 栀各一两 参半两 砂三钱，另研 脑子另研，五钱 苓五钱

上蜜丸，朱砂为衣，水下。

黄连清膈丸 治心肺间及经中热。

麦冬一两 连五钱 鼠尾三钱

上蜜丸绿豆大，温水下。

补中益气汤 治脾胃虚弱而热。

辰砂滑石丸 治表里热。

辰砂 龙脑 薄荷 六一散

秘方 治阴虚发热。

四物汤 柏 龟板 参 术二味气虚加之

治酒发热

青黛 瓜蒌仁 姜

十五、吐 衄 下 血

〔脉〕 脉涩濡弱，为亡血。细弦而涩，按之虚，为脱血也。脉浮弱，手按之而绝者，为下血。烦咳者必吐血。脉沉弦，面无血色，无寒热者，必衄。沉为在里，营卫内结，胸满，必吐血。脉滑小弱者生。浮大牢数者死。又血温身热，脉躁者死。热为血气散故也。藏血脉俱弦者死，滑大者生。

〔因〕 外有肺痈肺痿，亦能咳嗽脓血，劳亦能吐血。

〔证治〕

麻黄汤 治伤寒证，大壅塞内热，火气不伸成衄，脉浮紧为寒。

桂枝汤 治证同前。脉浮缓为风。

五苓散 治伏暑热流入经络。

黄芩芍药汤 治伤寒风二证脉微。

衄血方 治出于肺经，如不止，用寒水纸，于胸、脑、大椎三处贴之。

犀角 升麻 栀 芩 芍 生地 丹参 紫参 阿胶

荆芥穗研服亦良。

萝菔头段捣饮，又汁滴之，亦良。

大椎、哑门灸之亦止。

咯唾血方　出于肾，亦有瘀血内积，肺气壅遏，不能下降，肺壅非吐不可。

天冬　麦冬　知母　贝母　桔梗　熟地　远志　柏

有寒加干姜、肉桂。

呕痰涎血方　出于脾。

芪　连　芍　归　甘草　沉香　葛根

呕吐血方　出于胃。

犀角地黄汤　治实及病余瘀血。

犀角一两　生地八两　芍三两　丹皮二两

小建中汤加黄连　治虚及伤胃吐血。

三黄补血汤　治六脉大，按之虚，面赤，善惊，上热，乃手少阴心之脉也。此气盛而亡血，泻火补气，以坠气浮。

丹皮一钱　川芎二钱　熟地二钱　生地三钱　柴胡　归各一钱半　升麻　芪各一钱　白芍五钱

人参饮子　治脾胃虚弱，衄血吐血。又治吐血久不愈，可于气冲三棱针出血，立愈。

甘草一钱　麦冬二钱　归三钱　芪一钱　五味子五个　芍一钱

救肺饮　治咳吐血。

升麻　柴胡　术　芍各一钱　归尾　熟地　芪　参各二钱　苏木　陈皮　甘草各五分

作一服。

清心莲子饮　治咳血兼痰。

凉血地黄汤　治肠澼下血，水谷与血另作一派。

知母炒　柏炒。各一两　槐子炒　青皮　熟地　归

如余证同痢门法治之。

胃气汤　治风毒客肠胃，动则下血。

芍　术　参　归　桂　芎　苓各等分

尿血方[1]　治心肾因房劳忧思气结。发灰能消瘀血通闭，酢

---

〔1〕方　原作"风"，据周氏本改。

汤下三钱。棕榈烧灰，米饮下亦可。

三汁丹 治小便出血。水杨树脑、老鸦饭草、赤脚马兰，各自然汁，以水服之。

益阴散 治阳浮阴翳，咯血衄血。

柏 连 芩以蜜水浸炙干 芍 参 术 干姜各三钱 甘草炙，六钱 雨前茶一两二钱

香油釜炒红，米饮下三四钱，立安。

三黄丸 治衄血不止，大便结燥者，下之。

大黄半两 芒硝 地黄二钱 连 芩 栀各一钱

老蜜炼丸。

咳血丹 治因身热痰盛血虚。

青黛 瓜蒌仁二味治痰 诃子 海石涩 杏仁治嗽甚 四物汤治虚 姜汁 童便 栀

蜜调噙化。

呕血丹 治因火载血上错经。

四物汤 栀炒 郁金 童便 姜汁 韭汁 山茶花

痰加竹沥，喉中痛是气虚，加参、芪、术、柏。

衄血丹凉血 犀角地黄汤入郁金。

溺血丹 治热。

生地四两 木苏根 淡竹叶 栀炒 滑石 甘草 蒲黄炒 藕节 归

血虚加四物、牛膝、膏、通草。

下血丹

四物汤

热加连酒煮温散、栀炒、艽、升麻、胶珠、白芷；虚加干姜炮、五倍子。如寒药加辛升温散，一行一止。

神效方 治吐血痰血，酒色过度者。

枇杷叶去毛 款冬 紫菀茸 杏仁去皮尖 鹿茸炙如法 桑白皮 木通各一两 大黄半两

炼蜜丸，临卧，含化口中。

圣饼子 治咯血。

青黛一钱 杏仁四十粒，去皮尖

上杏仁以黄蜡煎黄色，研细，入黛，捏作饼子，每日柿一个，中破开，入药合定，湿纸煨，饮下。

罗面丹 治内损吐血。

飞罗面略炒 京墨磨下，二钱

越桃散 治下血及血痢。

栀 槐花 枣 干姜各等分

烧存性，研，米饮下三钱。

伏龙肝散 治便血，因内外有感，凝住在胃，随气下通，亦妄行之类。

伏龙肝八两 术 阿胶 芩 干地黄 甘草各三两

煎服。

赤豆归散 治先血后便，谓之近血。

赤小豆五两，浸令芽出，晒干 归一两

为末，浆水下。

五灵脂散 治下血。

五灵脂炒为末

芎归汤下。

有血脱尽，色白而夭不泽，脉濡，此大寒证，乃始同而末异。治宜辛温益血，甘热温经，干姜类是也。

有阴结者，便血。夫邪在五脏，则阴脉不和，阴不和则血留之，血无所禀，渗入肠间，其脉虚涩，非肠风藏毒也。治宜[1]生地黄汁、小蓟汁各一斤、砂糖、地榆、阿胶、侧柏叶。

十六、下 痢

〔脉〕 脉滑按之虚绝者，必下痢。寸脉反浮数，尺中自涩，必

〔1〕治宜 原作“宜治”，据周氏本改。

下清脓血。脉沉弦者，下重；其脉小大者，为未止。脉数，若微发热，汗自出者自愈。设脉复紧者，必为未解。脉微若数者，令自[1]止，虽发热不死。脉反弦，发热，身汗出，自愈。脉绝，手足厥，灸之手足温者生。若脉不还，反微喘者，死。脉迟而滑者，实也，痢未止，当下之。数而滑者，有宿食，当下之。肠澼下白沫，沉则生，浮则死。肠澼下脓血，悬绝死，滑大生。又沉小流连者生，数大有热者死。肠澼转筋，脉极数者死。凡诸痢泄注，脉沉小者生，浮大者死，身热者死。或谵语，或腹坚痛，脉沉紧者可下，迟者可温之。下痢不欲食，有宿食。肠满痛为寒食，肠坚心下坚为实，皆可下。下痢脉迟，紧痛肠鸣，心急大孔痛，皆可温。伤寒下痢，三部无脉，尺中时见小，脉再举头者，肾气也，形[2]损脉未[3]至者死。

〔因〕 风湿热论之，则火盛而金去，独木火旺而脾土损矣。轻则飧泄身热，脉洪，谷不能化，重则下利脓血。经曰：春伤于风，夏必飧泄。又曰：诸下利，皆属于湿。又曰：下利稠粘，皆属于火，又曰：利下脓血，皆属滞下。

〔证〕 前证皆热证实证也。忌用龙骨、石脂、粟谷等剂。虚证泄利，水谷或化或不化，并无努责[4]，惟觉困倦，脉弦涩者是也，宜温补之。

〔治〕 治法：重则大黄汤主之，轻则黄芩芍药汤主之。后重则宜下，乃有物结坠，里热，脉洪甚，宜下。若脉洪大甚，不宜下也。又大肠经气不宣，加通、槟榔、木香。肠痛则宜和，胃气不和，当以茯苓、归、芍和之。身重则除湿，脉弦则去风。风气因动属于内，大柴胡汤主之。血脓稠粘，以重药竭之，热甚故也。身冷自汗，以毒药温之。有暴下无声，身冷自汗，小便清利，大便不禁，气难布息，脉沉微，喘吐，虽有里急后重，谓寒邪在内，而气散也，可温药而安，则浆水散是也，属少阴。风邪在内缩，宜汗之也。有

---

〔1〕令自　原作“自令”，据周氏本乙转。
〔2〕形　原作“见”，据周氏本改。
〔3〕未　周氏本作“不”。
〔4〕责　原作“渍”，据周氏本改。

厥阴下利不止，脉沉而迟，手足厥逆，涕唾脓血，此难治，宜麻黄汤、小续命汤平之。法曰：谓有表邪缩于内，当散表邪而安矣。李用升举之法亦然。鹜溏为利，宜温之，谓利有结粪，属太阴，有里者下之，或后重，或食积与气坠，下之。在上者涌之，或痰气在上，涌之安，在下者竭之。大法：去者送之，盛者和之，过者止之。假如恶寒热，腹不痛，加芩为主，痛甚，加当归倍芍，如见血，加连。或发热恶寒，非芩不止，上部血也；如恶寒脉沉腰痛，或白痢下痛，或血，非连不止，中部血也；或恶寒脉沉，先血后便，非地榆不止，下部血也。

痢下有风、湿、热、寒、虚，滞下、噤口痢、疳痢、瘵痢、湿蚀疮，病[(1)]同而因[(2)]异。血痢有瘀血、血枯、肺痿、风血、酒痢，证[(3)]同而因[(4)]异。

泄痢是积辨。泄痢有期，或久亦然，或久神不瘁亦然，宜逐去之，此名滞下。

有一人年六十，忧患，滞下褐色，腹微痛，后重频并，食大减，身微热，脉弦而涩，似数稍长，非滞下，乃忧患所致，心血亏脾弱也，以四物、四君合而治之愈。有一人年三十，奉养后，秋间患滞下，腹大痛，左脉弦大似数，右脉亦然稍减，重取似紧，此乃醉饱后吃寒凉，当作虚寒治之，遂以四物、桃仁、红花，去地黄，加参、术、干姜，煎入姜汁、茯苓，一月安。

黄芩芍药汤 治泄痢腹痛后重，身热脉洪疾。

芍 芩各一两 甘草三钱

痛加桂少许。

大黄汤 治前证重者。

大黄一两，酒浸半日，煎服，以利为度。

芍药汤 治下痢脓血，里急后重，行血则便脓自安，调气则后

---

〔1〕病 原作“并”，据周氏本改。
〔2〕因 原作“病”，据周氏本改。
〔3〕证 原作“相”，据周氏本改。
〔4〕因 原作“病”，据周氏本改。

重自除。

芍一两　归　连各半两　甘草炒　木香　槟榔　桂各二钱　芩半两　大黄三钱

白术芍药汤　治脾受湿，水泄，微满困弱，暴下无数。

白术　芍药各一两　甘草

腹痛甚加芩桂，脉弦头痛加苍术、防风，下血加苍术、地榆，痒则同上。如心下痞满加枳实。

黄连汤[1]　治大便下血，腹中不痛，谓之湿毒下血；腹中痛，谓之热毒下血。

归半两　大黄二钱半，热毒加之　芍药　桂腹痛加之

诃子散　治虚滑久不已。

连三钱　木香半两　炙甘草三钱　诃子皮生熟各半两　白术

芍药汤送下。

桃花汤　治冷痢腹痛，下鱼脑白物。

赤石脂煅　干姜炮

饼丸，饮之。

浆水散　治暴泄如水，身冷脉微，气少，甚者加吐急痛。

半夏一两　炮附子　干姜五钱　桂五钱　炙甘草三钱　良姜二钱半

上为末，三五钱，浆水二盏，煎半，和滓热服。

小续命汤　治风积痢。

龙芽草　刘寄奴

椿皮丸　治风邪内陷。

香连丸　止痢。

燥湿和血汤　治肠澼下血，合作一派，腹中大痛，此乃阳明气冲，热毒所作也。以下出李。

地黄生熟各半两　牡丹皮钱半[2]　芍一钱半　归二钱　甘草生半

---

〔1〕黄连汤　名曰黄连汤，方中当有黄连，疑脱，待考。

〔2〕钱半　周氏本作“半钱”。

钱，熟一钱　芪一钱　升麻七钱　苍术　秦艽　肉桂各三钱　橘皮二钱

作一服。

升麻补胃汤　治前证腹中不痛，腰沉沉然，乃阳明少阳经血证，名湿毒下血。效过老人久痢。

升麻一钱　羌活二钱　独活　柴胡　防风各五分　葛根三钱　肉桂少许　白芍一钱半　归三钱　丹皮半钱　地黄生熟各半钱　炙甘草半钱　芪一钱　槐花治湿毒　青皮

作二服。

益智和中汤　治前证腹中痛，皮恶寒，脉俱弦，按之无力，关甚紧弦，肌表阳明分凉，喜热熨，为内寒明矣。

升麻一钱半　葛根半钱　白芍一钱半　炙甘草一钱　桂皮四钱　益智半钱　归一钱　芪一钱　牡丹皮炙　柴胡　半夏各半钱　干姜炒　桂一钱

茯苓汤　治伤冷饮水，变成白痢，腹内痛，减食。

茯苓六钱　泻一钱　归四钱　苍术二钱　生姜二钱　芩三钱　肉桂二钱　猪苓六钱　甘草炙，半两　芍一钱半　升麻　柴胡各二钱

止痢神丸

川黄连　茱萸　粟谷清泔浸三日，又酒浸七日，炒干。上二味同此制

上末为丸，热则甘草汤下，寒姜汤下八十丸。

小柴胡去参汤　治身热挟外感。

没乳丸　治瘀血痢。

乳香　没药　桃仁　滑石

佐以木香、槟榔、苏木汤下。

保和丸　治食积痢。

噤口丹　治噤口痢，呕不纳食，亦治痢吐食。

枇杷叶蜜炙十张　缩砂十个末

熟蜜调抹口上。

半夏四钱　参八钱　姜

煮干焙末，以姜粉入香附丸服，连[1]多加参煎呷。

大承气汤 治下痢不欲食。

许学士云：凡痢病腹痛，以白芍、甘草为君，归、术为佐，见血前后，以三焦热论。

凡治痢病，小便清白不涩为寒，赤涩为热。

又法：完谷不化而色不变，吐利腥秽，沉彻清冷，小便清白不涩，身凉不渴，脉微细而迟者，寒也。谷虽不化，而色变非白，烦渴，小便赤黄而或涩者，热也。凡谷消化，无问他证及色，便为热也，寒泄而谷化者，未之有也。

伤食微加大黄，腹胀川朴，渴者白茯苓，腹痛白芍、甘草为主。冬月白芍药一半，白术一半，夏月制黄芩。先见脓血后见大便者，黄柏为君，地榆为佐，加归尾；先见大便而脓血者，制芩、归梢。脓血相杂下者，制连；大便腹不痛，白芍半之；身倦目不欲开，口不能言，黄芪、人参；沉重者，制苍术；不思食者，木香、藿香。余同上。

十七、泄

〔脉〕 脉疾，身多动，音声响亮，暴注下迫，此阳也、热也。脉沉细疾，目睛不了了，饮食不下，鼻准气息，此阴也、寒也。

〔因〕 湿多成五泄者，胃泄、脾泄、大肠泄、小肠泄、大瘕泄。

〔证治〕 胃泄，饮食不化，色黄，宜承气汤。脾泄，腹胀满，泄注，食呕吐逆，宜理中汤。一云肠鸣食不化者，经云脾虚。大肠泄，食已窘迫，大便色白，肠鸣切痛，宜干姜附子汤。小肠泄，溲便脓血，小腹痛，宜承气汤。大瘕泄，里急后重，数圊不得，茎中痛，宜五苓散。

五病治虽不同，其湿一也，有化寒化热之异故也。虚则无力，不及拈衣而已出[2]，谓之不禁故也，温之热之。实则圊不便，虚坐

〔1〕连 按文义疑作“呕”。
〔2〕出 原作“去”，据周氏本改。

努责[1]，宜下之。

痰积下流，因太阴分有积痰，肺气不得下流降而郁，大肠虚而作泄，当治上焦，以萝卜子等吐之。水恣泄，乃大引饮，是热在膈上，水多入下，胃经无热不胜。寒泄，大肠满而泄，鹜溏。风泄，久风为飧泄，乃水谷不化而出也，防风为君。

平胃五苓散 治湿泄、水恣泄、热泄，此方治一切阳证。

平胃散 五苓散 白术

热加黄连、木通。

补胃丸 治气虚下溜。

四君子 芍炒 升麻

流积丸 治痰积下流，甚则吐之。

青黛 芩 海石 曲炒

止泻丸

肉豆蔻五两 滑石春一两，夏二两，秋一两半

寒加曲炒、吴茱萸，热加连、茯苓，滑加诃子煨。

温六丸[2]

清六丸[3]

脾泄丸

术炒，二两 芍酒炒，一两 曲炒，一两半 楂子 半夏一两半 苓[4]炒，半两 苍术

虚加参、术、甘草，里急后重加槟榔、木香、荷叶煨饭丸。

姜附汤 治寒泄。

椒术丸 治湿泄。

川椒 苍术 肉果

胃风汤 治风泄。

太平丸 治泄。

---

〔1〕努责 原作"弩渍"，据周氏本改。

〔2〕温六丸 药物阙如，待考。

〔3〕清六丸 药物阙如，待考。

〔4〕苓 周氏本作"芩"。

连

一方与干姜炮，各一两，或加诃、归，名驻车丸。

一方与茱萸各一两，或加芍药，又名苦散。

肠鸣，乃湿与热相搏也，或大热亦然，或饮水亦鸣。

许论：泄泻有八：冷泻脉微，宜暖药；热泻胃中有热，伤寒多，有脉数，宜凉解之；积泻脾脉沉弦，宜逐积；脾泻同上条；气泄者，躁怒不常，伤动其气，肝气乘脾而泄，脉弦而逆，宜调气；飧泄者，春伤于风，肝旺受病而传于脾，至季夏土而泄，宜泻肝补土；惊泄者，因心受惊，惊则气乱，心气不通，水入谷道而泄，心脉散大者是，宜调心利水；病亟气败而泄者，《素问》云：门户不安也。

厥逆幽闷，困泻不止，四肢冷，困软不能转侧，下泄不知，脉亡阳，喘者死。

十八、自汗头汗

〔因〕 湿能自汗，热能自汗，虚则盗汗，痰亦自汗头汗。

〔证〕 阴阳俱虚，身体枯燥，头汗，亡津液也。热入血室，头汗。伤湿额上汗，因下之，微喘者死。胃热上熏头汗。发黄头汗，小便不利而渴，此瘀血在里也。心下懊侬，头汗。

十九、淋附小便不禁、肾脏风

〔脉〕 细而数。脉盛大而实者生，虚小而涩者死。尺中盛大，此阴血不足，阳乘之为关。

〔因〕 膀胱有热则淋。然赤涩淋涩如脂膏、如砂石，皆内热也，如水煎盐而成也。气不利而不通。经曰：小便为气所化，气不化，则脐腹满不利，闷而为淋。

〔治法〕 淋者，解热利小便。闭者，行气则水自下。有气虚则气不行，血虚则气不升，痰多气塞则气不运，治法气虚补气，血虚补血，痰多导痰，先服本药，后皆用吐之，以提其气，气升则水自下，加以五苓散。有人患淋，乃血滞，故四物汤内加杜牛膝而愈。死血亦淋也。

李论：皆邪在肺，而无资其化源，邪热在肾，而闭其下焦，可除其热，泻其塞当矣。

治热在上焦，以栀子、黄芩主之，热在中焦，加以连、芍，热在下焦，加之以柏。

资肾丸 治小便闭不渴，热在下焦血分也。

知母酒制 柏酒炒。各二两 桂一钱

清肺饮子 治渴，小便不利，热在上焦气分。

茯苓二钱 猪苓三钱 泽泻五钱 琥珀半钱 灯心一钱 木通七钱 通草二钱 车前子一钱 扁豆七钱 瞿麦半钱

导气除湿汤 治小便闭，乃血涩致气不通。或淋者即有死血。

知母酒浸，三钱 柏酒制，四钱 滑石炒黄，二钱 泽泻 茯苓各三钱

空心服。

牛膝膏 治前方证大妙。

肾疸汤 治目黄，渐至身，小便赤涩。

升麻半两 羌活 防风 藁本 独活 柴胡各半钱 白术 苍术一钱 猪苓四钱 茯苓二钱 柏二钱 泽泻三钱 芍半钱 曲六钱，炒 参三钱 甘草三钱

作二服。

秘方 淋，热则利之，山栀之类；气虚补之，参、术加木通、山栀之类。

小便不通，气虚参术升麻汤，后吐之。血虚四物汤，后吐之。痰气闭塞，二陈汤加木通、香附，后吐之。

又方 治淋。

麦门冬 葱头带根 参 三臼根 黑豆

浓煎饮之。

淋方

五淋散 牛膝根 葵子 滑石 瞿麦

冷加附，热加芩，血加栀子，膏加秋石、加石韦，气小腹满闭加沉香、木香。

发灰散 治饮食忍小便，走马房劳，皆致转胞，脐下急满不通。酢服一合，或加葵子、甘遂，加大蒜捣饼，安脐心令实，着艾灸三十壮，治小便不通。

小便不禁膀胱不约为遗溺

〔因〕 归之肾冷，用韭子丸六两炒，佐以鹿茸、肉苁蓉、牛膝、巴戟、菟丝、石斛、杜仲、桂、归、地黄等药。

阿胶散 治湿。

阿胶二两，炒 牡蛎煅 鹿茸酥炙，四两

煎散任下。

茯苓丸 治心肾虚淋沥。

赤白茯苓各二两 地黄汁

好酒熬膏，丸，盐酒下。

〔证〕 大小便闭者，外有骨热不同。关格者，外有肝实热，心实热。便利不禁者，外有风湿、肝痹不同。

肾脏风乃湿

〔治〕 阴茎痒痛不忍，苦参、大黄、荆芥、皂角洗薰。

阴胞痒，虫蚀方：

狗脊不用全毛者 连 柏 黄丹 水银粉 光粉 赤石脂

为末傅好。

又方 大甘草汤浸海螵蛸末傅。

二十、头目痛附脑痛、眉骨痛

〔脉〕 寸脉紧急或短，皆曰头痛。又浮而滑，为风痰，主头目痛，脉反短涩者死。又卒然无所见者死。脑痛脉缓大者死。

太阳头痛，脉浮紧，恶风寒。少阳头痛，脉弦细，有寒热。阳明头痛，脉浮缓长，自汗。太阴头痛，脉沉缓，必有痰。厥阴头痛，脉浮缓，为冷厥。少阴头痛，脉沉细，为寒厥。左属风，右属痰。

〔因〕 有风有痰者，多风痰结滞。痛甚者火多，火曰炎上。血虚头痛者，亦多血不上荣。诸经气滞亦头痛，乃经气聚而不行也。

〔证治〕 太阳头痛兼项痛，足太阳所过，攒竹痛也，恶风寒，羌活、川芎主之。阳明头痛，自汗发热，石膏、白芷、葛根、升麻主之。少阳头痛，额角上偏痛，往来寒热，柴、芩主之。太阴头痛，有湿痰实，体重腹痛，半夏、南星、苍术主之。少阴头痛，主三阴三阳，经不流行，而足寒逆，为寒厥，细辛主之。厥阴头痛，顶痛，血不及，或痰吐涎沫，厥冷，吴茱萸主之。气虚头痛，黄芪主之。病则耳鸣九窍不和，参、芪主之。血虚头痛，芎、归主之。伤寒头痛，从伤寒法治之。太阳证麻黄汤、桂枝汤。阳明脉洪，白虎。少阳柴胡。太阴，脉浮则桂枝，脉沉则理中。少阴，麻黄加辛附子。厥阴，桂枝麻黄各半汤。痰厥头痛，吐之。火作痛，清之、散之。伤暑亦同。湿热头痛证，则心内烦。外有脚气，亦能头痛，其状吐逆寒热，便溲不通。有谷疸亦头痛。

半夏白术天麻汤 治痰厥头痛。

天麻半钱 木香一钱 半夏七钱半 芪半钱 苍术 陈皮各半钱 参 泽泻各一钱 曲炒，一钱 干姜 柏二钱 茯苓半钱

清空膏 治风湿热及诸般头痛，惟血虚不治。

羌活 连酒制 防风各一钱 柴胡七钱 川芎五钱 甘草一钱半 黄芩三钱

白汤调下。巅顶痛加蔓荆子、藁本。

芎归汤 治血虚，自鱼尾上攻。

茶调散 吐头痛有痰。

家珍方 治偏头痛连睛痛。

石膏　黍粘子炒

为末，酒下。

玉壶丸　治风湿头痛，亦治痰患。

雄黄　术　南星　半夏　天麻

香芎散　治一切头风。

香附炒，去毛，二两　川芎　甘草炙，一两　石膏半两　细辛　防风　草乌　川乌　白芷　荆芥　羌活

煎。

诸头痛有六证。伤风头痛，或半边偏痛，皆因冷风所吹，遇风冷则发，脉寸浮者是也。食积，因胃中有阴冷，宿食不化，上冲头痛，右手脉浮紧甚者是也。气虚，因下部气虚上攻，温温而痛者，异乎邪毒所攻，无邪，脉尺虚浮是也。伤寒，在太阳经，其痛如破，关前脉数是也，紧数是也。阳明经，胃热上攻，右关洪大而数是也。膈上有风涎冷痰而或呕吐，脉弦细出于寸口是也。

阴毒伤寒，身不热，脉沉细，目痛，皆血有太过不及，皆能为痛，太过则目壅塞而发痛，不及则无血养而枯痛。目之锐眦，少阳经也，血少气多；目之上纲眦，太阳经也，血多气少；目之下纲，阳明经也，血气俱多；唯足厥阴，连于目系而已，血太过者，血得大热而溢于上，所以作痛。治法：血实者决之，虚者补之，宜以辛散之，凉以清之，汗之吐之。

脑痛，乃风热乘虚而入于脑，以辛凉之药散之行之。眉骨痛乃风痰。

羌活汤　治风热壅盛，上攻头目，昏眩疼痛，及脑疼。

羌活　防风　芩酒炒，一两　连酒制，一两　柴胡七钱　柏酒炒　瓜蒌根酒制　甘草　茯苓各半两　泽泻三钱

羌附汤　治冬大寒，犯脑痛，齿亦痛，名曰脑风。

麻黄　黑附　升麻　防风　白僵蚕　柏三钱　羌活　苍术各半钱　甘草　白芷　芪一钱

作一服。

眉骨痛方

羌活　防风　甘草　芩酒炒　术　半夏　南星　细辛

又方

加乌头、草乌童便炒，去毒为君。

藿香散　治脑风头痛。

藿香　川芎　天麻　蔓荆子　槐花　白芷

酒调下。

吹嗜方　治同上。

谷精草　铜绿各二钱，另　硝石一钱，另研

吹鼻中。

细辛　瓜蒂　良姜各一钱　硝半两

含水满口，以药嗜鼻。

荆芥　薄荷　木贼　僵蚕　蝎梢

茶清下二钱

风成寒中则泣出。风气与阳明入胃，循脉而上至目内眦，人瘦则外泄而泣，宜辛温。

风成热则目黄。风气与阳明入胃，循脉而上至目内眦，人肥不得外泄，故热郁也。

二十一、眩　晕

〔因〕　痰饮随气上，伏留于阳经，遇火则动。去血过多，亦使眩晕，头眩亦然，兼挟气虚。

〔证〕　外因者，风在三阳经，头重项强，有汗，寒则掣痛。暑则热闷，湿则重着，皆令吐逆晕倒。

内因者，因七情致脏气不行，郁而生涎，结为饮，随气上厥，伏留阳经，呕吐，眉目疼痛，眼不得开。

因房劳饥饱，去血过多者，眼花屋倒，起则晕倒。

〔治〕

散风行湿汤　治痰火晕眩。

二陈汤 苍术 芩 羌

瓜蒂散 治晕眩痰厥。

芎归汤 治血虚眩晕。

参术汤 治夹气虚头痛，补气降火为主。

参 术 芩 连

二十二、心 腹 痛

〔脉〕 阳微阴弦，胸痹而痛，责在极虚。短而数，心痛心烦。心腹痛，不得息，脉细小迟者生，坚大实者死。若腹痛，脉反浮大而长者死。趺阳脉滑而紧，滑者谷气强胃气实，紧者阴气胜故痛。病腹痛而喘，脉滑而利，数而紧者实[1]也。心痛，有热厥、寒厥、大实。

〔因〕 劳役太甚，饮食失节，中气不足，或寒邪乘虚而入客之，或久不散，郁而生热，或素有热，虚热相搏，结郁于胃脘而痛，或有实积痰饮，或气与[2]食相郁不散，停结胃口而痛。

〔证治〕 胃病者，腹䐜胀，胃脘当心而痛，上支两胁，膈咽不通，食饮不下。

脾病者，食则呕吐，腹胀喜噫，胃脘痛，心下急。

热厥心痛，身热足痛，四肢寒，甚则烦躁而吐，额自汗，脉洪，可汗。刺太溪、昆仑。

寒厥心疼，手足逆，通身冷汗，便利，溺清不渴，气脉微弱，可温。

大实心痛，卒然而发，大便或秘，久而注闷，心胸高起，按之痛，不能饮食，可下。

肾心痛，与背相接，恐[3]如从后绞触其心，伛偻，刺束骨、合骨、昆仑。胃心痛，腹胀胸满，刺太都、太白。脾心痛，如锥刺，刺

〔1〕实 原脱，据周氏本补。

〔2〕与 原作“而”，据周氏本改。

〔3〕恐 周氏本作“瘈”。

然谷、太溪。肝心痛，状如死，终日不得休息，取行间、太冲。肺心痛，卧若徙居，心痛，间动作益盛，刺鱼际、太渊。

厥心痛，乃寒邪客于心包络也，宜以良姜、菖蒲，大辛热之药。

盖诸心痛，皆少阴厥气上冲也，刺之宜通气行气，无所凝停也。

腹痛，有寒、积热、死血、实积、湿痰，有湿。

〔因〕 有客寒[(1)]阻之不行，有热内生，郁而不散，有死血、食积、湿痰结滞，妨碍升降，故痛。盖痛当分其部分，从[(2)]其高下而治之。

〔证治〕 中脘痛，太阴也，理中、草豆蔻主之。小腹痛，厥阴也，正阳、回阳、四逆汤主之。杂证而痛，苦楝汤，酒煮当归丸、丁香楝实丸等主之。腹中不和而痛者，以甘草芍药汤主之。伤寒误下，传太阴经，腹满而痛，桂枝芍药主之。痛甚，桂枝大黄汤主之。夏月肌热恶热，脉洪实而痛，黄芩芍药主之。诸虫痛者，如腹痛肿聚往来，无有休息，涎出呕吐清水。痰积腹痛隐隐然，得热汤辛物则暂止，宜导痰解郁气，温散之。中气虚亦痛，或饥而痛是也，理中汤主之。胸痹，皆痰水宿饮，停留不散，宜瓜蒌、枳实、香附、芎、苍术，温散之。

外有似类而痛异名：心痛，有心中寒，有心热，有心虚，有脾积，有宿食留饮，有胸痞；腹痛，有脚气；胸痛，有积实；小腹痛，有肝痹，有胞痛，有筋虚，有疝，有肠痈[(3)]。

金铃子散 治热厥心痛，或作或止，久不愈。

金铃子 玄胡各一两

热加连，疝[(4)]气加[(5)]荔枝核，酒下三钱。

煮雄丸 治大实心痛，痃癖，如神。

---

〔1〕寒 原作“之”，据周氏本改。

〔2〕从 原缺，据周氏本补。

〔3〕有胞痛，有筋虚，有疝，有肠痈 原作“胞痛筋虚疝肠痈”，据周氏本改。

〔4〕疝 原作“散”，据周氏本改。

〔5〕加 原脱，据周氏本补。

雄黄一两，另研　巴豆五钱，生用，去油烂研，却入雄黄末　白面二两

上再研匀，水丸梧桐子大，每服时，先煎浆水令沸，下药二十四粒，煮三十沸，捞入冷浆水沉水冷，一时下一丸，二十四时也，加至微利为度，用浸药水下。

术附汤　治寒厥，心暴痛，脉微气弱。

附炮，去皮脐，一两　术四两　甘草炙，二两

姜、枣煎服。

术香散　治心脾卒痛不忍。

木香　蓬术各一两　干漆炒烟尽，一钱

酢汤下一钱。

燥饭丸　治饮水吞酸作痛。

墙上蚬壳，丸。

秘丹　治心痛，久则成郁，郁久必生火原。

川芎　栀子炒　苍术　香附　石碱　干姜炒，反治之法

有人饱过患此，以火毒治，遂以连六钱，甘草一两，一服而安矣。

有心痛十八年，因酒、牛乳，痛时以一物拄之，脉三至，弦弱而涩，吞酸，七月内，以二陈汤、术、芩、连、桃、郁李仁、泽泻。

秘丹　治死血留于胃口作痛。

承气汤　栀子　韭汁　桔梗能开气血　麻黄重者须此发之

虫痛方　治面上白斑，唇红能食者是。

苦楝根　锡灰

胃脘当心痛，有垢积者。

斑蝥　乌梅肉

丸如绿豆大，泔下一丸。

皂树上蕈泡汤，有肥珠起，饮之，微泄见效，未已又服，无不验。

草豆蔻丸　治脾胃伤损客寒，一切虚证，心腹大痛。

理中建中汤　治寒腹痛。

调胃承气加木香槟榔汤　治热腹痛。

大承气加方　治有人雨后得凉，腹痛甚，问之于夏月投渊取

鱼，脉沉弦而细实，重按则如循刀上，本方加桂枝二帖，又加桂、桃仁二帖，又加附二帖，下黑血。

二陈芎苍丸 治清痰腹痛，脉滑者是。

二陈汤 台芎 苍术 香附 白芷 姜汁

二十三、腰痛附腰胯肿痛、腰软

〔脉〕 尺脉粗常热，谓之热中。腰胯痛脉大者，肾虚。脉涩者，痰血。

〔因〕 肾虚而致，有湿热，有瘀血，有外感。

肾虚，皆[1]起于内。盖失志伤肾，郁怒伤肝，忧思伤脾，皆致腰痛，故使气结不行，血停不禁，遂成虚损，血气去之。又有房劳过者多矣。

湿热，亦因肾虚而生焉。肾者水也，气不利而成湿热者，因肾水涸，相火炽，无所荣制，故湿热相搏而成痛。亦有虚劳，外感湿气，内热不行，而成党錮。

瘀血，因用力过多，堕坠折纳，瘀血不行。

外感，因虚袭之。

外有肾风、肾热、肾疟、厥阴疟，皆腰痛。

〔证〕 失志者，虚云不足，面黑，远行久立不能住。郁怒者，腹急胁胀，目视䀮䀮，所祈不能，意浮于外。忧思者，肌肉濡渍，痹而不仁，饮食不化，肠胃胀满。房劳者，精血不足，无所荣养。经曰：转摇不得，肾将惫矣，名骨痿。湿热者，四肢缓，足寒逆，腰冷如水[2]，冷汗精滑，扇痛。

外感，如太阳腰痛，引项，尻重；阳明腰痛，不可以顾，善悲；少阳，如刺其皮，不可俯仰；太阴，烦热，如有横木居中，遗溺；少阴，引脊内；厥阴，如张弓弦。大抵太阳、少阴多中寒，阳明、太阴

〔1〕皆 原作“而”，据周氏本改。

〔2〕水 周氏本作“冰”。

多燥湿，少阳、厥阴多风热。

〔治〕

羌活汤 治腰痛。

羌活 独活 柴胡 防风 肉桂 当归

如卧寒湿地，足太阳、少阴血络中有凝血，加归尾、苍术、桃仁、防己。如湿热痛，加黄柏、苍术、杜仲、川芎。如虚，加杜仲、五味、柏、归、知母、龟板。如坠扑瘀血，加桃仁、麝香、苏木、水蛭。

肾气丸 茴香丸 鹿茸丸

此三方，补阳之不足也，劳伤房室之人有之。

六味地黄丸 封髓丹

此二方，补阴之不足也，膏粱之人有之。

煨肾丸 治腰痛虚。

杜仲炒去丝，三钱

上一味末之，以猪肾一枚，薄批五七片，以盐椒淹去腥水，糁药在内，包以荷叶，用湿纸数重，煨熟酒下。

立效散

玄胡索 归 桂等分

为末，酒下。

挫气丹 治挫气腰痛。

山楂子去核，四两 北茴香炒，一两

腰胯重痛

〔因〕 风寒湿流注经络，结凝骨节，气血不和而痛。痰积趁逐经络，流注搏于血内亦然。

〔治〕 宜流湿，散风寒，逐痰积，气血自然湍流也。

除湿丹

槟榔 甘遂 赤芍药 威灵仙 泽泻 葶苈各二两 乳香研 没药各一两 大戟炒，三钱 陈皮四两

面糊丸，加牵牛末丸。

禹功散 治同。

腰　软

〔因〕 肾肝伏热。

〔治〕 宜黄柏、防己。

论余：解亦[1]证，少气不欲言，寒不寒，热不热，壮不壮，停不停，乃精气虚而肾邪实矣。治以泽、茯流[2]肾实，地黄、牛膝、麦门冬补精气。

二十四、肩背痛附腰髀痛

〔脉〕 洪大。洪为热，大为风。脉促上击者，肩背痛。脉沉而滑者，背膂痛。

〔因〕 风湿乘肺，手太阴经脉气郁甚不行也。

〔证〕 病则颊颔肿，颈肩臑肘臂外后廉痛，汗出，小便数而欠者，皆风热乘肺也。小便遗溺者，皆肺金虚也。

〔治〕 宜通经益元气，散风泻火之药。

通风散 治风热乘肺，肩背痛。

防风　藁本　独活　羌活以上通经血　芩　连以上降火　参　芪上二味虚则加之

腰[3]　髀　痛

〔因〕 小肠经气，小肠心痛及腑。外有肺风肺寒，骨虚而致。

二十五、胁痛附身体痛

〔脉〕 双弦，是两手俱弦也。

〔1〕亦　周氏本作“㑊”。

〔2〕流　周氏本作“疏”。

〔3〕腰　原作“背”，据本文标题、周氏本改。

〔因〕 肝木气实火盛，或因怒气大逆，肝气郁甚，谋虑不决，风中于肝，皆使木气大实生火，火盛[1]则肝急，瘀血恶血停留于肝，归于胁下而痛，病则自汗，痛甚，按之益甚。

〔证〕 痰积流注厥阴，亦使胁下痛，病则咳嗽。

外有肝中风，左胁偏痛，肝中寒，胁下挛急，饮水胁下鸣相逐，皆致胁痛[2]，须详之。

辨非：血枯证，胸胁支满，络气不行，妨于食。肝脾伤，病至先闻腥臊臭，出清液。肝病肺叶伤之，四肢清，目眩，复后血[3]，此年少脱血，或醉行房，肝伤气竭致之故也。

〔证治〕 木火盛，宜以辛散之，以苦泻之，当归龙荟丸、泻青丸主之。死血，宜以破血为主，润血为佐，复元活血、当归导痰[4]等主之。痰积宜以去痰行气，二陈汤加南星、青皮、香附、青黛等主之。

龙荟丸 治食积发热，木盛胁痛。

柴胡 甘草 青皮 连 大黄 归 木香 草龙胆 芦荟 川芎

治水气实加之。

治血汤 治死血。

左金丸 治肝火。

连六两 茱萸一两

导痰汤 治痰注诸痰，皆生于热。

台芎二两 香附八两 陈皮 苏叶 干姜一两

贴痛

芥菜子研，傅 茱萸酢研，傅上大效

熨痛

酢炒灰热，布裹熨之，葱艾炒亦可，韭汁亦可。

---

〔1〕火盛 原作“盛盛”，据周氏本改。

〔2〕痛 原作“病”，据周氏本改。

〔3〕复后血 原作“前后肝血”，据周氏本改。

〔4〕痰 原作“泽”，据周氏本改。

身体痛

〔脉证〕 伤寒，太阳经表证，六脉俱紧。阴毒伤寒，身如被打，脉沉紧。伤寒发汗后，身体痛，气血未和，脉弦迟。伤湿，湿[1]流关节，一身尽痛。风湿相搏，肢体重痛，不可转侧，脉缓。虚劳之人，气血虚损，脉弦小。

二十六、逆 痰 嗽

〔脉〕 出鱼际，逆气喘息。脉弦为咳。咳而浮者，四十日已。咳而弦者，相其人强，吐之而愈。咳而脉虚，必苦冒。咳而沉者，不可发汗。喘咳上气，脉数，有热，不得卧者死。上气，面浮肿，肩息，其脉浮大者死。久咳数岁，脉弱者生，实大者死。上气喘息低昂，脉滑，手足温者生；脉涩，四肢寒者死。咳，脱形发热，小坚急者死。肌瘦下脱，热不去者死。咳嗽，脉沉紧者死，浮直者生，浮软者生，小沉伏者死。咳而呕，腹胀且泄，脉弦急欲绝者死。咳嗽羸瘦，脉形坚大者死。暴咳，脉散者死。浮为风，紧为寒，数为热，细为湿，此生于外邪之所搏；浮紧则虚寒，沉数则实热，弦涩则少血，洪滑则多痰，此生于内气之所郁。

〔因证〕 因风、寒、火附腹满、劳、痰。

风寒为病，主乎肺，以肺主皮毛，而司于外，伤之，腠理不疏，风寒内郁于肺，清肃之气不利，而生痰动嗽。又寒饮食入胃，从脾脉上至于肺则肺寒，肺寒则内外合邪，因之而咳。火之嗽，病因火盛生痰，铄肺金也，遂成郁遏胀满，甚则干嗽无痰，或唾血痰。劳而咳嗽，皆好色肾虚，则子能令母虚，气血俱虚，阴虚则生火，肺金耗败，而津液气血皆化为痰矣。痰者，碍清气升降，滞气而不行，遂成诸咳嗽之证。论咳逆、痰嗽分为二：咳者，谓无痰而有声，肺气伤而不清，而上逆，皆关于肺也；嗽者，谓有痰而声。脾湿动

〔1〕湿 原作“之”，据周氏本改。

而为痰，而成嗽，皆积于脾也。盖因伤于肺气，动于脾湿，咳而为嗽也。若[1]脾无留湿，虽伤肺气，而不为痰也。然寒暑燥湿风火，皆令人咳，唯湿痰，饮食入胃，留之而不行，上入于肺，则为咳嗽也。假令湿在心经，谓之热痰；湿在肝经，谓之风痰；湿在肺经，谓之气痰；湿在肾经，谓之寒痰。

《三因》论咳者，卫气之失；嗽者，营血之失。外伤六气，随风寒暑湿[2]燥火，感其部位，而察其元以表之。内伤七情，皆聚于胃，而关于肺，多痰嗽也。卫气之失，则多痰逆；营气之失，则多痰嗽也。

张论：以贫富言之，贫者谓之咳嗽，外感之由也。《内经》曰：秋伤乎湿，冬必咳咳是也。又曰：岁火太过，肺金受病，民病咳嗽是也。富贵者，谓之涎嗽，多饮食厚味，热痰所成也。

李论：皆脾弱受病，肺金受邪，饮食不化精微[3]，留积而成痰，肺气不利，而痰冲清道，而成咳。

刘论：皆脾湿入于肺而成痰，伤风而成咳。

痰嗽潮热四证：有痰嗽者，潮热大体虽同，动作有异，或因虚中寒，则先痰嗽，嗽久而不已，血形如线，随痰而出，恶寒发热，右寸浮而数，外证日轻夜重，面白痰清。因忧愁大怒，则吐血而后痰嗽，少寒多热，左寸沉小而数，外证心下噎塞，情思不乐，饮食不下。或虫注相传，死魂相逐，则先呕血，不知来处，微有痰嗽，渐成寒热，两手脉弦细而数，外证饮食不为肌肤，颊红变动不常，身体酸痛倦，及嗽搐，咽痛痰多，或喘或泻则死。先因伤湿伤寒，解利不尽，虽病退人起，饮食减少，不生肌肉，身倦无力，劳力则热，身体酸痛，状如劳状，但不吐血，不发潮热，经二三年，医无验。此是余毒伏在经络，其脉弦也，再发则愈。

《三因》论状：伤风咳者，憎寒壮热，自汗恶风，口干烦躁。伤寒咳者，憎寒发热，无汗恶寒，不干烦躁。伤暑咳者，烦热引饮，

〔1〕若　原作“盖”，据周氏本改。
〔2〕湿　原作“食”，据周氏本改。
〔3〕饮食不化精微　原作“饮食不能”，据周氏本改。

口燥，或吐沫，声嘶咯血。伤湿咳者，骨节烦痛，四肢重着，洒洒淅淅。喜伤心，咳而喉中介介如肿状，甚则咽肿喉痹，自汗，咽干咯血，此劳伤心，小肠受之，咳与气俱失。怒伤肝，咳而两胁下痛，不可转侧，则两胠[1]下满，左胁[2]偏疼引少腹，此怒伤肝，胆受之，咳呕胆汁。思伤脾，咳而右胁下痛，隐隐引肩背，甚则不可动，腹胀心痛，不欲食，此饥饱之伤，胃受之，咳而呕，呕则长虫出。忧伤肺，咳而喘息有声，甚则吐血，吐白沫涎，口燥声嘶，叫呼伤肺，大肠受之，咳而遗尿。恐伤肾，咳而腰背相引痛，甚则嗔咳涎，寒热引腰背，或喘满，房劳伤肾，膀胱受之，咳而遗溺。久咳不已，三焦受之，咳而腹满，不饮食。

咳、嗽、喘、逆气、短气，分别不同。咳者，无痰有声，喉中如痒，习习如梗，甚者续续不止，连连不已，冲膈击胸，外有心咳，一切血证，肺咳上逆。嗽者，有痰，外有劳瘵、喘促、嗽血、肺痿、肺痈[3]。喘者，促促而气急，喝喝而息数，张口抬肩，摇身擴肚，外有脚气。逆气者，但脚气上而奔急，外有肺中风、肺中暑、肺热、肺寒、肺水、肺痹、肝热、胆寒、心热、肠痹、痰水。短气者，呼吸难，数而不能相续，似喘而不摇肩，似呻吟而无痛，外有脾中风、脾中寒、肺热、肾虚、历节风、忧气、胸痞、痰饮。

〔治〕 咳，咳谓无痰而有声。《素问》云：咳乃皮毛先受邪气，以从其合，其寒饮食入胃，从脾脉上至肺，肺寒则内外合邪，因有咳证。

肺咳，麻黄汤。大肠遗矢，赤石脂禹余粮汤、桃仁汤。脾咳，升麻汤。胃吐虫出，乌梅汤。心咳，桂枝汤。小肠气失，芍药甘草汤。肝咳，小柴胡汤。胆呕苦汁，黄芩半夏汤。肾虚，麻黄附子细辛汤。膀胱遗溺，茯苓甘草汤。

久咳不已，三焦受之，其状咳腹满，不欲饮食，此皆聚于胃，关于肺，令人多涕唾，而面浮肿气逆也，异功白术散。

---

〔1〕胠　原作“脚”，据周氏本改。
〔2〕胁　原作“脚”，据周氏本改。
〔3〕嗽血、肺痿、肺痈　原作“嗽肺痿血脾痈”，据周氏本改。

逆，逆谓气上逆，肺壅而不下。上气逆者，皂荚丸。火逆上气，麦门冬汤。上气脉浮者，麻黄厚朴汤。上气脉沉者，泽漆汤：泽漆五、桑白皮六、射干泔浸、芩、术、苓四、竹茹。治气上逆，为热所作。

治法：无痰而有声者，以辛润其肺，青皮以散三焦之气壅。有痰而嗽者，治痰为先，下气为上。痰而能食者下之，不能食者，厚朴汤治之。痰而热者，柴胡汤加石膏主之；痰而寒者，小青龙加桃仁主之。

张之治风[1]痰以通圣散加半夏。暑嗽，以白虎、凉膈。火嗽，以黄连解毒。湿嗽，以五苓、白术。燥嗽，以木香葶苈散。寒嗽，以宁神宁肺散为上也。更分以吐汗为佳。

方

南星　半夏　枳壳　陈皮

风痰脉弦加通圣。热痰脉滑[2]，小柴胡，洪加[3]青黛、连。气痰脉涩，加青、陈皮。湿痰脉缓，加术、防己。寒痰脉沉，加桂、杏、小青龙。发热加芩、桔。痞加枳实，重加茯苓。气上逆加葶苈。气促加参、桔。浮肿加郁李仁、杏仁、泽泻、茯苓。上热喘涌，加寒水石、石膏。大便秘加大黄。能食加大承气，不能食加朴。

利膈丸　治胸中不利，痰嗽喘促。

木香　槟榔一钱半　枳实炒，一两　朴三两　大黄酒制，一两　参　归各三钱

紫苏饮子　治脾肺受寒，痰涎嗽。

紫苏子　桑白皮　青皮　陈皮　杏仁　麻黄　炙甘草　五味子　半夏　参

千缗汤　治痰妙。

半夏生，一两　大皂角去子皮，半两　雄黄加之大治痰

上同入[4]绢袋中，水三升，姜八片，煎至半，以手操洗之，取清

---

〔1〕风　周氏本无此字。
〔2〕滑　原作“口”，据周氏本改。
〔3〕加　原作“力”，据周氏本改。
〔4〕入　原无此字，据周氏本补。

汁服。

大热大饮，凝于胸中而成湿，故痰作矣，宜吐之。

二陈汤加麻黄杏仁汤 治风寒行痰开腠理。

本方加麻黄、杏仁、桔梗。

降火导痰汤 治火。

芩 连 瓜蒌 海石

劳嗽丹

四物 竹沥 姜汁

敛肺[1]丹 治肺胀及火郁。

诃子 杏仁 青黛 瓜蒌 半夏 香附

积痰方

南星 半夏 青黛 瓜蒌 石碱

如肝痛疏肝气，加青皮。上半日咳多，属胃火，加贝母、石膏。下半日嗽多，属阴虚，加知母、柏、川芎、归。虚甚好色者，加参、膏、青陈皮[2]、姜。

酒病嗽：

白矾一两，另研 杏仁一升

上水一升，煎干，摊新瓦上露一宿，砂锅内炒干。每夜饭后，细嚼杏子十五个。

劫嗽方

五味半两 甘草二钱 五倍子 风化硝各一钱

为末，干，噙化。

鹅管法 治风入肺管。

南星 雄黄 款冬花 鹅石

上为末，入艾中，放姜片上，置舌上灸，吸烟入喉，以多为妙。

痰方 若或痰白作泡，当于肺中泻水。

滑石 贝母川 星 夏 风化硝 白芥子 陈皮 茯苓 皂

---

〔1〕肺 原作"肠"，据周氏本改。

〔2〕青陈皮 原作"陈皮青"，据周氏本改。

角风加　苍术湿加　瓜蒌润加　枳实结加　青黛　芩热加

青礞石丸　化痰。

麝香丸　治痰。

劳嗽方

四君子　百合　款花　细辛　桂　五味子　阿胶　半夏　天门冬　杏子　白芍　甘草

煎食。

《三因》论：因怒而伤者，甘草。忧而伤者，枳壳。喜而伤者，五味。悲而伤者，人参。

二十七、喘附哮

〔脉证〕　实喘，气实肺盛，呼吸不利，肺窍壅滞，右寸脉沉实者是，宜泻肺。虚喘，由肾虚，呼吸气短，两胁胀满，左尺脉大而虚者是，宜补肾。邪喘，由肺感寒邪，伏于肺经，关窍不通，呼吸不利，右寸脉沉而紧，亦有六部俱伏者，宜发散，则身热而喘定。

《三因》状虚实：肺实者，肺必胀，上气喘逆，咽中塞，如呕状，自汗。肺虚者，必咽干无津，少气不足以息也。

〔因〕　气虚入于肺。阴虚火起冲上。有痰。有水气乘肺。

〔治〕　喘年深，时作时止，雄猪肚一个，治如食法，入杏仁四五两，线缝，酢三碗，煮干取出，先食肚，次以杏仁新瓦焙，捻去皮，旋食，永不发。

气虚方　治气虚。

参　柏蜜炙　麦冬　地骨皮

血虚方　治阴虚有痰。

四物　连　枳壳　半夏

导痰千缗汤

半夏　南星　陈皮　茯苓　皂角　枳实[1]

劫药方　治喘不止，甚不可用苦寒药，可温劫之。

---

〔1〕实　原无此字，据周氏本补。

椒目二钱

为末，姜汤下。

莱菔子蒸　皂角烧存性

姜汁丸，噙。

大黄煨　牵牛炒，各二两

各为末，蜜水下二钱，治热痰暴喘欲[1]死。

泻白散　治阴气在下，阳气在上，咳喘呕逆。

桑白皮一两　青皮　五味　甘草　茯苓　参　杏仁　半夏　桔梗上二味痰涎呕逆加之　地骨皮七钱

姜煎。

神秘汤　治水气逆行乘肺，肺得水而浮，使气不通流，脉沉大，此人不得卧，卧则喘者是。

紫苏　陈皮　桑白皮　生姜　参各五钱　木香　茯苓二钱

〔因〕　哮喘主于内，痰宜吐之。

〔治〕

哮积丹

鸡子略敲，不损膜，浸尿缸内四五日夜，吃之有效。盖鸡子能去风痰。萝卜子丸，姜汤送下，妙。

---

〔1〕欲　原无此字，据周氏本补。

二十八、宿食留饮附痰饮

〔脉〕 寸口脉浮大，按之反涩，尺中亦微而涩，故有食痰。寸口脉紧如转索，左右无常者，有宿食。脉滑而数者，实也，有宿食，当下之。脉浮而滑者，宿食；下利不欲食者，宿食。脉沉，病若伤寒者，宿食留饮，宜下之。脉短，疾而滑者，酒病。脉浮细而滑者，伤饮。

〔因〕 饮食自倍，肠胃乃伤，复加之，则胃化迟难，故宿食留饮。饮，水也，无形之气也，因而大饮则气逆，形寒饮冷则伤肺，病则为咳满水泄，重而为蓄积。食者，物也，有形之血也，因而食饱，筋脉横解，肠澼为重，或呕或吐或下利。

〔证治〕《千金》云：胃中有癖[1]食冷物，则痛不能食，有热物则欲食。大腹有宿食，即寒凛发热如疟状；小腹有宿食，当暮发热，明旦复止。

《三因》云：有饮在中脘则嘈，有宿食则吞酸。

李论：戊己火衰，不能制物，食则不消，伤其太阴，填塞闷乱，兀兀欲吐，甚则心胃大痛，犯其血也，治宜分寒热轻重。如初得，上部有脉，下部无脉，其人当吐，不吐即死，宜瓜蒂散。轻则内消，缩砂、炒曲等是也；重则除下，承气汤是也；寒则温之，半夏、干姜、三棱、莪术是也；热则寒之，大黄、黄连、枳实、麦芽是也。饮则下行，或大饮而气逆，或寒冷而伤肺，病则喘咳，痰涎水肿，轻则宜取汗利小便，使上下分消其湿，解酲汤、五苓散、半

〔1〕癖　原作"澼"，据周氏本改。

夏、术、枳[1]壳之类是也。重则为蓄积，为满者，三花神佑是也。

张论：饮食不消，分贫富而治之。富者乃膏粱太过，以致中脘停留，胀闭痞膈酢心，宜木香导饮丸主之；贫者乃动作过[2]劳，饮食粗，酒食伤之，以致身腹满闷，时吐酸水，宜进食丸主之。

又有重者，病证同太阴伤寒，止脉沉，可与导饮丸治之。

又论：留饮，蓄水而已，虽有四有五之说，止一证也。夫郁愤而不伸，则肝气乘脾之气而不流，亦为留饮。肝主虑，久不决则气不行，脾主思，久则脾结亦为留饮。因饮水，脾胃久[3]衰，不能布散，亦为留饮。饮酒过多，胞经不及渗泄，亦为留饮。渴饮冷水。乘快过多，逸而不动，亦为留饮。夫水者，阴物也，但积水则生湿，停酒则满，燥久而成痰，左胁同肥气，右胁同息贲，上入肺则嗽，下入大肠则泻，入肾则涌，在太阳为支饮，皆内气逆得之故。湿在上者，目黄面浮；在下者，股膝肿满；在中者，支饮痞膈。痰逆在阳不去，久而滞气，在阴不去，久而成形，宜治以导水禹功，调以五苓、葶苈、椒目逐水为全矣。

有伤西瓜冷水，羊乳寒湿之物，宜：白术二钱，川乌五分，防风一钱，丁香一枚，甘草炙一钱。

伤羊肉面湿热之物，宜：白术、黄芩、黄连各七钱，大黄二钱，甘草炙五分。如心下痞积实，腹痛白芍药一钱，腹胀厚朴，胸中不利枳壳，胸中寒陈皮，渴者白茯苓，腹中窄苍术，体肢沉重苍术。

大抵伤冷物以巴豆为君，伤热物以大黄为君。

槟榔丸　治伤之轻者，饮食不化，心腹鼓胀。出刘。

槟榔二钱　陈皮八钱　牵牛头末四钱

酢糊丸梧子大，姜汤下二十丸。

雄黄丸　治伤之重，胁肋虚胀者。

雄黄一两，另研　巴豆五钱，生用，去油

丸服。治同心痛。

瓜蒂散　主吐。心胸卒痛闷乱，急以治之。

---

〔1〕枳　原无此字，据周氏本补。

〔2〕过　原无此字，据周氏本补。

〔3〕久　原作“失”，据周氏本改。

瓜蒂　赤小豆各三钱

细末之，每服一钱，温酒下。

枳实丸　治伤食。

枳实半两　白术一两

曲丸。

木香、槟榔、青皮此三味气滞加之，大黄、黄芩、连三味湿热加之，萝卜子、连、泽泻伏湿痞闷加之，栀病后食伤加之，半夏、豆粉湿面油腻加之，草豆蔻、棱、莪伤冷硬加之，干姜伤水加之，缩砂、丁香心胃痛加之，参伤胃加之。

解醒汤　治伤酒。

白豆蔻　砂仁　生姜　葛花各半两　茯苓　猪苓去皮　陈皮去白　参　术各一两半　青皮三钱　曲炒　泽泻各二钱五分　木香五分

上为末，白汤送下。

秘方　治胃中有物恶食。

二陈汤加术、山楂、川芎、苍术、曲炒。

神祐丸　治留饮悬饮脉弦。又治脉伏，其人欲自利难利，心下续坚满，此为留饮欲去故也。

茯苓桂术汤　治心下有痰饮，胸胁支满，目眩。

茯苓　桂　术　甘草

大青龙汤　治溢饮体痛，当发其汗。

麻黄七钱　桂　甘草各二钱五分　石膏鸡子大　杏仁　半夏湿加

泽泻汤　治心下有支饮，其人苦冒眩。支饮不得息，加葶苈、枣。

朴黄汤　治支饮胸痛。

大黄　厚朴各等分

二陈汤　小半夏汤　治呕家本渴，今反不渴，心下有支饮故也。治先渴却呕，水停心下，此属饮，加茯苓。

五苓散　治瘦人脐下有悸者，吐涎沫而颠眩，水也。亦治停痰宿水。

破饮丸　治五饮结为痈瘕，支饮胸满吐逆，心内隐痛，大能散气。

荜拨　胡椒　丁香　缩砂　青皮　乌梅　木香　蝎梢　巴豆去油

以青皮同巴豆浸浆水一宿，漉出同炒青皮焦，去豆，将浸水淹乌梅肉，炊一熟饭，研细为膏，姜汤送下五七丸。

控涎丹　治患胸背手足颈项腰胯隐痛不忍，连筋骨牵钩痛，坐卧不安，时走易。

甘遂　大戟红牙　白芥子真

上粉丸梧子大，白汤送下。

痰饮证状，或咳或喘，或呕或泄，眩晕嘈烦，忪悸惕慢，寒热疼痛，肿满挛癖，癃闭痞膈，如风如癫。悬饮者，水饮在胁下，咳唾引痛。溢饮者，饮水流于四肢，当汗不汗，身体疼痛重。支饮者，呕逆倚息，短气不得卧，其形如肿。痰饮者，其人素盛今瘦，肠间漉漉有声。留饮者，背寒如手大，或短气而渴，四肢历节疼痛，胁下痛引缺盆。伏饮者，膈满咳喘呕吐，发则寒热，腰背痛，目泪，恶寒振振然。

悬饮当下。溢饮当汗。支饮随证汗下之。痰饮宜温之，从小便去之。

二十九、嗳气吞酸嘈杂附论槃气

〔因〕　胃中有火有痰。

《三因》论酢咽。夫中脘有饮则嘈，有宿食则酸，食后噫酸吞酸者，皆宿食证。俗名咽酸是也。

〔治〕

方　食郁有痰吞酸。

南[1]星　半夏五钱　黄芩一两　陈皮

燥饮丸　治痰饮心痛。

干螺壳墙上者　苍术

曲为丸。

曲术丸　治吞酸，中脘有饮则嘈，宿食则酸。

缩砂　陈皮　苍术　曲炒

〔1〕南　原无此字，据周氏本补。

曲丸，姜汤送下。

又方　治酸皆湿热郁。

黄连姜汁炒　苍术　茯苓

汤浸饼丸。

吐清水：

苍术陈壁土炒　茯苓一钱　滑石煨　术一钱五分　陈皮五分

水煎。

论　槩　气

〔证〕　夫槩饪之邪，从口入者，宿食也。其病烦痛，畏风憎寒，心腹胀满，下利，不欲食，吞酸，噫宿腐气，或腹胀泄泻，及四肢浮肿。若胃实热，食反溜滞，其脉滑而数，宜下之愈。

若脾虚，其脉浮大，按之反涩，尺中亦微涩，宜温消之。

木香丸

木香　硇砂　蓬术　胡椒　半夏　干漆炒令烟尽。各五钱　桂心　缩砂　青皮三钱　附子炮，去皮脐　三棱醋炙　干姜一两

上末，蜜丸梧子大，每服五十丸，姜汤下。

感应丸

肉豆蔻　川芎　百草霜各二两　木香一两五钱　荜澄茄　丁香　三棱各一两　巴豆百粒，去皮　蜡四两　杏仁百粒，去皮

上除巴豆外为末，以下别研巴豆、杏仁，和匀，先将油煎蜡溶化，倾出药末内，和成剂，入臼内杵千余下，丸绿豆大，每服三五丸，白汤下。

又外有酢咽、槩气、思膈皆同。

三十、积　聚附痃块

〔脉〕　来细而附骨，乃积。寸口，积在胸。关上，积在脐。傍尺中，积在气冲。左积左，右积右，脉两[1]出，积在中央。浮而毛，按之辟易，胁下气逆，背相引痛，名肺积。沉而芤，上下无常处，

〔1〕两　原作“而”，据周氏本改。

胸满悸，腹中热，名心积。弦而细，两胁下痛，邪走心下，足肿寒，名肝积。沉而急，苦脊与腰相引痛，饥见饱减，名肾积。浮大而长，饥减饱见，腹满泄呕、胫肿，名脾积。

寸口沉而结，駃[1]而紧，积聚有系痛。脉弦细微者，为癥横胁下，及腹中有横积。脉弦，腹中急痛，为瘕。脉细而沉时直者，身有痈肿，若腹中有伏梁。脉沉小而实者，胃有积聚，不下食，食则吐。脉沉而紧者[2]，若心下有寒，时痛，有积聚。关上脉大而尺寸细者，必心腹冷积，迟而滑，中寒有癥。脉弦而伏，腹中有癥不可转也，死。脉紧强急者生，虚弱者死，沉者死。

〔因〕 胫寒厥气，则血脉凝涩，寒气上入肠胃，所以腹胀，腹胀则肠外之汁沫，迫聚不得散，日以成积。

又盛食多饮，起居过度，肠胃之络伤，则血溢于肠外，肠外有寒，汁沫与血相搏，则气聚而成积。

又外中于寒，内伤于忧，怒气则上逆，上逆则六腧不通，湿气不行，凝血蕴裹，津液凝涩，渗着不去而成积。

又生于阴，盖忧思伤心，重寒伤肺，忿怒伤肝，醉以入房，汗出当风伤脾，用力过度，入房汗出，入浴伤肾，皆脏气不平，凝血不散，汁沫相搏，蕴结而成积矣。

又有食积、酒肉积、水积、涎积、血积、气积，皆因偏爱，停留不散，日久成积。块在中为痰饮，在右为食积，在左为血积。

〔证〕 盖积聚之源则一，其在腑者，始终不移，为积；其在脏者，发痛转移，随气结束，为聚。积者系于脏，聚者系于腑，癥者系于气，瘕者系于血。

肝之积名肥气，在左胁下，如覆盆，发咳逆痎疟，连岁不已，其中有血，肝主血故也。心之积名伏梁，起脐下，大如臂，上至心下，令人烦心，有大脓血在于鬲胃之外。肺之积名息贲，在右胁下，大如杯，洒淅寒热，喘咳肺壅。贲者，贲门也。积在肺下，有贲门。脾之积名痞气，在胃脘，大如盘，四肢不收，黄疸，饮食不

〔1〕駃（jué 绝） 快。《广韵》、《集韵》："与快同。"

〔2〕者 原无此字，据周氏本补。

为肌。痞者，湿也。食冷，其人伤气，为湿所蓄。肾之积名奔豚，发于小腹，上至心下，若豚状上下，喘逆骨痿。

病在六腑，太阳利清气，阳明泄浊气，少阳化精气，失常则壅聚不通，故实而不转，虚则输，属阳无形，随气往来，在上则格，在下则胀，傍攻两胁，如有泥块，易于转变，故名曰聚。又有息积者，乃气息癖滞于胁下，不在脏腑营卫之间，积久形成，气不干胃，故不妨食，病者胁下满，气逆息难，频岁不已，名曰息积。

〔治法〕 寒者热之，结者散之，客者除之，留者行之，坚者削之，消者摩之，咸以软之，苦以泻之，全真气以补之，随所利而行之；酒肉食等积，以所恶者攻之，以所喜者诱之。

五积丸 治积块。

连肝肾五钱，心肺一两半，脾七钱 朴肝心脾五钱，肺胃八钱 巴豆霜五分 川乌肝肺一钱，心肾脾五钱 干姜心肝五分，肾一钱五分 茯苓一钱五分 参肝肺肾二钱，心五钱

另研巴豆，旋入，和匀，炼蜜丸梧子大，微溏为度。

肝积加：柴胡二两 皂角二钱五分 川椒四钱 昆布二钱 莪术三钱五分

心积加：芩三钱 桂一钱 茯神一钱 丹参一钱 菖蒲五钱

肺积加：桔梗一钱 紫菀一钱五分 天门冬一钱 三棱一钱 青皮一钱 陈皮一钱 川椒一钱五分 白豆蔻一钱

肾积加：玄胡 苦楝肉各三钱 蝎 附子各一钱 泽泻二钱 独活 桂各三钱 菖蒲三钱 丁香五钱

脾积加：吴茱二钱 泻一钱 茵陈 缩砂二钱 椒五钱

秋冬加制朴一倍，减芩、连服。人觉热加连。觉闷乱加桂，气短减朴。又有虚人，不可直攻，以蜡匮其药，又且久留磨积。

肉积，硇砂、水银、阿魏；酒积，神曲、麦芽、血积，虻虫、水蛭、桃仁、大黄；气积，槟榔、木香；水积，甘遂、牵牛、芫花；涎积，雄黄、腻粉；食积，礞石、巴豆；癖积，三棱、莪术；鱼鲜积，陈皮、紫苏、草果、丁香、桂心；寒冷成积，附、朴、硫磺。

化气汤 治息积癖于腹胁之下，胀满瘀痛，呕吐酸水。

缩砂　桂　木香各一钱　甘草炙　茴香炒　丁香　青皮炒　陈皮　生姜炮。各五钱　沉香　胡椒各一钱

上为末，姜紫苏汤盐酒，调二钱一分。

散聚汤　治久气积[1]聚，状如癥瘕，随气上下，发作有时，心腹绞痛，攻刺胁腰，喘咳满闷，膜胀。

半夏　槟　归各三钱　陈皮　杏仁　桂各二钱　苓　甘草　炮附　川芎　枳壳　吴茱朴制，各一钱　大黄大便秘加之

三圣膏　贴块。以：

石灰未化者，半斤，瓦器炒令淡红，出，候热稍减，研之　大黄一两，末之，就炉微炒，候凉入桂　桂心半两，末，略炒，醋熬成膏，厚摊贴患处

又方

大黄　朴硝各一两末

大蒜捣膏贴之，亦佳。

张法　**无忧散**治诸积不化。

桂苓白术散调之。

茶调散　治沉积水气。

木香槟榔丸调之。

千金硝石丸　止可磨块，不令困人，须量虚实。

硝石六两　大黄半斤　甘草　参各三两

上为末，以三年苦酒即好酢也三升，置筒中，以竹片作三片刻，先纳大黄，搅使微沸，尽一刻，乃下余药，又尽一刻，微火熬膏，丸梧子大，每服三十丸。

消块丸　此必审确可用。

三棱　莪术削坚　青皮　陈皮破气　香附调气　桃仁　红花治血　灵脂破血　甘草　牛膝死血用　石碱破痰块　二陈汤皮里膜外多痰加之　山楂食块加之　连　茱炒，一钱五分　益智炒，一钱五分　葵根　白术等分

碱石汤下。

---

〔1〕积　原作“六”，据《三因极一病证方论》卷八改。

茶癖散

石膏　芩　升麻

砂糖调服。

治痰块：

苦参　夏　瓜蒂　姜

蜜丸。

破块验丸

吴茱萸　连　木香　槟榔　桃仁　郁李仁

又承气加连、芍、川芎，干姜汤下。

又瓜蒌、半夏、黄连、贝母丸，果效。

三十一、消　渴

〔脉〕 心脉滑为渴，滑者阳气胜。心脉微小为消瘅。脉软散者气血虚。脉洪大者阳余阴亏。寸口脉浮而迟，浮为虚，卫气亏，迟为劳，营气竭。趺阳脉浮而数，浮为风，数消谷。消瘅脉实大，病久可治，悬小坚急，病久不可治。脉数大者生，实坚大者死，细浮短者死。

〔因证〕 膏粱甘肥之变，则阳盛矣。阳脉太甚，则阴气不得营也，津液不足，结而不润，皆燥热为病也。

经云：二阳结，谓之消。二阳者，阳明也，手阳明主津病，消则目黄口干，是津不足也。足阳明主血，热则消谷善饥，血中伏火，乃血不足也。此皆津血不足而热也。夫因则火一也，病则有上、中、下三也。盖心火盛于上，为膈膜之消，病则舌上赤裂，大渴引饮，论云：心移热于肺，传为膈消是也，以白虎加参汤主之。

火盛于中，为肠胃之消，病则善食，自瘦自汗，大便硬，小便数，论云：瘅成为消中者是也，以调胃承气、三黄等治之。

火盛于下，为肾消，病则烦躁，小便浊淋，如膏油之状，论云：焦烦水易亏者是也。六味地黄丸主之。

〔治法〕 热淫所胜，治以甘苦，甘以泻之，热则伤气，气伤无润，则折热补气，非甘寒不治。

李以补肺降火生血为主。

秘丹　生血为主，总治三消。

连　花粉　人乳　地黄汁　藕汁

上蜜为膏，徐徐留舌上，以白汤下。

参膏汤　治膈消上焦，渴不欲多饮。

人参五钱　石膏一两　知母六钱　甘草三钱五分

水煎。或方加寒水石妙。

顺气散　治消中，能食，小便赤。

川朴一两　大黄四两　枳壳二钱　赤芍药

茴香散　治肾消，小便如油。

茴香　苦楝炒　五味

上为末，酒下二钱，食前服。

珍珠丸　治白淫滑泄，思想无穷，所愿不得之证。

黄柏一斤，烧　真蛤粉一斤

水丸，空心，酒下。柏降火，蛤咸补肾。

又方

芦根　瓜蒌根　麦门冬　知母　竹叶　牛乳

生津甘露饮　以下出李。

石膏　甘草滋水之源　连　栀　柏　知母泻热补水　杏仁　麦冬　全蝎　翘　白葵　白芷　归身　兰香和血润燥　升麻　柴胡行经　木香　藿香反佐取之　桔梗

为末舔之。

酒煮黄连丸　治中暑热渴。

太阳渴，脉浮无汗，五苓、滑石类。阳明渴，脉长有汗，白虎、凉膈等。少阳渴，脉弦而呕，小柴胡加瓜蒌。太阴渴，脉细，不欲饮，不思水。少阴渴，脉沉而自利者，猪苓、三黄汤。厥阴渴，脉微，引水，少与之。

神芎丸　已下出张。

连入心　牵牛逐火　滑石入肾　大黄逐火　芩入肺　薄荷散热

三黄治消渴，大黄，春秋二两，夏一两，冬五两。芩，春四两，秋夏六两，冬三两。连，春四两，秋夏七两，冬三两。桂苓甘露饮调之。白虎汤调之。生藕节汁、淡竹沥汁、生地黄汁，相间服之润之。寒水石、甘草、蛤粉等分，浓煎麦门冬苗，下二钱。

神白散 治真阴虚损。

猪肚丸 治消中。

猪肚一个 连五钱 麦冬去心 知母 瓜蒌

上四件末，入肚缝之，蒸烂熟，于砂盆内，杵而丸之，如坚，少加蜜，丸梧子大，每服五十丸。

葛根丸 治肾消。

葛根三两 瓜蒌三两 铅丹二两 附一两，炮

蜜丸如梧子大，一日三服，春、夏去附。

胡粉散 治大渴，又治肾消。

胡粉五钱 瓜蒌根二两五钱 铅丹五钱 泽泻 石膏 白石脂 赤石脂各五钱 甘草炙，三两五钱

上杵为末，任意服，痛者减服。

人参白术汤

参 术 归 芍 栀 泻 大黄各五钱 翘 瓜蒌根 苓各一两 桂 藿香 木香一钱 寒水石二两 滑石 硝各半斤 甘草三两 石膏四两

姜煎，入蜜少许。

口燥、口干、口渴、咽干，须详之。

三十二、痞

〔因〕 误下阴虚。食积痰滞。湿土虚痞。

论曰：太阴湿土为积饮痞隔，乃土来心下痞满也。

〔证治〕 误下多则亡阴，胸中之气因虚，而下陷于心之分野，宜升胃气，以血药治之。亡阴，谓脾胃水谷之阴亡也。痰积痞膈，胸中窄塞，宜消导之，谓之实痞。湿土虚痞有二，大便秘，能食者，厚朴、枳实主之；大便利者，芍药、陈皮主之。

治法以泻心汤黄连为君，泻心下之土邪，厚朴降气。

《三因》论状：心下坚满痞急，痛如刺，不得俯仰，其胸前皮皆痛，短气，咳唾引痛，咽寒不利，习习如痒，喉中干燥，呕吐烦闷，自汗时出，痛引彻背。

外有心热而痞之痞则满硬。结胸则痛，属胸痹。

大消痞丸 治湿土痞、虚气痞。

连炒 芩三钱 姜黄一钱 白术 半夏各一两 甘草炙，一钱 缩砂一钱 枳实炒 生姜五钱 陈皮二钱 曲炒，一钱 朴三钱 泽泻一钱五分 猪苓一钱五分

丸梧子大，白汤送下。

木香，有忧气结中脘，心下痞满，肚皮底微痛加之，否则不用。

利膈丸 除痰利膈。

芩生一两，炒一两 连 星 夏各五钱 枳壳 陈皮各三钱 术二钱 白矾五分 泽泻五钱 曲炒

瓜蒌丸 治胸痞，或胁下逆抢心。

瓜蒌子 枳实 陈皮

取瓜蒌皮、穰末熬丸。

胸痞切痛，加栀子烧存性、附子炮各二两。

三十三、肿胀

〔脉〕 迟而滑者，胀。盛而紧曰胀，阳中有阴也，故下之。趺阳紧而浮，紧为痛而坚满，浮为虚则肠鸣。弦而迟者必心下坚。又云肝木克脾，土郁结涎，闭于脏气，腑气不舒，胸则胀闭。脉浮而数，浮则虚，实则数。脉浮，风水、皮水皆浮。虚紧涩者胀，忧思结连，脾肺气凝，大肠与胃不平而胀。脉，石水、黄汗皆沉。脉浮而滑，名风水。浮而迟，浮热迟湿，湿热相搏，石水必矣。弦而紧，弦则[1]卫气不行，水走肠间。水满腹大如鼓，脉实者生，虚者

---

〔1〕则 原作“而”，据周氏本改。

死。洪大者生，微者死。腹胀便血，脉[1]大时绝极，脉小疾者死。中恶腹大，四肢满，脉大而缓者生，紧大而浮者死，紧细而微者亦生。

〔因证〕 盖肿胀之因，其始则一，其变则二，皆脾胃之土生焉。

水肿之因，盖脾虚不能制水，肾为胃关，不利则[2]水渍妄行，渗透经络，其始起也，目[3]窠上微肿，颈脉动，咳，阴股寒，足胫胀乃大，其水已成矣，按其腹，随手而起，始裹水之状。短气不得卧者，为心水。小腹急满，为小肠水。大便鸭溏，为肺水。乍虚乍实，为大肠水。两胁痛，为肝水。口苦咽干，为胆水。四肢重，为脾水。小便涩，为胃水。腰痛足冷为肾水。腹急肢瘦，为膀胱水。

然此十水，谓之正水，审脉证、分经络而治之。

风水，脉浮恶风，归肝。皮水，脉亦浮，不恶风，喘渴，按没指，归肺。石水，脉沉，不恶风，归肾。黄汗，脉沉迟，发热而多寒，归脾。

〔治法〕 腰以上肿宜汗，腰以下肿宜利小便。主治使补脾，气实则能健运，以参、术是也，佐以黄芩、麦冬制肝木。腹胀加厚朴，气不运加沉木香，使以通利，是必全矣。开鬼门、洁净府，正此谓也。

外有湿肿，用加附子，脉沉细是也。

又有肿痛，为中寒也，加炮附是也。

胀满，皆脾土转输失职，胃虽受谷，不能运化，精微聚而不散，隧道壅塞，清浊相混，湿郁于热，热又生湿，遂成胀满。

又寒湿抑遏，遏于脾土之中，积而不散而胀，即经云脏寒生满病是也。

又五积，痰饮聚而不散，或宿食不化，皆成胀满。

烦心短气，卧不安，为心胀。虚喘咳满，为肺胀。胁痛引小腹，为肝胀。善哕，四肢脱，体重不胜衣，卧不安，为脾胀。引背央央然，腰髀痛，为肾胀。腹满，胃脘痛妨食，闻焦臭，大便难，为胃胀。肠鸣痛，冬寒飧泄，为大肠胀。小腹䐜满，引腰而痛，为小

〔1〕脉　此下原有“不”字，据周氏本删。

〔2〕不利则　原作“则不利”，据周氏本乙转。

〔3〕目　原作“因”，据周氏本改。

肠胀。小腹气满而气癃，为膀胱胀。气满于肤，硁硁然，为三焦胀。胁痛胀，口苦，善太息，为胆胀。

寒气客于皮中，鼟鼟然[1]不坚，腹身大色不变，按不起，为肤胀。

腹胀身皆大，色苍黄，腹筋起者，为鼓胀。

寒气客于肠外，与卫[2]相搏，气不得营，因有[3]所系，癖而内着，其大也，如鸡子，至其成，如怀胎，按之则坚，推之则移，月事不以时下，为肠覃。

寒气结于子门，闭塞不通，恶血当泻而不泻，血留止，日以益大如胎，月事不时，此生于胞中，为石瘕[4]。此二者，皆生于女子，可道而下。

〔治〕 虚则宜补脾以养肺，流湿以散气，治以参、术，佐以平胃、茯苓，热加芩、连，血虚四物，死血桃仁。

风寒外邪，自表入里，寒变为热，而胃实满，宜大承气下之。

积痰宿食，宜以消导，或大黄丸下之，经云去宛陈莝是也。

前者之外，有胃寒肠热，腹胀而且泄，胃寒则气收不行为胀，肠热则水谷不聚而泄。

连　木香　大黄　朴　苓　青皮[5]　茱萸[6]又有胃热肠寒，故痛而且胀，胃热则善饥消谷，肠寒则血凝，脉急故痛而且胀。

又有颈[7]肿、膺肿、胸胀，皆气不顺，有余于上。

又有身肿而冷，胸塞不能食，病在骨节，汗之安。

忌：面上黑点，肺败。掌心无纹，心败。脐突，脾败。脚根肿，肝败。腹满青筋，肾败。

营卫俱绝浮肿者死。唇肿齿焦者死。卒痛面苍黑者死。脐肿反出者死。阴囊茎俱肿者死。脉绝口张肿者死。足趺肿胜如斗者死。

---

〔1〕鼟鼟(kōng空)然　原作“鼓空空”，据周氏本改。又《灵枢·水胀》论“肤胀”时有“寒气客于皮肤之间，鼟鼟然不坚”句，可以互参。

〔2〕卫　原作“胃”，据周氏本改。

〔3〕有　原作“而”，据周氏本改。

〔4〕瘕　原作“癖”，据周氏本改。

〔5〕皮　原作“茱”，据周氏本改。

〔6〕茱萸　原无，据周氏本补。

〔7〕颈　原作“茎”，据周氏本改。

变水汤 治肿胀。

术 苓 泻各二两 郁李仁二钱

煎入姜汁，调以芪、术，为建中之类。

楮实丸 治胀。

木香散 治肿。

木香 大戟 白牵牛各一两

上为末，三钱，猪肾子一双，批作片子，糁末在内，煨熟，空心服。更涂甘遂末于肚上，少饮甘草水。

十枣丸 治肿胀。

五皮散 治肿皮水。

大腹皮 桑白皮 茯苓皮 生姜皮 陈皮 木香

消肿丸

滑石 术 木通 牵牛 苓 夏 陈皮 木香 丁香 瞿麦

酒糊丸，麦门冬汤下。

中满分消丸 治热胀、鼓胀、气胀。

芩刮黄皮，一两 连炒，一两 姜黄 术 参 猪苓 甘草各一两 苓 缩砂 陈皮各三钱 枳实 半夏各五钱 朴一两

广茂溃坚汤 治胀，有积块如石，上喘浮肿。

朴 草豆蔻 归尾 芩 益智各五钱 甘草 连 莪术 柴曲 泻各三钱 吴茱萸 青皮 陈皮二钱 半夏七钱 桃仁 苏木 木香 红花一钱

海金砂丸 治肿。

牵牛生半两，灼半两 甘遂半两 金砂三钱 术一两 煎服。

木香塌气丸 治胀。

胡椒 草蔻面里煨 木香三钱 蝎梢三钱五分，去毒

大补中气行湿散气汤[1]。

秘传十水丸 后用尊重丸退余水。水狗贵用乎出丝。

炒甜葶苈 泻 巴豆去壳，出油 酢煮大戟 芫花酢炒 甘遂

---

〔1〕大补中气行湿散气汤 原书仅出方名未列具体药物，周氏本同。

醋炒　桑白皮　汉椒　茯苓　雄黄

每三钱，用水狗先左一边末，入五更水下，以肉压之，免恶心。

车水葫芦丸　止用一扫光为贵。

木香　丁香各三钱　香黑白二钱　牵牛　枳壳　乌药　芷归　茶丸。

尊重丸　治蛊胀，腹大水肿，气逆喘乏，小便涩，大便闭，虚危，甚效。

沉香　丁香　参　槟[1]榔　木香　青陈皮　枳实　白牵牛　木通　车前　苦葶苈　赤茯苓四钱　胡椒　海金沙　白豆蔻　蝎尾　滑石二钱五分　萝卜子炒，六钱　白丁香一钱　郁李仁去皮，一两五钱

姜汁糊丸，姜汤下。

气分，与胸痹中满皆相类，中满为气虚，胸痹为气实，气[2]分挟痰饮。

气分，病为涎饮所膈，营卫不利，腹满胁鸣相逐，气转膀胱，营卫俱劳，阳气不通则身冷，阴气不通则骨疼，阳前通则恶寒，阴前通[3]则痹不仁，阴阳相得，其气乃行，大气一转，其气乃散，实则失气，虚则遗溺，名曰气分。寸口迟而涩，迟则气不足，涩则血不足，气寒[4]涎结，水饮所作。

血分，妇人经水前断后病，名曰血分，先病水，后断经，名曰水分。

类别相似：湿肿类多，自正水之余，有风水、皮水、石水、黄汗等。入水门，如脾气横泄，脚气，皮满肤胀，肠覃石瘕，气分血分皆相似也。

类分：䐜胀，有胃中风、脾中寒、中湿、心痹、肝虚、脾伤、脾热、饮聚、女疸。

小腹胀，有肾热、三焦虚寒、肠痈。

女劳疸：面肿、肺中风、肾中风、胃寒、肺水。

有论附肿七证：

---

〔1〕槟　原无此字，据周氏本补。

〔2〕气　原无此字，据周氏本补。

〔3〕则恶寒，阴前通　此六字原脱，据周氏本补。

〔4〕寒　原作“故”，据周氏本改。

有肺气隔于膜外，运行不得，遍身浮肿，脉浮，治宜调肺通气。

有男脏虚，女血虚，伤于冷毒之物成积，碍气道不通，腹急气喘，亦有四肢不肿，只肚鼓胀，脉弦，治宜化积。

有脾寒久年不愈，传为浮肿，且云内有伏热，因而泻利，及其热乘虚入脾，至胸腹[1]急胀，脉数，治宜解热。

有脾主肌[2]肉，肉如泥，按之不起，土湿病也，脉沉，治宜燥脾。

有脾虚不能制肾水，脾湿如泥，脉沉迟，治宜缓脾元，利水道。

有伤风湿而肿，或伤冷湿而肿，气血凝涩，脉浮缓，治宜发散风湿也。

有久病气虚面浮，手足虚气妄行者，妇人产后或经事后，有此一证，是气虚也，其脉虚弱，治在调气补血。

结阳者，肿四肢。夫热胜则肿，四肢为诸阳之本，阳结于内，不得行于阴，热邪则菀于四肢，大便闭涩，是热也，非水也。宜服犀角、玄参、连翘、升麻、麦门冬、木通、芒硝。

有胁支[3]满，或腹满痛，或胸胀，亦有经气聚而不行，如胁支[4]满，少阳经气不行也，余皆仿此。

有头肿、膺肿、胸胀，皆气不顺，有余于上。

有身肿而冷，胸塞不能食，病在骨节，汗之安。

三十四、呕　吐　哕

〔脉〕　形状如新卧起，脉弱而呕，小便复利，身有微热，见厥者死。趺阳脉浮，胃气虚，呕而不食，恐怖死，宽缓生，寒气在上，阴气在下，二气并争，但出不入。夫呕家有痈脓者不可治，脓尽自愈。先呕却渴，此为欲解，先渴却呕，为水停心下，属饮。呕本渴，今反不渴，故有支饮。呕多，虽有阳明证，不可下，盖邪气不在胃

〔1〕腹　原作“胀”。据周氏本改。

〔2〕肌　原作“饥”。据周氏本改。

〔3〕支　原作“肢”，据周氏本改。

〔4〕支　原作“肢”，据周氏本改。

口。脉数故[1]吐，汗令阳微，膈气空虚，数为客热，不能消谷，胃中虚冷，故吐也。阳紧阴数，食已则吐，阳浮而数亦然。或浮大，皆阳偏胜，阴不能配之也，为格，主吐逆，无阴故呕。寸口脉紧而芤，紧为寒，芤为虚，虚寒相搏，脉为阴结而迟，其人则噎。关上脉数则吐。脉弦者虚也，胃气无余，朝食暮吐，变为胃反，寸紧尺涩，胸满不能食而吐，吐[2]止者为下之，未止者为胃反也。趺阳脉微而涩，微则下利，涩则吐逆，谷不得入。或浮而涩，浮则虚，虚伤脾，脾伤则不磨，朝食暮吐，名胃反。寸口脉微而数，微则血虚，血虚则胸中寒。脉紧而涩者难治，呕吐思水者易解。关上脉浮大，风在胃中，心下澹澹，食欲呕。关上脉微浮，积热在胃中，呕吐蛔虫。关上脉紧而滑者，蛔动。脉紧而滑者，吐逆。脉小弱而涩，胃反。

〔证〕 呕吐哕胃[3]，各有所辨。

吐属太阳，有物无声，乃血病也。有食入则吐，食已即吐，食久则吐之别。

呕属阳明，有物有声，气血俱病。

哕属少阳，无物有声，乃气病也。

〔治〕 因胃口有热，膈上有痰，故呕吐。亦有寒气客于肠胃，厥逆上出，故痛而呕。因胃中虚，膈上热，故哕。亦有痰水满塞而哕。因胃气虚，阳火上冲，故呃[4]逆。亦有痰热在胃中，气不降而呃[5]。

李论：寒客胃中，物盛上溢故呕，清厥，甚则痹，食而吐；寒气与新谷气俱还于胃中，新故相乱，真邪相攻，故哕。三者虽殊，皆因脾胃虚弱，亦因寒气客胃，加之饮食所伤而致，宜以丁藿、二香、半夏、茯苓、陈皮、生姜之类主之。又有痰饮者必下之。又论皆气冲之火逆，胃之脉反上而作，治宜降火。呃[6]者气逆也，阴火炎上也。气自脐下为火，直冲上出于口而作声也。

---

〔1〕故 周氏本作“反”。
〔2〕吐 原作“之”，据周氏本改。
〔3〕胃 周氏本无此字，疑衍。
〔4〕呃 原作“吃”，据周氏本改。
〔5〕呃 原作“吃”，据周氏本改。
〔6〕呃 原作“吃”，据周氏本改。

又火结痰气而上升，冲出于口也，治宜降火行气导痰而自安。

刘论：吐有三：气、积、寒也。

上焦吐者，皆从于气。气者天之阳也，脉浮而洪，其证食已暴吐，渴欲饮水，大便燥结，气上冲胸，而发痛，治宜降气和中。

中焦吐者，皆从于积食。与气相假，为积而痛，脉浮而匿，其证或先吐而后痛，或先痛而后吐，治法以毒药行其积，木香、槟榔去其积。

下焦吐者，从于寒也。脉沉迟，其证朝食暮吐，暮食朝吐，小便清利，大便不通。治法：毒药通其闭塞，温其寒气也。

《三因》论：有寒呕、热呕、痰呕、食呕、血呕、气呕。寒，因胃寒伤食，四肢厥冷，脉弱，宜四逆汤。热，食入即出，烦躁脉数，柴胡汤。痰，昔肥今瘦，肠间有声，食与饮并出，宜半夏人参主之。食呕，因胃虚，寒气在上，忧气在下，朝食暮出，不消，养胃汤主之。血因瘀蓄，冷血聚于胃口，因忧怒气攻，血随食出，宜茯苓汤主之。气，胃者阳明，合荣于足，今随气上逆，心膈胀，呕却快，宜茱参汤主之。

方论：呃[1]逆，切忌热药丁香类，病皆胃虚，阴火所乘，宜参、术大补之。类如痰实者，察其[2]病因，形气俱实，以人参芦吐之。有伤寒差后呕者，当去余热。有酒家呕，解酒治之。有脚弱脾疼而呕者，此脚气内攻，依脚气门治。有中毒而呕者，解毒治之。有怀孕恶阻者，依恶阻治之。有心中风、心中寒、肝中风、中湿、脾痹，有漏气，有走哺。女人患呕吐，甚者[3]死，其阴在上故也。

论：皆属于火。呕而心下痞，半夏泻火汤。干呕而利者，黄芩半夏汤。呕吐，谷不得入，小半夏汤。呕吐，病在膈上，猪苓汤。食已即吐者，大黄甘草汤。胃反，吐而渴，茯苓泽泻汤。似呕不呕，如哕不哕，无奈，姜汁半夏汤。哕逆上气者，陈皮竹茹汤，陈皮、参、草、竹茹。

桔梗汤　治上焦气热所冲，食已暴吐，脉浮而洪。已下出刘。

桔梗　术各一两五钱　半夏　曲二两　陈皮　枳实炒　苓　朴制，一两

---

〔1〕呃　原作“吃”，据周氏本改。

〔2〕其　原作“以”，据周氏本改。

〔3〕甚者　原作“者甚”，据周氏本改。

水煎，下木香槟榔末各一两，如大府燥结，加承气汤。

荆黄汤 治前证热气甚者。

荆芥穗一两 参五钱 大黄三钱 甘草二钱五分

调下木香槟榔末各二钱。

清镇丸 治前证头痛、有汗、脉弦。

柴胡二两 芩七钱五分 半夏 甘草各五钱 青黛二钱五分 参五分

上姜汁浸炊饼，丸梧子大，食后，姜汤下。

紫沉丸 治中焦吐，食积与寒气相假，故吐而痛。

半夏 曲 乌梅去核 代赭石 缩砂各三钱 杏去皮尖 沉香 木香各一钱 陈皮半两 槟榔 丁香各三钱 白豆蔻五分 术一钱 巴霜五分，另入

上酢糊丸米大，姜汤下[1]五十丸。

木香白术散 治前证腹中痛，是脾持[2]实系强，宜和之。

木香八两 术半两 半夏 曲一两 槟榔二钱五分 苓半两 草四钱

上浓煎，芍药姜汤下二钱。有积而痛，手不可按。无积者宜之。

附子丸 治下焦朝食暮吐，暮食早吐，大便不通。

附子炮，五钱 巴豆霜一钱 砒五分，另研

上黄蜡丸如梧子大，每二丸，冷水下，利为度，更服紫沉丸，不令再闭。

安胃散李先生 治呕吐哕，以胃寒所致。

丁香五分 茱萸 草蔻 参各一钱 炙甘草五分 芪一钱 柴胡五分 升麻七分 檗三钱 陈皮五分 归一钱五分 苍术一钱 半夏 茯苓 陈皮此三味，治呕吐痰涎，痰饮为患，加之，寒则否

煎，稍热服。

秘方 治痰呕吐。

二陈汤 山栀炒 连姜汁炒 香附 虚加苍术

〔1〕下 原无，据周氏本补。

〔2〕持 周氏本无此字。

呃[1]逆因[2]寒则可用，此世俗之劫，亦可戒。

丁香　柿蒂各一钱　竹茹

煎，热服。

有恶心，吐虫数条后，乃频作，服杀虫药，则吐虫愈多，六脉皆细，非虫脉也，乃脏寒而不安矣。

有呕，饮食皆不得进，治呕愈呕，此胃风也。

论吐有三证：

冷吐，先觉咽酸呕，然后吐食，脉小滑者是，王叔和云：关胃寒，不下食。伤寒汗下过多，胃中虚冷，食久反吐，亦属于寒。胃热而吐者，闻谷气则呕，药下则吐，或伤寒未解，胸中有热，关脉洪，宜凉之。

胸中有宿食，或痰饮，或停水，关沉而伏者，宜吐之。

《三因》论：呕吐出于胃，故有寒、热、食、痰、血、气，同上条。

论呕逆，则咳逆也。大率胃实则噫，胃虚则哕，此因胃中虚，膈上热也，故哕，至八九声相连，收气不回，惊人者。若伤寒久病，得此甚恶，《内经》所谓坏府是也。

亦有哕而心下坚痞、眩悸者，以膈间有痰水，非虚危比也。痰，半夏汤主之。哕，虚，橘皮竹茹汤主之。

论漏气：

病者身背皆热，肘臂牵痛，其气不续，膈间厌闷，食则先吐而后下，名曰漏气。此由上焦伤风，开其腠理，经气失道，邪气内着，麦门冬汤主之。

麦门冬　生芦根　竹茹　参　苓　术　草　陈皮　葳蕤

姜亦可。

论走哺：

病者上焦实热，大小便不通，气逆不续，呕逆不禁，名曰走哺，人参汤主之。

前方加芩、知母、石膏、栀，去竹茹、麦冬。

---

〔1〕呃　原作“吃”，据周氏本改。

〔2〕因　原作“丹”，据周氏本改。

三十五、噎　膈

〔脉〕 涩小血不足。大而弱气不足。

〔因〕 血虚血，阴血也，主静，内外两静，火则不能生焉，脏腑之火起；气虚气，肺，金生水制，火则不起，脏腑之火炽。而或因金水二气不养，或阴血不生。肠胃津涸，传化失宜；或因痰膈，妨碍升降，气不交通，皆食入复出，谓之膈噎，即翻胃也，噎病也。

大概因血液俱耗，胃脘亦槁，在上近咽之下，水饮可行，食物难入，间或可食，入亦不多，名之曰噎。其槁在下，与胃为近，食虽可入，难尽入胃，良久复出，名之曰膈，亦名翻胃。大便秘少如羊矢，名虽不同，而病本一也。

张论：三阳结，谓之膈。三阳，大肠、小肠、膀胱也。结者，结热也。小肠结热则血脉燥。大肠结热则后不通。膀胱结热则津液涸。三阳既结，则前后闭，则反而上行，此所以噎食不下，纵下而复出也。宜先润养，因而治下。或涎痰上阻，用苦酸微微涌之。

〔证〕《三因》有五噎：

气噎者，心悸，上下不通，噫哕不彻，胸背痛。忧噎者，遇天阴寒，手足厥冷，不能自温。劳噎者，气上膈，胁下支满，胸中填塞，故背痛。思噎者，心怔悸，喜忘，目视𥆧𥆧。食噎者，食无多少，胸中苦塞，痛不得喘息。

五膈：

忧膈者，胸中气结，津液不通，饮食不下，羸瘦短气。思膈者，中脘食满，噫则酸心，饮食不消，大便不利。怒膈者，胸膈逆满，噎塞不通，呕则筋急，恶闻食臭。喜膈者，五心烦热，口舌生疮，四肢倦重，身常发热，胸痛引背，食少。恐膈者，心腹胀满，咳嗽气逆，腹中苦冷，雷鸣绕痛，不能食。

〔治法〕 宜以润养津血，降火散结，万药万全。

有人血耗便如羊矢，病反胃半年，脉涩而不匀，不大便八九日，先以甘蔗汁煎六君子汤，加附子大黄与之，伺便润，令以牛乳服之。

方

四物汤加陈皮去白　红花酒浸　驴尿防其成虫

秘方　治膈噎。

童便　牛羊乳　韭汁　竹沥　甘蔗汁解酒毒

气虚加四君，血虚加四物。

胡荽丹　治反胃气结。

乌鸡一只，令净，胡荽子入鸡缝之，煮熟食之，渐尽。不得，再一只鸡，妙也。

三十六、疮　疡

〔脉〕　沉实，发热烦躁，外无焮火赤痛，其邪深在内，故先疏通以绝其源。脉浮大数，焮肿在外，当先托里，恐邪入于内。脉不沉不浮，内外证无，知其在经，当和营卫。

浮者太阳，长者阳明，弦者少阳。浮者在表，宜行经。沉者在里，宜疏利脏腑。缓者身重除湿，缓者湿胜故重。脉大，心躁乍热，大者，心肺有热。脉弦，眩运，有风，肝脉。涩者，气滞乏津，泻气补血。涩者血虚。脉弦细，便溺多，溺寒水。脉细，为膀胱之寒水。

〔因〕　火之属。

湿热相搏，肌肉败坏而为脓。营气不从，逆于肉里乃生痈肿。营气，运气也，逆而不行，其源在经。湿气外伤，害人皮肉，皆营气之不行也，其源在外，盛则内行。膏粱之变，足生大丁，皆营气逆行，凝于经络，其源在里，发于表也。

〔证〕　疮疡诸证，皆营气盛，偏助火邪而作，随虚而出于经络也。

如太阳经虚，从背而出。少阳虚，从须而出。阳明虚，从髭而出。肾脉虚，从脑而出。微热则痒，热甚则痛。血虚则痛甚，热甚则肿甚。

〔治法〕　外者，宜以辛凉发散之，通圣、凉膈解毒是也。内者，宜以苦寒下之，三黄汤、玉烛散是也。中者，宜以调经凉血等是也。

肿疡，宜解毒下之是也。溃疡，宜托里补之是也。如温[1]经加

〔1〕温　原作“湿”，据周氏本改。

通经之药妙矣。夫邪气内蓄肿热，宜砭射之也；气胜血聚者，宜石而泄之。如肿疡年壮，谓伏热在心，可降其火。如溃疡年老，发呕不食，谓虚大补。病疮，腰脊瘛疭者死。

内疏黄连汤 治呕哕哕，发热，脉沉而实，肿硬色不变，根深，脏腑秘涩。

连 芍 归 木香 槟榔 芩 栀 薄荷 甘草 桔各一两 连翘二两 大黄便秘加之行经 芩[1] 连[2] 连翘[3] 人参 木香[4] 槟榔[5] 柏 泽泻

在腰以上至头者，枳壳疏利脏腑，用前药中加大黄，痛者当归黄芪止之。

伤煎散 治肿焮[6]于外，根盘不深，脉浮。邪气盛则必侵于内，宜热之。

地骨皮 芪 芍 芩 术 苓 参 归 桂 草 防己各一两 防风二两

上以苍术一升，水五升，煎至半，去渣，入药煎服。便秘加大黄，热加黄连。

黄连消毒汤 治一切疮疽背脑。

连一钱 芩 柏 地黄 知母各四钱 羌活 独活 防风 藁本 归尾 桔梗 连翘各四钱 芪 参 草各三钱 苏木二钱 防己五钱 泽泻二钱

远志酒

忍冬酒

不问肿溃，皆有奏捷之功，然二酒有补性归心归血之效。

金银花汤 治痈，色变紫黑者，回疮。

金银花并枝 甘草各二两 芪四两

---

〔1〕芩 此药重出，周氏本同，疑衍。

〔2〕连 此药重出，周氏本同，疑衍。

〔3〕连翘 此药重出，周氏本同，疑衍。

〔4〕木香 此药重出，周氏本同，疑衍。

〔5〕槟榔 此药重出，周氏本同，疑衍。

〔6〕焮 原作“掀”，据周氏本改。

酒一升，闭口，重汤煮、酒煮皆可。

乳香散 治痛疮口大。

寒水石煅 滑石各一两 乳香 没药各五钱 脑子少许

末，糁口上。

雄黄散 治恶肉不去。

雄黄一钱 巴豆一个，去皮尖 乳香 没药少许，另研细

和匀，敷肉上。

木香散 治久不收口。

木香 槟 归各一钱 连二钱

为末，糁之。

出剩骨：

血竭罨之，骨自出。

治漏疮剩骨：

青橘叶 地锦草

上二件，杵成膏，先净疮口，用杜牛膝[1]根内入疮中，以膏敷之缚定。

一上散 治疮疥癣。

雄黄另 硫黄另，各五钱 斑蝥三个，去翅足，另 黑狗脊另 寒水石 蛇床子炒，各五钱

上细末，同匀，油调搽上，加法随病。

金丝，其状如绳线，巨细不一，上下行至心即死。可于疮头上截经刺之出血，后嚼萍草根，涂之立安。

治疔疮。刘先生方。

乌头尖 附子底 蝎梢 雄黄各一钱 蜈蚣一两 硇砂 粉霜 轻粉 麝 乳香各五分 信二钱五分

上末，先破疮口出血，亟[2]以草杖头，用纸带于内，以深为妙。

疔疮毒气入腹，昏闷不食。

紫花地丁 蝉退 贯众各半两 丁香 乳香

---

〔1〕膝 原无此字，据周氏本补。

〔2〕亟 原作“函”，据周氏本改。

温酒下二钱。

治疔疮。李先生方。

归尾　没药　白及　乳香　杏仁　黄丹　蓖麻　粉霜　巴豆　木鳖子　芝麻油　桃柳枝

上煎如法，白菊花紫茎者，汁服，渣服[1]敷之，茜草根叶亦可。

疔疮先痒后痛，先寒后热，热定则寒，四肢沉重，头痛心惊，眼花呕逆，则难治。

贴杖疮。

虎骨　柏　连　芩　苦参

以五味煎，入油纸，煎又数沸，次以纸贴上。

恶疮。霜后凋焦叶干末傅，香油调油纸掩，先用忍冬藤、葱、椒、金丝草洗，松上白蚁泥、黄丹炒黑，香油调敷，外用油纸夹上，日换，后用龙骨末药于口上收肉，黄丹入香油煎，入朴硝抹疮上。

口疮神方。

焰硝　硼砂

含口不开，以南星于涌泉酢敷之。

饮酒入口糜。导赤散，五苓散。

风寒遏绝，阳气不伸，声不出。半夏制一两，乌头、桂各一钱，煎服。

赤口疮。白矾飞、没药、乳香、铜绿，末糁。

白口疮。雄黄、没药各一钱，轻粉五分，巴豆，末糁。

唇紧燥裂生疮，用青皮烧灰，猪脂调敷，夜卧，头垢亦可。

口痛疮。五味子一两，柏蜜炙、滑各五钱，铜绿加糁，白蔷薇汁漱之，良。

有口疮不下食，众以狐惑治之，必死。未若以矾汤，于脚上浸半日，顿宽。以黄柏蜜炙、僵蚕灼末敷，立下乳而安。

一方神效　西瓜外皮烧灰、柏、连、朱砂、孩儿茶、硼砂为末，水调抹，效。

手痴疮。皂角、枯矾、轻粉、连、柏。

沙疮。栅地藤烧灰。

---

〔1〕服　周氏本无此字，疑衍。

足上毒疮。密陀僧、黄连傅之

又法：旱莲草盐敲、桑白皮，打细，作饼盖，干易之。杜牛膝、无名异、金星草俱可。

治脚。五倍子研。牛脚同髓调厚朴。

治阴疮。腊茶、五倍子等分，腻粉少许，傅。孩儿茶妙。

又方：降真香，磨水抹，效。

三十七、痈　疽附瘿、瘤

〔脉〕　数，身无热，内有痈也。脉数必当发热，而反恶寒，若有痛处，当发其痈。脉数而虚，咳唾涎沫，为肺痿；脉数而实或滑，咳则胸中隐痛，为肺痈。脉紧而数，脓为未成。紧去但数，脓为以成。脉滑而数，小腹坚满，小便或涩。或汗或寒，为肠痈。设脉迟紧聚，为瘀血，下血则愈。设脉洪数，脓为已成。肠痈，脉滑为实，数为热。卫数下降，营滑上升，营卫相干，血为败浊，皆湿热之所为也。

死之地分伏兔、腓腨、背、脏俞、项上、脑、髭、鬓、颐。

〔因〕　火之毒气结之，毒从虚而出也。薄处先穿之义，师全用补。盖厚味之火，气郁之结，壅滞经络，或引痰饮，血为之滞，气为之乱，积久从虚而出其经也。夫阴滞于阳则痈，阳滞于阴则疽，气得瘀而郁，津液稠粘，为痰为饮，而久渗入肺，血为之浊，此阴滞于阳也。血得邪而郁，隧道阻隔，积久结痰，渗出脉外，气为之乱，此阳滞于阴也。

肺痿热在上焦。肺痈，乃风伤于卫，热过于营，血为凝滞，蓄结成痈。囊痈，乃湿热下注也。有作脓者，此浊气顺下，将流入渗道，因阴气[1]亏，水道不利而然，脓尽乃安。骨疽，因厚味，及酒后涉水得寒，故热邪深入髀枢穴左右，积痰老血相搏而成也。内疽，因饮食之火，七情之火，相郁而发，在腔子而向里，非于肠胃肓膜也。以其视之不见，故名之曰内。

〔证〕　肺痿病，多涎唾，小便反难而数，大便如豚脑，欲咳不咳，咳出干沫，唾中出血，上气喘满，或躁而渴者，寸口脉数而虚，按之涩。

---

〔1〕气　原作“两”，据周氏本改。

肺痈病，咳逆上气，浊吐出如粥，脓血，胸中隐痛，又咳脓血，口燥，或喘满不渴，唾沫腥臭，时时振寒，寸口脉数而实，按之滑。

肠痈病，小腹重，强按则痛，坚满如肿，小便数，似淋或涩，或自汗，复恶寒。又身甲错，腹皮急，按之濡，如肿状，腹如聚积，按之痛如淋，小便自调，甚则腹胀大，转侧闻水声，或绕脐生疮，或脓从脐出。

背痈，脉数，身无热，而反恶寒。若有背痛处，发其痈。

附骨疽，与白虎、飞尸、历节皆相似，历节走注不定；白虎飞尸痛浅，按之便减[1]，亦能作脓；附骨疽着骨而生，痛深，按之无益。

〔治〕 法宜补气血，泻火散气，初觉可清[2]热拔毒，已溃则拔毒补气，用分经络气血多少，可补可驱毒。如少阳分少血多气，宜补。

千金内托散 内托之名，使气充[3]实，则脓如推出也。

羌活 独活 藁本各一钱五分 防风身、梢 归梢各五分 身[4]四钱 翘三钱 芩酒炒 芪 参 甘草各一钱半。生用五分 陈皮 苏木 五味各五分 柏酒炒 知母酒炒 生地酒制 连酒制，各一钱五分 汉防己酒制 桔梗各五分 栀 猪苓去皮 麦冬去心，各二钱 大黄酒制，三钱

作二服煎。

验方 有妇人年七十，性好酒，形实性急，脑生疽，脉紧急，切之[5]涩。

酒炒锦纹大黄 参酒熟

每一钱，姜汁煎服。

验方 有人年五十，形实色黑，背生红肿，近骨下痛甚，脉浮数而洪紧，食亦大呕，时冬月。

麻黄 桂枝冬月用之 生附脉紧用之 柏酒炒 瓜蒌 甘草节 羌活 青皮 半夏 参 芪

姜煎。

---

〔1〕减 原无此字，据周氏本补。

〔2〕清 原无此字，据周氏本补。

〔3〕充 原作“克”，据周氏本改。

〔4〕身 按文义当指“当归身”，供参考。

〔5〕之 原无此字，据周氏本补。

验方　治初生一切疮疖痈疽发背，服之殊效，亦能下死血。大黄、甘草、辰砂、血竭，酒下。

解毒丹　治一切发背痈疽金石毒。

紫背车螯[1]大者，盐泥固济，煅红出火毒，甘草膏丸，甘草汤下。恶物，用寒水石煅红入瓮，沉井中，腊猪油调傅。

又方　以轻粉为佐，又以灯草为佐，散肿消毒，轻者可杖。

清凉膏　治发背。

归　芷　木鳖肉　白及　白敛各一两　乳香研　腻粉少许　白胶少许　丹五两　麻黄十两

上煎前六味，候紫色去之，入槐柳枝各七寸再煎，入丹，临时入下。

三生散　治漫肿光色附骨痈，如神。

露蜂房　蝉退　头发各等分

烧灰存性，三钱，研细酒下。

曾用五灰膏敷一宿，待恶肉腐，以刀去之尽，以香油蘸在锦上，纽干覆之，待好肉如岩合盡状，方可以收口，用龙骨、白敛、乳、没等药傅之。

肉[2]疽，用四物汤加减服之。有人性急味厚，在胁下一点痛，每服热燥之药，脉轻则弦，重则芤，知其痛处有脓，因作肉[3]疽病治之。

甘草干姜人参　治肺痿。

甘草四两　干姜二两　参一两　枣三个

煎服。

小青龙汤　治肺痈。先解表之邪也，此治肿疡之法也。

葶苈大枣泻肺汤　治痈疽喘不得卧也。

葶苈炒黄，研，丸弹子大，水三升，入枣先煎二升，去枣，入葶苈，煎至一升，顿服之。先进小青龙汤三服，后进此。

桔梗汤　治咳胸满，唾如米粥，当吐脓血。

甘草　桔梗各一两

〔1〕螯　周氏本作“螯”。
〔2〕肉　周氏本作“内”。
〔3〕肉　周氏本作“内”。

苇叶汤 治咳，有微热，胸中甲错，此治溃疡之法也。

苇叶二升，切 薏苡仁 瓜瓣仁各半斤 桃仁五十个，去皮尖

煎服。又方，瓜蒌连穰下煎。

薏苡附子败毒散 治肠痈，身甲错，腹皮急如胀，本无积聚，身无热，脉数者。

附炮 败酱各二钱 薏苡仁十个

水煎。

大黄牡丹汤 治肠痈，小腹或偏在膀胱左右，大如掌热，小便自[1]调，时自汗，脉迟紧，未成脓，可下之。脓成不可下。

大黄四两 牡丹皮三两 芒硝二两 瓜子一个 桃仁五十个

水煮，顿服。

云母膏 有如腹痛，百分不治，脉滑数。腹微急，脉当沉细，今脉滑[2]数，以云母膏下之。

云母膏，丸梧子大一百丸。阿胶烊入酒下之，下脓血为度，可止。

青皮当归汤 治便痈。李先生方。

青皮 防风 归 草梢

空心，煎服。

桃仁承气汤 治便痈。张先生方。

验便毒方

葫芦巴末服。川楝灰亦好。

附骨疽方

青皮 柏 桂枝冬加 芩夏加 牛膝虚加 甘草 姜汁 麻黄发不动加

又防风通圣[3]去硝、黄，入生犀角、浮萍末，治骨疽。

瘿

状多着肩背。如坚硬不可移，名[4]石瘿。皮色不变，名肉瘿。

〔1〕自 原作“欲”，据周氏本改。

〔2〕滑 原作“清”，据周氏本改。

〔3〕圣 原作“经”，据周氏本改。

〔4〕名 原作“若”，据周氏本改。

如筋脉露结，名筋瘿。赤脉交错，名血瘿。随忧愁消长，名气瘿。

瘤

状随气凝结。有骨、筋[1]、肉、脓血之瘤。

三十八、乳　痈

〔证〕 乳房为阳明所经，乳头为厥阴所属。

〔因〕 厚味湿热之痰，停蓄膈间，与滞乳相搏而成。滞乳因儿口气吹嘘而成。有怒气激其滞乳而成。凡病皆阳明经也，浅者为痈，深者为岩，不治。

〔治〕 宜疏厥阴之滞，清阳明之热，行瘀血，散肿结。

方

煅石膏清阳明　橘皮　瓜蒌子消肿　甘草节行血　白芷　蜂房　台芎　香附二味郁气加之　青皮疏厥阴　葛根

酒姜汁饮。

又方

大黄　天花粉　归一两　甘草节已下一钱五分　瓜蒌子　穿山甲陈壁土炒

酒丸服。

三十九、瘰

〔因〕 大抵食味之过，郁气之积，曰毒，曰风，曰热，皆此三端变化引换。须分虚实，实者易治，虚者可虑。夫初发于少阳一经，不守禁戒，延及阳明。盖胆经至主决断，有相火，而且气多血少。

神效方

牡蛎粉五钱，和鸡胆为膏，贴之。

又用滑石一两，肉桂五钱，调汤服之，好。

---

〔1〕筋　原作“腈”，据周氏本改。

〔证〕 外有虾蟆瘰，无核但肿。瘰在阳明少阳经，结核按之走痛。瘿或隐僻处。劳瘵结核，连数个在耳边，或聚或散也。瘤等亦同。

〔治〕 宜泻火散结，虚则补元气，实则[1]泻阴火，补则十全散，下则玉烛散、化坚汤。

升麻一钱 葛五分 漏芦足阳明 牡丹皮三钱，去留血 归 地黄生熟各三钱 连翘一钱，生血脉 芪一钱，护皮毛 芍收散，三钱 桂散结，寒因热用，三钱 柴八钱 黍粘消肿 羌活一钱 防风 独活各五分，结散 昆布软坚 三棱削坚 广术 参 朴腹胀加 连 陈皮 木香气不顺加 大黄便秘加

大黄汤

大黄煨 皂角 甘草炙

煎服，以麝香、瓜蒌仁傅之。

法：未破核者，用火针针其上，即用追毒膏点苎线头，内针孔中。

又用杜牛膝捣，傅其上，一日一易。如脓将尽，又用生玄参、地榆、滑石、寒水石、大黄等末傅，缚其疮。

又用白厄菜、墨草，同缚其疮，以寒水石、大黄、硝、龙骨、木香、槟榔末收口。后又用竹茹，亦能长肉，白膏药收后，红不退，用北蠮螉窠傅。如已溃久不收口，须用香附灯烧铁烙，烙其腐处，尽后依前治之。

治耳接，耳边项上生块核是。

方

五倍子 香白芷

为末，蜜调傅。

猳鼠粪，以黄泥炉煅。

去瘰疬毒。

皂角子五两 大黑豆一斤 甘草一两 冬青叶汁一升

上煮汁干为度，常食不过二料。

---

〔1〕则 原作“在”，据周氏本改。

四十、发　斑

〔因治〕 属表，因风挟热痰，通经微汗之，下之不可。属里者，因胃热，助手少阴心火，入于手太阴肺也，故红点如斑，生于皮毛之间耳。白虎、泻心、调胃承气，从长而用之。

四十一、丹　疹

〔因〕 热与痰，血热也。夫斑痘疹丹，皆恶毒血热，蕴蓄于命门，遇相火，合起则发也。

外有赤游风，天蛇漠，丹疹，瘾斑，其状不同，因则一也。

〔治〕 张归之少阳相火。如遇热之时，以通经辛凉解之。如在寒之时，以葛根升麻辛温解之。如遇疮痈黑陷，腹内喘满者，热而气虚也，急以白虎解之。热加参，参主喘也，主之全，以凉膈调之。

消毒汤

升麻根　羌活　藁本　细辛　柴胡　葛根　芩酒炒　生地黄　连柏　翘　红花归　苏木　白术　苍术　陈皮　吴茱萸　防风　甘草

又方　紫草　红花子　芍　胡荽　归。

附[1]方　剪刀草汁，调原蚕沙傅之。

龙脑丸　治斑疮倒靥[2]。

猪心血，调脑子成膏，以紫茸汤化。无脑用辰砂。

四十二、金　疮附油火刀犬等伤

〔脉〕 金[3]疮出血太多，脉沉细者生，浮数实大者死。

〔治〕

没药散　治刀箭伤，止血住痛。

---

〔1〕附　原作“付”，据周氏本改。

〔2〕靥　原作“厌面”，据周氏本改。

〔3〕金　原作“至”，据周氏本改。

定粉　风化灰各一两　枯白矾三钱　乳香五分，另研　没药一字，即二分半也。一铜钱有四字之故。另研

和匀糁之。

圣愈汤　治出血太多。

四物汤　参　芪

煎服。

金疮刀伤见血方

降真香末细贴之。

石灰和人血作饼，旋干贴之。

煨大黄、石膏细研，桐油二分，水一分，拌抹上。

又淹灰搽傅亦良。

救苦散　治热油、刀斧伤、火伤、犬咬伤。

寒水石，油调涂上。

四十三、倾　仆

〔脉〕　倾仆内有血，腹胀满。脉坚强者生，小弱者死。

〔证〕　瘀血为病，或[1]痰涎发于上。

〔治〕　同中风证，恶血归内，留于肝经，胁痛自汗，治宜破血行经。

张论：坠堕，便[2]生心恙，痰涎发于上也。治宜补之。

凡杖打闪肭疼痛，皆血滞证，可下之，忍痛则伤血。

神应散　治瘀血大便不通。

大黄酒浸，一两　桃仁　红花二钱　归三钱　瓜蒌根二钱　炮穿山甲二钱　柴胡引经　麝透

热酒下

紫金丹　治骨节折伤疼痛。

炮川乌　炮草乌各一两　五灵五钱　木鳖子去壳　黑牵牛各五钱　威灵仙　金毛狗脊　骨碎补　没药　麝香　红娘子各二钱五

〔1〕或　原作“成”，据周氏本改。

〔2〕便　周氏本作“使”。

分　地龙　乌药　青皮　陈皮　茴香各五分　防风　自然铜烧淬，四两　禹余粮淬，四两

酢糊丸梧子大，每十丸，酒下。

三圣散　吐之。治痰壅。

四十四、百药中伤

〔脉〕 浮涩而疾者生。微细者死。洪大而迟者亦生。

〔治法〕 在上吐[1]之。

解毒丸　治食毒物，救人于必死。

干板蓝根四两　贯众去土，一两　青黛　甘草

蜜丸青黛良。

秘传方　续随子、甘草、五味子。

茶清下一二碗。

四十五、癫　狂附痫

〔脉〕 大坚疾者癫病。脉大滑者自已。脉小急实者死。循衣缝者死。虚而弦急者死。脉虚弦为惊。脉沉数为痰热。

〔因〕 痰、火、惊。血气者，身之神也，神既衰乏，邪因而入。夫血气俱虚，痰客中焦，妨碍不得运用，以致十二官各失其职，神听言动，皆有虚妄，宜吐之而安。

肺入火，为谵语，肺主诸气，为气所鼓舞，火传于肺，为之循衣撮空，胃中大实热，熏于心肺，亦能谵语，宜降火之药。

惊其神，血不得宁也，积痰郁热，随动而迷乱，心神无主，有似邪鬼，可先吐之，后以安神丸主之，佐以平肝之药，胆主惊故也。

〔证〕 狂言、谵语、郑声辨。狂者，开目，与人语，语所未尝见之事，为狂也。谵语者，合目，自言日用常行之事，为谵也。郑声者，身动无力，不相接续，造语出于喉中，为郑声也。又蓄血证则重复语之。

〔1〕吐　原作“治”，据周氏本改。

〔治〕 痰者吐之，三圣散。火者下之，承气汤。惊者平之，安神丸。

方　总治。连、辰砂二味降火，瓜蒌、星、半夏三味行痰，青黛、柴胡、川芎三味平肝。

桃仁承气汤　治热入血室发狂。

犀角地黄汤　治瘀血狂妄，因汗不彻，吐衄不尽，瘀血在内，面黄唇白，便黑脚弱，气喘，甚则狂闷。

犀角一两　生地八两　芍三两　丹皮　大黄二两

脉大迟，腹不满，为无热，减之，煎服。

洪、长、伏三脉，诸痫发狂，以《局方》妙香丸，以针透眼子，冷水浸服之。弦、细、缓三脉，诸痫，李和尚五生丸。

治痫方　黄丹、白矾等分，研细，用杨树火煅过，曲丸。

又方

川芎二两　防风一两　猪牙皂角　郁金各一两　明矾一两　黄赤脚蜈蚣各一条

细末，蒸饼丸梧子大，空心，茶清下十五丸。

四十六、惊　悸

〔脉〕 寸口脉动而弱，动为惊，弱为悸。趺阳脉微而浮，浮为胃气虚，微则不能食，此恐惧之脉，忧迫所作也。寸口脉紧，趺阳脉浮，胃气则虚，是以悸。肝脉骛暴，有所惊骇。

〔证〕 悸有三，惊悸、忪悸。痰饮闭于中脘，其证短气自汗，四肢浮肿，饮食无味，心虚烦闷，坐卧不安。悸，心筑然而动。

〔治〕 因血虚，肝主血，无血养则不盛，故易惊。心神忤乱，气与涎结，遂使惊悸。血虚，治宜朱砂安神丸。

气涎相结，宜温胆汤，在心胆经。

小儿惊搐，涎潮如死，乃母胎时受怖，为腹中积热，可坠其涎，镇火清心等是也。

悸因失志，气郁涎聚，在心脾经，治宜定志丸。失志者，或事不如意，久思所爱。

少阴心悸，乃邪入于肾，水乘心，唯肾欺心，火惧水也。治在于水，以茯苓导其[1]湿，四逆散调之，枳实、柴胡、芍药、甘草是也。与惊悸不同名，亦谓之悸，故书以别之。

发搐痰饮为证，脉必弦涩，皆用下之。

外有肝痹，心肺疟，心虚寒，皆惊。

朱砂安神丸 治血虚惊悸。

朱砂一两，另研 连一钱二分 归五分 甘草五分 生地三钱

炊饼丸。

温胆汤 治心胆性易惊。

半夏 竹茹 枳实二两 苓一两五钱 陈皮三两 甘草一两

寒水石散 治因惊心气不行，郁而生痰，结为饮。

寒水石煅 滑石水飞。各一两 甘草一两 龙脑少许

热则水下，寒姜下。

四十七、疝 癞附张论七疝、《三因》有四癞

〔脉〕 寸口弦紧为寒疝，弦则卫气不行，卫气不行则恶寒，紧则不欲食。寸口迟缓，迟则为寒，缓为气之虚，虚寒相搏而痛。脉沉紧豁大者为虚。脉滑为疝，急为疝，搏为疝。见于何部而知其何脏。

〔因证〕 盖全在肝经。因湿热在经，抑遏至久，又感[2]外寒，湿被郁而作痛，或大劳则火起于筋，醉饱则火起于胃，房则火起于肾，大怒则火起于本经。

火郁之甚，湿热便盛，浊液凝聚，并入血隧，流于肝经，为寒所束，宜其痛甚。因痰饮积流入厥阴，聚结成核。因瘀结其本经。因虚而感，或内火外寒郁之，肝经与冲、任、督所会聚于阴器，伤于寒则阴缩入，伤于热纵挺不收，属木性速急，火性暴而痛亦暴矣。

---

〔1〕其 原作“之”，据周氏本改。

〔2〕感 原作“盛”，据周氏本改。

张论七疝

寒疝，因湿地雨水风冷处，使内过多，其状囊结硬如石，阴茎不举，或控睾丸而痛，宜以温剂下之，久而无子。

水疝，因醉过内，汗出遇风，湿之气聚于囊中，其状肾囊肿痛，如水晶，或痒，搔出黄水，小腹或按之作水声，阴汗，治宜逐水。

筋疝，因房劳及邪术所使，阴茎肿，或溃脓，或痛而里急，筋速缩，或挺不收，或白物如精，或茎痛之极则痒，宜降火下之。

血疝，因使内，气血流溢，渗入脬囊，留而不去，结成痈脓，多血，状如黄瓜，在小腹两旁，横骨约中，俗云便痈，治宜和血。

气疝，因号哭忿怒，气郁而胀，哭怒罢则散，其状上连肾区，下及阴囊，宜以散气药下之。小儿有此，因父精怯，故不治。

狐疝，与气疝大同小异，状如仰瓦，卧则入小腹，行之则出入囊中，宜逐气流经之剂下之。

㿗疝，因地卑湿，江淮间所生，其状如升斗，不痒不痛，宜去湿之药下之。女子阴户突出，虽相[1]类，乃热不禁固也。

《三因》有四㿗

肠㿗，因房室过度，元脏虚冷，肠边膋系不收，坠入㿗中，上下无定，此难治也。

气㿗，因七情脏气下[2]坠，阴㿗肿胀急痛，易治之。

水[3]㿗，因湿气得之，则肿胀其阴，易治也。

卵㿗，因劳役坐马，致卵核肿胀，或偏有大小，上下无常，此难治也。

外有妇人阴门挺出，亦名㿗病。

丁香楝实丸 以下出李。

归酒制去芦　炮附　川楝　茴香以上各一两

剉，好酒三升，同煮酒尽，焙干作末，入下药：丁香　木香各五

---

〔1〕相　原作“出”，据周氏本改。

〔2〕下　原作“不”，据周氏本改。

〔3〕水　原作“小”，周氏本同，据《三因极一病证方论》改。

分 蝎十三个 玄胡索五钱

上同为末，酒糊丸梧子大，每服三十丸，至百丸，温酒下。

参术汤 治虚疝脉[1]豁大者是。

参 术 栀 香附

仓卒散 治寒疝入腹卒痛，小肠膀胱气绞，腹冷重如石，出白汗。

山栀四十九个，烧半过 生附子

酒煎二钱。

又一方：乌代附。

神应散 治诸疝，心腹绞痛不忍。此方能散气开结。

玄胡索 胡椒 或加茴香

酒煎二钱。

牡丹丸 治寒疝，心腹刺痛及血。

川乌炮，去皮尖 牡丹皮四两 桃仁炒，去皮尖 桂各五两 青皮一两

蜜丸，酒下。

桃仁汤 治癞疝[2]。

大桃仁如法 茱萸 桂枝 蒺藜 青皮 白茯苓 槟榔 木香 海藻 三棱 莪术任意加减

张用导水禹功、猪肾通经等散下之。

秘方 治诸疝。

枳实治痛 栀 茱萸 橘子 山楂去核积 桃仁瘀血加之 川乌劫痛同栀 桂枝不定必用 荔枝核湿则加之 青皮

守丸 治癞要药，不痛。

苍术 星 半夏[3] 白芷散水 川芎 枳实 山楂

应痛丸 治败精恶物不出，结成疝，痛不忍。

阿魏二两，酢和荞麦面裹，火煨熟 槟榔大者二个，刮空，滴乳香满盛，将刮下末用荞麦拌作饼，慢火煨

---

〔1〕脉 原作“气”，据周氏本改。

〔2〕疝 原作“出”，据周氏本改。

〔3〕夏 原无此字，据周氏本补。

上细末，入硇砂一钱，赤芍一两，同为末，面糊搜和，丸如梧子大，盐酒下。

雄黄散 治阴肿大如斗，核痛不治。

雄黄一两 矾二两 甘草五钱

煎洗。

又方 天萝筋烧灰，治疝妙。

四十八、脚 气

〔脉〕 浮弦者风，濡弱者湿，洪数者热，迟涩者寒，微滑者虚，牢坚者实。结则因气，紧则因怒，细则因悲。

入心则恍惚妄谬，呕吐，食不入，眠不安，左寸脉乍大乍小者死。

入肾则腰脚俱肿，小便不通，呻吟，目额皆黑，冲胸而喘，左尺脉绝者死。

〔因〕 湿之病，南方之人自外而感，北方之人自内而致。南方之人，当风取凉，醉房，久坐湿地，或履风湿毒气，血气虚弱，邪气并行虚膝，邪气盛，正气少，故血气涩，涩则脾虚，虚则弱，病发热。四肢酸痛烦闷者，因暑月冷湿得之；四肢结持弱者，因寒月冷湿得之。北方之人，因湩[1]酪醇酒之湿热下注，积久而成，肿满瘀痛也，治宜下药泄越其邪。

〔证治〕 因病胫肿，小腹不仁，头痛烦心，痰壅吐逆，时寒热，便溲不通，甚者攻心而势迫，治之不可后也。此壅之痰，壅未成，当宜通之，调以黄柏，苍术类。壅既成，当砭恶血，而后以药治之。攻心脚气，乃血虚而有湿热也，治宜四物以加柏。筋动转而痛者，乃血受实热也，治加桃仁、芩、连。有痰流注，加竹沥、姜汁、南星是也。

李曰：湿淫所胜，治以苦温，以苦辛发之，透关节胜湿为佐，以苦寒泄之，流湿清热为臣，故主当归拈痛汤一方治之。

中脚膝论：自内喜怒忧思，寒热邪毒之气，注于脚膝，状类[2]

〔1〕湩（dòng冻） 乳汁。《列子·力命》："乳湩有余。"

〔2〕类 原作"论"，据周氏本改。

诸风，谓之脚气也。

自外风寒暑湿，皆有不正之气，中于脚膝，谓之脚气也。实者利之，虚者益之，六淫随六法以治之，七情随六气以散之。

《三因》论：乃风寒暑毒气袭之也。风则脉浮，寒则脉紧，湿则脉细，表则脉浮，里则脉沉；寒则痛，湿则重，暑则烦，风则行，随其所中经络而治之。

太阳经则头项腰脊皆痛，六淫中之论同前，宜以**麻黄佐经**[1]**汤**。

麻黄　干葛　细辛　白术　茯苓　防风　防己　羌活　桂　甘草

阳明则寒热，呻欠鼻干，腹胀，髀膝膑中履外皆痛，六淫亦然，宜**大黄佐经**[2]**汤**。

大黄　细辛　茯苓　防己　羌活　黄芩　前胡　枳壳　朴　杏仁

少阳则口苦胁痛，面垢，体无膏泽，头目颔锐痛，六淫亦同，宜**半夏佐**[3]**经汤**。

半夏　干葛　细辛　白术　茯苓　桂　柴胡　麦冬

三阳合病，寒热，关节重痛，手足拘挛，冷痹上[4]气，呕吐下利，脉必浮弦紧数，合前三方以发之。

太阴腹满，咽连舌急，胸膈痞满，骨节烦疼，四肢拘急，浮肿，宜**六物附汤**。

炮附　桂各四两　甘草二两　茯苓三两　防己四两　白术三两

少阴上气喘急，小腹不仁，腰脊、足心、腨腘皆痛，六淫亦然。宜八味丸主之。

牡丹皮　泽泻　茯苓　桂　附　山药　山茱萸　熟地黄

厥阴胁腰偏疼，阴器[5]抵小腹夹脐诸处胀痛，一如中风，宜**神**

〔1〕佐经　周氏本作“左金”。

〔2〕佐经　原作“左金”，据上条麻黄佐经汤方名改。

〔3〕佐　原作“左”，据上条麻黄佐经汤方名改。

〔4〕上　原作“缓”，据周氏本改。

〔5〕器　原作“气”，据周氏本改。

应养真丹。

归　天麻　川芎　羌活　木瓜　熟地　芍

《三因》元并脏腑不同故也。

当归拈痛汤　治湿热肢节烦痛，肩背沉重，胸膈不利，身痛胻肿。

羌活　炙草　芩酒炒　茵陈叶酒炒　归各五钱　参　苦参酒洗　升麻　葛根　苍术各二钱　知母酒洗　防风　泽泻各三钱　猪苓　白冬术各五分

煎服。

羌活导滞汤　治前证便溺阻隔，先以药导之，服前方及此方。

羌活　独活各五钱　防己三钱　大黄酒煨，一两　归三钱　麸炒枳实三钱

除湿丹　治诸湿。

槟榔　甘遂　赤芍　威灵仙　葶苈　泽泻各一两　乳香另研　没药各五钱　黑丑炒，三钱　大戟炒，一两半　陈皮二两

脚气方　治湿热。

生地　柏酒炒　苍术盐酒炒　术　芎　防己　槟榔　犀角　甘草　木通　黄连　黄芩二味热加之　竹沥　姜汁二味痰加之　石膏热时加　桃仁便实加　牛膝溺涩加

食积流注方

苍术　柏　防己　南星　川芎　白芷　犀角　槟榔　龟板血虚加

血积转筋方见论。　治攻心脚气。

阮氏方　治膝痛，脚骨热，或赤肿，行步难。

苍术四两，泔浸一日夜，盐炒黄柏四两，酒浸一日夜，炙焦，㕮咀，服。

四十九、虫附狐惑

〔脉〕　䘌虫蚀阴疘。脉虚小者生。急紧者死。

〔因证〕　湿热之生，脏腑虚则侵蚀。腹内热，肠胃虚，虫行求食。上唇有疮曰惑，虫食其脏。下有疮曰狐。虫食其疘。亦有口

疮，非狐惑也。

〔治〕

集效方

木香 鹤虱炒 槟榔 诃子煨 芜荑炒 炮附 干姜各七钱 大黄一两五钱 乌梅 或加连、柏

上蜜丸，陈皮汤、酢汤任下。

化虫丸 治虫即化水。

硫黄一两 木香五钱 密陀僧三钱 炮附一个

上先附末，酢一升，熬膏入药，和丸绿豆大，荆芥茶清下二十丸。

秘方 治吐虫。

黑锡炒成灰 槟榔末

茶饮下。

又方 川椒，酒糊丸，治虫。

又方 炒鸡子、白蜡尘，治寸白虫，酒糊丸妙。

泻心汤 治惑。

苦参汤 洗之，治狐。

五十、喉 痹

〔因〕 热内结，虽有蛾闭、木舌、缠喉、走马之名，火则一也。论咽与喉，会厌与舌，同在一门，而用各异。喉以候气，故通于天；咽以纳食，故通于地。会厌管乎其上，以司开阖，掩其咽，其食下；不掩之，其喉错，必舌抵上腭，则会厌能闭其咽矣。四者相交为用，缺一则饮食废而死矣。及其为病，皆火也。夫手少阴君火，心主之脉；手少阳相火，三焦之脉。二火皆主脉，并络于喉，气热则内结，结甚则肿胀，肿胀甚则痹甚，痹甚则不通而死矣。至如嗌干痛，咽颔肿，舌本强，皆君火之为也。唯喉痹急速，相火之为也。

〔证〕 咽，咽物之处，咽肿则不能咽，或呕吐咯伤，或多饮啖，

痰热皆至，咽系干枯也。

喉，声音出入之处，脏热则肿，其发暴肿闭塞。或心虚寒，有悬痈生在上腭，俗名鹅也。咳而声嘶喉破，俗名声散也。

〔治法〕 微以咸软之，甚以辛散之，痰结以苦吐之，否则砭出血。人火以凉治之，龙火以火逐之，凉剂以热服之是也，宜刺少商出血。

秘方

朴硝 牙硝各研 青鱼胆

上以胆放二硝上干，方研为末，竹管吹入喉中，痰出即愈。

五匙散 治风热喉痹，及缠喉风。

朴硝一两五钱 硼砂五钱 脑子三钱 僵蚕

以竹吹末入喉中。

神效散 治热肿语声不出。

荆芥穗 蓖麻生，去皮，另研。各一两

蜜丸皂子大，噙含化。

雄黄解毒丸 治缠喉风，及喉痹，倒仆失音，牙关紧急，不省人事。

雄黄一钱，飞 郁金一钱 巴豆去皮、油，十四个

酢糊丸绿豆大，热茶清下一[1]丸，吐则止。

蜜附子 治腑寒，咽门闭，不能咽。

大附去皮脐，切大片，蜜涂炙黄，含咽津。

又方 龙胆、矾包乌梅肉内，以绵裹含。

龙火拔毒散 治缠喉急证，先以针出血为上策，缓以丹敷。

阳起石煅 伏龙肝各三钱

新水埽[2]之。

又方 白瑞香花根，研，水灌之。

秘方 治痰，其证皆因痰也。以鹅毛刷桐油探吐之。皂荚灰亦可吐。僵蚕研姜服亦可。生艾汁亦可。

---

〔1〕一 原无此字，据周氏本补。

〔2〕埽（sǎo） 同扫。

五十一、口

〔因证〕 脾热则甘，胆热则苦。口苦亦有肝虚寒者。

〔治〕 三黄丸治甘，柴胡汤治口苦，及谋虑不决。

柴胡汤加麦冬、枣仁、地骨皮、远志。

五十二、舌

〔脉〕 心脉系舌根，脾脉系舌旁，肝脉、肾脉络舌本。

〔因证〕 因风寒所中，则舌卷缩而不言。七情所郁，则舌肿满不得息。肝壅则血上涌。心热则裂而疮。脾热则滑胎，是虚热，心经飞扬上窜。脾闭则白胎如雪。脾热则舌强。舌卷而卵缩者，厥阴绝也，死。

〔治〕 **金沸草散** 治风寒伤心脾，令人寒热，齿浮舌肿。

金沸草 荆芥四两 前胡 麻黄各三两 甘草 半夏一两

升麻柴胡汤 治心脾虚热上攻，舌上生疮，舌本强，两颊肿痛。

升麻 柴胡 白芍 栀 木通一两 杏子 大青 芩三钱 煅石膏二两

舌肿破，锅底煤即锅底烟，酢盐傅。

出血如泉，白胶香、五倍子、牡蛎，末糁。

白苔语涩，薄荷汁、白蜜、姜片揩傅之。

五十三、目

〔因〕 风热血少，经曰：目得血而能视，肝血不上荣也。

神劳，目者神气之主，劳则魂魄散，不能相得。

肾虚，水精不上奉也。

〔证治〕 在腑则为表，当除风散热；在脏则为里，宜养血安神。如暴失明，昏涩，翳膜眵泪，斑入眼，皆表也，风热也，宜发散以去之。

如昏弱不欲视物，内障见黑花[1]，瞳散，皆里也，血少、神劳、肾虚也，宜养血补水安神以调之。

斑入眼，此肝气盛，而发在表，瞳子散大，皆辛热之为也。辛主散，热乘之，当除风热，凉血益血，以收耗散之气，以芩、连苦寒，除邪气之盛为君，归身、地黄养血凉血为臣，五味酸寒体浮收瞳散，地骨皮、天冬泻热补气。

凡目暴赤肿，以防风、黄芩为君，以泻火；黄连、当归为佐，以和血。

凡目疾暴赤肿，以防风、羌活、柴胡、升麻、白芷、芩、连、甘草、当归，白睛红加白豆蔻少许。

凡目久病昏暗，以熟地、归根为君，以羌活、防风、甘菊之类杂佐之。

拨云汤

羌活　防风一钱半　藁本　川芎　荆芥一钱　葛根　细辛　柴胡　升麻半钱　知母　归身　川柏　甘草　芪各一钱

内障，是脾虚火盛，上加下药：参、五味、白芍、茯苓、术；湿热加下药：连炒、芩、生地；睛痛加归、地黄；胸中不利加槐子；赤翳加羚角；腑秘加大黄。

百点膏

黄连水一大碗，煎至半，加归六钱　防风八钱　蕤仁去皮尖，三钱

上熬滴水不散，加蜜少许点之，蔓荆、椒眼、地黄、甘草、荆芥、麻黄、升麻，随所长加之。

春雪膏　点眼。

朴硝置生腐上蒸，待流下，瓦器接之。

地黄丸　治不能远视、近视，此大除风热。

生地　天门冬各四两　炒枳壳　甘菊各二两

蜜丸，茶酒任下。

《局方》定志丸　治不能近视，反能远视。

---

〔1〕花　原作“包”，据周氏本改。

参　远志　菖蒲　白茯苓

蜜丸。

泻青丸　治风热。

熟干地黄丸　治血少，安神。

驻景丸　补肾水。

车前子　菟丝子　熟地黄各五两

槐子散　治体肥气盛，风热上行，目昏涩。

槐子　芩　木贼　苍术

末之，茶下。

桔梗丸　治太阳卫虚血实，瞳人肿痛，眼黑，肝风盛。

桔梗一斤　牵牛头末三两

蜜丸，水下。

神仙退翳[1]丸　治一切翳晕，内外障昏无睛，累效。

归酒洗　芎　犀角屑　枳实　连　蝉蜕　瓜蒌根　薄荷六钱　甘菊　蛇蜕　密蒙花　荆芥与甘草煎三味　地骨皮三钱，洗　炒白蒺藜　羌活　地黄用干酒浸，一两　木贼一两半，去节，童便浸一宿，火干[2]

上末，炼蜜丸，米饮下。妇人气旺者，木香汤下之。

家珍方　治眼梢赤。

连　白矾三钱，飞　铜绿五分　密陀僧一钱　轻粉少许

末，贴之。

又方　黄丹、白矾等分。

验方　治痘后目上翳。

谷精草　蛇壳　绿豆壳　天花粉

上等分末，粟米泔浸，煮蜜柿干为度，食之。

羊肝丸　治一切目病，不问障盲。

白乳羊肝一具，竹刀刮去膜　连一两　甘菊　防风　薄荷去梗　荆芥　羌活　归　芎各三钱

---

〔1〕翳　原作“灵”，据周氏本改。

〔2〕去节，童便浸一宿，火干　原作“童便浸去节一宿火干用之”，据周氏本改。

上为末，羊肝捣丸，浆水下。

烂翳验方 茜根烧灰，灯草点之，须臾大痛，以百节草刮去之。

七宝膏

珍珠 珊瑚 甘石三味煅，以连水淬七次 石沙 脑子 麝 蕤仁去壳，各一钱

研细点之。

五十四、耳

〔因〕 风热气虚火升。肾寄窍于耳。

〔证治〕 风毒耳痛，全蝎一两，生姜二两，切作四方块，同炒，去姜，末之，汤点停耳。

耳脓出，用桑螵蛸一个，火炙，麝二分五厘，糁之。又加枯矾吹之良。

虫入耳中，麻油灌。又，猫尿灌耳内好。

五十五、鼻

〔因证〕 鼻为肺之窍，同心肺，上病而不利也。有寒有热，寒邪伤于皮毛，气不利而壅塞。热壅清道。酒皶[1]鼻，乃血热入肺。齄鼻息肉，乃肺气盛。鼻渊，胆移热于脑，则辛頞[2]鼻渊。

〔治〕 寒邪伤者，宜先散寒邪，后补卫气，使心肺之气交通，宜以通气汤。

羌活 独活 防风 葛 升麻各三钱 川芎一钱 苍术 炙草各三钱 芪四钱 白芷一钱 连 黄柏

酒皶鼻方

四物汤 芩酒炒 红花

水煎服。

---

〔1〕皶 原作“鼓”，据周氏本改。

〔2〕頞 原作“额”，据周氏本改。

又方　乳香、硫黄以萝卜内煨、轻粉、乌头尖，酥调敷。

又方　鸭嘴胆矾傅。

齆鼻息肉。枯矾研为面脂，绵裹塞鼻，数日自消。

又方　瓜蒂末，绵囊里塞亦可。

木通、细辛、炮附子蜜和，绵裹内鼻中，亦可。

防风通圣散加好三棱、山茱萸肉、海藻，亦用酒浸炒末，每一钱五分。

鼻渊。

薄荷　连二钱半　通圣散一两

孩儿茶服。

五十六、齿

〔因证〕　夫齿乃肾之标，骨之余。

上龈隶于坤土，足阳明之贯络也，下龈隶于庚金，手阳明之贯络也。

手阳明恶寒饮而喜热，足阳明喜寒饮而恶热。肾衰则豁，肾固则坚。大肠壅，齿乃为之浮；大肠虚，齿为之宣露。热甚则齿动龈脱，作痛不已。寒邪、风邪客于脑则脑痛，项筋急粗露，疼痛蚛[1]饵，则缺少而色变痒痛。

〔治〕　**羌活散**

麻黄去根节　羌活一钱半　防风三钱半　细辛五分　升麻　柴胡五分　归　苍术五分　白芷三钱　桂枝　连　骨灰三钱

上先以汤漱[2]口净，擦之。

牙疼方

土蒺藜半两　青盐三钱

浆水二碗，煎热服。

又方

乌头　熟艾多　葱三株　川椒十数粒

---

〔1〕蚛（zhòng 仲）　虫啮；被虫咬残。

〔2〕漱　原作“嗽”，据周氏本改。

上浓煎漱[1]，有脓痰出而安。

治虫[2]散气。

草荜拨末　木鳖肉

上同研嗃鼻。

治风气走疰痛。藁本、剪草、细辛，热漱愈。

治骨槽风。

皂角不蚛，去子　杏仁烧存性

上每味一两，入青盐一钱，揩用。

治风蚛牙。以北枣一枚，去核，入巴豆一粒，合成，文武火炙如炭，放地上良久，研细，以纸捻入蚛孔十次。

五十七、结　燥

〔因〕　火邪伏于血中，耗散真阴，津液亏少。夫肾主大便，肾主津液，液润则大便如常。

〔证〕　小肠移热于大肠为虙[3]瘕，为沉。虙瘕，是便涩闭也。

〔脉治〕　热燥。有云脾脉沉数，下连于尺，脏中有热，亦有吐泻后肠胃虚，服燥热药多者，宜承气汤下之。

风燥。有云右尺浮也，内肺受风，传入肠中，宜麻仁丸。

阳结。脉数大而实，宜苦寒类治。

阴结。阴燥欲坐井中，二肾脉按之必虚，或沉细而迟者是也。

如有阴证烦躁，脉坚实，阳药中少加苦寒，以去热燥。

有年老气弱，津液不足而结，有产妇内亡津液而结，二证并宜地黄丸。

大便闭，小便涩数，谓之脾约。约者脾血耗燥，肺金受火，无

〔1〕漱　原作“嗽”，据周氏本改。

〔2〕虫　原作“古”，据周氏本改。

〔3〕虙（fú伏）　通“伏”。《颜氏家训·书证》：“孔子弟子虙子贱为单父宰，即虙羲义之后，俗字亦为宓，或复加山。……济南伏生，即子贱之后，是知虙之与伏，古来通字。”

所摄脾，津液故竭，理宜养血润燥。

有产妇便秘，脉沉细，服柏、知母、附子而愈。

外有脚气，虚寒、气实皆相似，亦大便不通。

肾恶燥，急食辛以调之，结者散之。如少阴不得大便，以辛润之；太阴不得大便，以苦泻之。如食伤，腹满、腹响是也。阳结者散之，阴结者热之。

润肠丸

麻仁　桃仁去皮尖，各一两　羌活　归尾　大黄煨，各半两

除二仁别研，余味共捣，火枯，蜜丸梧子大，汤下。

如不大便，邪气盛急，加大黄酒制。血燥而大便干燥，加桃仁、大黄酒制。如风结燥，大便不行，加麻仁、大黄。如风涩，加皂角仁、秦艽、大黄。如脉涩，身觉有短气，加郁李仁、大黄。如阴结寒证，加干姜、附子。有云，大便不通有五证：热、冷、气、风、湿，尺脉伏也，宜温补之。

风，老人、产妇。秘，有虚实。能饮食，小便赤，为实。实者，秘物也，麻仁、七宣等主之。见前。不能饮食，小便清，为虚。虚者，秘气也，厚朴汤主之。朴、夏、曲、甘草三两，术五两，枳实、陈皮一两。

五十八、痔　　漏

〔因证〕　因虫就燥也，乃木乘火势而侮燥金，归于大肠为病，皆风热燥湿为之也。

盖肠风痔漏，总辞也，分之则异。若破者，则谓之漏，大便秘涩，必作大痛。此由风热乘食饱不通，气逼大肠而作也。受病者，燥气也；为病者，胃湿也。胃刑大肠则化燥，化以乘燥热之实，胜风附热而来，是风燥湿热四气而合，故大肠头成块湿也。大痛者，风也；结燥者，主病兼受火邪也；不通者，热也。

〔治〕　去以苦寒泻火，辛温和血，润燥疏风止痛。

秘方　凉血为主，四君子、四物、芩凉大肠、枳壳宽大肠、槐角凉血生血、升麻。

秦艽白术丸

秦艽去芦　皂角烧存性，去皮，各一两　术五钱　归酒洗，半两　桃仁去皮尖，一两　地榆三钱，破血　枳实麸炒泄胃　泻渗湿，各半两　大黄四钱

面糊丸，米汤下百丸。空心服，以膳压之。气滞加槟榔、木香，湿热胜加柏。

一云：凡痔漏，苍术、防风为君，甘草、白芍为佐。

苍术泽泻丸

苍术四两　枳子　泽泻各二两　地榆　皂角

饭丸。

淋洗用：天仙子、荆芥穗、川椒、蔓荆子。

煎洗秘方：五味子、朴硝、莲房、桑寄枝，先熏后洗。

傅肿：木鳖子、五味子，为末，调傅。

肠风塞药：炉甘石煅、牡蛎粉。

痔漏方

好腊茶细末　脑子

同研津调，纸花贴上。除根用后方。

又方

白矾枯二钱，生二钱　乳香三钱

真香油同研，为膏，纸花贴。如便秘，枳实当归汤下三黄丸。

皂角散　治痔漏脱肛。

黄牛角䚡一个，切　蛇蜕一条　皂角小五个　川山甲

上并切，入磁瓶，泥固济，候干。先以火烧烟出，方以大火煅红，出冷研细。胡桃酒下，临卧，引出虫，五更却以酒下二钱。

脉痔方　血自肛门边另作窍。

乌头炮，去皮尖　连各一两

又方　亦妙。

槐花　荆芥　石菖蒲各一两

酒痔连丸　连一味，酒浸，酒煮，酒丸，饮下。

腐痔核即为水。

硼砂煅　轻粉　炉甘石煅

上以朴硝淬洗辰砂，或加信煅，傅外四围，点核上。

贴痔。麝、脑、朱砂研入山田螺内，待成水，抹头，不拘遍数，以干收为度。

治酒痔下血不止，干丝瓜一枚，连皮子，烧存性为末，酒下二钱。

痔血不止，检漆根灰，空心下。

木槿散 治痔专封口，能干。木槿花八九月采，阴干，用叶杵傅亦可。

又方 当归一两，连二两，乌龟一个，酒煮干，日干为末，蜜丸皂子大。

治脱肛方 理省藤、桑白皮、白矾。

煎洗，自收。

因治玉茎挺长。亦湿热，小柴胡加连，有块加青皮；外用热丝瓜汁，调五味子傅。

五十九、妇人产胎

〔脉〕 平而虚者，乳子；阴搏阳别者，妊子。搏者近于下，别者出于上，血气和调，阳施阴化也。

少阴脉动甚者，妊。少阴，心脉也。尺中按之不绝者，妊。三部脉浮沉正等，按之无绝者，妊。妊娠初时，寸微小，呼吸五至，三月而尺脉数。脉滑疾重，以手按之散者，盖三月也；脉重，手按之不散，但疾不滑者，五月也。寸微关滑尺带数，流利往来并雀啄，是妊。左沉实疾大，皆为男，纵者主双；右沉实疾大，皆为女，横者主双。脉浮腹痛，痛引腰脊，为欲生也。脉一呼三至，曰离经，沉细而滑，亦同。尺脉转急如切绳者，皆便生也。妊三月而渴，脉反迟，欲为水分，复腹痛者，必堕。妊五月、六月，脉数必坏，脉紧必胞漏，脉迟必水坏为肿。妊六七月，脉弦，发热恶寒，其胎逾腹，腹痛，小腹如扇，子脏开故也，当温之以附子。妊六七月，暴下斗余水，必倚而堕。妊七八月，脉实大牢强弦者生，沉细者死。妊十月足，身热脉乱者吉。少阴脉浮而紧，紧则疝瘕，腹中痛，半产而堕伤；浮则亡血绝产、恶寒。脉微涩为无子，脉弦大为无子，血气虚不足之故也。新产，脉沉小滑者生，实大强急者死，沉细附骨者生，炎疾不调死。新产，因得热病，脉悬小，四肢温者生，寒清者死。新产，因伤寒中风，脉实大浮缓者生，小急者死。脉得浮紧，当身痛，不痛腹鸣者，当阴吹。寸口浮而弱，浮为虚弱无血，浮短气弱有热。趺阳浮而涩，浮气喘，涩有寒。少阴微而弱，微少血弱生风，微弱相搏，阴中恶寒。胃气不泄，吹而正喧，此谷气之寒也，膏发导之。少阴滑而数，阴中必疮。少阴脉弦，白肠必挺核。少阴浮而动，浮虚动痛脱下。

〔因证治〕 胎坠因虚而热，转胞乃血虚有痰。胎漏逼胞，致小便不利。溺出不知时，因痰，胎避而下，因血气不能升，因物加贝母、滑石，痰加二陈。恶阻因痰血相搏，半夏汤主之。

妊娠腹胀，乃气不利，而虚有热，枳壳炒、芩、术。妊娠寒热，小柴胡去半夏。胎痛乃血少，四物、香附、紫苏汤，安胎大妙。

胎衣不下，或子死胎中，或血冲上昏闷，或暴下血，胞干不生。半夏一两半，桂七钱半，大黄五钱，桃仁三十去皮尖，先服四物三两，次服煎汤，姜煎，不效再[1]服。又[2]半夏白蔹丸之。

下死胎。肉桂二钱，麝五分。

又方 朴硝半两，童便下。

欲堕方

肉桂一两 瓜蒌一两二钱 牛膝一两 瞿麦半两

绝产方[3] 蚕种纸一尺，烧灰，酢汤调服，永不孕产。

难产，乃败血裹其子。麝一钱，盐豉一两，青布裹烧令红，捶为末，秤锤烧红，淬酒，下一钱。

又 百草霜，香白芷，伏龙肝单用，童便、酢调下，未下再服。

贝母、白蒺藜、滑石、葵子，并治之。

产后阴脱，乃气血下溜。四物，猬皮烧半两，牡蛎煅，芩二两。

〔1〕再 原作“只”，据周氏本改。
〔2〕又 原无此字，据周氏本补。
〔3〕绝产方 原无此字，据周氏本朴。

或加升麻饮下。

蛇床子布裹熨妙。

乌贼骨、硫黄、五味子，共末，糁患处。

产后血晕，因暴虚，素有痰饮，瘀血随气上攻。

芎归汤 治暴虚，童便下。治瘀血，荆芥下[1]。

行瘀血清魂散 治虚。

泽兰叶 参一两 荆芥一两 川芎 归半两

温酒灌下。

五灵脂、荆芥，童便下。

鹿角灰，酒下。

半夏茯苓汤 治痰饮。

牡丹散

牡丹皮 大黄蒸 芒硝一两 冬瓜子半合 桃仁二十个

水煎服。

浮肿是胎前宿有寒湿。茯苓、术、芍、归、陈、鲤鱼，如法。

又名胎水，俗名子肿[2]，如肿满状。产后因败血化水，或血虚气滞。

喘急，因营血暴竭，卫气无主，独聚于肺，此名孤阳绝阴，必死。因败血上熏于肺，夺命丹主之。因伤风寒者，旋覆花汤主之。

产后不语，因败血迷心窍。产后口鼻黑气起及衄，因胃气绝，肺败气消，血散乱入诸经，却还不得，死矣。

子烦，二火为之，病则苦烦闷。麦门冬、茯苓、芩、防风、竹叶。

心痛，因宿寒搏血，血凝其气。五灵脂、蒲黄，醋下。

子痫[3]。

漏阻，因事下血，胎干不动，奔上抢心，腹中急迫。返魂丹、达生散、天仙方。

产妇临月未诞者，凡有病，先以黄芩、白术安胎，然后用治病药。

---

〔1〕下　原无此字，据周氏本补。

〔2〕俗名子肿　原作“俗为病子重”，据周氏本改。

〔3〕痫　此下疑有脱文，待考。

肌热者，芩、连、黄芪、人参。腹痛者，白芍药、甘草。感冒依解利。

产后诸病，忌用白芍，以黄芩、柴胡主之。内恶物上冲，胸胁痛者，大黄、桃仁。血刺痛者，当归。内伤发热者，黄连。渴者，茯苓。一切诸病，皆依前法，唯渴者去半夏，喘咳去参。腹胀忌甘草。产后身热血证，一同伤寒。若伤寒，内有痛处，脉弦而健，宜解伤寒。血虚无疼，脉弱而涩，宜补其血。

六十、带　下

〔脉因〕 湿热结于肺，津液涌溢，入小肠为赤，入大肠为白。然任脉自胞上过，带脉贯于脐上，冲、任、督三脉，同起而异行，一源而三歧，皆络带脉，统于篡户，因余经往来，遗热于带脉之间。热者血也，血积多日不流，从金之化，即为白淫。治法同湿证，以十枣、禹功，降火流湿之剂良矣。因痰积下流，渗入膀胱，肥人多有之。二陈汤加升提为主。

〔证治〕 三阳其气俱欲竭，血海将枯，滑物下流，其有一切虚寒之证，脉洪大而涩，按之全无，宜以温养之。

李先生之酒煮当归丸，治此证，血虚多，加四物；气虚多，加参术；滑甚者，以龙骨、赤石脂涩之。

外有虫唇疮，亦淋露白汁。

小胸丸 治湿热带下，下之，苦楝丸调之。

苦楝酒浸　茴香炒　归等分

酒糊丸梧子大，酒下。

腰腿痛加四物四两，羌活、防风各一两；虚加参、芪、甘草，或加白芍。

酒煮当归丸 治一切虚证，上中下元气俱竭，哕呕不止，胃虚之极，脉洪大无力，按之空虚，或不鼓，皆中寒之证。

归一两　茴香半两　黑附炮　良姜各七钱

上四味，剉细，以酒一升半，煮至酒尽，焙干炒黄。

盐　丁香　苦楝生　甘草炙。各半两　全蝎三钱　柴胡二钱

升麻一钱　木香一钱　玄胡四钱

上九味，同前酒煮四味俱末，酒煮，面糊丸，空心，淡酢汤送下。

固真丸　治脐腹冷痛，目中溜火，此皆寒湿乘其胞内，汗轻伏火。

白石脂一[1]钱，以火烧赤，水飞，研细末　白龙骨一钱。二味以枯以湿　干姜炮，四钱。泻寒水　黄柏半钱。因用引导　柴胡本[2]经使。一钱　当归一钱。和血脉　白芍半钱。导之　参　芪虚甚加之

上白石、龙骨，水飞研细外，余同极细，水煮，面丸鸡头大，日干，空心汤下，以膳压之。忌生冷、油腻、湿面。

血海将枯，加白葵花七朵，郁李仁润燥而滋津液；不思饮食，加五味子。

《衍义》方　治白脓带下，此肠胃有脓也，去尽脓自安。

红葵根　白芷　赤芍药　白矾

蜡丸，米饮下。

方　治白带、白浊，以黄荆子炒焦为末，酒下。

张用瓜蒂散吐寒痰升气，导水丸下湿热，甘露散调之，利湿热。

燥湿痰方　治肥人。海石、半夏、南星治痰、柏治湿痰、苍术燥湿痰、川芎升之、椿皮、香附调气、牛膝风痛加之。

刮热方　治瘦人。柏相火、滑石、椿皮、川芎、连性躁加。滑者加龙骨、加石脂，滞者加葵花，血虚加四物。甚用吐下，吐用二陈加苍术，下用白术调治神祐丸。

六十一、经　候

〔脉〕　经脉不行者，血生于心，因忧愁思虑则伤心，心[3]气停结，故血闭不行，左寸沉结，宜调心气，通心经，使血生而自通。或因堕胎，或产多，其血先少，而后不通，此为血枯，脉两尺弱小，宜生血。

〔因证〕　血随气行，结为块，日渐长，宜散之。

---

〔1〕一　原缺，据周氏本补。

〔2〕本　原作“木”，据周氏本改。

〔3〕心　原作“之”，据周氏本改。

久发盗汗，致血脉干枯而经不通，宜补血，是汗出于心，血生于心，血与汗出也。

久患潮热，则血枯燥，盖血为热所消，寒热去[1]则血自生。脾胃不和，饮食减少[2]，则血不生，血者饮食所化。经云：二阳之病发心脾，女子不月。

血为气引而行，血之来而先有病，皆气之患也。来而后有病者，皆血之虚也。病出意外，皆血之热也[3]。

〔治〕 将来作痛，乃气实也，桃仁、红花、香附、枳壳、连。不及期者，乃血热也，四物加[4]川连。

过期有二，乃血少与痰多也。血少，芎、归、参，紫黑成块加连。痰多色淡也，肥人多有，二陈加苍术、香附、芎。闭而不行，乃虚而热；来而成块，乃气之滞；错经妄行，乃气之乱。

六十二、崩　漏

〔脉〕 洪数而疾。漏血下赤白，日下数升，脉急疾者死，迟者生。紧大者死，虚小者生。

〔因治〕 热，血热则流；虚，虚则下溜。盖阴虚阳搏谓之崩，由脾胃有亏，气下[5]陷于肾，与相火相合；湿热下迫，脉洪而疾，先见寒热往来，心烦不得眠，治宜大补脾胃而升举血气。盖心气不足，其火大炽，在于血脉之中，致脾胃有亏，火乘其中，形容似不病者，此心病也。治法同前，微加镇坠心火之药，补阴泻阳，经自止矣。盖肾心真阴虚，不能镇守包络相火，故血走而崩也。是气血俱虚，为大寒之证，轻手其脉数疾，举指弦紧或涩，皆阳脱也。阴火亦云或渴，此皆阴燥，宜温之、补之、升之。

脾胃者，血气之根本，周荣滋身。心者血之府，脉者人之神，

〔1〕去　原作“病”，据周氏本改。
〔2〕减少　原无此二字，据周氏本补。
〔3〕也　原无此字，据周氏本补。
〔4〕加　原无此字，据周氏本补。
〔5〕气下　原作“下有”，据周氏本改。

俱不足则生火故也。

方　升阳散火除湿，羌活、防风、升麻、柴胡、川芎；凉血泻相火，生地黄、连、柏、芩、知母；和血补血，酒洗当归、芪。胃口客寒当心痛，加草豆蔻、炒曲；气短，加参、术；冬寒加麻黄、桂枝；血气俱脱大寒证，加附子、肉桂；不止，加阿胶、艾叶，或加丁香、干姜。

四物加荆芥穗、发灰，治血不止，如神。单味蒲黄炒黑亦妙。

治标方　急则治其标。凡药须炒黑，血见黑血则止。白芷汤调棕榈灰，后用四物汤加姜调治。五灵脂末亦可，凌霄花末酒下。

治本方　四物汤。连，热则加之；参、芪，虚加之；干姜，寒加之；芩，热加之。

胎漏方　血虚有热。

地黄生一半，熟一半　白术一两　芩炒　枳壳各半两

煎汤，调下地黄末。

六十三、小　儿　证

〔脉〕　八至者平，九至者伤，十至者困。紧为风痫，沉为乳不消，弦急客忤气。沉而数者，骨间有热。脉小，大便赤青飧泄，手足温者生，寒者难已。

〔证〕　有四，曰惊、疳、吐、泻。病其头毛皆上逆者死。汗出如珠，着身不流者死。

〔因证〕　有二，曰饱、暖。小儿十六岁前，禀纯阳气，为热多也。

小儿肠胃常脆，饱食难化，食则生积为痰。肝则[1]有余，肾尚不足，肝病亦多也。

张皆归之湿热，常以牵牛、大黄、木通为丸，以治诸病。

惊因热痰，主急，当泻，降火痰丸，养血汤下。因脾虚主慢，当[2]补，朱砂安神丸，参术汤下。

疳因土热也。

---

〔1〕则　周氏本作“只”。

〔2〕当　原作“因”，据周氏本改。

连去热。炒，二钱　胡黄连去果子积。半钱　阿魏去肉积。酢浸　神曲各一钱

丸如米大。

啼因肝热。姜汁炒川连、甘草、竹叶，煎服。

吐泻脾虚[1]。

斑疹是火，与前丹疹条下同。

夫恶血留于命门，伏于一隅，待气虚、血虚、脾损，相火生焉，二火交炽，煎熬太阴[2]，其证呵欠，寒热喷嚏，手[3]足稍冷，睡惊，俱属少阳相火、少阴君火显证。自吐吐泻者，邪出也，即吉，宜消毒解火。大便不利，当微利之。身温者顺，身凉者逆。

痘同疹论，切忌热药，亦勿泥。

宜分气血，虚则补之，气虚四君，血虚四物。吐泻少食为里虚，陷白倒压，面灰白，为表虚。不吐泻，能食，为实，宜解毒，芩、连等是也。实则更补，必结痈脓也。

解毒方

丝瓜　升麻　白芍酒炒　甘草　棠球[4]　黑豆　犀角　朱砂

单用丝瓜煮汤亦可。

血痢三黄汤　食积利用。

炒曲　苍术　白芍　芩　白术　甘草　陈皮　苓

下保和丸。

治小儿虫，用胡黄连、连、芜荑、山楂、曲、青陈皮、芦荟，和丸。

急慢惊风，辰砂一颗，蝎一枚，生犬血快研服。

六十四、杂　证

湿热相火病多，土火病多。气常有余，血常不足。肥人血多

---

〔1〕吐泻脾虚　此下疑有脱文，待考。

〔2〕阴　原作“阳”，据周氏本改。

〔3〕手　原无此字，据周氏本补。

〔4〕棠球　山楂别名。

湿多，瘦人气实热多。白者肺气弱，血不足；黑者肾气有余，忌黄芪。热伤血，不能养筋，故为拘挛；湿伤筋，不能束骨，故为痿弱。

气属阳，无寒之理，下用补相间，劳病忌寒药，此东垣之旨也。寒不得热，是无火也；热不得寒，是无水也。肺痈非吐不可。

辛苦、饥饱、疼痛皆伤血。服药之力峻，须用酸收。指甲卷，是血少不养筋。身如被打，湿伤血也，亦有血虚而痛。腑[1]病责脏用，脏病责腑用。气血弱，远枳壳，以其损气也；血盛忌丁香，以其益气也。

治病先调气。病分气血阴阳，昼增夜静，是阳气病，而血不病；夜增昼静，是阴血病，而气不病。夜静日恶寒，是阴上溢于阳；日夜并恶寒，是阴部大盛，兼有其阳，当泻其寒，峻补其阳。夜静日热，是阳盛于本部；日静夜恶寒，是阴自主于本部；日安夜躁烦，是阳气下溜于阴中。当泻其阳，峻补其阴。日恶寒，夜烦躁，为阴阳交，饮食不入，必死。

伤寒中暑，与伤饮食一般。人火正治，龙火反治。诸龙火反治[2]。

诸病有郁，治之可开。恶心，有热，有痰，有虚。悲者，火乘金。阳绝则阴亏，阴气若盛，阳无暴绝之理，虚劳不受补者死。诸病能发热，风、寒、暑、湿、燥、火、七情，皆能发热。寒暑同性，火燥同途，非也。寒宜温之，湿宜燥之，火宜降之、凉之，燥宜润之。诸病寻痰火，痰火生异证。

诊脉、观形、察证，三者殊途，不可执一。

诸病先睹胃气。

六十五、杂　　治

恶寒，有湿痰积中，脉沉缓，抑遏阳气，不得外泄，身必恶寒，宜江茶入香油、姜汁，吐其痰；以通经去麻、硝黄，加归、地黄。伏脉有热甚而血虚，亦恶寒，脉沉而涩，宜四物倍地黄、术、芪、柏、

〔1〕腑　原作“脐”，校本亦同，据《丹溪手镜·察视》改。

〔2〕诸龙火反治　周氏本无此五字，疑衍。

参、甘草。

战栗有热，一阳发病，少气，善咳善泄，其传为心掣。掣，动也。子母传故泄，理中主之。

劳风，法在肺下，使人强上冥视，劳生热，唾出若涕，感风，恶风而振寒，肺主皮毛，宜通经散加半夏、归。

痹气，乃阴气盛而血不荣，故身寒如水，中皆虚寒之证，宜姜、附。

五实五虚：脉盛，脉细，心；皮热，皮寒，肺；腹胀，饮食不入，脾；闷瞀，气少，肝；前后不通，泄利前后，肾。

阴滞于阳：有作劳而冷饮酒醉，次日膈痛似饥，过饱遂成左胁痛有块，脉细涩沉数，服韭汁、桃仁、童便等安。又有如前左乳痛，有核，服石膏、白芷、干葛、瓜蒌、蜂房等。

阳滞于阴：有事不如意，衄如注，脉浮数，重而大且芤，四物加萱草、姜汁饮之。有逃难，饮酒下血，脉沉涩似数，以郁金、芎、芷、苍、芍、葛、香附。右肾属火，补之以巴戟、杜仲之类；左肾属水，补之以地黄、山茱、黄柏之类。

六十六、五脏证

肝：胃脘当心而痛，上支两胁肝经，膈咽不通，饮食不下，土衰病甚，则耳鸣眩转，目不识人，善暴僵仆，里急緛戾，胁痛呕泄，令人善怒也。虚则目无所见，耳无所闻，善恐如人将捕之。

心：胸中热，嗌干肱满，皮肤痛，寒热咳喘，惊或狂妄，一切血证，胸中痛，胁支满，膺背肩胛间痛，虚则胸腹大，胁下与腰背相引而痛。

脾：跗肿骨痛，阴痹，腰脊头项痛，大便难，积饮痞膈，霍乱吐下，飧泄肠鸣，脾热之主虚。

肺：骨节内变，右胠胁痛，寒侵于中，鹜溏，心胁满引小腹，不可反侧，嗌干，面尘脱色，丈夫㿗疝，妇人小腹痛。实则咳逆，肩背痛；虚则少气，不能报息，耳聋咽干。

肾：腰腿痛，大关节不利，屈身不便，腹满痞坚，寐汗。实则腹胫肿，身重；虚则胸中满，大小腹痛，清厥。

六十七、七　情　证

怒：为呕血，飧泄，煎厥，薄厥，胸满胁痛，食则气逆而不下，为喘渴，烦心，为消瘅，肥气，目暴盲，耳暴闭，筋缓。怒伤肝，为气逆。悲治怒。

喜：为笑，毛革焦，伤气不收，甚则狂。喜伤心，为气缓。恐治喜。

悲：为阴缩筋挛，肌痹脉痿，男为数溲，女为血崩，酸鼻辛额[1]，泣则臂麻。悲伤肺，为气消。喜治悲。

惊：为痰涎，目睘[2]，吐，痴痫，不省人事。惊伤神[3]，为气乱。习治惊。

劳：为咽噎，喘促，嗽血唾血，腰重痛，骨痿，男少精，女不月。劳伤血，气耗。逸治劳。

思：为不眠好卧，昏瞀，三焦痞塞，咽喉不利，呕苦，筋痿，白淫，不嗜饮食。思伤脾，为气结。怒治思。

恐：伤肾，为气不行。思治恐。

六十八、杂　　脉

寸口脉但实者，心劳。寸口脉沉，胸中气短。浮而绝者，气辟；大而滑，中有短气。数而不加，六至者，为滑。微弱者，少气。尺脉沉滑者，寸白虫。男女皆当以左手尺脉常弱，右手尺脉常盛，为平。阳盛阴虚，下之安。二寸实大，尺短少，此伤寒之邪，乘其

〔1〕额　原作“颎”，据周氏本改。
〔2〕睘（qiōng 琼）《说文》：“目惊视也。”
〔3〕神　原无此字，据周氏本补。

里虚，而入于腑者是也。如尺脉弱寸强，则[1]阴不足，阳往乘之，下之安，汗之死。余以类推。脉俱弦，指下又虚，脾胃虚弱证，食少而渴，痞，腹中痛窄狭，二便不调。脉俱沉紧，按之不鼓，膀胱胜小肠也，或泻利不止而腹胀，或纯白赤，或杂血便多，不渴，精神少，或面白脱色，此失血之故。或面黄而气短，此元气损少[2]之故。是丙火小肠，为壬膀胱[3]所克，而外走也，屯火投于水，大寒之证，宜温之则愈。姜、附各半两，赤石脂口钱半[4]飞，朱砂一两研，茯苓汤下二三十丸。

脉，诸按之不鼓，为虚寒；二寸短少，谓之阳不足，病在下。脉，诸搏手为寒，凉或寒药治之。脉虚，亦姜、附。脉二手相似，而右为盛，皆胃气虚，二寸求之脾胃，当从阴引阳。脉中少有力，盛胜则似止，胸中元气不及。脉贵[5]有神，神者不问迟数之病，中外[6]有力者，为神也。脉，诸短为虚，二关脉实，上不至，发汗；下不至，利大便。脉，诸大为虚，二关脉沉细，纯虚也，宜补之。脉涩与弦而大，按之有力为实，无力为虚。脉沉迟，寸微滑者为实。二尺不见，或短少，乃食塞，当吐之。凡脉盛大以涩，外有寒证，名寒中，乃寒独留，血脉泣，故大也。脉大而实，不可益气。滑脉，关以上见为大热，关以下见为大寒。火并于上，以丙火化；火并于下，以壬水化。杂病脉沉者，多属痰，宜吐。伤寒寸脉浮滑者，有痰，宜吐。劳热，脉沉细，无火者死。阳脉浮，阴脉弱者则血虚，血虚则筋急。凡有者为实，无者为虚。假令脉浮，则为阳盛阴虚；脉沉，则为阴盛阳虚。此有则彼无，彼有则此无。又如弦则木实金亏土虚。浮诊见者，为腑、为上部、为阳；按之见者，为脏、为下部、为阴。脉来者为阳、为气，去者为阴、为血。假如脉来疾去迟，

---

〔1〕则　原作"而"，据周氏本改。
〔2〕少　原作"小"，据周氏本改。
〔3〕膀胱　原作"大肠"，据周氏本改。
〔4〕钱半　此上原缺一字，周氏本亦缺，中国医学大成本作"四"，可参。
〔5〕贵　原作"则"，据周氏本改。
〔6〕外　此下原有"则"字，据周氏本删。

为阳有余而阴不足也。故曰外实内虚是也。出以候外，疾为实；入以候内，迟为虚。寸微尺紧为虚损，阴盛阳微之故也。诸浮脉无根死，脏腑无根故也。

长病脉：虚而涩、虚而滑、虚而缓、虚而弦、微而伏、浮而结、浮而滑、实而大、实而滑、细而软、如蛛丝、羹上肥、如屋漏、如雀啄、如霹雳、如贯珠、如水淹，以上此脉，得之则生，反之则死。一本如水淹之下注曰，皆死脉也。无以上此脉、得之则生、反之则死三句，有识者详之。

卒病与长病条下，反之则死。人病甚，脉不调，难差。脉洪者易已。

形脉相应：肥人细欲绝者死，瘦人脉躁者死。身温脉滑者死，身温脉涩者死。身小脉大者死，身大脉小者死。身短脉长者死，身长脉短者死。

六十九、察　　视

黑气起于耳目鼻上，渐入口者死。白色者亦然。赤色见于耳目额上，五日死。张口如鱼，出气不反者死。循衣摸缝者死。无热妄语者死。遗尿不知者死。爪甲青者死。爪甲肉黑者死。舌卷卵缩者死。眉倾发直者死。唇反人中满者死。阴阳俱闭，失声者死。神气不守，声嘶者死。汗出不流者死。口臭不可近者死。回目直视，肩息者死。齿忽黑色，面青目黑，面青目黄，面青目白，面青唇黑者皆死。面白目黑，面白目白皆死。面赤目黄，面赤目白死。面黑目白死。面黑，胁满不能反侧者死。面黑唇青死。面黑目青死。面黄目白，面黄目青，面黄目黑死。以上黑如燃，白如枯骨，赤似血，青似草，方为死候。

心绝[1]，肩息，回眄目直，一日死。肺绝，气去不快，口如鱼，三日死。骨绝，腰脊痛，不可反侧，五日死。脾绝，口冷，足肿胀，

〔1〕绝　原作“热”，据周氏本改。

泄，十二日死。肾绝，大便赤涩，下血，耳干脚浮，舌肿者，六日死。筋绝，魂惊虚恐，手足爪甲青，善呼，骂不休，九日死。肠绝，发直，汗出不止，不得屈伸，六日死。肝绝，恐惧伏卧，目直面青，八日死，又即时死。胃绝，齿落目黄者，七日死。

七十、汗

脉沉微细弱，不可汗，沉细为在里，微[(1)]弱气血虚。浮而紧，法当身痛，当以汗解。假令尺脉迟者，不可汗，此血微少故也。阴病，脉细沉数，不可汗，病在里之故也。伤寒风湿，素伤于风，复伤于热，四肢不收，头痛身热，常汗不解，治在少阴、厥阴，不可汗。汗之谵语，内烦不得卧，善惊，目乱无精光。伤寒湿温，素伤于寒，因而中暍，苦两胫冷，腹满，头目痛，妄言，治在足太阴，不可汗。汗出必不能言，耳聋，不知痛所在，身青面变死。伤寒头痛，形象中风，常微汗出，又自呕者。心懊侬，发汗则痓。伤寒脉弦细，头痛而反热，此属少阳，不可汗。太阳与少阳并病，头强痛，或眩冒，心下痞坚，不可汗。少阴病，咳而下利，谵语者，此强汗之故也。咽中闭塞，不可汗，汗之则吐血。厥阴不可汗，汗之声乱咽嘶。亡血家不可汗，汗之则寒栗。衄不可汗，汗之必额陷直视。淋家不可汗，汗之必便血。疮家不可汗，汗之则痓。汗家不可重汗，汗之必恍惚，脉短者死。冬时发其汗，必吐利，口疮。下利清谷不可汗，汗之必胀满，咳而小便利，或误汗之，则厥逆。诸逆发汗，微者难愈，剧者言乱，睛眩者死。动气在，不问左右上下，一切不可汗。

脉浮大可汗。问病者，设利为虚，而不可汗也。浮而紧可汗。太阳病，脉浮弱可汗。浮而数者，亦可汗。脉迟，汗出多，微恶寒，表未解，可汗。热如疟，此为[(2)]阳明，脉浮虚可汗。身痛，清便自调，可汗。

---

〔1〕微　原作“缩”，据周氏本改。

〔2〕为　原作“如”，据周氏本改。

朱丹溪门人、私淑者整理五种

丹溪治法心要

丹溪医集

重印丹溪先生治法心要序

是书为明·高宗叔原刻，海内绝少流传，戊戌夏澍于旧箧检获之，反复寻玩，粗识其意，按法施治，常获奇效。士大夫稍稍有推澍知医者，实是书之力居多。坊间仅有《心法》一书，《医要》已少概见，先生晚年取二书所未尽者，斟酌损益，成此定本。虽一家之言，不无先后出入，其精粹自非二书可比。时论以医家之有丹溪，比之吾儒之有考亭朱子，著书几历年所，诚意一章，至暮年而始定，可知古人立言垂世，未敢苟焉而已也。惟原书沉郁日久，边角颇遭蠹[1]蚀，幸字迹烂然，一开卷间，英光宝气奕奕纸上，非有神灵呵护不及此。适苏省大吏创设医学研究所于城南，吴中名医悉萃焉，澍备员其间，偶称引及之，咸以未睹是书为憾，且惧其历久而湮没也，爰为集资重印，以公同好。世之讲丹溪学者，或有取焉。

宣统元年己酉孟夏之月后学钱塘萧澍霖谨识

〔1〕蠹（dù 妒） 蛀蚀的意思。

高刻丹溪治法心要原序

医学之有丹溪，犹吾儒之有朱子，朱子盖惟深于其道而有□□□真独得之妙，则凡立言成□，足以继往开来，师法百世，莫之或违□丹溪之□□□□□为医□□□南者多矣。成化间，又有《心法》之刻，弘治间，又有《医要》之刻。此外，又有《心要》一书，则所家藏而未出者，近岁虽已刊行，而鲁鱼亥豕，讹舛特甚，吾侄子正潜心斯道之久，而常寤寐于丹溪之心，故于是书尤注意焉。又诚不忍坐视其谬以误天下也，遂加手校而重刻之，俾同于人以共跻斯民于仁寿之域，虽极劳费所不辞焉，可尚也已。吾因错伍三书而互观之，《心法》言心而不曰要；《医要》言要而不曰心；此则曰心又曰要焉。盖虽一家之言，互相出入，而此书之视二书，则尤精且备焉。盖实溪精神心术之微，凿凿乎流出肺腑者矣。此《心要》之所由名也。后世求丹溪之心者，舍是书何以哉？虽然，尚有说焉。轮扁曰：不疾不徐，得之于手而应之于心，臣不能授之于子，臣之子亦不能授之于臣，正谓上达，必由心造，非可以言传也。书之所存，特妙用之迹尔，认以为心则误矣。求丹溪之心者，在吾心有丹溪之心，而后可以妙丹溪之用，极深研几，察微知著，虚明朗彻，触处洞然，此丹溪之心，妙用之所从出者，亦必由学而后至也。人必研精覃思，学焉以至乎其地，则丹溪之心，不难一旦在我矣。使不求心其心，而徒求其迹，吾恐是书不免仍糟粕尔。吾故为读是书者，又致丁宁如此云。

嘉靖癸卯岁十一月朔旦江阴林下茧翁高宾撰

目录

中风第一

大率主血虚有痰，以治痰为先，次养血行血，或作血虚夹火与湿。大法去痰为主，兼补。姜汁不可少。《内经》曰：邪之所凑，其气必虚。刘河间以为内伤热病，张仲景以为外邪之感。风之伤人，在肺脏为多。半身不遂，大率多痰。详见《医要》。痰壅盛者，口眼歪斜者，不能言者，法当吐。轻者、醒者，瓜蒂散、稀涎散，或以鰕[1]半斤入酱、葱、椒等煮，先吃[2]虾，后饮汁，探吐之，引出风痰。然亦有虚而不可吐者。一时中倒者，法当吐。气虚卒倒，参、芪补之。遗尿者，属气虚，当以参、芪补之。气虚有痰，浓煎参汤，加竹沥、姜汁。血虚，宜四物汤补之，俱用姜汁炒。恐泥痰，再加竹沥、姜汁。兼治夹痰者。治痰，气实能食者，用荆沥；气虚少食者，用竹沥。此二味去痰、开络[3]、行血气，入四物汤等中用，必加姜汁少许助之。凡中风之人，行动则筋痛者，是无血养筋，名曰筋枯，决不可治也。肥白人多痰湿，用附子、乌头行经，初中倒时掐人中至醒，然后用去痰药，二陈、四君子、四物等汤加减用之。瘦人阴虚火热，四物汤加牛膝、竹沥、黄芩、黄柏，有痰加痰药。

一肥人中风口喎，手足麻木，左右俱作痰治，贝母、瓜蒌、南星、半夏、陈皮、白术、黄芩、黄连、黄柏、

〔1〕鰕　同“虾”。

〔2〕吃　原作“吸”，据明刻本改。

〔3〕络　明刻本作“经”。

羌活、防风、荆芥[1]、威灵仙、薄桂、甘草、天花粉，多食面加白附子、竹沥、姜汁、酒一匙行经。一妇人年六十余，左瘫手足，不语健啖，防风、荆芥、羌活、南星、没药、乳香、木通、茯苓、厚朴、桔梗、甘草、麻黄、全蝎、红花，上末之，温酒调下效。时春脉伏微，以淡盐汤、齑[2]汁每早一碗，吐之。至五日，仍以白术、陈皮、茯苓、甘草、厚朴、菖蒲，日进二帖。后以川芎、山栀、豆豉、瓜蒂、绿豆粉、齑汁、盐汤吐甚快。不食，后以四君子汤服之，复以当归、酒芩、红花、木通、厚朴、鼠黏子、苍术、姜南星、牛膝、茯苓、酒糊丸，如桐子大，服十日后，夜间微汗，手足动而言，一人中风，贝母、瓜蒌、南星、半夏、酒连、酒芩、酒柏、防风、荆芥、羌活、薄桂、威灵仙。一人体肥中风，先吐，后以苍术、南星[3]、酒芩、酒柏、木通、茯苓、牛膝、红花、升麻、厚朴、甘草。一肥人口㖞手瘫，脉有力，南星、半夏、薄桂、威灵仙、酒芩、酒柏、天花粉、贝母、荆芥、瓜蒌、白术、陈皮、生姜、甘草、防风、羌活、竹沥。一人右瘫，用：酒连、酒柏、防风各半两，半夏一钱，羌活五钱，酒芩、人参、苍术各一两，川芎、当归各五钱，麻黄三钱，甘草一钱，南星一两，附子三片，上丸如弹子大，酒化服。一肥人忧思气郁，右手瘫，口㖞[4]，补中益气汤。有痰，加半夏、竹沥、姜汁[5]。

中风证，口眼㖞斜，语言不正，口角流涎，或全身、或半身不遂，并皆治之。此皆因元气平日虚弱，而受外邪，兼酒色之过所致，用人参、防风、麻黄、羌活、升麻、桔梗、石膏、黄芩、荆芥、天麻、南星、薄桂、葛根、赤芍药、杏仁、当归、川芎、白术、细辛、猪牙皂角等分，姜、葱煎服。更加竹沥半盏同饮，加以艾火灸之，得微汗而愈。一人年近六十，奉养膏粱，仲夏久患滞下，而又犯房劳，忽一日如厕，两手舒撒，两目开而无光，尿自出，汗下如雨，喉如锯，呼吸甚

---

〔1〕芥　原作“苓”，据明刻本改。

〔2〕齑(jī 基)　切碎的腌菜或酱菜。

〔3〕南星　原脱，据明刻本补。

〔4〕口㖞　原脱，据明刻本补。

〔5〕姜汁　原脱，据《医学正传·中风》补。

微，其脉大而无伦次，部伍可畏之甚，此阴先亏而阳暴绝也。急令煎人参膏，且与灸气海穴，艾炷如小指，至十八壮，右手能动，又三壮，唇微动，所煎膏亦成，遂与一盏，至半夜后尽三盏，眼能动，尽二斤，方能言而索粥，尽五斤而利止，至十数斤而安。

妇人产后中风，切不可作风治而用小续命汤，必须大补气血，然后治痰。当以左右手脉，分气血多少治之。治中风，大法泻心火，则肺金清而肝木不实，故脾不受伤；补肾水，则心火降故肺不受热。脾肺安则阳明实，阳明实则宗筋润，能束骨而利机关矣。杜清碧通神散：白僵蚕七个，焙干研末，生姜汁半盏，调服，立吐出风痰。少时又用七个，依法再吐尽。仍用大黄两指大，纸包煨熟，噙津液咽下，食顷再用大黄，若口闭紧，用蚕煎汁以竹管灌鼻中，男左女右。

中风之疾，《内经》以下皆谓外中风邪，然地有南北，不可一途而取。河间作将息失宜，水不制火极是。自今言之，外中风者亦有，但极少耳，又不可全谓将息失宜而非外中也。许学士谓：气中者，亦有此七情所伤，脉浮而数，或浮而紧，缓而迟，皆风脉也。迟浮可治，大数而急者死。若果外中，即东垣中血脉、中腑、中脏之理，观之甚好，四肢不举，亦有与痿相类者，当细分之。《局方》中风、痿同治，此大谬，《发挥》详之。张子和三法，的是邪气卒中、痰盛、实热者可用，否则不可用也。

癞风第二

大风病，是受得天地间杀物之气，已见《医要》。治法：在上者醉仙散，在下者通天再造散。出《三因方》中。后用通神散，即防风通圣散，仍用三棱针委中出血，不能禁口绝房劳者，不治。醉仙散已见《医要》。须量大小虚实加减与之。证重而急者，须先以再造散下之，候补养得还复，与此药吃服。此药须断盐、酱、醋、诸般鱼肉、椒料、果子、煨烧炙煿等物，止可吃淡粥，及煮熟时菜亦须淡食，如茄不可食，惟乌梢蛇、菜花蛇可以淡酒煮食之，以助药力。一本云：醉仙散之功固至矣，然必以银粉为使，盖银粉乃是下膈通大肠之要剂，所以用其驱诸药入阳明经，开其风热怫郁痞膈，遂出恶气臭秽之毒，杀所生之虫，循经上行至齿，嫩薄之分，而出其臭毒之涎水。服此药，若有伤齿，则以黄连末揩之，或先固济以解银粉之毒。通天再造散，用川锦纹大黄一两，炮；独生皂角刺一两半，炮，须经年黑大者。上为细末，每服二钱，临夜冷酒调服。以净桶候泻虫，如虫口黑色，乃是多年虫；口赤色，乃是近年者。至数日又进一服，直候无虫方绝根也。一本云：先生言通天再造散中更有郁金半两，生用，白牵牛六钱，半生半炒。

治麻风方：四物汤加羌活、防风、陈皮、甘草。又方：大黄、黄芩、雄黄三味为末，用樟树叶浓煎汤，入前药蒸洗。治麻风脉大而虚者，苍耳、牛蒡酒蒸，各三两，黄精、浮萍一两，苦参七钱半。上末之，乌蛇肉酒煮。如无蛇，用乌鲤鱼亦可。为丸，服之，候脉实，却用通天再造散取虫。

治疠风方：苍耳叶、浮萍、鼠黏子豆淋酒炒，各等分。上为末，豆淋酒下。一方有蛇肉。黄精丸，苍耳叶、浮萍、鼠黏子各等分，炒；蛇肉减半，酒浸去皮骨，秤黄精倍前苍耳等三味，生捣汁[1]，以苍耳杂捣，焙干。上末之，面丸。

身上虚痒，血不荣肌腠所以痒也，四物汤加黄芩，调浮萍末。治遍身痒，以凌霄花一钱为末，酒调。一本云：服通天再造散于日未出时，面东，以无灰酒下，尽量为度。轻者止利，如鱼肠臭秽之物，忌毒半月，但食稀粥软饭，渐生眉毛发，皮肤如常矣。甚者不过三两次，须慎加将理，不可妄有劳动，及终身不得食牛、马、驴、骡等肉，犯者死，不救。

伤寒第三

主乎温散，有卒中天地之寒气，口伤生冷之物，外感无内伤，用仲景法。若挟内伤，补中益气汤加发散之药，必先用参、芪托住正气。

---

〔1〕汁　原无，据《丹溪心法·疠风》补。

中寒胃气大虚，法当温散，理中汤，甚者加附子。中寒仓卒受感，其病即发而暴，盖中寒之人乘其腠理疏豁，一身受邪，难分经络，无热可散，温补自解，此胃气之大虚，若不急治，去死甚近。戴云：此谓身受肃杀之气，口食冰水瓜果冷物，病者必脉沉细，手足冷，息微身倦，虽热亦不渴，倦言语。或遇热病误用此法，轻者至重，重者至死。凡脉数者，或饮水者，烦躁动摇者，皆是热病。寒热二证若水火也，不可得而同治，误则杀人，学者慎之。或曰：既受邪，即有余之病，何谓补？《内经》云：邪之所凑，其气必虚。内伤者极多，外感间或有之。有感冒等轻症，不可便认为伤寒妄治。

伤寒为病，必须身犯寒气，口食寒物者是，必从补中益气汤出入加减，加发散药。

伤寒夹内伤者，已见《医要》。凡外感不问如何，先必参、芪托其正气，然后用发散之药，有感冒等证轻疾，不可便认为伤寒妄治。西北二方极寒肃杀之地，故外伤甚多；东南二方温和之地，外伤极少，所谓千百而一二者也。杂病亦有六经所见之病，故世俗混而难别。凡证与伤寒相类极多，皆杂证也，其详出《内经•热论》。自长沙以下诸家推明，甚至千载之下，能得其粹者，东垣之言也。其曰：内伤极多，外伤者间或有之。此发前人所未发。欲辨内外所伤之脉，东垣详矣。后人徇俗不见真切，雷同指为外伤，极谬。其或可者，盖亦因其不放肆而多用和解或和平之药散之耳。若粗率者即杀人，切戒！

内伤第四

专主东垣《内外伤辨》甚详，世之病此者为多。但有夹痰者，有夹外邪者，有郁于内而发者，皆以补元气为主，看其所夹而兼用药耳。夹痰以补中益气汤，多用半夏、姜汁以传送。

暑第五

暑气或吐泻霍乱，黄连香薷饮。夹痰加半夏；乘气虚加参芪。

或暑病内伤者，清暑益气汤。发渴者，生地黄、麦门冬、川牛膝、炒黄柏、知母、干葛、生甘草。

治一切暑，玉龙丸，赤亭倭硫黄、硝石、滑石、明矾一两，好面六两，末之，无根水丸。气虚少食，身热自汗倦怠，清暑益气汤。气虚少食，身热自汗，脉细弱或洪大者，补中益气汤中加麦门冬、五味子、知母。暑气烦渴，脉虚者，竹叶石膏汤。暑病日夜烦躁，饮水无度，至天明便止，浑身作肿，胞囊水滴下，不渴，入夜要扇，冷香饮子治之。

一人年五十余，六月间发热大汗，恶寒战栗，不自禁持，且烦渴，此暑病也，脉皆虚，微细弱而数，其人好赌，致劳而虚，遂以人参作汤，调人参四苓散，八帖而安。

戴云：暑乃夏月炎暑也。盛热之气着人，有冒、有伤、有中，三者有轻重之分，虚实之辨。或腹痛水泻者，胃与大肠受也；恶心者，胃口有痰饮也。此二者冒暑也，可用黄连香薷饮。盖黄连退暑热，香薷消畜水。或身热头疼，躁乱不宁者，或者[1]如针刺者，此为热伤在肉分也，当以解毒，白虎汤加柴胡，气虚者加人参。或咳嗽发寒热，盗汗出，脉数不止，热着肺经，用清肺汤、柴胡天水散之类，急治则可，迟则不可治矣。盛火乘金也，此为中暑。凡治病须要明白辨别，不可混同施治。春秋间亦或有之，不可执一，随病处方为妙。一方香薷浓煮汁成膏丸，去暑利小水。

暑有阳症，有阴症，只用黄连香薷饮、清暑益气汤、五苓散等，有夹痰者、有乘虚者，夹痰加半夏，乘虚加参、芪之类。脉法微弱，按之无力，又脉来隐伏，又脉虚。

注夏第六

属阴虚元气不足。

戴云：秋初夏末，头痛脚软，食少体倦，身热者是，脉弦而大，

---

〔1〕者　明刻本作“身”。

补中益气汤去柴胡、升麻，加炒柏；宜生脉散：麦门冬、五味子、人参。出《千金方》。或补中益气汤中去柴胡、升麻，加炒柏、芍药；夹痰加半夏、南星、陈皮之类。

暑风第七

暑风是痰，用吐。挟火挟痰实者，可用吐法。夫治暑风[1]用吐法者，即中暑是也，其人必内先有火热痰实之故，因避暑纳凉，八风袭之，郁而成身热，或昏冒。吐中有汗，火郁得汗则解，风得汗则散，痰得汗涌则出，一举三得。此当时治夹痰实者，非通治暑风大法也。夫暑风无所挟者，宜汗以散之。

胃风第八

胃风脉右关弦而缓带浮，初饮食讫，乘风凉而致。其症饮食不下，形瘦腹大，恶风头多汗，膈塞不通，胃风汤正治此，亦看夹症加减。

湿第九

《本草》苍术治湿，上下都可用。二陈汤加酒芩、羌活、苍术，散风行湿。二陈汤治湿，加升提之药，能使大便润而小便长。上湿苍术功烈，下湿升提，外湿宜表散，内湿宜淡渗。淡渗治湿，在上中二焦。湿在上宜微汗而解，不欲汗多，故不用麻黄、葛根辈。湿淫诸症，治法并见各病条下。

戴云：夫治湿之药，各有所入，苟切于治功便为要药，岂苍术一味便都可用哉？先生宁肯语此，以示人耶！

戴云：湿之为病，有自外入者，有自内出者，必审其方土之病

〔1〕风　明刻本此下有“可”字。

源。东南地下，多阴雨地湿，凡受必从外入，多自下起，是以重腿脚气者多，治当汗散，久者宜疏通渗泄；西北地高，人多食生冷湿面，或饮酒后寒气怫郁，湿不能越，作腹皮胀疼，甚则水鼓胀满，或周身浮肿如泥，按之不起，此皆自内而出者也，审其元气多少而通利其二便，责其根在内者也。然方土内外亦互相有之，但多少不同，须对证施治，不可执一也。

一男子三十五岁，九月间早起忽目无光，视物不见，急欲视，片时才见人物，竞不能辨饮食，减平时之半，神思极倦。已病五日，脉之缓大，四至之上，作受湿处治，询之果因卧湿地半月而得。以白术为君，黄芪、陈皮为臣，附子为佐，十余帖而安。诸湿客于腰膝，重痛，足胫浮肿，除湿丹，方见脚气条下。

火第十

阴虚火动难治。虚火可补，实火可泻，轻者可降，重者则从其性而升之。火郁可发，当看何经。凡气有余便是火，火过甚重者，必缓之，以生甘草兼泻兼缓，参术亦可。有可发者二：风寒外来者可发，郁者可发。有补阴则火自降者，炒黄柏、地黄之类。凡火盛者不可骤用寒凉药，必用温散。

左金丸 治肝火。

黄连二两 吴茱萸一两

上末之，为丸，每服五十丸，温汤送下。阴虚证难治，用四物加黄柏，为降火补阴之妙剂。龟板补阴，乃阴中之至阴。治阴火，四物汤加白马胫骨，用火煅过，降阴火可代芩连。黄连、黄芩、栀子、大黄、黄柏降火，非阴中之火不可用。栀子仁屈曲下行，以泻阴中之火，从小便中泄去，其性能下行降火，人所不知，亦治痞块中火。生甘草缓火邪。木通下行，泻小肠火。人中白泻肝火，亦降阴火，须风露二三年者。人中黄降阴火，治温病多年者佳。小便降火极速。气从左边起，乃肝火也；从脐下起者，阴火也；徒脚上起入腹者，乃虚极也。至于火起于九泉之下，此病十不救一。

一法以附子末塞其涌泉内，以四物汤加降火之药服，妙。

一妇人气实，多怒不发，忽一日，大发叫而欲厥。盖痰闭于上，火起于下，上冲故也。与香附末五钱，生甘草三钱，川芎七钱，童便、姜汁煎。又以青黛、人中白、香附末为丸，稍愈后，大吐乃安。后以导痰汤加姜炒黄连、香附，生姜汤下龙荟丸。一人小腹下常唧唧如蟹声，作阴火处治，用败龟板酥炙，盐、酒炙亦得，侧柏用酒九蒸九焙，酒黄柏、酒知母、酒川芎、酒当归，右各等分，糊丸，每服八十丸，淡盐汤送下。

郁第十一

气血冲和，万病不生，一有怫郁，诸病生焉。人身万病皆生于郁，苍术、抚芎总解诸郁，随症加入诸药。凡郁皆在中焦，以苍术、抚芎开提其气以升之。如食在气上，提其气则食自降矣，余仿此。

气郁用香附，横行胸臆间，必用童便浸，否则性燥；苍术下行，米泔水浸。湿郁用赤茯苓、苍术、抚芎、白芷。痰郁用海石、香附、南星、姜汁、瓜蒌。热郁用青黛、香附、苍术、抚芎、栀子炒。血郁用桃仁去皮、红花、青黛、香附、抚芎。食郁用苍术、香附、山楂、神曲、针砂醋制七次，研极细。春加抚芎，夏加苦参，秋冬加茱萸。

越鞠丸　解诸郁。

苍术　香附　抚芎　神曲炒　栀子炒

各等分，末之为丸。

一方治气郁，食积痰热，用：香附一两　黄芩一两　瓜蒌　贝母　南星　神曲　山楂以上各一两　风硝三[1]钱

上为丸服。

一方治气郁。

白芍药一两半　香附一两　生甘草一钱半

上末之糊丸，白术汤下。

---

〔1〕三　明刻本作“二”。

一方治抑气。

白芍药一两半　香附一两半　贝母炒　黄芩各五钱　生甘草三钱

上丸服之。

一妇人体肥气郁，舌麻眩晕，手足麻，气塞有痰，便结，凉膈散加南星、香附、台芎开之。

东垣流气饮子，治男子妇人一切气喘，浮肿腹胀，气攻肩胁，走注疼痛。用紫苏、青皮、当归、芍药、乌药、茯苓、桔梗、半夏、甘草、黄芪、枳实、防风、槟榔、枳壳、大腹皮　上俱用姜汁制，焙干，各半两。心脾疼入菖蒲，妇人血虚入艾，五膈气入陈皮少许。

戴云：郁者，结聚而不得发越，当升者不得升，当降者不得降，当变化者不得变化，所以传化失常而六郁之病见矣。气郁者，胸胁疼；湿郁者，周身疼，或关节痛，遇阴寒则发；痰郁者，动则气喘，寸口脉沉滑；热郁者，昏瞀，小便赤，脉沉数；血郁者，四肢无力，能食；食郁者，嗳酸腹饱，不能食，左寸脉和平，右[(1)]寸脉紧盛。

苍沙丸　调中散郁。

苍术四两　香附四两　黄芩一两

上为末，炊饼丸，姜汤下三十丸，食后服。

伤风第十二

属肺者多。一本云：专主乎肺。

一男子素嗜酒，因冒风寒衣薄，遂觉倦怠，不思食者半月，至睡徒[(2)]大发热，疼如被杖，微恶寒，天明诊之，六脉浮大，按之豁豁然，左为甚，作极虚受风寒治之。以人参为君，白术、黄芪、当归身为臣，苍术、甘草、陈皮、通草、葛根为佐使，与之至五帖后，周身汗出如雨，凡三易被。觉来诸证悉除。

〔1〕右　原缺，据明刻本补。

〔2〕徒　明刻本作“后”。

时病第十三

谓之温病，众人病有一般者是。又谓之天行时疫。治有三法，宜补[1]、宜散、宜降。

入方 大黄、黄连、黄芩、人参、桔梗、防风、苍术、滑石、香附、人中黄。上末之，神曲糊为丸，每服五、七十丸。分气、分血、分痰，作汤使，气虚以四君子汤，血虚以四物汤，痰多以二陈汤送下，热甚者[2]童便。

一方治时病。

半夏 川芎 茯苓各半钱 陈皮 山楂 白术以上各一钱 甘草一钱 苍术一钱半

上作一服。头疼加酒芩，口渴加干葛，身痛加羌活、桂枝、防风、芍药。

一方治温病，亦治食积痰热，降阴火。以人中黄饭丸，每服十五丸。

凡天行时病，须分内外。从外而入者，头疼体痛，见风怕寒，遇暖则喜，脉皆沉数，在上必得大汗而愈，不问日数，用六神通解散。麻黄一钱半，苍术、甘草，以上一钱，黄芩、石膏、滑石，以上二钱，上作一帖，生姜、葱头煎热服。如谵语、神思不宁，热邪在里而汗不能尽解，又加人参、黄连二味即安。夫六神通解散，此乃张戴人所制之法，用药虽轻微，人多不晓，易而忽之，不知其中自有神妙。如解汗未通，更加紫苏叶、干葛、白芷等助其威风，得汗其病如扫。

伤寒因劳苦，又感寒湿过多，患热而不食，数日后不省人事，语言妄乱，神思昏迷，面青齿露，人以为必死之证，其脉沉细，先用小柴胡等汤，不效，急以四君子汤加制附子数片，留盆水中，剥其热性，少时，令温饮。其脉与神思即回，方可用别药治之，此为

〔1〕宜补 原缺，据明刻本补。

〔2〕者 明刻本此下有“用”字。

阴证伤寒。伤寒怫郁不解，三阳并入三阴，脏腑结燥，面赤口渴，心惊谵语，内热多而外少，此当从里解。三一承气汤下其燥屎，或木香槟榔丸两服吞下，或加玄明粉一钱在药中。用下药、汗药未能除其热势，用栀子豉汤加减煎服，或凉膈散加减饮之。表里不解，只用瓜蒂散饮之，吐痰乃得汗，病邪俱退。伤寒传阴，或热并入脏腑而下痢，急用和中之剂，如人参、白术、厚朴、陈皮之类，急者用煨肉豆蔻、炒神曲从权施之，痢止别用药，除其余热。邪之所凑，其气必虚。内伤者，补中益气汤加麻黄、柴胡，热甚加附子。伤寒壮热，脉实颠狂者，有余之证也。当用大承气汤。

一人本内伤，汗下后谵语，初能认人，后三五日语后便妄言，此神不守舍，慎勿攻战，脉多细数，不得睡，足冷气促，面褐青色，口干燥。用补中益气汤加人参半两，竹叶三十斤煎服，效。一人内弱，本劳苦，得汗下后大虚，脉细数，热如火灸，气短促，人参、当归、白术、黄芪、甘草、五味子、知母、竹叶，水与童便煎服，两帖而安。大病虚脱，本是阴虚，用药灸丹田以补阳，阳生阴长故也。不可用附子，止可用人参多服。

疫病，惟《三因方》治法可用。

解诸热病，用粉草五两，重切细，微炒，捣细，随病人酒量多少，以无灰好酒一处研，去渣，温服。须臾大泻，毒亦随出，虽十分渴。不得饮水，饮水则难救矣。

治温病方：以人中黄疗时行热毒为主；苍术、香附散郁为臣；黄连、黄芩降火，人参补虚。桔梗、防风利气行经为佐；热郁结则内外气液不通成燥，大黄苦寒而能荡涤燥热，滑石性滑味淡，将以利窍解结，通气液以润燥，二者一阴一阳用为使。

夫温病有冬伤于寒者，有[1]冬不藏精者，明虚实之异；有四时不正之气郁之者，有君相二火加临者，分主客之殊；有五运六气当迁，正值所胜折之，不得升降者。则必辨其所发之气治之，岂可均用治热乎哉！

---

〔1〕有　原作“不”，据明刻本改。

发斑第十四

斑属风热挟痰而作，自里而发于外，通圣散中消息之，当以微汗解散，切不可下。内伤发斑者，胃气虚，一身之火游行于外所致，宜补以降之，当于《阴证略例》中求之。阴证发斑，本内伤证，汗下后病愈甚者，补中益气汤。饮冰水烦躁，神昏，脉数足冷者，加附子。胃热胃烂失下，下早发斑者《拔萃方》有详说。黄瓜水调真伏龙肝，去风热红点斑。一人发斑面赤，昏愦谵语，脉洪而虚，按之无力，用人参、生地各半两，附子一钱，大黄一钱半，煎服之，不甚泻，夏月用之效。

疹 第 十 五〔1〕

疹属热与痰，在肺当清肺火降痰，或以汗解。亦有可下者，通圣散加减。

大头天行病第十六

此湿气在高巅之上，从两颐颊热肿者是也，俗云鸬鹚温。东垣有方：羌活、酒芩、酒蒸大黄，随病加减，切勿用降药。十五六日，服小柴胡汤不效，仍用发散，紫苏、陈皮治效。

东垣云：阳明邪热太甚，资实少阳相火而为之。视其肿势何部，随经取之，治之当缓，勿令重剂过其病所。阳明为邪，首大肿，少阳为邪，本于耳前后，以酒芩、酒连、炙甘草水煎，少少不住服。或剂毕再用鼠粘子于新瓦上炒香，同大黄煎成，去渣，内芒硝等分，亦时时呷之，毋令饮食在后。微利及邪气已，只服前药，未已，再同前次第服之，取大便邪气已，则止。阳明渴加滑石、石膏，

〔1〕疹第十五　原缺，据目录补。

少阳渴加瓜蒌根。阳明行经：升麻、芍药、葛根、甘草。太阳行经：羌活、荆芥、防风，并与上药相合用之。

冬温为病第十七

非其时而有其气者，冬气君子当闭藏，而反泄于外，专用补药带表散，如补中益气汤之属。入方：以竹筒两头留节，中开一窍，纳大粉草剉碎于中，仍以竹木钉，油灰闭窍，立冬日浸于大粪缸中。待至立春，先一日取出，于有风无日处干二十一日，愈久益好，却破竹取草为细末，大治阳证疫毒。一云：亦治肿毒，并治金疮，水调敷之。其脉左寸大于右寸，浮缓而盛，按之无力。

疟第十八

有风、有暑、有食、有痰、有老疟、有疟母。老疟病者，此系风暑入在阴[1]脏也，用血药引出阳分而散，一补一发，川芎、抚芎、红花、当归，加苍术、白术、白芷、黄柏、甘草，煎露一宿，次早服之。无汗要有汗，散邪为主，带补。有汗要无汗，补正气为主，带散。散邪发汗。紫苏、麻黄之属。补正气，人参、黄芪之类。

有疟母多在胁下，令人多汗胁痛，以丸药消导。醋煮鳖甲为君，三棱、蓬术、海粉、醋煮香附、青皮、桃仁、红花、神曲、麦蘖随证加减用之。一本自香附以上，俱用醋煮。

三日一发者，受病一年；间日发者。受病半年；一日一发者，受病一月，连二日发住一日者，气血俱受病。一月间一日发者，补药带表药，后以截疟丹截之。在阴分者，用药彻起，在阳分方可截。入方，川常山、草果、知母、槟榔、乌梅、川山甲炒、甘草炙，以水一大碗，煎至半碗，露一宿，临发日早或发前二时温服之。如吐，则顺之。

大法暑风必当发汗。夏月多在风凉处歇，遂闭窍不泄。恶食

〔1〕在阴　明刻本作“阴在”。

者，必从饮食上得。疟而虚，须先用参术一二贴，托住其气，不使下陷，后用他药治之。内伤夹外邪同发[1]，内必生[2]痰，外必以汗解。二陈汤加草果、常山、柴胡、黄芩之剂。疟而甚者，发寒热，头痛如破，渴而饮水，自汗，可与人参、黄芪、白术、黄连、黄芩、栀子、川芎、苍术、半夏、天花等治。

久病疟者，二陈汤加川芎、苍术、柴胡、白术、干葛、一补一发。近午时发者，近午发而汗多烦渴者，黄芪三白汤加芩、连。寒多脉弱。体倦食少，《局方》人参养胃汤。疟因劳役或忧思而作，汗多。食少倦甚，懒言语，补中益气汤。痰滞胸满，热多寒少，大便燥实，大柴胡汤。疟病能食而痰伏者。小胃丹。疟大渴大热之甚，小柴胡汤去半夏，加知母、麦门冬、黄连。大率暑疟多用小柴胡汤、人参白虎汤之类。疟渴，生地黄、麦门冬、天花粉、川牛膝、知母、炒柏、干葛、生甘草。

疟后。白术、半夏各一两，黄连五钱，白芍药三钱，陈皮五钱，上末之，粥丸。

久疟不得汗，二陈加槟榔，倍苍、白术。一人疟后手战，此痰郁格涎，吐后好。

截疟青蒿丸

青蒿一斤　冬瓜叶二两　官桂二两　马鞭草二两

上将三叶焙干，为末，丸如桐子大。每一两分四服。当发日前一时服尽。

又方

槟榔　陈皮　白术　常山以上各二钱　茯苓　乌梅　厚朴以上各一钱

上作二帖，每服酒，水各一盏，煎至半盏，当发前一日进一帖。临发日进一帖，服后少睡片时效。

疟必数发之后，便以截药除之，最为好法。若发得中气虚弱，

---

〔1〕同发　明刻本作“者同法”。
〔2〕生　明刻本作“主”。

病邪愈深，或数月、周岁者，虽神医亦不能愈。虽治而暂安，或因饮食与外邪所伤，又复举发，近世多苦于此，用好常山一两，槟榔五钱，为末，面糊丸如桐子大，每服五六十[1]丸，当发前一日两服，即效。或常山饮子亦可。

截法　用守真先生丸子，雄黄一两，人参五钱。五月五日，用粽子尖为丸，桐子大，于未发早面东，井花水送下一丸，忌诸热味。人参一云人言。

又方

大黑豆七钱　雄黄一钱　轻粉五分　人参一钱　薄荷五分　甘草一钱

上为末，滴水丸如小豆大，鸡鸣时新汲水，面东吞一丸。人参一云人言。

又罗谦甫方**紫河车丸**

用紫河车一两　生甘草五钱　绿豆一两　人言一钱，另研

上为细末，每服五分，新汲水少许送下。如隔日发，夜服；频日发者，则夜睡深时服。忌荤腥、瓜果、酒面、鱼鸡等肉，并生冷等物。三两日一发者，受邪气深者只一服，十岁以上服一字，三岁半字。孕妇勿服。

一人年六十，禀壮味厚，春病疟，先生教以却欲食淡，不听。医与劫药三五帖而安，旬后又作又与。绵延至冬，求治先生，知其久得汗，惟胃气未完，时天大寒，又触冒为寒热，非补不可。以一味白术为末，粥丸，与二斤，令其饥时且未与食，取一二百丸热汤下，只以白糜粥调养。尽此药，当大汗而安，已而果然。如此者多，但药略有加减耳。

一人久疟腹胀，脉不数而微弦，重取则来不滑利，轻取则无力，遂与三和汤索氏者三倍，加白术，入姜汁服之，数服而小便利一二行，腹胀稍减。又随小便短少，作血气两虚治，于药中入人参、牛膝、当归身作大剂，服四十余帖而愈。

---

〔1〕服五六十　四字原缺，据明刻本补。

一妇人病疟，间两日一发，饮食绝少，经脉不行，已三月矣，诊其脉两手俱无。见其梳妆不异平时，言语行步并无倦怠，因悟经不行，非无血也，乃痰所碍而不行也；无脉者，非血衰少而脉绝，实由积痰生热，结伏而脉不见耳。当作实热治之，遂以三花神祐丸与之。旬日后，食稍进，脉亦稍出，一月后，六脉俱出，但带微弦，疟犹未愈，盖胃气既全，春深经血自旺。便自可愈，不必服药。教以淡滋味、节饮食之法，半月疟愈而经亦行矣。

一老人患疟半载，脉之两尺俱数而有力，色梢枯，盖因服四兽饮等剂，中焦湿热下流，伏结于肾，以致肾火上运于肺。故疟嗽俱作。用参、术、芩、连、升麻、柴胡调中，一二日与黄柏丸服之，两夜梦交通，此肾中热解无忧。次日疟嗽顿止。

一富人年壮病疟，自卯时寒至酉时热，至寅初休，一日一夜止苏一时，因思必为入房感寒所致。用参术大补，附子行经。加散寒以取汗，数日不得汗，病如前，因误足腑之道远，药力难及，用苍术、芎、桃枝煎汤以器盛之。扶坐浸足至膝一食顷，以前所服之药饮之，其汗通身大出，病即愈。

久病者，不可直截，必用一补一发。凡砒霜等药，不可轻服，以其有毒故也。在阴分者难治，在阳分者易治。疟母必用毒药消之，行气削坚为主。东垣谓：寒疟属太阳，当汗；热疟属阳明，当下；寒热疟属少阳，当和，在三阴即不分，总为温疟。此言甚是，但三阴经之说不明。作于子午卯酉日，少阴疟；寅申己亥日，厥阴疟；辰戌丑未日，太阴疟。其脉弦，热则弦而带数，寒则弦而带迟。亦有久病此而脉极虚微而无力，似乎不弦，然必于虚微之中见弦，但不搏手耳，细察可见。

咳嗽第十九

有风寒、有火、有痰、有劳、有肺胀。

风寒，行痰开腠理，二陈汤加麻黄、杏仁、桔梗之类。火，主降火清金化痰。劳，主补阴清金，四物汤加姜汁、竹沥。肺胀而嗽者主收敛，用诃子、青黛、杏仁，诃子能治肺气因火伤极遂成郁遏胀满，取其味酸苦，有收敛降火之功，佐以海粉、便浸香附、瓜蒌、青黛、半夏、曲、姜、蜜调噙之。痰饮嗽主豁痰，随证加减。肺胀嗽，左右不得眠，此痰挟瘀血碍气而病，养血以降其火。疏肝以清其痰，四物汤加桃仁、诃子、青皮、竹沥。血碍气作嗽者，桃仁、大黄、姜汁为丸。食积痰作嗽，发热者。半夏、南星为君，瓜蒌、萝卜子为臣，青黛、石碱为使。妇人形瘦，有时夜热嗽痰，经事不调，青黛、瓜蒌仁、童[1]便浸香附为末，姜、蜜调噙。

清金丸　治食积火郁嗽。

知母　贝母各半两　巴豆霜五分

上末，姜汁丸，青黛为衣，每服五七粒，食后温汤下。

劳嗽吐红，人参、白术、茯苓、百合、红花、细辛、五味子、官桂、阿胶、黄芪、半夏、门冬、杏仁、白芍药、甘草，上件服。热则去桂、芪，用桑皮、麻黄和节、杏仁和皮用。火郁嗽者，诃子、海石、瓜蒌仁、青黛、半夏、香附。咳嗽声嘶者，此血虚受热也，用青黛、蛤粉蜜调噙化。久嗽风入肺者，宜用烟筒法。干咳嗽者难治，此系火郁之证，乃痰郁火邪在肺中。用苦梗以开之，下用补阴降火药，不已则成劳，用倒仓法好，此证不得志者有之。肺郁痰嗽，睡不安宁，清化丸。贝母、杏仁末之，砂糖，入姜汁炊饼丸，噙。

定嗽劫药，诃子、百药煎，荆穗，末之，姜、蜜调，噙化。嗽而胁痛用青皮，夹痰须用白芥子。又方，二陈加南星、香附、青黛、姜汁。痰喘嗽，杏仁、莱菔炒，等分，研糊[2]丸服。嗽而口燥咽干，有痰不用半夏、南星，而用瓜蒌、贝母。水饮者，不用瓜蒌、贝母[3]，恐泥膈不快。

治心烦咳嗽等证，以六一散加辰砂。上半日嗽多者，有胃火。知母、石膏。午后嗽多者，阴虚，四物加炒柏、知母。五更嗽多者，

---

〔1〕童　原无，据《丹溪心法·咳嗽》补。

〔2〕糊　明刻本作“粥”。

〔3〕贝母　明刻本无此二字。

此胃中有食积，至此时流入肺经，以知母、地骨皮降肺火。黄昏嗽多者，火气浮于肺，不宜用凉药，宜用[1]五味子敛而降之。有痰因火动逆上，先治火后治痰。肺虚甚而嗽者，用人参膏，以陈皮、生姜佐之。此好色肾虚者有之。大概有痰者加痰药。知母止嗽清肺，滋阴降火，夜嗽宜用。饮酒伤肺痰嗽，以竹沥煎紫苏入韭汁，就瓜蒌、杏仁、黄连，末丸服之。吐血嗽血，红花、杏仁去皮、紫菀、鹿茸、枇杷叶去毛、桑皮、木通以上各一两、大黄半两，上为末，炼蜜为丸，噙化。久嗽痰喘：杏仁去皮尖，用来复丹炒，等分为末，粥丸如麻子大，每服十五丸，白汤下。阴虚气喘，四物汤加陈皮、甘草些少，以降其气补其阴，内白芍药须用酒浸日干。湿痰带风喘嗽，一味苦寒不可，宜服千缗汤、坠痰丸。一方皂角、卜子、杏仁、百药煎共为末，姜、蜜为丸。噙之。

痰嗽方

酒洗黄芩一两半　滑石五钱　贝母　南星各一两　白芥子五钱，去壳　风化硝二钱半。取其轻浮追降

上为末，汤浸，炊饼丸，青黛为衣[2]。治嗽，痢者，多用粟壳，不必疑，但要先去病根，此乃收后药也。阴分嗽者，多属阴虚。有嗽而肺胀，壅遏不得者，难治。治嗽有痰，天突、肺俞二穴灸之，能泄火热，大泻气。一作大[3]泻肺热。穴在三椎骨下，各横过一寸半是穴，多灸壮数。痰积嗽，非青黛、瓜蒌不除。有食积人，面青、白、黄色，当面上蟹爪路，一黄一白者是。咳逆嗽，非蛤粉、青黛、瓜蒌、贝母不除。

治嗽烟筒法，佛耳草一钱，款冬花一钱，鹅管石、雄黄各五钱，艾铺烧烟吸，茶汤送下。

治嗽劫药，五倍子一钱，五味子五钱，甘草二钱半，风化硝一钱，上为细末，蜜丸噙化。

气虚喘嗽，或肥人面白色，脉细弱，气弱少食有汗，苍术调中

---

〔1〕用　明刻本此下有“五倍子”三字。

〔2〕青黛为衣　明刻本无此四字。

〔3〕大　原作“火”，据明刻本改。

汤。热证加黄芩、紫苏；痰多加半夏、贝母、瓜蒌。肺痿嗽者，人参平肺散。血虚喘嗽，或瘦人面红色，脉弦数者，久嗽阴虚者，少食涕唾稠粘者，初嗽成劳者，痰嗽[1]带红者，皆主之。热甚加黄芩、紫苏、半夏。气虚喘嗽倦懒者，不食不睡，自汗发热，脉洪大而虚，或沉细而弱，或喘或嗽，补中益气汤。甚者，加五味子、知母、麦门冬；汗多者，去升麻、柴胡；喘嗽甚者，加桑白皮、地骨皮。阴虚喘嗽，或吐血者，四物汤加知母、黄柏、五味子、人参、麦门冬、桑白皮、地骨皮。脉细数痰盛，或加瓜蒌泻之；食少加白术、陈皮。风寒郁热于肺，夜嗽者，三拗汤加知母。脉大而浮。有热，加黄芩、生姜。气血俱虚，咳嗽吐红者，八物汤加麦门冬、知母，并泻肺气药。喘嗽遇冬则发，此寒包热也，解表则热自除，用桔梗枳壳汤，枳、桔、橘、半，再加防风、麻黄、紫苏、木通、黄芩。冬寒嗽甚，加杏仁，去黄芩。感冷则嗽，膈上多痰，二陈汤加炒枳壳、黄芩、桔梗、苍术、麻黄、木通，姜水煎。久热嗽，人壮气实能食，多酒热，脉实数者，凉膈散。夏月热嗽而咽痛者，加桔梗、荆芥、枳壳。虚嗽，以四君子汤加当归、芍药、炙甘草。寒热交作而痰嗽者，小柴胡汤加知母之类。一方加白芍药、五味子、桑白皮。一方治形寒饮冷，伤肺喘嗽，烦心胸满，气不得通畅者，参苏温肺汤：陈皮、紫苏、人参、桑白皮、生姜。又方，用四君子汤加紫苏、桑白皮、陈皮、半夏、肉桂、五味子、木香。如冬寒加去节麻黄、苍术。阴气在下，阳气在上，咳嗽、呕吐、喘促，用泻白散：桑白皮炒三两，黄芩三两，地骨皮一两，炙甘草五钱，加陈皮、青皮、五味子、人参、茯苓，粳米二十一粒。喘不得卧、卧则喘，少气逆上乘于肺，肺得水而浮，使气不得通流，以神秘汤：白茯苓五钱，木香五钱，桑白皮、紫苏叶、橘皮炒、人参，以上各七钱。其脉沉而大，喘嗽加生姜。里虚，或冒风寒，又兼内事过度，咳嗽恶风因劳：人参四钱，麻黄连根节者一钱半，二三帖止。此丹溪先生之神方也。气血俱虚咳嗽，兼治一切咳嗽，人参、款冬花、桑白皮、桔梗、五味子、阿

〔1〕嗽　原作“苏”，据明刻本改。

胶、乌梅，以上各一两，贝母五钱，御米壳八两，去顶，以蜜炒黄，此名九仙散。脾虚肺寒，痰涎咳嗽，紫苏饮子，以三拗汤加紫苏、桑白皮、青皮、陈皮、五味子、人参、半夏、生姜煎。热嗽胸满，小陷胸汤。好色人元气虚，久嗽不愈者，琼玉膏。好酒人嗽者，青黛、瓜蒌、姜、蜜丸，噙化，以救肺。治嗽大抵多用姜，以辛散也。

一男子年二十岁，因连夜劳倦不得睡，感寒嗽痰，痰如黄白脓，嗽声不出。时初春大寒，与小青龙四贴，觉咽喉有丝血腥气逆上，血线自口中左边一条，顷遂止。如此每一昼夜十余次，其脉弦大散弱，左大为甚。人倦而苦于嗽，予作劳倦感寒，盖始因强与甘辛燥热之剂，以动其血，不急治恐成肺痿，遂与人参、黄芪、当归身、白术、芍药、陈皮、炙甘草、生甘草、不去节麻黄，煎熟，入藕汁治之。两月而病减嗽止，却于前药去麻黄，又与四帖而血止。脉大散尚未收敛，人亦倦甚食少，遂于前药去藕汁，加黄芩、缩砂、半夏，至半月而安。

戴云：风寒嗽者，鼻塞声重，畏寒；火嗽者，有声，痰少，面赤；劳嗽者，盗汗出；兼痰者，多作寒热；肺胀嗽者，动则嗽，喘满气急；痰嗽者，嗽动便有痰声，痰出嗽止。五者大概明其是否而施治耳。

一妇人积嗽，腹有块，内蒸热。贝母、瓜蒌、南星、香附，各一两，姜黄、蓝实各二钱五分，白术一两。

一妇人积痰嗽，黄芩、黄连、香附、贝母、瓜蒌、生甘草、陈皮、茯苓、白术、知母、杏仁、桑白皮。

一人痰积郁嗽，贝母、黄芩、香附、瓜蒌、青皮各一两半。

一人体肥，膏粱饮酒，当劳倦发咽痛，鼻塞痰嗽。凉膈散加桔梗、荆芥、南星、枳实。

一膏粱妇人积嗽，面青黄带白瓜路，脑下有块，发即吐，嗽而喘，面足腹肿膨极，带痰血，此胃中清血因热蒸而出，瘦人大率不好。贝母、瓜蒌、陈皮、白术、茯苓、木通、生甘草、香附、南星、山栀、黄芩、知母、青皮。

一人风热痰嗽，南星、海石各二两，半夏一两，青黛、黄连、石碱、萝卜子、瓜蒌子，已上各五钱，皂角灰、防风各三钱，上末之，曲糊丸。

一人因吃面遍身痛，发热咳嗽有痰。苍术一钱半。半夏一钱，陈皮一钱，羌活、茯苓、防风、黄芩、川芎，已上各五钱，甘草三钱。

上作一服，姜三片煎，半饥半饱时服[1]。

---

〔1〕"一膏粱妇人……半饥半饱时服" 原无，据明刻本补。

痰第二十

有湿，有热，有寒，有风，有老，有食积。

脉浮当吐，膈上痰必用吐，痰在经络中非吐不出，吐中就有发散之义。假如痫病，因惊而得，惊则神出于舍，舍空则痰入也，痰入在舍而拒其神，神不得而归焉。痰在肠胃间，可下而愈。湿痰，苍、白术类；热痰，青黛、芩、连类；寒痰，二陈类；风痰南星、白附类；老痰，海石、瓜蒌类；食积痰，神曲、麦蘖类。气实痰热结，吐难得出，或成块，或吐咯不出。气滞者难治。在上，胶固稠浊者，必用吐。

吐法多用芽茶、齑汁、姜汁、醋少许，芦[1]瓜蒂散少许，加桔梗、防风，皆升动其气便吐也。又法，用附子尖、桔梗、芦、人参[2]、瓜蒂、藜芦，砒不甚用，非危急不用，艾叶末、茶，此皆自吐，不用手法，但药但汤皆可吐也。吐法，先以布搭膊勒腰，于不透风处行此法。用萝卜子半斤，擂和，以浆水一碗，滤去渣，入少油与蜜，顿至半，温服，以鹅翎探吐之。鹅翎浸以桐油，却以皂角水洗去油，晒干方用。又蝦汁吐法亦好。吐不止，须用解药，麝香解藜芦、瓜蒂；葱白解瓜蒂，水与甘草总解。

凡人身结核，不红不痛，不作脓，皆痰注也。病人诸药不效，关脉伏而大者，痰也。眼胞眼下如烟薰黑

〔1〕芦　明刻本无此字。

〔2〕参　明刻本此下有“芦”字。

者，亦痰也。凡人身上、中、下有块，是痰，问其平日好食何物，吐下后用相制药消之。

实脾土燥脾湿，是治痰之本法也。许学士云：用苍术治痰饮成窠囊，行痰极有效。痰夹瘀血遂成窠囊。痰病久得涩脉，卒难得开，必费调理。二陈汤加升麻、柴胡。能使大便润而小便长，胸膈宽。内伤夹痰，必用参、芪、白术之类，多用姜汁传送或加半夏之类。虚甚者，加竹沥。痰热者，多夹风，外证为多，或成块吐咯不出。兼郁者难治。湿痰多软，如身倦体重之类。风痰多见奇证。食积痰必用攻，兼气虚者用补气药送之。因火盛逆上者，以治火为先，白术、黄芩、石膏之类。中气不足则加白术、人参，然后治痰。

痰之为物，在人身随气升降，无处不到，无所不之，百病中多有。兼此者，世所不识。脾虚者，清中气以运痰降下，二陈汤加白术之类，兼用升麻提气。凡虚人中焦有痰，胃气亦赖所养，不可尽攻，若攻之尽，则愈虚也。眩晕嘈杂，乃火动其痰，用二陈汤加栀子、黄芩、黄连之类。痰结核在咽喉间，燥不能出者，化痰药加咸味软坚，瓜蒌、杏仁、海石、桔梗、连翘，少佐以风硝、姜汁[1]、蜜丸噙。痰在皮里膜外及经络中，非姜汁、竹沥、荆沥不可治。痰在四肢，非竹沥不行。喉中如有物，咯不出，咽不下，此是痰，重者吐之，轻者用瓜蒌辈，气实必用荆沥。血滞不行，中焦有饮者，用韭汁冷饮三、四酒盏，必胸中烦躁不宁，无妨，但服后即愈。

海粉，热痰能降，湿痰能燥；结痰能软，顽痰能消。可入丸内，勿入煎药。黄芩能治痰热，以易降火也。枳实泻痰，能冲墙壁。天花粉大治膈上热痰。五倍子佐他药，大治顽痰。瓜蒌、滑石，大治食积痰，洗涤脏腑。油炒半夏，大治湿痰，亦治喘嗽心痛，粥丸，姜汤下三十丸。小胃丹能损胃气，食积痰者用之，不宜多服。

治湿痰方，黄芩、半夏、香附、贝母，若加瓜蒌、青黛，能治热痰，作丸服。痰之清者，二陈汤之类。凡治风痰，必用白附子、天麻、雄黄、牛黄、僵蚕、猪牙皂角之类。

---

〔1〕汁　原无，据《丹溪心法·痰》补。

中和丸 治湿痰气热。

苍术 黄芩 半夏 香附

等分为末，粥丸。

燥湿痰方

南星一两 半夏二两 蛤粉三两

上为末，蒸饼丸，青黛为衣。

治阴虚，内多食积痰方。

真川芎七钱 黄连 瓜蒌仁 白术 神曲 麦芽以上各一两 青黛五钱 人中白三钱

上为末，姜汁蒸饼为丸。

竹沥治膈间有痰，或颠狂，或健忘，或风痰。亦能养血，与荆沥同。

小胃丹 治湿热痰积，兼治白带。

用甘遂以水湿面为衣，长流水煮令面透，再用水洗，晒干，大戟以长流水煮一时，再用水洗，晒干；芫花好醋拌匀，过一宿，瓦器内炒，不住手，搅炒令黑色，不要焦了；大黄纸裹，水湿，灰火煨，勿令焦，去纸，切，焙干，再以酒润，炒令热，倍前药；黄柏炒，倍大黄。各研，秤末用粥丸，麻子大，每服十二丸。

又方 甘遂、大戟减三分之一，朱砂为衣，名**辰砂化痰丸**。

痰方 南星、半夏各一两，蛤粉二两，专治湿痰。热加青黛，湿加苍术，食积加神曲、麦蘖、山楂。

又方 黄芩、香附、半夏、瓜蒌、贝母、青黛，末之，粥丸。

治食积痰火，又能大泻胃火，软石膏细末，醋丸如绿豆大，每服十丸。

青礞石丸 解食积，去湿痰，看病冷热虚实作汤使。

青礞石半两，依法煅，半夏七钱，南星、茯苓、片芩各半两，法制硝三钱，以硝共萝卜水煮化，去萝卜，以绵滤过，令结风化，末之，面糊丸。一加苍术、滑石。

又方 半夏二两，白术一两，茯苓、陈皮各七钱半，黄芩、礞石各半两，风化硝二钱。

痰喘方

皂角灰半两　海粉　萝卜子蒸　南星用白矾一钱半泡汤浸，晒干。各一两　瓜蒌仁一两

上末之，姜蜜丸噙化。

又方　南星、半夏、杏仁、瓜蒌、萝卜子、青黛、香附、曲糊丸。

清金丸去肺火，下膈上热痰，与清化丸同用。以黄芩炒末，水丸。清化丸方苦能燥湿热，轻能治上，专治热嗽，及治咽痛。细末，以醋调傅咽喉间，用灯笼草叶炒末，蒸饼丸。

茯苓丸　治痰。半夏四两，茯苓二两，枳壳一两，风化硝五钱。

治郁痰。白僵蚕、杏仁、瓜蒌仁、诃子、贝母、五倍子。

导饮丸

吴茱萸制，三钱　茯苓一两　黄连五钱　滑石七钱半　苍术一两半，泔[1]水浸

上末之，曲糊丸，每服百丸，姜汤下。

白玉丸

江子三十个　南星　半夏　滑石　轻粉各三钱

为末，皂角仁浸，浓汁丸，桐子大，每服五七丸。

瓜蒌丸　治食积，痰壅滞喘。

瓜蒌仁　半夏　山楂肉　神曲各等分

上为末，以瓜蒌水丸，姜汤入竹沥下二十丸。

又方

半夏一两　苍术二两　香附二两半　黄芩　黄连　瓜蒌各一两

上末之，曲糊丸。

清膈化痰方

黄连一两　黄芩一两　黄柏五钱　山栀五钱　香附二两半　苍术二两

上为末，曲糊丸。

搜风化痰丸

人参　僵蚕　槐角子　白矾　天麻　陈皮去白　荆芥一两

---

〔1〕泔　原作"甘"，据《丹溪心法·痰》改。

半夏四两 姜汁浸辰砂半两

上末之，姜汁炊饼丸，阴干，辰砂为衣，姜汤下四十丸。

坠痰丸 治痰饮效。

枳实 枳壳半两，炒，去穰 黑牵牛半斤，取头末 猪牙皂角二钱，酒炒 明矾三钱，飞一半 朴硝三钱，风化为末

上末之，用萝卜汁丸，每服四十丸，鸡鸣时服。初则有粪，次则有痰。

治湿痰。

苍术一[1]钱 白术六钱 香附[2]一钱 酒白芍药二钱

上末之，炊饼丸。

治肥人湿痰。

苦参 半夏各一钱半 白术二钱半 陈皮一钱

上作一服，姜三片，入竹沥与水共一盏煎，食远吞三补丸十五丸。

治上焦风痰。

瓜蒌仁 黄连 半夏 猪牙皂角各等分

上末，姜汁炊饼丸。

治痰气。

片黄芩 陈皮 半夏各五钱 白术 白芍药各一两 茯苓三钱

上为末，姜汁炊饼丸。

祛风痰，行浊气。

防风 川芎 牙皂 白矾 郁金各一两 赤白蜈蚣各一条

上末之，炊饼丸。桐子大，每服二十五丸，食前茶清汤下。春以芭蕉汤探吐痰。

利膈化痰丸 治胸膈痰气最妙。

贝母 半夏各半两 天南星 蛤粉各一两 瓜蒌仁 香附各半两，童便浸。以上并为细末。

---

〔1〕一 明刻本作“三”。

〔2〕香附 原作“附香”，据明刻本乙转。

上用猪牙皂角十四挺，敲碎，水一碗半，煮杏仁去皮尖一两，煮水将干，去皂角，擂杏仁如泥，入前药搜和。再入生姜汁炊饼丸如绿豆大，青黛为衣，晒干，每服五十、六十丸。

清痰丸 专主胸中痰积。一云专主中宫痰积。

乌梅五钱 枯明矾五钱 南星 半夏各一两 黄芩五钱 苍术五钱 神曲一两 棠球一两 青皮 陈皮各五钱 香附一两 滑石炒，五钱 干生姜一两 枳实一两

上为末，炊饼丸。

一男子年七十九岁，头目昏而重，手足无力，吐痰口口相续，左手脉散大而缓，右手脉缓而大，不及于左，重按皆无力，饮食稍减而微渴，大便三四日一行。若与风药，至春深必死。此大虚证，当以补药作大剂服之。与黄芪、人参、当归身、芍药、白术、陈皮浓煎作汤，使下连柏丸三十丸。服一年半，精力如少壮时。连柏丸冬加干姜少许，作令药，余三时皆依本法，连柏皆以姜汁炒，为末，用姜汁糊丸。

一男子年近三十，厚味多怒，秋间于髀枢左右发痛，一点延及膝骭，昼静夜剧，痛处恶寒，口或渴或否。医与治风并补血药，至次春膝渐肿痛甚，食渐减，形羸瘦，至春末，膝渐肿如碗，不可屈伸，其脉弦大颇实，率皆数短，其小便必数而短，遂作饮食痰积在太阴、阳明治之。半夏五钱，黄柏一两，酒炒，生甘草稍三钱，苍术三钱，盐炒，川芎三钱，生犀角屑三钱，陈皮、牛膝、木通、芍药，以上五钱。遇暄热加条芩二钱。上为末，每服三钱重，与姜汁同研细适中，以水汤起令沸，带热食前服之，一日夜四次。与之半月后，数脉渐减，痛缓，去犀角，加牛膝、败龟板半两，当归身尾半两，如前服之。又与半月余，肿渐减，食渐进，不恶寒，惟膝痿软，未能久立久行，去苍术、黄芩，时夏月加炒柏至一两半，余依本方内加牛膝，春夏用梗，秋冬用根，惟叶汁用尤效。须绝酒、肉、湿面、胡椒。中年人加生地半两，冬加茱萸、桂枝。

一人面上才见些少风，如刀刮者，身背皆不怕冷，能食，脉弦，

起居如常，先以川芎、桔梗、生姜、山栀、细茶。吐痰后，服黄连导痰汤。

外弟一日醉饱后，乱言妄见，且言伊亡兄生前事甚的，乃叔叱之曰：食鱼腥与酒太过，痰所为耳！灌盐汤一大碗，吐痰一升，汗因大作，困睡一宵而安。

金氏妇壮年，暑月赴筵回，乃姑询其坐次失序，自愧因成病，言语失伦，又多自责之言，两脉皆弦数，予曰：非鬼邪乃病也，但与补脾导痰清热，数日当自安。其家不信，以数巫者喷水，而恐之，旬余而死。

一妇年五十余，夜多怒，因食烧猪肉，次日面胀不食，身倦，六脉沉涩而豁大，此体虚痰膈不降，当补虚利痰，每早服二陈加参术大剂，服后探吐令药出，辰时后与三和汤三倍加术二帖。至睡后服神祐丸七丸，逐其痰，去牵牛，服至一月而安。

傅宪幕子，暑月因劳而渴，恣饮梅水，又连得大惊三四次，妄言妄见，病似鬼邪，两脉皆虚弦而沉数，予曰：数为有热，虚弦是大惊。又酸浆停于中脘，补虚清热，导去痰滞病可安。与参、术、陈皮、芩、连、茯苓，浓煎汤，入竹沥、姜汁，与服浃旬，未效，众尤[1]药之未对，予知其虚未回，痰未导，仍与前方加荆沥，又旬而安。

一人阴虚有痰，神曲、麦芽、黄连、白术各一两，道芎七钱，瓜蒌仁、青黛、人中白各半两，上末之，姜汁擂，炊饼丸。

一人湿热劳倦新婚，胸膈不快，觉有冷饮，脉涩大，先多得辛温导散药，血气俱伤。苍术、半夏、白术、陈皮，以上五钱，白芍药六钱，龟板七钱半，炒柏一钱半，黄芩三钱，砂仁、甘草各一钱，上末之，炊饼丸，食前姜汤下四、五十丸。服后膈间冷痰未除，用小陷胸汤加少茱萸作向导，为丸服。

一人气实形壮，常觉胸膈气不舒，三一承气汤下之，及与导痰之类。

一人食积痰气，脾弱，贝母、连翘、麦芽、陈皮各半两，南星、黄芩、白术各一两，莱菔子二钱半，上末之，炊饼丸。

---

〔1〕尤　归咎。

一老人呕痰胸满，寒热，因伤食起，用二陈导饮。白术补脾，柴胡、黄芩退寒热，苍术解表寒，砂仁定呕下气。

一妇人舌上长起厚苔并痛，心下时坚，阳明痰热。黄柏、知母俱蜜炙，贝母各二两，瓜蒌、枳实、麦芽、姜黄、牛膝各半两，为末，可留于舌上，再用白术二两，荜澄茄，莱菔子、连翘、石膏各半两，青子、风硝、升麻各三钱，上末，炊饼丸服。

二陈治痰要药，世多忽之，且平胃散为常服之药，二陈汤反不可服乎？但能随证加减，用之无不验。世人贵耳贱目，不特此也。

喘第二十一

有短气，有火炎，有痰，有阴火上逆。

凡久喘未发，以扶正气为要；已发，以攻邪为主。气短者，参芪补之；火炎上者，降心火清肺金；有痰者，降痰下气为主；阴火上逆者，补阴降火。有气虚短气而喘，有痰亦短气而喘，有阴虚自小腹下火起而上者。喘急而有风痰者，《妇人大全良方》千缗汤加导痰汤。阴虚夹痰喘急者，补阴降火，四物汤加半夏、枳壳。气虚者，人参蜜炙[1]、黄柏、麦门冬、地骨皮之类。大概喘急者，不可用苦药、凉药，火气盛故也，导痰汤合千缗汤妙。诸喘不止者，用劫法，只一二服则止。气虚人少用。劫定之后，因痰治痰，因火治火，用椒目研极细末，用二钱，生姜汤调下止之，丸、末皆可用。又法：萝卜子蒸熟为君，皂角烧灰，等分为末，生姜汁，蜜为丸，如小桐子大，每服用五七十丸，噙化止之。元气虚而喘，喘而气短者，生脉散。上气喘而躁者，属肺胀，欲作风水，发汗即愈。秋冬之间，风痰作喘，搜风化痰丸。肺湿作喘，以甜葶苈研细末，枣肉为丸，服之。人卧则气浮于肺，凡上升之气，大概用香附、黄连、黄芩、山栀、青皮以降之。

戴云：有痰喘者，有气急喘者，有胃虚喘者，有火炎上喘者。

---

〔1〕炙　原作“炎”，据明刻本改。

夫痰喘者，乍进乍退，喘便有痰声；气急喘者，呼吸急促而无痰声；火炎上喘者，乍进乍退，得食则减，食已则喘，大概胃中有实火，膈上有稠痰，得食入咽，坠下稠痰，喘即止，稍久食已，入胃反助其火，痰再升上，喘反大作，俗不知此作胃虚，治用燥热之药，以火济火。昔叶都督患此，诸医作胃虚治之不愈，后以导水丸利五七次而安。又有胃虚喘者，抬肩撷肚，喘而不休是也。

治气逆、气喘、上气，紫金丹可用，须三年后者乃可。忌猪肉并酒。

一子二岁，患痰喘，见其精神昏倦，病气深，决非外感，此胎毒也。盖其母孕时喜食辛辣热物所致，勿与解利药，因处以人参、连翘、芎、连、生甘草、陈皮、芍药、木通煎，入竹沥，数日安。

一妇人，六七个月痰嗽喘急不卧，专主肺。北柴胡一钱，麻黄二钱，石膏二钱，桑白皮一钱，甘草半钱，黄芩一钱半，一汗而愈。后服五味子、甘草、桑皮、人参、黄芩。

哮第二十二

哮专主乎痰，宜吐法。亦有虚而不可吐者。治哮必须薄滋味，专主乎痰。必用大吐，吐药中多用醋，不可全用凉药，必带表散，此寒包热也。半夏、枳壳、炒桔梗、片黄芩、炒紫苏、麻黄、杏仁、甘草，天寒加桂。一法小胃丹，以二陈汤去甘草，加苍术、黄芩，作汤送下，看虚实用之。

治哮积方　用鸡子略损壳勿损膜，浸尿缸中三四日夜，煮吃效。盖鸡子能去风痰也。

治哮，**紫金丹**　以精猪肉三十两，切骰子大，用信一两明者，研极细，拌在肉内，令极匀，分作六分，用纸筋黄泥包之，火烘令干，又用白炭火于无人远处煅之，以青烟出为度，出火毒放地上一宿，研细，用汤浸，蒸饼为丸，如绿豆大，食前茶清下，大人二十丸，小儿十丸，量虚实与之。

一人哮喘，南星、半夏、杏仁、瓜蒌仁、香附、橘红、青黛、莱菔子、皂角灰。上末之，曲丸，姜送下。

泄泻第二十三

有湿，有气虚，有火，有痰，有积。

世俗类用涩药治痢与泻，若积久而虚者，或可行之，而初得者，必变他证，为祸不小。殊不知多因于湿，惟分利小水最是长策。治湿燥湿宜渗泄，四苓散中加苍术、白术，甚者二术皆炒；气虚用人参、白术、芍药炒、升麻，火宜伐火利小水，用黄芩、木通入四苓散；痰宜豁痰，用海石、青黛、黄芩，神曲作丸服，或用吐法吐之，以升提其清气；食积宜消导之，疏涤之，神曲或大黄等。泄泻水多者，必用五苓散。

止泻方

肉豆蔻五两　滑石春冬一两二钱半，夏二两半，秋二两

上用姜汁、曲糊丸。

又方**姜曲丸**

姜二两　陈曲六两，炒，用一二年陈者，新者发热不可用，陈麦亦可用　茴香半两

治脾泄方　用炒白术、炒神曲、炒芍药，或散或汤，作丸子尤切当。治脾泄，当大补脾气而健运复常。

治久病，大肠气泄。熟地黄五钱，白芍药炒、知母各三钱，干姜二钱，炙甘草一钱。上末服。泄泻或呕吐，用六一散，生姜汁汤调服。积痰作泄，宜下之。青六丸去三焦湿，治泄泻多与他丸同用，并不单用。若欲治血痢，或产后腹痛，或自痢者，补脾补血药送之。久病气虚，泄泻不止，灸百会三壮。

一老人奉养太过，饮食伤脾，常常泄泻，亦是脾泄。白术炒，二两，白芍药酒炒，一两，神曲炒，二两，山楂一两半，半夏一两，汤浸，黄芩炒，半两。上为末，青荷叶烧饭为丸。

一老人年七十，面白，脉弦数，独胃脉沉滑，因饮白酒作痢，

下血淡水脓，腹痛，小便不利，里急后重，以人参、白术为君，甘草、滑石、槟榔、木香、苍术为佐，下保和丸二十五丸。第二日证减，独小便不利，只以益元散服之效。

一男子因辛苦发热，腰脚痛，吐泻交作，以白术二钱、人参一钱、滑石二钱、木通一钱半、甘草半钱、陈皮二钱、柴胡一钱。

夏月水泻，桂苓甘露饮，官桂、人参各五钱，木香一分，茯苓、白术、甘草、泽泻、葛根、石膏、寒水石，以上各[1]一两，滑石二两。脾胃不和，泄泻并伤食，用胃苓汤。积聚肚泻，胜红丸。肠鸣泄泻，久不愈者，诃黎勒丸。泄泻下积，身热水泄者，大柴胡汤。水泻，白术、苍术、厚朴、陈皮、炒曲、茯苓、猪苓、泽泻、地榆、甘草。冬月加干姜等分。治老人水泻，白术一两，苍术一两，厚朴半两，炒曲一两，肉豆蔻一两，陈皮五钱，炒芍药一两，滑石一两，炒，甘草三钱，炙，樗皮一两，炒。上饭丸，食前米饭下八十粒。

一人胸满，泄泻不止，当消食补脾则泄止。若积病，亦有胃壮而泄不止，当下去积，则泄止。

凡内外之邪，有伤于生化之用，则阴阳失其居处之常，脏腑失其所司之政，以致肠胃腐熟而传化之职不修，所以泻也。一人气素脱而虚，顿泻，不知人，口眼俱闭，呼吸甚微，殆欲死者，急灸气海，饮人参膏十余斤而愈。阴虚而肾不能司禁固之权者，峻补其肾。痰积在肺，致其所合大肠之气不固者，涌出上焦之痰，则肺气降下，而大肠之虚自复矣。忧思太过，脾气结而不能升举，陷入下焦而泄泻者，开其郁结，补其脾胃，而使谷气升发也。

戴云：凡泻水而腹不痛者，是湿；饮食入胃不住，完谷不化者，是气虚；肠鸣泻水，痛一阵泻一阵，是火；或泻，或不泻，或多或少是痰；腹痛甚而泻，泻后痛减者，是食积。

治水泻方　干姜一钱　当归二钱半　乌梅三个　黄柏一钱　黄连二钱。或云各等分水煎。

---

〔1〕各　原缺，据明刻本补。

霍乱第二十四

内有所积，外有所感。见成吐泻不彻者，还用吐，提其气起。吐用二陈汤加减，或盐汤，或盐水皆可吐。

治霍乱。苍术、厚朴、陈皮、葛根，以上一钱半，滑石三钱，白术二钱，木通一钱，甘草炙。又法：用姜汤下保和丸四十粒。

治干霍乱，大法发汗，吐亦不妨。此系内有所伤，外为邪气所遏，有用吐法者，则兼发散之义；有用温药解散者，其法解散，不用凉药。二陈汤加川芎、苍术、防风、白芷等剂。夏月霍乱吐泻，大欲饮水，或狂乱奔走，姜制厚朴，官桂、干姜、茯苓、半夏。

霍乱方，藿香、苍术、厚朴、陈皮、缩砂、白芷、甘草、半夏、茯苓、人参、炒神曲等分，遇寒加干姜，寒甚加附子。吐泻霍乱，夏月以冰水调益元散，加姜汁服之。又以地浆清水调桂苓甘露饮，新汲水亦可。所以至阴之物，能生阳中之阴。霍乱微烦躁渴，钱氏白术散。以上二方，俱见《宝鉴》中。

夏月吐泻，黄连香薷汤，井中浸冷服。霍乱脉多伏或绝，大法理中汤好。阳不升阴不降。乖隔而成霍乱，切不可与米汤，饮即致死。夏月多食瓜果，饮冷乘风，以致食留不化，因食成痞，隔绝上下，遂成霍乱，以六和汤倍藿香。

挥霍撩乱而不得吐泻，名干霍乱。干霍乱最难治，须以盐汤吐之。

治搅肠沙，用樟木屑煎浓汤，呷一碗，须臾吐泻即可。一云干霍乱，俗名搅肠沙也。又法，就委中穴有紫处，刺出血即安；或于十指头出血，亦是良法。一法，治霍乱已死，腹中尚有暖气，用盐纳脐中，灸七壮，仍灸气海。

痢第二十五

分在气在血治。

赤属血，白属气。身热、后重、腹痛。身热者，夹外邪，法当解表，不恶寒用小柴胡去参。后重，积与气郁，坠在下之故，兼升兼消。腹痛者，是肺金之气郁在大肠之间，以苦梗发之，然后用治痢药。气用气药，血用血药。下痢腹痛，人实者，宜用刘氏之法下之，然后随气血用治痢之药。下血多，主食积与热，当凉血活血，当归、桃仁、黄芩之类，或有用朴硝者。青六丸治血痢效。以六一散一料炒，红曲半两；能活血，以饭为丸。腹痛者，宜温散药，如姜桂之属以和之。如有热，用黄芩、芍药之类。壮者与初病者，宜下之；虚弱衰老者，宜升之。一痢初得之时，一二日间法当利，大、小、调胃承气汤下之。看其气血而用药，气病用参术；血病用四物汤为主；有热先退热；后重者当和气，木香、槟榔之类；因积作后重者，保和丸主之。五日后不可下，脾胃虚故也。

保和丸方

山楂肉三两　神曲二两　陈皮　半夏　茯苓以上一两　连翘五钱　莱菔子五钱

上炒，七味为末，粥丸，姜汤下。或加白术二两。

下痢初发热，必用大承气汤下之，后随证用药。下痢久不止，发热者，属阴虚，用寒凉药，必兼升药、热药用。一本云：血久不止，发热者，属阴虚，四物为主。下痢后，身发热者，有外感。初下腹痛，不可用参术，虽气虚、胃虚者，皆不可用。下血有风邪下陷，宜升提之。盖风伤肝，肝主血故也。有湿伤血，宜行湿清热。后重者，积与气坠下，当和气，兼升兼消，木香、槟榔之类。不愈，用皂角子、煨大黄、当归、桃仁、黄连、枳壳作丸。盖后重，大肠风盛故也。下痢病，有半死半生者二。下如鱼脑者，半死半生；身热脉大者，半死半生。

有不治证者五。下[1]血者，死；下如尘腐色者，死；下如屋漏水者，死；下痢唇如朱砂红者，死；下痢如竹筒者，不可治。

夫痢而能食，胃未病也。若脾胃湿热之毒，熏蒸清道而上，以

〔1〕下　明刻本此下有“纯”字。

致胃口闭塞，遂成禁口证。一方治禁口痢，香莲丸与莲肉各半，研末米汤调下。治禁口痢。脐中用田螺入麝香少许，捣烂罨之，以引其热就下，热去则欲食也。

治痢方　苍术、白术、条芩、当归、白芍药、生地黄、青皮、黄连、滑石、甘草作一服，白水煎。里急后重，炒连、滑石，加桃仁、槟榔。甚者，加大黄；呕者，加半夏、姜煎。

又方

干姜一钱　当归二钱半　乌梅三个　黄柏一钱半　黄连二钱

上作一服，白水煎。

孙郎中因饮食过多，腹膨满，痢带白色，用苍术、白术、厚朴、甘草、茯苓、滑石煎，下保和丸三十粒。

又方有炒曲。痢后脚弱渐细，苍术二两，酒芍药二两半，龟板三两，酒柏半两。上末之，粥丸，以四物汤加陈皮、甘草，煎汤吞之。痢后腰痛，两脚无力：陈皮、半夏、白芍药，以上一钱，茯苓、苍术、当归、酒芩，以上半钱，白术一钱，甘草二钱。上作一服，姜三片煎，食前服。

一人泄泻，辛苦劳役，下利白积，滑石末、炒陈皮、芍药、白术、茯苓、甘草，上煎，食前服。

一妇人痢后血少肚痛，以川芎、当归、陈皮、芍药，上煎，调六一散服。

一方治久痢。罂粟壳半两，樗白皮一钱，黑豆二十一粒，上同煎，食前服。痢时气发热，苍术、厚朴、赤芍药、当归、黄芩、黄柏、地榆、粟壳、枳壳、槟榔、木香、甘草、干姜。鲜血痢，加黄连；小便不通，加滑石、车前子。痢下血水[1]奈何？加阿胶。

治痢丸子。侧柏叶、黄连、黄柏、黄芩、当归、芍药、粟壳、生地黄、地榆、枳壳、香附、木香、槟榔，米糊丸，下七八十丸。有食有积腹痛，加莪术、三棱、缩砂。

饮酒之人脏毒，如血痢状，乃平日饮酒之过，遂成此病，先宜

〔1〕水　明刻本此下有“无”字。

戒酒，而药可愈。

苍术一钱　赤芍药一钱　炒槐花一钱半　地榆二钱　枳壳一钱　炙甘草三分　黄连炒，五分　干葛二钱　当归五分

上作一贴，清水煎，食前顿服愈。

又方

樗皮二两　神曲炒，五钱　白芍药一两　滑石炒，一两　枳壳五钱

上为末，烂饭丸，桐子大，米饮下七十丸。

久下痢，数月不能起床，饮食不进，惫弱之甚，以人参五分，白术一钱，黄芪五分，当归六分，芍药一钱，炙甘草三分，粟壳三钱，实地榆五分，木香三分，缩砂五分，陈皮一钱，升麻三分，白豆蔻仁三分，泽泻五分。上作一帖，有热加黄芩，脉细四体恶寒加干姜或煨肉豆蔻、川附数片，服数帖，渐自进食。

湿热下痢，小便涩少，烦渴能食，脉洪大缓，腹痛后重，夜多痢下，桂苓甘露饮送保和丸三十丸。一作胃苓汤送下。湿多热少，脾胃不和，食少，腹痛后重，夜多利下，胃苓汤送保和丸三十丸。一作桂苓甘露饮送下。气虚，面色黄白，或体肢倦懒之人，频并痛，后重不食，脉细弱，或有汗出，黄芪建中汤吞保和丸三十丸。湿热不渴者，建中汤，加苍术、茯苓，吞保和丸。脾胃不和，食少腹胀痛，后重痢下，脉弦紧，平胃散加芍药、官桂、葛根，或白术茯苓汤送保和丸。下痢白积，黄芩芍药汤加白术、陈皮、甘草、滑石、桃仁。下痢赤积身热，益元散加木通、炒芍药、炒陈皮、白术、煎，送下保和丸。

一老人因饮白酒作痢，下淡血水脓，腹痛，小便不通，里急后重，人参、白术、滑石、苍术、槟榔、木香、甘草，上煎，下保和丸二十五丸。第二日前证俱减，惟小便不利，用益元散。

仲景治痢，凡言可下，率用承气汤。大黄之寒，其性善走，佐以厚朴之温，善行滞气，缓以甘草之甘，饮以汤液，灌涤肠胃，滋润轻快，无所留碍，积行即止。

刘河间发明滞下证，尤为切要，有曰：行血则便自愈，调气则

后重自除。此实盲者之日月，聋者之雷霆也。

一人患利，不进饮食，四君子加芎、归、芍[1]药、陈皮、炒曲、黄连、砂仁、半夏、生姜煎服。

东易胡兄年四十余，患痢病已百日，百药治不效，时九月初，其六脉急促沉弦细弱，左手为甚，日夜数十行，视瘀物甚少，惟下清滞，有紫黑血丝，食全不进，此非痢，当作瘀血治之。问瘀血何由而致？如饱后急走，极力叫骂，殴打攧扑，多受疼痛，一怒不泄，补塞太过，火酒火肉，皆能致之。盖此人去年枉受杖责，经涉两年，有此瘀血，服药后得瘀血则生矣，遂以乳香、没药、桃仁滑石，佐以木香、槟榔，以曲糊为丸，米汤下百余粒，夜半又不动，又依前法下二百粒，至矢明大下秽物如烂鱼肠约一二升，困顿终日，渐与粥而安。

一人患痢，后甚逼迫[2]。一人患痢，善食易饥。已见《医要》。世俗类用涩药治痢与泻，若积久而虚者或可行之，而初得者，必变他证，为祸不小。殊不知多因湿，惟分利小水最为长策。《内经》谓：下[3]身热即死，寒则生。此亦大概言之耳。必兼证详之方可。今岂无身热而生寒而死者乎？脉沉小流连或微者，易治；浮洪大数者，难治。脉宜滑大，不宜弦急。仲景治痢，可温者五法，可下者十法。或解表，或利小便，或待其自已。区分易治难治极密，但与泻同，立论不分，学者当辨之。

大孔痛，一曰温之，一曰清之。按久病，身冷自汗，脉沉小者，宜温；暴病，或身热脉浮洪者，宜清；身冷自汗用温药。有可吐者，有可汗者，有可下者。初得时，元气未虚，必推荡之，此通因通用法。稍久气虚，则不可也。赤痢乃自小肠来，白痢自大肠来，皆湿热为本。赤白带、赤白浊同。先水泄后脓血，此脾传肾，贼邪难愈；先脓血后水泻，此肾经传脾，是谓微邪易愈。下如豆汁者，湿也。盖脾胃为水谷之海，无物不受，常兼四脏，故如五色[4]之相

〔1〕芍　此字原缺，据明刻本补。
〔2〕迫　明刻本此下注有“已见医要”四字。
〔3〕下　此下疑脱“痢”字。
〔4〕五色　原脱，据明刻本补。

染，当先通利，此迎而夺之之[1]义。如虚宜审之。因热而作，不可用巴豆等药。如伤冷物者，或可用，宜谨之。

又有时疫作痢，一方一家之内，上下相传染者相似，此却宜用运气之胜伏以治之。

禁口痢，此胃口热结，用黄连，多加人参，浓[2]煎呷之。如吐了又呷，当开以降之。人不知此，多用温药甘味，以火济火，以滞益滞也。亦有误服热药，毒气犯胃，当推明而祛其毒。

呕吐哕第二十六

分气血多少而治。

胃中有热有痰，胃中有热，膈上有痰，用二陈汤加姜汁、炒山栀、黄连、生姜煎服。久病呕吐者，胃虚不纳谷也，以生姜、人参、黄芪、白术、香附。注船呕吐大渴，饮水即死，童便好。呕吐，若脾胃虚损之人，或非夏月见者，服理中汤。见其虚甚，庶可用之，亦宜冷与之饮，以顺其性。痰饮为患，或呕，或吐，恶心，或头眩，或中脘不快，或发寒热，或食生冷，脾胃不和，二陈汤加丁香、乌梅、生姜七片。痞痛加草豆蔻。胃气虚弱，不能饮食，呕吐，藿香安胃散，藿香、丁香、人参、陈皮、生姜同煎。肝火出胃，逆上呕吐，抑青丸。痰热呕吐气盛者，导痰汤加缩砂、姜、连、竹茹。痰呕吐不止，陈皮、半夏、姜汁。夏月呕吐不止，五苓散加姜汁。呕吐煎药，忌瓜蒌仁、杏仁、桃仁、莱菔子、山栀，皆要作吐。如药中带香药行散，不妨。泄泻或呕吐者，生姜汁汤调益元散。

一人早呕酒，以瓜蒌、贝母、山栀炒、石膏煅、香附、南星姜制、神曲炒、山楂子一两，枳实炒、姜黄、莱菔子蒸、连翘、石碱半两，升麻二钱半，上末之，姜汁炊饼丸。

一人饥饱劳役成呕吐病，时作时止，吐清水，大便或秘或溏，

---

〔1〕之之　原脱，据明刻本补。

〔2〕浓　原作“湿”，据明刻本改。

腹痛上攻心背，脉弦。白术一两半，山栀一两，用茱萸二钱炒，去茱萸不用，黄连一两，用茱萸二钱炒，去茱萸不用，神曲、麦芽、桃仁各一两，去皮，用巴豆二十粒，炒，去巴豆不用，姜黄、杏仁各一两，去皮，用巴豆二十粒炒，去巴豆不用，蓬术一两，用巴豆二十粒炒，去巴豆不用，香附一两，三棱一两，用巴豆二十粒炒，去巴豆不用，白豆蔻、砂仁、木香、莱菔子、陈皮，已上各五钱，南星一两，姜制，山楂一两，大黄一两，蒸，青皮五钱。上末之，姜汁炊饼丸，每服二三十丸。

朱奉议以半夏、橘皮、生姜为主。孙真人误以哕为咳逆。凡病人欲吐者，切不可下，逆故也。刘河间谓：呕者，火气炎上，此特一端耳。有痰隔中焦，食不得下者；又有气逆者，又有寒气郁于胃中者；又有食滞心肺之分，不得下而反出者，然胃中有火与痰而致呕吐者多。又有久病呕者，此胃虚不纳谷也。生姜、人参、黄芪、白术、香附之类。

恶心第二十七

有痰、有热，有虚。皆用生姜，随证用药。

痰饮为患而呕吐恶心者，二陈汤加丁香、乌梅、生姜七片煎服。

戴云：恶心者，无声无物，但心中欲吐不吐，欲呕不呕，虽曰恶心，非心经之病，皆在胃口上，宜用生姜，盖能开胃豁痰故也。

翻胃第二十八

翻胃即膈噎也。膈噎乃翻胃之渐。《发挥》详言之。大约有四：有血虚，有气虚，有热，有痰。又有兼病者。

血虚者，脉必数而无力；气虚者，脉必缓而无力[1]；血气俱虚者，口中多出沫，但见沫大出者，必死；有热者，脉数而有力；有痰者，脉滑数，二者可治。又曰：翻胃脉，血虚左手脉无力，气虚右脉无力，有痰寸关沉，或伏而大。血虚以四物为主，气虚以四君子为主，热以解毒为主，痰以二陈为主。必入童便、姜汁、竹沥、韭汁、牛羊乳。粪如羊矢者不治，年高者虽不治，须用参术，关防气虚，胃虚。有阴火上炎而翻胃者，作阴火治。有气结者，其脉寸关沉而涩。宜开滞导气之药。有积血在内者，当消息以逐之。大便涩者难治，常食兔肉则便利。翻胃病，若痰实火盛之人，先以瓜蒂散吐之，后用大黄、皂角、黑牵牛、朴硝为末，糊丸，姜汤下十五丸。一方治翻胃积饮，通用益元散，以姜汁澄白脚为丸，时时服之。一方以黄连、茱萸炒、贝母、瓜蒌、陈皮、白术、枳实、牛转草。但有咽下塞住不宽，项背转侧，欠伸不得，似乎膈噎之证，饮食不下，先有心疼，疼发一身尽黄，先以川芎、桔梗、山栀、细茶、生姜、齑汁，吐痰二碗，后用导痰汤加羌活、黄芩、红花。人壮者用此法。

〔1〕无力　明刻本作“沉”。

一老人翻胃，瓜蒌、贝母、白术、陈皮、吴茱萸、黄连、生甘草、人参、茯苓、枳实。年少者，以四物汤清胃脘，血燥不润便故涩。《格致余论》甚详。

槟榔丸 治翻胃，或朝食而暮出者，或下咽而吐者，或胃连作痛者，或必得尽吐而爽者，或见食即吐者。

白术 黄连 砂仁 陈皮 半夏曲 神曲 蓬术各一两 藿香 槟榔 青皮 丁香 麦蘖 三棱 姜黄 良姜 白豆蔻 茯苓 桂花 连翘 山楂各五钱 川附半只 吴茱萸二钱

上药末之，姜糊丸，每服七八十丸，姜汤或白汤下，日三服。

一人年壮，病翻胃，益元散加陈皮、半夏，生姜自然汁浸，晒干为末，竹沥、甘蔗汁调服。一人但能食粥，一匙吃下膈，有一菜杂于其间，便连粥俱不能下，鱼肉俱不可咽，止能食稀粥，其人起居如常，用凉膈散加桔梗。若面常觉发热，大便结，此咽膈燥痰所碍，加白蜜饮之。治翻胃，未至于胃脘干槁者。

一男子壮年，食后必吐出数口，却不尽出，膈上时作声，面色如平人，病不在脾胃而在膈间，问其得病之由，乃因大怒未止辄吃面即有此症。盖怒甚则血郁于上，积在膈间，有碍气之升降，津液因聚而为痰为饮，与血相搏而动，故作声也。用二陈加香附、莱菔、韭汁、服一日，以瓜蒂散，酸酱吐之，再一日，又吐，痰中见血一盏，次日复吐，见血一钟，乃愈。

一中年人，中脘作痛，食已则吐，面紫霜色，两关脉涩，涩乃血病也，因跌仆后，中脘即痛，投以生新推陈血剂，吐片血碗许而愈。

一妇人因七情，咽喉有核如绵，吐不出咽不下，及两胁心口作痛，饮食少，胎已三月矣。用香附、砂仁、茯苓、陈皮各二钱，麦冬、厚朴、白术、人参、甘草各五分，枳壳、芍药、白豆蔻各八分，竹茹二钱，姜五片，煎服。心痛不止，加草豆蔻。

一人先因膈噎，后食羊肉，前疾大作，及咽酸，用二陈汤加苍术、白术、香附、砂仁、枳壳、吴茱、黄连、神曲、生姜煎服。后里急后重。加木香、槟榔。痰气结核在咽间，吐咯不出，此七情所致也。及痰火炎上，胸膈不宽，以二陈加香附、砂仁、瓜蒌、白术、厚朴、苏子、黄连、吴茱、枳壳、生姜煎服。头眩加前胡。因色欲过甚，遂成膈气，作死血治之，二陈加当归、桃仁、香附、砂仁、白术、枳实、藿香、姜、连。吐不止，加丁香煎，临服时，加韭汁、姜汁、竹沥各少许，加牛乳尤佳。

一人痰火噎塞，胸膈不宽，二陈加紫苏、厚朴、香附、砂仁、姜、连、木香、槟榔、白豆蔻、吴茱萸、生姜煎服。呕吐胸膈疼，二陈加姜黄、香附、砂仁、丁香、藿香、白术、白豆蔻、枳壳、姜、连。心腹痛及咽酸，去枳壳，加吴茱萸；发热去枳壳、吴茱，加甘葛、竹茹、枇杷叶姜汁炒；热盛者，加连翘仁，姜煎服。

疸第二十九

不必分五种，同是湿热，如盦面相似，渴者难治，不渴者易治。脉浮宜吐，脉沉宜下。轻者小温中丸，重者大温中丸，脾虚者以白术等药作汤使。脾胃不和，黄疸，倦怠少食，胃苓汤。小便赤，加滑石。湿热黄疸，小便赤涩，茵陈五苓散。湿热黄疸，脾胃不和，不食，脉沉细，小便清利者，理中汤。甚者加附子，所谓阴黄疸是也。脾湿积黄，心腹疼痛，胃苓汤。湿热因倒胃气，服药而大便下利者，参术等加茵陈、山栀、甘草。热多，温中丸加黄连。湿多，茵陈五苓散加食积药。面色黄，肢体倦，小便清，谓之木胜于中，土走于外故也，黄芪建中汤。用茵陈之药过剂，乃成阴证，身目俱黄，皮肤冷，心下疼，眼涩不开，自利，茵陈附子干姜汤。谷疸为病，寒热，不能食，食则头眩，心胸不安，久则发黄，用茵陈、栀子、大黄，亦治伤寒发黄。气实人，心痛发黄，抚芎散吐之。疸发寒热，呕吐，渴欲饮冷，身体面目俱黄，小便不利，全不思食，夜间不卧，茯苓渗湿汤。以茵陈四苓散内加芩、连、栀子、防己、苍术、青皮、陈皮。一方加枳实，用长流水煎服。

黄疸方

黄连炒　黄芩炒　山栀炒　猪苓　泽泻　苍术　茵陈　青皮

草龙胆各一钱　劳食疸加三棱、蓬术各一钱，砂仁、陈皮、神曲各五分

茵陈附子干姜汤

附子炮　干姜炮　茵陈　白茯苓　草豆蔻　枳实　半夏　泽泻　白术　陈皮

上姜煎，凉服。

小温中丸　治黄疸与食积。

苍术炒　神曲炒　针砂醋煅　半夏各二两　川芎　栀子各一两　香附四两　春加川芎，夏加苦参或黄连，冬加茱萸或干姜。

上末，醋糊丸。

大温中丸　即暖中丸。治食积，黄疸，肿，又可借为制肝燥脾之用。

陈皮　苍术米泔浸，炒　厚朴姜制　三棱醋炒　蓬术醋炒　青皮各五两　甘草二两　香附一斤，醋炒　针砂十两，醋煅

上为末，醋糊丸，空心姜汤下，午饭、晚饭前酒下。脾虚者以白术、人参、芍药、陈皮、甘草等药作汤使。忌大肉、果菜[1]。

又方**小温中丸**　治脾胃停湿，水谷不分，面色痿黄。

针砂八两，醋炒[2]　香附[3]　神曲八两，炒　白术五两，炒　半夏五两，洗　甘草二两　陈皮五两，和白　黄连二两　苦参三两

上为末，醋糊丸，每服五十丸，白术陈皮汤下。冬去黄连加厚朴。

消渴第三十

消渴之证，乃三焦受病也，东垣有法，分上中下治。上消者，肺也，多饮水少食，大小便如常，或云小便清利，其燥在上焦也，治宜流湿润燥；中消者，胃也，渴多饮水而小便赤黄，宜下，至不

〔1〕忌大肉、果菜　明刻本无此五字。
〔2〕炒　明刻本作“煅”。
〔3〕附　明刻本此下注有“十两醋炒”四字。

饮而愈；下消者，肾也，小便浊淋如膏之状，宜养血而肃清，分其清浊而自愈。

大法养肺降火生血为主。消渴泄泻，先用白术、白芍药炒，为末，调服后，却服白莲藕汁膏。内伤病退后，燥渴不解，此有余热在肺家，以人参、黄芩、甘草少许同煎，加姜汁冷服，或以茶匙挑药渐渐服之。虚者亦可服独参汤。消渴而小便频数，宜生津甘露饮。琼玉膏亦妙。口干舌干，小便赤数，舌上赤裂，地黄饮子。

一孕妇，当盛夏渴思水，与四物汤加黄芩、陈皮、生甘草、木通，数帖愈。

白藕汁膏

黄连末　生地汁　牛乳汁　白连藕汁各一斤

上将诸汁慢火熬膏，入连末和丸，每服二三十丸，温水下，日服数次。

缲[1]丝汤、天花粉、芦根汁、淡竹茹、麦门冬、知母、牛乳，皆消渴之要药也。

水肿第三十一

因脾虚不能行浊气，气聚则为水，水溃妄行。当以参术补脾，使脾气得实，则自能健运，自然升降，运动其枢机而水自行，非五苓、神祐之行水也。大抵宜补中、行湿、利小便，切不可妄下。以二陈汤加人参、苍术、白术为主，佐以黄芩、麦冬、栀子制肝木。土气得平，以制其水。若腹胀，少佐厚朴；气不运加木香、木通；气陷下，加柴、升，随证加减可也。

经曰：诸气膹郁，皆属于肺；诸湿肿满，皆属于脾；诸腹胀大，皆属于热。盖湿者，土之气，土者，火之子也，故湿病每生于热，热气亦能自湿者，子气感母湿之变也。凡治肿病，皆宜以治湿为主，所挟不同，治法亦异。或以治肿以治水立说，而欲导肾以决

---

〔1〕缲　同“缫”。

去之，岂理也哉？盖脾土衰弱，内因七情，外伤六气，失运化之职，清浊混淆，郁而为水，渗透经络，流注溪谷，浊腐之气，窒碍津液，久久灌入隧道，血亦化水。欲藉脾土以制之，殊不知土病则金气衰，木寡于畏而来侮土，脾欲不病不可得矣。治法宜清心经之火，补养脾土全运化之职，肺气下降，渗道开通，浊败之气其稍清者，复回而为气、为血、为津液，其败浊之甚者，在上为汗，在下为溺，以渐而分消矣。又曰：开鬼门，洁净府。鬼门，肤腠也，属肺；净府，膀胱也，属肾。未闻有导肾之说。仲景云：治湿利小便，即经洁净府之意。钱仲阳云：肾无泻法，请以此视之，肾其可易导之乎？

水肿本自中宫，诸家只知治湿利小便之说，而类用去水之药，此速死之兆也。盖脾极虚而败，愈下愈虚，虽或劫效目前，而阴损正气，然病亦有不旋踵而至者。治宜大补中宫为主，看所夹加减，不尔则死。脉来沉迟，色多青白，不烦不渴，小便涩少而清，大便多泄，此阴水也，治宜温暖之剂。脉来沉数，色多黄赤，或烦或渴，小便涩少而赤，大腑多闭，此阳水也，治宜清平之剂。有久病气虚而浮，手足皆肿，是虚气妄行也。产后与经事过多而病肿，血虚也。腰以上肿宜汗，腰以下肿宜利小便，此仲景法。防己治腰以下湿热肿，如内伤、胃弱者不可用。孕妇水肿。名曰子肿。水肿，痢后浮者，内服益肾散，外用甘草汤淋洗。产后水肿，必用大补气血为主。水肿五不治者，五脏齐损故也。出血水者不治。虚弱人浮肿，大便泄泻，用四君子汤加陈皮、甘草、白芍药、升麻、炒曲、泽泻、木通、砂仁，姜煎服之。妇人因月经不行，遍身水肿，恶心，恶血凝滞腹痛，用当归、赤芍、青皮、木通、牡丹皮、玄胡索、滑石、没药、血竭。面浮，因元气衰少，力弱，脾虚所致，用当归、白术、木通、苍术、甘葛各一钱，参、芪、白芍各五分，柴胡四分。湿胜作肿，或自利少食，胃苓汤加木通、麦门冬。面目或遍身虚浮，用五皮散加柴苏、麻黄、桔梗。治湿肿用苍术、厚朴、陈皮、莱菔子、猪苓、泽泻、车前、滑石、茯苓、枳壳、木通、大腹皮、槟榔，右煎服。喘急加苦葶苈；小便不利加牵牛，又重者加浚川散，其湿毒自消。疟疾后发浮肿，四苓散加青皮、木通、腹皮、木香、槟榔。脚面浮肿，咳嗽红痰，二陈加木通、泽泻、芩、术、桑皮、贝母、麦冬、五味、苏子。一方治水肿，山栀仁炒，为末，米饮下一手勺许。一云胃脘热病在上者，带皮用之。又方，山栀五钱，木香一钱，白术二钱半，以急流水煎服。水肿劫药，以大戟为末，枣肉丸，服十一丸。可劫气实者，虚者不可用。

鼓胀第三十二

有实有虚。实者。按之坚而痛；虚者，按之不坚不痛。实者，宜下之削之，次补之；虚者，温之升之，补为要。朝宽暮急者，血虚；暮宽朝急者，气虚；日夜急者，气血俱虚。鼓胀，又名曰蛊，即所谓单腹胀也。其详在《格致余论》中。

治法，大补中气，行湿为主。此脾虚之甚，必须远音乐、断厚味。有气虚者，大剂参、术，佐以陈皮、茯苓、黄芩、苍术之类。有血虚者，以四物为主，随证加减。脉[1]实兼人壮盛者，或可用攻药，便用收拾，以白术为主。气虚中满，四君子加芎、归、芍药、黄连、陈皮、厚朴、生甘草。胃虚腹胀，调中汤，人参、白术、陈皮、甘草、半夏、厚朴、生姜。腹胀夹虚，分消丸治之。寒而腹胀夹虚者，分消汤治之。寒胀，沉香尊重丸治之。腹胀夹内伤虚证，木香顺气汤，并沉香交泰丸。伤寒，痞满燥实四证[2]，而人壮者，或杂证腹满如四证者，用大承气汤。太阴病，腹胀满，四肢肿，或一身肿，胸痞不食，小便少，大便难或溏，或脾胀善哕，大满体重，服索矩三和汤。脾湿而腹胀满，面黄溺涩，胃苓汤。下虚，腹胀气上，四物加人参、陈皮、木通、甘草、连翘。有食积者，吞保和丸。饮酒人胀，小便浑浊，夜发足肿，桂苓甘露饮加人参、甘葛、藿香、木香。腹胀不觉满，食肉多所致者，黄连一两，为末，阿魏半两，醋浸。研如糊，为丸，同温中丸、白术汤下。食肉多腹胀，三补丸起料加香附、

〔1〕脉　原脱，据明刻本补。
〔2〕证　明刻本此下有“全”字。

下甲[1]，炊饼丸服。厚朴治腹胀，因其味辛也，须用姜制。一云：胀病必用参、芪、白术，大剂补脾则其气自动。白术又为君主之药，必带厚朴宽满。

一人气弱，腹膨浮肿，用参、归、茯苓、芍药各一钱，白术二钱，川芎七分半，陈皮、腹皮、木通、厚朴、海金沙各五分，紫苏梗、木香各三分，数服后，浮肿尽去，余头面未消，此阳明气虚，故难得退，再用白术、茯苓。

一妇人腹久虚胀单胀者，因气馁不能运，但面肿，手足或肿，气上行，阳分来应尚可治。参、术、芎、归为主，佐以白芍药之酸敛胀，滑石燥湿兼利水，大腹皮敛气，紫苏梗、莱菔子、陈皮泄满，海金沙、木通利水，木香运行，生甘草调诸药。

一妇气虚单胀，面带肿，参、术、茯苓、厚朴、大腹皮、芎、归、白芍、生甘草、滑石。

一人嗜酒，病疟半年，患胀，腹如蜘蛛。一人嗜酒，便血后患胀，色黑而腹大形如鬼状。俱见《医要》。

上二者，一补其气，一补其血，余药大率相出入而皆获安。

自汗第三十三

属气虚、阳虚。有痰亦自汗，湿亦自汗，热亦自汗。

大法宜人参、黄芪，少佐以桂枝。阳虚者，附子亦可用。气虚自汗，黄芪建中汤。气虚寒热，自汗劳倦，少食，脉弱者，补中益气汤。劳役大虚，脉沉细，汗大出，舌上润，不烦躁，但惊动，亦汗出，似伤寒虚脱者，补中益气去柴，加五味、麻黄根。火气上蒸，胃中之湿亦能作汗，宜凉膈散主之，或用粉扑法。胃实，并手足两腋多汗，大便涩结，大承气汤主之。痰实膈滞，寒热自汗，能食而大便秘结，脉实者，大柴胡汤主之。大抵气热汗出，多是有余证也。饮食便汗出，慓悍之气，按而收之，安胃汤。汗大泄者，

〔1〕下甲　《丹溪心法》卷三作“半夏曲”。

乃津脱；宜急止，用人参、黄芪、麦冬、五味、炒柏、知母。湿热自汗，卫气虚弱，不任风寒者，调卫汤。伤寒，虚脱自汗，真武汤，外用扑法。

盗汗第三十四

属阴虚、血虚。

小儿盗汗不须治，宜服凉膈散。盗汗发热属阴虚，用四物汤加黄柏。若气虚，加人参、黄芪、白术。别处无汗，独心头一片有汗，思虑多则汗亦多，病在用心，名曰心汗，宜养心血。以艾汤调茯苓末服。当归六黄汤，盗汗之圣药也。黄芪加倍用之，余各等分。上为末，每服五钱，小儿减半。又方，本方内再加知母、参、术、甘草、地骨、浮麦、桑叶。汗不止，加赤根牡蛎；惊不睡加远志，间服朱砂安神丸。一方治盗汗，四炒白术散甚效。方见《医要》。一人忧郁出盗汗，胸膈不宽，当归六黄汤加防风、青皮、枳壳、香附、砂仁。

呃逆第三十五

有痰，有气虚，有阴火。呃逆即咳逆。咳逆者，气逆也，气自脐下直冲上，出于口而作声之名也。

视有余不足治之。详见《格致余论》。有余并痰者，吐之，人参芦之类。不足者，人参白术汤下大补丸。痰碍气而呃逆，此燥痰不出故也，用蜜水探吐之。大概有痰用陈皮、半夏；气虚用参、术，阴火用黄连、滑石、黄柏。痰多或用吐、或用行痰。虚甚者，用参膏之类。内伤病呃逆不止，补中益气加丁香。虚寒呃逆，丁香柿蒂汤，灸期门穴。气热痰热者，青箬头七十二个，煎服。伤寒血证，呃逆不止，舌强短者，桃仁承气汤主之。痰多呃逆不止，半夏、茯苓、陈皮、桃仁、枇杷叶，姜汁煎服。咳逆自利，人参、白术、芍药、陈皮、甘草、滑石、黄柏、竹沥。心痛，饮汤水下作呃逆者，是有死血在中，桃仁承气汤下之。咳逆无脉，二陈加参、术、麦冬、五味、竹茹，姜煎服。甚者，加柿蒂、丁香。虚人呃逆无脉加黄柏、知母。治呃逆、黄蜡烧烟薰而咽之；寒者，用硫黄烧烟咽之。一人年近七十，患滞下后发呃逆。一女子暑月因大怒而发呃逆。一人年近五十，因怒得滞下，病后发呃逆。治法俱见《医要》。

头风第三十六

有痰，有热，有风，有血虚。

诸家止言偏头风而不知所属，故治之多不效。左属风，荆芥、薄荷；属血虚，芎、归、芍药。右属痰，苍术、半夏；属热，酒炒黄芩。有属湿痰者，川芎、南星、苍术。偏正头风，以瓜蒂散搐鼻内。

瘦人搐药　软石膏、朴硝各五钱，脑子、檀香皮、荆芥、薄荷各一钱，白芷、细辛各二钱。

一粒金　治偏正头风，妙在荜拨、猪胆。

天香散　治远年头风。二方俱见《医要》。

搐药有单用荜拨、猪胆者。

头风方　酒片芩一两，苍术、防风、羌活各五钱，苍耳三钱，细辛二钱，上末之，姜一片，捣细和药末三钱，同擂匀，茶调汤荡起服之。一本酒芩一两半，羌活、苍术、川芎各五钱，苍耳、细辛各三钱，制如上法。

又方　酒片芩、苍耳、羌活、酒连、生甘草各一钱半，苍术二钱半，半夏曲炒三钱半，川芎一钱，制如上法。

湿痰头风方　酒片芩三钱，苍术一两，酒炒川芎、细辛各二钱，甘草少许，上末之，制服如上法。

又头风方　荆芥、防风、草乌尖、甘草、台芎、蔓荆子、桔梗、麻黄，为末，茶调服。头痒风屑发黄，酒炒大黄末，茶调服。一人头风，鼻塞涕下，南星、苍术、酒芩、辛夷、川芎。一膏粱人头风，发即眩重酸痛，二陈加荆芥、南星、酒芩、防风、苍术、台芎，姜水煎服，后复以酒芩、南星、半夏各一两，皂角灰一钱，乌梅二十个，用巴豆十粒同梅煮过，去豆不用，将梅同前药为末，姜曲丸，津咽下。

头痛第三十七

多主于痰，痛甚者火多。

有可吐者，有不可吐者，有可下者。痰热当清痰降火。风寒外邪者，当解散。血虚头痛，自鱼尾上攻头目者，必用芎归汤。气虚头痛，痰厥头痛，或眩晕脉弱，少食挟内伤病者，半夏白术天麻汤。头旋眼黑、头疼，阴虚挟火，安神汤。头痛如破，酒炒大黄半两，为末茶调。头疼连眼，此风热上攻，须白芷开之。一方用雨前茶、芎、归、防、芷、台乌、细辛。壮实人热痛甚，大便结燥，大承气汤。葱白治头痛如破，通上下阳气。痛引脑巅，陷至泥丸宫者，是真头痛也，无治法。清空膏治诸般头痛，惟血虚头痛不治。方见《医要》。小清空膏治少阳头痛并偏头痛，或痛在太阳经者，片黄芩酒浸透，晒干为末，或酒、或茶清下。

一人头疼，有风痰、热痰，酒芩、连翘、南星、川芎、荆芥、防风、甘草。夫用芎带芩者，芎一升而芩便降，头痛非芎不开，荆芥清凉之剂，头痛用川芎，脑痛用台芎。

一人形实而瘦，有痰头疼，黄芩、黄连、山栀、贝母、瓜蒌、南星、香附。

一人筋稍露，体稍长，本虚又作劳，头疼甚，脉弦而数，以人参为君，川芎、陈皮为佐治之。六日未减，更两日当自安，忽自言病退，脉之似稍充，又半日膈满，其腹文已隐，询之，乃弟自于前方加黄芪，已三帖矣。遂以二陈汤加厚朴、枳壳、黄连，泻其卫，三帖而安。

头眩第三十八

痰挟气虚与火。治痰为主，及补气降火药。此证属痰者多，无痰则不能作眩。又有湿痰者，有火多者。左手脉数，多热；脉涩，有死血。右脉实，痰积；脉大，必是火病。一本云：火病当作久病。盖久病之人，气血俱虚，而痰浊不降也。湿痰者，二陈汤；火多者，二陈加酒片芩；夹气虚与相火者。亦治痰为主，兼补气降火，如半夏　白术　天麻汤之类。

一老妇，患赤白带一年半，只是头眩坐立不久，睡之则安，专治带，带病愈，其眩亦愈。

眩晕第三十九

痰在上，火在下，火炎上而动其痰也。

有气虚夹痰者，四君、二陈、芪、芎、荆芥。风痰眩晕，二陈汤加芩、苍、防、羌治之。眩运不可当者，以大黄酒浸，炒三次，为末，茶调服。气实人有痰，或头重，或眩晕者，皆治之。壮实人热痛甚，大便结燥，大承气汤[1]。

头重第四十

此湿气在上，瓜蒂散鼻内搐之。

红豆散　治头重如山，此湿气在头也。

麻黄五钱　苦丁香五分　羌活三分　连翘三分　红豆十五粒

为末搐鼻。

头面肿第四十一

头面肿壅，有热，而脉弦数，凉膈散去硝黄。加桔梗、枳壳、荆芥、薄荷。面上红肿，因气实而作者，用胃风汤。面肿生疮，调胃承汤加薄荷、荆芥。

〔1〕壮实人热痛甚，大便结燥，大承气汤　明刻本作“痰火眩运滚痰丸治之”。

眉棱骨痛第四十二

属风热与痰。

作风痰治，类痛风证，用白芷、酒片芩，等分为末，每服二钱，茶清调下。又方：川乌、草乌童便浸，炒，去毒，各一钱，为君；细辛、羌活、酒芩、甘草各半分，为佐。为细末，分作二三服，茶清下。一加南星，姜、茶调服。一方选奇汤：防、羌、酒芩、甘草，煎服。

心痛第四十三

即胃脘痛，须分久、新治。

若明知是寒，初当温散，病久成郁，郁生热而成火，故用山栀为君，以热药为向导。胃口有热而作痛者，非栀子不可，须佐以姜汁，多用台芎开之，或用二陈汤加川芎、苍术、倍加炒山栀。如痛甚者，加炒干姜，从乎反治之法。如平日喜食热物，以致死血留于胃口作痛者，用桃仁承气汤下之。若轻者，以韭汁、桔梗，能开提气血药中兼用之。以物拄按痛处而痛定者，夹虚也，用二陈汤加炒干姜和之。有虫痛者，面上白斑，唇红能食是也，以苦楝根，黑锡灰之类。痛后便能食，时作时止，上半月虫头向上易治，下半月向下难治。先以肉汁或以糖蜜吃下。引虫向上，然后用药。打虫方，楝根、槟榔、鹤虱，夏取汁饮，冬煎浓汤，下万灵丸最好。脉实，不大便者，下之；痛甚者，脉必伏，宜温药，如附子之类。勿用参术，诸痛不可补气故也。气虚人，胃脘作痛，草豆蔻丸。心胃腹胁疝痛，二陈汤加参、术，并诸香药，治效。心胁痛，干姜微炒，芫花醋炒，等分为末，蜜丸，每服数粒。热饮痛，黄连、甘遂作丸服之。停饮，心胃痛或冬寒痛，桂黄丸。心极痛苦，方用生地黄汁调面煮食，打下虫甚效。胃虚感寒，心腹痛甚，气弱者，理中汤。内伤发热，不食，胃虚作痛，补中益气汤加草豆蔻。心气痛，天香散方，白芷、川乌、南星、半夏。老人心腹大痛，脉洪大而虚，昏厥不食，不胜一味攻击之药，四君子汤加当归、麻黄、沉香。心膈大痛，攻走腰背，发厥，药食不纳者，就吐中，探吐出痰积碗许而痛自止。肥人胃脘当心痛，或痞气在中脘不散，**草豆蔻丸**。

白豆蔻三钱　白术　三棱　草豆蔻　半夏各一两　砂仁　片姜黄　枳实　青皮　良姜一作干姜　陈皮　桂枝　丁香　蓬术　木香　藿香　小草各五钱

姜汁蒸饼丸，每服六七十丸，白汤下。

黑丸子　治胃脘疼。

乌梅去核　杏仁去皮尖　巴豆去皮膜心油　砂仁各十四枚　百草霜二钱　半夏二十一枚

上杵为丸，每服十数粒。

备急丸　治心腹厥痛，食填胸膈。

大黄一钱　巴豆去油，五分　干姜五分

上蜜丸，每服三五粒，药下咽便速行心痛。饮汤水下作哕者，有死血在中，桃仁承气汤下之。

左手脉数热多，脉涩有死血；右手脉实痰积，脉大必是久病。

心痛方

茱萸汤洗　山栀炒，去壳　黄连炒　滑石各五钱　荔核烧存性，三钱

上末之，姜汁蒸饼丸服。

又方　炒山栀仁为末，姜汤服，丸亦可。如冷痛加草豆蔻，炒，为末，丸服之。

又方

白术五钱　白芍药　砂仁　半夏汤泡　当归各三钱　桃仁　黄连去须　神曲炒　陈皮各二钱　吴茱萸一钱半　僵蚕炒　人参　甘草各一钱

上末之，炊饼丸。

气实心痛

香附一钱　茱萸一钱　山栀去壳炒焦，六钱

上末，炊饼丸，如椒粒大，以生地黄酒洗净，同生姜煎汤下二十丸，别用荜拨半两为末，醋调捏成团子，吞之。

又方　桂枝、麻黄、石碱，等分为末。姜汁浸炊饼为丸，用热辣姜汤下十五丸，多治饮痛。

又方　黄荆子炒焦为末，米饮调下。

又方　蛤粉、香附末，以川芎、山栀煎汤，入姜汁调令热辣服之。

又方　半夏切碎，香油炒为末，姜汁炊饼丸，姜汤下二十丸，亦治吼喘。

凡治气痛，一身腔子里痛，皆须用些少木香于药中，方得开通。

草豆蔻丸　客寒犯胃痛者宜此，热亦可用，止可一二服。

草豆蔻面里煨，一钱四分　吴茱萸洗焙　益智仁　人参　黄芪　白僵蚕　橘皮各八分　生甘草　炙甘草　当归身　青皮各六分　片姜黄　神曲炒　柴胡各四分　半夏汤泡　泽泻各一钱　麦芽炒，一钱半　桃仁七枚，汤泡去皮尖

上除桃仁另研如泥外，余为细末，同和匀，汤浸蒸饼为丸，如梧桐子大，每服五七十丸，食远，白汤下，看病势斟酌用之。小便多，泽泻减半，柴胡详胁下痛多少用。草豆蔻丸治气羸弱人心痛甚妙。

青黛治心热痛、虫痛，与姜汁入汤调服，或以蓝叶杵汁，与姜汁和服之。如遇无药去处，用一小瓶贮水，将盐于刀头上火中烧红淬水中，令患人热饮之。心痛或用山栀并劫药，止后复发、用前药必不效，服玄明粉一服立止。海粉加香附末同姜汁服，能治心疼，不可入煎药。内伤发热，不食，胃口作痛者，补中益气加草豆蔻，热痛加栀子。心痛气实者，用单味牡蛎煅为粉，酒调二钱服之。有食伤胃口而痛者，当消导之。有瘀血留滞胃口作痛者，用破血药。心疼或有痰者，以明矾溶开，就丸如芡实大，热姜汁吞下一丸。

一人脉涩，心脾常疼，白术、半夏、苍术、枳实、神曲、香附、茯

芩、台芎，上末之，神曲糊丸服。

一人心痛、疝痛，炒山栀、香附各一两，苍术、神曲、麦芽各五钱，半夏七钱，乌梅、石碱各三钱，桂枝一钱五分，上末之，姜汁炊饼为丸，每服百丸，姜汤下。冬去桂枝。

一人饮热酒食物梗塞，胸痛，有死血，用白术、贝母、麦芽、香附、瓜蒌、桃仁、杏仁、牡丹皮、生甘草、葛根、山栀、黄芩、红花、荜澄茄，上为末，或丸或散，任意服。其余治法详见《医要》。

腰痛第四十四

肾虚、瘀血、湿热、痰积、闪挫。腰痛之脉必弦而沉，弦者为虚，沉者为滞。若脉大者，肾虚；涩者，是瘀血；缓者，是湿；滑与伏者，是痰。

肾虚者，用杜仲、龟板、黄柏、知母、枸杞、五味，一加补骨脂、猪脊髓丸服。瘀血作痛者，宜行血顺气，补阴丸加桃仁、红花之类，更刺委中穴出血，以其血滞于下也。湿热作痛者，宜燥湿行气，用苍术、杜仲、川芎、黄柏之类，宜子和煨肾散。因痰作痛者，二陈加南星，佐以快气药，使痰随气运。闪挫诸实痛者，当归承气等下之。肾着为病，腰冷如水，身重不渴，小便自利，饮食如故，腹重如有物在腰，治宜流湿，兼用温暖药以散之。寒热作痛者，摩腰膏治之。腰痛不能立者，针人中穴。久患腰痛必官桂以开之方止。股痛、胁痛亦可用。诸痛勿用参补气，气不通则愈痛。凡诸痛多属火，不可峻用寒凉药，以温散之可也。湿痰腰痛作泄，龟板炙一两，樗皮、炒苍术、滑石各五钱，炒芍、香附各四钱，上粥丸。如内伤、白术山楂汤下。腰腿湿痛，酒炙龟板，酒炙柏各五钱，青皮三钱，生甘草一钱半。上末之，捣姜一片，入药末二钱重，研细，以苍耳汁调，荡起令沸服之。腰脚湿痛，龟板末二两，酒炙，酒炙柏、苍耳、苍术、威灵酒洗，各一两，扁柏半两。上末之，以黑豆汁煎四物汤、陈皮、甘草、生姜，去渣，调服前药二钱。

摩腰膏 治老人虚人腰痛[1]，并治白带。

乌 附 南星各二钱半 雄黄[2] 朱[3]砂各一钱 樟脑 丁香 干姜 吴茱各钱半 麝五粒

上为末，蜜丸如龙眼大，每一丸，姜汁化开，如粥厚，火烘热，放掌中摩腰上，候药尽，粘腰上为度，烘绵衣缚定，腰热如火，间二日用一丸。

治湿热腰腿疼痛，两胁搐急，露卧湿地，不能转侧，苍术汤，苍术、黄柏、柴胡、防风、附子、杜仲、川芎、肉桂，作汤服之。若寒湿气客身，体沉重，胛痛，面色痿黄，加麻黄。

一人年六十，因坠马，腰疼不可忍，六脉散大，重取则弦，小而长稍坚，此有恶血，未可遂之，且以补接为先，以苏木煎参、归、芎、陈皮、甘草服之，半月后，脉渐敛，食渐进，遂以前药调下自然铜等药，一旦而安。治腰痛并筋骨冷痛，当归、赤芍药、羌活、酒炒黄柏、酒炒杜仲一钱，白术、川芎、木香、槟榔、防风、白芷、苍术、八角茴香半钱，甘草三分，作汤，调乳香一钱，食前服。外用摩腰膏亦好。

---

〔1〕痛 此字原缺，据明刻本补。
〔2〕黄 原无，据《丹溪心法·腰痛》补。
〔3〕朱 原无，据《丹溪心法·腰痛》补。

胁痛第四十五

肝火盛，木气实，有痰流注，有死血。

若肝急木气实，用川芎、苍术、青皮，水煎，下龙荟丸。肝火盛，用生姜汁下当归龙荟丸，此泻火要药也。

当归龙荟丸方　蜜丸，治胁痛行痰；曲丸，降肝火行迟，治杂证。

当归　草龙胆　山栀仁　黄柏　黄芩　黄连各一两　芦荟各半两　木香一钱半　麝香五分

一方有柴胡、青皮各半两。一方有青黛者，又治湿热两胁痛尤妙。先以琥珀膏贴痛处，又以生姜吞此丸，痛甚者，须炒令热服之。一方入青黛，每服三十丸，姜汤下。

又方**小龙荟丸**

当归　草龙胆　山栀　黄连　黄芩　柴胡　川芎半两　芦荟三钱

死血用桃仁、红花、川芎；痰流注者，用二陈汤加南星、川芎、苍术，实用控涎丹下痰。

肝苦急，已见《医要》。急食辛以散之，抚芎、苍术。胁痛甚者，用生姜汁下龙荟丸，肝火盛故也。咳嗽胁痛者，已见《医要》。二陈加南星、香附、青皮、青黛、姜汁。

左金丸[1]治肝火。

---

〔1〕左金丸　《丹溪心法·火》亦有左金丸，方由黄连六两，吴茱萸一两或半两组成，可以互参。

黄芩六两　茱萸五钱

又方**推气散**　治右胁痛甚不可忍。

片姜黄　炒枳壳　炒桂心各半两　炙甘草三钱

上末，每服二钱，酒服下。

控涎丹治一身气痛及胁走痛，痰夹死血加桃仁泥丸。治心胁痛，干姜微炒，芫花醋炒，各等分，蜜丸，每服十二丸，大效。虚弱人胁下痛，脉细紧或弦，多从劳役怒气得之，八物汤，人参、白术、白茯苓、甘草、当归、熟地黄、川芎、白芍药，加木香、官桂、青皮。

胁痛大便秘实，脉实者，**木香槟榔丸**：

木香五钱　青皮二钱　陈皮二钱　枳壳一钱　槟榔二钱　川连二钱　黄柏四钱　大黄四钱　香附一钱　牵牛头末八钱

上为末，滴水为丸，如桐子大，每服六七十丸，空心姜汤下。

湿热腰腿疼痛，两胁搐急，露卧湿地，不能转侧，苍术汤。方见腰痛条下。

一人胁下痰气攻痛，以控涎丹下；如面之状，用白芥子下痰，辛以散痛。

一人胸右一点刺痛虚肿，自觉内热攻外，口觉流涎不止，恐成肺痈。贝母、瓜蒌、南星去涎；紫苏梗泻肺气；芩、连姜炒、陈皮、茯苓导而下行；香附、枳壳宽膈痛；皂角刺解结痛；桔梗浮上。不食加白术；凡吐水饮，不用瓜蒌，恐泥，用苍术之类。

一人左胁应胸气痛。瓜蒌一两，贝母一两，南星一两，当归五钱，桃仁五钱，川芎五钱，柴胡五钱，黄连炒五钱，黄芩炒五钱，山栀炒五钱，香附五钱炒，姜黄五钱炒，芦荟三钱，青皮三钱，陈皮三钱，青黛一钱五分，草龙胆炒，五钱。心胸腹胁疼痛，二陈汤加人参、白术，并诸香药，治效。有瘀血，当用破血行气药，留尖桃仁、香附之类；火盛当伐肝，肝苦急，宜食辛以散之，或小柴胡汤亦可治。木走土中，胁痛呕吐，乃风邪羁绊于脾胃之间也。用二陈汤加天麻、白芍药、炒曲、枳壳、香附、白术、砂仁。多怒之人，腹胁时常作痛者，小柴胡加川芎、芍药、青皮之类。痛甚者，就以煎药送下当归龙荟丸，其效甚速。

一人脾疼带胁痛，口微干，问已多年，时尚秋热，以二陈加甘葛、川芎、青皮、木通，煎下龙荟丸。

一人元气虚乏，两胁微疼，补中益气加白芍、龙胆、青皮、枳壳、香附、川芎。

一人胁疼，每日至晚发热，乃阴虚也，用小柴胡汤合四物汤，加龙胆、青皮、甘葛。阴虚甚，加黄柏、知母。

腹痛第四十六

有寒，有热，死血，食积，湿痰。

清痰多作腹痛，大法用台芎、苍术、香附、白芷为末，姜汁入热汤调服。痰因气滞而阻隘道路，气不通而痛者，宜导痰解郁。气用气药，木香、槟榔、枳壳、香附之类。血用血药，川芎、当归、红花、桃仁之类。在上者，多属食，宜温散之，如干姜、苍术、川芎、白芷、香附、姜汁之类。寒痛者，理中汤、建中汤。一云：小建中加姜、桂、台芎、苍、芷、香附，呕加丁香。热痛者，二陈加芩、连、栀。甚者，加干姜。一云：调胃承气加木香、槟榔。醉饱有欲，小腹胀痛，用当归、芍药、川芎、柴胡、青皮、吴茱萸、生甘草、桃仁煎服之。如胸满及食少。加茯苓、半夏、陈皮。治酒积腹痛，宽气要紧，三棱、莪术、香附、官桂、苍术、厚朴、陈皮、甘草、茯苓、木香、槟榔。木实腹痛，手不可近，六脉沉细，实痛甚，有汗，大承气汤加桂；强壮痛甚，再可加桃仁，再甚加附子。小腹虚寒作痛，小建中汤入方，芍药六两，桂枝二两，甘草二两，大枣七枚，生姜三两，胶饴一升。脾湿积黄，心腹疼痛，胃苓汤。胃虚，感寒冷而心腹疼痛。气弱者，理中汤。腹大痛，脉沉实，附子理中汤合大承气汤煎冷服。

一老人心腹大痛而脉洪大，虚痛昏厥，不食，不胜攻击者，四君子汤加当归、麻黄、沉香。

一妇人寡居，经事久不行，腹满少食，小腹时痛，形弱身热，用当归一钱，酒浸，熟地黄一钱，姜炒，香附一钱，川芎一钱半，白芍药一钱半，陈皮一钱五分，黄柏炒，五分，生甘草三钱，知母炒，五分，厚朴五分，姜制，玄胡索五分，白术二钱，大腹皮三钱，红花头火酒浸，九个，桃仁研，九个。上㕮咀，水煎。脾胃湿而有寒，常虚痛者，理中汤。心腹大痛，寒热呕吐，脉沉弦者，大柴胡汤。缩砂治腹中虚痛。

戴云：寒痛者，绵绵痛而无增减者是；时痛时止者，热也；死血痛者，每痛有处，不行移者是；食积痛者，痛甚欲大便，利后痛减者是，湿痰痛者，凡痛必小便不利。食作痛，宜温散，勿大下之。盖食得寒则凝，得温则化，更兼行气快气药助之，无不可者。或问痰岂能作痛？曰：痰因气滞而聚，既聚则碍道路，气不得运故作痛矣。腹中鸣者，乃火击动其水也，盖水欲下流，火欲上炎。相触而然。亦有脏寒有水而鸣者，宜分三阴部分而治，中脘太阴，脐腹少阴，小腹厥阴。

脾胃不和第四十七

补脾丸 脾虚恶汤药者，宜以此服之。

白术八两 苍术 陈皮 茯苓各四两

上末之，粥丸服。一有芍药半两。

白术丸 治同上。

白术八两 芍药四两

上末之，粥丸服。

大安丸 健脾胃，消饮食。

山楂 白术各二两 茯苓 神曲炒 半夏各一两 陈皮 莱菔子炒 连翘各五钱

上末之。炊饼丸。一方无白术，名保和丸。

背项痛第四十八

心膈大痛，腰背攻走大痛，发厥，诸药不纳，大吐者，就吐中以鹅翎探吐之，出痰积一大碗而痛止。

一男子项强不能回顾，动则微痛，诊其脉弦而数实，右手为甚，作痰热客太阳经治，以二陈汤加黄芩、羌活、红花服之。后二日愈。

一男子忽患背胛缝有一线疼起，上跨肩至胸前侧胁而止，其疼昼夜不歇，不可忍，其脉弦而数，重取大豁，左大于右。夫胛小肠经也，胸胁胆也，此必思虑伤心，心上未病而腑先病也，故痛从背胛起，及虑不能决又归之胆，故痛上胸胁而止，乃小肠火乘胆木，子来乘母是为实邪，询之，果因谋事不遂而病。以人参四钱、木通二钱煎汤下龙荟丸，数服而愈。

一人膊臂痛，二陈汤加酒浸黄芩、苍术、羌活，用风仙叶捣贴疼处。

臂痛第四十九

是上焦湿横行经络，治用二陈汤加苍术、香附、威灵仙、酒芩、南星、白术，上生姜煎服。一方加当归、羌活，名活络汤。在左属风湿，柴胡、芎、归、羌、独、半夏、苍术、香附、甘草；在右属痰湿，南星、苍术之类。

痛风第五十痒附

风热、风湿、血虚、有痰。

大法用苍术、南星、芎、归、白芷、酒芩。在上者加羌活、威灵仙、桂枝；在下者，加牛膝、防己、木通、黄柏。血虚者多用芎、归，佐以桃仁、红花。风湿，苍白术之类，佐以竹沥、姜汁行气药。风热，羌活、防风之类，佐以行气药。痰以二陈加南星之类。薄桂治痛风，乃无味而薄者，独此能横行手臂，引领南星、苍术等至痛处。下行，用炒柏引领南星、苍术等治。

治上中下痛风方。

南星二两，姜制　台芎一两　白芷五钱　桃仁五钱　神曲三钱　桂枝三钱，横行手臂　汉防己五钱，下行　草龙胆五钱，下行　苍术米泔水浸一宿，炒，二两　黄柏酒炒，一两　红花酒洗，一钱半　羌活三钱，

走通身骨节，一作三两　威灵仙酒洗去芦，三钱，上行

上末之，曲糊丸，食前汤下百粒。

张子原气血两虚，有痰便浊阴火痛风方

人参一两　白术二两　熟地黄二两　山药一两　海石好者一两　川黄柏炒黑色，二两　锁阳五钱　南星一两　败龟板酒炙，二两　干姜烧灰，五钱，取其不走

上为末，粥丸，服之。

痛风方　糯米一盏，黄踯躅根一把，黑豆半盏，上件用酒水各一碗煮，徐徐服之，大吐大泻，一服住，便能行动。

控涎丹治一身及胁走痛，痰挟死血加桃仁泥丸[1]。痰带湿热者，先以舟车丸或导水神芎丸下，后服**趁痛散**。

入方　乳香　没药　桃仁　红花　当归　地龙酒炒　五灵脂酒浸　牛膝　羌活　香附便浸　生甘草，痰热加酒芩、酒柏。

上为末，酒调二钱。

二妙散　治筋骨疼痛，因热因湿者。有气加气药，血虚加补血药，痛甚者须以生姜自然汁热辣服之。

黄柏炒　苍术炒制去皮，为末，生姜研入汤

上二味煎沸服，二物皆有雄壮之气，表实者，少酒佐之。

龙虎丹　治走注疼痛，或麻木不遂，或半身痛。

苍术一两　白芷一两　草乌一两。三味共为粗末，水拌湿，盦器内发热过，再入后药　乳香二钱　没药二钱　当归五钱　牛膝五钱

上俱作末，酒糊丸如弹子大，温酒化下。

八珍丸　治一切痛风、脚气、头风。

乳香三钱　没药三钱　代赭石三钱　川山甲三钱，生用　川乌一两，不去皮尖，生用　草乌五钱，不去皮尖，生用　羌活五钱　全蝎二十一个，头尾足全者

上末之，醋糊丸桐子大，每服十一丸。

治痛风走注痛，黄柏二钱，酒炒，苍术二钱，酒炒，上作一服，

---

〔1〕控涎丹治……桃仁泥丸　此句已见上“胁痛第四十五”，此处疑衍。

煎就调威灵仙末为君，羊角灰为臣，苍耳为佐，芥子为使，用姜一斤，入药末一钱擂细，以前药再温服。

饮酒湿疼痛风，黄柏酒炒五分，威灵仙末酒炒五分，苍术二钱炒，陈皮一钱，芍药一钱，甘草三钱，羌活二钱。上为末服。

痢后脚软骨疼，或膝肿者，此亡阴也，宜芎、归、地黄等补药治之。气虚加参、芪；夹风湿加羌、防、白术之类。若作风治，反燥其阴。

气实表实骨节痛方

滑石六钱　甘草一钱　香附三钱　片芩三钱

上为末，姜汁糊为丸。

治食积肩腿痛。酒板一两，酒柏[1]叶五钱，香附五钱，辣芥子、凌霄[2]花，酒糊丸，四物加陈皮甘草汤下。

治肢节肿痛。痛属火，肿属湿，此湿热为病，兼之外受风寒，而发动于经络之中，湿热流注肢节之间，而无已也。

苍术五分　麻黄一钱，去根节　防风五分　荆芥穗五分　羌活五分　独活五分　白芷五分　归须三分　赤芍药一钱　威灵仙五分　片芩五分　枳实五分　桔梗五分　葛根五分　川芎五分　甘草三分　升麻三分

上煎服。病在下加酒炒黄柏；妇人加酒红花；肿多加槟榔、大腹皮、泽泻，食前服。更加没药一钱尤妙，定痛故也。

通身疼痛或风湿。

威灵仙一钱　赤芍药一钱　麻黄去节，一钱　羌活　独活　归须　芎䓖　防风　白芷　木香已上各一钱半　苍术一钱

桃仁七个　甘草三分

上煎服。

肢节烦疼，肩背沉重，胸膈不利，及遍身疼痛下注于足胫肿痛。当归拈痛汤。

一男子年三十六，业农而贫，秋深忽浑身发热，两臂膊及腕、两

---

〔1〕柏　原作"霄"，据《证治准绳·类方》改。

〔2〕霄　原作"柏"，据《证治准绳·类方》改。

足及胯皆痛如锻，日轻夜重，医加风药则愈痛，血药则不效，以待死而已，两手脉皆涩而数，右甚于左，其饮食如平日，因痛而形瘦如削，用苍术一钱半，生附一片，生甘草二钱，麻黄五分，桃仁九个，研，酒黄柏一钱半。上作一帖，煎入姜汁些少，令辣，服至四帖后，去附子加牛膝一钱重，八帖后，气上喘促不得睡，痛却减意，其血虚必服麻黄过剂。阳虚祛[1]发动而上奔，当补血而镇之，遂以四物汤减芎，加人参五钱。五味子十二粒，以其气酸收敛逆上之气，作一帖，服至二帖喘定而安。后三日，脉之数减大半，涩如旧，问其痛，则曰不减，然呻吟之声却无，察其气似无力，自谓不弱，遂以四物汤加牛膝、白术、人参、桃仁、陈皮、甘草、槟榔、生姜三片煎服，至五十帖而安。复因举重，痛复作，饮食亦少，亦以此药加黄芪三钱，又十帖方痊愈。

大率痛风因血受热。一老人性急作劳，两腿痛甚。一妇性急味厚，病痛风数月。一少年患痢，服涩药效，致痛风。俱见《医要》。一人足跟痛，有痰，有血热，治用四物汤加黄柏、知母、牛膝之类。身虚痒痛，四物加黄芩煎。调萍末服。

凡治痛风，分在上、在下者治。因于风者，小续命汤极验；因于湿者，苍术、白术之类，佐以行气药；因于痰者，二陈汤加减用之。

诸痒为虚，盖血不荣肌腠所以痒也。当以滋补药以养阴血，血和肌腠，痒自不作矣。

伤食第五十一

恶食者，胸中有物，导痰补脾，二陈汤加白术、山楂、川芎、苍术。饮食所伤，强胃消食，气虚者，枳术丸。因酒为病，或呕吐，或腹胀，用葛花解酲汤。饮食多伤，为痞满不食，宽中进食丸。

一人因酒肉多发热，青黛、瓜蒌仁、姜汁，上三味捣，每日以数匙入口中，三日愈。

一人因吃面，内伤吐血，热头疼以白术一钱半，白芍药一钱，陈皮一钱，苍术一钱，茯苓五分，黄连五分，黄芩五分，人参五分，甘

〔1〕祛　举起。

草五分。上作一服，姜三片，煎。如口渴，加干葛二钱。再调理，白术一钱半，牛膝一钱半，陈皮一钱半，人参一钱，白芍药一钱，甘草二分，茯苓五分。又复调胃，白术二钱，白芍药一钱半，人参一钱，当归一钱，陈皮炒一钱，黄芩五分，柴胡三分，升麻二分，甘草些少。

一人因吃面，遍身痛发热，咳嗽有痰，用苍术一钱半，陈皮一钱，半夏一钱，羌活五分，茯苓五分，防风五分，黄芩五分，川芎五分，甘草二分。上作一服，姜三片煎，半饥半饱时服。

一人老年，呕吐痰饮，胸大满，寒热，因伤食起，半夏、陈皮、茯苓导饮；白术补脾；柴胡、生甘草、黄芩退寒热；加苍术散表寒；缩砂仁定呕下气。伤食药：棠球[1]三两，半夏一两，茯苓一两，连翘五钱，莱菔子五钱。上粥丸服。

痞第五十二

心下满而不痛，谓之痞。食积兼湿。

心下痞，须用枳实、黄连。痞夹痰成窠囊，用桃仁、红花、香附、大黄之类。食已心下痞，橘皮枳实丸。

治痞满方

黄芩酒浸，一两　黄柏酒浸，一两　滑石五钱　甘草二钱

上末之，水丸，午后至夜不食不睡。

治痞，**枳术丸**

白术二两　枳实一两　半夏一两　神曲一两　麦芽一两　山楂一两　姜黄五钱　陈皮五钱　木香二钱半

上末之，荷叶饭丸。

又枳术丸　助胃消食，宽中去痞满，白术四两，枳实二两，末之，荷叶烧饭为丸。

大消痞丸

黄连炒，六钱　黄芩六钱　姜黄一两　白术一两　人参　陈皮

---

〔1〕棠球　山楂的别名。

二钱　泽泻二钱　甘草炙　砂仁一钱　干生姜一钱　神曲炒，一钱　枳实炒，一钱　半夏四钱　厚朴三钱　猪苓一钱半

上末之，蒸饼为丸。

饮食多伤，为久满不食，用宽中进食丸。心下痞，用消痞丸。食已不饿，皆属于寒，此戊土已衰，不能腐熟水谷所致，用丁香烂饭丸。忧郁伤脾，不思饮食，炒黄连、酒芍药、生莎末、青六末[1]，用姜汁饼丸。湿痰气滞，不喜谷，三补丸加苍术、倍香附。

回令丸　泻肝火行湿，为热甚之反佐，开痞结，治肝邪，补脾。

黄连六两　吴茱萸一两

上末之，粥丸。

一人内多食积，心腹常膨胀。南星姜制，一两，半夏瓜蒌制一两半，其法以瓜蒌仁研和，润之。香附便浸一两，青礞石硝煅一两，萝卜子蒸五钱，连翘五钱，橘红五钱，麝香少许。上末之，曲糊丸。

一饮酒人，胃大满，发热夜谵语，类伤寒，右脉不如左大，补中益气汤去芪、柴胡、升麻，加半夏。以芪补气作满，柴胡、升麻又升，故去之。服后病愈，因食凉物心痛，于前药加草豆蔻数粒。

一妇人痞结，膨胀不通，坐卧不安，用麦芽末酒调服，良久自通。

嗳气第五十三

胃中有火、有痰。

入方　南星、半夏、香附、软石膏，或汤或丸服之。一方炒山栀。

噫气吞酸，此系食郁有热，火气上冲动，以黄芩为君，南星、半夏为臣，橘红为佐，热多加青黛。

---

〔1〕生莎末、青六末　《古今医统大全·脾胃门》作“香附、青绿豆”。

吞酸第五十四

湿热郁积于肝之久，不能自涌而出，伏于肺胃之间，必用粝食、蔬菜以自养，必用茱萸顺其性而折之，反佐法也。

咽酸方

茱萸五钱，去梗煮少时，浸半日，晒干用　陈皮五钱　苍术七钱半，泔浸　黄连一两，陈壁土炒，去土　黄芩五钱，陈壁土炒，去土

上为末，神曲糊为丸。

治吞酸。用黄连、茱萸各炒，随时令造为佐使，苍术、茯苓为辅助，汤浸蒸饼为小丸，吞之，仍蔬菜自养则病易安。茱萸丸治湿之带气者，湿热甚者用为向导。上可治吞酸，下可治自利。六一散一料，吴茱萸一两，煮过。一方去茱萸，加干姜一两，名温清丸。又方六一散七钱，茱萸三钱，消痰。

一人数年呕吐酸水，时作止，便涩肠鸣：白术、枳实、茱萸、苍术、缩砂、陈皮、茯苓、香附、贝母、生甘草、白豆蔻、滑石。上煎服。

嘈杂第五十五

痰因火动，有食，有热。

栀子炒，并姜炒黄连不可无。食脘有热，炒山栀、黄芩为君，南星、半夏、陈皮、甘草为佐，热多者加青黛。肥人嘈杂，宜二陈加苍、白术、栀、芎。心腹中脘水冷气，心中嘈杂，肠鸣多唾，清水自出，胁肋急胀痛，不饮食，其脉弦迟细，**半夏温肺汤**。

细辛　陈皮　半夏　桂心　旋覆花、甘草、桔梗以上五钱　赤茯苓三钱　芍药五钱　生姜七片。

上作胃气虚冷主治。

劳瘵第五十六

此阴虚之极，痰与血病，多有虫者。虚劳身瘦属火，因火烧烁故也。肉脱甚者，难治；不受补者，亦难治。

治法以大补为主，四物汤加竹沥、童便、姜汁。一加炒柏。阳虚者，四君子加麦冬、五味、陈皮、炒柏、竹沥、童便、姜汁。虚劳即积热做成，始健可用子和法，后羸惫四物加减，送消积丸。热助气，不做阳虚，蒸蒸发热，积病最多。调鼎方紫河车丸，治传尸劳瘵。青蒿煎治劳瘵。二方俱见《医要》。传尸劳瘵，寒热交攻，久嗽咯血，日见羸瘦，先以三拗汤，次以连心散。

一男子劳弱，潮热往来，咳嗽痰血，日轻夜重，形容枯瘦，饮食不美，肾脏虚甚，参、芪、白术、鳖甲各一钱。当归、五味、炒芩、炒柏、软柴、地骨、秦艽、炒连、茯苓、半夏各五分，麦冬七分半，姜煎服，就送下三补丸。

一妇人劳瘵，四物加参、芪、柴胡、黄芩、鳖甲、地骨、甘葛、五味、甘草，水煎服。

虚劳大热之人，服芩、连寒药不得者，用参、芪、归、术、柴胡、地骨、麦冬、五味、秦艽、芍药、青蒿、半夏、甘草、胡黄连。上用生姜、乌梅煎服。

一人年三十五，患虚损，朝寒暮热，四君子汤加软柴胡、黄芩、当归、芍药、川芎、地骨皮、秦艽。

一人气血两虚，骨蒸寒热交作，大便如常，脉细数，少食，八物汤加柴胡、知母、黄柏。

诸虚第五十七

大补丸 去肾经火，燥下焦湿，治筋骨软。气虚补气药下，血虚补血药下。

黄柏酒炒，褐色为末

水糊丸服。

五补汤 补心、肝、脾、肺、肾。

连肉去心 干山药蒸 枸杞子 锁阳酒洗，等分

上末之，加酥油少许，白汤点服。

沉香百补丸

熟地六两，酒洗 黄柏酒炒 知母酒炒 人参各二两 杜仲炒 当归各三两 菟丝四两，酒浸 沉香一两

上末之，蜜丸，盐汤下。

下焦补药，**龙虎丸**[1]**大效**。

上甲醋炙，六两 药苗酒蒸，焙干，二两 侧柏二两 黄柏酒炒，半斤 知母盐、酒炒，二两 熟地黄二两 芍药二两 锁阳酒捣，五钱 当归酒浸，五钱 陈皮去白，二两 虎骨酒浸酥炙。一两 龟板酒浸，酥炙，四两

上为末，酒煮羊肉为丸，冬月加干姜。

补肾丸 治酒色痿厥之重者。汤使与大补丸同，冬月依本方，春夏去干姜。

干姜一钱 黄柏炒，一两半 龟板酒炙，一两半 牛膝一两，酒焙 陈皮半两，去穰

上末之，姜糊丸，酒糊丸亦可，服八、九十丸。

补天丸 气血两虚甚者，以此补之，与补肾丸并行。虚劳发热者，又当以骨蒸药佐之。其方以紫河车洗净，以布拭干，同补肾丸捣细，焙干研末，酒米糊丸。夏加五味子半两。

虎潜丸 治痿与补肾丸同。

黄柏酒炒，半斤 龟板酥炙，四两 知母酒炒，三两 熟地黄二两 陈皮二两 白芍药二两 锁阳一两半 虎骨炙，一两 干姜半两

上为末，酒糊丸或粥丸。一方加金箔十片；一方加生地黄，懒言语加山药。

补血丸

炒黄柏 酒炒知母 酥炙败龟板各等分 干姜三分之一

---

〔1〕龙虎丸 《丹溪心法·补损》此方中无上甲、药苗、侧柏三药。

上末之，酒糊为丸。

补虚丸

参　术　山药　杞子　锁阳

为末糊丸。

补阴丸

侧柏二两　黄柏二两　山药二两　龟板酒炙，三两　黄连半两　苦参三两

上末之，冬加干姜，夏加缩砂，以地黄膏为丸。

又方

下甲二两　黄柏五钱　牛膝五钱　人参五钱　香附一两　白芍药一两　甘草三钱　缩砂三钱，春不用

上末之，酒糊为丸。

又方

下甲三两　黄柏一两

上地黄细切，酒蒸，擂碎为丸。

又方

酒板二两　黄柏七钱半　知母半两　人参三钱半　川牛膝一两

上为末，酒糊丸。

又方

酒板一两　黄柏半两　知母三钱　五味子二钱

上末之，酒糊丸。

抑结不散。

下甲五两　侧柏一两半　香附二两

上末之，姜汁浸，地黄膏丸，空心服之。

三补丸　治上焦积热，泄五脏之火。

黄芩　黄连　黄柏

上为末，炊饼为丸。

又方　治酒色过度，伤少阴。

黄柏炒，一两半　黄连炒，一两　条芩炒，半两　龟板酒炙，三两

上末之，冬加炒黑干姜三钱，夏加缩砂三钱，五味子半两，蒸

饼为丸，如桐子大。每服三十丸，食前白汤下。

治阴虚。

人参七钱　白术三钱　麦门冬半两　陈皮一钱　作一服煎汤，吞三补丸。

治体弱肥壮，血虚脉大。龟板三两　侧柏酒蒸，七钱半　生地黄一两半　白芍药炒，一两　乌药叶酒蒸，七钱半

上末之，以生地黄煮为膏，捣末为丸，以白术四钱、香附一钱半，煎汤吞之。益少阴经血，解五脏结气，此方甚捷。山栀子炒，令十分有二分黑，为末，以姜汁入汤内同煎饮之。

五补丸

枸杞子五钱　锁阳五钱　续断一两　蛇床微炒，一两　两头尖二钱半

上为细末，酒糊为丸，淡盐汤下三十六丸。

锁阳丸

龟板一两，酒炙　知母酒炒，一两　黄柏酒炒，一两　虎骨酒炙，二钱半　杜仲姜汁炒，半两　锁阳酒浸，半两　当归半两　地黄半两　牛膝酒浸，二钱半　破故纸二钱半　续断酒浸，二钱半　诸补命门之药。须入血药则能补精，阳生阴长之道故也，阳药盖散火多。

补心丸

朱砂二钱半　瓜蒌半两　黄连三钱　当归身尾三钱半

上末之，猪心血为丸。

宁心益志丸

人参　茯神　牡蛎　远志　酸枣仁　益智以上五钱　辰砂二钱半

上末之，枣肉丸。

安神丸

朱砂一钱　黄连酒制，一钱半　甘草炙，半钱　生地黄五分　当归一钱

上为末，炊饼丸。

男子补益脾胃，肾虚弱。

川附炮，一两　人参　白术　五味子　当归　续断　山茱萸去

梗　破故纸　肉苁蓉酒浸　白芍药炒　莲肉各一两　菟丝子二两　鹿茸酥炙　沉香　肉桂各二钱

上末之，酒糊丸，空心，盐汤下。

补阴丸

熟地八两，酒洗　黄柏四两，酒洗　当归酒洗　菟丝子　肉苁蓉酒洗　知母酒洗　枸杞各三两　天门冬　龟板酥炙　山药各二两　五味一两半

上末之，用参四两、芪八两，熬膏，再用猪肾酒煮，捣烂同和为丸。

固本丸

人参　生地　熟地　天冬　麦冬各二两　黄柏　知母　牛膝　龟板　杜仲　五味　茯神　远志各一两

上末之，酒糊丸。脾胃怯加白术，明目加枸杞子。

寒热第五十八

寒热病，凡阴虚者难治。久病恶寒，当用解郁。恶寒，阳虚也，用人参、黄芪之类。甚者，少加附子以行参芪之气。背恶寒甚者，脉浮大无力者是阳虚。虚劳，冬月恶寒之甚，气实者可下，亦宜解表，用柴胡、葛根，用苍术恐燥。阴虚发热，四物汤加炒柏，兼气虚者加人参、白术、黄芪。阳虚发热，补中益气汤。湿痰夜发热，三补丸加白芍药。气虚发热，参苏饮。久病阴虚，气郁夜热，酒芍药[1]一两二钱，香附一两，苍术五钱，片芩三钱，甘草一钱半。蒸饼为丸服。发热有休止，或夜发昼止，昼发夜止，或巳午间发。或申未间发，小柴胡加参术。渴加瓜蒌根。如脉弱，服前药不减，补中益气汤倍加参、芪、归、术，多服自愈。发热恶寒宜解表，发热用柴胡，恶寒用苍术。气稍虚，骨蒸发热或发寒，大便涩，脉实能食，大便利则热除，柴胡饮子。气实寒热能食，脉弦无汗而能睡

〔1〕药　此下原有“一”字，疑衍，故删。

者，或痰积寒热，小柴胡汤。

一人六月得患，恶寒，大便结燥，不敢见风，人肥实，起居如常，大承气汤。

一妇人恶寒，用苦参、赤小豆各一钱，为末，虀水吐后，用川芎、苍术、南星、酒芩，酒曲糊丸服之。

一男子年二十三，因饮酒发热，用青黛、瓜蒌仁，研入姜汁，日饮数匙，三日而愈。

一人天明时发，微寒便热，至晚两腋汗出，手足热甚，则胸满拘急，大便实而能食，似劳怯病者，脉不数，但弦细而沉，询知因怒气得者，但用大柴胡汤，惟胸背拘急不除，后用二陈汤加羌活、防风、黄芩、红花。

进士周本道年三十余，得畏寒病，服附子数百而病甚，求治。脉弦而似缓，予以江茶入姜汁、香油些少，吐痰一升许，减绵大半，及与防风通圣散去大黄、芒硝，加地黄，百余帖而安。周甚喜，予曰：未也，燥热已多，血伤亦深，须淡食以养胃，内观以养神，则水可生而火可降。彼方勇于仕进，一切务外，不守禁忌。予曰：若多与补血凉药，亦可稍安，内外不静，肾水不生，附毒必发。病安之后，官于婺城，巡夜冒寒，非附子不可疗，而性怕生姜，只得猪腰子作片煮附子，三帖愈。予曰：可急归，知其附毒易发。彼以为迂。半年后，果疽发背而死。

一人年二十余，九月间发热头痛，妄言见鬼，医与小柴胡汤十余帖而热愈甚，其形肥，脉弦大而数，左大甚，遂作虚治之。以人参、白术为君，茯苓、芍药为臣，黄芪为佐，加附子一片为使，与二帖证不减。或言：脉数大狂热，又大渴，附子恐误。予曰：虚甚误投寒凉之药，人肥而左大于右，事急矣，非附子一片行参、术，乌能有急效乎？再与一帖，乃去附子而作大剂，与五十余帖，得大汗而愈。自又补养两月，气体犹未安。

一男子年十九，凡农作不惮劳，忽一日大发热而渴，恣饮水数碗，次早热退，目不识人，言谬误，自言腹肚不能转侧，饮食不进，身转掉不能，又至二日来告急，脉两手涩而大，右为甚，于气海灸三十壮，用白术二钱，黄芪二钱，熟附一片，陈皮半钱。与十帖不效，反增发微渴，余证仍在，却进少粥，此气豁和而血未应也。于前药去附子，加酒归以和血，因有热，加人参一钱半，与三十帖而安。

郑兄年二十余，秋初发热口渴，妄言，病似鬼邪。八日后，两脉洪数而有力，形肥而白，筋骨稍露，脉搏手，必凉药所致，此劳倦病，温补自安。已得柴胡七八帖矣，未效，因与黄芪附子汤冷与饮之。三帖后，微汗得睡，脉亦软，后又继之以黄芪白术汤调补，十日安。又加陈皮，与半月而复旧。

吕亲善饮不困，且好色，年半百，一日大恶寒发战，渴不多饮，脉大而弱，右关稍实略数，重则涩。盖酒热内郁，由表实而下虚也。以黄芪倍干葛煎汤与之，尽五六帖，大汗而安。

一妇人虚羸，盗汗恶寒，用吴茱萸鸡子大，酒三升浸半日，煮服。

面寒面热第五十九

面寒，是胃热，寒郁热也；面热，是火起，因郁而热也。人有病，面上忽见红点者，多死。

咳血第六十

痰盛身热，多是血虚。入方：青黛、瓜蒌仁、诃子、海石、山栀。上为末，姜汁蜜丸，噙化。嗽甚者，加杏仁。后以八物汤调理。痰带血丝出者，用童便、竹沥。先吐红后吐痰，多是阴虚火逆痰上，四物汤起料加痰火药。先痰嗽后见红，多是痰积热，降痰火为急。肥人咳嗽，发寒热吐血，以琼玉膏。

一人因忧患病，咳吐血，面黎黑色，药之十日不效。谓其兄陈状元曰：此病得之失志而伤肾，必用喜解，乃可愈。即求一足衣食地处之，于是大喜，即时色退，不药而愈。所以言治病必求其本，虽药得其所病之气，宜苟不得其致病之情，则方终不效也。

呕血第六十一

火载血上，错经妄行，脉大者、发热喉中痛者，是气虚，用参、芪、蜜炙黄柏、荆芥、生地黄、当归治之。呕血用韭汁、童便、姜汁，磨郁金同饮。火载血上，错经妄行，用四物汤加炒山栀、童便、姜汁。山茶花、郁金末，入童便、姜汁、酒，治吐血。经血逆行，或吐，或唾衄。或血腥，以韭汁服，立效。痰带血丝出，用童便、竹沥，后用犀角地黄汤。又方，用韭汁、童便二物，另用郁金细研，入二物内，服之，其血自清。又方，治吐、衄血上行，郁金为末，姜汁、童便、好酒调服。如无郁金，则以

山茶花代之。吐血夹痰，吐出一碗、两碗，只补阴降火，四物汤加火剂之类。夹痰者，用血药则泥而不行，治火即自止，吐血，火病也。或暴吐紫血一两碗者，无虑，吐出好，此热伤，血死于中，用四物汤加解毒之类。吐血不止，炒黑干姜末，童便调服。喉脘痰血，用荆芥散。舌上无故出血如线，槐花炒，研末干糁之。胃中清血，非蓝实不除。山栀最清胃脘之血。吐血，觉胸中气塞上便吐紫血者，桃仁承气汤下之。治吐血，以交趾桂五钱，为末，冷水调服。痰涎带出血，此胃口中清血，为热蒸而出。重者用山栀，轻者用篮实。治吐血，以童便一分，酒半分，擂柏叶。温散非酒不行。咳嗽吐血，鸡苏丸或作汤服。血妄行，解毒四物汤。甚者，入炒干姜数片。吐血，用童便调香附末或白及末服之。吐血咳嗽，红花、杏仁去皮尖、枇杷叶姜炙去毛、紫菀茸、鹿茸、炙桑白皮、木通各一两。大黄半两，用蜜丸噙化。血从上出，皆阳盛阴虚，有升无降。阳盛阴虚，故血不得下行，因炎上之势而上出，脉必大而芤。大者发热，芤者血滞与失血。大法补水抑火，使复其位。四物汤加炒山栀仁、童便、姜汁、郁金、竹沥。《大全良方》四生丸甚妙。不咳不唾，血散见口中，从齿缝、舌下来，每用益肾水、泻相火治之，不旬日愈。一壮年患嗽。已见《医要》。

咯血第六十二

用姜汁、童便、青黛入血药中，用如四物汤、地黄膏、牛膝膏之类。传尸劳瘵。寒热交攻，久嗽咯血，日见羸瘦，先以三拗汤与莲心散煎，万不失一。又治咯血，用黑豆，陈皮、甘草煎服。

衄血第六十三

大抵与吐血同。大概是血被热气所逼，而随气上行，以散气退热为主。凉血行血为主。入方，以犀角地黄汤入郁金同用。犀角、赤芍药、牡丹皮、生地黄，如无郁金，升麻代之。经血错行，或血腥，或吐血唾血，用韭叶汁服之立效。大凡用犀角能解毒。衄血不止，以养胃汤煎服，一帖见效。鼻衄呕血，及伤寒强发少阴汗者，犀角地黄汤加黄芩。内伤病似伤寒证，汗下后，衄血大出不止，真武汤。烦躁吸水，脉沉细而微。足冷，面脱白红色，此阳脱阴虚。

溺血第六十四

属热、血虚。

溺血属热，炒山栀煎服，或小蓟琥珀。有血虚者，四物汤加牛膝膏。尿血实者，可下，当归承气汤下之，后以四物汤加炒山栀服之。妇女无故尿血，龙骨一两，酒调方寸匕。大抵溲血、淋血、便血，三者虽以前后阴所出之不同，然于受病则一也，故治法分标本亦一也。其散血止血无殊于数十品之间，惟引导佐使，各得其乡者，为少异耳。

下血第六十五

有热，有虚。

治血不可纯用寒凉药，当寒因热用，必于寒凉药中用辛味升温之药，如酒浸炒凉药，酒煮黄连丸之类。有热，四物汤加炒山栀、升麻、秦艽、胶珠。大肠湿热下血，久属虚，当温散，四物汤加炮干姜、升麻。又方，用白芷、五倍子末饭丸。又方，干柿烧灰存性，米饮下二三钱。积热便血，苍术一两半，陈皮一两半，黄连、黄柏、条芩，以上七钱半，连翘五钱。上末之，以生地黄膏六两搜丸。又方，苍术、地黄，右同擂碎，为细末，以饭为丸，忌铁器。

治便血过多，四物汤加猬皮。又方，茄蒂烧灰存性，山栀炒研末，饭丸，每服百丸，米汤清早下。便血人，久远伤血致虚，并麻风，面生癣疮。龟板、升麻、香附，以上五钱。白芍药一两半，侧柏一两，椿根皮七钱半。上末之，以粥为丸，用四物汤加白术、黄连、甘草、陈皮等，煎汤下之。脉缓大，口渴便血，月经紫色，劳伤而夹湿者，白术五钱，地黄三钱，黄柏炒，三钱，白芍药、香附、地榆，以上二钱，黄芩一钱。上末之，炊饼丸。治大便下血效甚，宣明方地榆散。阳虚阴乏之人，久年便血，不时面带黄柏皮色者，理中汤加附子、百草霜，为丸服。

戴云：咳血者，嗽出痰内有血者是也；呕血者，呕全血也；咯血者，每咯出皆是血疙瘩也；衄血者，鼻中出血也；溺血者，小便出血也；下血者，大便出血也。虽有名色之分，俱是热证，但有虚实新旧不同，或妄言寒者，误也。

肠风第六十六

独在胃，与大肠出。多用黄芩、秦艽、槐角、升麻、青黛。有兼风者，苍术、秦艽、芍药、香附。

肠风方　苍术　滑石　当归　生地　黄芩　甘草。定肠痛多用之。

一方　大黄煨过，三钱　当归半两　桃仁三钱，去皮尖　猬皮一两，炙　黄连一两，炒　秦艽一两　槐角子一两　槟榔半两　皂角仁五钱　黄柏　荆芥穗以上五钱，炒　枳壳五钱

上为末，糊丸如梧桐子大，每服五十粒，食前白汤下。鲜血下者，加棕毛灰、蓬房灰。上专治脏毒下血。

肠癖下血，湿热两感，起居不节，为飧泄肠澼，凉血地黄汤。湿毒下血，当归和血散。肠风脱落，车局鸠[1]五七个，火焙干为末，醋调刷上。

痔漏第六十七

专以凉血为主。

漏疮，先服大剂补药以生气血，参、芪、归、术、芎为主，外以附子末，津和作饼，如钱厚，安患处灸之，只令微热，不可令痛，干

〔1〕车局鸠　《丹溪心法·肠风脏毒》作“车荷鸣”。

则易之，再以干者研末，如前作饼灸之，困倦且止，次日再灸，直至肉平为效。仍用前补气血药煎膏药贴，或用附子片灸亦可。肢体上痈疽疮疖，久不收口者，亦宜用此法。

痔疮大法，用条芩凉大肠，人参、黄连、生地、槐角凉血生血，芎、归和血，枳壳宽肠，升麻升举，外用五倍、朴硝、桑寄生、莲蓬煎汤薰洗。肿者，用木鳖子、五倍子，为末敷。一方，黄连一两煎膏，更加等分芒硝，冰片一钱加入，痔疮敷上即消。原有痔漏，就肛门又生一块，皮厚肿作脓，就在痔孔出，作食积注下治之。黄连、阿魏、神曲、山楂、桃仁、连翘、槐角、犀角，作丸服之。痔头向上，是大肠热甚收缩而上，四物解毒加枳壳、白术、槐角、秦艽洗，用荆芥、朴硝、桑寄生，定痛、去风、解毒、凉大肠热。如肿，加五倍子、木鳖子。

痔漏，凉大肠血，宽大肠，枳壳去穰，入巴豆铁线缠，煮透去巴豆入药用。凡子捣烂用，煎药晒干用。一方，漏疮，川芎五钱，细辛、白芷，以上二钱半。上为末，每日作汤服之。病在下则食前服，病在上则食后服。看疮大小，取隔年黄麻根刮去皮，捻成绳子入孔中，至不可入则止，日浅。疮外膏药贴之。

一人肛门生痔后不收口，有针窍三孔，劳力有脓。黄芪、条芩、连翘、秦艽，上末之，曲丸。

治痔方　雄胆、片脑，和匀贴之。

治翻花痔，用荆芥、防风、朴硝煎汤洗之，次用木鳖子、郁金研末。入龙脑些少，水调敷。

又方　用大蒜一片，以头垢捻成饼子，先安头垢饼于痔头上，外安蒜片、艾灸之。

取朽骨久疽，及痔漏中有孔者，取乌骨鸡胫骨，以上等砒霜实之，盐泥固济，火煅通红，取出，地上出火毒，去泥，以骨研细为末，饭丸如粟大，以纸捻送入窍内，更以膏药贴之。

梦遗第六十八

专主乎热。

脱精带下与梦遗同法。青黛、海石、黄柏。内伤气血，不能固守。以八物加减，吞椿根丸。思想而得，其病在心，宜安神带补。寒则坚凝，热则流通，故遗精专主乎热。用炒柏、蛤粉、青黛，梦遗加知母。梦遗带便浊，时作时止者，心虚也。真珠粉丸和局方定志丸。

一方补肾丸

陈皮半两　黄柏炒，一两半　牛膝一两　败龟板酒炙，一两半　干姜二钱，春夏不用

上末之，姜汁糊为丸。

劳心大过者。郑叔鲁，年二十余，攻举业，夜读书，每四鼓犹未已，忽发病卧间，但阴着物，便梦交接脱精，悬空则无梦，饮食日减，倦怠少气。盖以用心太过，二火俱起，夜不得眠，血不归肾，肾水不足，火乘阴虚，入客下焦，鼓其精房，则精不得聚藏而欲走，故于睡卧之间，因阴着物，由厥气客之，遂作接内之梦。于是，上补心安神，中调脾胃，升举其阳，下用益精、生阴、固阳之剂，不三月而病安矣。

有阴邪所著者。蒋右丞子，每夜有梦，招予视之。连二日诊脉，观其动止，终不举头，但俯视不正当人，此盖阴邪相感。叩之，不肯言其所交之鬼状，因问随出入之仆，乃言：一日至庙中，见一塑侍女，以手于其身摩之，三五日遂闻病此。于是即令人入庙，毁其像，小腹中泥土皆湿，其病即安。

精滑第六十九

专主乎湿热。

炒黄柏坚肾，知母降火，牡蛎、蛤粉燥湿。

一方　治精滑，良姜三钱，芍药、黄柏各二钱，烧灰存性　椿根白皮一两半，为末糊丸，每服三十丸。

浊第七十

主湿热，虽有赤白之异，终无寒热之分。河间云：天气热，水

则浑浊，寒则澄澈清冷。由此观之，浊之为病，湿热明矣。赤浊属血与热，白浊属气与痰。赤由小肠属火故也。白由大肠属金故也。小便浑浊，热也；赤者，心虚，多因思虑而得；白属肾虚，过于嗜欲而得。

治法，燥湿降火，珍珠粉丸好。又有升提之法甚妙。寒则坚凝，热则流通，大率皆是湿痰流注，宜燥中宫之湿，用二陈汤加苍术、白术，燥去其湿。赤者，乃是湿伤血，加白芍药，仍用珍珠粉丸，加椿根皮、滑石、青黛等，以曲糊作丸。一方加干姜炒黑色，固而不走。

珍珠粉丸

珍珠二两　真蛤粉一斤　黄柏一斤，新瓦上炒赤色

上为末，丸如桐子大，每服百丸，空心[1]温酒送下。

脉弦者，是肝病，用青黛以泻肝。半苓丸治白浊。半夏炒，燥湿；茯苓分水。一本作猪苓。白浊久不止，此系火不守耳。炒知母、炒黄柏、附子各等分，上末之，水丸。

虚劳者，用补阴丸。大概不用凉药、热药。若肥白人，必多湿痰，以二陈汤去其湿。胃弱者，兼用人参，以柴胡、升麻升胃中之气。丸药用青黛、黄柏炒微褐色、滑石炒、干姜炒微黑色、蛤粉，上末之，为丸。胃中湿浊气，下流为赤白浊，用柴胡、升麻、苍、白术，入二陈煎服，丸药宜用樗根末、蛤粉、干姜、炒黄柏。专主胃中浊气下流，渗入膀胱，青黛、蛤粉。

一方　治赤白浊。

黄柏炒黑，一两　生黄柏二钱半　海石三两　神曲半两

上末之，水丸。

有热者，黄柏、滑石、青黛之类。上为末，水丸。

燥湿痰方，南星、海石、神曲、半夏，各等分为丸，青黛为衣。

张子原气血两虚，有痰，痛风时作，阴火间起，小便白浊，或带下赤白，方在前痛风中。治赤浊，五苓散合妙香散、二冬汤，下定志丸方。远志去心苗二两，石菖蒲三两，人参三两，白茯苓去皮，三两。上末之，蜜丸如桐子大，珠砂为衣，每服二十丸，食前

〔1〕心　原无，据《丹溪心法》卷三“珍珠粉丸”补。

米饮汤下，加至三十丸。凡浊气即是湿痰，入方丸药，用青黛、樗皮末、蛤粉、滑石、干姜炒、黄柏炒褐色，上炒神曲糊为丸。仍用前燥湿痰丸子，亦能治带下病。

戴氏论云：滑石利窍，黄柏治湿热，青黛解热，蛤粉咸寒入肾，炒干姜味苦领肺气下降，使阴血生，干姜盐制。

一人便浊。常有半年，或时梦遗，形瘦，作心虚主治，定志丸与珍珠粉丸同服。一人健忘、白浊，治法同。

尝闻之先生论曰：白浊多因湿气下流膀胱而成。赤白浊，《灵枢经》所谓：中气不足，溲便为之变是也。先须补中气，使升举之，而后分其脏腑气血、赤白虚实以治。与夫其他邪热所伤者，固在泻热补虚。设肾气虚甚者，或火热亢极者，则不宜峻用寒凉，必以反佐治之，要在权量轻重而已。

淋第七十一

淋有五，皆属热，解热利小便为主，山栀子之类，同虎杖、甘草煎汤服。小蓟汤治下焦热结血淋。又有肾虚极而淋者，当补肾精及利小便，不可独泻。淋证不可发汗，汗之必便血。老人亦有气虚者，人参、白术中带木通、山栀。亦有死血作淋者，牛膝膏。亦能损胃，不食不宜多服。治淋，山栀去皮一两炒，白汤送下。治气虚淋，八物汤加黄芪，同虎杖、甘草煎汤服，诸药中加牛膝。一方益元散加山栀、木通。夏月以茴香煎汤，调益元散服之。痰热隔滞中焦，淋涩不通，玄明粉。血气中有热者，八物汤加黄柏、知母。妇人男子淋闭，血药不效者，川黄柏新瓦上焙，牡蛎火煅，上为末，食前调服，或小茴香汤亦可。

小便不禁第七十二

小便不禁遗失者，属热属虚。东垣谓：肺气虚，宜安神养气，禁劳役。安神养气，用参、芪补之。不愈，责有热，加黄柏、生地。

小便不通第七十三

气虚、血虚、实热、有痰。

吐之，以提其气，气升则水自降下，盖气承载其水也。气虚，人参、黄芪、升麻等，先服后吐，或参芪药中探吐之。血虚，四物汤，先服后吐，芎归汤亦可探吐。痰多者，二陈汤加木通，香附探吐。实热者，当利。

一妇人脾疼，后患大小便不通，此是痰隔中焦，气聚下焦，用二陈汤加木通，初服；查[1]煎服探吐。气壮实热之人，八正散。大便动，小便自通。小便因热郁不通、赤茯苓、黄芩、泽泻、车前子、麦门冬、桂、滑石、木通、甘草梢。气虚痛者，加木香、黄芪；淋痛者，加黄柏、生地黄；夏月调益元散。痰隔中焦，二陈汤煎，大碗顿服，调其真气而吐之。否则用沙糖汤，调牵牛头末二钱服之。伤寒后，脱阳而小便不通，茴香调生姜自然汁，敷小腹上，服益志茴香丸，并益元散服之。

一人燥热伤下焦，致小便不利，当养阴。当归、地黄、知母、黄柏、牛膝、茯苓、生甘草、白术、陈皮之类。

一妇人年五十，患小便涩，与八正散则小腹转急胀不通，身如芒刺。余以所感霖淫雨湿，邪在上表，因用苍术为君，附子佐之，发其表，一服即汗，小便即时便通。

一男子年八十，患小便短涩，因服分利药太过，遂致闭塞，消[2]滴不出。余以饮食太过伤胃，其气陷于下焦，用补中益气汤，一服小便即通。因先服多利药，损其肾气，遂至通后遗溺，一夜不止息，补其肾，然后已。

有热宜清，有湿宜燥，有气结于下宜升。有隔二隔三之治。如因肺燥不能生水，则清肺金，此隔二；如不因肺燥，但膀胱有热，

〔1〕查　通“楂”。
〔2〕消　按文义应作“涓”。

则直泻膀胱火，此正治；如因脾湿不运，精气不升，故肺不能生水，则当燥脾健脾，此隔三也。清肺用车前子、茯苓之类，泻膀胱用黄柏、知母之类，健脾燥湿用苍术、白术之类。

又诸法治不通，则用吐法，盖气承载其水耳。吐之则气升，气升则水降。

大便秘结第七十四

有虚，有风，有湿，有火，有津液不足，有寒，有气结。

有此者，多面黄可候，切不可一例用硝、黄等药。巴豆、牵牛不宜例用，当审大法。阳方主润燥，阴方主开结，用郁李仁、桃仁、羌活、大黄、当归、麻子仁，上为细末，或少加木香、槟榔亦可。大肠燥结不通，润肠汤。一名当归润肠汤。幽门不通，上冲吸门噎塞，大便燥秘，通幽汤。又有脾胃中伏火，便秘干燥，不思饮食，及风结血结，皆令闭塞也，以润燥和血，疏风自通，治以润肠丸。湿热为病，大便燥结，神芎丸。大便秘不通，燥结，活血润燥主之。有热者，大承气汤。胃中停滞寒冷之物，大便不通，心腹作痛者，备急丸；食伤太阴，气滞不运为病者，木香槟榔丸。大肠虚秘而热，白芍药一两半，陈皮、生地、当归身，以上一两。甘草五钱。上末之，粥丸，白汤下。论中有治腹胀而不通者，用杏仁、葱白、盐，于脐上摩之。又有皂荚、白梅肉，蜜丸纳之。或用其汁入蜜熬为丸，或用汁和糯米炒燥存性，以糖为丸，或止用蜜、乌梅肉，皆可纳肛门中，皆开风热结燥之药故也。

关格第七十五

关则不得小便，格则吐逆。此证多死，寒在上，热在下。

必用吐，提其气之横格，不必出痰亦可。盖用二陈汤吐之，吐中有降之义。有中气虚不运者，补气药中升降，脉两寸俱盛，四倍以上。

戴云：关格者，谓膈中觉有所碍，欲升不升，欲降不降，饮食不下，此为气之横格。

痫证第七十六

痫不必分五等，专主在痰，多用吐法。有惊，有痰，有火。

大率行痰为主，入方，黄连、南星、半夏、瓜蒌。寻痰寻火分多少治，无有不愈者。分痰与热，有热者，以凉药清其心；有痰者，必用吐药，后用东垣朱砂安神丸。大概此证必用吐，吐后用平肝之药，青黛、柴胡、川芎之类。一本或龙荟丸。假如痫因惊而得，惊则神出其舍，舍空则痰聚也。钱氏泻青丸、牛黄清心丸俱治痫。

健忘第七十七

主心脾，宜归脾汤、定志丸。精神短少者，多用安神丸之类，亦有痰迷心窍者。

戴云：健忘者，为事有始无终，言谈不知首尾，此为病之名，非此生成愚顽不知世事者也。

怔忡第七十八

大概属血虚，有忧虑便动。属虚血少者多，时作时止者，痰因火动。瘦人多因是血少，肥人属痰。寻常者多是痰，真觉心跳者是血少，四物汤、安神丸之类。怔忡者，心不安，惕惕然如人将捕者。

惊悸第七十九

血虚者，用朱珠安神丸治之。一方治惊悸，定志丸加琥珀、郁金。痰迷心膈，治痰药皆可。

烦躁第八十

大率血少不能润泽，理宜养阴为最。治烦躁不得眠者，六一散加牛黄服之。内伤病似真伤寒，至五七日汗后复热，入夜烦躁，唤水者，补中益气汤加附子。内伤病似伤寒，三战后劳乏烦躁昏倦，四君子汤加当归、黄芪、知母、麦门冬、五味子。如甚者，脉细数无序，三更后吃水，直至天明，此元气虚，用竹叶汤煎此药大剂服之。内伤似伤寒，烦躁不绝声，汗后复热，脉细数，五七日不睡，补中益气加人参一两，用竹叶同煎，甚加麦门冬、五味子、知母。

火，入肺为烦，入肾为躁，俱在于上，皆心火为之。火旺则金烁水亏，惟火独在，故肺肾合而为烦躁。

心病第八十一

心气虚怯之人，怔忡，或烦乱，或健忘，或失心后神痴不清，辰砂安神丸。心风气热痰盛者，滚痰丸。心病，郁金，猪牙皂角、白矾、蜈蚣。人壮气实，火盛癫狂者，可用正治，或朴硝冰水饮之。虚火盛狂者，以姜汤与之，若投冰水，立死。火急甚者，生甘草缓之，能泻火，参术亦可。凡气有余是火，不足是气虚。

一人年壮肥实，心风痴，吐后与此：贝母、瓜蒌、南星、黄连，各一两，郁金、天麻、青子、生甘草、枳实、连翘、苦参，各半两，白矾、皂角各二钱。上作丸服。后用蜈蚣黄赤各一条，香油炙黄，芎、防、南星、白附、白矾、牙皂，各一两，郁金半两。上丸，朱砂为衣。癫狂病，癫属阴多喜，狂属阳多怒，脉实死，虚者可治。大概多因痰结心胸间，治当镇心神，开痰结。亦有中邪而为此疾者，则以治邪法治之。然《原病式》所论尤精，盖世以重阴为癫，重阳为狂，误也，大概皆是热耳。

块一名积瘕第八十二

块，在中为痰饮，在右为食积，在左为死血。气不能作块成聚，块乃有形之物，痰与食积、死血。

用药，醋煮海石，醋煮三棱，醋煮蓬术，桃仁、红花、五灵脂、香附、石碱、为丸，白术汤下。一本有针沙。瓦垄子能消血块。凡治块，降火消食积，积即痰也。行死血，块去必用大补。碱治痰积有块，用之洗涤垢腻。一方治一切积聚癥瘕，用蜀葵根煎汤，去柤[1]，再煎人参、白术、陈皮、青皮、甘草梢、牛膝成汤，入细研桃仁少许及玄胡粉，热饮之，二服可见积块下。病重者，补接之后，加减再行法。大法咸以软之，削之，消之，行气开痰为要。一方贴积聚块，大黄二两，一本一两，朴硝一两，各为末，用大蒜捣和成膏贴之，后干，用醋调再贴。块在皮里膜外，须补气药兼香附开之，兼二陈。妇人死血、食积、痰饮成块，或在两胁，动作腹鸣，嘈杂眩运，身热，时发时止。黄连一两，半两用吴茱萸同炒，半两用益智炒，去二药只用连，山栀半两炒，台芎半两炒，香附一两，或作半两，童便浸，萝卜子一两半炒，山楂肉一两，三棱五钱，蓬术半两醋煮，桃仁半两，留尖去皮，青皮半两，或作麦皮曲半两。上为末，蒸饼丸。一方有神曲五钱，白芥子一两半，瓦龙子一两醋煅。

凡积病，下亦不退，当用消积药，融化开则消。治胁痛有块，龙荟丸二钱半，片姜黄半两，桃仁半两，上末之，蜜丸。又方，龙荟丸和白鸽粪，能大消食积，或入保和丸治块，看在何部分。诸块虚中，块攻胀，无可奈何，不可用攻战之药，四君子汤加半夏、陈皮，作大剂服之，候元气平复，却用攻药。治痞块，木鳖。一云：壳二十一个，用獖猪腰子劈开，煨热捣烂，入黄连末三钱为丸，如绿豆大，每服三十丸。腹中脐下气作痛，木香、槟榔、三棱、莪术、

〔1〕柤（zhā 渣） 煎药之滓也。

青皮半两，木通半两，黄连炒半两，陈皮半两、缩砂、红豆三钱，香附一两。血分肝经块痛，末子药服亦好，丸子尤好。当归半两，红花炒一钱，桃仁二十个，去皮尖，玄胡索擂半两，赤芍药半两，没药三钱，干漆半两炒烟尽，或大便燥加熟大黄。凡人上中下有块是痰，问其平日好食何物，以相制之药消之，吐后用药。

一人心胸痰满如一块，攻塞不开。白术一两，南星、贝母、神曲、山楂、姜黄、陈皮、茯苓，以上五钱，山栀半两，香附一两，萝卜子、皂角刺，以上三钱。上末之，姜饼丸。

一人小腹块，瓜蒌、贝母、黄芩、南星、白术，一两，以上一作半两，香附醋煮一两，熟地黄、当归、玄胡索、桃仁，以上五钱，三棱、蓬术，以上醋煮五钱。上末之，曲丸。千金硝石丸、磨块三圣膏，贴块俱效。

尝记先生治一妇人小腹中块，其脉涩，服攻药后脉见大，以四物汤倍白术、陈皮、甘草为佐使。脉充实，间与硝石丸两月，块消尽。

一人年六十，素好酒，因行暑中得疾，冷膝上，上脘有块，如掌牵引，胁痛不得眠，饮食减不渴，已自服生料五积散三贴，六脉俱沉涩而小，按之不为弱，皆数，右甚，大便如常，小便赤。遂用大承气汤减大黄之半而熟炒，加黄连、芍药、川芎、干葛、甘草作汤，瓜蒌仁、半夏、黄连、贝母为丸，至十二贴，足冷退，块减半，遂止药，至半月病悉除。

积聚当分阴阳。积者，其发有根，其痛有常处，脉结伏；聚者，其发无根，其痛无常处，脉浮结。由阴阳不和，脏腑虚弱，四气七情失常所致也。

茶癖第八十三

石膏、黄芩、升麻，上为末，砂糖调服之。

一人爱吃茶，白术、软石膏、片芩、白芍药、薄荷圆叶大者、胆星，研末，沙糖调作膏，食后津液化下。

疝第八十四

湿热痰积，流下作痛，大概因寒郁而作，即是痰饮、食积并死血，专主肝经，与肾经绝无相干，不宜下。

癞疝湿多，灸大敦穴。食积与瘀血成痛者，栀子、桃仁、山楂、橘核，一作枳实、茱萸、以生姜汁、顺流水作汤调下。按之痛不定者，属虚。用桂枝、山栀炒、乌头，必细切，炒为末，姜汁丸，姜汤服三五十丸，以劫痛。

治诸疝方，定痛速效。橘核五十个、山栀炒、山楂炒、茱萸炒。湿胜者，加荔核，等分，丸服之。凡治癞要药，不痛者：苍术一两，南星一两，白芷一两，散水，山楂一两，川芎三钱，枳子一作枳实三钱，半夏三钱。上为末，神曲糊丸。有热加炒山栀一两，坚硬加朴硝半两，秋冬加茱萸三钱半。一作二钱半。

治疝，荔核、枸橘核，烧灰为末，酒下。治诸疝发时，海石、香附，二味为末，以生姜汁调下，亦治心疼。治疝，橘核、桃仁、栀子、茱萸、川乌，上研末，煎服之。枳核散单止痛，枸橘核能治木肾。疝病有水气、湿热两种而肿者，又有挟虚而发者，当用参、术为君，佐以疏导之药，其脉沉紧豁大者是。或问治一人病后饮水，患左丸痛甚，灸大敦，适有摩腰膏，内用乌、附、丁、麝香。将以摩其囊上。抵横骨端，多湿帛覆之，痛即止，一宿肿亦消。予旧有柑橘积后，山行饥甚，遇橘芋食之，橘动旧积，芋复滞气，既时右丸肿大，寒热。先服调胃药一二贴，次早注神，使气至下焦，呕逆觉积动，吐复，吐后，和胃气，疏通经络乃愈。

治木肾方　采雄楮树叶，晒干为末，酒糊为丸，空心盐汤下。外以一法，枇杷叶、野紫苏叶、苍耳叶、水晶葡萄叶、椒叶，浓煎汤薰洗。治木肾不痛：南星、半夏、黄柏酒炒、苍术盐炒、山楂、白芷炒、曲炒、滑石、茱萸、昆布、枸橘。疝病、黄病久者，皆好倒仓。疝气作痛，小便秘涩，五苓散加川楝子，为细末，空心服二钱。

有人请问下部癞气不痛之方，彼时实许之矣。细思，若非痛，断厚味与房事，不可用药，惟促其寿。若苍术、神曲、白芷、山楂、川芎、枳子、半夏皆要药也，其药皆鄙贱之物，以启其慢心，人不能断欲，以爱护其根本，反陷其病，陈彦正之祸，得罪多矣。且其药随时月令，况更换君臣佐使，由是不敢僭，宁犯食言之罪，因笔及之。

治疝痛方

山楂炒，四两　枳核　茴香　山栀以上炒，二两　柴胡一两　牡丹一两　桃仁炒，一两　大茴香炒，一两　吴茱萸炒，半两

上作丸服。

治疝时作急痛方

苍术盐炒　香附盐炒　黄柏酒炒，为君　青皮　玄胡索　桃仁为臣　茴香为佐　益智　附子盐炒　甘草为使

上为末，作汤服后，一痛过再不复作矣。

治肾气方

茴香　破故纸以上五钱　吴茱萸盐炒，五钱　胡芦巴七钱半

上为末，用萝卜子擂汁为丸，盐汤下。

肥人肿疝作痛者，外热内寒，五苓散加茴香。一人癞疝，山栀、山楂、枳实、香附、南星、川练，以上一两，海藻、桃仁，以上七钱半，吴茱萸二钱半。上末之，姜饼丸。一人疝痛心痛，山栀炒二两，香附一两，苍术、神曲、麦芽，以上五钱，半夏七钱。乌头、石碱，以上三钱，桂枝一钱半，春去之。上末之，炊饼丸如绿豆大，每服百丸，姜汁盐汤下。一人疝，痛作腹内块，痛止则块止。三棱醋煮一两，蓬术醋煮一两，神曲、麦芽，以上炒，一两，姜黄一两，南星姜制，一两，白术二两，木香、沉香，以上三钱，黄连一两，同茱萸炒，去茱萸不用，香附三钱，萝卜子五钱蒸，桃仁五钱，山栀、枳核，以上五钱，炒。上末之，姜饼丸。

劫药神妙：乌头细切炒，栀子仁炒，宜加减用此。盖湿热因寒郁而发，用栀子仁以去湿，用乌头以破寒郁，况二味皆下焦之药，而乌头又为栀仁所引，其性急速，不容停留胃中也。

耳第八十五

耳聋、耳鸣，有痰、有火、有气虚。

耳聋，少阳、厥阴热，多皆属于火，宜开痰散风热，通圣散、滚痰丸之类。大病后耳聋，须用补阴与降火，有阴火动而耳聋者同法。四物汤加黄柏之类。一方，雄鼠胆汁滴入耳中。聋病必用龙荟、四物养阴。亦有湿热痰者，槟榔、神芎。耳中閧閧然，亦是无阴者。耳内郁而聋，以通圣散，内大黄用酒煨，再用酒炒三次，然后入诸药，通用酒炒。多饮酒之人耳鸣，木香槟榔丸。

耳鸣因酒过者，用大剂通圣散加枳壳、柴胡、大黄、甘草、南星、桔梗、青皮、荆芥。不愈，四物汤。耳鸣必用当归龙荟丸，食后服。气实人，槟榔、神芎下之。耳湿肿痛，凉膈加酒炒大黄半两、酒浸黄芩、防风、荆、羌，吹以脑多射少。湿加白枯矾。耳脓不干，轻粉、黄柏末、海螵蛸吹入。

耳烂，贝母末干糁。耳中出脓，用桃花散。其方，以枯白矾、胭脂各一钱，麝香一字，上末之，用绵杖子蘸药捻之，取干。耳热暴痛，枯白矾吹入耳中，青箬烧灰吹入尤妙。

鼻第八十六

酒皶鼻，血热入肺，以四物汤加陈皮、酒红花、酒炒黄芩煎，入好酒数滴，就调炒五灵脂末服之效。又方，用桐油入黄连，以天吊藤烧油热敷上。

或问酒皶病为名，必饮热酒所致乎？曰不然，非饮酒者亦病之。盖鼻者肺之窍，而足阳明挟鼻上至目内眦，其位居面之中，中又属土，为呼吸气息出入之门户，然气血之精明皆上注于面，入于其窍，是故胃中湿热与中焦所化之血上输其肺，随呼吸之息薰蒸鼻端，凝结皮肤，遂成红赤，甚则盈面，不独在鼻也。予尝用凌霄花为末，和密陀僧，用唾调敷，甚验。又方，用苍耳叶酒蒸为末，调服，最解热毒。

治鼻渊，南星、半夏、苍术、白芷、神曲、酒芩、辛夷、荆芥。

鼻息肉，胃中有食积，热痰流注，治本当消食积，外以胡蝶矾二钱、细辛一钱、白芷半钱，纳鼻中，每用少许。

面鼻得冷而黑，须用清热化滞，滋生新血，血能自运，色乃可改，以四物汤酒制过，加酒片芩、陈皮、生甘草、酒红花、生姜煎，下五灵脂末饮之。气弱形肥者，加酒黄芪亦效。

脚气第八十七

须用提其湿在下之药，随气血用。入方，生地黄酒洗、黄柏酒炒、苍术盐炒、黄连、白术、防已、槟榔、川芎、木通、陈皮、甘草梢、犀角屑。有热加芩、连，有痰加竹沥、姜汁，大热及时令暑热加石膏，大便实难者加桃仁，小便涩者加杜牛膝。有食积流注，用苍术、黄柏、汉防已、南星、川芎、白芷、犀角、槟榔，上为末，丸。血虚加牛膝、败龟板，曲糊丸。如常肿者，专主乎湿热，朱先生另有方。有脚气冲心者，乃血虚而有火气上行，宜四物汤加炒黄柏，再于涌泉穴用附子为末，津拌如小钱大，贴之，以艾火灸，泄引其热。转筋皆属血热，左金丸降肝火。脚气肿者，枳实、大黄、当归、羌活。肢节烦疼，肩背沉重，胸膈不利，及遍身疼痛，下注于足胫肿痛，当归拈痛汤。

诸湿客于腰膝重痛，足胫浮肿，**除湿丹**。

乳香　没药以上一两，研　牵牛头末半两　槟榔　威灵仙　赤芍药　泽泻　葶苈　甘遂以上二两　大戟三两　陈皮六两，去白

上末之，糊丸。

脚气从湿从下，以治湿治气，紫苏、炒柏、芍药、木瓜、泽泻、木通、防已、槟榔、苍术、枳壳、甘草、香附、羌活。痛多加木香，肿多加大腹皮，发热加黄连。脚弱筋痛，牛膝二两，白芍一两半，酒柏、知母、甘草炒各五钱，酒糊丸服。湿痰脚气，大便滑泄，苍术

二两，防风、槟榔、滑石各一两，香附八钱，川芎六钱，条芩、木通各四钱，甘草三钱，或丸或散皆可。

健步丸方

生地一两半　归尾　陈皮　芍药　牛膝　苍白术各一两　茱萸　条芩各五钱　大腹皮三钱　桂枝二钱

为末作丸，每服百丸，通草汤食前下。

一妇人足痛肿者，生地、炒柏、南星、芎、苍、牛膝、龙胆、红花酒洗。

一人筋动于足大指，渐渐上□□□至腰结了，奉养厚，因饮□□□湿热伤血，四物加黄芩、红□□□。

一男子年近三十，厚味多怒，秋间于[1]髀枢左右发痛，一点[2]，昼[3]静夜剧，痛[4]处恶寒，或渴或不渴，膈或[5]医与治[6]风药，无血补药[7]，至次春，膝渐肿痛[8]甚，食减形瘦，至春末，膝肿如碗，不[9]可屈伸，脉弦大颇实，寸涩□□□皆数短[10]，其小便数多[11]，遂作饮食痰[12]，积在太阴阳明治之，其详痰第十九[13]条下。

---

〔1〕秋间于　此三字原脱，据《丹溪治法心要·痰》补。
〔2〕点　《丹溪治法心要·痰》此下有“延及膝骭”四字。
〔3〕昼　此字原脱，据《丹溪治法心要·痰》补。
〔4〕夜剧，痛　此三字原脱，据《丹溪治法心要·痰》补。
〔5〕膈或　《丹溪治法心要·痰》无此二字。
〔6〕医与治　此三字原脱，据《丹溪治法心要·痰》补。
〔7〕无血补药　《丹溪治法心要·痰》作“并补血药”。
〔8〕渐肿痛　此三字原脱，据《丹溪治法心要·痰》补。
〔9〕如碗，不　此三字原脱，据《丹溪治法心要·痰》补。
〔10〕寸涩□□□皆数短　《丹溪治法心要·痰》作“率皆数短”。
〔11〕数多　《丹溪治法心要·痰》作“必数而短”。
〔12〕饮食痰　此三字原脱，据《丹溪治法心要·痰》补。
〔13〕痰第十九　此四字原脱，据文义补。

痿第八十八

有热、湿痰、血虚、气虚。

专主养肺气、养血、清金，不可作风治。湿热，东垣健步丸加芩、柏、苍术。

健步丸方

羌活　柴胡以上五钱　滑石五钱，炒　甘草炙，五钱　天花粉酒洗，五钱　防风二两　泽泻三钱　防己酒洗，一钱　川乌一钱　苦参酒炒，一钱　肉桂半钱

上末之，酒糊丸，每服七十丸，空心，煎愈风汤下。

湿痰，二陈加苍术、白术、芩、柏、姜汁、竹沥。血虚，四物加芩、柏、苍，下补阴丸。气虚，四君子加芩、柏、苍术之类。亦有死血者，亦有食积妨碍不得降者。大率属热，用参、术、四物、黄柏之类。壮人痿，凉膈散；老人并虚人痿，八味丸。一村夫背伛偻而足挛。见《医要》。

《素问》痿有五等，诸痿皆起于肺，热传入五脏，散为诸症，大抵只宜补养，若以外感风邪治之，宁免虚虚实实之祸乎？或问治痿之法，取阳明一经何也？先生曰：诸痿生于肺热，只此一句，便见治法大意。经曰东方实西方虚，泻南方补北方。以此因就生克言补泻，而大经大法不外于此。盖东方木，肝也；西方金，肺也；南方火，心也；北方水。肾也。五行之中，惟火有二，肾虽有两，水居其一，阳常有余，阴常不足。故经曰：一水不胜二火，理之必然。金，

体燥而居上，主气畏火者也；土，性湿而居中，主四肢畏木者也。火性炎上，若嗜欲无节，则水失所养，火寡于畏而侮所胜，肺金得火邪而热矣；木性刚急，肺受邪热则金失所养，木寡于畏而侮脾，土得木邪而伤矣。肺热则不能管摄一身，脾热则四肢不为用，而诸痿之病作矣。泻南方，肺金清而东方不实，何脾伤之有？补北方，则心火降而西方不虚，何肺伤之有？故阳明实则宗筋润，能束骨而利机关矣，治痿之法无出于此。络氏亦曰：风火相炽，当滋肾水。东垣取黄柏为君，黄芪等补药为辅佐，而无一定之方。有兼痰积者，有湿多者，有热多者，有湿热相半者，有夹寒一作气。者，临病制方，其善于治痿乎。虽然药中肯綮矣，若将理失宜，圣医不治也。天产作阳，厚味发热，先哲格言。但患痿之人，若不淡泊食味，吾知其必不安全也。大补丸去肾经火，燥下焦湿，治筋骨软。如气虚用补气药下，血虚补血药下，并不单用。补肾丸、虎潜丸皆治痿，服法与大补丸同。黄柏、苍术，治痿之要药也。

一人阳痿，知母、黄柏，以上炒，一两，枸杞一两，牛膝酒浸，一两，杜仲姜炒，一两，人参一两，山药一两，龟板、虎骨，以上炙，一两，续断酒洗，一两，锁阳二两，当归二两，菟丝子、五味子、陈皮以上五钱，白术一两。一方有茯蓉二两，去白术、陈皮。上末之，糊丸。

一人年二十余，前阴玉茎挺长肿而痿，皮塌常润，磨股不能行，两胁气上，手足倦弱。先以小柴胡大剂，加黄连行其湿热，次略与黄柏降其逆上之气，其肿收减及半，但茎中有一块硬未消，遂以青皮一味为君，少加散气一作散风之剂，末服。外以丝瓜汁调五倍末，傅之而愈。

痉第八十九

大率与痫相似，比痫为虚，治宜带补。气虚有火，兼有痰，人参、竹沥之类，切不可作风治而兼用风药。

治酒多风搐。

白术五钱　人参二钱半　甘草三钱　陈皮　苍术以上一钱　天麻细切，酒浸，一钱　白芍药酒浸，一钱　防风五分　川芎五分

上为末，作丸。如小便多，加五味子。

手足心热第九十

属热郁，用**火郁汤**。

葛根　柴胡　白芍药以上一两　甘草炙，一两　防风五钱　升麻一两

每服三钱，入葱白三寸，煎，稍热服。

又方　栀子，香附、白芷、苍术、半夏、川芎，上末之，面糊丸。

火郁，手足心发骨蒸，草还丹。

手足麻木第九十一

麻是气虚，木是湿痰死血。东垣云：麻木，气不行也，当补肺中气。

一妇人体肥气郁，舌麻眩晕，手足麻，气塞有痰，便结，凉膈散加南星、香附、台芎开之。

厥第九十二

有阳厥，有阴厥，阳衰于下即寒，阴衰于下即热。《原病式》中详之。以气血虚为主，有痰有热。

治痰，白术、竹沥；治热，承气汤；因外感，解散，加姜汁酒。气虚脉细，血虚脉大如葱管。热厥脉数，外感脉浮，实痰脉弦。

一妇人年三十余，面白形长，心中常有不平事，忽半夜诞子，才分娩便晕厥不知人，遂急于气海灼火十五壮而苏，后以参术等

药，两月而安。

一妇人年十九，气怒事不发，一日忽大发叫而欲厥，盖痰闭于上，火起于下而上冲。始用香附五钱，生甘草三钱，川芎七钱，童便、姜汁煎服。后又用青黛、人参、白附子为丸，少愈不除，后用大吐乃安，吐后用导痰汤加姜炒黄连、香附、生姜，下龙荟丸。

诸目疾第九十三

至宝膏 治暴发热壅有翳者，甚效。

用蕤仁去油、硼砂各一钱，辰砂三分，冰片一分。

共为极细末，蜜调点之。

治烂眶眼，用薄荷、荆芥、细辛等分，为粗末，烧取烟烬点眼，其法如香烧之，以青碗涂蜜少许，覆烟上，待烟烬为度，以磁器收藏。凡眼有风热多泪者，皆可点之。

平风止泪散 歌曰：风热泪更兼疼[1]，苍附芎辛荷芷停，木贼夏枯防国老，煎汤服饵即安宁。

又方点药，用寒水石捶碎，以童便浸七日，晒七日，再浸七日，研末，每一两加真轻粉五分，再研极细，又夜露七宿，晒七日。临用加冰片少许点之。

治血虚眼，用生熟地黄丸。生、熟地黄各二两，石斛、玄参各一两，末之蜜丸。冬月眼暴发痛，亦当解散，不可用凉药。黑睛有翳，皆用黄柏、知母。眼睛痛，知母、黄柏泻肾火，当归养阴，羌活引经。眼中风泪，食后吞龙荟丸数粒，日三服。

一人病眼，至春夏便发，当作郁治。黄芩二两，酒浸，南星姜制，二两，香附、苍术，以上便浸，二两，连翘二两，山栀炒，一两，导[2]芎便浸，一两半，陈皮酒浸，半两，草龙胆酒蒸，半两，萝卜子半两，青黛半两，柴胡三钱。上末之，曲糊丸。

---

〔1〕风热泪更兼疼 此句连同后面三句共成一首七言时，据上文“风热多泪”句，本句热字下疑脱“多”字。

〔2〕导 《丹溪心法·眼目》作“川”。

一人眼内陷，生地、熟地各一斤，杏仁四两，石斛、牛膝，以上半斤，防风六两，枳壳五两。蜜丸服之。

治暴发血热壅肿作痛，四物汤加草龙胆，防己、防风、羌活。眼眶涩烂，因风而作，用风药燥之。柴胡散，柴胡、羌活、防风、生地黄、赤芍药、甘草、桔梗、荆芥。劳役，饮食不节，内障昏暗，蔓荆子汤。治内障，四物汤加酒炒黄芩、黄连、黄柏，并服蔓荆子汤。血弱，阴水虚，阳火旺，瞳子散及损视物昏花，用熟地黄丸，又名滋阴地黄丸。暴发赤肿，用守真散热饮子。大便秘结加大黄，痛加当归、地黄，烦而少卧加栀子。岁久眼发，灸大指甲外本节横文尽七壮，住火，饮黄土蜜水。

骨鲠第九十四

桑螵蛸挂干，为末吹之。

解鱼骨鲠方，用沙糖、白炭灰末、紫苏叶、滑石末，上和丸，绵裹含之。口中咽津液，其骨自下。

咽喉第九十五

喉痹，大概多是痰热，治以李实根一片噙口内，更用李实根研水，敷项上一遭，立有效。李实根须新采园中者。重者，用桐油探吐之。一用射干，逆流水吐。缠喉风属痰热，宜用桐油以鹅翎探吐之。治咽痛，荆芥、当归、桔梗、甘草，煎汤嗽服。喉干燥痛，四物汤加桔梗、荆芥、黄柏、知母，立已。咽喉热痛，甘桔汤加荆芥，有热加黄芩、枳壳。半边头痛，鼻流不绝，咽痛，甘桔汤加荆芥、薄荷、枳壳、麻黄，服后汗而解。在半边肿者，加紫苏，冬有风寒郁在半边者，可用噙药，霜梅、僵蚕，白矾和丸，绵裹噙化。喉痹方，以白梅入蜒蚰令化，噙梅于口内。治风热喉痹，先以千缗汤，后以四物汤加黄柏、知母，养阴降火。又方，以猪牙皂角末、霜梅为丸，噙化。又方，茜草一两，作一服，降血中之火。又方，焰硝半钱，枯矾一钱，硼砂一钱，共为细末，用杜牛膝捣汁调下。

润喉散 治气郁夜热，咽干哽塞。

桔梗二钱半 粉草一钱 紫河车四钱 香附子三钱 百药煎一钱半

上为细末，敷口内。

咽喉生疮损了，不用生姜折辣痛，又能散不收。咽痛必用荆芥，阴火炎者必用玄参。咽痛，硼砂或和胆矾、僵蚕、白矾为末，霜梅捣和，噙之。治一切咽喉痛，用倒摘刺根净洗，入些少好醋同研，滴入喉中，耳中痒即愈。咽喉生疮并痛，属热，多是虚火游行无制，客于咽喉。实火用人参、黄柏蜜炙、荆芥；虚火用人参、竹沥、热用黄连、荆芥、薄荷、硝石，以蜜调噙；血虚者，以四物汤加竹沥。治喉痹，或有鼻中垂血丝结成小血珠垂在咽喉中，用杜牛膝，即鼓捶草直而独条者，捣碎，用好米醋些少和研，取汁三五滴滴入鼻中，即破。一人体肥，膏粱饮酒，常劳倦发咽痛，鼻塞痰嗽，凉膈散加桔梗、荆芥、南星、枳实。杜清碧通神散，治喉痹，吐出风痰甚效。方见风条下。喉风吐剂，僵蚕、牙皂、白矾为末，黄齑汁调灌，探吐。

针法 以三棱针于少商穴刺之，出血立愈。

口疮第九十六

服凉药不愈者，此中焦气不足，虚火泛上无制，理中汤，甚者加附。实热口生疮，凉膈散、甘桔汤、赴筵散。口糜烂，野蔷薇根煎汤漱之。酒色过度，劳倦不睡，舌上光滑而无皮者，或因忧思损伤中气，不得睡卧，劳倦者，理中汤加附子，冷饮之。口疮，若因中焦土虚，且不能食，相火冲上无所阻碍，用理中汤者，参、术、甘草以补土之虚，干姜以散火之熛，甚者附子。又方，黄连、青黛、黄柏，为末噙。治满口白烂，荜拨一两，厚黄柏一两，火炙。上为末，用米醋煎数沸后，调上药，漱。再时用白汤漱口即愈，重者二次。一人唇上生疮，以白荷花瓣贴之。治重舌，用好胆矾研细贴之。

天疱疮第九十七

用通圣散及蚯蚓泥略炒，蜜调敷患处为妙。若从肚腹上起者，里热发外，还服通圣散。

齿痛第九十八

牙痛，用南星为末，霜梅盦过，取其引涎，以荆芥、薄荷散风热，青盐入肾入骨，常擦噙之。蛀牙，以芦荟、白胶香为末，塞孔中。阳明风热牙疼，大黄、香附各烧存性，等分，入青盐少许。上为细末，无时擦之。牙齿疏阔，用白羊胫骨烧灰存性一两，升麻一钱，黄连半钱，为末擦之。口禁牙关不开。霜梅蘸白矾、僵蚕末，一擦便开。寒热肿牙疼，调胃承气汤加黄连。虫蛀牙用蟾酥。牙痛，用梧桐律，少加麝香擦之。牙大痛，必用胡椒、荜拨，能散其中浮热，监以升麻、寒水石，佐以辛凉薄荷、荆芥、细辛之类制木。又方，用凉药使痛不开，宜从治，荜拨、川椒、薄荷、荆芥、细辛、樟脑、青盐。牙痛甚者，防风、羌活、青盐入内，细辛、荜拨、川椒定痛。又方，蒲公英烧灰、香附[1]、白芷、青盐。阴虚牙出鲜血，气郁，以四物汤加牛膝、香附、生甘草节、侧柏叶。牙肿痛，升麻、白芷、防风、荆芥、薄荷、甘草、桔梗之类。上牙疼，灸三里穴；下牙疼，灸三间穴。虫蛀牙，用巴豆熏之，否，用玉线子、绿豆粉半两，人言一钱，麝香半钱。

固齿方

羊胫骨烧灰存性，二钱　当归二钱　白芷　猪牙皂角　青盐以上一钱

上为末，擦之。

---

〔1〕附　明刻本此下有“末”字。

脱肛第九十九

气热、气虚、血热、血虚。

气热者，黄芩条子者六两，升麻一两，为末曲丸。气虚者，补气用人参、黄芪、川芎、当归、升麻之类。血虚四物汤。血热者，凉血，以四物汤加炒黄柏。一方治脱肛，用五倍为末，托而上之。一次末收，至五六次必收，乃止。

瘿气第一百

先须断厚味，用海藻一两二钱，黄连一两，上为末，以少许置掌中，时时舔之，津液咽下，如消三分之二，须止后服。

吐虫第一百一

用黑锡炒成灰，槟榔末同和，饮下。

肺痈第一百二

已破入风者，不可治。搜风汤吐之，出《医垒元戎》。本方止有搜脓汤方。收敛疮口，同合欢皮并饮白敛脓汤。

肺痿者，服人参平肺散。治肺痿，专在养肺、养气、养血、清金。

尝治一妇人，年二十余，胸膺间溃一窍，于口中所咳脓血与窍相应而出，以人参、黄芪、当归补气剂，加退热排脓等药。

肠痈第一百三

作湿热食积治。大肠有痰积，死血流注，用桃仁承气汤加连翘、秦艽。近肛门破者，入风难治，用防风之类主之。

乳痈第一百四

入方，青皮、瓜蒌、橘叶、连翘、桃仁留尖、皂角刺、甘草节。破多参、芪。乳栗破，少有生者，必大补。人参、黄芪、川芎、当归、青皮、白术、连翘、白芍药、甘草。一方有瓜蒌。乳岩未破，加柴胡、台芎。治乳有小核，南星、贝母、甘草节、瓜蒌，以上一两，连翘、青皮，以上五钱。乳痈奶劳焮肿，煅石膏、烧桦皮、瓜蒌子、甘草节、青皮。治吹奶，金银花、天荞麦、紫葛藤各等分，上以醋煎洗。或以金银花一味亦可。乳痈，用生地黄汁敷，热即易之，无不效。又方，老瓜蒌一个捣，酒一斗，煮四升，日三服。又方，诗曰：女人吹奶是如何，皂角烧灰蛤粉和，热酒将灰调一字，须臾拍手笑呵呵。又方，益母草捣盦之，或干末水调涂。又方，浓磨鹿角汁涂之。又方，瓜蒌子炒为末，临睡酒服二钱。乳头裂破，丁香末敷，如燥以津调。妇人产后患乳痈，白芷、当归须、连翘、赤芍药、荆芥穗、青皮，各五分，贝母、天花粉、桔梗，各一钱，瓜蒌半个，甘草节一钱半。上水煎，半饥半饱服，细细呷之。有热加柴胡、黄芩。忌酒肉椒料。敷药，用南星、寒水石、皂角、贝母、白芷、草乌、大黄为末，醋调涂。

乳房阳明所经，乳头厥阴所属。乳子之母，或厚味，或忿怒，以致气不流行，而窍不得通，汁不得出，阳明之血热而化脓。亦有儿之口气焮热，吹而结核，于初起时便须忍痛揉令软，气通自可消散，失此不治，必成痈疖。若疏厥阴之滞，以青皮；清阳明之热，以石膏；行去污血，以生甘草节；消肿毒，以瓜蒌子，或加青橘叶、没药、皂角刺、金银花、当归头，或散或汤加减，佐以少酒，仍加艾火三二壮于肿处，甚效。勿妄用针刀引惹拙病。又有积忧结成隐核，有如鳖棋子，不痛不痒，十数年方为疮陷，名曰奶岩，以其凹似岩穴也，不可治矣。若于始生时便消释病根，使心清神安，施以治法，亦有可安之理。予侄妇，年十八时得此证，性急，脉实。所难者后故[1]耳，遂以青皮单煮汤与之，间以加减四物汤，两月而安。

骑马痈第一百五

用大粉草带节四两，长流水一碗，以甘草炙，淬浸水尽，为末，皂角灰少许作四服，汤调顿服，大效。又方，甘草节、白芷、黄连各等分，㕮咀，水煎。破者，龙骨、枯白矾、赤石脂敷。一人上嗽，下肾痈破，玄参、黄柏炒、青黛、犀角、山楂、甘草节、神曲、麦蘖、桃仁、连翘，上末之，作丸。

治便毒方，山栀、大黄、乳香、没药、当归，各五分，瓜蒌仁二钱，代赭石一钱。上作一服，煎。又方，木鳖子、大黄、瓜蒌仁、草龙胆、桃仁，上浓煎，露一宿，清早顿服。又方，白僵蚕、槐花，共为末，酒调服之。一方加酒大黄。又方，蠡实根三寸，同生姜等分，研细热汤调，空心服。又方，大黄、牡蛎各二钱半，瓜蒌一个去皮，甘草一钱，上剉，作一贴，水煎，空心服。

附骨痈第一百六

热在血分之极，初觉时先以青皮、甘草节，后当养血。初腿肿，以人参、黄芪、茯苓各二钱，瓜蒌仁四十八粒，作二帖，入竹沥热饮之。环跳穴痛不已，防生附骨痈。详见《医要》。

肿毒第一百七

铁圈散 治痈疽肿毒。

乳香 没药各半两 大黄 黄连 黄柏 南星 半夏 防风 羌活 皂角 甘草节 草乌 阿胶另入。以上一两

〔1〕故 《格致余论·乳硬论》亦载录本案，其中“故”作“姑”。

上末之，醋调成膏，沙石器火熬黑色，鹅翎敷之患处。寒者热用，热者寒用。

疔疮根深，须用针刀镟破头上，以蟾酥敷之，后用药饵。野菊为末。酒调，饮醉睡觉，即痛定热除，不必去疔，自愈也。

隔皮取脓法　治诸般肿毒。

驴蹄炒，一两，细切　乔麦面炒，一两　白盐半两　草乌四钱，去皮

上为末，水调捏作饼子，慢火炙微黄色，出火毒，研末，醋调成膏，用白纸摊贴患处，水自毛窍而出，其肿自退。

治天蛇头，用野紫苏即黄丝草、金银花藤即羊儿藤、五叶紫葛藤、天荞麦，切细，十分好米醋浓煎，先薰后洗。

又方　用人粪杂黄泥捣之，裹在患处即安。治天火丹，用曲蟮泥炒，研细，香油调敷。又方，雉鸡毛及鹅毛烧灰，香油调敷皆可。治一切疔疮，紫梗菊，根、茎、叶、花皆可，研碎取汁，滴口中饮之。白蜡熏收敛，已见《医要》。治痈疽以露蜂房一层，入白矾在内，安石上，以火溶飞过，为末。油调敷之。一方，粪浸甘草，大治肿毒。其详在冬温条下。凡治痈疽，当分经络，六阳经六阴经，有多气少血，有多血少气，不可一概论也。少阳多气少血，肌肉难长，理宜预防，驱毒利药，亦难轻用。

予之从叔，多虑神劳，年近五十，左膊外侧红肿如栗。予曰：勿轻视。且先与人参浓汤，得微汗乃佳，与数十贴而止。旬余，值大风拔木，疮上起一红线，绕背抵右肋，予曰：必大料人参汤加芎、术补剂。与之两月而安。

李兄子年三十，连得忧患，且好色又有劳，左腿外侧廉一红肿如栗，一医与承气汤两帖下之矣，又一医教以解毒汤下之，予乃视之曰：脉大实。后果死。

臀居小腹之后，又在下，此阴中之至阴，其道远，其位僻，虽太阳多血，然气难久[1]运，血亦罕到，中年后生者，须预补之。若

〔1〕久　明刻本作“及”。

无积补之功，其祸多在疮成痂之后，或半年间乃病，粗工不察，或致失手。慎之！戒之！治痈肿，当分肿疡而施治，不可遽以五香连翘汤等用之。未溃之前，托里带散；已溃之后，补气补血。用手按肿上，热则有脓，不热则无脓。

结核第一百八

治大人、小儿，或在项上，或在颈、在胫、在身、在臂。如肿毒者，多在皮里膜外，多是痰注作核不散，问其平日好食何物，吐下后用药散结，在头项，僵蚕炒、大黄酒浸、青黛、胆星为末，蜜丸，噙化；在颏颊下生痰核，二陈汤加连翘、防风、川芎、皂角刺、酒芩、苍术、僵蚕。

一妇人年四十余，面白形瘦，性急，因有大不如意，三月后房下胁骨作一块，渐渐长掩心，微痛膈闷，饮食减四之三，每早觉口苦，两手脉微而短涩。详见四卷血气为病条。

瘰疬第一百九

气血痰热，用椹子。黑熟者，捣烂熬膏，汤调服；红者，晒干为末服，亦效。又方，用大田螺，莲肉烧灰存性，为末，入麝香少许，湿则干糁，干则油调敷。又方，用夏枯草，大能散结气，而有补养厥阴血脉之功，能退寒热。虚者，尽可倚仗；若实者，以行散之药辅佐之，外施艾灸，亦渐取效。

破伤风第一百十

破伤风，血凝心，针入肉游走，三证如神方，鸦翎烧灰一钱，研细酒服。防风、全蝎之类，皆是要药。破伤风多死，非全蝎不开，用十个末之。酒下，日三次。

破伤风发热。

瓜蒌仁九钱　滑石一钱半　南星　苍术　炒柏　赤芍药　陈皮以上一钱　黄连　黄芩　白芷以上五钱[1]　生甘草些少

上㕮咀，生姜三片，煎服。

臁疮第一百十一

膏药方　乳、没、水银、当归各五钱，川芎、贝母各一两，黄丹二两半，麻油六两，上㕮咀，除黄丹、水银外，先将余药用麻油熬黑色，去柤，下黄丹、水银，又煎黑色，用桃、柳枝搅成膏。又方，用生龙骨、血竭、赤石脂，三味共一两，血余如指大，黄蜡一两，白胶香一两，香油量用。上先以香油煎三五沸，去血余，入黄蜡、白胶香，却入龙骨、血竭、赤石脂，搅匀，安在水盆内，候冷取起，以磁器盛之，每遇一疮，捻一薄片贴疮口，以竹箬贴在外，三日后番过再贴，仍服活血药。又方，用沙糖水煮冬青叶三五沸，捞起，石压干，将叶贴在疮上，日换二遍。又方，以头垢烧灰，和枣肉捣作膏，先以葱椒汤洗净，以轻粉糁上，却用前药膏，以雨伞纸作膏贴之。又方，蛤粉、腊茶、苦参、青黛、密陀僧，上先以河水洗净疮，却以腊月猪脂调敷。又方，地骨皮一两，甘草节半两，白蜡半两，上以香油四两，入地骨、甘草，文武火熬熟，去柤，入黄丹一两半，并白蜡，紧火熬黑，白纸摊贴。又方，用冬青叶醋煮过，贴之。

妇人脚胫臁疮，多主血凝，服《局方》中补损黄芪丸。臁疮方，轻粉、定粉、瓦粉、玄明粉，上等分为末，无根水调涂碗底，以北熟之[2]艾五两薰之，艾尽为度。上为细末，用羯羊脚筒骨髓，调涂油纸上，葱椒汤洗过贴之，绯帛缠定。又方，黄连一两，切，水二盏，煎一盏，去柤，用油纸一张入内煮，干取出，以黄蜡磨刷过，缚疮上。

---

〔1〕钱　明刻本作“分”。

〔2〕之　明刻本无此字。

攧扑损疮第一百十二

姜汁、香油各四两，入酒调服。用苏木以活血，黄连以降火，白术以和中，童便煎服妙。在下者可下，但先须补托，后下瘀血。在上者宜饮韭汁，或和粥吃。切忌不可饮冷水，血见水寒则凝，但一丝血入心即死。

接骨散

没药五钱　自然铜五两，醋淬　滑石二两　龙骨三钱　赤石脂三钱　麝香一字另[1]

上为末，好醋没头，煮多为上，俟干就炒，燥为度，临卧时，入麝香在内，抄放舌上，温酒下，病分上下，分食前后。若骨已接尚痛，去龙骨、赤石脂，而服多尽好，极效。

又方　冬瓜皮、阿胶等分，炒干为末，以酒调服，醉为度。

治攧伤骨折入血黯者，滑石六分，甘草一分，为末，人参汤调饮之。次用生姜自然汁一盏，好米醋一盏，用独子肥皂四个，敲破，挼于姜汁、米醋之中，以纱滤去柤，煎成膏药贴之，遍身者亦可。

杖疮第一百十三

黄柏、生地黄、紫荆皮，皆要药也，治血热作痛。凉药去瘀血为先，鸡鸣散之类，生地黄、黄柏为末，童便调敷，或加韭汁。不破者，以韭菜、葱头捣碎，炒，热贴，冷则易之。膏药用紫荆皮、乳香、没药、生地黄、黄柏、大黄之类。又方，以木耳盛于木杓内，沸汤浸，烂搅，水干，于沙盆擂细，敷疮上。又方，以生苎麻根嫩者，不拘多少，洗净，同盐擂，敷疮上，神效。伤重者，多用盐。又方，以大黄、黄柏为末，生地黄汁调敷，干再敷上，甚妙。

〔1〕另　明刻本此下有“研”字。

短朵第一百十四

海金沙、滑石、甘草，粥丸服。别用煎药，就吞绛宫丸五十粒。此与治瘰疬法同。

绛宫丸方

连翘一两　川芎一两　当归一两，酒洗　麦芽　山楂一两　桃仁一两　芦荟一两　甘草节一两　芸台子一两　黄连一两半，酒炒　南星一两半　片芩一两半　升麻一两半　海藻一两半，酒洗　羌活五钱　桔梗五钱　防风半两　白术二两　大黄一两，酒蒸三次

上为末，曲糊丸。已破者加人参一两。膏药用甘草节、僵蚕煎。

冻疮第一百十五

用煎熟桐油调密陀僧末敷之。

下疳疮第一百十六

用蛤粉、腊茶、苦参、青黛、密陀僧，上先以河水洗疮净，却以腊月猪脂调敷。又方，用头发，以盐水洗去油，再用汤洗，晒干烧灰，先以清水泔洗净疮，却用发灰研细敷上，即时结靥。

一人旧患下疳疮，夏初患自利，膈微闷，得治中汤遂昏闷若死，两脉皆涩重，略弦似数，此下疳之重者，与当归龙荟丸五贴，利减，又与小柴胡去半夏加黄连、芍药、川芎，煎五六帖而安。

汤火疮第一百十七

用腊月猪脂涂黄柏，炙干为末，敷之。又方，用苦杖为末，水

调敷。又方，柿漆水，鹅翎蘸扫数次。

金疮第一百十八

治金疮并治狗咬方，五月五日午时，用石灰一斤，韭一斤，同捣细研作汁，和成饼，为末敷之。又方，治金疮，五倍子、紫苏各等分，为末敷之。又方，白胶香三钱，龙骨一钱，为末敷之。又方，五倍子、灯心草各烧灰存性，等分，为末敷之。一方，用大粉草剉碎，入青竹中，浸粪缸内，干末敷之。其详在冬温条下。

疯狗咬第一百十九

治疯狗咬，取小儿头发炒新香附、野菊、碾细，酒调服尽，醉而止。狗咬方，用紫苏口嚼碎，涂之。又方，用烰炭打碎为末，敷之。

疮癣第一百二十

治癣疮方，用轻粉、雄黄、蛇床子、川槿皮，共为末，将癣刮破，醋磨，羊蹄根汁调涂。治癣疮方，用芦荟、大黄为末，敷之。又方，用羊蹄、秃菜根，好醋磨敷。又方，用巴豆、萆麻子皆去壳，各十四个，斑猫七个，以香油二两，熬黑色去柤，入芦荟末三钱，白蜡五钱，慢火再熬成膏，磁器收贮，用时将癣微刮破，然后涂药，过夜略肿即愈。

治大人、小儿疥疮，猪牙皂角去皮，白矾枯过，轻粉、胡椒各少许，共为末，加樟脑烛油同捣匀，临晚搽擦。若是樱桃疮、脓窠疮，去胡椒。

疮有三种，脓胞疮治热为主。

黄芩　黄连　大黄　寒水石　蛇床各三钱　硫黄　黄丹各五

分 枯矾一钱 无名异 白芷各七分 槟榔一个 轻粉一钱二分 木香如痛用少许

上末，香油调敷。

沙疮，杀虫为主。

芜荑二钱 剪草一钱 蛇床子二钱 白矾一钱 枯矾一钱 吴茱萸一钱 苍术半两 厚朴皮五分 雄黄五分 寒水石二钱 黄柏一钱 轻粉十盏

上为末，油调搽。

癞疥疮，春天发焦疥，开郁为主，宜抓破敷。

白矾二钱 吴茱萸二钱 樟脑五分 轻粉十盏 寒水石三钱五分 蛇床子三钱 黄柏一钱 大黄一钱 硫黄一钱 槟榔一个

上为末，油调搽敷。

疥疮。

芜荑半两 管仲一[1]两 桔白矾五钱 软石膏五钱 大黄五钱 硫黄二钱半 雄黄二钱半 樟脑半两，另入

上末之，香油调敷，须先洗疮去痂敷之。

疮药，脓窠，治热燥湿为主，用无名异；干痒开郁为主，用吴茱萸。虫疮如癣状，退热杀虫为主，用芜荑、黑狗脊杀虫；白矾除痒；樟脑透肉一分、雄黄、硫黄、水银三味杀虫；松香，头上多加；大黄、方解石一分、黄连、蛇床定痒杀虫。松皮灰，脓肿湿多加；肿多加白芷开郁；痛多加白芷、方解石；虫多加藜芦、斑蝥；痒多加飞矾；湿多加香油调；阴囊疮多加茱萸；干疥出血多加大黄、黄连、猪脂调；虫多随意加锡灰、芜荑、槟榔杀虫；红色加黄丹，青色加青黛。疮在上，多服通神散；疮在下，多在脏，须用下，脚肿用血分湿热药。

治湿多疮药。

牡蛎二两 蛇床一两 白芷一两 川椒三钱 寒水石五钱 轻粉二十盏 雄黄五钱 吴茱萸二钱半

---

〔1〕一 明刻本作“二”。

上为细末，香油调敷。

贴人身灸疮不收口膏药。黄连、甘草节、白芷、丹油。

疥药　蛇床一两　硫黄一钱半　轻粉二十贴　青矾一钱半　明矾一钱　黄丹一钱半　五倍一钱半，略炒黄色

上为细末，香油调敷，忌见灯火，大效。

疥疮药　用硫黄、肉豆蔻为末，香油调敷。

治马鞍上打破成疮，鸡卵清摊作膏药贴之，令其愈后自脱。

治癣方　川槿皮、槟榔，先抓破，用好醋磨涂。又方，治肾囊湿痒，用密陀僧、干姜、滑石，为末糁上。又方，先以吴茱萸煎汤洗，次用后药。

茱萸五钱　寒水石三钱　黄柏一钱半　大黄二钱半　樟脑三钱　蛇床子三钱　轻粉一盏　枯矾三钱　硫黄二钱　槟榔三钱　白芷三钱

上为末，敷之。

治头疮方　猪油二钱半，半生半熟　雄黄二钱半　水银二钱半

上研和匀，敷疮上。

又方

川芎　酒芩五钱　芍药五钱，酒　陈皮五钱　白术五钱，酒　当归一两半，酒　天麻七钱半，酒　苍耳七钱半　黄柏四钱，酒　粉草四钱，酒　防风三钱

上末之，水荡起煎服，日四五次，服了睡片时。

蛊毒第一百二十一

治九里蜂毒，即瓠蜂是也。用皂荚钻孔，贴在蜂叮处，就皂荚孔上，用艾灸三壮即安。治蜈蚣咬，用全蝎灸如九里蜂法。治一切蛇，用金线重楼，以水磨少许，敷咬处，又为细末，酒调饮之。又方，用乌柏树叶、鱼腥草、地松即皱面草、草决明，但得一件，细研，敷咬处，亦佳。治蜈蚣毒，嚼人参涂之。又方，蜘蛛安伤处效，急将蛛投水中，以活其命。

中毒第一百二十二

解蕈毒，用木香与青皮等分，作汤饮之。解众药毒，用五倍子二两重，研细，以无灰酒温调服之。如毒在上即吐，在下即泻。食毒马牛肉，用大甘草四两研末，以无灰酒调服尽。病人须臾大吐大泻，如渴不可饮水，饮水必死。又方，治蕈毒，石首鱼头服之，即白鲞头也。

胡气第一百二十三

治胡气方：硇砂、密陀僧、明矾、铜青、白附、辰砂，上先以皂角汤洗二三次，后敷上，不过三次全好[1]。又方，于前药中加黄丹、水银，用白梅肉蘸末擦之。又方，飞黄丹、密陀僧、枯白矾，以蒸饼蘸末擦之。

〔1〕过三次全好　原脱，据明刻本补。

妇人科

经病第一

经水，阴血也。阴必从阳，故其色红，禀火色也。上应于月，其行有常，名之曰经。为气之配，因气而行。成块者，气之凝；将行而痛者，气之滞；来后作痛者，气血俱虚；淡色者，亦虚；血少而有水，以混之也；错经妄行者，气之乱；紫者，气之热；黑者，热之甚也。今见紫黑作痛者、成块者，率指为风冷所乘，而行温热之剂误矣，设或有之，亦千百中之一二耳。经水黑者，水之色；紫者，黑之渐，由热甚必兼水化。此亢则害，承乃制也。经候将来而作痛者，血实也，一云气滞，用桃仁、香附、黄连之类。未及期而作痛者，亦气滞也。过而作疼者，虚中有热也。四物加芩、连。一云气血虚也，八物汤加减。过期而作疼者，亦虚而有热也。不及期而来者，血热也。一云气血俱虚。四物加芩、连之类。肥人兼痰治。过期者，血少也，芎、归、参、术及痰药。经不调而血水淡白者，宜补气血。参、术、黄芪、香附、芎、归、芍药。腰痛加胶珠、艾叶、玄胡索。经水过期，紫黑有块者，血热也，必作痛，四物加香附、黄连之类。经水过期淡色者，痰多也，用二陈汤加川芎、当归。经水紫色成块者，热甚也，四物汤加黄连之类。经事过期不行，杜牛膝捣汁大半钟，以玄胡

索末一钱，香附末、枳壳末各半钱，调，早服。临经之时肚痛，用抑气散，其方以四物汤加陈皮、玄胡索、牡丹皮、甘草。如痛甚者，豆淋酒；痛少，童便煮莎，入少条芩，为丸子服。经水黑色，口渴倦怠，形短色黑，脉不匀似数，用炒黄芩三钱，甘草二钱，赤芍药、香附五钱，作丸服。又方，伏龙肝、百草霜末之，糊为丸。有痰多占住血海地位，因而下多者，目必渐昏，肥人如此，用南星、香附、川芎、苍术，作丸服。肥人不及日数而多者，痰多、血虚有热，南星、白术、苍术、黄连、香附、川芎，末之为丸。血枯经闭者，四物汤加桃仁、红花。肥人身躯脂满经闭者，导痰汤加川芎、黄连，不可用地黄，泥膈故也，如用以生姜汁炒之。

交加地黄丸 治妇人经水不调，血块气瘩，肚腹疼痛。

生地黄一斤 老生姜一斤 玄胡索 当归 川芎 白芍药各二两 没药 木香各一两 桃仁去皮尖 人参各一两半 香附子半斤

上为末，先以姜汁浸地黄，姜渣以地黄汁浸，各以汁尽为度。上十一味作一处，日干为细末，醋糊为丸，空心，姜汤下。

月水不通，厚朴三两，水三升，煎一升，分三服，空心服。经水不通，皆因寒搏于内，四物汤加蓬术制、干姜各一块，生姜三片，煎服。室女去干姜。经候多如崩者，四物汤一贴、香附末三钱、炮干姜一块、甘草少许、粟米百余粒，煎，分二服，空心服。经候行先腹痛，《局方》七气汤送来复丹半贴。经水去多不能住者，以三补丸加莎根、龟板、金毛狗脊。经水过多，黄芩炒、白芍药炒、龟板炙一两，黄柏炒三钱，椿皮七钱半，香附二钱半，上末之，酒糊丸。经血逆行，或血腥，或唾血，或吐血，用韭菜汁服，立效。

一人积痰伤经不行，夜则妄语，以瓜蒌子一钱，黄连半钱。吴茱萸十粒，桃仁五个，红曲些少，砂仁三钱，山楂一钱，上末之，以生姜汁炊饼丸。

一人阴虚经脉久不通，小便短涩，身体疼痛，以四物汤加苍术、牛膝、陈皮、生甘草。又用苍莎丸，加苍耳、酒芍为丸，煎前药吞之。

因热经候先行，于常时用四物汤加芩、连、香附。经行之先作痛者，小乌沉汤加枳壳、青皮、黄芩、川芎。气实者用之。上煎，空心服。

胎孕第二

一妇人但有孕，至三个月左右必堕，其脉左手大而无力，重则涩，知其血少也。以其妙年，只补中气，使血自荣。时初夏，教以浓煎白术汤下黄芩末一钱，与数十帖，得保全而生。因思之，堕于内热而虚者，于理为多，曰热曰虚，当分轻重。盖孕至三月，上属相火，所以易堕，不然何以黄芩、熟艾、阿胶等为安胎药邪？

妇人经候三月，验胎法，川芎生末，空心。浓汤调下一匙，腹中微动是有胎。

产前当清热养血，产妇胎前八九个月，因火动胎，逆上作喘者，急可用条芩、香附之类为末，调下。将条芩更于水中，取沉者用。

固胎　地黄半钱　当归身尾　人参　白芍药　陈皮以上各一钱　白术一钱半　黄芩　川芎各半钱　黄连　炒柏各少许　甘草三分　桑上羊儿藤七叶，圆者，即金银藤　糯米十四粒

上㕮咀，煎服。血虚不安者，用阿胶；痛者，用缩砂。

束胎丸　第八九个月服之。

黄芩炒，夏一两，春秋七钱，冬半两，酒炒　陈皮一两　白术二两，忌火　茯苓七钱半，忌火

上为末，粥丸。

束胎饮

大腹皮三钱　人参半钱　陈皮半钱　白术一两　白芍药一钱　紫苏茎叶一钱　炙甘草三分　当归身尾一钱　或加枳壳、缩砂

上作一贴，入青葱五叶，黄杨树叶梢七个，煎，食前服，于第八九个月服十数贴，甚得力。或夏加黄连，冬不必加，春加川芎，或有别证，以意消息之。

第九个月服：

黄芩一两，怯弱人不宜凉药，减半用　枳壳炒，七钱半　白术一两

滑石七钱半。临月十月前小便少时加此一味

上为末，粥丸桐子大，每服三十丸，空心热汤下，不可多服，恐损元气。中加炙甘草二分，煎，食前服，亦名束胎饮。

达生散 九个月服起亦不妨，服三五十帖，腹不痛而易产。

黄芩 人参 白术 滑石 枳壳 黄杨头 香附米 陈皮 甘草 大腹皮 紫苏白芍药

春加川芎，气虚倍参、术，气实倍香附、陈皮，血虚倍当归、地黄，形实倍紫苏，性急倍黄连，热多倍黄芩，湿痰倍滑石，加半夏，食积倍加山楂，食后易饥倍黄杨头，有热加芩，夏亦加之，有痰加半夏，腹痛加木香、官桂，盐以黄芩，冬月不用芩。

安胎丸

白术 黄芩 炒曲

用粥丸。

黄芩安胎，乃上中二焦药，能降火下行也；缩砂安胎，治痛行气故也。产前安胎，白术、黄芩妙药也。茺蔚子活血行气，有补阴之妙，故名曰益母草，胎前无滞，产后无虚，以其行气中有补也。妊娠四五月，忽腹绞痛，大枣十四个，烧焦为末，童便调下。胎动不安，或但腰痛，或胎转抢心，或下血不止，艾叶鸡子大，酒四升，煮二升，分二服，大妙。胎动腹痛，子死不知，服此药活则安，死则下。当归四两，川芎九两，酒四升，煮三升，服之。胎气不和上凑，心腹胀满疼痛，谓之子悬。又治临产惊恐气结，连日不下。一方紫苏饮，用紫苏连茎一两，当归七钱，人参、川芎、白芍药、陈皮，各半两，甘草三钱，大腹皮半两，姜四片，葱七寸，煎，空心服。妊娠冲动胎不安，缩砂不以多少，慢火炒熟。去皮为末，热酒调下，觉腹中胎动处极热，即胎安，神效。胎死腹中，其母气绝，水银三两[1]服之，又益母草汁服之立下。倒产，子死腹中，当归末酒调服。子死腹中，母欲气绝，以伏龙肝为末，水调服。又方，朱砂一两，水煎数沸，为末，酒调服立效。日月未满欲产，捣

---

〔1〕水银三两 水银有大毒，不宜内服，此方不可妄用。

菖蒲汁二升，灌喉中。妊娠从脚连腹肿满，小便不利，微渴，猪苓五两为末，熟水服方寸匕，日三服。妊娠咳嗽，贝母炒为末，砂糖和末丸，夜含化妙。妊娠伤食，难为用药，惟木香丸、白术散稳当，须忌口。

经聚而孕成者，恐有胎气不安，或腹微痛，或腰间作疼，或饮食不甘美，以**安胎饮**疗之。

白术一钱　人参半钱　当归一钱　白芍药一钱　熟地黄一钱　川芎五分　陈皮五分　甘草三分　缩砂二分　紫苏三分　条芩五分

上作一贴，姜一片，水煎，食前服。此药五七个月后常服数贴，可保全产妇始终。七八个月服此药，或加大腹皮、黄杨头七枚，尤妙。

坐褥之月，全身当归一钱，川芎一钱，白芷五分，条芩一钱，陈皮一钱，香附一钱，甘草三分。上煎汤，调益元散一钱。体虚人加人参一钱。

子悬腹胀，及肚痛胎痛，护胎紫苏饮。子肿湿多，山栀炒，一合，米汤吞下。《三因方》中有鲤鱼汤，治妊娠腹大，间有水气者。白术五两，白芍药、当归，各三两，茯苓四两。上剉，以鲤鱼一尾，修事如食法，煮取汁，去鱼不用，每服四钱，入鱼汁一盏半，姜七片，陈皮少许，煎服。

初觉有娠，雄黄一两，缝绛囊带之，转女为男。又方，治以弓弩弦缚腰间，满二月解却，转女为男，秘法不传。

胎漏属气虚、血虚、血热。

妊娠去[1]胎，大麦蘖二两，水一盏半，煎一盏，温服，分三服，或用蜜调亦可。又方，四物汤加牛膝、蓬术、炮官桂、红花，等分，用水七分。煎至一半，空心服。又方。枣一个，入韶粉一指大，湿纸包煨热，空心，无灰酒嚼下，一日三四枚。亦下死胎。

下死胎方，以佛手散煎，加麝香当门子三粒、大黄末一钱。重者，加瓦上焙虻虫、水蛭末服。

---

〔1〕去　原作“安”，据明刻本改。

子肿，鲤鱼汤加参术五苓散。恶阻从痰治，多用二陈汤，入白术末水丸，随所好汤水下。又方，香附子二钱、砂仁、茯苓、甘草各一钱，喜辛加丁香为末，干服。怀孕爱物，乃一脏之虚。假如肝脏虚，其肝止能养胎，无余用也，不能荣肝，肝虚故爱酸物。胎热将临月，以三补丸加香附炒、白芍药，炊饼丸。又抑热，以三补丸用地黄膏为丸。有孕，八九月必须顺气，枳壳、紫苏茎。

一妇人年近三十，怀孕两月，病呕吐，头眩目晕，不可禁持，以参、术、芎、陈皮、茯苓之药，五七日愈沉重，脉弦，左为甚，而且弱。此是恶阻病，因怒气所激，肝气既逆，又夹胎气，参术之补大非所宜，只以茯苓汤下抑青丸二十四粒，五帖稍安。其脉略有数状，口干苦，稍食少粥则口酸，盖因膈间滞气未尽行，教以川芎、陈皮、山栀、生姜、茯苓煎汤下抑青丸五十粒，十余帖，余症皆平，食及常时之半，食后觉易饥。盖因肝热未平，则以白汤下抑青丸二十粒，至二十日而安。脉之两手虽平和而左弱甚，此胎必堕，此时肝气既平，参术可用矣，遂以始之参术等兼补之，预防堕胎以后之虚，服之一月，其胎自堕，却得平稳无事。

一妇人形瘦性急，体本无热，怀孕三月，当盛夏，渴思水，因与四物汤加黄芩、陈皮、生甘草、木通，数帖而安。其后得子，二岁顿有痎疟，盖孕中药少，胎毒未消，若生疮疥，其病自愈已而验。

黄芩乃安胎之圣药也，俗人不知，以为寒而不敢用，谓温药可养胎，殊不知以为产前当清热，清热则血循经不妄行，故能养胎。产前用四物汤，若血虚瘦弱之人，勿用芍药，能伐肝故也。如壮盛者，亦可用之。

产难，气血虚故也。《格致余论》甚详，《大全良方》有药可选用之。产难之由，有八九个月内不谨者，亦有气滞而不能转运者，产妇产毕，须令有力妇人坐于床上，令产妇靠定，坐三两时，待恶露尽，方可睡下，不然，恶血入心即死矣。又灸法治妇产难，于妇人右脚小指尖头上，用熟艾炷如小麦，灸五壮即下。催生方，用白芷、百草霜、滑石为末，芎归汤下。亦治胞衣不下，姜汁或酒调。《妇人大全良方》别有药。易产方，用益母草，六月带根，晒干为末，蜜丸弹子大，临产时熟水化下，或熬成膏服之亦妙。催生方，白芷、百草霜，等分为末，坐褥之际，白汤调服，或与益元散同服尤妙。又治横生逆产，以童便滴醋调下，更以滚汤浸之，止于一服，顷刻活两人之命。又方，车前子为末，酒调二钱服。逆产子死腹中，当归末酒调服。催生方，煎佛手散调益元散临时服。寸金散治产难。败兔笔头一枚，烧灰研细，藕汁一盏，调下立产，如产妇虚弱，恐藕汁动风，即用银盏盛于火上，顿热饮。又方，用油、蜜、小便三味打匀，下产难，或调益母草末尤妙。产难方，缩砂、醋煮香附、枳壳、甘草、滑石，汤调服。脉细匀者，易产；浮大缓者、气散难产。生产如拖船过堰一般。又牛膝膏、地黄膏治产难。临产下痢。栀子不以多少，烧灰细末，空心热水调一匕，甚者不过五服。当产寒月，脐下胀满，手不可犯，寒入产门故也，服仲景羊肉汤，二服愈。催生方，将产时吞下马槟榔，须臾儿生，两手各掌一粒而出。世之难产者，往往见于郁闷安逸，富贵奉养之人，贫贱者鲜有之。古方瘦胎饮一方，恐非至论。予族妹，苦于难产，遇胎则触去之，予甚悯焉，视其形肥，而勤于女工，知其气虚，久坐不运而愈弱，儿在胞胎，因母气虚不能自运耳。当补其母之气，则儿健易产。令其有孕至五六个月来告，遂于《大全良方》紫苏饮加补气药，与之数十帖，因得男甚快。因以此方随母之性禀，与时令加减服者，无不应，䠞时不觉痛，产母亦无病，因名其方曰达生散云。

产后第三[1]

至哉坤元，万物资生，理之常也。初产之妇，好血未必亏，污血未必积。脏腑未必寒，何以药为？饮食起居，勤加调护，何病之有？或有他病，当求起病之因，病在何经，气病治气，血病治血，何《局方》不审而海制黑神散之方哉！予每见产妇之无疾者，必教

---

〔1〕第三　原缺，据目录补。

以却去黑神散，与大鸡子、火盐诸般肉食，且与白粥将理，间以些少石首鱼煮令甘淡食之，至一月之后，方与少肉，鸡子亦须豁开煮之，大能养胃却痰。

产后调理药

当归一钱　川芎一钱　白芷　官桂　莪术　牡丹皮俱五分　茯苓一钱　甘草三分

上煎服之，腹痛加玄胡索，发热加黄芩、柴胡，食不进加缩砂、陈皮。

清魂散　治产后血晕。

苏木半两　人参一两　童便

上三味，以水酒共煎服。

产后血晕，乃虚火载血渐渐而来，用鹿角烧灰出火毒，研极细末，好酒调灌下即醒，行血极快。又方，韭叶细切，盛于有嘴瓶中，以热醋沃之，急封其口，以嘴塞产妇鼻中，可愈冒眩。产前母滞，产后母虚，产后当大补血，虽有杂证，以末治之。产后一切病，不可发表。

产后补虚　人参　白术各一钱　黄芩半钱。一本作黄芪　陈皮五分　川芎五分　炙甘草三分　当归身尾五分　有热加干姜三分，茯苓一钱。

产后消血块　滑石三钱　没药三钱　麒麟竭二钱，无麒麟竭，牡丹皮代之，用一钱

上为末，醋糊丸。

产后恶露不下，以五灵脂为末，神曲糊丸，白术、陈皮汤下。麒麟竭、五灵脂，消产后血块极好。产后恶露不尽，小腹痛，用五灵脂、香附末和醋为丸，甚者入桃仁不去尖。产后腹痛发热，必有恶血，当去之。产后发热，增损四物汤。产后七八日，因大惊恐而发热，呕逆，吐痰甚多，呕则汗出，八物汤加黄芪，小腹并痛加桂。产后中风，切不可作风治。产后中风，用荆芥穗炒、当归等分为末，每服二三钱，豆淋酒下。亦治血晕。产后血迷血晕，服清魂散。泽兰叶、人参各二钱半，荆芥一两，川芎半两，甘草二钱。上末之，

汤酒各半调服。产后腹痛，或自利者，服青六丸，用补脾补血药汤送下。产后泄，用白术、川芎、茯苓、干姜、黄芩、滑石、陈皮、白芍药炒，㕮咀，煎服。产后大发热，必用干姜，轻用茯苓淡渗其热。一应苦寒发表之药，皆不可用。或曰：大热用干姜，何也？曰：此热非有余之热也，乃阴虚生内热耳，故以补阴药大剂补之，而干姜能入肺利肺气，入气分引血药生血，勿独用，必与补阴药同用，此造化自然之妙，非天下之至神，其孰能与于此？产后发热恶寒，皆血气虚。左手脉不足，补血药多于补气药，右手脉不足，补气药多于补血药。产后恶寒发热，腹痛者，当去恶血。益母草即茺蔚子，治胎前产后诸病。产后如服四物汤，勿用白芍，以其酸寒伐生发之气也，壮盛者亦可用。产后无乳，通草、瞿麦、桔梗、青皮、柴胡、白芷、赤芍药、天花粉、连翘、甘草，水煎，食后带饱，细呷，以一手摩乳房。产后恶寒发热无乳者，无子当消乳。麦蘖二两，炒，研末，汤调作四帖服。产后水肿，必用大补气血为主，少佐苍术、茯苓，使水自利。产后败血乘虚流注经络，腐坏成水，四肢、面目浮肿，切不可用导水气药，先用五皮散加牡丹皮三五服，次以《局方》调经散二三十帖，效。其血自行而肿消也。五皮散，五加皮、地骨皮、生姜皮、桑白皮、茯苓皮，加牡丹皮煎服。

调经散

当归　肉桂　琥珀各一钱　麝香　细辛各五分　没药一钱　赤芍一钱

上末五分，姜汁少许，温酒调服。

产后血不止，蒲黄三两，水三升，煎一升服。产后血晕，心闷气绝，红花一两，上研为末，分二服，酒二盏煎一盏，并服。口噤者，斡开灌之。产后诸风，苍耳草汁半盏，温服。牙疼亦可治。产后遍身起粟米粒，热如火，桃仁烂研，腊月猪脂敷之。产后血晕欲绝者，半夏末水丸，如大豆大，入鼻孔中即苏。下死胎及生子后胞衣未下，麝香半钱，官桂末三钱，温酒送下，须臾如手推出。

一人小产，有形物未下，四物酒加硝。

一妇人年十八，难产，七日后产，大便泄，口渴气喘，面红有紫斑，小腹痛胀，小便不通，用牛膝、桃仁、当归、红花、木通、滑石、甘草、白术、陈皮、茯苓煎汤，调益母膏，不减，后以杜牛膝煎浓膏一碗饮之，至一更许大下利一桶，小便通而愈口渴，四君子汤加当归、牛膝，调益母膏。

一妇人产惊忧得病，头重，心胸觉一物重坠，惊怕，身如在波浪中，恍惚不宁。用枳实、麦芽、神曲、贝母、便莎，各一钱半，姜黄一钱半，半夏二钱，桃仁、牡丹皮、瓜蒌子，各一钱，红花五分。上末之，姜饼丸。服后胸物消，惊恍未除，后用辰砂、郁金、黄连，各三钱，当归、远志、茯神，各二钱，真珠、人参、生甘草、菖蒲，各一钱半，牛黄、熊胆、沉香，各一钱，红花五钱，金箔一片，胆星三钱。上末之，猪心血丸，服后惊恍减。后用枳实、半夏、姜黄、山楂、神曲、麦芽、陈皮、山栀，各五钱，白术一两。上末之，姜饼丸，服此助胃消食痰。后用牛黄二钱，菖蒲二钱半，朱砂、郁金各三钱，远志、琥珀各二钱半，真珠、红花、沉香各一钱，黄连、人参、胆星、当归各五钱。上末之，猪心血丸，服此镇心安神。后用干漆三钱，炒烟尽，三棱、莪术各七钱半，苍术、青皮、陈皮、针沙各一两，厚朴、当归各半两，生香附二两。上末之，炊饼丸。设此方不曾服。倒仓后服煎药：白术四钱，陈皮、黄芩、白芍药、香附子，各二钱，茯苓一钱半，当归、麦门冬、青皮各一钱，枳壳六分，沉香、生甘草各五分。上分作六贴，除胸满，清热淡渗。

治妇人儿枕痛，浓煎唐球子，入沙糖调服，立效。胎前产后，多是血虚。

一妇人年近三十余，正月间新产，左腿右手发搐，气喘不得眠，口鼻面部黑气起，脉浮弦而沉涩，右手为甚，意其脾受湿证，遂问怀胎时曾大渴思水否？彼云：胎三月时，尝喜汤茶水。遂以黄芩、荆芥、木香、滑石、白术、槟榔、陈皮、苍术、甘草、芍药，至四服后，加桃仁，又四服，腹有漉漉声，大便下者，视皆水晶块，大者如鸡子黄，小者如蝌蚪，数十枚，遂搐定喘止，遂于药中去荆芥、槟榔、滑石，加当归身、茯苓，与其调理血脉，服至十帖而安。

尝见尿胞因收生者之不谨，以致破损，而得淋沥病，徐氏妇壮年得此。因思肌骨破伤在外者且可补完，胞虽在腹，恐亦可治。诊其脉虚甚，因悟曰：难产之人，多是血虚，难产之后，气血尤虚，因用峻补之药，以术、参为君，桃仁、陈皮、黄芪、茯苓为佐，而煎以猪、羊胞中汤，于极饥时与之。每剂用一两，至一月而安。恐是气血骤长，其胞可完，若稍迟缓，恐难成功。

血气为病第四

一妇人死血、食积、痰饮成块，或在两胁间动，或作腹鸣，嘈杂眩晕，身热时发时止。方见第五卷块条下。

治妇人血海疼痛，当归一钱，甘草、木香各五钱，香附二钱，乌药一钱半，作一帖，水煎，食前服。女人血气痛，酒磨莪术服之。

一妇人血块如盘有孕，难服峻剂，香附四两，醋煮桃仁一两，去皮尖，海石醋煮二两，白术一两，神曲糊为丸。女人血气刺心，痛不可忍，木香末，酒调服。血气入脑，头旋闷不知人，苍耳嫩心，阴干为末，酒调服之。

一妇人腹中癥瘕作痛者，或气攻塞，用香附一两，醋煮，当归一两，白三棱一两，炮，黑三棱一两，炮，黑莪术一两，没药、乳香、川芎各五钱，昆布、海藻，以上一两，炒，槟榔五钱，青皮一两，去穰，干漆五钱，炒尽烟，木香、沉香、缩砂各五钱。上为末，米醋打糊为丸，如桐子大，每服六七十丸，空心，白汤、盐汤随下，忌生冷油腻。治血气腰腹痛，当归、玄胡等分，为粗末，每服三钱，姜三片，煎服。

治一切瘀血为病方，香附四两，醋煮，桃仁、瓦垄子二两，醋煮一日一夜，煅，牡丹皮、大黄酒蒸，当归、川芎、红花各五钱。上为末，炊饼丸。月水不通，腹中撮痛，台乌二两，当归、莪术各一两，为末，空心，酒下二钱。

一妇人两月经不行，腹痛发热，行血凉血，经行病自愈，四物汤加黄芩、红花、桃仁、香附、玄胡索之类。

一妇人年四十余，面白形瘦，性急，因有大不如意，三月后乳房下肋骨作一块，渐渐长掩心，微痛膈闷，饮食减四分之三，每早觉口苦，两手脉微短而涩，予知其月经不来矣，为之甚惧，勿与治，思至夜半，其妇尚能出外见医，梳妆言语如旧，料其尚有胃气，遂以人参、术、归、芎，佐以气药，作一大服，昼夜与四次，外以大琥珀膏贴块上，防其块长。得一月余，服补药百余帖，食及平时之半，仍用前药，又过一月，脉渐充，又与前药，吞润下丸百余粒，月经行不及两日而止，涩脉减五分之四，时天气热，意其经行时必带紫色，仍与前药加三棱[1]，吞润下丸，以抑青丸十五粒佐之。又经一月，忽块已消及一半，月经及期，尚欠平时半日，饮食甘美如常，但食肉不觉爽快，予令止药，且待来春木旺时，再为区处。至次年六月，忽报一夜其块又[2]作，比旧又加指半，脉略弦，左略怯于右，至数平和，自言饱食后则块微闷，食行却自平。予意必有动心事激之，问而果然。仍以前药加炒芩、炒连，以少木通、生姜佐之，去三棱，煎汤，吞润下丸，外以琥珀膏贴之，半月经行气块散。此是肺金因火所烁，木稍胜土，土不能运，清浊相干，旧块轮廓尚在，皆由血气未尽复也。浊气稍留，旧块复起，补其血气，使肺不受邪，木气伏而土气正，浊气行而块散矣。

一婢性沉多忧，年四十，经不行三月矣，小腹当中一块，渐如炊饼，脉皆涩，重稍和，块按则痛甚，试扪之高半寸，与《千金》消石丸。至四五次，彼忽自言乳头黑且有汁，恐是孕，予曰：涩脉无孕之理。又与二贴，脉稍大豁，予悟曰：大峻矣！令止药，以四物汤倍白术，以陈皮、炙甘草为佐，至三十帖，候脉充。再与硝石丸四五次。忽自言块消一晕，便令勿与，又半月，经行痛甚，下黑血近半升，内有如椒核者数十粒，而块消一半。又来索药，晓之曰：块已破，勿再攻，但守禁忌，次月经行，当自消尽。已而果然。

---

〔1〕棱　明刻本此下有“醋炒”二字。
〔2〕又　明刻本作“大”。

崩漏第五[1]

气虚、血虚、血热、血崩。东垣有治法。但不言热，其主在寒，学者宜再思之。经曰：阴虚阳搏谓之崩。观此可知矣。

急则治其标，白芷汤调百草霜；甚者，棕榈皮灰极妙，后用四物汤加甘草、生姜调理。因劳者，用参、芪带升补药；因寒者，干姜；因热者，黄芩。崩过多者，先用五灵末一服，当分寒热。五灵脂能行能止。

一妇血崩，用白芷、香附等分为末，作丸服。又方，用生狗头骨，烧灰存性，酒调服，或入药服之。又方，五灵脂半生半熟，为末，酒调服。气虚血虚者，皆以四物汤加参芪。漏下乃热而虚，四物汤加黄连。治崩漏，四物汤加香附、白芷、黄芩、阿胶、干姜。又有血热崩者，用大剂解毒汤。治血崩，四物汤调苍耳灰服之。有大惊恐而崩漏者，多因气所使而下。香附炒至黑，一钱，白芍药一钱，炒，川芎五分，熟地黄一钱，黄芪五分，白术一钱，地榆五分，蒲黄五分，炒，人参五分，升麻三分，当归一钱，煎服。甚者，调棕毛灰一钱服。崩中血不止，生蓟根汁服半升定止。又方，香附炒焦黑色，为末，二两，连翘五个，烧灰为末，每服三钱，陈米汤调送《局方》震灵丹十数粒。又方，黄芩为末，烧秤捶淬酒调下。

无故尿血，龙骨末之，酒调下方寸匕。

淋涩第六

诸淋不止，小便赤涩，疼痛转胞，用酸浆草嫩者洗净，绞汁一合，酒一合，和，空心服之甚妙。小便涩病，牛膝五两，酒三升，煮半升，去滓，作三服。亦兼治血结坚痛。血淋，竹茹一握，煎汤，空心温服，立效。

---

〔1〕第五　原缺，据目录补。以下各篇序号均据目录补。

转胞第七

过忍小便。致令转胞，滑石末，葱头汤，调下二钱。

一妇人年四十，怀孕九个月，转胞，小便不出三日矣。下脚急肿，不堪存活，其脉悴，右涩而左稍和。盖由饱食而气伤胎系，弱不能自觉而下遂，压着膀胱，转在一偏，气急为其所闭，所以窍不能出也。转胞之病，大率如此。予遂制一方，补血养气，既正胎系，自举而不坠，方有可安之理。用人参、当归身尾、白芍药、白术、带白陈皮、炙甘草、半夏、生姜，浓煎汤，与四帖，至次早天明，以四帖药滓作一服煎，强令顿饮之，探喉令吐出此药汤，小便大通黑水后，遂以此方加大腹皮、枳壳、青葱叶、缩砂仁，作二十帖，与之，以防产前产后之虚。果得就蓐平安，产后亦健。

一妇人怀胎，患转胞病，两脉似涩，重则弦，左稍和。此得之忧患，涩为血少气多，弦为有饮。血少则胎弱而不能自举；气多有饮，中焦不清而隘，则胎知所避而就下，故喜坠。以四物汤加参、术、半夏、陈皮、生甘草、生姜，煎，空心饮，随以指探喉中出药汁。候少顷气定，又与一帖，次早亦然，至八帖安。此法恐不中，后又治数人亦效，未知果何如也。

带下赤白第八

主湿热。赤属血，白属气属痰。

带漏俱是胃中痰积流入膀胱。膀胱宜用升举，无人知此，肥人多是湿痰，海石、半夏、南星、苍术、炒柏、川芎、椿根皮、青黛；瘦人带病少，如有带者，是热，黄柏、滑石、椿皮、川芎、海石、青黛，作丸服[1]。又方，椒目为末，米饮调下。甚者，上必用吐，以提其气，下用二陈汤加苍术、白术，仍用瓦龙子。又云，赤白带皆属

〔1〕作丸服　明刻本无此三字。

于血，但出于大肠、小肠之分。一方，黄荆子炒焦为末，米饮调，治白带。亦治心痛。罗先生或十枣汤，或神祐丸，或玉烛散，皆可用，不可峻攻，实者可用此法。血虚者，加减四物汤；气虚者，以人参、陈皮、白术间与之；湿甚者，固肠丸，樗根白皮二两，炒滑石一两，为末，研，粥为丸，相火动者，诸药中加少炒黄柏；滑者，加龙骨、赤石脂；滞者，加葵花；性燥者，加黄连；寒月少入姜、附。随机应变，必须断厚味。又方，用良姜、芍药、黄连各二钱半。烧灰，入椿皮一两，上为末，粥丸，米饮下。痰气带下者，苍术、香附、滑石、蛤粉、半夏、茯苓。

一妇人白带兼痛风，半夏、茯苓、川芎、陈皮、甘草、苍术米泔浸、南星、黄柏酒洗晒干、牛膝酒洗。

一妇人上有头风鼻涕，南星、苍术、酒芩、辛夷、川芎；下有白带。南星、苍术、

黄柏、炒焦白术、滑石、半夏、牡蛎。

粉白带方

龟板　枳子各二两　炒柏一两　白芍药七钱半　香附五钱　干姜二钱半　山茱萸　苦参　椿皮各五钱　贝母三钱半

上末之，酒糊丸。

赤白带方

酒炙龟板二两　炒柏一两　炒姜一钱　枳子二钱半

上末之，酒糊丸。日服二次，每服七十丸。

有孕白带方

苍术三钱　白芷二钱　黄连炒，一钱半　黄芩三钱，炒　黄柏一钱，炒　白芍药二钱半　椿根皮一钱半，炒　山茱萸一钱半。

治结痰白带，以小胃丹，半饥半饱，津液下数丸，候郁积开，恰宜服补药。白术一两，黄芩五钱，红白葵花二钱半，白芍药七钱半。上末之，蒸饼丸，空心煎四物汤下二十丸。白带须用滑石、南星、黄柏、条芩。固肠丸治湿气下利，大便血，白带，去肠胃陈积之候。用此以燥下湿，亦不可单用，看病作汤，使椿白皮炒为末，糊丸。

又方　凉而燥。

椿白皮四两　滑石二两

为末粥丸。

治白带，因七情所伤而脉数者。

黄连五钱，炒　扁柏五钱，酒蒸　黄柏五钱，炒　香附一两，醋炒　白术一两　白芷二钱，烧灰存性　椿皮二两，炒　白芍药一两

上粥丸服。

治赤白带，湿胜而下者。

苍术一两，盐炒　白芍药一两　枳壳三钱　椿白皮三两，炒　干姜三钱，煨　地榆五钱　甘草三钱　滑石一两，炒

上末之，粥丸，米饮下。

治妇人赤白带下，先以四物汤加减与之，次用破旧漆器烧灰存性，为末，无灰酒调五钱，空心，一服止。

又方　治带病年深久不瘥者。

白芍药三两　干姜五钱

上炒黄色为末，空心，米饮服二钱。

带病，漏下五色，羸瘦者，烧鳖甲令黄色为末，空心，米饮调二钱。

一妇人体肥下带，海石四两，南星、黄芩、苍术、香附各三两，白术、椿根皮、神曲各一两半，当归二两，白芷一两二钱，川芎一两二钱半，茯苓一两半，白芍药、黄柏各一两，滑石一两半。上末之，神曲糊丸。

带下病，主乎湿热，白葵花治白带，赤葵花治赤带。带下病，多者与久者，当于湿热药中兼用升举。性燥者，加黄连。

子嗣第九

肥者不孕，因躯脂闭塞子宫而致，经事不行，用导痰之类；瘦者不孕，因子宫无血，精气不聚故也，用四物养血养阴等药。

予侄女形气俱实，得子之迟，服神仙聚宝丹，背发痈疽，证候

甚危，诊其脉数大而涩，急以四物汤加减百余贴，补其阴血，幸其质厚，易于收救，质之簿者，悔将何及！

断胎法第十

用白面曲一升，无灰酒五升，煮至三升半，绢滤其滓，分三服。候前月期将来日，晚间一服，次早五更一服，天明又一服，经即行，终身绝孕矣。

妇人杂病第十一

大凡一应杂病，与男子同治。

妇人阴肿，用枳实半斤，剉，炒令热，故布帛裹熨，冷则易之。阴中恶疮，好硫黄末敷之，极妙，湿泡可加铅粉。又方，枯矾为末，敷之，男阴亦用此也。妇人隐处疼痛，炒盐，以青布裹熨之。阴冷，用母丁香为末，缝纱囊如小指大，实药末，纳阴中愈。温中药，蛇床子末、白粉少许，和匀如枣大，绵裹纳之。小便出大便，五苓散分利水谷。梦与鬼交，鹿角末酒调服。妇人发不黑，芭蕉油涂之。妇人风瘙痒，瘾疹痒不止，用苍耳花果[1]子为末，豆淋酒饮二三钱。《大全良方》论妇人梦与鬼交通者，由脏腑虚，神不守，故鬼气得为病也。其状不欲见人，如有对语，时独言笑，时或悲泣是也，脉息迟伏，或为鸟啄，皆鬼邪为病[2]。又脉来绵绵不知度数者，颜色不变，此亦是其候也。夫鬼无形，感而遂通，盖因心念不正，感召其鬼，附邪气而入体，与神相接，所以时见于梦，故治之之法，大抵用朱砂、麝香、雄黄、鬼箭、虎头骨辟邪之属可愈也。

---

〔1〕果　明刻本作“叶”。
〔2〕为病　明刻本作“之脉”。

小儿科

钱氏方乃小儿方之祖，其立例极好，医者能守而增损之，用无不验。治小儿杂病，其药品与大人同者多，但不可过剂耳，兹故不赘。乳下小儿常湿热多。小儿食积、痰热、伤乳为病，大概肝与脾病多。小儿易怒，故肝病最多，肝只有余，肾只不足。病因有二：曰饱曰暖。小儿冬月易受寒，夏月易受热。

初生第一〔1〕

儿在胎中，口有恶物，生下啼声未出，急用绵裹指拭净，后用甘草法。小儿初生休与乳，取甘草一指节长，炙脆，以水二合煎，蘸儿口中，可蚬壳止，儿当快吐胸中恶汁，待后儿饥渴，更与二服，不吐尽一合止，得吐恶汁后，儿智慧无病。儿生三日，开肠胃，研粳米浓水饮，如乳儿先与豆许含之，频与二豆许，六七日可与哺之。儿生下时，以猪胆一个，水五升，煎四升，澄清浴儿，无疮疥。生下不饮乳，小便不通，乳汁三合，葱白一寸，分四破，银石器煎，浓灌之立愈。小儿生下七日，忽患脐风撮口者，百无一活，凡此时当舌上有泡子，如粟米状，以温汤蘸帛干擦破，便安如神。生下舌有膜，如榴子连根于舌根，令儿语言不发，可摘断，微有血，如血不止，烧发灰渗之。又

〔1〕第一　原缺，据目录补。以下各篇序号均据目录补。

白矾灰、釜底墨，酒调敷。生十日，口噤，牛黄少许，细研，淡竹沥调一字，猪乳和酒滴入口中。儿生百日之内，伤风鼻塞，服药不退，乃是出浴时被风吹，所以有此，用天南星末、姜汁调，贴囟门上，鼻不塞去之。

急慢惊风第二

镇惊丸 镇惊宁神，退热化痰止嗽。

珍珠一钱 琥珀三钱 金箔十片 胆星五钱 牛黄二钱 麝香五分 天竺黄 雄黄各三钱 辰砂三钱半

上末之，姜糊丸，梧子大，每服六丸，薄荷、姜、蜜汤下。

大天南星丸 治急慢惊风，涎潮发搐，牙关紧急，口眼相引等症。

胆星五钱 天麻 人参 防风各二钱半 牛黄 乳香各一钱 朱砂二钱 全蝎十四枚 麝香一钱 脑子五分

炼蜜为丸，芡实大，荆芥、薄荷汤下。

急慢惊风，发热口噤，手足心伏热。痰热痰嗽痰喘，并用涌法，重剂用瓜蒂散，轻剂用苦参、赤小豆末，复用酸齑汁调服之。后用通圣散蜜丸服之。间以桑树上桑牛，阴干研末服，以平其风。桑牛比杨牛则色黄白者是。治小儿惊而有热者，人参、茯苓、白芍药酒炒、白术、生姜，煎服。夏月加黄连、生甘草、竹叶。世有一药，通治二惊，切不可妄用。

惊有二证：一者热痰，主急惊，当宜泻之；一者脾虚，乃为慢惊所主，多死，治当补脾。急者只宜降火、下痰、养血；慢者只用朱砂安神丸，更于血药中求之。东垣云：慢惊先实脾土，后散风邪。

黑龙丸 治急慢二证。

胆星一两 礞石一两 辰砂三钱 芦荟 天竺黄各五钱 蜈蚣一钱半，烧灰 僵蚕五钱 青黛五钱

上以甘草膏和丸，如鸡头大，急惊用姜、蜜、薄荷汤化下。慢

惊用桔梗白术汤化下。

小儿未满月，惊欲作，中风即死，朱砂新水调，浓涂五心，神验。惊风用全[1]蝎一个，去翅足，薄荷四叶，裹合，于火上炙令叶焦，同研为末，作四服，汤下，大人风涎，只作一服。胎中受惊，未满月发惊，用朱砂研细，用牛黄少许，猪乳汁调稀，抹入口中，入麝香尤妙。初惊用防风导赤散，生干地黄、川芎、木通、防风、甘草，等分，用三钱竹叶煎服。次[2]用宁神膏。麦门冬去心一两净，麝香一钱。茯苓[3]、朱砂各一两。上为末，炼蜜丸小饼子，临卧薄荷汤化下，夜一饼。老医尝言，小儿惊搐，多是热证。若便用惊风药。白附子、全蝎、僵蚕、川乌之类，便是坏证。后有医科惊药，只用导赤散加地黄、防风，进三服，导去心经邪热，其搐便止。次服宁神膏，神效。治急慢惊风，夺命散。痰涎潮壅，滞于咽间，命在须臾。服此无不愈，神效不可尽述。用青礞石一两，入坩埚内，同焰硝一两，炭火煅通红。硝尽为度，候冷，药如金色，取研为末。急惊风痰发热者，薄荷自然汁调服；慢惊风脾虚者，以青州白丸子研，煎成稀糊，入蜜调下。治急慢惊风垂死者，亦可教[4]灸法，男左女右，于大指上半肉半甲，如筋头大艾灸三壮，却用辰砂，薄荷、轻粉各半钱，全蝎一个去翅，巴豆一粒去油尽，同为末，每服半字。用米糕屑煎汤调服。如牙关紧者，挑开灌之，口吐涎痰，腹中泻即愈。吐泻后成慢惊，昏睡，手足搐搦，以金液丹五钱、青州白丸子三钱，同研为末，生姜米饮调下三分。惊风，母子俱可服四君合二陈，加薄荷、天麻、细辛、全蝎。

日月丹　治小儿急慢惊风。

朱砂一两　轻粉一两　蜈蚣一条

上为末[5]，青蒿节内虫为丸，如黍米大，每一岁一丸，乳汁

---

〔1〕全　原作“内”，据明刻本改。

〔2〕次　原作“款”，据明刻本改。

〔3〕苓　明刻本作“神”。

〔4〕教　明刻本作“救”。

〔5〕末　明刻本此下有“以”字。

送下。

小儿急慢惊风，热痰壅盛，发热。北薄荷叶、寒水石一两，青黛、白僵蚕、辰砂，以上一钱，全蝎二枚，炒，猪牙皂角五分，炒，槐角五分，防风半钱，稍。上为末，灯心汤调，乳汁灌之。角弓反张，眼目直视，因惊而致，南星、半夏、竹沥、姜汁灌之，灸印堂。急慢惊风致死者，母丁香一粒，口嚼细，人中白刮少许，以母中指血调，擦牙上即苏。又方，用白乌骨雄鸡血抹唇上，立苏。

疳病第三

治疳病腹大，胡黄连一钱，去果子积；阿魏一钱半，醋浸，去肉积；神曲二钱，去食积；炒黄连二钱，去热积；麝香四粒。上为末，猪胆丸如麻子大，每服二十丸，白术汤下。

香蟾丸 治疳，消虫积、食积、肉积腹胀。

三棱炮 蓬术炮 青皮 陈皮 神曲炒， 麦糵炒 龙胆草 槟榔各五钱 胡黄连 川楝子 使君子 黄连各四钱 白术一两 木香二钱 干蟾五个

上为末，将蟾醋煮，烂捣，再入醋，糊为丸，粟米大，每服二十丸，米饮下。

肥儿丸 治小儿诸疳积病。

芦荟另研，三钱 胡黄连三钱 神曲炒，四钱 黄连炒 白术 山楂炒，各五钱 芜荑炒，二钱半

上为末，猪胆丸粟米大，每服十五粒。

芦荟丸 治五疳羸瘦，虫咬肚疼腹胀。

芦荟 胡黄连 木香各二钱半 槟榔二枚 青黛二钱 芜荑一钱 麝香一字 使君子廿枚 干蟾一个，酒炙 青皮去穰切，二钱半，用巴豆仁十个同炒焦，去豆不用

上猪胆丸黍米大，米饮下十五粒。

治疳黄食积，白术、黄连、苦[1]山楂，等分为末，曲糊丸，白汤下十五粒。疳羸[2]用五疳保童丸五贴，加芜荑二[3]钱，使君子、苦楝根各三钱，同为末，粥，[4]糊丸，麻子大，每服三十丸，米饮下。又方，端午日取虾蟆眉脂，以朱砂、麝香末和丸，麻子大，空心，乳下一丸。疳泻，用赤石脂末，米饮调服半钱。脑疳，眉痒毛发作穗，面黄瘦，用鲫鱼胆滴鼻中，三五日效。走马疳，蚕退纸烧存性，入麝少许，为末，蜜和敷。加枯矾少许尤妙。牙疳，龙骨三钱，轻粉五分，铜绿五分，麝香一字，枯矾二钱，上研细敷之。牙疳，口内并牙龈烂，轻粉一钱，枯矾二钱，柏末三钱，先以帛蘸水洗拭患处令净，用药干糁上。

一富家子，年十四岁，面黄善啖易饥，非肉不食，泄泻一月，脉之两手皆大，惟其不甚疲倦，以为湿热当疲困而食少，今反形瘦而多食，且不渴，此必病虫作痢也，视大便，果蛔虫所为。予教去虫之药，勿用去积之药当愈。次年春夏之交，泻腹不痛，口干，此去年治虫不治疳故也。遂以去疳热之剂，浓煎白术汤与之，三日而泻止。半月[5]复见其人甚瘦，教以白术为君，芍药为臣，川芎、陈皮、黄连、胡黄连，入少芦荟为丸，煎白术汤下之。禁食肉与甜物，三年当自愈。

痘疹第四

分气虚、血虚补之。气虚用参、术、苓、甘，加解毒药；血虚四物加解毒药。酒炒黄连是解毒药，但见红点便忌。升麻葛根汤发得表虚也。吐泻少食为里实，里实而补，则结痈陷伏；倒靥灰白为表虚，或用烧人中黄子和方，黑陷甚者烧人屎；红活绽凸为表实，

〔1〕苦　明刻本此下有“参”字。
〔2〕羸　原脱，据明刻本补。
〔3〕二　此下原有“二”字，据明刻本删。
〔4〕粥　明刻本无此字。
〔5〕月　原无此字，据明刻本补。

表实复用表药则溃烂不结痂。吐泻、陷伏二者俱见，为表里俱虚。疸疮初出或未出时，见人有患者，宜预此药，多者可少，重者可轻。其方用丝瓜近蒂者三寸，连瓜子皮，都烧灰存性，为末，沙糖拌干吃，入朱砂末亦可。

解痘疮毒方，丝瓜、升麻、酒芍药、生甘草、棠球、黑豆、犀角、赤小豆。又方，解痘疮，已出未出皆可用，朱砂为末，蜜水调服，多可减少，少者可无。小儿豆疮泄泻发渴，切不可与蜜水西瓜、红柿生冷之物，可进木香散，陈文中小儿方内求之。疮疹未发出证的，以胭脂涂眼眶，不生痘疮。痘疮脓溃沾衣者，可用腊月黄牛粪烧灰挹睡，免生痘疮痈。头面豆痂剥去，脓血出，以真酥油润之，免成瓣。痘斑疮，心躁眠不安，升麻煎汁，绵蘸洗拭。痘疮，气虚而发不出者，黄芪、人参、酒芍药、当归、川芎、酒红花如豆许、木香、紫草。气实痰郁而不发者，苍术、白芷、防风、升麻、黄芩、赤芍药、连翘、当归须。血热而发得势甚者，下焦或疮无皮口渴，天花粉、黄芩、芍药、葛根、甘草、石膏、滑石。血气俱弱而黑陷者，酒芍药、人参、黄芪、白芷、木香、桂皮、川芎、当归。血为湿，头靥而灰白者，红花、苏木、白术、苍术、芍药、当归、川芎，加酒少许。发后为外恶气所伤而倒靥，人参、芍药、连翘、黄芪梢、甘草梢、白芷、酒当归、川芎、木香少许。凡痘疮，须分人之清浊，就形气上取勇怯。黑陷两种，气虚而不能尽出者，用酒炒黄芪、人参、酒紫草。颜色正，如上法[1]，欲成就却；淡色不正者，用芎、归、芍药、红花酒之类，欲成就却。紫色属热，用升、葛、芩、连、桂、翘之类，甚者犀角屑，大解痘毒。炉灰白色，静者，怯者，作寒看；齐者，勇者，躁者，焮发者，作热看。全白色，将靥时如豆壳，盖因初起时饮水过多，其靥不齐，俗呼为倒靥，不妨，但服实表之剂。消息他大小便，如大便秘则通大便，如小便闭则通小便。有初起烦躁谵语，狂渴引饮，若饮水，则后来靥不齐，急以凉药解其标，如益元散之类亦可用。痒塌者，于形色脉上分虚实。实则脉有力气

〔1〕法　明刻本此下有“治”字。

壮，虚则脉无力气怯。虚痒以实表之剂加凉血药；实痒或大便秘者，以大黄寒凉药少与之，下其结粪。气怯轻者，用淡蜜水调滑石末，以羽润疮上。疏则无毒，密则有毒。用凉药解之，虽十数帖亦不妨，后无害眼之患。疮干者，便用退火；湿者，便用泻湿。退火，用轻剂，荆芥、升麻、甘葛之类；泻湿，乃肌表间湿，用风药，白芷、防风之类。痘疮伤眼，必用山栀、决明、赤芍药、当归须、黄芩、黄连、防风、连翘、升麻、桔梗，为末，作小剂调服。如无光，过百日后，气血复当自明。痘痈，多是表实血热所成，分上下治，一日不可缓也。成脓，必用出凉药为主，赤芍药、甘草节、连翘、桔梗。上引用升麻、葛根，下引用槟榔、牛膝，助以贝母、忍冬草、白芷、瓜蒌之类。大便燥用大黄，发热用黄芩、黄柏。痘疮黑属血热，凉血为主；白属气虚，补气为主。中黑陷而外白，起得迟，则相兼而治，初起时自汗不妨，盖湿热熏蒸而起故也。痘分气、血、虚、实。以日子守之，多带气血不足处。虚则黄芪，生血活血之剂助之，略佐以风药；实则白芍药、黄芩为君，白芷、连翘佐之；若属寒者，陈氏方亦可用。已发未发，并与参苏饮为当。调解之法，大率活血调气、安表和中、轻清消毒。温凉之剂，二者得兼而已。温如当归、黄芪、木香辈，凉如前胡、甘葛、升麻辈，佐之以川芎、芍药、枳壳、桔梗、木通、紫草、甘草之属。初起时自汗不妨，盖湿热熏蒸而然。痘痈敷药：贝母、南星、僵蚕、天花粉、白芷、草乌、大黄、猪牙皂角等分，寒水石倍用，上为末，醋调敷。

一男子年二十余，患痘疮，靥谢后忽口噤不开，四肢强直，不能舒屈，时绕脐痛，痛一阵则冷汗出如雨，痛定则汗止，时止时作，其脉弦紧而急，如直弦状。询知此子极劳苦，意其因劳倦伤血，且山居多风寒，乘虚而感之，后因痘出，其血又虚，当用温药养血，辛凉散风，遂以当归身、白芍药为君，以川芎、青皮、钩藤为臣，白术、陈皮为佐，甘草、桂皮、南木香、黄芩为使，加以红花少许，煎服而愈。

予从子六七岁时，出痘身热，微渴自利，医用木香散加丁香十粒。予观其出迟，固因自利而气弱，然其所下皆臭滞，盖因热蒸而下，恐未必寒。急止之，已投一贴矣。与黄连解毒汤加白术，近十贴以解之，利止痘亦出，其肌常微热，手足生痈，又与凉补，一月安。一人年十七，出痘发热而昏，倦甚，脉大而似数，与参、术、芪、归、陈皮，大料浓汤饮之，二十帖痘出。又与二十帖，则脓胞成，身无全肤，或用陈氏本方与之，予曰：但虚无寒。又与前方，至六十帖而安。

吐泻第五

小儿吐泻，以钱氏益黄散、白术散为主，随证加减。小儿夏月吐泻，益元散最妙。小儿吐泻不止，恐成慢惊，钱氏五泻五补药俱可用。治吐泻及黄疸，三棱[1]、莪术、陈皮、青皮、神曲、麦芽、黄连、甘草、白术、茯苓，上末，米汤调服。伤乳食吐泻者，加山楂；时气吐泻者，加滑石；发热者，薄荷。吐泻腹痛，吐乳泻青，亦是寒，调脾胃。平胃散入熟蜜，加苏合香丸相半，名万安膏，米饮下。

万安丸 壮胃进食，止吐泻。

白术 茯苓 人参各一钱半 陈皮 苍术 厚朴 猪苓 泽泻各五钱 干姜三钱 官桂二钱 甘草二钱半

右为末，炼蜜丸，梧桐子大，每服五丸，食前米汤化下。

痢第六

小儿痢疾，黄连、黄芩、陈皮、甘草煎服。赤痢加桃仁、红花；白痢加滑石末。治小儿食积，痢下纯血。炒曲、苍术、滑石、白芍药、黄芩、白术、陈皮、甘草、茯苓，煎汤下保和丸。小儿久痢不止，水谷不消，枳壳为末，米饮调服二钱。小儿赤痢。青蓝捣汁，每服半盏。

---

〔1〕三棱 明刻本无此二字。

诸虫第七

蛔虫攻心，薏苡仁根浓煎汁服。又方，史君子以火煨，任意食之，以壳煎汤送下。蛔虫疼痛，汤氏方云：诗云，本为从来吃物粗，虫生腹内瘦肌肤，盛吞甜物多生痛，怕药愁啼肉渐枯。形候只看人中上，鼻头唇下一时乌，沫干痛定虫应退，取下蛔虫病却无。其方用安神散，干漆二钱，炒令烟出，雄黄五钱，麝香一钱。上为末，三岁半钱，空心，苦楝根汤下。凡取虫之法，须是月初服药，虫头向上，药必效。治寸白虫，以东行石榴根一握，洗，剉，水三升，煎至半碗以下，五更初温服。如虫下尽，以粥补之。

化虫丸

鹤虱炒　槟榔　胡粉　苦楝根五钱　白矾半生半枯，共三钱

上为末，糊丸小豆大，每服三十丸，酒浆生油下。又，治蛔虫咬心，吐水，鹤虱为末。蜜丸，空心，蜜汤或醋汤下三十丸。

治蛔虫方，以楝树根为君，佐以二陈汤煎服。小儿冬月吐蛔虫，多是胃寒胃虚而出，钱氏白术散加丁香二粒。

治虫丸

胡黄连一钱　槟榔一钱　陈皮一钱　神曲　郁金　半夏　白术各二钱　雷丸一钱[1]

上为末，糊丸。

腹胀第八

萝卜子、紫苏梗、干葛、一作干姜。陈皮等分，甘草减半，食少加白术煎服。小儿食积腹硬，必用紫苏、萝卜子。

〔1〕钱　明刻本此下有“半”字。

腹痛第九

小儿好食粽，成腹痛，用黄连、白酒药服，愈。或为末，作丸。

黑龙丸 治小儿腹痛。

伏龙肝一两 人参 茯苓 白术 百草霜各五钱 甘草二钱 干姜三钱

右粥糊丸，如桐子大，每服五丸，陈皮汤下。

诸积第十

宣药 治小儿诸般积滞。

莪术 青皮 陈皮各五钱 芫花三钱 江子十五粒，去油另研 槟榔五钱

为末，入江子霜，用醋为丸，如粟米大。每一岁七粒，姜汤下。

消积丸 去小儿积块。

石燕五钱，七次醋淬 木鳖子五钱，去油 密陀僧一两 丁香 腻粉各四钱

上神曲糊丸，如粟米大，每服十五丸，米汤下。

乳儿疟疾痞块，川芎二钱，生地黄、白术各一钱半，陈皮、半夏、黄芩各一钱，炒，甘草。上作一帖，姜三片，煎下甲末五分。小儿食积，胃热熏蒸，用白术一两，半夏、黄连各五钱。上末之。加平胃散和匀，粥丸，每服一二十丸，白汤下。

风痰喘嗽第十一

白附丸，止嗽化痰退热。用半夏二钱，南星一两，白附子五钱，白矾四钱，上为末，姜汁糊丸，如梧桐子大，每服八九丸，薄荷姜汤下。

紫金丹 治小儿痰积咳嗽，祛风镇惊。

半夏一两 南星 铁孕粉 白附子各五钱 枯矾二钱

上末之，神曲糊丸，桐子大，每服四丸，姜汤下。

又方，治风痰。南星半两切，白矾半两研，水厚一指浸，晒干，研细末，入白附子二两，飞面为丸，如鸡豆大，每服一丸或二丸，姜、蜜、薄荷汤下。风涎潮塞不通，用不蛀肥皂角炙，一两，又生白矾五钱，腻粉半钱，即轻粉也，水调灌一二钱，但过咽则吐涎矣。白矾者，分膈下涎也。治小儿痰喘，痰盛，枳、桔、大腹、二陈汤服之。小儿咳嗽，用生姜四两，煎汤沐浴。小儿咳嗽，六脉伏，五味子、人参、茯苓、桑皮、黄芩、甘草。小儿因伤风邪，喘嗽而发热，肺气不平，麻黄、桔梗、紫苏、枳壳、半夏、黄芩、甘草、茯[1]苓。数帖愈。

痫狂第十二

小儿痫狂，用甘遂末一钱，猪心血和，煨熟，加朱砂末一钱，捣为丸，麻子大，每服十数粒。小儿多热，狂言欲作惊，以竹沥饮之。大人亦然。小儿蓦然无故大叫作声者，必死，是火大发，其气虚甚故也。

夜啼第十三

小儿夜啼者，邪热乘心，黄连以姜汁炒、甘草、竹叶，煎服。又用灯心灰涂乳上，令小儿吮之。

肠寒多啼成痫者，当归末，乳汁调灌。又方，以鸡窠草安卧席下，毋令母知。又方，以干牛粪如掌大，着席下。又方，儿啼不止如鬼状，用蝉蜕，下半截去，上半截为末，炒一字，薄荷汤下。小儿惊哭不止，有泪是肚痛，用苏合香丸，酒服。如是天吊，用天吊

〔1〕茯 原作“苓”，按文义改。

藤膏。一方治夜啼，用人参一钱半，黄连一钱半，姜汁炒，炙甘草五分，竹叶二十片，姜一片，水煎。

口糜第十四

一方，苦参、黄丹、五倍子、青黛等分。又方，江茶、粉草，为末，敷。小儿口疮。白矾末糁之。小儿白屑满口，状如鹅口，用发缠指，蘸井水，拭舌上。煅黄丹亦口敷。

口噤第十五

搐鼻药，用郁金、黎芦、瓜蒂，等分为末。用水调，搐鼻内。

中风第十六

小儿中风，苏合香丸，姜汁灌之，次用《局方》省风汤、小续命汤，加麝香，依法煎服。又方，先以酒化苏合香丸，加姜汁少许灌之，次用八味顺气散，后用小续命汤。甚者，只用木香、天南星、生姜十片煎服。无南星，木香浓煎服。小儿中风，《局方》术附汤，生姜二十片，调苏合香丸，并[1]进多服。或气短头晕，手足厥逆者，以前药送养正丹五十丸至百丸，必效。小儿三岁，中风不效者，松叶一斤，酒一斗，煮取三升，顿服，汗出立瘥。

历节风第十七

忽患病手足挛痛，昼静夜剧，此历节风也。先进苏合香丸，次用生乌药顺气散及五积散，水、酒各半盏，煎服，入麝香一字。腰疼腿痛，口眼㖞斜，半身不遂，手足不能屈伸，中气中风，气顺则

---

〔1〕并　原脱，据明刻本补。

风散，用白术四两，面煨，沉香五钱，天麻一两，天台乌药三两，青皮、白芷、甘草、人参各五钱。一云三钱。上姜三片，紫苏五叶，煎，空心服，名顺气散，甚妙。大风历节，手指拘挛，痛不可忍，苍耳茎、叶、根、实皆可为末，丸服。

赤游丹毒第十八

赤游在上，凉膈在身，用二蚕沙细研，以剪刀草根捣自然汁调匀，先涂腹上，却涂患处，须留一面出处，患处移动为效。剪刀草根即野慈姑。治赤游风，用伏龙肝和鸡子清敷，内用赤土水调服。

治赤溜，生地黄、木通、荆芥、芍药、桃仁，苦药中带表之类，以芭蕉油搽患处，一作以芭蕉捣涂患处，主热伤血也。小儿天火丹，齐腰起者，名赤溜，用蚯蚓泥油调敷。

治冷风丹，车前子叶捣汁，调伏龙肝敷之，或服尤妙。

治小儿丹毒，以蓝靛敷之。又方，用寒水石、白土为末，米醋调敷，冷即易之。治丹毒恶疮，五色无常，干姜末蜜调敷之。又方，地龙屎水调敷之。或以水中苔焙干末敷，淬水饮，良。诸热丹毒，水磨蜣螂，功胜紫雪。又丹毒，水调芒硝涂之。

赤游，上下至心即死，急捣芭蕉根汁煎涂之。

身体痿痹第十九

十月后小儿精神不爽，身体痿痹，伏翼烧灰，细研，粥饮下半钱，日五服，若炙香熟哺亦好。小儿头项软，五加皮末酒调，敷项骨上。

身热第二十

小儿身热，白芍药炒，香附、滑石各一两，甘草三钱，黄芩一钱。上作四服，每用姜三片，水盏半，煎，乳母服。盗汗潮热，黄连、柴胡等分蜜丸，如鸡豆大，酒化二丸。小儿身热，白芷煎汤浴之，仍避风。苦参汤亦可。

小儿一月至五月，乍寒乍热，炮冬瓜绞汁服。亦止大人渴。小儿肌肤发热，升麻、葛根、芍药、白术、甘草、黄芩、柴胡、茯苓，煎汤灌之。

小儿痰热骨蒸。陈皮二钱，半夏二钱，甘草五钱，茯苓三钱，升麻二钱，葛根、白芍药各一钱半，人参一钱，五味子三十粒。上作三贴，姜枣煎服。

解颅第二十一

因母气虚与热多也，以四物合四君。有热加酒连、生甘草煎服，外以白敛末敷，软帛紧束。

小儿杂病类第二十二

外肾肿硬及阴疮，地龙末，津调涂。脱囊，即肿大，用木通、甘草、黄连、当归、黄芩煎服。又方，紫苏叶末，水调敷之，荷叶裹之。阴囊肿痛，生甘草汁调地龙粪，轻轻敷之。中蚯蚓毒，阴囊肿痛，以蝉蜕半两，水一碗，煎洗[1]，其痛立止，以五苓散服之。

脱肛，东北方壁土泡汤，先熏后洗。

木舌及重舌，用针刺去血即愈。

戴云：木舌者，肿硬不和软也。又言此类盖是热病。用百草霜、滑石、芒硝为末，酒调敷之。

吃泥，胃气[2]热也，用软石膏、黄芩、甘草、白术煎服。

龟胸，用苍术、酒炒黄柏、酒炒芍药、陈皮、防风、威灵仙、山楂、当归。又痢后加生地黄。龟背，用龟尿点其背上骨节。其法

---

〔1〕煎洗　原作“洗煎”，据明刻本改。

〔2〕气　原作“毒”，据明刻本改。

以亀于荷叶上，候龟头四顾，急以镜照之，其尿自出。

治胎痢，用鸡蛋敲去清，留黄，入黄丹一钱，将黄泥固济，煨，火中候干，用米饮调下。治白泻，雄黄一钱炒，熟面八钱，和匀，姜汤调服。

治白秃疮，用通圣散去硝，酒制为末，调服出汗。鳝攻头，先用墙上风露草、苍耳草煎汤，炭火淬入，洗后搽药，以松香为主。治癞头，用腊月马脂搽之。又方，治癞头，用红白炭调长流水，令热洗之，又服酒制通圣散末，大黄另用酒炒，外以胡荽子、悬龙尾，即梁上尘，伏龙肝、黄连、白矾为末，调敷。又方，用松树厚皮烧灰二两，白胶香二两，熬沸倾石[1]上，黄丹一两，水飞，枯矾一两，软石膏一两，研细，黄连五钱[2]，大黄五钱，轻粉四盏。上末之，熬熟油调敷，疮上须先洗去痂，乃可敷之。小儿头疮，用苦竹叶烧灰，和鸡子白调敷。又方，用木香三钱，黄连一两，槟榔、雄黄各半两。上为末，湿则干糁，干则以油敷之。

小儿初生多啼哭，脐中忽出血，白石脂细末贴之，未愈，炒过再贴，不得揭剥，冷贴。治小儿脐久不干，当归焙末糁脐，或脓出清水，或尿入成疮皆可。又方，用白枯矾为末敷之，或用伏龙肝加黄柏末敷。又方，用白矾、白龙骨煅，等分，为末敷。或用少许绵子灰亦可。

断乳方第二十三

山栀子三个，烧存性，雄黄、朱砂、轻粉各少许，共为末，生麻油调匀，儿睡着时，以药抹两眉，醒则不食乳矣。

杂方第二十四

治黄疸，用香油一盏熬熟，入绿矾一两，红枣一斤去核，捣入

〔1〕倾石 原脱，据明刻本补。
〔2〕五钱 原无此二字，据明刻本补。

锅内，同拌匀透，取出擂烂得所，为丸，如梧桐子大，每服七丸，随分汤汁送下。但不用茶，一日七次。

治痔，用鱼虎子一个，黄泥裹，煅过，为末，空心米饮下。又方，用猪脏头一个，纳胡荽，缚之煮熟，露一宿，空心服之。

治鳝攻头，用鸡子壳煅存性，为末，香油调围涂之。治疝，用陈年鹅子壳为末，空心酒服。

治脏毒，用花箸烧灰，煮酒调下。又方，柿花连蒂，烧灰酒服。

治乳疬，用青皮、陈皮为末，食后或汤或酒调服。治转食呕吐，用猪肚带连屎，用生炭火煅过，为末，枣肉为丸服之。治瘰疬，车前草一大握，汤内捞过，姜醋拌吃，后以枸杞根煎服之。

稻芒入喉中，取鹅涎灌之立出。

诸骨入肉不出，煮白梅肉，烂研，和象牙末，厚敷骨刺处，自然出。

医案拾遗第二十五

一人年三十六，平日好饮酒大醉，一时晕倒，手足俱麻痹，用黄芪一两，天麻五钱，水煎，加甘蔗汁半盏服。

一人患中风，双眼合闭，晕倒不知人，四君子汤加竹沥、姜汁，服之愈。

一人患中风，四肢麻木不知痛痒，乃气虚也，大剂四君子汤加天麻、麦冬、黄芪、当归。

一人好色有四妾，患中风，四肢麻木无力，半身不遂，四物汤加参、芪、术、天麻、苦参、黄柏、知母、麦冬、僵蚕、地龙、全蝎。

一人患中风。满身如刺疼，四物加荆芥、防风、蝉蜕、蔓荆子、麦门冬。

一人年四十二，十指尽麻木，面亦麻，乃气虚证，补中益气汤加木香、附子各半钱，服之愈。又加麦冬、羌活、防风、乌药，服之全愈。

一人年二十九，患中风，四肢麻木，双足难行，二陈加参、术、当归、黄柏、杜仲、牛膝、麦冬。

一人年五十六，好饮酒，患伤寒，发热口干似火烧，补中益气汤加鸡柜子、当归、川芎、芍药、地黄汁、甘蔗汁。

一人年三十四，患伤寒发热，身如芒刺痛，四物汤加参、芪、术、生地、红花。

一人患伤寒，腰疼，左脚似冰，小柴胡加黄柏、杜仲、牛膝。

一人患伤寒，发热如火，口干饮水，小柴胡去半夏，加甘葛、天花粉。

一人年二十九，患伤寒，头疼，胁疼，四肢疼，胸膈疼，小柴胡汤加羌活、桔梗、香附、枳壳。

一人年三十六，患伤寒，咳嗽，夜发昼可，作阴虚治之，补中益气加天冬、麦冬、贝母、五味。

一人患伤寒，冷到膝，补中益气汤加五味子，倍用人参，服之愈。

一人年三十，患湿气，四肢疼痛，两足难移，补中益气加牛膝、杜仲、黄柏、知母、五味子。

一人五十三岁，患发热如火，此人平日好酒色，补中益气加黄柏、知母，多用参、术。

一人患虚损，咳嗽吐血，四物汤加参、术、黄芩、款花、五味、黄柏、知母、贝母、天冬、麦冬、桑皮、杏仁。

一人患虚损，发热盗汗，梦遗，四物汤加参、术、黄芪、地骨皮、防风。

一人患虚损，身发潮热，四肢无力，小柴胡合四物，加芪、术、麦冬、五味。

一人年四十六，能饮酒，患虚损症，连夜发热不止，四物汤加甘蔗汁、鸡柜子、甘葛、白豆蔻、青皮。

一人[1]虚损，吐臭痰，四君子加白芷、天冬、麦冬、五味、知母、贝母。

---

〔1〕人　明刻本此下有“患”字。

一人患虚损，四肢如冰冷，补中益气汤加桂心、干姜各一钱。

一人五十一岁，患虚损，咳嗽，吐血如红缕，四物汤换生地，加黄柏、知母、黄芩、贝母、桑皮、杏仁、款花、天冬、麦冬、五味、紫菀[1]、小蓟汁一合、白蜡七分。

一老人口极渴，午后躁热起，此阴虚，老人忌天花粉，恐损胃，四物去芎，加知、檗、五味、参、术、麦冬、陈皮、甘草。

一人患虚损，一身俱是块，乃一身俱是痰也，二陈汤加白芥子研入，并姜炒黄连同煎服之。

一人患虚损，大吐血，四物汤换生地黄，加大黄、人参、山茶花、青黛。

一人患虚损，手足心发热不可当，小柴胡汤加前胡、香附、黄连。

一人年六十，患虚损症，身若麻木，足心如火，以参、芪、归、术、柴胡、白芍药、防风、荆芥、羌活、升麻、牛膝、牛蒡子。

一妇人产后泄泻不禁，用人参五钱，白术七钱、附子一钱半，二服而愈。

一人患泄泻，四肢强直，昏不知人，呼不回顾，四君子汤加木香、附子、干姜、乌药，服之愈。

一人患泄泻，手足如冰，身如火，四君子加附子、干姜、芍药、泽泻，六帖愈。

---

〔1〕菀　原作“花”，据明刻本改。

编校后记

《丹溪医集》的编校工作，历三年有余，始告完成。在这过程中，我们除了广搜版本外，还查考了有关史料，并赴丹溪故里，对其生平事迹和医事活动等，进行了深入的调查研究。同时，在编校过程中，我们也进一步加深了对丹溪学术思想及其历史地位的认识。为了有助读者对丹溪学说的了解和研究，兹分以下几个方面，谈谈我们的一些认识和体会。

一、丹溪生平事迹及其著作

（一）丹溪生平事迹

朱丹溪，生于元至元十八年十一月二十八日（公元1282年1月9日。详年谱）名震亨，字彦修。元婺州义乌人。因其出生地赤岸有溪名“丹溪”，学者遂尊之为“丹溪翁”，或“丹溪先生”。祖父环，字君玉，父元，字子初，均以孝闻。母戚氏，金华人。因元早卒，时三子震亨、巽亨、蒙正皆幼，戚氏一人事老抚幼，“艰勤悲悴，事舅姑无怠容，遇诸子有恩而严”。为人乐善好施，遇族贫女外嫁，“必以货助”，窭家得子不能扶养多溺死，则晓以理，“俾勿溺，资以粟帛”，故“里中德夫人如慈母”（均引自宋濂《元故朱夫人戚氏墓志铭》）。这种良好家风，对以后丹溪树立高尚的品德，有着深刻的影响。

丹溪“自幼好学，日记千言”（戴良《丹溪翁传》），“受资爽朗，读书即了大义”（宋濂《故丹溪先生朱公石表辞》，以下简称宋濂《石表辞》）。曾从卿先生治经，攻举子业，“为声律之赋，刻烛而成，长老咸器之”。生性豪侠“不肯出人下”（宋濂《石表辞》），既壮则悔之，叹：“丈夫所学不务闻道，而惟侠是尚，不亦惑乎？”（宋

濂《石表辞》)。三十岁时,“因母之患脾疼,众工束手,由是有志于医”。(《格致余论•序》)又曾因子患内伤,伯父的瞀闷病,叔父的鼻衄,弟弟的腿痛,妻子的积痰病,均一一死于庸医之手,使他“心胆摧裂,痛不可追”(《格致余论•序》)。三十六岁时,“折节往师事”著名理学家许谦于东阳八华山。许为朱熹四传弟子,学识渊博,“授受分明,契证真切”(宋濂《石表辞》)。丹溪在这里接受宋元理学思想,学习非常认真,“每宵夹册,坐至四鼓,潜念默察,必欲见诸实践……理欲之关,诚伪之限,严辨确守,不以一毫苟且自恕”(宋濂《石表辞》)。几年后,学业大进。曾在许谦的鼓励下,参加科举考试,以期跻身于仕途。而命途多舛,应举失败。一日,许对丹溪曰:“吾卧病久,非精于医者不能起之,子聪明异常人,其肯游艺于医乎?”老师的期望,坚定了他先前学医之心,他慨然应诺:“士苟精一艺,以推及物之仁,虽不仕于时,犹仕也。”“乃悉焚弃向所习举子业,一于医致力焉!”(戴良《丹溪翁传》)时丹溪年已四十,复取《素问》读之,遂“朝夕钻研,阙其所可疑,通其所可通”(《格致余论•序》),极有获益。其时“医道隐晦”(引同上),盛行陈师文、裴宗元所定《太平惠民和剂局方》,时医“相率以为《局方》之学”(引同上)。丹溪苦心研究,手抄一册,昼夜是习。既而悟:“操古方以治今病,其势不能以尽合。”(戴良《丹溪翁传》)“起度量,立规矩,称权衡,必也《素》、《难》诸经乎!”(引同上)“然吾乡诸医,鲜克知之者。遂治装出游,求他师而叩之。”(引同上)在“渡浙河,走吴中,出宛陵,抵南徐,达建业,皆无所遇”(引同上)之后,重返武林(杭州)。闻人言郡中罗知悌,字子敬,世称太无先生,系金名医刘完素再传弟子,且旁通张从正、李东垣二家之说,医术甚高,有盛名,然为人倨傲,不轻易授业。丹溪登门拜谒,十往返不能通。他志益坚,日拱立其门,大风雨不易,终于感动了罗,“遽修容见之,一见如故交”(宋濂《石表辞》)。时丹溪年四十又四,且已有医名。遇罗后“遂北面再拜以谒,受其所教”。罗喜丹溪之诚笃,“即授以刘、张、李诸书,为之敷扬三家之旨,而一断于经”(戴良《丹溪翁传》)。从元泰定二年秋至四年夏,仅一年余时间,尽得罗氏之学而归。

在医疗实践中,丹溪“每治疾,往往以意为之,巧发奇中,按之书，无有也。”（明·吴之器《婺书》卷五《朱聘君传》）引起了那些死守陈、裴之学医者的反对，他们始则大惊，继之嘲笑排斥他。丹溪不屑置辩，首先精心治愈了老师许谦多年不愈的风疾。又以自己扎实的理论和丰富的实践经验，使非议他的诸医，始“心服口誉，数年之间，声闻顿著”（戴良《丹溪翁传》），“遍浙河东西以至吴中，罕不知有丹溪先生者”（吴之器《朱聘君传》）。

丹溪精湛的医术，高尚的医德，为广大病家所推崇和爱戴。“四方以疾迎候者无虚日，先生无不即往，虽雨雪载途，亦不为止。”他说：“疾者度刻如岁，而欲自逸耶？”“窭人求药，无不与，不求其偿，其困厄无告者，不待其招，注药往起之，虽百里之远弗惮也。”（宋濂《石表辞》）但某权贵“以微疾来召，危坐中庭，列三品仪卫于左右”，丹溪“脉已，不言而出”。其家人追询病状，丹溪说：“三月后当为鬼，犹有骄气耶？”后果三月而死。“其家神先生之医，载粟为酬，先生辞之。”（引同上）凛然正气，真可谓富贵不淫，威武不屈。

丹溪为人“孤高如鹤”，“清明坦夷，不事表儤，精神充满，接物和粹，人皆乐亲炙之”（宋濂《石表辞》），一生布衣蔬食，甘于淡泊。“敦尚俭朴，服御唯大布宽衣，仅取蔽体，藜羹糗饭，安之如八珍。”（引同上）元至正十八年（公元1358年）六月廿四日逝世，终年七十八岁。临死之际，独呼其子汜嘱：“医学亦难矣，汝谨识之。”（引同上）告诫医学精深，不要轻易为人治病，误人生命。

当地人民为了缅怀这位“高风不磨，世远弥声，仰止者多”（明吴仲珠祭文）的一代名医，在赤岸修了“丹溪墓”，墓傍盖了“丹溪庙”，内塑丹溪像，以示纪念，至今瞻仰者络绎不绝。

（二）著作概况

丹溪一生学验俱丰，著述甚多，由于年代久远，部分著作已散佚。据目前有关文献记载，具名丹溪撰医籍不下20余种。经考证，有的为其门人所撰，或其私淑者编纂，有的则伪托丹溪所作。现将丹溪本人所撰和门人、私淑者整理的著作，概述如下：

《格致余论》：一卷。本书撰于元至正七年（公元1347年），是丹溪晚年见解甚深之作。朱氏自序云：“古人以医为吾儒格物致知一事，故目其篇曰：格致余论。”是书收医论 41 篇，倡导“阳常有余，阴常不足”的著名论点，治疗上注重“滋阴降火”；摄生上强调保养“阴分”；对各种病症，也有独到的见解。故本书最能反映丹溪的学术思想，堪称丹溪学说的代表作。

《局方发挥》：本书为评论《太平惠民和剂局方》而作。丹溪有鉴于《局方》对疾病的病因、病理很少论述，大多是以现成方药治疗各种病症，立法虽简而未能变通，处方用药偏于温燥，造成流弊。丹溪为了纠正这一弊端，故有《局方发挥》之作。全书凡一卷，以问答体例讨论了 30 多个问题，力辟滥用温补燥热之非，同时阐述“滋阴降火”的学术见解。故本书也是丹溪学说中的一部重要著作。

《本草衍义补遗》：凡一卷。为朱氏撰，方广增订。主要是对寇宗奭《本草衍义》的补遗和阐发。原收药物 153 种，经方广增订后又增入药物 43 种，并于原文下补入注文。是书对学习和研究药物有一定的参考价值。（以上三书为朱氏自撰）

《金匮钩玄》：又称《平治会萃》。署元朱丹溪撰，明戴元礼补校。全书共三卷。集丹溪平素治疗经验，包括内、外、妇、儿、五官等各种疾病 138 种。卷一、卷二列杂证近百余条，有论有方，简明精要。卷三对妇人及小儿科疾病作了介绍。戴氏在整理过程中附入己见，书中“戴云”者，即戴氏所附。末附专题论文六篇，亦为戴氏之作。

《丹溪心法》：本书系朱氏弟子根据丹溪学术经验和平素所述纂辑而成，共五卷。内容分列内、外、妇、儿诸科病，每卷首冠丹溪原论，次为戴元礼辨证，次列方剂、附录。流传本经程充于明成化十八年（公元 1482 年）修订。程氏在整理过程中参考丹溪曾孙朱贤家藏本，对陕本、蜀本中后世增入内容进行归纳。附录中有宋濂《故丹溪先生朱公石表辞》、戴良《丹溪翁传》，是研究丹溪生平重要史料。

《丹溪手镜》：原题朱丹溪撰，明吴尚默订。初刊于明天启元年（公元 1621 年），全书凡三卷，共 160 篇。卷上“主要依据《伤寒》、《金匮》明辨类证”；卷中“除载《伤寒方论》和《伤寒药性》外，尚论杂证、耳鼻口咽等病症 49 篇；卷下“以杂病、内外儿妇病为主，末以脏腑虚实为纲，示辨证论治以典范”。

《脉因证治》：原题朱丹溪撰，刊于元至正十八年（公元 1358 年），全书分上下二卷，计内、外、妇等各种病证 70 篇。文字简洁。系后人采集《丹溪心法》、《格致余论》等书的精要而成，故能反映丹溪的学术经验。

《丹溪治法心要》：本书题朱丹溪述，实系丹溪门人整理。明高叔宗校正重刻，刊于明嘉靖二十二年（公元 1543 年），全书凡八卷，分述内、外、妇、儿各科病证 154 种，每种疾病，均详述其病因证治，内容比较全面。其体例和内容与《丹溪纂要》（详下文）基本相同。（以上为丹溪门人及其私淑者所编纂）

此外，还有《丹溪心法附余》二十四卷，明方广汇编，刊于明嘉靖十五年（公元 1536 年）；《丹溪先生医书纂要》（简称《丹溪纂要》或《医书纂要》，明卢和纂注，成书于明成化二十年（公元 1484 年），曾数次校订刊印，现存二卷本、四卷本和八卷本等数种。内容和编写体例基本与《丹溪心法》类同。

二、丹溪学术思想的时代背景和学术渊源

（一）时代背景

丹溪生活的年代，是元代建立（公元 1271 年）南宋灭亡（公元 1279 年），中国复归于统一的时期。当时社会上盛行《和剂局方》，为医者多以方剂习业，检方索药，不重视医学理论的研究。且《局方》中多辛温香燥之品，与江南温湿的气候而致的湿热病和相火病多不相吻合，流弊甚多。在这种情况下，丹溪认为《局方》只知“集前人已效之方，应今人无限之病，何异刻舟求剑，按图索骥”（《局方发挥》），“殊不知一方通治诸病，似乎立法简便，广络原野，冀获一二”（引同上），实为不妥。丹溪根据自己丰富的临床实践，针对时弊而提出的“阳常有余，阴常不足”和“滋阴降火”等理论，无疑是正确的。他的学术成就，不是偶然的，而是处在这一社会条件下的必然结果。

（二）学术渊源

1. 丹溪学说与宋元理学　丹溪家乡婺州，儒学素盛。宋元时期，出了不少理学家。丹溪出生儒学世家，少习举子业。三十六岁时从朱熹四传弟子许谦为师，刻苦钻研道德性命之学。后因许勉其学医，遂弃儒立志于医。一生崇奉理学，身体力行，表里一致。宋濂谓其“率以理为宗，非有关于纲常治化，不轻论也”(宋濂《石表辞》)。因而程朱理学对丹溪医学观点的形成、发展是有很大的影响。如他提出的“阳有余阴不足”的论点，实本诸于理学家对天地阴阳的认识。程颢说：“天地阴阳之运，升降盈虚，未尝暂息，阳常盈，阴常亏。”(《濂洛关闽书》卷八)丹溪以天地阴阳比类人身的气血，故认为“气常有余，血常不足”。又如他把人的精神活动和形体功能加以区别。君火虽动，却以静为常，相火主动，当以静为节。相火之动，受制于君火之静。在阐明这些医学道理时，丹溪无疑是吸收了程朱理学动静观中辩证法的合理部分。

提倡无欲。理学家认为，道德修养的最高标准是“无欲”。要达到无欲，必须养心于静。周敦颐说：“中正仁义而主静，立人极焉。”朱熹加以发挥，把心分为人心和道心。人心为情所累受物欲引诱，道心代表天理，出于义理。主张使道心常为一身之主，人心听命于道心。要达到“仁”，则要“革尽人欲，复尽天命。”总之，理学主张清心寡欲，节制声色嗜好，实施道德修养。

丹溪把程朱理学中存天理，灭人欲，人心主静的观点运用到医学上，引申为收心节欲，使君火以静，相火安位，达到“善处乎火者，人心每听命于道心而又能主之以静”(《格致余论·相火论》)的境地。这对保持机体的自稳状态，使相火不妄动，阴精不耗损，于防病延年，有着积极的意义。

2. 医经与师传的影响　鉴于当时世医论病处方，皆囿于《局方》，而对医学理论缺乏探讨。丹溪十分重视对医学经典的钻研，他曾说：“三十岁时……取《素问》读之，三年似有所得”，“至四十岁，复取而读之，顾以质钝，遂朝夕钻研，阙其所可疑，通其所可通”((格致余论·序》)。他崇尚《内经》为载道之书，朝夕钻研。认为《内经》词简而义深，但因“去古渐远，衍文错简，仍或有之”(引同上)。曾改正王冰在《内经》中句读之误文。这种悉心研究经旨，探本求源的学习精神，对他的临床实践起了重要的指导作用。

丹溪医学思想的形成，除了他溯本穷源、熟谙典籍外，师传的影响，也是重要的因素。其师罗知悌，虽为河间的再传弟子，但他未专守一家之言，而旁通张子和、李东垣诸家之说，是一位善于吸收众长的医学家。他在传授丹溪刘、李、张诸书后，谆谆教导“学医之要，必本于《素问》、《难经》，而湿热相火为病最多，人罕有知其秘者。兼之长沙之书详于外感，东垣之书详于内伤，必两尽之，治疾方无所憾。区区陈裴之学，泥之且杀人”（宋濂《石表辞》）。就在这样一位学验俱丰老师的教导下，加上丹溪本身的学识修养，使之能集河间、子和、东垣三家之大成，并能自出机杼，卓然成家。

三、主要学术思想和成就

（一）阳有余阴不足论

丹溪认为人体的阴阳状态，即使在正常的生理情况下，也是“阳有余阴不足”，“气常有余，血常不足”。这是他运用《内经》“天人相应”理论，结合理学对天地阴阳的认识，以天人类比得出的结论。

丹溪说：“天大也为阳，而运于地之外；地居天之中为阴，天之大气举之。日实也亦属阳，而运于月之外；月缺也属阴，禀日之光以为明者也。”（《格致余论·阳有余阴不足论》）这是说天大于地，与月相对属阳；地小于天，与日相对属阴。由此引申到“人受天地之气以生，天之阳气为气，地之阴气为血，故气常有余，血常不足”（引同上）。再以日实明于月，月缺禀日光，故“人身之阴气，其消长视月之盈缺”（引同上）。因而得出人体阳常有余，阴常不足。这是丹溪从天体运行的自然现象中，以直觉推导出来的朴素唯物医学观。

结合人体生长壮老的生命过程，丹溪认为人体阴气是难成易亏。他说：“人之生也，男子十六岁而精通，女子十四岁而经行。是有形之后，犹有待于哺乳水谷以养，阴气始成，而可与阳气为配，以能成人……可见阴气之难于成。”（引同上）又根据《内经》“年四十阴气自半”，以及男子六十四岁而精绝，女子四十九岁而经断，指出人体“阴气之成，止供给得三十年视听言动，已先亏矣”（引同上）。这是丹溪分析生命过程中阴阳盈虚情况，以阴气难成易亏，得出“阳常有余，阴常不足”的论点。

正因为人体在生理状况下已存在阳有余阴不足，再加上“人之情欲无涯”(引同上)，更易引起相火妄动，耗损阴精，从而加剧阴阳偏颇而发生病变。因此，丹溪的“阳有余阴不足论”，既说明人体的生理状况，又涉及病理变化。

首先，丹溪把“阴气”作为人体物质基础来认识。他认为，生命过程中，“阴气”既难成于前，又由于生命活动的需要，和恣情纵欲等原因，不断地消耗精血等物质，更是易亏于后。这里丹溪所说的“阴气”，主要是指肾所藏的阴精，诚如他自己所说：“主闭藏者肾也，司疏泄者肝也，两脏皆有相火，而其系上属于心。心君火也，为物所感则易动，心动则相火也动，动则精自走，相火翕然而起，虽不交会，亦暗流而疏泄矣。”(《格致余论·阳有余阴不足论》)于此也不难看出，丹溪所说的“阳有余”，是指情欲因外在因素的引诱，容易妄动，导致相火炽盛而发生各种病变，并非指人身的真阳而言。所以他谆谆教人要“收心养心”，“不见所欲，使心不乱”，老年饮食宜茹清淡，反对膏粱厚味和服食乌附金石丹剂等燥烈药物，以达到“保全天和”，却病延年的目的。后世称朱丹溪为“养阴学派”的倡导者，实本诸朱氏的上述观点。

(二) 相火论

我国古代哲学认为，宇宙间一切事物，都处生恒动的状态中。理学家周敦颐说：“动而无静，静而无动，物也；动而无动，静而无静，神也。”((通书·动静》)这是说物质的动静是机械的，动只是动，静只是静，而神的动静却是以静为动之象，以动为静之本。朱熹说：“静者养动之根，动所以行其静。”(《朱子语类》)说明动静是相互为用，相互转化的。动非绝对的动，静非绝对的静，静是动的另一种形式，动中也包含着静。丹溪把理学的这些动静观，结合《内经》运气学说中运气与五行的关系，进一步加以阐发。他说：“天主生物故恒于动，人有此生，亦恒于动。”又说：“凡动皆属于火。”因此人体的恒动，也可归结为“火”。他认为君火在上，主司精神意识活动，宜静不宜动；相火在下，代表脏腑活动，宜动。他强调相火与生命兴衰存亡息息相关，说："天非此火不能生物，人非此火不能有生。"(《格致余论·相火论》)还认为相火是与生俱有的人身动气，具有动力作用，可以通过脏腑功能活动或病变得以见之，是有形有气可感的。

丹溪归纳相火的特点是"生于虚无，守位禀命，因其动而可见"，指出其位在肝肾，"肝肾之阴悉具相火"，是以肝肾精血为其物质基础的。除肝肾而外，丹溪还从脏腑的表里关系等方面，说明相火与胆、膀胱、心包络及三焦等脏腑有关。他说："胆者肝之腑，膀胱者肾之腑，心包络者肾之配，三焦以焦言，而下焦司肝肾之分，皆阴而下者也。"丹溪还指出，相火之动正常与否同五脏功能活动密切相关，"五火"动而中节是相火正常的关键，他说："彼五火之动皆中节，相火惟有裨补造化，以为生生不息之运用耳。"因此可以说，凡人体脏腑、气血、经络的正常功能和生命的存在，相火起了极为重要的作用。(以上引文均引自《格致余论·相火论》)

尤为重要的是，丹溪还指出相火的异常变化。他根据《内经》壮火、少火关系的理论，认为相火之性易动，加上"五性厥阳之火相扇，则妄动矣！"(《格致余论·相火论》)相火妄动的原因有情志过极、色欲过度、饮食厚味等多方面原因。情欲之伤可激起脏腑之火，"醉饱则火起于胃；房劳则火起于肾；大怒则火起于肝"(《格致余论·疝气论》)，"五脏各有火，五志激之，其火随起"(《局方发挥》)，并且相火妄动与心火密切相关。"心，君火也，为物所感则易动，心动则相火亦动。"(《格致余论·阳有余阴不足论》)相火之动"变化莫测，无时不有"，其程度又"暴悍酷烈，有甚于君火"(《格致余论·相火论》)，妄动的结果是耗损阴精，精自走泄。甚或"煎熬真阴，阴虚则病，阴绝则死。"(引同上)这些是丹溪对东垣相火为元气之贼的新发挥。

对相火的妄动，丹溪提出以理学的中正仁义主静，人心听命于道心等清心寡欲措施，达到"五火之动皆中节"(引同上)，使相火裨补人身生生不息之用。

此外，丹溪又具体例举了五脏因相火妄动而引起的各种病症，“诸风掉眩属于肝，火之动也；诸气膹郁病痿属于肺，火之升也；诸湿肿满属于脾，火之胜也；诸痛痒疮属于心，火之用也；是皆火之为病出于脏腑者然也。”（引同上）说明了相火妄动为病的广泛性。

总之，丹溪认为相火应有而不宜过，相火太过可致病。这是“相火论”的基本精神所在。

（三）气血痰郁论治心法

丹溪学术思想，除“阳有余阴不足论”、“相火论”而外，在杂病的治疗上，王纶归纳为气血痰郁四字。王氏在《明医杂著·医论》中说：“丹溪先生治病，不出乎气、血、痰，故用药之要有三：气用四君子汤，血用四物汤，痰用二陈汤。久病属郁，立治郁之方，曰越鞠丸。”实道出丹溪杂病治疗的精髓。

丹溪说：“气血冲和，万病不生，一有怫郁，诸病生焉。故人身诸病，多生于郁”。（《丹溪心法·六郁》）强调了在气血痰郁的致病问题上，郁是矛盾的主要方面。

1. 郁证论治　郁证多由情志怫郁，气机郁滞所致。临床以心情抑郁，情志不宁，胸闷胁痛，或易怒易哭，或咽中如有臠肉等症状为主。丹溪认为气、湿、热、痰、血、食六者的郁滞，均可使人致病，六者可单独为病，亦可合而致之。但其主要关键，在于气郁。因此，治疗郁证，首重调理气机。

在用药上，湿郁选用赤苓、苍术、抚芎、白芷；痰郁选用海石、香附、南星、瓜蒌、姜汁；热郁运用青黛、香附、苍术、抚芎、炒栀子；血郁选用桃仁、红花、青黛、香附、抚芎；食郁选用苍术、香附、山楂、神曲。而香附善于疏通气机，于诸郁中恒多用之。他所创的六郁汤、越鞠丸等名方，一直为后世所沿用。

值得提出的是，丹溪在治疗郁证中，除了运用解郁方药外，还重视心理疗法的作用，常采取“以情解情”的方法，这是符合现代医学心身医学的观点的。

2. 痰证论治　痰为某些疾病的病理产物或致病因素，临床上有因病生痰和因痰致病二类。丹溪认为，痰症在临床上变化多端，症状不一，举凡喘、嗽、呕、利、眩晕、嘈杂、怔忡、惊悸、寒热痛肿、痞膈壅塞、胸胁间漉漉有声、背心一片常冰冷、四肢麻痹不仁，均为痰之所为。他说：“痰之为物，在人身随气升降，无处不到。”(《丹溪心法•痰》)还说：“百病中多有兼痰者”，“病人诸药不效，关脉伏而大者，痰也。”(引同上)据统计《金匮钩玄》载病近141种，与痰有关，从痰论治的有41种，占四分之一强。所以，程充说：“丹溪治病，以痰为重，诸病多因痰而生。”(引同上)

对痰证的治疗，丹溪提出需分标本，尝谓：“治痰法，实脾土，燥脾湿，是治其本。”(《丹溪心法•痰》)把二陈汤作为治痰基本方，认为“二陈汤，一身之痰都管，如要下行，加引下药，在上加引上药。”(引同上)还将痰分湿痰、热痰、寒痰、风痰、老痰、食积痰等许多种。针对不同性质的痰，还择不同的治则和药物。如湿痰用苍白术；热痰用青黛、芩、连；食积痰用山楂、麦芽、神曲；风痰用南星、白附子、天麻、僵蚕；老痰用海石、半夏、瓜蒌等。又说：“痰在胁下，非白芥子不能达……在皮里膜外，非姜汁、竹沥不可导达……四肢，非竹沥不开……结核在咽喉中，燥不能出入，用化痰药，加咸药软坚之味。”(引同上)再指出：“痰在肠胃间可下而愈”，“痰在膈上，必用吐法，泻亦不能去”。强调“善治痰者，不治痰而治气。”(引同上)这些用药经验，对临床很有参考价值。

3. 气血论治　气血论治是丹溪医学思想的另一重要组成部分。丹溪继承了东垣论治重脾胃元气的观点，强调“正气须保护”(《格致余论•张子和攻击注论》)，而他所说的正气，当是指气血而言。“人之所藉以为生者，血与气也。”(《格致余论•涩脉论》)

丹溪认为：“夫邪所客，必因正气之虚，然后邪得而客之，苟正气实，邪无自入之理。”《金匮钩玄》在这种观点指导下，其气血论治的特点是重于补虚，多从气血不足角度考虑。这可从他治气病善用四君子汤，血病习用四物汤得到印证。丹溪重视保护气血的学术观点，贯穿在临床各科。例如他对痛风证的治疗，除以辛热之剂流散寒湿，发腠行血外，还以四物汤补血养血。疟疾是“弱质而得深病”,“必先以参、术、陈皮、芍药等补剂”(《格致余论·痎疟论》),病邪虽实胃气伤者,勿使攻击;“血气两亏,痰客中焦”(《格致余论·虚病痰病有似邪祟论》)出现的神志错乱,治以“补脾清热导痰”。妇科诸疾,更以气血为重。胎堕为“血气虚损,不足荣养”之故(《格致余论·胎自堕论》);难产有属气虚“当补其母之气”(《格致余论·难产论》),难产胞损淋沥是“血气尤虚”(《格致余论·难产胞损淋沥论》),当以参术峻补之;转胞以四物汤加二陈汤及参术。凡此,皆从气血之虚来论治。

对于气血实证,丹溪虽多从热从郁考虑,以泻火清热或疏畅气血为治,但仍念及虚的一面,扶正之药的应用,亦不忽视。

从上述可以认为,丹溪气血论治是突出护正补虚。这对其后的戴元礼、王纶、汪机、虞抟等的学术观点,有着很大的影响。

四、丹溪学说的历史地位

(一)学派及弟子

河间的火热论到张子和,仍着重于对外来火热之邪以汗、吐、下三法攻去之。丹溪得罗知悌嫡传,受河间火热论的启示,又对《内经》进行精心的研究,阐扬“阳有余阴不足”之说。他认为,河间、子和的泻火祛邪法,适用于治疗湿热相火诸病;东垣的补中益气法,有利于心肺脾胃阳气不能升举者,都能超出前人,自成一家。惟对内伤阴虚火旺之证,无所创见。于是提出“滋阴泻火法”,专于“泻相火,补真阴”,变河间之学为滋阴说,独树一帜,对后世有深远的影响。

丹溪门人众多,可以查考的有赵道震、赵良仁、戴思恭、王履等。

赵道震,字处仁,金华人。《定远县志》对其医事有简单记载,谓其:“凡轩岐以下诸书,靡不精究,受学丹溪,所造益深,洪武巳己,徙籍定远,活人颇多,未尝言利。永乐丙戌,上命行人召修大典、运气书,震董其事,归而课子医业,暇则歌《楚辞》以自适,卒年八十四,所著有《伤寒类证》传于世。”可以约略得知赵氏精丹溪之学,并熟识运气学说。

赵良仁,字以德。本为吴人,据《苏州府志》载:“张氏踞吴,良仁挈家去浙。”又说：“少试吏宪司，即弃去。从丹溪朱彦修学医，治疗多奇效，名动浙东西。所著《医学宗旨》、《金匮方衍义》，并《丹溪药要》等书。后复来吴，占籍常洲，以高寿终。”看来亦深得丹溪心传。《宗旨》、《药要》两书均未见于世，《衍义》亦未梓行，后由清·康熙朝周扬俊补注，名，《金匮玉函经二注》，始有传本。据周氏在自序中说：“赵以德先生《衍义》，理明学博，意周虑审，惜乎未有梓本，读者甚少，更有遗篇，注递颇缺，余购之二十余载，未得全璧。因不揣疏陋，拟为补注，又大半采嘉言之议融合成之。”可以推知，周氏是看到赵著之抄本，并进行补注。故究良仁之学，可在《二注》中探求。

戴思恭，字元礼，明代浦江人。随父从学于丹溪。戴氏较为完整地继承了丹溪学术思想，不仅深求师意，而且善于发挥，为丹溪传人中颇有成就者之一。

戴氏阐发了丹溪“阳有余阴不足论”之说，指出“阳即言气，阴即言血。”(《金匮钩玄》)使丹溪上述观点更加明白晓畅，切合实用。他认为气属阳而主动，动而中节，方能周流全身，循环不已，外护肌表，内温脏腑百节。气之所以能周流不息，无微不至，是有赖于肺脏的不断敷布，故曰肺主治节。当气动“太过”一反顺降之性，发生冲逆，则可见喘、呕、躁、惊骇、狂越、痈疽、疮疡一类病症。是“气”反常而化为“火”。他提出的“气属阳动作火论”，实与丹溪“相火妄动为贼邪”同出一辙。

戴氏认为血属阴而主静，静而有守，方能和调于五脏，洒陈于六腑，束于血脉中。营血之所以荣养五脏六腑、四肢百骸，实赖心之统，肝之藏，肺之布，肾之施泄。他说：“血者，神气也，持之则存，失则亡，是知血盛则形盛，血弱则神衰。”(《金匮钩玄·血属阴难成易亏论》)人生于气交之中，多动而少静，故阳气易亢，阴血易耗。

由此可见，戴氏继承了丹溪“阳有余阴不足”的观点，突出气血盛衰论，有独到的见解。他的学术思想，对后来汪机有很大影响。

王履，字安道，元末江苏昆山人，丹溪弟子。王氏重视丹溪对医经的研究。在对《内经》“亢害承制”的理解上比前代医家王冰、刘河间更有创见。他说：“‘亢则害，承乃制’二句，言有制之常与无制之变也。承犹随也，有防之之义；亢者，过极也；害者，害物也；制者，克胜之也。然所承也，其不亢，则随之而已，故虽承而不见；既亢，则克胜以平之，承斯见矣。盖造化之常，不能以无亢，亦不能无制焉耳。”(《医经溯洄集》)见解精深，具有辩证法观点。

对《难经》阴阳虚实补泻，王氏亦有发挥。他在解释《难经·五十八难》中说：“伤寒阳虚阴盛，汗出而愈，下之则死；阳盛阴虚，汗出而死，下之则愈。”这是说，阴盛阳虚，是寒邪外客；阳盛阴虚，是热邪内识。表阳虚遭寒侵，助卫阳以解表，汗之而愈，若下之为引邪入里。阳热内盛，必伤阴津，下阳热以存阴津，汗之助热劫津当忌。在这以前，许多注家对这节经文亦有注释，有以阴阳指表里、尺寸、或六气病六经言，但均未说清其意。王氏注以阴阳之盛为病邪，阴阳之虚曰表里精气，简明扼要，合于义理。

可以看出，王氏治学，继承丹溪源于经而不囿于经，重视证诸实践，有发挥有创见，后人评价他“实能贯彻源流，非漫为大言以夸世者”(《四库全书提要》)。

另有刘叔渊，字橘泉，明初吴陵人，刘纯父，未见有著作传世。

刘纯，字宗厚，继其父叔渊之传，又复从江左冯庭干游，实为丹溪之再传弟子。著有《医经小学》等。

非丹溪门人而私淑者有汪机、王纶、虞抟、徐彦纯、陈无咎等。现将学术影响较大的汪、王、虞三氏简介如下：

汪机(详见“丹溪学说对新安医家的影响”)。

王纶，字汝言，号“节斋”，明浙江慈溪人。在学术上，他“专主《内经》而博观乎四子”(《明医杂著·医论》)。四子即指仲景、河间、东垣、丹溪。认为“四子之书，初无优劣，但各发明一义耳”。其中东垣、丹溪对他影响最大。他说：“人之一身，阴常不足，阳常有余。”又说：“火旺致病者，十居八九，火衰成疾者，百无二三。”主张自少至老，“常补其阴，使阴与阳齐，则水能制火，水升火降，斯无病矣。”(《明医杂著·补阴丸论》)他归纳丹溪治病“不出乎气、血、痰，故用药之要有三：气用四君子汤，血用四物汤，痰用二陈汤。久病属郁，立治郁之方，曰越鞠丸。”(《明医杂著·医论》)可谓深得丹溪之心法。

虞抟，字天民，浙江义乌人，世居花溪，自号“花溪老人”。其曾叔祖诚斋曾游学丹溪，世代以丹溪之学为宗。《医学正传》自序云：“愚承祖父之家学，私淑丹溪之遗风。”可见学有渊源。在他所著书中的各种病症，都列“丹溪要语”、“丹溪方法”、“丹溪活套”等。他对丹溪“阳有余阴不足论”有独特发挥，认为血虚可以从益气着手，借助阳气化生阴血，“血虚者须以参芪补之。阳生阴长之理也。”(《医学正传》)并说王纶“血虚而用参芪，反耗阴血”的论点是片面的。

另有徐彦纯，字用诚，明初会稽人。据杨士奇序《玉机微义》谓其私淑丹溪。著《本草发挥》，又著《医学折衷》。内中对杂病证治，多采用完素、从正、丹溪等诸家之说。后经刘纯续增，更名《玉机微义》。

（二）丹溪学说对新安医家的影响

明清时期，安徽皖南徽州地区（歙县、休宁、祁门等县）为古新安郡属地，其时名医辈出，誉满医林，时人称之为“新安医家”。丹溪学说至此时，经其门人戴元礼、王履等整理阐发，已有一定影响。当时东南地区多崇尚丹溪之学，新安医家中更代有传人。其中影响较大，对丹溪学说有系统继承发挥的有汪机、程充、方广等。

汪机，字省之，号“石山”，明代安徽祁门人，为丹溪私淑弟子。其学多宗丹溪，并多有阐发。在医学理论方面，他沿承丹溪“阳有余阴不足论”，认为丹溪以“日明于月”的自然现象，印证“气常有余，血常不足”，主要是针对养生而论，“无非戒人保守阴气，不可妄耗损”(《石山医案•营卫论》)；又说丹溪“遇有病气虚则补气，血虚则补血”，并非专主阴虚论治。在丹溪养阴问题上，纠正后人的片面理解。

汪氏又能以精到的分析，揭示丹溪某些论点的微旨。如丹溪谓：“气病补血，虽不中亦无害也；血病补气，则血愈虚散，是谓诛罚无过。”(《金匮钩玄》)汪氏认为这是丹溪指妄用辛热燥烈之品而论，用药宜偏柔和，勿可过刚烈，以免耗伤阴精。

汪氏医学主旨虽宗丹溪，但又旁通东垣，他认为：“丹溪以补阴为主，固为补营；东垣以补气为主，亦补营也。”(《石山医案•营卫论》)以营卫之说，横贯两家，不能不说是对丹溪学说的发展。

程充，字用光，号“复春居士”，安徽休宁汉口人，亦为丹溪私淑弟子。“尝以《丹溪心法》有川陕两本，妄为世医所增附，深惧上有累于朱氏，乃为之彪分胪列，厘其误而去其复，以还其旧。”(《丹溪心法·程敏政序》)故对《心法》明代杨楚玉刊陕西本和明代王季瓛刊四川本，进行全面修订。修订过程中参考《平治会萃》、《玉机微义》，并与丹溪曾孙朱贤家藏本对勘。经程氏整编后，每篇首列丹溪原论，次列戴元礼辨证、正方，再次为附录方。同时又增入外科、倒仓等篇。使《心法》一书比较完整、系统地反映丹溪学术思想，程氏是有一定功劳的。

方广，字约之，号“古庵”，明代安徽休宁人。亦私淑丹溪者，为医名著于时。他认为程充修订《心法》，未删附录。又进行删订，删去附录，突出正法正方，疾病分门别类，每证下，先列心法，次附方。卷首增丹溪《本草衍义补遗》，并将王节斋《明医杂著》分隶卷中。经方氏精心删订，既突出丹溪辨证论治之旨，又简明切要。

方氏在《丹溪心法附余》中，对《丹溪心法》内语录加以归纳、注疏，并对部分未发之意，则以前贤及自己经验加以增补。在治疗原则上，以辛凉、苦寒之剂，重视阴气的保护，为学丹溪而有心得者。

此外，新安医家徐春甫、孙一奎、程国彭、汪文绮、吴澄等，对丹溪学说均有一定的研究和发挥。

综上所述，明清时期，丹溪学术思想在新安地区医家中，有较深较广的影响，而新安医家对丹溪学说也作了大量的整理工作，并有一定的发挥，其功绩是不可泯灭的。

（三）关于“阳有余阴不足论”

丹溪的“阳有余阴不足论”，从天地、男女两性的成熟，性的早衰及四时五脏五行学说等四个方面来进行论证，对阳气和阴精的生理、病理作了有见地的阐发。揭示了相火妄动，灼耗阴精的病理，及阴虚之体患病易从阳化热之理，由此而引伸出来的滋阴降火法，为后世治疗阴虚发热等病证，提供了重要的理论依据和实践经验。

但是，丹溪片面强调了阳亢耗损阴精的一方面，忽略了阳气亦能化生阴精的道理。一部分“阳有余阴不足”的病变，特别是阴虚火旺体质的患者，其本质应是阴精的不足，不能偏执阳有余。其次，丹溪理解《内经》“年四十而阴气自半也”，只是阴精不足，而忽视了阳气衰弱的另一方面；又以生殖之精的来迟去早，作为“阴常不足”的论据，亦欠全面。其实体现生殖功能精血之来去，这只是生命过程中一个阶段现象，不能代表全过程。何况男精女血，皆必赖肾气所化生。由于“阳有余阴不足论”本身存在这些论证的不全面性，曾导致后世医家的责难，其中以明代医家张景岳最为突出，他在《景岳全书•传忠录》中对丹溪此论作了较详尽的评述。

张景岳说：“尝见朱丹溪‘阳常有余，阴常不足论’，谓人生之气常有余，血常不足，而专以抑火为言，且妄引《内经》‘阳道实，阴道虚’……等文强以为证。……盖人得天地之气以有生，而有生之气即阳气也，无阳则无生矣。故凡自生而长，自长而壮，无非阳气为之主，而精血皆其化生也，是以阳盛则精血盛，生气盛也；阳衰则精血衰，生气衰也。故《经》曰：‘中焦受气取汁变化而赤是谓血’，是岂非血生于气乎？丹溪但知精血皆属阴，故曰：‘阴常不足’，而不知所以生精血者，先由此阳气，倘精血之不足，又安能阳气之有余？由此虑之，何不曰难成之阳气，而反曰难成易亏之阴气，是何异但知有母而不知有父者乎？”(《景岳全书•传忠录下》)这里景岳说的“阳”和“气”是指人身的“真阳”和“元气”，而丹溪所说的“阳常有余”、“气有余”主要是指人身的“邪火”。由于景岳未能深透理解丹溪立论的本意，才造成了上述的误会。

(四) 关于“相火论”

丹溪的“相火论”，概括了相火的正、反两方面的作用，亦即对人体生理功能和病理变化的影响。就生理作用而言，相火动而中节，才“有裨补造化，以为生生不息之运用”，所以“人非此火不能生”。丹溪这种观点，对后世医家阐发命门相火学说，产生了积极的影响。如张景岳从《内经》“君火以明，相火以位”出发，认为“志意所出无不从乎形质也”。所以“君相之义无脏不有”，而“总言大体则相火当在命门”(《传忠录中·君火相火论》)。命门居两肾中,“为精血之海……为五脏六腑之本”,为“元气之根,为水火之宅,五脏之阴气非此不能滋,五脏之阳气非此不能发”(《传忠录下·命门余义》)。他又指出:“水中之火,乃先天真一之气,藏于坎中,此气自下而上,与后天胃气相接而化,此实生生之本也。”(《传忠录下·命门余义》)由此可见,景岳对命门相火的发挥,与丹溪“相火论”的影响,不无关系。

丹溪的相火动气说,到赵献可,又有了新的发展。赵氏大力阐扬“命门说”,谓:“两肾俱属水,但一边属阴,一边属阳。越人谓左为肾,右为命门,非也。命门即在两肾各一寸五分之间,当一身之中。”(《医贯·内经十二官论》)后世的命门说,大多以此为准。赵献可又着重发挥命门之火为人身至宝,“命门无形之火,在两肾有形之中,为‘黄庭’,故曰五脏之真,惟肾为根。”“世之养生者,治病者,均以命门为真主,而加意于火之一字。”(引同上)他甚至强调命门之火为人身之主,当称君火。命门为生命之门,其重要在心之上。可以认为赵氏把火作为生命活动之所系,在一定意义上来说,是受丹溪相火动气说的启发。

此外,丹溪在“阳有余阴不足论”和“相火论”学术思想的指导下,提出了“收心养心”,清心寡欲,以及节饮食、慎起居等各种摄生方法,从而保存阴气,却病延年。这在“养老论”、“慈幼论”、“饮食箴”、“色欲箴”、“茹淡论”等篇中均有所论述,对后世的养生保健和研究老年医学有一定的影响,至今仍有现实意义。

丹溪学说在国外亦享有盛誉。明代时,日人月湖、田代三喜等曾先后来华,悉心攻研丹溪之说,将丹溪学说传至日本。日本医学界曾成立“丹溪学社”,专门研究丹溪学说,足见其影响之深远。

浙江省中医药研究院文献研究室
一九八九年十月

元世祖至元十八年辛巳（公元1281年）一岁

十一月二十八日，震亨诞生于金华府义乌县赤岸镇。朱姓为当地之望族。

震亨字彦修，学者尊称为“丹溪先生”，郡邑尊称为“聘君”。

〔按〕《义乌赤岸朱氏宗谱》（以下简称《宗谱》载：丹溪“生于至元辛巳十一月二十八日”。《宋文宪公全集·故丹溪先生朱公石表辞》（以下书名简称《宋集》，篇名简称《石表辞》所记相同。至元辛巳为公元1281年，据《辞海·中国历史纪年表》（1979年版）所载公历纪年和中国历史纪年对照的绝对年份，1281年12月31日为辛巳年十一月十九日，丹溪生日十一月二十八日，公历已为1282年1月9日，故于理当作1282年。本《年谱》采用中国历史纪年，加注公历，因作说明。

丹溪谓其先世“兄弟七人，联登甲科”（《宗谱·上余佥事书》）。朱濂云：“乌伤之赤岸有望宗曰朱氏，出于汉槐里令云。槐里七世孙晋临海太守汎实自平陵来迁。临海之孙东阳太守恒，东阳之孙金威将军礼，亦皆仕于晋，至金威之曾孙幼，始事齐，历守高辛、平昌、淮阳三郡，转扬州刺史。扬州十四世孙某，有四丈夫子，生十八孙，知其后必蕃，而患无以为证，周广顺间乃治铁作罗汉像，人授其一，俾散居州境中，若今赤岸，则其一族也。七传至三府君良佑，益以建善惇业继其宗。”（《宋集·故裕轩先生墓碣铭并序》）“府君生某，某生迪功郎桂，迪功生乡贡进士环，先生之大父也。父讳元”（《宋集·石表辞》），母戚氏，为“宋朝奉郎

知袁州事如琥之曾孙，从政郎广德军司法参军宋祥之孙、贞孝先生绍之女”(《宋集·元故朱夫人戚氏墓铭》)。丹溪曾伯祖朱杓，精岐黄，著《本草千金方》、《卫生普济方》。从祖朱叔麟，宋咸淳四年进士，为县尹州佐，兼通医学，晚岁以医为事，医德高尚(均据《宗谱》)，对丹溪皆有一定影响。

“乌伤”为义乌之古称，“赤岸”旧名为“蒲墟”。据丹溪云：“义乌去县南四十五里，乡为双林，里曰蜀山，其中村聚，旧曰蒲墟。因村之民朱、王二氏相为婚姻，亲迎导饯，车马服饰之盛，照映溪岸，乡人荣之，故更曰赤岸。”(《宗谱·清德里记》)

宋濂云：“先生所居曰丹溪，学者尊之而不敢字，故因其地称之曰丹溪先生。”(《宋集·石表辞》)吴之器云：“廉访使者荐之于朝，震亨辞不受。郡邑咸尊遇之，号之曰聘君。”(《婺书·朱聘君传》)

元世祖至元二十七年庚寅(公元1290年)十岁

震亨受资爽朗，自幼好学，稍长，习举子业。

〔按〕 宋濂云：“先生受资爽朗，读书即了大义。为声律之赋，刻烛而成，长老咸器之。”(《宋集·石表辞》)

戴良云：丹溪“自幼好学，日记千言。稍长，从乡先生治经，为举子业”(《九灵山房集·丹溪翁传》)。

(礼记·曲礼上)谓“人生十年曰幼，学”，后因称十岁为“幼学之年”，故系此两条于本年。

元成宗元贞元年乙未(公元1295年)十五岁

父朱元病卒，家道中落。母戚氏教子有恩而严。

〔按〕 《宗谱》载：“元，字子初，生宋景定癸亥十二月十八日，卒元元贞乙未十月十日。”宋濂云：戚氏“丧其夫，三子皆幼。时宋亡为元，盗起旁县，焚庐舍、剽劫，家单甚。夫人艰勤悲悴，事舅姑无怠容，遇诸子有恩而严。少子尝戏取人一鸡卵，夫人怒甚，曰：是乃所当取耶？笞而责还之。……观丹溪可知夫人贤，观夫人其子之贤益可征”(《宋集·元故朱夫人戚氏墓铭》)。

元成宗大德六年壬寅(公元1302年)二十二岁

震亨尚侠气，因包银之令为民请命。

〔按〕　宋濂云："包银之令下，州县承之，急如星火。一里之间，不下数十姓，民莫敢与辩。先生所居里仅上富氓二人。郡守召先生，自临之曰：此非常法，君不爱头乎？先生笑曰：守为官，头固当惜，民不爱也。此害将毒子孙，必欲多及，民愿倍输吾产当之。守虽怒，竟不能屈。"（《宋集·石表辞》）

包银为元代对汉民户所征之赋税项目。据《元史·食货志》载："包银之法，宪宗乙卯年始定之。……及平江南，其制益广。至元二十八年，以至元新格定科差法。……成宗大德六年，又命止输丝户每户科俸钞中统钞一两，包银户每户科二钱五分，摊丝户每户科摊丝五斤八两。丝科限八月，包银、俸钞限九月，布限十月。"至元二十八年时丹溪仅十一岁，故为民请命当在本年。

元成宗大德七年癸卯（公元1303年）　二十三岁

长子嗣衍生。

〔按〕此据《宗谱》。

元成宗大德八年甲辰（公元1304年）　二十四岁

弟子赵良本生。

〔按〕　此据《宋集·太初子碣》推算。宋濂云："太初子讳良本，字立道……翰林侍制柳文肃公贯，太初子父友，雅爱太初子为人，命从朱先生震亨游。朱先生老儒，通医术，最严毅，不许可庸俗士，独乐太初子，尽传以其术。太初子谓吾欲及物而患无其道，今乃得之，遂发其术济病者。窭人来问药，与毕麾去，不取价。监察御史闻太初子精于医，荐于朝，授以医学正，太初子笑不就。"

元成宗大德九年乙巳（公元1305年）　二十五岁

葛干孙生。干孙与震亨齐名，且相友善。

〔按〕　此据元代徐显《稗史集传》推算。干孙字可久，江苏长洲人。《明史·方技传》谓其"名与金华朱丹溪埒"。丹溪与干孙交好，医术则不相上下。互相推崇，虚怀若谷。世传会诊情状，足资证明。现选录数则于下：

都穆云："元江浙行省有某平章者，将之任，道间忽染中风，四肢不举，延吾乡葛可久治之。可久登其舟，金华朱彦修先在。二公素相闻而不相识，见之甚欢。乃共脉平章。彦修曰：疾已殆，不可药矣。可久曰：吾固知其殆，然尚有一针法。彦修曰：君之针第可运其二肢，无益也。左右强可久针，针入，如彦修之言。彦修问平章家道里远近，以指计之，谓左右曰：即回尚可抵家，稍迟无及矣。后平章还，果以及门而卒。"（《都公谭纂》）

徐祯卿云："朱彦修治浙中一女子瘵，且愈，颊上两丹点不灭。彦修技穷，谓主人曰：须吴中葛公耳！然其人雄迈不羁，非子所致也。吾遣书往，彼必来。主人悦，具供帐舟楫以迎。使至，葛公方与众博，大叫。使者俟立中庭，葛公瞠目视之曰：尔何为者？使者奉牍跪上之。葛公省书，不谢客行，亦不返舍，遂登舟。比至，彦修语其故，出女子视之。可久曰：法当刺两乳。主人难之。可久曰：请覆以衣。援针刺之，应手而灭。主人赠遗甚丰。可久笑曰：吾为朱先生来，岂责尔报耶？悉置不受。"（《异林·艺术》）

李绍文云："葛脉一人曰：子三年疽发背不救矣。朱教以日饮梨汁，不致大害。后果无恙。葛知其故，叹曰：竟出朱公下，何医为！悉取平生所论著焚之，曰留之适以祸人。"（《明世说新语》）

元成宗大德十一年丁未（公元1307年）　二十七岁

弟子戴士垚生。

〔按〕　宋濂云："君讳士垚，其字仲积。婺浦江人。生于大德丁未八月十九日。"（《宋集·戴仲积墓志铭》）

元武宗至大三年庚戌（公元1310年）　三十岁

震亨有志于医，始读《素问》。

宋濂生。

〔按〕　丹溪云："震亨三十岁时，因母之患脾疼，众工束手，由是有志于医，遂取《素问》读之。三年，似有所得；又二年，母氏之疾以药而安。"《格致余论·自序》

郑楷云：宋濂"生于至大庚戌十月十三日"（《宋集·行状》）。

元仁宗皇庆二年癸丑（公元1313年）　三十三岁

震亨继续攻医，学有所得。

从祖朱叔麒卒。

十一月，诏行科举。

〔按〕 上据《格致余论·自序》，下据《元史·选举志》。

《宗谱》谓叔麒卒于本年。叔麒存心仁慈，医德高尚，对丹溪影响甚深。后来丹溪名震遐迩，“四方以疾迎候者无虚日，先生无不即往，虽雨雪载途，亦不为止。仆夫告痛，先生谕之曰：疾者度刻如岁，而欲自逸耶？窭人求药无不与，不求其偿；其困厄无告者，不待其招，注药往起之，虽百里之远弗惮也”（《宋集·石表辞》）。俞弁云：“余近见丹溪先生（诲子十说》，其一云：同道中切宜谦和，不可傲慢于人，年尊者恭敬之，有学者师事之。倘有医类，但当义让，不可攘夺，致怨招谤。经云：礼之用，和为贵。噫，观……公之谦德，足以为后学之楷范。”（《续医说·厚德》）

元仁宗延祐元年甲寅（公元1314年）　三十四岁

八月，科举恢复。

〔按〕《元史·选举志》载仁宗诏曰：“其以皇庆三年八月，天下郡县，与其贤者、能者，充赋有司。次年二月，会试京师，中选者朕将亲策焉。”皇庆三年改元延祐，故“皇庆三年”即是本年。

元仁宗延祐二年乙卯（公元1315年）　三十五岁

震亨治母病获愈。

弟子赵良仁生。

〔按〕 上据《格致余论·自序》。下据《浦阳赵氏宗谱》，谓良仁“生于延祐乙卯十二月初八日”。

王鏊云：赵良仁，字以德。其先于宋有属籍。良仁少试吏宪司，即弃去，从丹溪朱彦修学医。治疗多有奇效，名动浙东西。……张氏据吴，良仁挈家去浙。后复来吴，占籍长洲，以高寿终。”（《姑苏志·人物》）据（浦阳赵氏宗谱）载：良仁号云居，为良本之弟，自幼与兄师事吴莱、柳贯，会戴士垚挈子思恭将至义乌从学于丹溪，良仁兄弟从父命偕行。丹溪见其颖悟绝伦，遂尽传其学。著有《金匮方衍义》等。

元仁宗延祐三年丙辰（公元1316年）　三十六岁

震亨赴东阳八华山，师事许谦，受朱熹之学。时许谦四十七岁，患病，鼓励震亨学医。

〔按〕 宋濂云：丹溪“尚侠气，不肯出人下。乡之右族或陵之，必风怒电激，求直于有司。上下摇手相戒，莫或轻犯。时乡先生文懿许公讲道东阳八华山中，公上承考亭朱子四传之学，授受分明，契证真切，担簦而从之者，亡虑数百人。先生叹曰：丈夫所学，不务闻道，而惟侠是尚，不亦惑乎！乃抠衣往事焉。公为开明天命人心之秘，内圣外王之微。先生闻之，自悔昔之沉冥颠躋，汗下如雨。由是日有所悟，心扃融廓，体肤如觉增长，每宵挟册坐至四鼓，潜验默察，必欲见诸实践。抑其疏豪，归于粹夷，理欲之关，诚伪之限，严辨确实，不以一毫苟且自恕。”(《宋集•石表辞》)“考亭朱子”指朱熹，为宋著名理学家，许谦是其四传弟子。

胡翰云：丹溪“年逾三十，更感发为学，从文懿许先生谦游，讲学八华山中，理义大有得焉。于是向之杰然，一变而为粹然也”(《宗谱•忆丹溪先生哀辞》)。

戴良云：“一日，文懿谓曰：吾卧病久，非精于医者，不能以起之。子聪明异常人，其肯游艺于医乎？翁以母病脾，于医亦粗习，及闻文懿之言，即慨然曰：士苟精一艺以推及物之仁，虽不仕于时犹仕也。乃悉焚弃向所习举子业，一于医致力焉。”(《九灵山房集•丹溪翁传》)

许谦，字益之，晚号白云山人。金华人。幼孤力学，受业于金履祥，传朱熹之学。于书无所不读，不出里闾者四十年。公卿累荐，终莫能致。晚年讲学，至诚谆悉，内外殚尽，从游者千余人。世称白云先生，卒谥文懿。其年龄据《元史•本传》推定。

元仁宗延祐四年丁巳(公元1317年) 三十七岁

八月，震亨乡试失利。

祖父朱环卒。

〔按〕 丹溪初习举子业，旋即弃去，惟侠是尚，后复从许谦游，“岁当宾兴，先生应书秋闱，幸沾一命，以验其所施，再往再不利”(《宋集•石表辞》)。“宾兴”指乡试。根据《宋集•石表辞》推算，丹溪应乡试当在从许谦学习之后，故系于本年。

《元史·选举志》谓“科场每三岁一次开试”，而乡试则在会试前一年进行。自延祐元年至本年正为三年，故本年举行乡试。

《宗谱》载朱环卒于本年，享年八十六岁。环字君玉，号存斋。宋宝祐戊午乡试第二十八名。《宋集》有传。

元仁宗延祐七年庚申（公元1320年）　四十岁

震亨再应乡试，仍失利，遂弃举子业，专志于医。重读《素问》，并矢力于公益。

〔按〕 据《金华府志·科第》载：本年乡试中式仅浦江吕莱一人，丹溪仍失利。《义乌县志·理学》谓“当宾兴，再往不利，于是益研磨医学。且曰：吾既穷而在下，泽不能致远，其可远者，非医将安务乎”。胡翰云：丹溪“乃喟然叹曰：吾学冀有闻焉尔，科之利不利，天也，吾安能取必哉！言归之田，以寻素业。俄许先生病，以医为嘱。退，伏念生十四年而哭其父，当其病之未革也，医宁尽其术哉？终天之恨靡及，在三之义斯存，爰始溯医家者流，究岐黄之术”（《宗谱·忆丹溪先生哀辞》）。此时丹溪方绝意仕进，决心为医。

本年丹溪重读《素问》，自云：“犹虑学之未明，至四十岁，复取而读之。顾以质钝，遂朝夕钻研，缺其所可疑，通其所可通。”（《格致余论·自序》）

宋濂云：丹溪“再往再不利。复叹曰：不仕固无义，然得失则有命焉。苟推一家之政以达于乡党州闾，宁非仕乎？先是府君置祭田三十余亩，合为一区，嗣人递司穑事，以陈时荐，然有恒祭而无恒所。先生乃即适意亭遗址建祠堂若干楹，以奉先世神主，岁时行事。复考朱子家礼，而损益其仪文。少长咸在，执事有恪，深衣大带，以序就列，宴私洽比，不愆于礼。适意亭者，府君所造，以延徐文清公之地，先生勿忍其废，改创祠堂之南，俾诸子侄肄习其中”（《宋集·石表辞》）。“府君”指丹溪五世祖东堂，“徐文清公”指理学家徐侨，均系宋人。

元英宗至治元年辛酉（公元1321年）　四十一岁

震亨为许谦治病，时许谦五十二岁。

参予增修《宗谱》，并赋合谱诗。

〔按〕《宗谱》载有朱继善《延祐辛酉增修家乘序》，谓“今因侄震亨旧录，采其讳字、行第、生死岁月、葬地所可靠者，增集而书之”。元英宗于延祐七年三月即位，次年改元至治。七年庚申、八年辛酉，故“延祐辛酉”即系本年。

丹溪合谱诗（和西轩公）云：“汰为瓦砾筛为糠，多羡幽兰涧谷香。地接桃溪闻北阮，谱传槐里到东阳。未逢骐骥先求骨，堪作参苓处在囊。棣萼翩翩荆树老，稳教人唤郑公乡。”西轩公原倡云：“蝉联槐里世多良，湖海知君姓氏香。谁道少微明午夜，只缘丹凤在朝阳。汪洋性理言盈耳，拯济岐编药在囊。一自东阳传谱后，蒲墟源接义和乡。”（《宗谱》）

治病详下条。

元英宗至治二年壬戌（公元1322年） 四十二岁

三月，震亨以倒仓法治愈许谦痼疾。

〔按〕 戴良谓丹溪尽得罗知悌之学而归，“乡之诸医泥陈、裴之学者，闻翁言即大惊而笑且排。独文懿喜曰：吾疾其遂瘳乎？文懿得末疾，医不能疗者十余年。翁以其法治之，良验。于是诸医之笑且排者，始皆心服口誉。数年之间，声誉顿著”（《九灵山房集·丹溪翁传》）。观此，则丹溪治疗许谦痼疾当在从罗知悌学习之后，然而丹溪自述：“吾师许文懿始病心痛，用药燥热辛香，如丁、附、桂、姜辈，治数十年而足挛痛甚，且恶寒而多呕，甚而至于灵砂、黑锡、黄芽、岁丹、继之以艾火十余万，又杂治数年而痛甚，自分为废人矣，众工亦技穷矣。如此者又数年，因其烦渴恶食者一月，以通圣散与半月余，而大腑逼迫后重，肛门热气如烧，始时下积滞如五色烂锦者、如柏烛油凝者，近半月而病似退，又半月而略思谷，而两足难移，计无所出。至次年三月，遂作此法（指倒仓法），节节如应，因得为全人。次年再得一男。又十四年以寿终。”（《格致余论·倒仓论》）据《黄文献公全集·白云许先生墓志铭》记载，许谦卒于元惠宗至元三年，享年六十八岁。按丹溪自述上推，为许谦治病当在本年，系在从知悌学习之前。《名医类案·心脾痛》与《续名医类案·痰》均收载丹溪治许谦案，内容基本相同，而以后者记叙为详。谓许谦五十一岁时丹溪始为治病，次年行倒仓法获痊。本年许谦为五十三岁，上述记载与本文推算基本一致，足证戴良之说不确。

元英宗至治三年癸亥（公元1323年）　四十三岁

妻戚氏卒。

从子嗣汜生。

〔按〕 据《宗谱》载，本年六月十二日戚氏卒，享年四十五岁。宋濂云："戚氏，道一书院山长象祖之女。先三十五年卒。子男二：嗣衍、玉汝，嗣衍亦先三年卒。女四：适傅似翁、蒋长源、吕文忠、张思忠。孙男一：文椐。女二：一适丁榆，一尚幼。"（《宋濂·石表辞》）

又《宗谱》载，嗣汜本年生。《义乌县志·方技》谓朱玉汝"与从弟嗣汜俱以医名"。嗣汜受业于丹溪，故云。

元泰定帝泰定元年甲子（公元1324年）　四十四岁

弟子戴思恭生。

〔按〕 此据《明史·方技传》。

元泰定帝泰定二年乙丑（公元1325年）　四十五岁

震亨外出千里求师。途经定城，始得观《原病式》、东垣方稿。夏，谒罗知悌于武林；秋，始得受业。时震亨已有医名。

〔按〕 丹溪习医，初亦手抄《局方》，昼夜揣摩，旋悟"操古方以治今病，其势必不能以尽合，苟将起度量，立规矩，称权衡，必也《素》、《难》诸经乎？然吾乡诸医，鲜克知之者"（《九灵山房集·丹溪翁传》）。"于是决意于得名师以为之依归，发其茅塞，遂游江湖。但闻某处有某医，便往拜而问之。连经数郡，无一人焉。后到定城，始得《原病式》、东垣方稿，乃大悟子和之孟浪，然终未得的然之议论，将谓江、浙间无可为师者。泰定乙丑夏，始得闻罗太无并陈芝岩之言，遂往拜之。蒙叱骂者五、七次，趑趄三阅月，始得降接"（《格致余论·张子和攻击注论》）。《格致余论·自序》谓"至四十岁……又四年而得罗太无讳知悌者为之师"。两者记录从师时间小有出入。《张子和攻击注论》明言年号、干支，此为丹溪生平之大事，所记必不致误，故从之而系于本年。由于“趑趄三阅月，始得降接”，故受业当在秋季无疑。范行准先生云：丹溪“至杭，闻诗人陈芝岩言，始受业于中官罗知悌之门”（《宋震亨评传》）。据此，则“始得闻罗太无并陈芝岩之言”之“并”字，似为“于”字之误，当系陈芝岩介绍知悌医道高明，丹溪遂下决心投师。

关于丹溪投师之经过，宋濂所叙尤详：“时方盛行陈师文、裴宗元所定大观二百九十七方，先生独疑之曰：用药如持衡，随物重轻而为前却。古方新证，安能相值乎？于是寻师而订其说，渡浙江，走吴，又走宛陵，走建业，皆不能得。复回武林，有以司徒罗知悌为告者。知悌字子敬，宋宝祐中寺人，精于医，得金士刘完素之学，而旁参于李杲、张从正二家，然性倨甚。先生谒焉，十往返不能通，先生志益坚，日拱立于其门，大风雨不易。或告罗曰：此朱彦修也。君居江南而失此士，人将议君后矣。罗遽修容见之，一见如故交。为言学医之要，必本于《素问》、《难经》，而湿热相火为病最多，人罕有知其秘者。兼之长沙之书详于外感，东垣之书详于内伤，必两尽之，治疾方无所憾。区区陈、裴之学，泥之且杀人！先生闻之，夙疑为之释然。”（《宋集·石表辞》）

《杭州府志·人物》（成化旧志）云：“罗知悌，字子敬。以医侍穆陵，甚见宠厚。丹溪朱彦修志医，遍历江湖，不遇明者，还至武林，遇知悌，候门下三载，始得见。知悌爱其诚，尽以其术授之，彦修遂以医名东南。知悌能词章，善挥翰。贫病无告，予之药，无不愈者，仍赡以调理之资。”“穆陵”指理宗。宋恭帝赵㬎德祐二年，元兵破临安，掳宋帝、太后等北行，知悌亦随入元都。文中“三载”当为“三月”之误，有丹溪自述为证。罗氏号太无，为河间学派南传之关键人物，然有关记载甚少，孔齐《静斋至正直记》中有“罗太无高节”一则，可供参考。

元泰定帝泰定三年丙寅（公元1326年）　四十六岁

震亨继续学医，手抄东垣方稿。罗知悌年事已高，赖其为辅。

〔按〕　丹溪自述：“罗每日有求医者来，必令其诊视脉状回禀。罗但卧听口授：用某药治某病，以某药监某药，以某药为引经。往来一年半，并无一定之方。至于一方之中，自有攻补兼用者，亦有先攻后补者，亦有先补后攻者。又大悟古方治今病，焉能吻合？随时取中，其此之谓乎？是时罗又言：用古方治今病，正如折旧屋揍新屋，其材木非一，不再经匠氏之手，其可用乎？由是又思许学士《释微论》曰：予读仲景书，用仲景之法，然未尝守仲景之方，乃为得仲景之心也。遂取东垣方稿，手自抄录，乃悟治病人当如汉高祖踪秦暴、周武王踪商虐之后，自非发财散粟与三章之法，其受伤之气、倦惫之人，何由而平复也？于是定为：阴易乏，阳易亢，攻击宜详审，正气须保护，以《局方》为戒哉。”（《格致余论·张子和攻击注论》）由此可知，丹溪已大得医学妙谛。

元泰定帝泰定四年丁卯（公元1327年）　四十七岁

罗知悌卒，震亨为之营葬，尽得其学归。

〔按〕　罗知悌之卒年，据史常永先生考定为本年夏秋之际，详见《中华医史杂志》1980年第一期。

戴思恭云：“太无罗知悌者，宋末高尚……吾师丹溪先生闻而谒焉，五造始得通。喜曰：吾道赖子不灭矣。乃悉所闻授焉。居三年而太无辞世，先生为之营葬乃归。”（《罗太无先生口授三法·序》），引自《医史文献理论丛刊》1979年第三期）

戴良云：丹溪“居无何，尽得其学以归”（《九灵山房集·丹溪翁传》）。吴之器云：“学成而归，每治疾，往往以意为之，巧发奇中，按之书，无有也。诸医皆惊，已而讪且排之，卒乃大服，愿为弟子。其名藉甚，遍浙河东西，以至吴中，罕不知有丹溪生者。”（《婺书·朱聘君传》）

卢和云：丹溪“得罗知悌传，取《素问》而下诸书读之，研精覃思，融会贯通，于是而折其衷，若仲景之外感、东垣之内伤、戴人之攻击，与夫业擅一家者，咸均有而时出之”（《丹溪先生医书纂要·自序》）。戴良云：“遇病施治，不胶于古方，而所疗皆中，然于诸家方论，则靡所不通。他人靳靳守古，翁则操纵取舍，而卒与古合。”（《九灵山房集·丹溪翁传》）

元文宗天历二年己巳（公元1329年）　四十九岁

宋濂二十岁，与震亨为忘年交。

〔按〕 宋濂，字景濂，号潜溪。浦江人。明初著名文学家，曾受业于吴莱、柳贯、黄溍。英敏强记，博通五经。元时授翰林院编修，以亲老固辞。隐居龙门山，著书十余年。后任明，召为纂修《元史》总裁官，官至翰林学士承旨兼太子赞善大夫，深得明太祖朱元璋宠信。明初制作礼乐，多所裁定。卒谥文宪，著作甚富（《明史·本传》）。

宋濂云："盖自加布于首，辄相亲于几杖间，订义质疑，而求古人精神心术之所寓。先生不以濂为不肖，以忘年交遇之，必极言而无所隐，故知先生之深者，无逾于濂也。"（《宋集·石表辞》）又云："予尝从先生游，而交原礼诸父间甚久。"（《宋集·题朱彦修遗墨后》）可知宋濂与丹溪过往甚密，交情颇深。因而所撰之《石表辞》，公认为研究丹溪之重要资料。他如丹溪母亲之《墓铭》、《格致余论》之《题辞》，以及《蜀墅塘记》等文，均出其手笔。"加布"即"加冠"，为男子二十岁之代称。本年宋濂二十岁，故系本条于此。

元文宗至顺二年辛未（公元1331年） 五十一岁

震亨主持修葺朱氏祠堂，作《牖铭并序》。

〔按〕《宗谱·朱氏祠堂记》云："再圮于元至顺间，东堂翁五世孙震亨，字彦修，号丹溪者，重加修葺。"至顺纪年共三年，此云"至顺间"，故系于本年。

《宗谱》载有《丹溪先生牖铭并序》，当撰于本年。

元宁宗至顺三年壬申（公元1332年） 五十二岁

弟子王履生。

〔按〕 此据《辞源》（1979年版），《明史·方技传》云："王履，字安道。昆山人。学医于金华朱彦修，尽得其术。"钱谦益称其"笃志问学，博通群籍。教授乡里，为后进楷则。能诗文，工绘事。精于医药，尽得金华朱彦修之传。著医书累百卷"（《列朝诗集小传·甲集》）。

元惠宗元统元年癸酉（公元1333年） 五十三岁

八月，震亨客居金华，治愈叶仪滞下危证。又为梅溪楼氏题像赞。

〔按〕 叶仪云："岁癸酉秋八月，予病滞下，痛作，绝不食饮。既而困惫，不能起床，乃以衽席及荐阙其中，而听其自下焉。时朱彦修氏客城中，以友生之好，日过视予，饮予药。但日服而病日增，朋游哗然议之。彦修弗顾也。浃旬病益甚，痰窒咽如絮，呻吟亘昼夜。私自虞，与二字诀，二子哭，道路相传谓予死矣。彦修闻之，曰：吁！此必传者之妄也。翌日天甫明，来视予脉，煮小承气汤饮予。药下咽，觉所苦者自上下，凡一再行，意冷然。越日，遂进粥，渐愈。朋游因问彦修治法。答曰：前诊气口脉虚，形虽实而面黄稍白。此由平素与人接言多，多言者中气虚；又其人务竟已事，恒失之饿而伤于饱，伤于饱其流为积，积之久为此证。夫滞下之病，谓宜去其旧而新是图，而我顾投以参、术、陈皮、芍药等补剂十余帖，安得不日以剧？然非此浃旬之补，岂能当此两帖承气哉！故先补完胃气之伤，而后去其积，则一旦霍然矣。"(《古今医案按·痢》)丹溪此案治法，全仿罗知悌治一僧案，先补后攻，以奏全功。仪字景翰。"受学于白云许公。……太祖下金华，召仪为五经师，以老疾辞，隐居养亲。所著书有《南阳杂稿》等集。"(《金华府志·人物》)俞震亦谓其"尝与丹溪俱从白云许先生学"(《古今医案按·痢》)。可见两人本为同学，故能笃信不疑，而丹溪得以奏其技。

丹溪客金华，则恒居胡翰之家。翰字仲申，金华人。为丹溪之同学兼姻亲，故有云："余辱同门，申之以婚姻。(丹溪)每入城，不以敝庐为不足留，留或信宿。士大夫相过，坐席恒满。剧谈古今天下事，至安危休戚之会，慷慨悲凄，或泣下数行，意象类齐鲁奇节之士。"(《宗谱·忆丹溪先生哀辞》)又据《金华府志·人物》载：胡翰"自幼聪睿，志气异群儿。……长从吴师道授经，从吴莱学古文词，又登许谦之门，获闻考亭相传的绪。……遭时不靖，避地南华人中著书。……太祖定金陵，遣使召翰入见。……除衢州府学教授。洪武乙卯，与修《元史》，分撰英宗、睿宗本纪及丞相拜住等传。书成，赐白金文绮。辞归，卜居长山之阳。学者称曰长山先生。卒年七十五”。胡翰与丹溪交情甚深，撰有《忆丹溪先生哀辞》。情感真挚，溢于言表。

《梅溪楼氏宗谱》载：丹溪本年为楼氏始祖竹山公题像赞。文云：“天福有德，克巩克昌，子子孙孙，勿替引长。”落款为“丹溪朱震亨”。印章文同，朱文。像赞笔法俊逸遒劲，饶有古趣。

元惠宗至元二年丙子（公元1336年） 五十六岁

震亨至浦江麟溪，为郑氏纂定家范。

〔按〕 宋濂云：“浦阳郑太和十世同居，先生为之喜动颜面。其家所讲冠婚丧祭之礼，每咨于先生而后定。”（《宋集·石表辞》）又据《浦江县志·流寓》载：“震亨尝至浦之麟溪，为郑氏纂定家范。”同书有郑太和传，谓“至元元年冬，以太常博士柳贯上状复其家，部使者余阙为书浙东第一家褒之”（《孝友》）。其家纂定家范，当在受褒之后，丹溪之“喜动颜面”，似亦因于此，故丹溪极有可能于本年至浦江，因系此事于本年。

元惠宗至元三年丁丑（公元1337年） 五十七岁

许谦疾革，震亨侍侧。十月，谦卒。

〔按〕 黄溍云：许谦“三年冬十月，疾复作。门人朱震亨进，曰：先生视稍偏矣。先生更肃容端视。顷之，视微瞑，遂卒”（《黄文献公全集·白云许先生墓志铭》）。《义乌县志》亦谓谦“疾革，震亨侍侧”。

元惠宗至元四年戊寅（公元1338年） 五十八岁

震亨赴浦江九灵山，为戴士垚母治病。

〔按〕 宋濂云：士垚“母夫人病久不瘳，医之知名者，君悉迎致。其药饵之品，多附子、灵砂之属，钱动数万计。君营治勤悴，而病益以增。后遇乌伤朱君彦修，始知其药之非。方图改法，而母病不可为。君痛迫于心，旦暮号泣，几不能终丧”（《宋集·戴仲积墓志铭》）。查《建溪戴氏宗谱》，士垚之母卒于本年，故迎致丹溪亦当在本年。

士垚痛母之逝，嗣后遂发愤治医。率子思恭、思温，同师丹溪，均承青睐。故宋濂云："先生之弟子虽众，得其真切者，惟仲积父子为优。仲积不幸早世，原礼以其学行于浙之西。从之者日益多，由是先生之道沾被滋广。"（《宋集·题朱彦修遗墨后》）

元惠宗至正元年辛巳（公元 1341 年）　六十一岁

杜本著《敖氏伤寒金镜录》。本与罗知悌相友善，与丹溪有交往。

〔按〕　此据《自序》及《续医说》。

杜本，字伯原，人称清碧先生。清江人。平居书册未尝释手，经史多手写成集。博学善文，志行高洁。屡征不起，隐居武夷山中学道。与罗知悌相友善，"尝私问之，多所指教，因得其秘略云"（《静斋至正直记·罗太无高节》）。编著《敖氏伤寒金镜录》，为舌诊专著之滥觞，并著有《诊论》一书，惜已失传。本之医学渊源，当与知悌有关，而其术则略亚于丹溪。据俞弁云："元·杜清碧学道武夷，至婺源，病脑疽，自治不愈。朱丹溪往视之，曰：何不服防风通圣散？清碧曰：已服数四矣！丹溪曰：盍以酒制之！清碧乃悟。服不尽剂而愈。自此心服丹溪。"（《续医说·古今名医》）

元惠宗至正二年壬午（公元 1342 年）　六十二岁

正月，震亨主持更定族中祭礼完毕。

〔按〕　此据《宗谱·丹溪翁书记后》。

元惠宗至正三年癸未（公元 1343 年）　六十三岁

戴思恭受业于震亨，时二十岁。

〔按〕　郑沂云：思恭"才弱冠，从府君谒丹溪，即蒙期待甚至，议论谏动伦辈。于是公游丹溪之门二十余年，岁二十余往返。其于讲学切问，皆圣贤宏奥，医特一事耳"（《建溪戴氏宗谱·明奉政大夫太医院使显一府君行状》）。"弱冠"为男子二十岁之代称，故系本条于此。

戴思恭，字原礼，号肃斋，以字行。浦江人。《明史·方技传》谓其"受业于义乌朱震亨。震亨师金华许谦，得朱子之传；又学医于宋内侍钱塘罗知悌，知悌得之荆山浮屠，浮屠则河间刘守真门人也。震亨医学大行，时称为丹溪先生。爱思恭才敏，尽以医术授之。洪武中，征为御医。所疗治立效，太祖爱重之。……太祖崩，太孙嗣位，罪诸医，独擢思恭太医院使”。

宋濂云：“原礼生儒家，习闻诗礼之训，惓惓有志于泽物，乃徒步至乌伤，从朱先生彦修学。先生见其颖悟倍常，倾心授之。原礼自是识日广，学日笃。出而治疾，往往多奇验。……刘之学，朱先生得之最深，大江以南医之道本于《内经》，实自先生发之。原礼乃其高第弟子，其用心也笃，故造理为特精；其传授有要，故察证无不中，亦可谓贤也已矣。”(《宋集•送戴原礼还浦阳序》)

思恭弟思温，字原直，号益斋。亦为丹溪入室弟子。刘春浩云：“丹溪原委皆亲授，秘监文章不浪夸。”(《建溪戴氏宗谱•送益斋府君挽诗》)《浦江县志•方技》称其“少尝以医术出游吴楚，东沿淮泗至齐鲁。往来公卿间，虚左而俟、束帛而迎者，不可胜数”。

元惠宗至正四年甲申(公元1344年)　六十四岁

正月，邑间痘疮流行。

夏，震亨倡修蜀墅塘；秋，修筑祭田。

〔按〕　丹溪云：“至正甲申春，阳气早动，正月间邑间豆疮不越一家。率投陈氏方，童幼死者百余人。”(《格致余论•豆疮陈氏方论》)

关于蜀墅塘，宋濂云：“义乌县南四十里，有塘曰蜀墅焉。……水之所溉田至六千亩而赢。至正四年夏，水暴而堤坏，田遂不稔。丹溪朱君震亨悯农之告病也，白于县。县尹周候自强为下其事，命双林巡检张某来视役。震亨遂尽召有田之民，履其亩而使之输其力，荐货有差，复出役夫之功一千，以为众倡。众悦，趋之，一听震亨之经画。”(《宋集•蜀墅塘记》)

本年水灾，祭田亦受其害。据《义乌县志•祠祀》记载：“震亨修筑祭田”，并自为记。

元惠宗至正五年乙酉(公元1345年)　六十五岁

十一月，蜀墅塘工竣，宋仁杰等请宋濂为记，并志震亨之功。

〔按〕　宋濂谓蜀墅塘工程“经始于五年秋八月庚申，逾三月乃告成。里耆宋仁杰等来请濂曰：震亨之兴是役也，初无一弓之田以徼塘利，其夙夜尽瘁而不舍者果何为哉？凡欲利吾农也。我不敢忘，愿吾子记之”（《宋集·蜀墅塘记》）。丹溪于乡里公益之事，皆尽力为之，故郑柏、金江皆称其“屏释老之诞，罢渎神之祀，持公平以服众心，排纷难以安闾里，人多德之”（《金华贤达传·儒学》与《义乌人物记·文学》）。《宋集·石表辞》所载尤详：“县有暴丞，好谄渎鬼神。欲修岱宗祠以徼福，惧先生莫己与，以言尝之曰：人之生死，岳神实司之。欲治其宫，孰敢干令！先生曰：吾受命于天，何庸媚土偶为生死计耶？且岳神无知则已，使其有知，当此俭岁，民食糠核不饱，能振吾民者，然后降之福耳。卒罢其事。赋役无艺，胥吏高下其手，以民为奸。先生集同里之人谓曰：有田则科徭随之，君等入胥吏饵而护相倾，非策之上也。宜相率以义，絜其力之朒赢而敷之。众翕然从。每官书下，相依如父子，议事必先集。若苛敛之至，先生即以身前，辞气恳款，上官多听，为之损裁。”

元惠宗至正六年丙戌（公元1346年）　六十六岁

母戚氏卒。

〔按〕　此据《宋集·元故朱夫人戚氏墓铭》。

元惠宗至正七年丁亥（公元1347年）　六十七岁

震亨撰《格致余论》成，特请宋濂题辞。

〔按〕　《格致余论·自序》署“至正丁亥十月望日”（此据《宗谱》所录），故推断此书成于本年。

宋濂为《格致余论》题辞云：“……君年既高，所见益精粹，其自得者，类多前人所未发，乃徇门人张翼等请，著为书若干篇，名之曰《格致余论》。持以示金华宋濂，濂窃受而读之，见其立言深，察证详，未尝不叹君用志之勤也。……至正七年冬十有一月日南至，金华宋濂书于浦阳东明山中。”（引自《宗谱》）

戴良云：丹溪以刘、张、李三家之论，“去其短而用其长，又复参以太极之理，《易》、《礼记》、《通书》、《正蒙》诸书之义，贯穿《内经》之言，以寻其指归。而谓《内经》之言火，盖与太极动而生阳，五性感动之说有合；其言阴道虚，则又与《礼记》之养阴意同，因作《相火》及《阳有余阴不足》二论以发挥之”（《九灵山房集·丹溪翁传》)。上述两论均收在《格致余论》中。此书能充分反映丹溪之学术思想,因而为后世所重,清代《四库全书·子部·医家类》中即收有本书。

丹溪学术思想之主要内容包括两个方面:理论上阐明相火为人身生命活动之原动力,若反常妄动则变为贼邪而致人于病,并在此基础上创立"阳常有余阴常不足"之说;临床上阐明气、血、痰、郁之致病机理,并在此基础上创立一套完整治法,大大丰富了杂病的辨证施治内容。丹溪反复强调保阴之重要性,对后世影响甚大,尤其是温热学派"养阴清热"治则之确立,实导源于此。其气、血、痰、郁之治疗经验,不仅在国内影响深远,而且还传至日本,成为沿用迄今之日本汉医的辨证纲领。

元惠宗至正九年己丑(公元1349年)　六十九岁

戴士垚卒。

〔按〕　此据《宋集·戴仲积墓志铭》。

元惠宗至正十年庚寅(公元1350年)　七十岁

震亨上书余佥事。

〔按〕　《宗谱》载有丹溪《上余佥事书》,中云:"犬马之齿,今七十矣。……迄于今三十年,其于医之道,虽不敢自谓有成,亦不敢自谓无得也。"此时丹溪之学术水平与医疗技术已臻炉火纯青之候,如与楼厘书,即可略窥一斑。

书云:"某启,人至,辱惠字,而有暖袜之贶,感荷碑石,且知用情,改日当面见纳价也。《槃气论》乃《三因》无根本之说,看《脾胃论》则此说当覆缶矣。馨字脱去日,以从简耳。双弦是两手俱弦也。新绛未知出《要略》何门,幸报来,若寒家之本,则无之矣。乱门未知出何书。庐即胂也。三阴交,识者云两说皆可用。呼气不入,吸气不出,此倦乏之甚者;呼后便入,吸后便出,此是天地之橐籥也,其中实间不容发。经曰:出(据《素问·六微旨大论》补)入废则神机化灭(末三字据《素问·六微旨大论》补),今呼而不入,吸而不出,则几乎废矣。嗌字则咽字,吞之口官也。高论以嗌病为脾痰多、血少干燥之病,得其说矣。曰血少干燥,辛热药其可用乎？《格致余论》言之详矣。反胃之可吞而不能传送者，乃反而出也，此胃口病；嗌，病之噎也，胃可容受，咽管隘不得过也。治法不甚相远，而实有不同也。历节风，谓湿痰、浊血流注为病，得其说矣。因其在下焦，道路远，非乌、附气壮不能行，故用为引经，若以为主治之药，非惟无益，徒有杀人之毒。此病行气、流湿、祛风、导滞血、补新血，降阳升阴，治有先后，须分肿与不肿可也。年少经谓之壮火，今有不可食肉者，肉属阳，火能助火，若其人素有火盛者，是水不能制火，故不食肉。若或食味过厚，下有遗泄，上有痞闷，须将肉与鱼腥、面食、酒、酱皆断去之。先以二陈汤加酒浸白芍药，而以炒黄连佐之，以降心火，看作何应，又为区处。痈疽，惟东垣有此书，甚妙，曾见一遍，后屡求未得。七年前于杭人陈思复借抄一本，又为人所偷。骑从屡过平江，须求此书可也。草草不宣。”（《宗谱·与处州路学录楼厘书》）据《义乌县志·文苑》载：楼厘为“处州路医学录”。书后有其子楼仁跋。

卢和在编纂《丹溪先生医书纂要》时，曾摘取丹溪信件中之论医要语，少加润色，辑入书中。后来虞搏又将《纂要》之内容收入《医家正传》。现查该书《痛风》章，“方法”项下载有“丹溪……”即此信“历节风……又为区处”一节，内容完全相同，文字微有差异，当系卢氏加工之故。丹溪有关论医之信件，当时必然不少，惜经水火兵燹，不复流传。此信为迄今发现的丹溪论医之惟一完整信件，吉光片羽，弥觉可珍。且信中议论精卓，鞭辟入里，对于养阴观点又有所深化，实为研究丹溪学术思相不可多得的宝贵资料。

元惠宗至正十二年壬辰（公元1352年）　七十二岁

诏求前代圣贤之后、儒医、卜筮，通晓天文、历数，并山林隐逸之士。

正月，震亨撰《清德里记》；秋，赴金华治张君疾。

〔按〕　上据《元史·选举志》，下据《宗谱》及《宋集》。

丹溪屡受举荐，皆辞不受。故宋濂云：“方岳重臣及廉访使者闻先生名，无不愿见，既见，无不欲交章荐之，先生皆力辞。惟民瘼吏弊，必再三蹙頞告之，不啻亲受其病者。覃怀郑公持节浙东，尤敬先生，以尊客礼礼之。众或不乐，竞短其行于公。公笑曰：朱聘君盛举诸公之长，而诸公顾反短之，何其量之悬隔耶？皆惭不能退。"（《宋集·石表辞》）

宋濂又云："同里张君，以书来谓濂曰：壬辰之秋……以劳致疾，闻丹溪朱先生彦修医名遍四方，亟延治之。先生至，既脉，曰：内摇其真，外劳其形，以亏其阴，以耗其生，宜收视听于太虚之庭，不可专借药而已之也。因属其高第弟子贾君思诚，留以护治之。"（《宋集·赠贾思诚序》）

元惠宗至正十三年癸巳（公元1353年） 七十三岁

葛乾孙卒。

〔按〕 此据《稗史集传》。

元惠宗至正十四年甲午（公元1354年） 七十四岁

震亨撰《风水问答》成，持请胡翰为序。

〔按〕 此据《宗谱》所载胡翰《风水问答叙》。

元惠宗至正十五年乙未（公元1355年） 七十五岁

震亨命再从子漳主持续修蜀墅塘。

长子嗣衍卒。

〔按〕 蜀墅塘竣工于至正五年，宋濂云："后十年，山水暴至，堤又坏，先生命再从子漳力任其事，以嗣其成。"（《宋集·石表辞》）

《宗谱》载嗣衍卒于本年，宋濂亦谓其"先于丹溪三年卒"（《宋集·石表辞》）。

元惠宗至正十六年丙申（公元1356年） 七十六岁

震亨撰（宋论》成。

〔按〕 胡翰谓丹溪"著山川地理论（当指《风水问答》）成，又明年，著《宋论》成"（《宗谱·忆丹溪先生哀辞》）。

元惠宗至正十八年戊戌（公元1358年） 七十八岁

六月二十四日，震亨逝世。十一月，葬于东朱山墎头庵，神主入祠堂。

楼英奉父命赴义乌吊唁。

宋濂撰《故丹溪先生朱公石表辞》。

〔按〕 宋濂云："先生……卒于至正戊戌六月二十四日。濒卒，无他言，独呼嗣汜，谓曰：医学亦难矣，汝谨识之！言讫，端坐而逝。……其年十一月日，始葬先生于某山之原，卒后之五月也。"（《宋集·石表辞》）

胡翰云："夏六月，（丹溪）有事适东方，暑行来归，无大疾恙，盖寝三数日而歿。"（《宗谱·忆丹溪先生哀辞》）

丹溪神主入祠堂，其从叔父朱新德撰有《奉安彦修神主入祠堂祭文》，载在《宗谱》。

方孝孺云：丹溪"尝择地东朱山之原，谓其子曰：我死，与尔母俱藏此，若等宜祔于左右。皆应曰诺。既而戚氏卒，衍亦卒，未几先生亦卒。玉奉先生及母夫人柩窆于其中，奉兄柩窆墓右。又预修其左右为二穴，他日将与其妻合葬。即墓前若干武为庵，俾子弟居之，以奉洒扫。扁之曰孝友"（《逊志斋集·孝友庵记》）。

《义乌县志·丘墓》谓丹溪墓在"县南四十五里东朱山墎头庵。"墎头庵"《金华府志·坵墓》作"郭头庵"，《宗谱·修筑丹溪公坟茔记》作"谷头庵"。"墎"、"郭"、"谷"同音，当是通用。墓在"文化大革命"中被毁，1979 年冬，东朱村民集资重修；1982 年，义乌县卫生局、文化局、科学技术协会拨款扩建。

据《仙岩漫录》记载，丹溪逝世，楼英奉父命赴义乌吊唁。英父名友贤（后改名咏），字信可，号信斋，晚号仙岩耕云叟。与丹溪交谊颇深，晚年尝与讲明《内经》之旨，并有酬唱往来。丹溪有《东信斋教谕》诗云："一卧丹溪相见稀，小园日日掩荆扉。学农未便妨书课，观物时常识化机。帘卷午风花力懒，畦经新雨药苗肥。晚来不惜尘双屐，扫榻殷勤话夕晖。"《仙岩楼氏宗谱》还载有友贤诗《次韵朱彦修先生。彦修婺之金华人，从游许白云先生，尤精于轩岐之学》。中有句云："《素》、《灵》经已贯，《格致》论殊深。晬盎能充体，沧浪未濯缨。疗从标本问，证免札瘥侵。"可惜丹溪之原唱已无从寻觅。

宋濂云："丹溪先生既卒，宗属失其所倚藉，井邑失其所凭依，嗜学之士失其所承事，莫不傍徨遥慕，至于洒涕。濂闻之，中心尤摧咽不自胜……方欲聚厥事行，为书以传来世，而先生之子玉汝、从子嗣汜，忽蹐濂门，以先生从弟无忌所为状，请为表以勒诸墓上，濂何敢辞！……先生少负任侠之气，不少屈挠，及闻道德性命之说，遽变之而为刚毅，所以局量宏而任载重，寤寐先哲，惟日不足，民吾同胞之念，须臾莫忘。虽其力或弗支，苟遇惠利少足以濡物，必委蛇周旋，求尽其心。应接之际，又因人心感发之机，而施仁义之训，触类而长，开物成化，所谓风雨霜露，无非君子之教者，要亦不可诬也。致思于医，亦能搜隐抉秘，倡明南方之绝学，婴疢之家，倚以为命。先生一布衣耳，其泽物有如此者！使其得位于朝，以行其道，则夫明效大验，又将何如哉。”(《宋集·石表辞》)

又云：“先生所著书，有《宋论》一卷，《格致余论》若干卷，《局方发挥》若干卷，《伤寒论辨》若干卷，《外科精要发挥》若干卷，《本草衍义补遗》若干卷，《风水问答》若干卷，凡七种，微文奥义，多发前人之所未发。先生尝曰：义理精微，礼乐制度，吾门师友论著已悉，吾可以无言矣。故其所述，独志于医为多。”(《宋集·石表辞》)此外，尚有医案传世。应廷育云：“凡所诊治，其验如神，门弟子具录之，以为医案。”(《金华先民传·名儒》)